W0188419

*Eric H. Bolsmann, Lexikon der Bar*

Eric H. Bolsmann

# LEXIKON DER BAR

Barlehre – Warenkunde
über 1000 Rezepte
für alle Anlässe

6. Auflage

HUGO MATTHAES DRUCKEREI UND VERLAG
GMBH & CO. KG STUTTGART

*ISBN 3-87516-601-9*


Printed in Germany – Imprimé en Allemagne
Herstellung: Hugo Matthaes Druckerei und Verlag GmbH & Co. KG, Stuttgart

## *VORWORT ZUR VIERTEN AUFLAGE*

*Das bewährte Fachbuch „Lexikon der Bar“ liegt nun bereits in seiner 4. Auflage vor.*

*Ich habe den Text wiederum überarbeitet und, wo es erforderlich war, erweitert und ergänzt. Das Lexikon der Bar bleibt somit nach wie vor ein modernes, betriebskundliches Handbuch für den Unternehmer, ein unentbehrliches Nachschlagewerk für den Barmixer und ein Lehrbuch für den Berufsnachwuchs.*

*Möge das Lexikon der Bar auch weiterhin dem in der Gastronomie Tätigen als Nachschlagewerk für die Praxis dienen, in den Berufsschulen des Hotel- und Gaststättengewerbes, beim Berufsnachwuchs und in der Meisterlehre von Nutzen sein und nicht zuletzt auch bei allen Freunden und Liebhabern der Gastronomie und vor allem des Barwesens den Anklang finden, den schon die vorherigen Auflagen hatten.*

*Eric Bolsmann*

# INHALTSÜBERSICHT

## I. TEIL: BARLEHRE
## DIE BAR – GESCHICHTLICHES UND BERUFSKUNDLICHES

## II. TEIL: WARENKUNDE



## III. TEIL: ÜBER 1000 REZEPTE FÜR ALLE ANLÄSSE

# I. TEIL: BARLEHRE
# DIE BAR —
# Geschichtliches und Berufskundliches

## Von der Taberna des Altertums bis zur modernen Cocktailbar

Wann und wo die ersten alkoholischen Getränke hergestellt wurden, läßt sich heute nicht mehr feststellen.

Daß Noah bereits ein erfolgreicher Winzer war, der die Erzeugnisse seines Weinbergs auch zu genießen verstand, wissen wir. Auch daß Moses bereits Gesetze in bezug auf den Weinbau erließ. So hatte zum Beispiel der Winzer das Recht zur Kriegsdienstverweigerung. Wein wird allgemein als das älteste alkoholische Getränk angesehen. Aber auch Bier erfreut sich einer beachtlichen Geschichte. Schon vor 6000 Jahren wurde Bier in Schenken verkauft. Die alten Sumerer, die lange vor den Babyloniern in Mesopotamien, dem Zweistromland zwischen Euphrat und Tigris, ein Reich gegründet hatten, waren nicht die einzigen Menschen, die sich an alkoholischen Getränken labten. Überall, wo es etwas zu vergären gab, wurden berauschende Getränke hergestellt. In Asien kannte man schon damals den noch heute beliebten Reiswein. In Nordafrika wurden Datteln vergoren, in Zentral- und Südamerika gebrauchte man den Saft von gewissen Kakteenpflanzen, in Westeuropa war es Honig (Met) und in Osteuropa und Kleinasien Milch, aus der man alkoholische Getränke braute. Die Sumerer am Euphrat, in Syrien und in Kleinasien waren jedoch die ersten Menschen, die die Herstellung, den Verkauf und Genuß von alkoholischen Getränken als wichtigen Bestandteil ihrer Agrarwirtschaft und Kultur ansahen.

Auf die Sumerer folgten die Babylonier als Beherrscher des Zweistromlandes. Sie übernahmen die sumerische Kultur und entwickelten sie weiter. Der babylonische König Hammurabi (1728 bis 1686 v. Chr.) schuf eine umfassende Gesetzsammlung von 282 Paragraphen, die sich auch mit der Herstellung und dem Verkauf von Wein und Bier befaßten. So durften Weinhändler den Wein nur zu festen Preisen verkaufen. Lärmendes Volk wurde nicht geduldet. Wenn jemand zuviel getrunken hatte und aufsässig wurde, dann mußte der Wirt diesen Krachmacher bei Todesstrafe der Obrigkeit übergeben. Tempelfrauen war bei Feuertod verboten, eine Schenke zu betreten. Schon damals schien es

Panscher gegeben zu haben. Wirte, die man beim Panschen erwischte, wurden entweder in ihren eigenen Fässern ertränkt oder mußten sich an ihrem Gebräu zu Tode trinken.

Nebukadnezar, von dem wir aus der Bibel wissen, hat nicht nur Jerusalem belagert, sondern genau wie Hammurabi sich besonders um die Herstellung und den Verkauf von alkoholischen Getränken gekümmert. Unter seiner Regierung entstand bereits eine babylonische Brauerinnung. Die alten Ägypter, das Kulturvolk nach den Babyloniern, behaupteten, daß ihnen die Göttin Osiris gezeigt haben soll, wie man Wein und Bier herstellt. Ob sie es von dem fremden Herrenvolk der Hyksos, die von 1670 bis 1570 v. Chr. Ägypten unterworfen hatten, gelernt haben, ist heute nicht mehr wichtig. Wir wissen jedoch, daß die Griechen besonders den Weinbau förderten und die ersten Weinberge in Frankreich, Spanien und Italien von dem Kulturvolk nach den Ägyptern angepflanzt wurden. Obwohl die alten Griechen behaupteten, daß Dionysos, ihr Weingott, von Mesopotamien nach Griechenland flüchtete, weil ihm der hohe Biergenuß der Babylonier zuwider war (etwa 40 Prozent des angebauten Getreides in Babylonien wurde zum Brauen von Bier verwendet), wissen wir, daß die Griechen durch ihren Handel mit den Völkern in Nordafrika und Kleinasien gelernt hatten, Wein anzubauen.

Nach den Griechen kamen die Römer, und die Römer waren es, die uns zeigten, wie man Wein anbaut. Bier war den Germanen schon bekannt, als die Römer noch Schafe am Tiber hüteten. Wer den Germanen gezeigt hat, wie man Bier braut, ist nicht überliefert. Vielleicht war es auch ein Gott. Die Germanen kannten jedoch noch keine gewerblichen Gasthäuser. Die germanische Gastfreundschaft kam aus der religiösen Sphäre. Der Gast war heilig, und man nahm ihn auf, um den Göttern zu gefallen. Zu dieser Auffassung kam später die christliche Lehre, wonach man Gastfreundschaft üben solle aus Liebe zu Gott und wegen des eigenen Seelenheils.

Die Römer hatten verschiedene Arten von Gaststätten. Am bekanntesten wurde die Taberna, in der hauptsächlich Wein ausgeschenkt wurde. Der Name hat sich bis heute erhalten. Auch die Caupona, eine Art Krämerladen, in dem man neben Bedarfsartikeln auch Wein kaufen konnte, war weit verbreitet. Der Besitzer eines solchen Krämerladens wurde Caupo genannt, woraus sich später das deutsche Wort Kaufmann entwickelte.

Als die Römer mit der Ausbreitung des Christentums mit den aufsässigen Bewohnern ihrer entlegenen Provinzen zu kämpfen hatten, entstanden an den Heerstraßen, die zu diesen Provinzen führten, Herbergen, in denen Soldaten, Heerführer und Beamte untergebracht wurden. In diesen Herbergen wurden Tabernen eingerichtet, die sich zu gewerblichen Gaststätten entwickelten. Die

Herbergen, von den Römern als Mansiones bezeichnet, wurden mit Schildbezeichnungen wie „Kranz", „Tanne", „Zum Bären", „Zum Adler", „Zum Hecht", „Zum Schwert", „Zum Hahn" usw. gekennzeichnet. Vor allem der Hahn, der die Reisenden in der Frühe zu wecken hatte, war ein beliebtes Symbol für das römische Gasthaus.
Noch heute ist der Hahn in einigen Ländern das Tier der Reisenden. In Portugal sollen noch in diesem Jahrhundert von Reisenden Hähne mitgenommen worden sein, die sie in Gasthöfen betreuen ließen.
Die verkehrsgünstig gelegenen Tabernen befanden sich vielfach in Ortschaften, die sich im Laufe der Zeit zu Städten entwickelten. Das Wort Taberna wurde von manchen Ortschaften übernommen. In den Namen der Orte Zabern im Elsaß und Bergzabern in der Pfalz ist das Wort noch enthalten.
Als die Römer im 5. Jahrhundert nach Christus aus Nordeuropa vertrieben wurden, entwickelte sich die von ihnen eingeführte Kultur zunächst nicht weiter. Etwa 300 Jahre später sollte jedoch ein neuer Aufschwung kommen. Es war Karl der Große, der sich besonders um den Weinbau und das Brauen verdient gemacht hat. Er ließ die vernachlässigten Weinberge neu bepflanzen und rief Bierbrauer ins Land, damit die kaiserliche Tafel stets mit den besten Getränken versorgt war. Die Bauern wurden aufgefordert, Bier als Zins an die Obrigkeit abzuliefern, und Weingesetze wurden eingeführt. Es war von nun an nicht mehr erlaubt, den Wein mit bloßen Füßen zu keltern.
Mit der Verbreitung des Christentums und Auflösung des karolingischen Reiches förderten Kirche und Klöster den Weinbau. Da überall, wo Kirchen gebaut wurden, Meßwein nötig war, pflanzten die Mönche Reben in Gegenden, die nicht gerade als geeignet für den Weinbau anzusehen sind. Von den Kreuzzügen brachten die Ritter ungarische, syrische und griechische Reben mit nach Westeuropa, und im 12. Jahrhundert erstreckte sich der Weinbau weit hinauf nach Norden. An der Saale, der Elbe, der Oder und der Weichsel, in Schlesien, Pommern und Ostpreußen wuchs Wein. Wein wurde damals schon nach England ausgeführt, obwohl die Engländer selber etwa 40 Weinberge besaßen. Aber auch Bier wurde in zunehmendem Maße in Klöstern gebraut. Der Verkauf von Wein und Bier unterlag zunächst Einschränkungen durch den Landes- oder Grundherrn. Jedermann hatte das Recht, Wein zu keltern und Bier zu brauen. Für die Klöster gab es keine Schwierigkeiten, denn die verschiedenen Orden waren vielfach selber Grund- wie auch Landesherren. Manche Orden verpachteten ihre Schenken, die außerhalb des Klosterbereiches lagen. Mit dem Anwachsen der Städte ging das Gutrecht mehr und mehr an die Magistrate über, die ihrerseits das Recht, Gaststätten zu betreiben, an Bürger weitergaben. Seit dem 11. Jahrhundert besteht in Deutschland der Konzessionszwang.

Damals wurde jedoch nur eine bestimmte Zahl von Gaststätten mit dem Schankrecht, dem Jus tabernae, belehnt.

Im späteren Mittelalter gab es eine beachtliche Anzahl von Gaststätten und Herbergen. Bierbrauer, die sich in Zünften und Gilden zusammenschlossen, sorgten dafür, daß sie allein das Vorrecht, Bier zu brauen, bekamen, und verlangten ein Monopol. Die Brauereien eröffneten ihre eigenen Schenken, und da schon damals viele Brauereien bestanden (die kleine Stadt Goslar besaß um das Jahr 1500 an die 300 Brauereien), gab es auch viele Wirtschaften. Die Obrigkeit, um das Wohlergehen der Bürger besorgt, erließ strenge Vorschriften. Obwohl Bier und Wein noch immer die Nationalgetränke der Deutschen waren, wurde inzwischen Branntwein verkauft.

Die Araber sollen die Kunst des Destillierens erfunden haben oder, wie manchmal behauptet wird, von den Chinesen gelernt haben. Über Italien kam die Kenntnis, Branntwein herzustellen, im 12. Jahrhundert nach Deutschland. Zunächst wurde Branntwein als Medizin behandelt und nur von Apothekern verkauft. Doch bald wurde in Deutschland alles, was sich brennen ließ, wie Früchte, Korn und Wein, in hochprozentige Getränke verwandelt. In Nürnberg wurde bereits im Jahre 1496 der Verkauf von Branntwein an Sonntagen und das Trinken am Verkaufsort verboten. Selbst in Gaststätten, in denen nur Bier und Wein verkauft wurde, wurde die Polizeistunde ziemlich früh angesetzt und durch die Wein- und Bierglocke bekanntgegeben. Wurden Gäste nach der Polizeistunde in einer Gaststätte angetroffen, so hatten sie, und auch der Wirt, mit empfindlichen Geldstrafen zu rechnen. Das Würfelspiel, dem man im Mittelalter eifrig zusprach, war in Gaststätten verboten. Die Kontrolle von Bier war besonders streng. Beamte, die als Bierprüfer oder Bierkoster ihr Geld verdienten, gossen Bier auf eine hölzerne Bank, setzten sich darauf und versuchten festzustellen, ob ihre Lederhosen kleben blieben. Wenn das der Fall war, war das Bier in Ordnung. Die Gastwirte waren selbstverständlich verpflichtet, sich an die erlaubten Ausschankmaße zu halten. Die Weinvisierer waren besondere Angestellte der Stadt und hatten darauf zu achten, daß die Vorschriften eingehalten wurden. Im 16. Jahrhundert erreichte das Gastgewerbe seinen Höhepunkt. Doch der Dreißigjährige Krieg, durch den die Bevölkerungszahl in Deutschland von 16 Millionen auf 5 Millionen zurückging, vernichtete das Gewerbe fast vollständig.

Deutschland erholte sich nur sehr langsam von den enormen Kriegsschäden, und in diesen harten Nachkriegsjahren entwickelte sich ein neuer Betriebszweig der Gastronomie, welcher heute in keinem Land mehr wegzudenken wäre, das Kaffeehaus.

## Das Kaffeehaus

Ein Ziegenhirte namens Kaldi soll den Kaffee im Jahre 850 n. Chr. in Abessinien, im südlichen Äthiopien, wo in der Landschaft Kaffa noch heute wilde Kaffeesträucher wachsen, entdeckt haben. Kaldi beobachtete, daß die Ziegen sich mit Vorliebe über die von den Kaffeebäumen heruntergefallenen Bohnen hermachten. Die im Lagerfeuer gerösteten Bohnen schienen besonders anregend zu sein. Der Hirte, beeindruckt von der Munterkeit der Ziegen, zerrieb die gerösteten Bohnen zwischen Steinen und kochte das braune Pulver auf.

Einer anderen Sage entnehmen wir, daß ein Mullah, ein mohammedanischer Geistlicher namens Chadely, der beim Beten Schwierigkeiten hatte, wach zu bleiben, die anregende Wirkung der Bohnen entdeckt haben soll. Der Prophet Mohammed soll es gewesen sein, der Chadely zu den Kaffeesträuchern führte. Der Mullah verbreitete K'hawah, das „anregende Getränk", bei den Arabern, die es fortan als Getränk des Propheten priesen.

Auf dem Umweg über Syrien, wo der Kaffee schon am Ende des 9. Jahrhunderts eingeführt wurde, kam er nach Arabien und Ägypten. Der berühmte arabische Philosoph und Physiker Avicenna, der im fernen Bohara lebte, lobte die geheimnisvoll belebende Wirkung und die Heilkraft des schwarzen Trankes schon um das Jahr 1000.

Da für viele Araber die geheimnisvoll belebende Wirkung des Kaffees zu anregend war, besonders da ihnen der Genuß von Alkohol verboten war und sie deshalb große Mengen von dem schwarzen Gebräu tranken, wurde im Jahre 1511 in Mekka der Verkauf von Kaffee verboten. Doch dieses Verbot wurde bald wieder aufgehoben.

Bei der Eroberung Ägyptens durch die Türken kam der Kaffee nach Konstantinopel. Die Türken nannten den Kaffee „kahweh", und das erste öffentliche Kaffeehaus wurde im Jahre 1551 noch unter der Regierung Sulimans des Großen in Konstantinopel eröffnet.

Im Jahre 1669 bemühte sich Sublime Porte durch diplomatische Beziehungen am Hofe von Ludwig XIV., die Franzosen als Verbündete gegen die deutschen Stämme, die man angreifen wollte, zu gewinnen. Im selben Jahr wurde Suliman Aga mit seiner ottomanischen Mission in Versailles empfangen. Unter den Gastgeschenken der Türken befanden sich Teppiche, Brücken und Kupferarbeiten, die genügten, um die von den Muselmännern gemietete Villa in einen orientalischen Palast umzuwandeln. Den Besuchern wurde natürlich auch Kaffee angeboten, und die Pariser waren begeistert von dem Getränk, und das türkische Wort „kahweh" war bald als Café in aller Munde. Der Armenier Pascal nutzte die Gelegenheit, um im Jahre 1672, ein Jahr, nachdem in Marseille ein

Kaffeehaus eröffnet wurde, das erste Pariser „Café" zu eröffnen. Kaffee war inzwischen in Marseille so beliebt geworden, daß Weinbauern um den Absatz ihrer Weine bangten. Sie ließen Kaffee zu einer giftigen Droge erklären und später, als der Kaffeegenuß noch immer stieg, das Gerücht verbreiten, daß Kaffee impotent mache.

Auch in London, wo Kaffeehäuser wie Pilze aus dem Boden schossen, fürchteten Brauer und Wirte um den Absatz ihrer Produkte. Sie verteilten Flugblätter an Frauen, in denen es hieß: „Der Kaffee macht den Mann unfruchtbar wie die Wüste, aus der man diese unselige Beere hergebracht hat, und deshalb schwinden die Nachkommen unserer mächtigen Vorfahren, als seien sie Affen oder Schweine." Londoner Frauen, die durch diese Flugblätter beeinflußt wurden, gingen 1674 auf die Barrikaden. Die Bekanntheit des Kaffees wurde hierdurch nur erweitert, und mit der Bekanntheit stieg auch seine Beliebtheit.

Nach Deutschland gelangte der Kaffee 1670, und sieben Jahre später wurde das erste deutsche Kaffeehaus in Hamburg eröffnet. Die Errichtung eines Kaffeehauses wurde damals jedoch von der Erlangung eines Kaffeeprivilegs abhängig gemacht. Bei Nichtbeachtung des Gesetzes wurde der Betreffende mit 100 Reichstalern bestraft. Zum Schutze der Kaffeehäuser wurde den Herbergs- und Gasthausbesitzern bei einer Strafe von 50 Reichstalern untersagt, Kaffee auszuschenken. Es sollte jedoch nicht lange dauern, bis auch in Deutschland Brauer und Wirte um den Absatz von Bier besorgt wurden. Ein Arzt in Frankfurt, der 1740 den Vorschlag machte, Kaffee verbieten zu lassen, nachdem er grüne Kaffeebohnen in heißes Wasser gegeben und das grünliche Wasser als Gift bezeichnete, wurde eifrig unterstützt. Aber Kaffee war auch in Deutschland, trotz negativer Propaganda, zu hohen Steuern und als gotteslästerlich von der Geistlichkeit verurteilt, nicht mehr wegzudenken.

Wien wurde 1683, nach Belagerung durch die Türken, mit Kaffee vertraut. Die Türken hatten bei ihrem eiligen Rückzug 500 Sack ungeröstete Kaffeebohnen zurückgelassen. Die Wiener glaubten, es wäre Pferdefutter, und begannen, es zu verbrennen. Ein Pole namens Georg Kolschitzky, der den Türkentrunk von seinen Reisen kannte, rettete, was zu retten war, und eröffnete das erste Wiener Kaffeehaus „Zur blauen Flasche" in der Donaugasse. Anfangs wollte niemand diesen in der Tasse aufgebrühten „Türkendreck" trinken. Erst als Kolschitzky den Satz absiebte und den Kaffee mit Milch mischte und mit Honig süßte, setzte der Zustrom ein. Auch den Damen schmeckte diese „Wiener Melange", doch sie konnten sie nur zu Hause genießen, da es sich damals für Damen nicht schickte, in ein Kaffeehaus zu gehen.

Daß man in den Kaffeehäusern der damaligen Zeit nicht nur Kaffee, sondern vielfach auch Liebe käuflich erwerben konnte, darüber bestand kein Zweifel.

Der Rat von Leipzig hob im Jahre 1697 alle verdächtigen Kaffeestuben auf. Auch der „Kaffee-Baum", eines der ältesten Kaffeehäuser Deutschlands, welcher seinen Ruf als einer der geistigen Mittelpunkte Leipzigs bis zum Ausbruch des zweiten Weltkriegs wahrte, wurde nicht verschont. Doch der internationale Verkehr der Handels- und Messemetropole kam ohne das „schwarze Gift" nicht aus. Als 1765 der 16jährige Goethe zum Studium nach Leipzig kam, gab es wieder acht Kaffeehäuser.

In Berlin wurde das erste Kaffeehaus erst im Jahre 1721 eröffnet. In Paris gab es um diese Zeit schon 380 und in London über 500 Kaffeehäuser. Die zahlreichen Kaffeehäuser in London schienen der Nachfrage nach dem schwarzen Getränk jedoch nicht zu genügen. Allzu langem Warten konnte aber abgeholfen werden. Einige besonders populäre Kaffeehäuser stellten Schachteln mit der Bezeichnung T. I. P. auf. T. I. P. war die Abkürzung für „To Insure Promptness", und Gäste, die eine Münze in die Schachtel gaben, wurden prompt bedient. Aus dieser Gewohnheit entwickelte sich das Trinkgeld oder „Tip", wie es international bezeichnet wird.

Der Grund, warum Berlin damals nur verhältnismäßig wenige Kaffeehäuser hatte, lag wahrscheinlich darin, daß der Soldatenkönig Friedrich Wilhelm I. und sein Sohn Friedrich der Große den Kaffee für einen Luxus hielten und ihn mit gewaltigen Steuern belegten. Friedrich der Große hat selber leidenschaftlich gern Kaffee getrunken. Er pflegte, den Trank mit Champagner und Pfeffer zu würzen, aber sah nicht ein, daß sein Volk Geld für den aus dem Ausland eingeführten Kaffee ausgeben sollte. Aber seine Kaffeeschnüffler holten sich nur Beulen und blaue Augen, wenn sie es wagten, abgedichtete Türen und Fenster zu öffnen, um den Beweis zu erbringen, daß Kaffee privat gebraut wurde.

Kaffeehäuser im Stil von Wien, Paris und London wurden in Berlin erst zwischen 1816 und 1869, in den Jahren des wirtschaftlichen Aufschwungs, gegründet. In dieser Zeit, als das Kaffeehaus zum Mittelpunkt eines neuen gesellschaftlichen Lebens wurde, entstanden in dem noch recht dünn besiedelten Amerika die ersten Bars.

## Die American Bar

Für die ersten Einwanderer Amerikas war der selbstgebrannte Roggenwhisky das allgemeine Verständigungsgetränk der schweren Pionierzeit. Die kleinen Handelsgeschäfte in den Siedlerorten, die Drugstores, kauften das Feuerwasser von Brennern und hielten es für den Ausschank bereit. Die bunt zusammengewürfelten Einwanderer trafen sich in diesen Krämerläden, um die aufregenden Erlebnisse in der neuen Heimat bei ein paar Gläschen zu besprechen. Daß es meistens nicht bei ein paar Gläschen blieb, war nur zu verständlich. Doch nicht selten artete ein scheinbar harmloses Gespräch in wilde Raufereien aus. Für manche der abenteuerlustigen Siedler war eine Rauferei, besonders wenn der hochprozentige Hausschnaps seine Wirkung spüren ließ, Grund genug, um vom Messer oder gar von der Pistole Gebrauch zu machen. Für den Wirt bedeuteten diese Raufereien meistens demolierte Einrichtungsgegenstände. Um sich vor diesem Tatendrang und derartigen Ausschreitungen zu schützen, sperrte der Wirt den Ladentisch und die Regale durch eine Balkenschranke, eine Barriere, ab. Tische und Stühle gab es in diesen „Bars" noch nicht. Der Grund, warum man den Kunden keine Stühle anbot, war einfach. Gäste, die einmal sitzen, bleiben oft lange sitzen und trinken nicht unbedingt. Sie nehmen nur unnötig Platz weg. Diese Einstellung wird noch heute in Australien vertreten, wo viele der von größeren Brauereien betriebenen Wirtschaften nur die Theke als Mobiliar aufweisen. Man kann nicht einmal das Glas abstellen, ist also gezwungen, auszutrinken und entweder ein neues Glas zu bestellen oder seiner Wege zu gehen. Frauen werden in diesen „Bars" gar nicht zugelassen. Hiermit kann der durstige Kunde selber entscheiden, wann er genug getrunken hat. So war es auch im Wilden Westen. Die Kundschaft stand an der Barriere, lehnte sich darauf und hielt die Gläser in der Hand. Natürlich war diese Barriere kein wirklicher Schutz vor allzu aufdringlicher Kundschaft, die es auf die Waren des Wirtes oder auf dessen Kasse abgesehen hatte, doch schaffte sie immerhin einen beruhigenden Abstand.

Von dieser Barriere stammt das Wort Bar.

Mit der Zeit verfeinerten sich die primitiven Schenken der Siedlerzeit. In den Städten verlegte man die Bar aus dem Laden in einen eigenen Saloon, die Westernwirtschaft, die eine Theke hatte und an der die Barriere zum Auflehnen angebracht war. Die American Bar war geboren.

Im 19. Jahrhundert war es ganz selbstverständlich, daß auch die größeren Hotels in den zu dieser Zeit rapide wachsenden Städten eine Bar aufzuweisen hatten. Natürlich war eine solche Hotel-Bar nicht mit einem Westernsaloon zu vergleichen. Da die Bar nicht nur ein Aufenthaltsraum für Hotelgäste war, sondern als Verkaufsstätte von alkoholischen Getränken oft einen höheren Gewinn brachte als das Restaurant, wurde dieser wichtigen Einrichtung besondere Aufmerksamkeit geschenkt.

In Europa gab es zu jener Zeit noch keine Bars. In Gaststätten wurde man, wie heute noch, an Tischen bedient. Mit zunehmendem Reiseverkehr wurden gegen Ende des 17. Jahrhunderts Häuser gebaut, die mehr als 30 Fremdenzimmer aufweisen konnten. Solche Häuser legten sich nach und nach die Bezeich-

nung „Hotel" zu. Um 1850, nach Einführung der Eisenbahn und Dampfschifffahrt, entstanden die ersten Großhotels in Deutschland. Die Kundschaft vermischte sich immer mehr mit Ausländern, der Komfort nahm zu, und der Fremdenverkehr entwickelte sich in einem Umfang, wie man ihn früher nicht für möglich gehalten hätte.
Die Großhotels hatten natürlich auch Gasträume, in denen Reisende sich bei alkoholischen Getränken entspannen konnten, aber Bars, wie man sie in Amerika kannte, kleine Gasträume, in denen Hotelgäste auf hohen Hockern an der Theke saßen, um sich mit dem Barman zu unterhalten oder ihm bei der Arbeit zuzusehen, wurden erst um die Jahrhundertwende bei uns eingeführt. Und daran war der Cocktail schuld.

## Der Cocktail

Über den Ursprung des Namens Cocktail, zu deutsch Hahnenschwanz, gibt es verschiedene Versionen. Welches die einzig richtige ist, läßt sich heute nicht mehr feststellen, denn es existiert keine historische Aufzeichnung über die Herkunft des Namens Cocktail.
Im allgemeinen wird behauptet, daß der erste Cocktail nach einem Hahnenkampf in Amerika gemixt wurde.
Die noch heute in Mexiko, Südamerika und auf einigen Südseeinseln beliebten, jedoch offiziell verbotenen Hahnenkämpfe waren zur Zeit der ersten Einwanderer Amerikas ein besonders in den Südstaaten stattfindendes Unterhaltungsspiel. Dem unterlegenen Hahn wurde der bunte Schwanz ausgerissen und dem Besitzer des siegreichen Hahns als Trophäe überreicht. Natürlich mußte der Sieg entsprechend gefeiert werden. Man trank, wie die Geschichte sagt, „on the cock's tail". Später wurden die gereichten Getränke kurz Cocktails genannt.
Eine andere Version über die Herkunft des Namens Cocktail ist diese: Betsy Flanagan, eine Soldatenwitwe, unterhielt im Jahre 1776 eine Gaststätte an der Halls Corner in Elmsford in New York, die hauptsächlich von französischen Offizieren besucht wurde. Die Franzosen liebten es, Betsy Flanagan mit einem Engländer zu necken, der in der Nachbarschaft Hühner züchtete. Als Betsy eines Tages von dem Gerede genug hatte, ging sie kurzerhand zur Hühnerfarm des Nachbarn und riß den Hähnen die Schwanzfedern aus. Den französischen Offizieren servierte sie darauf ein Mixgetränk, das sie, um dem Gerede über die angebliche Sympathie zu dem Engländer nun endgültig ein Ende zu bereiten, mit den farbenprächtigen Federn dekorierte. Ein französischer Offizier rief dar-

auf aus: „Vive le coq's tail!" Seither werden die Mixgetränke Cocktails genannt. Eine weitere Geschichte über die „Erfindung" des Cocktails: Zu Beginn des letzten Jahrhunderts kam es zu Streitigkeiten zwischen amerikanischen Soldaten der Südstaaten und den Soldaten des mexikanischen Königs Axolotl VIII. Nach einem Gefecht erklärte sich der König bereit, den amerikanischen General in seinem Palast zu empfangen, um Frieden zu schließen. Eine bildhübsche Dame betrat den Raum. Sie sollte ein Getränk in einem goldenen Becher servieren. Sie bemerkte zu spät, daß nur ein Becher vorhanden war, und damit weder dem König noch dem General das Vorrecht gegeben werden konnte, zuerst aus dem Becher zu trinken, trank sie das Getränk selber. Das Gipfeltreffen verlief erfolgreich, und bevor der General seine Rückreise antrat, erkundigte er sich nach dem Namen der Dame. König Axolotl, der die Dame noch nie zuvor gesehen hatte, erklärte, daß es seine Tochter Xoctl sei. Der General bedankte sich und versprach, daß der Name Xoctl bei seinen Soldaten in Ehren gehalten werden sollte. Da die Soldaten es schwierig fanden, den Namen auszusprechen, wurde daraus, als auf das Wohl von Xoctl getrunken wurde, Cocktail.
Zum Schluß noch eine Geschichte einer närrischen Verliebtheit, die die Welt um den Cocktail bereichert haben soll:
Der Besitzer einer kleinen Gaststätte irgendwo in den Südstaaten wollte seiner hübschen Tochter Bessie nicht erlauben, einen Offizier, den sie liebte, zu heiraten. Als eines Tages sein bester Kampfhahn verschwunden war, versprach er demjenigen, der ihm den Hahn lebend zurückbringen würde, seine hübsche Tochter Bessie zur Frau. Es ergab sich, daß der Offizier den Hahn fand. Er brachte ihn unversehrt zum Wirt und durfte Bessie heiraten. Bessie war so aufgeregt über den glücklichen Zufall, daß sie verschiedene Getränke ihres Vaters in ein Glas schüttete und den Gästen servierte. Die Gäste waren jedoch begeistert von diesem Gemisch und tauften es Cocktail. Der Offizier führte den Cocktail bei seinen Kameraden ein, und es dauerte nicht lange, bis der Cocktail in jeder Wirtschaft bekannt war.
Die schon bei den Römern beliebten Bowlen können wir nicht mit den Mixgetränken unserer Zeit vergleichen. Daß man aber schon Getränke mixte, als der Name Cocktail noch unbekannt war, ist allgemein bekannt. Der Julep wurde zum Beispiel schon in einem Kochbuch aus dem Jahre 1540 erwähnt. Das mit Pfefferminze aromatisierte Erfrischungsgetränk der Südstaaten Amerikas war ursprünglich ein von den Muselmännern geschätztes Rosenwasser. Die Araber nannten es julab. Grog war schon im 18. Jahrhundert das Getränk der christlichen Seefahrt. Der Toddy dürfte ebenso alt sein. Der Manhattan, ein Cocktail, der in jeder Bar ein Begriff ist, hieß ursprünglich Coow-Woow. Das Coow-Woow-Rezept wurde bereits im Jahre 1685 aufgeschrieben. Die Mischung be-

stand aus einem Teelöffel Zucker, einem halben Glas Rum, einem halben Glas Wasser und einer kräftigen Prise zerriebenen Ingwers. Mit dem heutigen Manhattan hatte das Getränk also nichts gemeinsam. Jedoch soll es einem Herrn Peter Minuit aus Wesel mit dieser Mischung im Jahre 1624 gelungen sein, die 1609 von Henry Hudson entdeckte Strominsel vor der Ortschaft Nieuw Amsterdam für Waren im Gegenwert von 24 Dollar vom Häuptling der Manhattan-Indianer abzukaufen. Aus der Ortschaft Nieuw Amsterdam entstand die Weltstadt New York mit der lichterbunten Skyline Manhattans, und aus wahllos zusammengemixten Getränken entstand der farbenprächtige Cocktail.

Es wird manchmal behauptet, daß der Cocktail aus der Zeit der Prohibition stammt, doch wurde das Mixgetränk bereits am 13. Mai 1806 schriftlich erwähnt und war ein halbes Jahrhundert vor dem berüchtigten Alkoholverbot ein in Amerika beliebtes Getränk.

In der amerikanischen Illustrierten vom 13. Mai 1806, „The Balance", hieß es:

> „Cock tail ist ein anregendes Getränk, zusammengestellt aus Spirituosen irgendwelcher Art, Zucker, Wasser und Bitters. — Er wird ordinär als bittered sling bezeichnet und soll bei Wahlkämpfen als ausgezeichnetes Gebräu von Nutzen sein."

Der heutige Cocktail ist mit der obigen Beschreibung natürlich nicht mehr zu vergleichen. Die Internationale Bartenders' Association begrenzt die Zutaten für Cocktails, die bei internationalen Wettbewerben zugelassen werden, auf fünf: eine Spirituose als Basis des Getränks, zwei andere alkoholische Getränke und zwei Teile Flüssigkeit, die keinen Alkohol enthalten. Die Dekoration ist beschränkt auf Früchte, die gewöhnlich in einer Bar verwendet werden. Die Quantität des Getränks ist auf 60 ml festgesetzt.

Während der Prohibition wurden solche Regeln nicht beachtet. Alles, was man mixen konnte, wurde gemixt, und man kann mit Recht behaupten, daß zu keiner Zeit das Mixen von Cocktails beliebter war als zu jener Zeit.

## Prohibition

Seit es Peter Minuit 1624 gelang, die Halbinsel Manhattan mit Hilfe des Coow-Woow-Rezeptes dem Häuptling der Manhattan-Indianer abzukaufen, haben die Amerikaner ein gestörtes Verhältnis zum Alkohol.

Den Puritanern war der Alkohol von vornherein verdammenswert. Mit strengen Gesetzen wurde zunächst das Spielen der Kinder am Sonntag verboten. Dann wurde das Spazierengehen und Schwimmen der Erwachsenen untersagt, und schließlich, als man glaubte, Herr aller Fröhlichkeit geworden zu sein, kam das

strikte Alkoholverbot. Die Antialkoholiker und Temperenzler, die sich „Kaltwasser-Armeen“ nannten, erreichten, daß Präsident Woodrow Wilson mit dem 18. Verfassungsgesetz für alle amerikanischen Staaten Herstellung, Verkauf und Transport sowie Ein- und Ausfuhr berauschender Getränke verbot.
Die führende Kraft im Kampf gegen Alkohol war die „Anti-Saloon-Liga“. Ein Geistlicher gründete diese Organisation in Oberlin im Staat Ohio. Durch Hilfe der Kirche und Frauenverbände vergrößerte sich die Organisation und zählte bald mehrere hunderttausend Mitglieder, die ihre Interessen in 28 eigenen Zeitungen veröffentlichten. Im ersten Weltkrieg finanzierte die „Anti-Saloon-Liga“ einen Feldzug gegen den Alkohol. Der „böse“ Whiskey wurde verdammt, weil er den Soldaten an der Front das Brotgetreide stehlen würde. Die deutschen Brauer arbeiteten angeblich mit dem Feind zusammen, und der Arbeiter war durch den Genuß von Alkohol unproduktiv und hemmte somit die kriegswichtige Industrie. Unter dieser Propaganda hatten besonders die Bierbrauer zu leiden, die wegen ihrer deutschen Namen wie Rupert, Pabst, Busch und Schlitz ein leichtes Ziel für den gelenkten Haß der Bevölkerung waren. Durch ihre falsche Geschäftspolitik wurde auch das alkoholisch harmlose Bier verboten. Um ihr Bier besser verkaufen zu können, hatten sie zahlreiche Schenken eingerichtet, in denen auch alkoholstarke Spirituosen ausgeschenkt wurden.
Doch die Brauer waren findige Leute. Sie brachten Malzsirup mit Hopfenaroma auf den Markt, das nur ganz zufällig die Namen der früheren Biersorten, wie zum Beispiel „Old Würzburg“ und „Old Heidelberg“, trug. In den Gebrauchsanweisungen wurde davor gewarnt, dem Produkt Hefe zuzusetzen und es bei einer Temperatur zwischen 6 und 9 Grad gären zu lassen, da sonst verbotenes Bier entstehen würde. Da der Sirup nicht so leicht zu verschicken war, stellten die Brauer schließlich Bierpulver, in Ziegeln gepreßt, her, das auch schon die notwendige Hefe enthielt und nur noch mit Wasser angesetzt werden mußte.
Berufe, in denen man Alkohol benötigte und deshalb eine Bezugslizenz vom Staat bekam, waren seit dem 16. Januar 1919 besonders begehrt. Die Drogerien wurden ernsthafte Konkurrenten der Schwarzbrenner. Der für medizinische Zwecke bestimmte Alkohol wurde mittels Farben und Essenzen in Whiskey, Gin, Rum und Brandy verwandelt.
Ausländische Schiffe brachten Spirituosen bis an die 12-Meilen-Zone, um sie dann von der „Rum-Row“-Flotte an Land schmuggeln zu lassen. Die „Rum-Row“-Flotte bestand zeitweilig aus über 300 schnellen Motorbooten. Die Schmuggler waren die „Bootlegger“, die gleichzeitig noch illegale Einwanderer ins Land brachten.
Auch die Schleichhändler an Land trugen den Namen „Bootlegger“ aus früheren Zeiten, als man Alkohol in Einzelflaschen in den Stiefeln versteckte. Das

Schmuggelgut wurde „Moonshine“ genannt, und der jeweilige Besitzer war der „Rum-Baron“. Die geheimen Schenken, in die man nur mit einem geheimen Kennwort kam, hießen „Speakeasies“ (Leisesprecher) oder „Joints“ oder „Blind pigs“ (Blinde Schweine).
Neben dem „regulären“ Schwarzhandel kamen bald die „Highjackers“ auf, die den Alkoholschmugglern die Waren mit Gewalt abnahmen und ihn ihrerseits an den Mann brachten. So entstanden Gangsterkriege, die mit Maschinenpistolen und kugelsicheren Westen geführt wurden und mehrere Tausend Menschenleben im Jahr kosteten.
Al Capone war der König der „Rum-Row“. Er beherrschte das Gangstersyndikat mit einem Jahresumsatz von 105 Millionen Dollar und wurde der „19. Verfassungszusatz“ genannt.
Der Schwarzhandel verbreitete sich derart, daß er 1928 das größte Gewerbe in den USA mit 800 000 Beschäftigten und jährlichen Einkünften von 4 Milliarden Dollar war.
Trotzdem sich die Preise für Alkoholika vervielfacht hatten, wurde während der Prohibition mehr getrunken als jemals zuvor in der amerikanischen Geschichte. Eine beachtliche Anzahl der noch heute beliebten Cocktail-Rezepte stammt aus der Zeit der Prohibition. Überhaupt war das Mixen von Cocktails in den zwanziger Jahren ein beliebter Zeitvertreib, und nicht nur um spärliche Rationen zu strecken, sondern vielmehr aus Spaß an der Sache.
Als John D. Rockefeller jr., der fast eine halbe Million Dollar der Anti-Saloon-Liga zur Verfügung gestellt hatte, von seinem Sohn Nelson 25 Speakeasies in seinem Rockefeller-Center gezeigt bekam, sagte er der Liga wegen Versagens den Kampf an.
Auf den Wahlplakaten Franklin D. Roosevelts wurde die Aufhebung des 18. Verfassungsgesetzes angekündigt. Roosevelt wurde Präsident, und fünf Wochen später hatte der Spuk der Prohibition, der vom 16. Januar 1919 bis zum 5. Dezember 1933 dauerte, ein Ende gefunden.

## Cocktailpioniere

Die Cocktailbars in den eleganten Hotels wurden noch am gleichen Tag, als die Prohibition aufgehoben wurde, wieder eröffnet. Inzwischen hatten die sogenannten American Bars in Europa jedoch einen Stand erreicht, der in Amerika nur sehr schwer einzuholen war.
Die Amerikaner zeigten uns schon lange vor der Prohibition, wie man Cocktails mixt. Das erste Cocktailbuch wurde im Jahre 1862 von dem berühmten Barmi-

xer Jerry Thomas herausgegeben. Das Buch trug den Titel „The Bon-Vivant's Guide, or How to mix drinks" und war in kurzer Zeit vergriffen. Jerry Thomas war der erste Berufsmixer, der den Cocktail in Europa bekannt machte. Er ließ sich vom Metropolitan Hotel in New York für unbestimmte Zeit beurlauben und machte, ausgerüstet mit silbernen Barutensilien, eine Tournee durch Europa und gab Schaustellungen im Mixen.
1868 erschien das zweite Cocktailbuch. Der Autor dieses Buches „The New and Improved Illustrated Bartenders' Manual or How To Mix Drinks of the present style" war der Berufsmixer Harry Johnson.
Auch Johnson bereiste Europa, jedoch schon bevor er sein Buch veröffentlichte, um im Ausland praktische Erfahrungen zu sammeln. Er hatte sein Handwerk in San Franzisko, seiner Geburtsstadt, gelernt. Noch im gleichen Jahr, als sein Buch veröffentlicht wurde, eröffnete er in Chicago die größte und luxuriöseste Bar, die Amerika damals aufweisen konnte. Ein Jahr später wurde in New Orleans ein Cocktailturnier ausgefochten. Johnson wurde nach dem Turnier der Titel „Champion of Mixing" zuerkannt. Der große Brand von Chicago im Jahre 1871 verschonte auch Johnson nicht. Er soll sein gesamtes Vermögen im Wert von 100 000 Dollar verloren haben und war gezwungen, wieder als Angestellter, zuerst in Boston und dann in New York, von vorne anzufangen. In kurzer Zeit soll Johnson jedoch wieder selbständig gewesen sein.
Um die Jahrhundertwende, als Barmixer in Amerika ein angesehener Beruf war und die Mixer schon in einer Bartender-Union zusammengeschlossen waren, setzte sich der Cocktail auch in Europa durch. Die Blütezeit der „American Bars", wie die neuen und exklusiven Gaststätten bezeichnet wurden, begann nach dem ersten Weltkrieg. Deutsche Barmixer, und das deutsche Hotel- und Gaststättengewerbe überhaupt, haben wesentlich dazu beigetragen, daß sich der neue Berufszweig in Europa durchsetzen konnte und die europäischen Bars sich zu den führenden in der Welt entwickelten.

## Die Deutsche Barkeeper-Union

Im Jahre 1909 gründeten die Herren Hans Schönfeld, John Leybold, Fred Wood-Bilton, Emil Beltz und R. Toeska die „Internationale Barkeeper-Union" nach dem Muster der „Bartender-Union" in den USA, welche einen in Europa noch ziemlich unbekannten Berufsstand vertrat. Zweck des Vereins war der Ausbau, die Pflege und die Förderung der Berufs- und Standesinteressen seiner Mitglieder sowie die Unterstützung der Heranbildung eines tüchtigen und fachkundigen Berufsnachwuchses. Von dieser Union, dem „Verein der Barmixer", wurde die erste Barkeeper-Zeitung in Europa herausgebracht. Dieses „American-Bar-Journal" wurde von den Mitgliedern des rapide wachsenden Verbandes unter Leitung von John Leybold in der Alten Wallgasse in Köln gedruckt und wöchentlich in verschiedene Länder versandt.

Im Jahre 1913 wurde das erste deutsche Barbuch herausgegeben. Hans Schönfeld und John Leybold hatten dieses Buch, das „Lexikon der Getränke", welches während der nächsten Jahre richtungweisend für den gesamten Berufsstand wurde, zusammengestellt.

Der Ausbruch des ersten Weltkrieges im Jahre 1914 brachte der so gut fundierten und ausgebauten Interessengemeinschaft ein jähes Ende. Als sich die IBU-Mitglieder im Jahre 1918 unter Führung des damaligen Vize-Sekretärs A. T. Neirath trafen, um die Union aus dem ungewollten Ruhestand zu heben, waren allgemeine wirtschaftliche Schwierigkeiten zu überwinden. Es sollte noch zwei Jahre dauern, bis die IBU wieder ins Leben gerufen werden konnte — als Unterabteilung im Internationalen Genfer Verband. Die Union etablierte sich jedoch in kurzer Zeit, und Sektionen wurden in Berlin, Hamburg, Köln, Düsseldorf, Frankfurt, Dresden und München gegründet.

In den zwanziger Jahren, der Blütezeit der „American Bar" und des Barmixens vor dem zweiten Weltkrieg, festigte sich die individuelle Berufssparte in der Gastronomie und wurde als Elitetruppe des Genfer Verbandes angesehen. Es war daher verständlich, daß die IBU mit ihren 200 Mitgliedern sich innerhalb des Genfer Verbandes eine eigene Satzung wünschte. Eine Forderung, der im Jahre 1928 nachgekommen wurde. Es sollte jedoch nicht lange dauern, bis die IBU wiederum in einen ungewollten Ruhestand treten mußte. Die freundschaftliche Interessengemeinschaft der Barmixer wurde offiziell verboten.

Anläßlich der internationalen Ausstellung „Die Küche der Welt" im Jahre 1936 in Berlin stellte die Deutsche Arbeitsfront fest, daß die Barmixer der großen „Garten-Bar" mit Erzeugnissen arbeiteten, deren Herstellerfirmen und Vertreter der damaligen Regierung nicht genehm waren.

Die deutschen Barmixer waren mit Recht stolz auf den beachtlichen Beitrag zur gehobenen Gastronomie, den sie mit ihrer IBU nach dem ersten Weltkrieg geleistet hatten. Im Jahre 1933 wurde in Madrid der größte Cocktail-Wettbewerb, den die Welt bis dahin erlebt hatte, abgehalten. Über 800 Rezepte wurden von 35 Barmixern verschiedener Nationen gemixt. Deutsche Barmixer wurden mit einer beachtlichen Anzahl Plaketten sowie mit einem „Großen Preis" ausgezeichnet. Aus London brachte Paul Kohl den zweiten Preis nach einem internationalen Cocktail-Wettbewerb mit nach Deutschland. Die „Internationale Kochkunst-Ausstellung" vom 6. bis 17. Oktober 1934 in Frankfurt a. M. war ein weiterer Erfolg für die IBU. Barmixer aus dem In- und Ausland zeigten den täglich etwa 10 000 gezählten Besuchern der Ausstellung ihr Können hinter der Musterbar der IBU. Diese Musterbar wurde vom Frankfurter General-Anzeiger als das sehenswerteste Stück der Ausstellung bezeichnet. In Berlin schien allem jedoch ein Ende gesetzt zu sein. Die einzelnen Sektionen versuchten noch miteinander verbunden zu bleiben, wie zum Beispiel in Hamburg durch den Kegelklub „Mixbecher", aber auch diesem wurde mit dem Ausbruch des zweiten Weltkrieges ein Ende gemacht.

Die deutschen Barmixer mußten zwölf lange Jahre warten, bis die IBU wieder ins Leben gerufen werden konnte. Am 13. Dezember 1948 wurde Fred Friede zum 1. Vorsitzenden der Sektion Hamburg gewählt. Fred Friede war seit 1924 Mitglied der Union und seit 1931 im Vorstand tätig. Unter Leitung dieses erfahrenen Fachmannes war der Wiederaufbau der alten IBU gesichert.

Im Januar 1950 wurde die Neugründung der Sektion München unter dem Vorsitz von Conrad Rosenow bekanntgegeben. Die Sektionen Frankfurt und Hannover folgten. Im März 1950 fand dann die erste überregionale Nachkriegstagung in Hamburg statt, wo die weiteren Gründungen der Sektionen Berlin, Düsseldorf und Köln beschlossen wurden. Im Dezember 1950 wurde in München, mit der Industrie- und Handelskammer, bereits die erste Barmixerprüfung abgehalten.

Frankreich, Österreich, die Schweiz, Spanien, Italien, die Tschechoslowakei, Holland und Großbritannien hatten inzwischen ihre eigenen Barmixer-Verbände gegründet, und Verbindungen mit diesen Barkeeper-Fachverbänden waren ebenso erfolgreich. Anläßlich der Internationalen Cocktail Competition im Jahre 1950 in London holte Fred Friede den 2. Preis nach Deutschland. Ein Jahr später wurde Fred Friede in seiner Eigenschaft als Vorstandsmitglied der deutschen Barmixer nach Rom zur Teilnahme an der internationalen Jury anläßlich des nationalen Cocktail-Wettbewerbs nach Italien eingeladen.

Erst jetzt wurde den deutschen Barmixern bewußt, daß sich die schon vor Jahren im Ausland gebildeten Fachverbände in einer internationalen Organisation, der „International Bartenders' Association", zusammengeschlossen hatten. Die einzelnen Verbände nannten sich nach ihren Heimatländern.

Für die deutschen Barmixer war eine Namensänderung ihres Verbandes unumgänglich, um international bestehen zu können. Eine Trennung der IBU vom Internationalen Genfer Verband wurde notwendig.

Im Juli 1953 konstituierte sich in Hannover die „Deutsche Barkeeper-Union e. V.", kurz DBU genannt. Die 44 Jahre alte Union hatte das erste Wort ihres Namens „International" in „Deutsch" geändert, um damit wieder international zu werden.

Der Anschluß an die IBA hat es ermöglicht, daß deutsche Barmixer auf internationaler Ebene für ihr fachliches Können ausgezeichnet wurden, welches nicht nur dem Bargewerbe, sondern der gesamten deutschen Gastronomie zugute kam.
Im Oktober 1955 wurden die Barmixer Theo Hürten, Fritz Bonnet, Otto Orlowski und Bruno Winter, das DBU-Team in Amsterdam, von der Geheimjury der holländischen Ho-Re-Ca für die allgemeine korrekte und fachmännische Arbeitsweise mit dem 1. Preis ausgezeichnet.
Im Oktober 1959 brachte Charly Waidmann aus Berlin anläßlich der International Cocktail Competition in Kopenhagen für seinen Cocktail „Petit fleur" den 1. Preis mit nach Hause.
Im April 1960 brachte Fritz Weinberger vom „Concorso Olympiae e Marathon" in San Remo den 2. Preis mit nach Deutschland.
Im Oktober 1961 wurden die Mitglieder der im Jahre 1955 gegründeten Sektion Baden-Baden auf der 12. Bundesfachschau in Stuttgart mit 8 Goldmedaillen und 2 Silbermedaillen ausgezeichnet.
Im November 1965 brachte Reinhold Kleinhubbert den 2. Preis von der International Cocktail Competition in Buenos Aires nach Deutschland. Es ist hier unmöglich, alle Goldmedaillen und Auszeichnungen, die deutsche Barmixer auf nationalen und internationalen Wettbewerben erhalten haben, aufzuzählen. Die DBU, in der alle maßgeblichen Barmixer Deutschlands zusammengefaßt sind, ist heute ein nicht mehr wegzudenkender Fachverband, der getreu die Ideale der Gründer der IBU aus dem Jahre 1909 verfolgt. Um ordentliches Mitglied der DBU zu werden, sind eine abgeschlossene Lehre als Kellner und eine zusätzliche Tätigkeit von mindestens einem Jahr als Barcommis oder die erfolgreiche Ablegung der Barmixerprüfung vorgeschrieben. Außer den ordentlichen Mitgliedern setzt sich der Verein aus Juniorenmitgliedern, passiven Mitgliedern, Auslandsmitgliedern, Seniorenmitgliedern und Ehrenmitgliedern zusammen.
Die Hauptverwaltung der DBU befindet sich in 20253 Hamburg, Kottwitzstraße 11.
Die International Bartenders' Association hat, genau wie die „Associazone Italiana Barmen e Sostenitore", die italienische Vereinigung der Barmixer, ihren Sitz in der Via Baldissera 2 in Mailand in Italien.
Weitere Mitgliedsverbände der IBA befinden sich in Argentinien, Australien, Belgien, Brasilien, Dänemark, Finnland, Frankreich, Großbritannien, Irland, Island, Japan, Jugoslawien, Kanada, Korea, Luxemburg, Malta, Mexiko, den Niederlanden, Norwegen, Österreich, Portugal, Schweden, der Schweiz, Spanien, den USA und in Venezuela.

## Die Bar heute

Die typische „American Bar", wie man sie noch nach dem zweiten Weltkrieg in den besseren Hotels finden konnte, ist heute kaum noch bekannt. Als der letzte Schrei aus Amerika, die Cocktailbar, um die Jahrhundertwende in europäischen Hotels eingeführt wurde, schien es selbstverständlich, daß man diese Einrichtungen als „American Bars" bezeichnete. Jedes Hotel, welches zu den besten Häusern zählen wollte, hatte bald neben einem französischen Restaurant eine amerikanische Bar. Der Barraum war klein, aber geschmackvoll eingerichtet. Die Kundschaft bestand in erster Linie aus Hotelgästen. Zur Cocktailstunde war die Bar voll. Doch hatte die Bar, trotz ihrer Beliebtheit, eine fast formale, undefinierbare Atmosphäre, in der sich nur ein bestimmter Gästekreis zu Hause fühlte.
Heute gibt es Bars für jede Altersgruppe und jeden Geschmack — von kleinen, intimen Cocktailbars bis zur Tanzbar oder Diskothek, Restaurantbar, Bierbar, Snackbar und selbst Milchbar. In größeren Hotels gibt es oft ein halbes Dutzend oder mehr Bars, die sich alle voneinander unterscheiden. Keiner würde jedoch auf den Gedanken kommen, noch eine Bar als „American Bar" zu bezeichnen.

Die Tanzbar hat sich aus dem früher so beliebten Ballhaus entwickelt. Die Ballhäuser entstanden im 16. Jahrhundert, als das Tennisspielen populär wurde. Um vom Wetter unabhängig zu sein, errichteten die Franzosen Ballspielhäuser. Um 1600 gab es in Paris bereits über 200 dieser Etablissements. Ins Ballhaus zu gehen wurde modern. Jede europäische Stadt, die auf sich hielt, baute Ballhäuser, woran z. B. in Wien noch der Name „Ballhausplatz" erinnert. Erst als die Lust, Bälle hin- und herzuschlagen, allmählich nachließ, verödeten die Ballhäuser, wurden schließlich wiederbelebt durch Musikanten und füllten sich nunmehr mit Tanzlustigen. Nur die alte Redewendung „wir gehen zum Ball" wurde beibehalten, bedeutete aber nicht mehr Tennis, sondern Walzer und Polka. Das Ballhaus unserer Zeit ist die Tanzbar. In diesen Bars sind meistens Bardamen angestellt. Die Barkarte weist eine große Anzahl von Getränken auf, darunter auch einige Mixgetränke und Cocktails. An den Tischen werden hauptsächlich Flaschenweine und Champagner serviert. Der Gästekreis setzt sich überwiegend aus tanzfreudigen Menschen gesetzteren Alters zusammen, die eine Tanzbar aufsuchen, um bei den Klängen eines Trios oder Quartetts Bekanntschaften zu schließen.
In den sechziger Jahren hat sich ein völlig neuer Bartyp entwickelt, der die Plüschtanzbar fast gänzlich verdrängte, die Diskothek.

Auch die Diskothek kann als Tanzbar bezeichnet werden, denn ihre Gäste wollen in erster Linie tanzen und Unterhaltung finden. In einer Diskothek gibt es jedoch keine Kapelle, sondern lediglich einen Unterhalter, der als Diskjockey bezeichnet wird. Die Aufgabe des Diskjockey (manchmal ist es auch eine Frau) ist, den Gästen die neuesten Schallplatten-Hits mittels Hi-Fi-Verstärkern vorzuspielen. In den kurzen Pausen versucht der Diskjockey, die Aufmerksamkeit der Gäste durch mehr oder weniger geistreiche Kommentare auf sich zu ziehen. Außer den vielen kleinen, sich um die schwach beleuchtete Tanzfläche reihenden Tischen gibt es in der oft sehr luxuriös eingerichteten Diskothek ein riesiges Barbüfett, um das sich junge, lebenslustige Menschen drängeln. Die Barkarte ist bis zum letzten Zentimeter mit Namen bekannter Cocktails und Mixgetränke sowie Spirituosen, Liköre und alkoholfreier Getränke ausgefüllt. Sogar Qualitätsbiere vom Faß und kleine Gerichte sind verzeichnet. Der Barman hat die Cocktails zu mixen, die dann von jungen, offenherzigen Damen serviert und auch kassiert werden.

Die Restaurantbar ist meistens ein kleiner, mit einer Servicebar verbundener Ausschank in einem gutgeführten Restaurant. Der Gästekreis besteht in erster Linie aus Menschen, die vor dem Essen einen Aperitif oder Cocktail trinken und nach dem Essen noch eine Weile bei Likör oder Cognac verweilen möchten. Daß eine gutgeführte Restaurantbar alle gängigen Spirituosen und Liköre führt und auch eine Anzahl Cocktails und Mixgetränke aufweisen kann, ist selbstverständlich.

Die Snackbar hat, genau wie die Cocktailbar, ihren Ursprung in Amerika. Heute gehört die Snackbar zu einer selbstverständlichen Einrichtung im Gaststättengewerbe. Oft wird die Snackbar als Schnellimbiß bezeichnet, denn sie ist auf schnelles Servieren kleiner Gerichte spezialisiert. Die Getränke in einer Snackbar sind begrenzt, und Cocktails werden in der Regel nicht bereitgehalten.

Die Bierbar ist, wie der Name schon sagt, eine Gaststätte, in der überwiegend Bier serviert wird. Auch hier gibt es kaum Cocktails.

Die Milchbar hat die äußeren Merkmale einer Cocktailbar, den Bartisch und eine schlichte, barähnliche Einrichtung, ist aber eine Schankwirtschaft besonderer Prägung, deren Betriebsart durch den Ausschank von Milchmischgetränken und Speiseeis bestimmt wird. Besonders in den fünfziger Jahren war die Milchbar mit bequemen, mit Rückenlehnen ausgestatteten Barhockern eine für Schüler und Jugendliche beliebte Einrichtung. Die italienischen Eisdielen haben die Milchbars fast völlig verdrängt.

## Die Cocktailbar

Im Vergleich zur „American Bar" von gestern ist die moderne Cocktailbar, der Prototyp aller Bars, durch ihre individuelle Ausstattung gekennzeichnet. Eine Cocktailbar muß nicht unbedingt eine Hoteleinrichtung sein. In größeren Städten gibt es eine Anzahl Cocktailbars, die mit Nachtklubs verbunden sind oder sich lediglich auf das Servieren edler Getränke und liebevoll zubereiteter Cocktails beschränken. Die vornehmsten Cocktailbars sind jedoch auch heute noch überwiegend in eleganten Hotels zu finden. Heute haben Cocktailbars gewöhnlich einen Namen, eine Art „Trademark" oder „Schutzmarke", durch welche die individuelle Note der Gaststätte noch unterstrichen wird. Der jeweilige Name einer Bar kann historischen Ursprungs sein, regionale Prägung haben oder eine reine Phantasiebezeichnung sein. Am häufigsten werden Bars jedoch nach der Einrichtung benannt.
Die Einrichtung einer Cocktailbar ist, abgesehen von der finanziellen Seite, ohne Zweifel neben dem Personal von größter Bedeutung. Eine Bar muß Atmosphäre haben, um populär zu sein. Atmosphäre ist machbar, nach Plan und Überlegung. Stil und Milieu einer Bar werden von Menschen, die in ihr arbeiten, und der Ausstattung geprägt. Doch Art und Güte des Gebotenen müssen stimmen. Denn selbst massiv silberne Trinkbecher können keine gehobene Atmosphäre herbeizaubern, wenn die Temperatur des Getränks nicht stimmt und nach allen Regeln der Kunst gepflegt ist. In alten, natürlich gepflegten Häusern breitet sich Atmosphäre eher aus als in modernen Neubauten. Klinische Sterilität und kühle Nüchternheit, mit der Architekten zuweilen Gasträume planen, bedürfen vielfach der kundigen Hand eines erfahrenen Barmans, um aus ihnen Stätten zu machen, in denen sich Menschen richtig wohl fühlen. Atmosphäre kommt nicht von ungefähr, sie will geschaffen sein. Vorhänge, Bilder, Blumen, Wandschmuck und Bodenbeläge geben einer Bar Wärme, Behaglichkeit und Eigenart. Tischtücher und Blumen aus Plastikmaterial sind sicher sehr praktisch, stilvoll sind sie aber nicht. Echte Orientteppiche wiederum haben als Interieurs einer Luxusbar, genau wie originale Aquarelle oder Ölbilder, ihre Berechtigung, in einer Kneipe dagegen wären sie fehl am Platze. Zum Fluidum, dem nicht faßbaren „Geist" der Bar, gehört eben die angemessene, passende Ausstattung — und auch die Wahl richtiger Farben. Psychologen sagen, daß Gelb strahlend und anregend wirkt. Grün soll beruhigend sein. Violett wird besonders für den musikalischen oder Modebereich verwendet. Blau strahlt Zuverlässigkeit und Intellektualität aus. Orange und Rot sollen lebensbejahende Farben sein. Sie wirken emotionell und sprechen besonders die junge Generation an. Weiß repräsentiert die absolute Unabhängigkeit, frei von allem Behin-

dernden, und gibt gleichzeitig die Gestaltungsfreiheit zu allem Möglichen. Schwarz soll nur in seltenen Fällen für die Gestaltung verwendet werden, meist nur in Verbindung mit Weiß oder als Hintergrund für hell angestrahlte Exponate.

Natürlich sind dies alles nur Annäherungswerte. Die Kunst des richtigen Mixens ist hier erforderlich.

Überhaupt ist Atmosphäre, wie Flair, das ungewöhnliche Frauen umgibt, eine Sache, die man nicht so recht beschreiben kann. Zu viele Elemente sind im Spiel: die angemessene, passende Ausstattung, ein wohlüberlegtes Getränkeangebot, auf geschmackvollen Karten aufgezeichnet, ausgewählte, harmonische Farben und ein entsprechend geschultes Personal, welches nicht nur versteht, Getränke zu servieren, sondern auch fremde Elemente, die die spürbare Atmosphäre zerstören könnten, fernzuhalten. Die Einrichtung einer Bar wird häufig einem Architekten überlassen, der fast immer sein Hauptaugenmerk auf den äußeren Effekt legt, also auf Atmosphäre bedacht ist. Der praktische Zweck wird hierdurch meistens vernachlässigt. Daß es schwer ist, in einer Bar, die den praktischen Zwecken nicht entspricht, zu arbeiten, ist selbstverständlich. Aber auch der Gast findet es schwierig, sich in einer unpraktischen Bar wohl zu fühlen. Das wichtigste Möbelstück der Bar ist das Barbüfett. Es soll so aufgestellt sein, daß ein Gefühl räumlicher Intimität aufkommt. Die richtige Höhe des Barbüfetts sowie der um die oben und unten am Barbüfett entlanglaufenden Stangen, die Nachfolger der Barriere, die jedoch nicht mehr zum Schutze des Wirtes, sondern zum Schutze des Mobiliars dienen, ist von großer Wichtigkeit. An der oberen Stange muß sich der Gast bequem aufstützen können, zugleich wird das Umstoßen von Gläsern verhindert. Die untere Stange muß den Füßen einen bequemen Halt geben und soll das Büfett schonen. Die Barstühle sollen von solider Bauart sein und müssen einen bequemen Sitz haben. Oft sind die Barstühle am Boden befestigt. Dieses hat jedoch etwas Steifes und Unpersönliches an sich, welches vom Gast als störend empfunden werden kann. Lederbezogene Hocker sind sehr elegant, aber auch entsprechend teuer. Heute findet man vielfach kunststoffbezogene Hocker. Der Kunststoff läßt sich leicht reinigen und ist von fast unbegrenzter Haltbarkeit. Die Farben der Bezüge sollen den dominierenden Farben des Raumes angepaßt sein. Hinter dem Barbüfett muß genügend Platz vorhanden sein, um alles, was der Barman zum Arbeiten benötigt, aufnehmen zu können. Ebenso muß der Raum zwischen Spirituosenschrank und Büfett breit genug sein, damit sich der Mixer ungehindert bewegen kann.

Dem Boden hinter der Bar ist besondere Achtung zu schenken. Die Füße des Mixers werden durch stundenlanges Stehen strapaziert, und ein falscher Bo-

denbelag kann zu ernsthaften Gesundheitsschäden führen. Früher hatte man vielfach einen aus zwei oder drei Teilen zusammengesetzten Holzrost auf dem Boden hinter dem Barbüfett. Diese Holzroste verursachten nicht nur störendes Klappern, sie waren auch eine Gefahrenquelle für den sich schnell bewegenden Barmixer, besonders wenn das Holz naß war. Das Verschütten von Flüssigkeit beim Öffnen von Mineralwasserflaschen läßt sich nie ganz vermeiden. Das Holz war also häufig naß. Heute sind solche Roste zum Glück Vergangenheit. Der Fußbodenbelag hinter dem Büfett einer modernen Bar besteht in erster Linie aus Linoleum.
Da man nie über genug Platz verfügt, muß das Innere des Büfetts geschickt ausgenutzt werden. Heute befinden sich in jeder modernen Bar eingebaute Kühlschränke, in denen kühl zu haltende Getränke sowie leichtverderbliche Waren, wie Sahne, Früchte usw., untergebracht werden. Natürlich sind auch nichtgekühlte Abteilungen vorhanden, in denen man Reserveflaschen, die keine Kühlung benötigen, unterbringt. Hinter dem Barbüfett ist ein Spülbecken mit fließendem kaltem und warmem Wasser angebracht. In größeren Betrieben werden die schmutzigen Gläser jedoch in einem separaten Raum gewaschen. Roheis wird in Behältern, die in das Barbüfett eingebaut sind, aufbewahrt. Abfalleimer sind so untergebracht, daß der Gast an der Bar diese nicht sieht. Auf dem Barbüfett werden Aschenbecher, Silber- oder Glasschalen für geröstete Mandeln und Salzstangen sowie Trinkhalmständer und Barkarten verteilt. Alle Barutensilien gehören auf die untere Tischplatte, die Arbeitsbank des Mixers.
Die Arbeitsbank des Mixers ist die tiefer gelegene Platte der Bartheke, die von dem an der Bar sitzenden Gast nur zum Teil gesehen werden kann. Der hintere Teil der Arbeitsbank ist von der oberen Platte des Büfetts vollständig überdeckt. Hier werden alle Hilfsgerätschaften und Ingredienzen aufbewahrt, die der Barman stets zur Hand haben muß, vom Gast aber nicht unbedingt gesehen werden sollen. Auf dem vorderen Teil der Arbeitsbank arbeitet der Mixer vor den Augen des Gastes. Der Bargast liebt es, dem Mixer bei der Arbeit zuzusehen. Schnelles, sauberes und elegantes Arbeiten ist hierfür selbstverständliche Voraussetzung. Die Barutensilien und Ingredienzen stehen immer am gleichen Platz, und zwar so, daß der Barman blind danach greifen kann.

Leider wird der Arbeitsbank, dem so wichtigen Teil des Barbüfetts, nicht immer die erforderliche Aufmerksamkeit gewidmet. Von der wohlüberlegten Konstruktion und praktischen, bis ins kleinste durchdachten Einteilung hängt schließlich der ganze Ablauf des Betriebes ab. Das Schwergewicht wird häufig auf die äußere Konstruktion des Barbüfetts gelegt, während der viel wichtigere Teil, auf der Seite des Mixers, oft reichlich unpraktisch eingerichtet ist. Dies kommt daher, wie schon weiter oben ausgeführt, weil die Einrichtung einem Innenarchitekten überlassen wird, der die Bar fast immer mit den Augen eines Gastes sieht.

## Die Barutensilien

Die folgenden Utensilien, in alphabetischer Reihenfolge aufgeführt, gehören in jede moderne Cocktailbar. Da Englisch die internationale Sprache des Barmixers ist und einige dieser Utensilien auch in Deutschland fast ausschließlich in englischer Sprache benannt werden, sind die englischen Bezeichnungen in Klammern hinzugefügt.

**Barlöffel** (Bar Spoon)
Ein etwa 15 cm langer Löffel aus rostfreiem Stahl oder Silber, der zum Verrühren der Cocktailzutaten mit Eis im Mixglas verwendet wird. Oben am Löffelstiel befindet sich eine runde Scheibe, die zum Zerdrücken von Früchten, frischer Pfefferminze oder Zucker, wie zum Beispiel im „Old Fashioned", verwendet werden kann. Der Löffel faßt, genau wie ein Teelöffel, 5 g oder 0,5 cl Flüssigkeit.

**Barsieb** (Strainer)
Hierunter verstehen wir ein spezielles Sieb, welches dazu dient, Eis und andere Zutaten, wie zum Beispiel Zitronenschale und Kerne, beim Abgießen der gemixten oder geschüttelten Cocktails im Mixglas oder Shaker zurückzuhalten. Das Sieb besteht aus einer runden Platte aus rostfreiem Stahl mit einem spiralfederartigen Rand und paßt genau in den Shaker oder ins Mixglas.

**Bitter- oder Spritzflasche** (Dashbottle)
Eine kleine Glas- oder Kristallflasche mit einem Spritzkorkenverschluß, die Zutaten enthält, die nur spritzerweise verwendet werden, wie zum Beispiel Angosturabitter oder Orangebitter.

**Champagnerzange** (Champagne Tongs)
Eine Spezialzange, mit der sich festsitzende Champagnerkorken mühelos lösen lassen.

**Cocktailstäbchen** (Cocktail Sticks)
Kleine Plastik- oder Holzstäbchen, mit denen man Oliven, Kirschen, Perlzwiebeln usw. ins Glas gibt.

**Dosenöffner** (Can Opener)
Ein einfacher, aber praktischer Allzwecköffner ist in der Bar unentbehrlich. Immer nach jedem Gebrauch säubern.

**Eisschaufel** (Ice Shovel)
Eine kleine Silber- oder Metallschaufel, die zum Umfüllen des Eises verwendet wird.

**Eiskübel** (Ice Bucket)
Kleine Silber- oder Metalleimer, in denen man dem Gast Roheis auf den Tisch stellen kann.

**Eiszange** (Ice Tongs)
Zum Servieren von Roheis benötigt man diese Zange, die einer Zuckerzange ähnelt, jedoch größer ist.

**Flaschenöffner** (Bottle Opener)
Ein an der Arbeitsbank angebrachter Flaschenöffner für Flaschen mit Kronenkorkenverschluß.

**Fruchtmesser** (Fruit Knife)
Zum Zerschneiden von Früchten, wie zum Beispiel Orangen und Zitronen, benötigt man ein rostfreies Messer.

**Fruchtpresse** (Squeezer)
In jeder Bar wird eine Fruchtpresse benötigt. Eine elektrische Presse gewährleistet ein rasches und ökonomisches Arbeiten. Wichtig ist, daß die Presse immer saubergehalten wird.

**Korken** (Corks)
In der Bar werden verschiedene Korken benötigt. Normale Flaschenkorken mit einem Griff, die beim vielen Öffnen und Verschließen nicht so leicht brechen. Sektkorken mit einer Patentklammer zum Verschließen angebrochener Sektflaschen. Kippkorken mit eingebautem Röhrchen, durch das mit dünnem Strahl rezeptgenau eingeschenkt werden kann. Spritzkorken, die nur einige Spritzer oder Tropfen aus der Flasche fließen lassen.

**Meßbecher** (Measure)
Ein Glasbehälter mit verschiedenen Meßskalen, um Mixzutaten genau abmessen zu können.

**Mixglas** (Mixing Glass)
Für Cocktails, die nicht geschüttelt, sondern verrührt werden, benötigt man ein Mixglas. Dieses dickwandige, etwa 1 Liter fassende Glas ist mit einem Ausgießschnabel versehen, der die Eisstücke zurückhält.

**Muskatreibe** (Grater)
Für die Bar unentbehrlich ist die aus zwei Teilen bestehende Metallreibe. Muskat wird hauptsächlich für Flips und Egg Noggs verwendet. Die aromatische Muskatnuß wird im Hohlraum der Reibe aufbewahrt.

**Quirl** (Swizzle Stick)
Viele Gäste lieben es, Champagner oder andere Getränke, die Kohlensäure enthalten, mit einem Quirl zu rühren, um die Kohlensäure entweichen zu lassen. Man soll also Quirle für diese Gäste bereithalten.

**Schneidebrett** (Carving Board)
Ein Holzbrett zum Schneiden von Früchten und Getränkezutaten muß in jeder Bar vorhanden sein.

**Schüttelbecher** (Shaker)
Der Schüttelbecher wird, wie es der Name schon sagt, zum Mixen von Getränken verwendet. Es gibt drei Hauptformen, nämlich den dreiteiligen Becher mit eingebautem Sieb, den zweiteiligen, sogenannten Boston Shaker und den etwa 1 Liter fassenden Shaker, der je zur Hälfte aus Glas und aus Metall besteht. Der kleine, dreiteilige Shaker ist weniger für den kommerziellen Gebrauch geeignet. Die Flüssigkeit läuft nur sehr langsam ab. Zwischen Sieb und Becher setzt sich leicht Grünspan an, der nur sehr schwer zu entfernen ist. Überhaupt ist das kleine Sieb schwer zu reinigen. Der Boston Shaker, aus massivem oder versilbertem Material hergestellt, wird am häufigsten gebraucht. Im unteren Teil, dem eigentlichen Mixbecher, wird nach Schütteln des Getränks das Barsieb eingesetzt, und die Flüssigkeit kann schnell ins Glas abgeseiht werden. Der Glas-Metall-Shaker, gewöhnlich größer als der aus versilbertem Metall hergestellte Shaker, ist weniger handlich, jedoch ausgezeichnet, um mehrere Cocktails auf einmal zu mixen oder Getränke, die Ei oder Sahne enthalten, mit genügend Eiswürfeln kräftig durchzuschütteln.

**Trinkhalme** (Straws)
Viele Bargetränke werden mit einem Trinkhalm, sei er nun aus Stroh oder aus Plastik, getrunken. Man muß genügend Trinkhalme in Ständern bereitstehen haben.

**Untersetzer** (Coasters)
Neben Untertassen und Silber- oder Metalltellerchen, auf die man Gläser mit heißen Getränken stellt, sollte man kleine Stoff- oder Papierservietten haben, die als Tropfenfänger ausgezeichnete Dienste leisten.

## Das Glas in der Bar

In grauer Vorzeit, als die ersten Menschen noch keine Gefäße herstellen konnten, trank man wohl zunächst aus den hohlen Händen, aus ausgehöhlten Kürbissen, Kokosnüssen und Straußeneiern. Aus diesen Formen, die keinen Fuß hatten, ist der Napf und die flache Schale entstanden.
Die Assyrer stellten ihre Trinkgefäße aus Ton her, und wenig später, etwa 3000 Jahre v. Chr., als die Germanen noch aus Tierhörnern und die Skandinavier aus den Zähnen des Narwals tranken, verstanden die Ägypter schon, einfaches Glas ohne die Glasmacherpfeife herzustellen. Die Griechen tranken ihren Wein, wie man bei Homer lesen kann, aus Schalen und Bechern, die dem Wohlstand des Hausherrn entsprechend aus Ton, Silber oder Gold hergestellt waren. Die Römer lernten die Kunst der Glasherstellung von den Ägyptern und brachten es bereits in der Formung wie auch in der Oberflächenbearbeitung zu einer großen Fertigkeit.
Mit dem Verfall des Römischen Reiches im 5. Jahrhundert n. Chr. kam die Glasherstellung in Europa für lange Zeit zum Stillstand. Erst 1000 Jahre später erreichte die Glasherstellung in Venedig ihre große Glanzzeit. Zu jener Zeit trank man in Deutschland noch aus weiten, zylindrischen Humpen aus dickem Glas. Der Reichsadler, Wappen oder Bildnisse von Fürsten waren in Emailfarben auf solche Gläser gemalt. Doch bald entstanden in den waldreichen Gebieten der deutschen Mittelgebirge, vor allem im Schwarzwald, im Riesengebirge und im Böhmerwald, Glashütten, in denen ein das venezianische Produkt überragendes Glas hergestellt wurde. Der Römer, der Vorläufer des Stengelglases, wurde zum ersten Mal im Jahre 1589 schriftlich erwähnt. Ob man darunter römisches Glas verstand oder ob das Wort Römer von rühmen oder prunken kommt, ist nicht überliefert. Im gleichen Jahr berichtete ein Reisender, daß

Trinkgefäße in absonderliche Formen ausarteten. Die Gläser waren zu Tierköpfen, Narrenkappen, Schuhen und Stiefeln geformt. Aus dieser Zeit stammt der Stiefel, der sich noch heute bei Zechgelagen in Wirtschaften großer Beliebtheit erfreut. Die Zünfte hatten ihre eigenen, beziehungsreichen Trinkgefäße: Die Metzger tranken aus Gläsern, die wie Ochsenhörner geformt waren, die Schuhmacher tranken aus Schuhen und Stiefeln und die Schneider aus gläsernen Fingerhüten. Mit der Entwicklung der deutschen Glasindustrie wurde ein grünliches, bereits Pottasche enthaltendes, hartes Glas hergestellt, und im 17. Jahrhundert gelang es in Böhmen, durch Zugabe von Kalk und Entfärbungsmitteln ein klares und sehr hartes Glas zu gewinnen. Dieses Kristall- oder böhmische Glas, zu dessen Masse man wenig später bei der Herstellung noch Bleioxyd hinzusetzte und damit Bleikristall produzierte, verdrängte das berühmte venezianische Glas.

Nach den zur Verwendung gelangenden Rohstoffen unterscheiden wir heute Kalknatrongläser, die aus Kalk, Soda und Sand hergestellt werden und als relativ billige Gebrauchsgläser Verwendung finden, sowie Kalk-Kalium-Gläser, zu deren Herstellung Kalk, Pottasche und Sand benutzt werden und als bessere Qualität geschätzt sind.

Die Rohstoffe werden gereinigt, gemahlen und bei einer Temperatur von 1450 Grad Celsius geschmolzen. Die Formung geschieht durch Blasen, Pressen oder Gießen. Besonders wertvolle Gläser sind immer mundgeblasen. Ein mundgeblasenes Glas bekommt seine Schönheit und den höheren Wert durch das Schleifen. Auch massengefertigtes Preßglas, das seine Musterung bereits durch die Form erhalten hat, kann nachgeschliffen werden. Billiges Glas erhält seine Musterung nur durch Pressen ohne Nachschliff. Bemaltes, mit Goldrändern verziertes Glas gibt es in billigen und kostbaren Ausführungen. Heute werden schlichte, dem Zweck entsprechende Gläser bevorzugt.

In der Bar benötigt man eine Anzahl verschiedener Gläser. Um häufige Bruchschäden zu vermeiden, verwendet man in der Bar keine Gläser mit zu dünnen Stielen. Trotzdem sollen die Gläser nicht nur zweckmäßig, sondern auch schön sein. Ein schönes Glas erhöht den Genuß jeden Getränks. Beim Einkauf sollte man darauf achten, daß jedes Glas fehlerfrei ist. Es kann undurchsichtige Körnchen, auch Schlieren und Fäden (Schmelzfäden) oder Blasen (Reinigungsfehler) enthalten. Durch Feuerungsgase können Anlauf- oder Erblindungsstellen und durch ungleichmäßige Abkühlung oder Stöße Risse entstehen. Man achte also darauf, daß ein Glas vollkommen klar im Aussehen und einwandfrei in der Form ist. Die einzelnen Sorten sind eingeteilt nach erster, zweiter und dritter Wahl. Der Wert des Glases wird durch seinen Klang, seine Wandstärke und sein Lichtbrechungsvermögen bestimmt.

Entsprechend der vielfältigen Verwendung werden die Gläser in folgende Arten eingeteilt:
a) Weingläser
b) Biergläser
c) Weinbrand- und Likörgläser
d) Spezialgläser (Cocktailgläser, Teegläser und andere).
Feste Regeln für die Art der zu verwendenden Gläser gibt es nicht, doch haben sich im Laufe der Zeit bestimmte Gewohnheiten herausgebildet.

**Weingläser**
Weine serviert man in einem Kelchglas. Farbige Kelche sind ungeeignet, weil sie die Farbe des Weines nicht in Erscheinung treten lassen.

**Schoppenweingläser**
Offene Weine, als Schoppenweine bekannt, werden in einem Pokal, auch Kellerrömer genannt, serviert. Dieser Pokal ist ein handfestes Glas mit kräftigem, gedrungenem Stiel von grünlicher oder bernsteinfarbener Tönung. Der Kelch ist immer farblos. Moselweine serviert man in den grünlichen Gläsern. Für Rhein-, Pfälzer und Frankenweine verwendet man die bernsteinfarbenen Gläser.
Weiße Flaschenweine serviert man in einem farblosen Kelchglas mit langem Stiel, dem sogenannten Römer.
Rote Flaschenweine werden in kurzen, bauchigen Kelchgläsern serviert.

**Sektgläser**
Sektgläser gibt es in drei verschiedenen Formen:
a) Kelchgläser
   Sektkelche oder Sektspitzen (Sektflöten) für Flaschenservice.
b) Sektschalen
   für Pikkoloservice und Verwendung an der Bar.
c) Pfirsichpokal
   für Service von Kullerpfirsich.

**Gläser für verschiedene Spirituosen**
a) Steingutkrüglein
   Steinhäger, Enzian, Enzianlikör.

b) Schnapsglas oder Stamper
   Aquavit, Wacholder, Doornkaat, Kümmel.
c) Geneverglas
   Genever oder Korn.

**Gläser für Obstbranntweine oder Obstgeiste**

**Kirschschwenker**
Kirschwasser, Himbeergeist, Sliwowitz, Grappa, Birnenbranntwein, Calvados usw.

**Gläser für Liköre**
a) Kleine Likörschwenker
   Allasch, Klosterlikör, Maraschino, Curaçao, Danziger Goldwasser.
b) Große Likörschwenker
   für Edelliköre, wie Bénédictine, Chartreuse, Cordial-Médoc und Grand Marnier.
c) Likörkelch
   Anisette, Boonekamp, Fernet-Branca, Halb und Halb, Jägermeister, Krambambuli, Underberg, Stonsdorfer, Ratzeputz, Arrakverschnitt, pur getrunken.
d) Likörschale
   Advokaat, Cremeliköre, Kaffeelikör, Bärenfang, Rum, Rumverschnitt.

**Edelbranntweine und Verschnitte**
a) Große Schwenker, sogenannte Sniffer
   Cognac, Armagnac, Weinbrand.
b) Weinbrand-, sogenannte Asbachschale.

**Kleine Tumbler** (Sourgläser)
Whisky „on the rocks".

**Mittelgroße bis große Tumbler, sogenannte Highballgläser**
Collinses, Gin mit Tonic, Whisky mit Soda oder Wasser usw.

**Für Heißgetränke**

a) Groggläser
   Rumgrog, Arrakgrog, Rotweingrog, Weinpunsch usw.

b) Punschgläser
   Glühpunsch, Glühwein, Feuerzangenbowle.

## Spezialgläser

**Große und kleine Cocktailgläser**
**Cobblergläser**
**Poussecafégläser**
**Aperitifgläser**
**Limonadengläser**
**Bowleschüssel und Bowlegläser**
**Teegläser**
**Melange- und Eiskaffeegläser**

## Gesetzliche Vorschriften

Wichtig ist die Beachtung der gesetzlichen Vorschriften in bezug auf Gläser oder Schankgefäße, wie die offizielle Bezeichnung lautet. Der Begriff „Schankgefäß" wird im Eichgesetz wie folgt definiert: „Schankgefäße sind Gefäße, die zum gewerbsmäßigen Ausschank von Getränken gegen Entgelt bestimmt sind und erst bei Bedarf gefüllt werden." Eine begriffliche Unterteilung der Schankgefäße unterscheidet Gefäße, die unmittelbar zum Trinken des eingefüllten Getränks verwendet werden, sowie Gefäße zum Überbringen von Getränken, die aus anderen Gefäßen getrunken werden.

Während Schankgefäße zum Umfüllen, wie zum Beispiel Karaffen, den Bestimmungen der Verordnung über Schankgefäße entsprechen müssen, gelten die hierbei verwendeten Beisetzgläser nicht als Schankgefäße. Bei diesen Gefäßen handelt es sich vielmehr um Trinkgläser, -becher usw., die bei der Bestellung von Getränken in Flaschen oder Schankgefäßen zum Umfüllen diesen Behältnissen beigestellt werden und daher nicht zur Volumenmessung dienen.

Schankgefäße für bestimmte Getränke sind von der Anwendung in der Verordnung ausgenommen, d. h., hier können auch andere Gefäße verwendet werden.

Diese Ausnahmen gelten für:

a) alkoholische Mischgetränke, die unmittelbar vor dem Ausschank aus mehr als zwei Getränken gemixt werden, wie zum Beispiel Cocktails;
b) Kaffee-, Tee-, Kakao- oder Schokoladengetränke oder auf ähnliche Art zubereitete Getränke;
c) Kaltgetränke, die in Automaten durch Zusatz von Wasser hergestellt werden.

Entsprechend der Unterteilung der Schankgefäße sind folgende Volumenreihen zulässig:

Für Trinkgefäße die Größen 2, 4, 5 oder 10 Zentiliter sowie 0,1, 0,2, 0,25, 0,3, 0,4, 0,5, 1,0, 1,5, 2,0 und 3,0 Liter.

Für Schankgefäße zum Umfüllen die Größen 0,2, 0,25, 0,5, 1,0, 1,5, 2,0, 3,0, 4,0 und 5,0 Liter.

Der Füllstrich muß mindestens 10 mm lang sein, und die Schriftgröße der Volumenangabe bis 5 cl Nennvolumen darf 3 mm nicht unterschreiten. Bei einem Nennvolumen von mehr als 5 cl bis zu 0,5 l muß die Schriftgröße mindestens 4 mm und bei einem Nennvolumen von mehr als 0,5 l mindestens 6 mm betragen.

Der Mindestabstand des Füllstriches vom oberen Rand bei Gläsern, die für Bier und Schaumwein verwendet werden und ein Nennvolumen von weniger als 0,5 l aufweisen, muß mindestens 30 mm betragen. Fassen solche Gläser 1 l oder mehr, muß der Füllstrichabstand mindestens 40 mm betragen. Gläser, die für andere Getränke benutzt werden und weniger als 0,1 l fassen, müssen einen Füllstrichabstand von mindestens 5 mm aufweisen, und Gläser, die ein Nennvolumen von 0,1 l oder mehr haben, dürfen den Füllstrich nicht weniger als 10 mm vom oberen Rand aufweisen. Ferner muß auf Schankgefäßen ein von der Physikalisch-Technischen Bundesanstalt anerkanntes Herstellerzeichen aufgebracht sein.

Schankgefäße werden in der Bundesrepublik nicht geeicht. Es werden jedoch bei den Herstellern sowie Importeuren stichprobenweise Überwachungen durchgeführt, um festzustellen, ob die bestehenden Vorschriften eingehalten werden. Darüber hinaus werden auch die Barbetriebe durch die zuständigen Behörden überwacht. Hierbei wird geprüft, ob die verwendeten Schankgefäße den Vorschriften entsprechen. Abweichungen von den Vorschriften werden als Ordnungswidrigkeit angesehen und können mit einer Geldbuße geahndet werden.

## Die Pflege der Gläser

Jedes Glas muß nach einmaligem Gebrauch gespült werden. Nur auf ausdrücklichen Wunsch des Gastes darf ein benutztes Glas wieder verwendet werden.
Hygienisch einwandfrei reinigt man Trinkgläser, wenn sie zuerst in handwarmem, mit etwas Soda versetztem Wasser mit der Hand bearbeitet werden. Zum Spülen wird eine Gläserbürste benutzt, die gewerbepolizeilich vorgeschrieben ist. Man achte besonders darauf, daß die in warmem Spülmittelwasser gewaschenen Gläser von Fett- und Lippenstiftspuren befreit sind. Zum Nachspülen benutzt man warmes und klares Wasser. Zum Abtropfen werden die Gläser mit der Öffnung nach unten auf einem Stoff- oder Schaumgummituch abgestellt. Die noch warmen Gläser werden poliert, darunter ist das gründliche Trockenreiben zu verstehen. Dazu benutzt man am besten ein leinenes oder halbleinenes, nichtfaserndes Tuch, da diese Stoffart am saugfähigsten ist. Beim Polieren muß das Glas sachgemäß gehalten werden, da sonst die Gefahr besteht, daß der Stiel abgedreht wird. Hohe Stengelgläser sind mit besonderer Vorsicht zu reinigen, um Bruch zu vermeiden. Am sichersten verfährt man, wenn solche Gläser bei dem gesamten Reinigungsvorgang einschließlich des Polierens immer nur am Stengel, also nicht am Fuß, in der hohlen Hand gehalten werden. Zur Kontrolle wird immer gegen das Licht poliert, das Glas darf dabei nicht mit der bloßen Hand angefaßt werden.
Aus hygienischen Gründen darf ein Glas niemals angehaucht werden. Verstaubte Gläser werden zuerst mit kaltem Wasser ausgespült und dann in warmem Spülmittelwasser gewaschen, da sonst der Staub die Gläser verschmieren und blind machen würde.
Gläser werden immer mit der Öffnung nach unten im Gläserschrank aufbewahrt, damit kein Staub hineingelangen kann, es sei denn, daß sie wegen ihrer Form leicht umkippen.
Zur guten Entlüftung empfiehlt es sich, die Gläser auf kleine Leisten zu stellen.

## Bestandteile und Zutaten

### Fruchtsäfte

In den letzten Jahren stieg der Konsum nichtalkoholischer Getränke in der Bar, bedingt durch den wachsenden Anteil an autofahrenden Gästen, gewaltig an. Besonders die Fruchtsäfte erfreuen sich einer ständigen Beliebtheit. Die

Fruchtsäfte, die heute für jede Bar unentbehrlich sind, sind in der Hauptsache folgende: Zitronensaft, Orangensaft, Grapefruitsaft, Tomatensaft, Apfelsaft und Traubensaft. Der richtige Umgang mit den Säften, die in Dosen oder Flaschen erhältlich sind, ist von großer Wichtigkeit. Die Säfte müssen kalt aufbewahrt werden. Eine einmal geöffnete Dose soll möglichst schnell verwertet werden, da die Gefahr der Gärung besteht. Je weniger die Säfte mit Sauerstoff in Berührung kommen, um so länger bleiben sie frisch. Sehr zweckmäßig sind die speziellen Saftflaschen. Angebrochene Dosen werden in diese mit der Aufschrift des Inhalts versehenen Flaschen umgefüllt. Bei diesen handlichen Flaschen kann man sofort feststellen, wieviel Saft noch vorhanden ist. Zudem sieht es viel ästhetischer aus, die Säfte einer eleganten Flasche zu entnehmen, als wenn sie aus einer Konservendose herausgegossen werden. Natürlich sind die besten Konservensäfte in Feinheit und Aroma nicht gleichwertig mit frisch gepreßten Fruchtsäften.

**Zitrusfrüchte**

Viele Cocktails und Mixgetränke werden unter Verwendung von Fruchtsäften hergestellt. Besonders die Säfte der Zitrusfrüchte spielen hier eine große Rolle. Es läßt sich zwar nicht immer vermeiden, Fruchtsäfte aus Dosen und Flaschen zu verwenden, die Säfte der Zitrusfrüchte sollten jedoch immer frisch ausgepreßt werden. Beim Kauf von Zitronen achte man darauf, daß diese nicht trokken sind. Spanische, griechische und sizilianische Zitronen sind besonders saftig. Die kleinen ägyptischen Zitronen sind extrem sauer. Orangen dürfen keine Faulstellen aufweisen, und die Schalen sollen nicht gespritzt sein. Vor dem Gebrauch soll man die Früchte auf alle Fälle waschen. Die Limonelle, deren Saft als Lime Juice von bekannten Firmen auf den Markt gebracht wird, ist eine zitronenähnliche Frucht, die auf den Antillen und in Mexiko angebaut wird.

**Obst**

Frisches und konserviertes Obst wird in der modernen Bar täglich benötigt. In erster Linie wird Obst zum Garnieren von Getränken verwendet. Hierzu leisten konservierte Früchte ausgezeichnete Dienste. Aber auch als wesentlicher Bestandteil eines Getränks spielt Obst eine große Rolle. Bei Bowlen, die fast ausschließlich mit frischem Obst zubereitet werden, ist man weitgehend an die Jahreszeit gebunden. Kompottfrüchte werden nicht in den Originaldosen aufbewahrt, sondern immer in Porzellan- oder Glasbehälter umgeleert. Grüne Speiseoliven, die zum Garnieren von Cocktails verwendet werden, sind in Salzlake nach der spanischen Methode aufbereitet. Entkernte grüne Oliven, die mit Mandeln, Nüssen, Zwiebeln, Sardellen oder Paprika gefüllt sind, sowie in Essig und Öl eingelegte schwarze Oliven eignen sich nicht zum Garnieren von Cocktails, sind aber ausgezeichnete Cocktailknabbereien. Cocktailkirschen sind in verschiedenen Farben erhältlich. Am häufigsten werden jedoch die aus Norditalien stammenden blutroten Kompottkirschen, die sogenannten Maraschinokirschen, verwendet.

**Zucker und Sirup**

Zucker wird in verschiedener Form in jeder Bar gebraucht. Würfelzucker benötigt man zum Beispiel für die Zubereitung des „Old Fashioned" und des „Champagne Cocktails". Grießzucker kann zum Süßen verschiedener Getränke verwendet werden. Puderzucker wird häufig gebraucht, um Mixgetränken, wie zum Beispiel Crustas, den Zuckerrand zu geben. Zuckerhut (Lombardenzukker) ist für die Zubereitung der Feuerzangenbowle unentbehrlich. Am wichtigsten für die Mixerei ist jedoch der Zuckersirup. Zuckersirup löst sich leichter, besonders in Alkohol, als alle anderen Zuckerarten. Man füllt 500 g Kristallzukker in eine 1-Liter-Flasche, füllt die Flasche mit kaltem Wasser und schüttelt von Zeit zu Zeit, bis der Zucker sich vollständig gelöst hat. Dann füllt man die Flasche mit Wasser auf und lagert den Sirup kühl, aber nicht kalt, weil sonst der Zucker wieder auskristalliert. Einfacher ist es, Zuckersirup im warmen Prozeß herzustellen, nämlich durch Aufkochen und Abschäumen der Lösung, bevor man sie auf Flaschen zieht. Zum Einkochen benötigt man 1 Liter Wasser auf 1 Kilo Zucker.

Heute wird der Zuckersirup vielfach durch Fruchtsirup verdrängt. Für Cocktails, die eine rote Farbe haben sollen, eignet sich der süße, aus Granatäpfeln gewonnene, blutrote Grenadinesirup ausgezeichnet. Andere Siruparten, die in der Bar Verwendung finden können, schließen ein: den aus Mandelmilch hergestellten Oregatsirup, Ananassirup, Himbeersirup, Kirschsirup und den aus schwarzen Johannisbeeren hergestellten Cassissirup.

## Gewürze und Gewürzsaucen, die in der Bar Verwendung finden

**Anis** (Anis Seed)
Die süßlich-würzig schmeckenden Früchte der Anispflanze enthalten beruhigende und krampfstillende ätherische Öle.
Die Anbaugebiete sind Südeuropa, Nordafrika, Mexiko und Rußland. Anis ist leicht zu zerstoßen. Feingemahlene Ware verliert rasch ihre Würzkraft und sollte sofort verbraucht werden.
Die Industrie verarbeitet große Mengen für die Herstellung von Likör und Hustenbonbons.
In der Bar, und vor allem in der Milchbar, wird Anis für die Herstellung von Milchmischgetränken verwendet.

**Cayennepfeffer** (Cayennepepper)
Cayennepfeffer wird von der schärfsten der scharfen Pfefferschotenarten gewonnen, beheimatet in Westafrika, Mexiko und Kalifornien. In der Bar kann Cayennepfeffer zum Garnieren von Cocktails, die mit flüssiger Sahne zubereitet werden, und zum Würzen von Mixgetränken, wie zum Beispiel „Bloody Mary" und „Prairie Oyster", Verwendung finden. Beim Bestäuben von Cocktails und Würzen von Mixgetränken muß man vorsichtig verfahren, denn Cayennepfeffer ist wirklich sehr scharf.

**Ingwer** (Ginger)
Ingwer stammt aus Jamaika, Westindien, Westafrika, Brasilien, Japan und Südostasien.
Seit dem 16. Jahrhundert ist der Wurzelstock der Ingwerpflanze als scharfes Gewürz bekannt. Am besten ist der Ingwer aus Jamaika. Die trockenen, unregelmäßig geformten Ingwerstücke sind bis zu 10 cm lang. Auch gemahlen und kandiert ist Ingwer erhältlich. Der Geruch ist schwach würzig, der Geschmack eigentümlich brennend. Sein Würzwert beruht auf einem ätherischen Öl, das appetitanregend, magenstärkend und verdauungsfördernd ist.
In England werden große Mengen zur Herstellung von Ginger Ale (Ingwerlimonade), Ginger Wine und Ginger Beer gebraucht. Likörfabriken verwenden ebenfalls Ingwer.

**Muskat** (Nutmeg)
Der bis zu 18 Meter hohe Muskatbaum wächst in Indonesien, Afrika, Java, Sansibar, Westindien und Brasilien. Die Bäume werden bis hundert Jahre alt. Ihre fleischigen Steinfrüchte enthalten den etwa 10 Gramm schweren Samen, Muskatnuß genannt, der von einem geschlitzten Mantel umhüllt ist, der sogenannten Muskatblüte. Die Muskatnuß enthält neben dem ätherischen Muskatöl auch noch etwa 35 Prozent fettes Muskatnußöl. Um Insektenfraß zu verhindern, werden die Samen mit Kalkmilch behandelt. Die von den Bandainseln kommenden großen Muskatnüsse sind besonders würzig. Die Muskatblüte wird getrennt getrocknet und als orangegelbes Pulver unter der Bezeichnung Mazis verkauft.
In der Bar wird die gemahlen und ungemahlen erhältliche Muskatnuß hauptsächlich zum Aromatisieren von Flips und Egg Noggs verwendet.

**Nelken** (Cloves)
Die getrockneten Gewürzknospen des immergrünen, bis zu 20 Meter hohen Gewürznelkenbaumes sind seit dem frühesten Mittelalter unter dem Namen Nägelein oder Nelken ein beliebtes Gewürz. Der Duft ähnelt der Gartennelke, und die Form der Gewürznelke gleicht auffallend der Form eines kleinen Nagels. Der Würzwert der kleinen Blütenknospe hängt vom Gehalt an ätherischem Nelkenöl und an aromatischen Estern ab. Das Nelkenöl ist magenstärkend und anregend auf Gefäß- und Nervensystem. Die Hauptanbaugebiete befinden sich auf den Inseln Sansibar und Madagaskar. Ein Zeichen guter Qualität ist es, wenn die Nelke im Wasser untergeht und wenn die Blütenknospe sich leicht eindrücken läßt.
Man verwendet das brennend-kräftig schmeckende Gewürz im ganzen zum Würzen von Glühwein.

**Orangenschalen** (Orange Peel)
Apfelsine — Sinaapfel — Chinaapfel. Die eigentliche Heimat der Orangen sind die Inseln im Südchinesischen Meer und im Malaiischen Archipel. Von dort wurden sie schon im Altertum nach Afrika gebracht und fanden im Mittelmeerraum Verbreitung. Kolumbus nahm Orangenstauden von Gran Canaria nach Hispaniola und pflanzte sie dort im Jahre 1493 an.
Hundert Jahre später waren Orangen im ganzen karibischen Raum verbreitet.
Der Saft der Frucht des bis zu 12 Meter hohen Orangenbaumes ist reich an Vitamin C.
Als Gewürz verwendet man die frische oder getrocknete aromatische Schale.
Die weiße und bittere Innenseite muß sorgfältig entfernt werden.

**Pfeffer** (Pepper)
Der Pfeffer ist ein Universalgewürz, das Alexander der Große in die Mittelmeerländer einführte. Die Heimat des Pfeffers sind feuchtheiße Tropenländer. Die Kulturen auf Java, Borneo, in Malakka und an der Malabarküste sind für den Welthandel von Bedeutung. Die Pfefferpflanze rankt sich an der Stange hoch. An einer Blütenähre bilden sich erbsengroße Beeren, die erst grün und dann rot werden. Der schwarze Pfeffer wird aus den grünen, noch unreifen Beeren gewonnen. Die nach dem Trocknen dunkel und runzelig gewordene Fruchtschale umschließt den weißlichgrauen Samen. Um den milden und doch voller schmeckenden weißen Pfeffer zu erhalten, läßt man die Früchte reif werden, schichtet sie dann aufeinander und überläßt sie einem Fermentationsprozeß. Dabei wird das weiche Fruchtfleisch zerstört. Es kann dann abgerieben und abgespült werden. Je schwerer und härter das Pfefferkorn ist, desto wertvoller ist es. Bei sorgfältiger Lagerung ist Pfeffer unbegrenzt haltbar. Gemahlener Pfeffer sollte allerdings nur in der Originalverpackung, also luftgeschützt in Gläsern oder Klarsichttüten, aufbewahrt werden. Der scharfe Geschmack des Pfeffers und die ätherischen Öle kommen vom Piperingehalt.
In der Bar wird Pfeffer zum Würzen verschiedener Mixgetränke, wie zum Beispiel „Bloody Mary“, „Prairie Oyster“ usw., verwendet.

**Tabasco** (Tabascosauce)
Die rote, aus Essig, Pfeffer und Salz hergestellte Gewürzsauce wird in der Bar zum Würzen verschiedener Mixgetränke, wie zum Beispiel „Bloody Mary“, verwendet. Tabasco gilt als eine der schärfsten Saucen, und es ist deshalb angebracht, mit dem Würzen vorsichtig zu verfahren. Meistens genügen ein oder zwei Tropfen.
Die Tabascosauce stammt von der Insel Avery in den USA, wo die Pfefferschoten seit über 100 Jahren angebaut werden. Tabasco wird von der Firma Horlicks Ltd. in Brentford in England unter Lizenz der McIlhenny Co. von der Insel Avery in den USA hergestellt.

**Tomatenketchup** (Ketchup)
Diese Gewürzsauce wird aus Tomaten, Essig, Zucker, Senf, Cayennepfeffer, Schalotten und Piment hergestellt. In der Bar wird Tomatenketchup vor allem für „Prairie Oyster“ verwendet.

**Worcestershiresauce**
Dieses dunkelbraune, würzige Gemisch wird in England aus Malzessig, Zukker, Sojabohnen, Sirup, Salz, Nelken, Chillies, Tamarindenmus, Knoblauch,

Sardellenessenz und anderen Gewürzen hergestellt. Das Gemisch soll von dem aus der englischen Provinz Worcestershire stammenden Sir Marcus Sandys in Indien entdeckt sein. In England ist das Gemisch zum Würzen von Suppen, Saucen und Eintöpfen beliebt. In der Bar verwendet man Worcestershiresauce, vielfach auch Worcestersauce genannt, zum Würzen der „Bloody Mary".

**Zimt** (Cinnamon)
Zimt war schon Jahrtausende vor Christus bekannt. Man würzte nicht nur mit Zimt, sondern salbte und räucherte damit.
Man unterscheidet zwischen dem edlen Ceylonzimt oder Kaneel und dem gröberen chinesischen oder Kassiazimt. Zimtstangen sind die Rindenstücke des immergrünen Zimtlorbeerbaumes. Die Anbaugebiete des Ceylonzimtes befinden sich auf Ceylon und Java, die des Kassiazimtes in Südchina. Die Rinde wird von der Außen- und Mittelrinde befreit. Ceylonzimt ist dünnrindig, hell und rollt sich von beiden Seiten zusammen. Kassiazimt ist in der Rinde dicker und rollt sich nur einseitig auf. Das Zellgewebe ist derber, die Farbe dunkler, braungrau, Duft und Geschmack sind weniger aromatisch. Die Güte richtet sich nach der Dicke der Rinde und nach der Farbe. Je dünner die Rinde, desto feiner ist das Aroma. Beim Ceylonzimt werden die etwa 40 cm langen Zimtstangen ineinandergeschoben und gebündelt versandt. In Europa werden die Stangen von den Gewürzhändlern in 15 cm lange Stücke geschnitten. Zimtpulver wird häufig aus chinesischem Zimt hergestellt und zum Teil durch Zusatz von gemahlenem Ceylonzimt im Aroma und in der Farbe verbessert.
Die Zimtstangen werden zum Würzen von Glühwein und Punsch verwendet. Das stark duftende Zimtöl ist appetitanregend, magenstärkend und fördert die Verdauung.

**Zitronenschale** (Lemon Peel)
Der Zitronenbaum wurde zuerst in Indien entdeckt. Heute wird er vor allem in Kalifornien, Florida, in den Mittelmeerländern und in Südafrika angebaut.
Die an ätherischen Ölen reiche Schale ist vielseitig verwendbar. Zur Verwendung als Würzstoff sind allerdings nur die Schalen verwendbar, die nicht chemisch behandelt worden sind.
Die gut gereinigten Zitronen werden dünn geschält, getrocknet, grob gemahlen und als Lemon Peel gehandelt. Frische Zitronenschale wird zum Abspritzen vieler Cocktails und als Zugabe zu verschiedenen Mixgetränken verwendet.
Der Zitronensaft ist appetit- und verdauungsanregend. Er ist reich an Vitaminen und eignet sich gut als Essigersatz.

## DER BARMAN

Der Berufsweg des Barmans, auch Mixer, Barkeeper oder Bartender genannt, beginnt in der Regel nach abgeschlossener Lehre als Restaurantfachmann. Der junge Gehilfe hat dann die Möglichkeit, als Barcommis die Grundkenntnisse des Mixerberufes zu erlernen. Nach einjähriger Ausbildung hinter der Bar in einem anerkannten Betrieb kann der Gehilfe eine staatliche Prüfung als Barmixer ablegen.

An der Prüfung als Barmixer, die zur Zeit alle zwei Jahre von der Industrie- und Handelskammer für München und Oberbayern in Zusammenarbeit mit der Deutschen Barkeeper-Union e.V. durchgeführt wird, darf jeder teilnehmen, der eine mit Erfolg abgeschlossene Ausbildung als Restaurantfachmann/Restaurantfachfrau nachweisen kann und eine weitere Berufspraxis von mindestens 1 Jahr hinter der Bar nachweisen kann. Sollte eine erfolgreiche Ausbildung als Restaurantfachmann/Restaurantfachfrau nicht vorliegen, muß eine mindestens fünfjährige Tätigkeit hinter der Bar nachgewiesen werden. Dies wird auf eine durch die erfolgreiche Prüfung abgeschlossene Berufsausbildung im Gastgewerbe angerechnet.

Die Prüfung wird praktisch und mündlich durchgeführt, und das Schwergewicht liegt in der Fachpraxis und Fachtheorie. Ein Vorbereitungslehrgang für die Prüfung wird in der Bavaria Hotelberufsfachschule in Altötting in Oberbayern angeboten. Die Prüfung gilt als bestanden, wenn in beiden Prüfungsfächern mindestens ausreichende Leistungen erzielt wurden. Über die bestandene Prüfung erhält der Teilnehmer von der IHK München ein Zeugnis und von der DBU eine silberne Nadel und einen Aktiv-Wimpel.

Voraussetzung für den Erfolg in dieser spezialisierten Berufssparte der Gastronomie ist, außer manueller Geschicklichkeit und gründlicher Kenntnisse der Fachtheorie, die innere Bereitschaft zur Dienstleistung. Die geistige Einstellung zu den Aufgaben des Mixers hat mit Unterwürfigkeit oder Lakaientum nichts gemeinsam; sie ist das Berufsethos, von dem dieser Beruf getragen werden muß, wenn er auch innerliche Befriedigung und wirtschaftlichen Erfolg erbringen soll.

Der junge Fachmann vervollständigt seine Ausbildung vielfach im Ausland, um neben den Sitten und Gewohnheiten der verschiedenen Nationen auch die Schulkenntnisse der wichtigsten Fremdsprachen zu verbessern. Besonders wichtig ist die absolute Beherrschung der englischen Sprache, denn Englisch ist die Fachsprache der Mixer und Umgangssprache mit dem internationalen Publikum einer renommierten Bar.

Nach einer weiteren einschlägigen Berufspraxis von mindestens fünf Jahren kann der Mixer an einem Vorbereitungslehrgang für Barmeister an der Bavaria Hotelberufsfachschule teilnehmen und im Anschluß daran die Meisterprüfung vor der IHK in München ablegen. Der Schwerpunkt des meisterlichen Könnens liegt auf den Sachgebieten Fachpraxis und Fachtheorie. Der Lehrplan beinhaltet unter anderem Wareneinkauf, Lagerung, Kalkulation, Aufbau des Arbeitsplatzes, Erstellung der Standard-Cocktails und der verschiedenen Grundrezepturen der Mixgetränke, Einsatz und Überwachung von technischen Einrichtungen in seinem Bereich, Betriebsorganisation und Rechnungswesen, Arbeitsmittel, Betriebseinrichtungen, Kontrollwesen, Kostenrechnung, Buchführung, Grundzüge der Wirtschafts- und Rechtskunde, Grundzüge des betrieblichen Personalwesens, Bürgerliches Recht und Handelsrecht, Gewerberecht, Steuerrecht und Arbeits- und Sozialrecht.

Nach bestandener Prüfung erhält der Barmeister von der IHK München einen Meisterbrief und von der DBU einen „Barmeister-Wimpel" sowie die goldene Vereinsnadel.

Der Meisterbrief ist zwar ein Beweis für fundierte praktische und kaufmännische Kenntnisse und deshalb ein erstrebenswertes Ziel der beruflichen Karriere, doch für den Arbeitgeber genügen diese Kenntnisse allein nicht. Der Mann hinter der Bar muß außer den praktischen und kaufmännischen Kenntnissen eine natürliche Liebenswürdigkeit, Taktgefühl, Weltgewandtheit, Menschenkenntnis und eine überdurchschnittliche Allgemeinbildung besitzen. Ehrlichkeit und Charakterfestigkeit sind selbstverständliche Voraussetzungen für den harten und entbehrungsreichen Beruf des Mixers. Die hohen Anforderungen sind unbedingt berechtigt, denn einmal vertraut der Barbesitzer dem Mixer seine teuren Waren an, die vielfach seine Existenz bedeuten, und zum anderen erwartet der Besucher einer exquisiten Bar einen seriösen Fachmann, den er als sozial gleichstehend betrachtet.

Zwar gibt es genügend berufsfremde Elemente, die sich in einer zweideutigen Bar, ohne die elementaren Kenntnisse zu besitzen, als Barmixer bezeichnen. Ein wirklicher Barmixer mit einem gesunden Berufsstolz wird sich durch diese Elemente, die das allgemeine Ansehen seiner Berufssparte negativ beeinflussen und ihr somit ungeheuren Schaden zufügen, nicht irritieren lassen. Im Gegenteil, er wird stets bemüht sein, die durch die im Gaststättengewerbe unerläßliche langjährige Ausbildung erworbenen Kenntnisse auf anständige Art zu demonstrieren. Dazu gehört nicht zuletzt auch das Verhalten im Privatleben.

Durch eiserne Selbstdisziplin wird es für den nüchtern und realistisch denkenden Barman ein leichtes sein, den ständigen Versuchungen, denen er durch seine Tätigkeit ausgesetzt ist, zu widerstehen. Nur so kann er in seinem Beruf das Schönste finden, das ein Mensch besitzen kann, nämlich Glück und Zufriedenheit.

**Der Bar-Chef**

Für viele Barmixer ist es der Höhepunkt der beruflichen Karriere, als Bar-Chef einen Großbetrieb zu führen. Der Bar-Chef ist, genau wie der Küchenchef, der Geschäftsführer — oder Manager — einer Abteilung. Eine amerikanische Definition umschreibt den Manager als jemanden, der Dinge durch andere erledigen läßt. Ein Mixer, der sich als Bar-Chef bezeichnet, jedoch versucht, möglichst viel selbst zu tun, ist kein wirklicher Bar-Chef oder Bar-Manager.

Der Barbetrieb ist und wird immer eine Service-Industrie bleiben, wo Menschen stets das Fundamentalelement sind. Die Frage „Wie kann man Dinge durch andere Menschen erledigen lassen" ist hier also wichtiger als in allen anderen Berufen.

Beispiele haben gezeigt, daß ein guter Arzt ein schlechter Spitalleiter sein kann, ein ausgezeichneter Ingenieur sich nicht unbedingt als Leiter einer Technikergruppe bewährt und ein guter Arbeiter sich oft als ein schlechter Vorarbeiter erweist. Genauso hat ein guter Barmixer, trotz seines für diesen Beruf so wichtigen fachlichen Könnens und seiner fundierten Kenntnisse in der Psychologie, nicht immer die Fähigkeit, einen Betrieb mit mehreren Angestellten zu führen. Ein Bar-Chef wird zwar wohl Teile der Arbeit eines Mixers erledigen, aber er ist in erster Linie für Arbeiten auf der höherliegenden Ebene des Managements verantwortlich. Zu diesen Aufgaben gehört, anhand von Zielsetzungen den gesamten Betriebsablauf zu kontrollieren. Denn Management durch Zielsetzung ist ein Teil des Managements durch Delegation. Der Manager muß Kontrollen einbauen, messen an seinem Plan oder am Budget, korrigierende Maßnahmen diskutieren, sie ergreifen, er muß das Ergebnis analysieren können. Der Manager kann sich nicht mehr so verhalten wie anno dazumal der Handwerksmeister, der seinen Betrieb noch überschaute und den Arbeitsablauf perfekt beherrschte und somit Vorbild war.

Der wirkliche Manager sorgt dafür, daß er fachlich und führungsmäßig qualifizierte Mitarbeiter hat. Er muß seine Mitarbeiter selbständig handeln und entscheiden lassen. Er muß im Rahmen der Gesamtzielsetzung die Einzelziele für seine Mitarbeiter festlegen und die Schwerpunkte für deren Tätigkeit bestimmen und die Tätigkeit im Sinne der Gesamtzielsetzung des Bereiches koordinieren. Der Manager muß sich von seinen Mitarbeitern in außergewöhnlichen Fällen beraten lassen, bevor er Entscheidungen fällt. Seine Mitarbeiter müssen ordnungsgemäß informiert werden. Er muß fähig sein, über das fachliche und

führungsmäßige Verhalten seiner Mitarbeiter Dienstaufsicht und Erfolgskontrolle vorzunehmen und die Konsequenzen aus dieser Kontrolle ziehen können — entweder Kritik üben oder die Leistung des Mitarbeiters anerkennen. Er muß seine Mitarbeiter fördern, sich jedoch frei machen von dem Gedanken, er wisse mehr. Es gehört nicht zu den Pflichten des Bar-Chefs, seine Mitarbeiter durch fachliches Können zu überragen. Seine Führungseignung erweist sich vor allem dadurch, daß er das Können und Wissen seiner Mitarbeiter für das Unternehmen richtig und fruchtbar einsetzen kann. Er beschränkt sich auf die notwendigen Anweisungen und überzeugt sich von deren Befolgung durch Kontrollen. Der Bar-Chef benötigt Kräfte, die selbständig denken und handeln, also nicht Untergebene, sondern Mitarbeiter. Menschen, die selbständig handeln und entscheiden sollen, müssen entsprechend geführt werden.
Natürlich sind die oben angeführten Voraussetzungen, die an einen Manager gestellt werden, nur ein Bruchteil von dem, was von einem wirklichen Bar-Chef erwartet wird. Nicht jedem ist es gegeben, Menschen zu führen. Der gute Mixer, der in einer kleinen Bar sein Können unter Beweis stellt, welches sich in der Rentabilität des Unternehmens widerspiegelt, ist oft der Mittelpunkt des Betriebes. Sein Verhalten, sein fachliches Können und seine Persönlichkeit bestimmen den Erfolg. Seine reguläre Kundschaft kennt ihn nur beim Vornamen, er ist nicht an Titeln interessiert. Doch steht jedem guten Barman der Weg zum Management offen.
Für denjenigen, der die Stellung eines Bar-Chefs in einem Großbetrieb als erstrebenswertes Ziel und Höhepunkt der beruflichen Karriere sieht, ist das Erreichen dieses Ziels genauso befriedigend wie die selbständige Tätigkeit für den Mixer in einer kleinen Bar. Die dauernde Befriedigung im Beruf ist jedoch in erster Linie abhängig von der Fähigkeit, fachliches Können und persönliche Qualitäten realistisch auswerten zu können, und diese dann vorteilhaft anzuwenden — sei es als Mixer oder Leiter eines Großbetriebes, als Bar-Manager.

**Die Kleidung in der Bar**

Die Tätigkeit des Barmixers spielt sich fast ausschließlich vor den Augen der Gäste ab. Es ist daher unbedingt notwendig, daß der Berufskleidung besondere Aufmerksamkeit gewidmet wird.
Der Barman trägt, genau wie der Kellner, immer eine schwarze Hose, schwarze Strümpfe und schwarze Schuhe. Dazu trägt er ein weißes Hemd mit schwarzer Binde oder Krawatte. Feste Regeln in bezug auf Binde oder Krawatte gibt es nicht, jedoch hat es sich eingebürgert, daß das Tragen einer Krawatte in größeren Barbetrieben dem Bar-Chef vorbehalten bleibt. Die eng anliegende

**Schematische Darstellung der beruflichen Rangordnung in einem Großbetrieb**

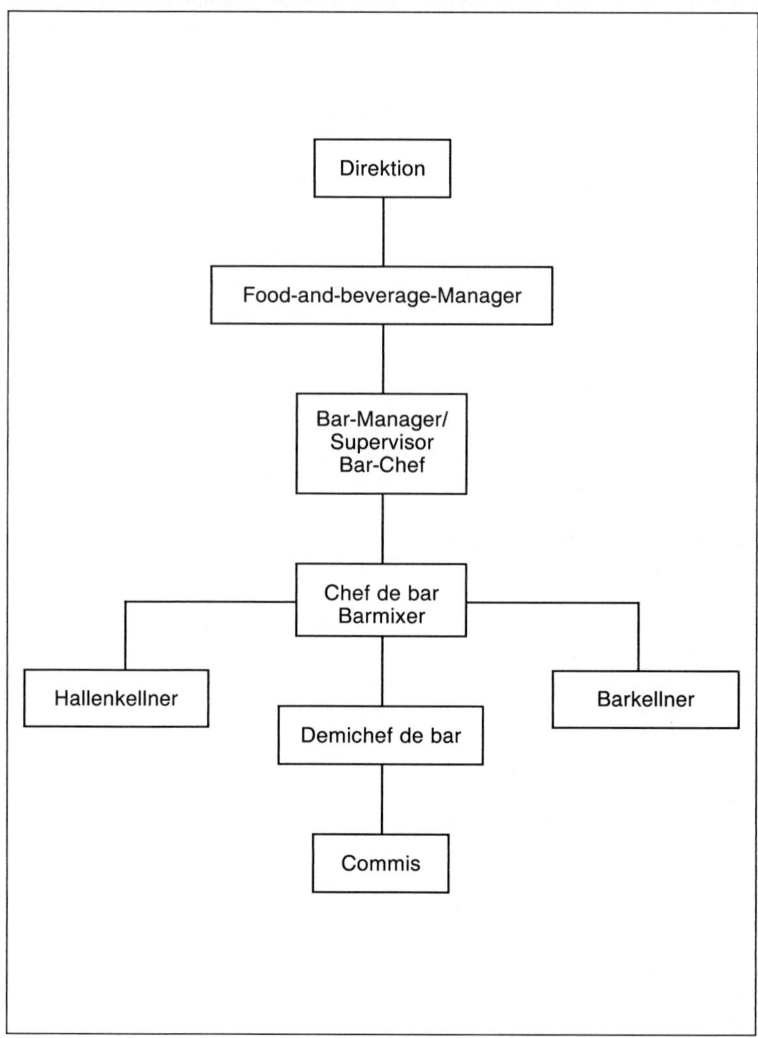

weiße Stewardjacke ohne Revers ist international gebräuchlich. Großbetriebe, besonders solche, in denen mehrere Bars vorhanden sind, stellen oft Phantasiejacken in verschiedenen Farben, durch welche geholfen werden soll, den einzelnen Bars eine eigene Note zu verleihen. Die klassische blütenweiße Jacke macht immer einen besonderen, sauberen Eindruck, gegen farbige Jakken ist aber nichts einzuwenden. Schmuck, wie funkelnde Ringe, Armkettchen und dergleichen, sollte der Barman während der Arbeitszeit nicht tragen.

**Die Einstellung eines Mixers**

Die hohen und berechtigten Anforderungen, die an einen Barman gestellt werden, machen es für den Barbesitzer oder Geschäftsführer nicht immer einfach, den richtigen Mann zu finden. Gute Barmixer fallen nicht vom Himmel. Ein guter Barmixer, der auf Stellensuche ist, erscheint verdächtig. Eine Stellenofferte in einer Fachzeitung bringt nicht immer den gewünschten Erfolg, doch wird hierdurch eine große Anzahl von möglichen Kandidaten angesprochen. Die DBU mit ihren Sektionen kann oft einen erfahrenen Mann empfehlen. Da nur fachlich qualifizierte Mixer zur Aufnahme in die DBU zugelassen werden und ein erfahrener Barman niemals jemand empfehlen würde, über den er im Zweifel ist, denn schließlich steht ja sein eigener guter Ruf auf dem Spiel, kann man dieser Quelle nicht genügend Bedeutung beimessen.
Vor Einstellung eines Barmixers soll man verschiedene Punkte überdenken. Der Arbeitgeber ist laut Gesetz verpflichtet, ein Arbeitszeugnis auszustellen. Er darf sich jedoch nicht negativ über das Verhalten und die Leistung des ausscheidenden Angestellten äußern. Natürlich kann ein geschulter Personal-Manager oder der Bar-Chef zwischen den Zeilen lesen. Ein Kandidat, der ein Arbeitszeugnis vorweist, in dem negative Punkte hervortreten, muß jedoch nicht unbedingt ungeeignet sein. Schließlich gibt es ja auch Geschäftsführer, die nicht unbedingt geeignet sind, einen Betrieb zu führen. Man sollte offen mit dem sich Vorstellenden über sein letztes Arbeitsverhältnis sprechen und erst dann eine Entscheidung treffen. Auch sollte man solche Zeugnisse, die voll des Lobes sind, sehr nüchtern abwägen. Ein Arbeitszeugnis allein genügt nicht, um sich ein wirkliches Bild über die fachliche Arbeit, den Charakter und die Persönlichkeit des Mixers zu machen. Ein Telefongespräch mit dem früheren Arbeitgeber genügt meistens, um etwaige Zweifel zu klären.
Auszeichnungen, die ein Barmixer bei Cocktail-Wettbewerben gewonnen hat, sollen die Wahl eines Kandidaten nicht beeinflussen. Solche Pokale oder Diplome beweisen kein fachliches Können. Vom Barmixer wird mehr erwartet, als bei einem Wettbewerb Glück zu haben.

Erfahrung ist ein oft falsch ausgelegtes und mißverstandenes Wort. Auf die für den individuellen Betrieb notwendige Erfahrung kommt es an. Manche Geschäftsführer glauben, daß nur der beste und erfahrenste Mann gut genug ist, um bei ihnen arbeiten zu dürfen. Ein nach realistischen Gesichtspunkten gewählter Barmixer wird sich schnell in die neue Umgebung einfügen und nicht schon nach einigen Wochen oder Monaten wieder auf Arbeitssuche gehen. Jeder Personalwechsel kostet Geld. Ein hoher Personalwechsel kostet nicht nur viel Geld, er hat auch einen negativen Einfluß auf den Umsatz im Betrieb und wird zudem vielfach und oft mit Recht auf eine schlechte Geschäftsführung zurückgeführt. Die Behauptung der sich ablösenden Barmixer, „Der Betrieb braucht nicht jemand mit meiner Erfahrung", wird jedoch nicht verstanden.
Der erste Eindruck, den der Barman bei der Vorstellung macht, ist besonders wichtig. Schließlich ist der erste Eindruck, den der Mixer auf den Gast macht, ja auch ausschlaggebend, ob er ein zweites Getränk bestellt oder gar die Bar wechselt.
Ist man mit dem sich Vorstellenden zufrieden und wird ein Arbeitsverhältnis vereinbart, dann sollte man immer eine Probezeit einräumen. Während der Probezeit wird sich herausstellen, ob man die richtige Wahl getroffen hat. Ein eventuelles Auflösen des Arbeitsverhältnisses während der Probezeit kann viele Ärgernisse verhüten. Die Probezeit gibt auch dem Mixer die Möglichkeit, das Arbeitsverhältnis kurzfristig aufzulösen, wenn er nicht zufrieden ist. Wieviel Schaden ein unzufriedener Mixer anrichten kann, braucht hier wohl nicht betont zu werden.

**Die Mise en place in der Bar**
Die umfangreichen Vorbereitungsarbeiten in der Bar, vom Fachmann als Mise en place bezeichnet, werden vormittags, vor Einsetzen des Betriebes, durchgeführt. Um den reibungslosen Ablauf des Geschäftes zu garantieren, müssen diese Arbeiten gründlich und gewissenhaft ausgeführt werden.
Nachdem das Hilfspersonal die groben Putzarbeiten erledigt hat, beginnt der Barman, seine Bar einzurichten.
Zuerst werden alle fehlenden Spirituosen, Erfrischungsgetränke, Mineralwässer und Fruchtsäfte sowie alle Ingredienzen und Zutaten, die man für den laufenden Tag benötigt, mittels Bestellbuch bzw. Warenanforderungslisten mit Durchschlag vom Magazin angefordert. Der Durchschlag ermöglicht eine spätere Kontrolle der Bestellung. Von Flaschen, die viel verkauft werden, hat man immer einige in Reserve. Peinlich ist es, wenn eine auf der Getränkekarte verzeichnete Marke nicht vorhanden ist oder wenn sie von irgendwo herbeigeschafft wird und der Gast darauf warten muß. Danach werden die vielen kleinen

Putz- und Aufräumungsarbeiten vorgenommen. Alle Flaschen werden gesäubert. Likörflaschen, die schnell klebrig werden, werden kurz mit lauwarmem Wasser gewaschen. Zuckersirup wird vorbereitet. Orangen und Zitronen werden ausgepreßt, und der Saft wird in Karaffen bereitgestellt. Die Bartheke wird nachpoliert, die Arbeitsbank gereinigt, Mixbecher, Barsiebe und silberne Meßbecher werden geputzt. Die Gläser werden, nach Arten sortiert, leicht greifbar bereitgestellt. Erdnüsse, Salzstangen und Kartoffelchips werden in saubere Schalen gefüllt und auf der Bartheke und den Tischen verteilt. Genügend Roheis wird bereitgestellt, um bei einem plötzlichen Stoßgeschäft sofort mixbereit zu sein. Und schließlich sollte man noch darauf achten, genügend Wechselgeld in der Kasse zu haben.
Zum Schluß wird die gesamte Bar überprüft, ob alle Arbeiten gründlich ausgeführt wurden, damit man dem Gästeansturm in Ruhe entgegensehen kann.

**Das Eis in der Bar**

Eines der wichtigsten Hilfsmittel in der Bar ist das Roheis. Da Mixgetränke fast ausschließlich unter Verwendung von Roheis hergestellt und sehr viele Getränke mit Eis serviert werden, muß man dem Roheis die größte Bedeutung beimessen.
Die Zeit, wo der Barman die von Brauereien gelieferten Eisstangen mit Holzhammer und Eispickel zerkleinerte, gehört heute der Vergangenheit an.
Gerade in der modernen Bar, in der ständig hygienisch einwandfreies Eis benötigt wird, ist ein Eisbereiter, der ununterbrochen Eiswürfel produziert, nicht wegzudenken. Um Flockeneis herzustellen, kann ein Crusher zwischengeschaltet werden, der die Eiswürfel zerkleinert. Heute gibt es zahlreiche Modelle deutscher und ausländischer Hersteller, die zu technischer Perfektion und zu maximaler Wirtschaftlichkeit entwickelt worden sind und die bei relativ großer Kapazität nur wenig Raum beanspruchen und sich auch zum Einbau in die bereits vorhandene Ausstattung eignen. Fast alle Eisbereiter arbeiten vollautomatisch. Sie werden durch Thermostaten gesteuert. Bei Speichergeräten wird der Speicher nach jeder Entnahme automatisch wieder aufgefüllt. Bei gefülltem Speicher werden nur dann Eiswürfel oder Eisflocken produziert, wenn sie gebraucht werden.
Die glasklaren, extrem trockenen und deshalb langsam schmelzenden Eiswürfel haben als kompakte Vollkörper die größere Kältereserve, weil der Abtauvorgang länger dauert als bei jeder anderen Form. Außerdem demonstriert der Eiswürfel ein größeres Flüssigkeitsvolumen im Glas bei der gleichen Menge eines alkoholischen oder alkoholfreien Getränks.

**Der Service in der Bar**
In einem Hotel mit internationalem Publikum ist der Barbetrieb ein wesentlicher Bestandteil des Service. Meistens sind die Besucher einer Hotelbar anspruchsvoll in bezug auf Service und Qualität der Getränke. Doch muß eine Bar sich nicht unbedingt in einem Hotel befinden, um anspruchsvolle Menschen zu ihrem Gästekreis zählen zu können. Jede Bar, die auf sich hält, ob im Hotel, Restaurant, Nachtklub oder als Stätte der gehobenen Gastronomie, in der ein entsprechend geschultes Personal arbeitet und Menschen verkehren, die in Geist und Art verwandt sind, ist ein Teil des Dienstleistungsgewerbes. Zur Dienstleistung am Gast gehören außer einer netten und sauberen Einrichtung zwei wesentliche Elemente: einmal das Verhalten des Personals gegenüber den Gästen, und zum anderen fachlich einwandfreies Arbeiten, verbunden mit kleinen Aufmerksamkeiten, die den Besucher einer Bar erst wirklich zum Gast machen.
Daß der gute Mixer sich nie in ein Gespräch einmischt, es sei denn, es käme zwischen Gästen zu einer erhitzten Diskussion, die andere Gäste stört, und der Barman versucht, das Gespräch schnell auf ein anderes Thema zu lenken, ist selbstverständlich. Über zwei Dinge wird sich ein guter Barman nie äußern: Politik und Religion.
Daß zu einem guten Barman ein freundliches Gesicht gehört, ist so selbstverständlich wie Löcher im Schweizer Käse. Doch auch dem besten und von Natur aus freundlichsten Barman fällt es manchmal schwer, ein freundliches Gesicht zu zeigen. Wenn man sich daran erinnert, daß man 72 Muskeln gebraucht, um eine frostige Miene zu zeigen, jedoch nur 14 für ein Lächeln, fällt es leichter, wie der Engländer sagt, „to keep smiling".
Daß die Mixgetränke in einer guten Bar nur mit den besten Zutaten hergestellt werden, ist für den Barman selbstverständlich.
Aus preislichen Gründen werden Qualitätsmarken gern durch billigere Produkte ersetzt. Ein Cocktail, der laut Rezept mit Cognac hergestellt werden sollte, wird mit Weinbrand gemixt. Cointreau wird durch Curaçao ersetzt. Anstatt frische Orangen auszupressen, wird Saft aus Dosen genommen. Trotz der guten Qualität mancher Weinbrände, des Curaçaos und einiger Produkte aus Dosen wird der habituelle Bargast den geschmacklichen Unterschied sofort feststellen und selbst bei einem niedrigeren Preis wohl kaum einen zweiten Cocktail in dieser Bar bestellen. Der typische Bargast wird diese Bar meiden, und durch ein einfacheres Publikum, welches durch niedrigere Preise angelockt wird, fällt das Niveau der Bar. Betrug wäre es, mit billigen Marken zu mixen, den Preis der Getränke aber nach den teuren Qualitätsmarken zu berechnen. Außerdem kann den Herstellern von Qualitätsprodukten ungeheuerer Schaden zugefügt

werden, wenn Gästen, die bestimmte Marken bestellen oder im guten Glauben Mixgetränke trinken, die laut Karte mit den Produkten der Firmen XY hergestellt werden, Getränke minderer Qualitäten vorgesetzt werden. Für viele Rezepte sind keine bestimmten Produkte vorgeschrieben. So kann zum Beispiel der Daiquiri mit weißem Rum jedes beliebigen Namens gemixt werden. Für die Zubereitung des Bacardi-Cocktails muß jedoch Bacardi Rum verwendet werden. Die Firma Bacardi hat schon am 28. April 1936 ein amerikanisches Gericht entscheiden lassen, daß alle Getränke, die in Verbindung mit dem Namen Bacardi angeboten werden, Bacardi-Produkte enthalten müssen.

Natürlich läßt es sich nicht immer vermeiden, Fruchtsäfte aus Dosen oder Flaschen zu verwenden. Die Säfte der Zitrusfrüchte sollten jedoch immer frisch ausgepreßt werden. Der verwöhnte Gast dankt es, indem er gern wiederkommt und voll des Lobes die gute Bar weiterempfiehlt.

In guten Bars bekommt der Gast zum Cocktail ein Schälchen mit Knabbereien serviert. Der Gast empfindet diese Zugabe als Aufmerksamkeit und wird dazu noch zum Trinken verleitet, denn die Kartoffelchips, Erdnüsse und dergleichen sind gewöhnlich stark gesalzen. Unvernünftig wäre es, zu jedem Getränk eine große Schale mit Salzstangen, Mandeln oder Erdnüssen zu geben. Lediglich zum Cocktail oder Mixgetränk soll man dem Gast diese Aufmerksamkeit erweisen.

Die amerikanische Sitte, Cocktails und Aperitifs auf buntbedruckte Papierservietten zu stellen, hat sich auch bei uns in den besseren Bars eingebürgert. Mixgetränke, die Früchte enthalten oder mit verschiedenen Fruchtteilen dekoriert sind, werden auf einem Untersatz aus Porzellan oder Silber serviert. Der Gast benutzt den Untersatz zum Ablegen von Löffel, Trinkhalm oder Fruchtresten.

Die richtige Temperatur beim Servieren von Spirituosen und Likören ist genauso wichtig wie bei Weinen.

Eisgekühlt serviert man alle Getreidedestillate (Steinhäger, Wodka, Doornkaat, Kümmel, Aquavit usw.). Zweckmäßig ist es, die Gläser im Eisschrank vorzukühlen.

Kalt, aber nicht eiskalt, serviert man Steinobstdestillate und Geiste, wie Kirschwasser, Himbeergeist, Sliwowitz oder Barack Palinka. Der Kenner wird einen eiskalten Sliwowitz oder Himbeergeist, bei dem sich die Aromastoffe nicht mehr entfalten können, immer ablehnen.

Zimmertemperatur (etwa 18 Grad Celsius) haben alle zum Ausschank kommenden Cognacs, Weinbrände, Armagnacs und Edelliköre.

Flambiergeräte, die man in der Cocktailbar zur Herstellung von „Irish Coffee" benutzt, werden gern von Hausbarbesitzern und Amateurmixern zum Flambieren eines Cognacs oder Edellikörs mißbraucht. Der Kenner wird einen flambier-

ten Cognac oder Edellikör genauso ablehnen, wie er einen Cognac oder Weinbrand aus dem Eisschrank ablehnen würde.
Doch auf ausdrücklichen Wunsch des Gastes wird der Barman ihm die Show des Flambierens nicht verweigern.
Er gibt einige Tropfen der gewünschten Alkoholika in eine große Schwenkschale, dreht diese, sofern er kein Flambiergerät besitzt, langsam über einer brennenden Kerze und zündet die Flüssigkeit an. Er hat peinlich darauf zu achten, daß weder Rauch noch Kerzengeruch in das Glasinnere dringen. Die blaue Flamme läuft um die Innenwand des Glases, bis der Alkohol restlos verbrannt ist. Die restliche Flüssigkeit wird abgegossen, und eine normale Portion Cognac oder Edellikör wird in das warme Glas gegeben. Durch die Wärme kommt das Produkt sofort zur höchsten Entfaltung, und schon nach wenigen Minuten sind seine Bukettstoffe verflogen.

## Die Kunst des Mixens

Bevor man ein Getränk mixt, stellt man das zu benutzende Glas sowie alle für dieses Getränk notwendigen Spirituosen und Ingredienzen griffbereit auf die Arbeitsbank. Etwaige zum Cocktail gehörende Zutaten, wie Maraschinokirsche oder Olive, werden in das noch leere Glas gegeben. Erst dann gibt man klares, nicht abgestandenes Roheis in das Mixglas oder in den Mixbecher. Das sich rasch ansammelnde Wasser wird abgeschüttet, und die Spirituosen werden in den Mixbecher bzw. ins Mixglas gegeben.
Im Mixglas werden in erster Linie Cocktails verrührt, die aus dünnflüssigen Spirituosen bestehen. Das Rühren geschieht, indem man den Barlöffel durch das Eis bis auf den Boden des Barglases schiebt und ihn kräftig von unten nach oben schlägt. Der Vorgang des Rührens soll nicht länger als 15 Sekunden dauern, denn sonst würde zuviel Eis zerbröckeln, und die kleinen, schnell schmelzenden Eissplitter würden den Cocktail verwässern.
Das Schütteln eines Cocktails geschieht, indem man den Shaker mit beiden Händen kurz, aber kräftig in Höhe der rechten Schulter waagerecht vom Körper weg und zu ihm hin bewegt. Durch waagerechtes Schütteln verlängert sich der Kühlweg, und das Gemisch wird schneller kalt. Kein seriöser Fachmann verhält sich also wie ein Jongleur oder schüttelt gar im Takt von Musik.
Werden mehrere Cocktails auf einmal gemixt, so ist es ratsam, den Shaker mit einer sauberen Serviette zu umwickeln. Hierdurch wird verhindert, daß Flüssigkeit, die aus dem vollen Shaker dringen könnte, auf die Kleidung der Gäste geschleudert wird. Mehr als vier Cocktails sollten niemals auf einmal gemixt wer-

den. Die Dauer des Schüttelns hängt von dem herzustellenden Cocktail und von der Quantität ab. In der Regel schüttelt man einen Cocktail knapp zehn Sekunden, länger als 25 Sekunden sollte nie geschüttelt werden. Zum Abseihen benutzt man den Strainer. Mit diesem Barsieb kann man verhindern, daß kleine Eisstückchen, die das Getränk verwässern könnten, mit ins Glas rutschen. Einmal benutztes Roheis sollte man niemals für einen mit anderen Spirituosen herzustellenden Cocktail benutzen. Falsche Sparsamkeit ist hier unangebracht. Am besten schüttet man das benutzte Eis sofort weg und reinigt das Barsieb sowie Mixglas oder Shaker unter laufendem Wasser.
Das Mixen aus der freien Hand ist eine Kunst, die nur wenige Mixer beherrschen. Hierzu gehören absolute Kenntnis der einzelnen Zutaten und ein sicheres Gefühl für das richtige Maß. Gerade die guten Cocktails werden vielfach mit teueren alkoholischen Zutaten hergestellt. Wenn hier nicht ganz exakt gearbeitet wird, geht schnell ein Großteil des Gewinns verloren. Es ist daher unbedingt zu empfehlen, ein Meßglas, mit dem man die nötigen alkoholischen Zutaten genau abmessen kann, zu benutzen. Dieses Meßglas zeigt Gradierungen von $1/8$, $1/6$, $1/4$, $1/3$, $1/2$, $2/3$, $3/4$ und ein Ganzes an. Hat man trotz äußerster Sorgfalt einmal zuviel gemixt, so gießt man das übrige in ein sauberes Glas und versucht, diesen Rest bei der nächsten Bestellung des gleichen oder ähnlichen Getränks zu verwenden.
Ein aufmerksamer Mixer wird sich stets bemühen, mehrere Mixgetränke derselben Kategorie zu verkaufen, um äußerst rentabel zu arbeiten. Natürlich kann ein Barman, der seine Mixkenntnisse gern unter Beweis stellen möchte, jedem einzelnen Gast einer kleinen Gruppe ein anderes Mixgetränk empfehlen. Besser würde er dabei fahren, wenn alle Gäste die gleiche Mischung bestellen würden. Besonders bei Fizzes, Sours, Flips und Cobblers könnte er manches einsparen. Bei Fizzes und Sours kann man zum Beispiel Eiweiß einsparen, bei mehreren Flips kann man, ohne daß die Qualität des Getränks darunter leiden würde, etwas Eiweiß mitverwenden, und bei Cobblers kann man größeren Früchteabfall vermeiden. Der Barman wird natürlich versuchen, wenn er Eiweiß für ein bestimmtes Getränk gebraucht, ein Getränk zu verkaufen, in dem er das Eigelb verwerten kann. Beim Mixen mehrerer Getränke derselben Kategorie würde der Barman viel Zeit einsparen, die er dringend für neueintreffende Gäste benötigt.
Werden verschiedene Cocktails zur gleichen Zeit hergestellt, so wird der gute Mixer, selbst bei stärkstem Geschäft, jedes einzelne Getränk mit liebevoller Sorgfalt zubereiten. Es spricht sich schnell herum, wenn in einer Bar gute Mixgetränke serviert werden, und die Hauptsache ist doch, daß zufriedene Gäste wiederkommen, Freunde mitbringen und es im Bewußtsein, aufmerksam be-

dient zu werden — und ihre Empfehlung an ihre Freunde rechtfertigen zu müssen —, nicht bei einem Drink bewenden lassen.

Im Rezeptteil sind neben den Standardrezepten noch viele Mixgetränke aufgeführt, die weitgehend unbekannt sind. Nicht alle Rezepte sind unbedingt zu empfehlen, doch viele bieten interessante Variationsmöglichkeiten, für die ein Versuch lohnenswert erscheint.

Die Herstellung der angegebenen Cocktails und Mixgetränke ist durch genaue Beschreibung auch für den Laien verständlich gemacht.

Alle Cocktails sind Mixgetränke, aber nicht alle Mixgetränke sind Cocktails. Von Laien wird oft alles, was gemixt wird, als Cocktail bezeichnet, doch gehören Cocktails in eine bestimmte Kategorie von Getränken. Es sind Shortdrinks, die aus mindestens zwei verschiedenen alkoholischen Zutaten mit oder ohne Zugabe von nichtalkoholischen Zutaten im Shaker geschüttelt oder im Mixglas verrührt werden.

Die Cocktails teilen sich in Before dinner drinks (Aperitifs) und After dinner drinks (Digestifs) auf.

Die Before dinner drinks sind solche, die aus trockenen Zutaten bestehen. Diese trockenen Cocktails sind appetitanregend und werden deshalb vor dem Essen getrunken.

Die After dinner drinks sind süße, meistens unter Verwendung von Likör, Sahne oder Honig hergestellte Cocktails, die die Verdauung fördern sollen.

Zudem gibt es eine Anzahl Cocktails, die sowohl vor dem Essen als auch nach dem Essen getrunken werden können.

Während des Essens trinkt man keine Cocktails.

Mixgetränke, die nicht in obige Kategorie passen, sind, je nach der Zubereitung, den Hauptbestandteilen oder nach deren Charakteristik, in folgende Gruppen eingeteilt:

Frappés, Cobblers, Juleps, Smashes, Fizzes, Sours, Collinses, Highballs, Coolers, Daisies, Pousse-Cafés, Flips, Egg Noggs, Crustas, Fixes, Punsche, Grogs, Glühweine, Slings, Toddies, Sangarees, Rickeys und Bowlen.

Rezepte, die in keine der angeführten Kategorien passen, werden als Various oder Fancy Drinks bezeichnet.

Die Rezepte müssen genau befolgt werden. Fehlende Zutaten können nicht durch andere, gleichartige, ersetzt werden.

Manche Barmixer glauben, ein Rezept wird erst dann ein akzeptables Getränk, wenn sie eine der Zutaten durch eine andere austauschen oder einen Spritzer aus dieser oder jener Flasche hinzugeben. Natürlich ist dagegen nichts einzuwenden, solange das neue Getränk nicht unter dem alten Namen angeboten wird. Genau wie Tournedos Rossini keine Tournedos Rossini sind, wenn die frische, gebratene Stopfleber durch Hühnerleber ersetzt wird oder Pfirsich Melba mit Erdbeerpüree aus der Dose anstatt von frischem Himbeerpüree übergossen wird, ist zum Beispiel der Atta Boy Cocktail kein Atta Boy, wenn die zwei Spritzer Grenadine durch Zuckersirup ersetzt werden.

Für Bargäste kann nichts irritierender sein, als in verschiedenen Bars Getränke angeboten zu bekommen, die zwar den gleichen Namen tragen, jedoch nach Laune oder persönlichem Geschmack des jeweiligen Mixers zubereitet werden.

Individuelle Wünsche der Gäste wird der gute Barmixer immer berücksichtigen, die Initiative, ein Rezept zu ändern, soll jedoch nicht von ihm kommen.

Der einzige Cocktail, für den es kein wirkliches Standardrezept gibt, ist ironischerweise das international meistgetrunkene Mixgetränk, der König der Cocktails, wie manche behaupten, der Dry Martini. In fast allen Rezeptbüchern wird das Rezept, genau wie in diesem Buch, mit 1/4 trockenem Wermut und 3/4 Gin angeführt. Getrunken wird er in dieser Form jedoch sehr selten. Dieses Rezept gilt als Richtlinie für die Zubereitung des Getränks, doch viele Gäste, und besonders Amerikaner, lieben ihren Dry Martini im Verhältnis von 1 : 7 oder gar 1 : 12. Es soll sogar Experten geben, die nur den Schatten der Wermutflasche in das Mixglas fallen lassen. In einem englischen Barbuch heißt es: „Beim Gin-Eingießen schaue man die Wermutflasche an und verbeuge sich in Richtung Frankreich."

Es sind aber nicht nur die Proportionen, nach denen individuelle Gäste — und die meisten Besucher einer Cocktail-Bar sind nun mal Individualisten — ihre Drinks gemixt haben möchten. Manche Gäste möchten das Getränk mit ein oder zwei Tropfen Angostura zubereitet haben, andere lieben Orange Bitters. Es gibt Martinifreunde, die auf italienischem Wermut bestehen, wiederum andere schwören auf französischen Wermut. Der Cocktail wird in der Regel mit Zitronenschale abgespritzt und mit der traditionellen grünen Olive serviert. Nicht jeder liebt Zitronenaroma oder Olive. Der Gibson ist zum Beispiel ein Dry Martini, in dem die Olive durch eine Perlzwiebel ersetzt ist. Diese Martini-Variation wurde zur Zeit der Prohibition in Amerika geboren. Ein Barmixer namens Charley Connolly soll auf Aufforderung des Schauspielers Charles Dana Gibson, einen besonderen Dry Martini zu mixen, das Getränk im New York City-Club „The Players" serviert haben.

Der irische Schauspieler Cyril Cusack, dem der Gibson in New York serviert wurde, war so beeindruckt, daß er, zurück in Dublin, den Besitzer der Murphy-Bar um das gleiche Getränk bat. Mr. Murphy mixte einen Dry Martini und servierte ihn mit einem Radieschen. Eine neue Martini-Variation war geboren, der Murphy. Noch heute soll der Murphy in Dublin serviert werden.

Aber über das Mixen des Getränks scheint es Meinungsverschiedenheiten zu geben. Ian Flemings Held James Bond ist schuld daran. Er läßt sich seine Martinis im Schüttelbecher mixen. Erfahrene Barmixer behaupten jedoch, und mit Recht, daß beim Schütteln winzige Eisstückchen von den harten Würfeln absplittern und das Getränk trüben. Trübe Dry Martinis sind genauso unansehnlich wie abgestandene Cocktails.

Der Dry Martini hatte seit Geburt Schwierigkeiten, seine Identität zu wahren. Niemand kann heute mit Sicherheit sagen, wie der Dry Martini entstanden ist und wer das Rezept kreiert hat.

Manche „Cocktail-Historiker“ glauben, daß ein Barmixer namens Martinez das Getränk zu Beginn der zweiten Hälfte des 19. Jahrhunderts im Waldorf-Astoria-Hotel in New York City entwickelt haben soll. Ursprünglich soll das Getränk Martinez-Cocktail geheißen haben, und Jerry Thomas veröffentlichte das Rezept in seinem Bar-Buch von 1862 wie folgt:

„Man nehme einen Spritzer Boker's Bitter, zwei Spritzer Maraschino, ein Glas Old Tom Gin, ein Weinglas Wermut und zwei Stücke Eis. Das Ganze wird kräftig durchgeschüttelt und in ein großes Cocktailglas abgeseiht. In das Getränk gibt man ein kleines Stückchen Zitrone. Wünscht der Gast das Getränk sehr süß, so gebe man zwei Spritzer Zuckersirup hinzu.“

Harry Johnson publizierte den Martinez-Cocktail in seinem „Improved Bartenders' Manual“ von 1868 in folgender Form:

„(Man nehme ein großes Barglas.) Fülle das Glas mit Eis; 2 oder 3 Spritzer gum (gomme) Sirup (man soll vorsichtig sein, indem man nicht zuviel verwendet); 2 oder 3 Spritzer bitters (nur echten Boker's); 1 Spritzer Curaçao oder Absinth, wenn verlangt; 1/2 Weinglas Old Tom Gin; 1/2 Weinglas Wermut.

Das Ganze wird gut mit einem Löffel verrührt; seihe ab in ein Cocktailglas; dekoriere mit einer Kirsche oder mittelgroßen Olive, je nach Wunsch; mit Zitronenschale abspritzen und servieren.“

In der zweiten Ausgabe seines Buches nannte Johnson das Getränk Martine. Später wurde daraus Martini und schließlich, mit der Modernisierung des Getränks, Dry Martini.

Eine andere Version über die Geburt des Dry Martini ist diese: Ein italienischer Barmixer namens Martini di Arma di Taggia mixte trockenen Wermut mit Gin und servierte das Getränk dem Ölmagnaten John D. Rockefeller. Das Jahr soll 1910 gewesen sein und der Ort die Bar im Knickerbocker-Hotel in New York. Rockefeller war natürlich beeindruckt. Er nannte das Getränk nicht nur nach dem Barman Martini, sondern gab auch 25 Cent Trinkgeld.

Um die Rezepte der verschiedenen Cocktails und Mixgetränke zu verstehen und richtig anwenden zu können und um auch eigene Rezepte fachlich einwandfrei herzustellen, ist es unbedingt erforderlich, die in jeder guten Bar geltenden Maßeinheiten zu kennen.

## Die Maße in der Bar

Im Barbetrieb wird der Flüssigkeitsinhalt aller Flaschen nach Litern und Zentilitern berechnet.

Eine Literflasche faßt 100 cl. Die $^{3}/_{4}$-Liter-Flasche ($^{1}/_{1}$ Flasche), mit der in der Bar fast ausschließlich gearbeitet wird, faßt demnach 75 cl (750 ml). Diese Flaschen müssen nicht geeicht sein, und der Inhalt ist daher kleinen Schwankungen unterworfen.

Wenn als Ausschankmaß eines Likörs oder einer Spirituose 2 cl gilt, faßt eine $^{3}/_{4}$-Liter-Flasche 36$^{1}/_{2}$ Gläser. Berücksichtigt man den leicht schwankenden Inhalt verschiedener Flaschen, kann man trotzdem mit ruhigem Gewissen 36 Portionen à 2 cl pro Flasche berechnen. Whisky wird in vielen Bars in 4-cl-Portionen verkauft (und dementsprechend berechnet), und eine Whisky-Flasche enthält dann 18 Maße. Südweine werden in 5-cl-Portionen verkauft. Die Südweinflasche faßt also 15 Gläser.

In Deutschland werden Cocktails oft in 5-cl-Portionen zubereitet, doch die International Bartenders' Association hat die Quantität eines Cocktails auf 6 cl (60 ml) festgesetzt. Auch in diesem Buch wird mit 6 cl gearbeitet. Würde es im Rezept heißen: $^{1}/_{3}$ flüssige Sahne, $^{1}/_{3}$ Crème de Cacao, $^{1}/_{3}$ Cognac, so ist damit also immer $^{1}/_{3}$ von 6 cl gemeint.

Beispiel:

| Wir benötigen: | $^{1}/_{3}$ flüssige Sahne | = 2 cl |
|---|---|---|
| | $^{1}/_{3}$ Crème de Cacao | = 2 cl |
| | $^{1}/_{3}$ Cognac | = 2 cl |

Werden die Portionen auf 5 cl beschränkt, wird die Preisberechnung dementsprechend gestaltet.

Cocktailgläser fassen gewöhnlich zwischen 6,5 und 7 cl Flüssigkeit. Durch das Schütteln bzw. Rühren kommt zu den 6 cl Zutaten noch etwas Eiswasser, und somit wird das Glas voll, ohne überfüllt zu sein.

**Tabelle der wichtigsten Maßeinheiten**

| | | | | |
|---|---|---|---|---|
| 1 | Meßglas | Flüssigkeit | faßt | 6 cl |
| 1/2 | Meßglas | Flüssigkeit | faßt | 3 cl |
| 1/4 | Meßglas | Flüssigkeit | faßt | 1,5 cl |
| 3/4 | Meßglas | Flüssigkeit | faßt | 4 cl |
| 1 | Likörglas | | faßt | 2 cl |
| 1 | Eßlöffel | Flüssigkeit | ist | 1,25 cl |
| 1 | Barlöffel | Flüssigkeit | ist | 0,5 cl |
| 1 | Spritzer | Flüssigkeit | ist | 2 bis 3 Tropfen |

Bei der Berechnung aller Mixgetränke geht man immer von den Preisen der auf der Barkarte aufgeführten Spirituosen, Liköre usw. aus.

*Bei Kalkulationen immer die Tagespreise zugrunde legen. Alle genannten Preise sind nur Richtpreise!*

Laut Barkarte kosten die ungemischten Spirituosen zum Beispiel:

Cinzano Rosso . . . . . . . . . . 5 cl DM 3,00
Martini Vermouth . . . . . . . . . . 5 cl DM 3,00
Sherry . . . . . . . . . . 5 cl DM 3,00
Gin . . . . . . . . . . 2 cl DM 2,75
Bacardi Rum . . . . . . . . . . 2 cl DM 3,00
Whisky (Canadian Club) . . . . . . . . . . 2 cl DM 3,00
Cognac . . . . . . . . . . 2 cl DM 2,75
Crème de Cacao . . . . . . . . . . 2 cl DM 2,50
Sodawasser (kleine Flasche) . . . . . . . . . . DM 0,90

Ingredienzen, die nicht auf der Barkarte verzeichnet sind, müssen genauso berechnet werden wie alle alkoholischen und alkoholfreien Anteile eines Cocktails.

Für die Beispiele unserer Preisberechnung nehmen wir folgende Preise zur Grundlage:

1 Ei . . . . . . . . . . DM 0,90
1 Zitrone, Orange . . . . . . . . . . DM 0,80
1 Olive . . . . . . . . . . DM 0,10
1 Kirsche . . . . . . . . . . DM 0,10
Bitters (Angostura, Orange usw.) . . . . . . . . . . 1 Spritzer DM 0,05
Sirup (Zuckersirup, Grenadine usw.) . . . . . . . . . . 1 Spritzer DM 0,05
Frische Sahne . . . . . . . . . . 2 cl DM 0,50

## Beispiele der Preisberechnung für Mixgetränke

### 1. Manhattan Cocktail

|  |  | |  |
|---|---|---|---|
| 1 Spritzer Angostura | 2–3 Tropfen | = | DM 0,05 |
| 1/3 Cinzano Rosso | 2 cl | = | DM 3,00 |
| 2/3 Canadian Club Whisky | 4 cl | = | DM 6,00 |
| 1 Kirsche | | = | DM 0,10 |
| | Total | = | DM 9,15 |
| | Verkaufspreis | = | DM 9,00 |

### 2. Dry Martini

|  |  | |  |
|---|---|---|---|
| 1/4 Vermouth trocken | 1,5 cl | = | DM 2,25 |
| 3/4 Gin | 4,5 cl | = | DM 6,19 |
| 1 Olive | | = | DM 0,10 |
| | Total | = | DM 8,54 |
| | Verkaufspreis | = | DM 8,50 |

### 3. Alexander Cocktail

|  |  | |  |
|---|---|---|---|
| 1/3 frische Sahne | 2 cl | = | DM 0,50 |
| 1/3 Crème de Cacao | 2 cl | = | DM 2,50 |
| 1/2 Cognac | 2 cl | = | DM 2,75 |
| | Total | = | DM 5,75 |
| | Verkaufspreis | = | DM 5,75 |

### 4. Bacardi Cocktail

|  |  | |  |
|---|---|---|---|
| 1 Barlöffel Grenadine | 0,5 cl | = | DM 0,25 |
| 1/4 Zitronensaft | 1,5 cl | = | DM 0,30 |
| 3/4 Bacardi Rum | 4 cl | = | DM 6,00 |
| | Total | = | DM 6,55 |
| | Verkaufspreis | = | DM 6,50 |

### 5. Sherry Flip

|  |  | |  |
|---|---|---|---|
| 1 Eigelb | (das ganze Ei wird berechnet) | = | DM 0,90 |
| 2 Barlöffel Zuckersirup | 0,10 cl | = | DM 0,50 |
| 1 Glas Sherry | 5 cl | = | DM 3,00 |
| | Total | = | DM 4,40 |
| | Verkaufspreis | = | DM 4,50 |

**6. Gin Fizz**

| | | | | | |
|---|---|---|---|---|---|
| | Saft von $1/2$ Zitrone ............ etwa | 2 cl | = | DM | 0,40 |
| 3 | Barlöffel Zuckersirup .............. | 0,15 cl | = | DM | 0,75 |
| 1 | Glas Gin ........................ | 4 cl | = | DM | 5,50 |
| | Sodawasser (1 Flasche wird berechnet) | | = | DM | 0,90 |
| | | Total | = | DM | 7,55 |
| | | Verkaufspreis | = | DM | 7,50 |

An Hand dieser Beispiele ist zu ersehen, daß man den Preis jedes einzelnen Mixgetränks genau errechnen kann. Cocktailzutaten wie Orangenscheiben, Kirschen, Oliven, Bitters usw. werden immer in den Preis einkalkuliert. Wie schnell hat man ein paar Pfund Zitronen, ein Glas Oliven oder eine Flasche Bitters verbraucht. Würde man alle diese Ingredienzen als Cocktailzutaten verschenken, so kann man sich leicht vorstellen, daß dieses Verschenken mit der Zeit eine kostspielige Angelegenheit wird.
Genau errechnete Preise rundet man, falls sie eine ungerade Zahl ergeben und DM 6,00 nicht übersteigen, nach oben hin ab. DM 4,90 erhöht man auf DM 5,00, aus DM 5,45 macht man DM 5,50, und DM 5,85 rundet man auf DM 6,00 auf.
Übersteigen die kalkulierten Preise der Mixgetränke DM 6,00 um ein Geringes, so rundet man nach unten ab. Zum Beispiel: DM 6,05 wird auf DM 6,00 abgerundet, DM 7,80 auf DM 7,75, und DM 8,30 rundet man auf DM 8,25 ab.

**Die Barkarte** (Muster siehe Seiten 73–77)

Die Barkarte ist die Visitenkarte jeder Bar. Sie unterscheidet sich von einer Weinkarte lediglich im Format. Eine moderne Barkarte, etwa in der Größe DIN A5, enthält nicht nur Cocktails und Mixgetränke, sondern ein genaues Verzeichnis aller alkoholischen und nichtalkoholischen Getränke, die in der betreffenden Bar erhältlich sind. Die Ausführung der Barkarte muß sauber, übersichtlich und geschmackvoll sein. Bei eventuellen Preisänderungen sollte man immer neue Karten nehmen oder die alten Preise sauber überkleben. Niemals sollte man einen Preis durchstreichen und verändern. Ein veränderter Preis macht einen unordentlichen Eindruck und läßt schnell Mißtrauen auf seiten des Gastes aufkommen. Viele Barbetriebe lassen ihre Karten ohne Preis drucken und tragen diese selber fein säuberlich mit der Hand ein. Bei Preisänderungen können die Karten schnell ausgetauscht werden.

Schmutzige Karten sind, ebenso wie ein unsauberes Tischtuch, keine Empfehlung für eine Bar. Man achte also besonders darauf, daß befleckte und abgegriffene Barkarten regelmäßig aussortiert werden.
Das auf den Seiten 73–77 gebrachte Muster einer modernen Barkarte zeigt, wie die Aufteilung der Getränke erfolgen soll. Zuerst werden die Bargetränke (Cocktails und Mixgetränke) aufgeführt. Danach kommen die Aperitifs und Südweine, dann die Spirituosen und Liköre und zuletzt die Schaumweine, Biere und alkoholfreien Getränke.
Will man den Gästen die Wahl aus der Vielfältigkeit der Mixgetränke erleichtern, so setzt man die Ingredienzen, die man für die einzelnen Mixgetränke benötigt, hinzu.

Beispiel:

| | |
|---|---|
| Alexander Cocktail | (Sahne, Cognac, Crème de Cacao) |
| Bacardi Cocktail | (Grenadine, Zitronensaft, Bacardi Rum) |
| Sherry Flip | (Eigelb, Zuckersirup, Sherry) |
| Gin Fizz | (Zitronensaft, Zucker, Gin, Sodawasser) |

## Die Kontrolle in der Bar

In der Cocktailbar wird, genau wie in jedem anderen Betrieb, in dem Waren verarbeitet und verkauft werden, eine regelmäßige Warenkontrolle durchgeführt. Durch diese Kontrolle erhält der Barbesitzer eine genaue Übersicht über den Verbrauch und Erlös seiner Waren. Obwohl es recht schwierig ist, eine solche Kontrolle hundertprozentig durchzuführen, werden eventuelle Betrugsabsichten des Barpersonals mit Hilfe eines klug durchdachten und regelmäßig angewandten Kontrollsystems weitgehend ausgeschaltet.
Das Kontrollsystem kann, je nach Art der Betriebsführung, verschiedenartig durchgeführt werden.

Wir kennen folgende Arten der Betriebsführung einer American Bar:

1. Der Barman ist gleichzeitig der Betriebsinhaber und beschäftigt kein weiteres Barpersonal.
2. Der Barman führt die Bar auf Rechnung des Betriebsinhabers.
3. Der Barman führt die Bar auf eigene Rechnung, steht aber in einem Vertragsverhältnis zum Betriebsinhaber.

**Der Barman als Betriebsinhaber**

Ist der Barman gleichzeitig der Barinhaber und arbeitet allein hinter der Bar, dann erübrigt sich die eigentliche Warenkontrolle, da er ja sämtliches Material selbst verarbeitet und der Erlös ausschließlich durch seine Hände geht. Doch ein gewissenhafter Barbesitzer wird immer eine ordnungsgemäße Buchhaltung führen, um jederzeit feststellen zu können, ob die Rendite genügend oder ungenügend ist. Eine kleine, die Atmosphäre der Bar nicht störende Registrierkasse, die den Tagesverkauf, in verschiedene Sparten unterteilt, festhält, ermöglicht eine genaue Kontrolle über Verbrauch und Gewinn der Waren. Eventuelle Verluste, die sich mit der Zeit erheblich summieren können, sind sofort nachzuprüfen.

Die Ursachen können verschiedenartig sein:

1. Die Verkaufspreise sind zu hoch, und der Konsum ist dementsprechend gering.
2. Die Verkaufspreise sind zu niedrig und werfen nicht genug Gewinn ab.
3. Der Barinhaber ist beim Einschenken zu großzügig, spendiert seinen Gästen Getränke oder ist selber „der beste Gast".

Natürlich kommt der Barbesitzer nicht umhin, seinen Stammgästen ab und zu ein Getränk zu spendieren. Ein allzu großzügiger Barinhaber, der glaubt, aus Prestigegründen Runden spendieren zu müssen, oder die Gläser achtlos übervoll einschenkt, darf sich nicht wundern, wenn er plötzlich gezwungen ist, sein Geschäft wegen unrentabler Betriebsführung zu schließen.

**Der Barman führt die Bar auf Rechnung des Betriebsinhabers**

Diese Art der Betriebsführung wird am meisten und in großen Hotels fast ausschließlich praktiziert. Die Kontrolle beginnt hier bereits bei der Übergabe bzw. Übernahme der Bar. Zuerst wird der genaue Bestand aller verkäuflichen Produkte, die in der Bar vorhanden sind, aufgenommen. Diese Bestandsaufnahme wird Inventur genannt. Sämtliche Spirituosen, Südweine und Liköre werden nach cl berechnet und in ein Inventarbuch oder auf Inventarbögen eingetragen. Sonstige Produkte, wie Soda- und Mineralwässer, Eier, Früchte, Sahne usw., werden ebenfalls in die dafür bestimmten Spalten im Inventarbuch verbucht. Die Inventaraufnahme ergibt den sogenannten Stock, für den der Barman durch seine Unterschrift haftet. Sämtliche Waren, die in Zukunft in der Bar benötigt werden, müssen vom Barman mittels Anforderungsliste aus dem Maga-

zin (Lagerraum) oder Keller bezogen werden. Der Kellermeister bzw. Lagerverwalter benötigt eine Durchschrift des Anforderungszettels für seine Kontrolle. Der Kontrolleur trägt die gelieferten Produkte und deren Preise in die entsprechenden Rubriken im Inventarbuch ein.
Der Barman ist, genau wie der Barkellner, verpflichtet, für jede Bestellung sofort, daß heißt, bevor das Getränk serviert wird, einen Bon auszustellen. Jeder Bon wird mit der genauen Bezeichnung des Getränks beschriftet und aufgespießt. Noch besser ist eine verschlossene Kiste, in die die Bons durch einen Spalt eingeworfen werden. Bei einer Falschbestellung wird ein Retourbon geschrieben, und das zuviel bonierte Geld wird nach Barschluß vom Gesamtumsatz abgezogen. Der Schlüssel der Kiste befindet sich im Kontrollbüro. Nach Barschluß werden die Bons im Kontrollbüro abgeliefert. Der Kontrolleur trägt die Preise der nach den verschiedenen Getränkekategorien geordneten Bons in das Warenverkaufsbuch ein. Die Bareinnahmen werden täglich vom Barman unabhängig vom Kontrollbüro abgerechnet.
Die Inventur erfolgt regelmäßig alle 14 Tage oder wenigstens einmal im Monat, und zwar am Monatsletzten. Die Aufgabe des Kontrolleurs ist es, den Bestand vom Tage der Übergabe der Bar bzw. vom letzten Kontrolltag mit allen inzwischen bezogenen Produkten zu addieren. Die im Warenverkaufsbuch eingetragenen Preise werden ebenfalls addiert, und die entsprechenden Zahlen werden im Inventarbuch übertragen und abgezogen. Das Resultat ergibt den Bestand, der nun noch in der Bar vorhanden sein muß.
Meistens ergibt sich eine kleine Differenz, bedingt durch sorgfältiges Arbeiten des Mixers, zugunsten des Barinhabers. Einer größeren Differenz, sei sie zugunsten des Barinhabers oder zu seinem Nachteil, sollte sofort nachgegangen werden, damit die entsprechende Maßnahme, den Fehler künftig zu verhindern, ergriffen werden kann.

### Der Barman führt die Bar auf eigene Rechnung, ist aber beim Betriebsinhaber angestellt

In diesem Falle ist der Barman sozusagen der Pächter der Bar. Der Barinhaber stellt die Betriebsräume mit allen Einrichtungen dem Barmixer zur Verfügung. Als Gegenleistung verpflichtet sich der Barmixer, sämtliche Spirituosen und alle alkoholischen und nichtalkoholischen Ingredienzen vom Barinhaber zu festgesetzten Preisen zu kaufen. Die Preise der auf der Barkarte verzeichneten Getränke werden vom Barinhaber festgesetzt oder im Übereinkommen von Barman und Barinhaber bestimmt. Der Barinhaber wird natürlich darauf achten, daß die den Gästen abverlangten Konsumtionspreise mit den Einstandspreisen im Einklang stehen. Sämtliche Waren, die der Barman im Laufe der Zeit benötigt, muß er bei Erhalt bezahlen. Natürlich ist er verpflichtet, den Stock immer wieder aufzufüllen und vollständig zu halten.

In einem Saisonbetrieb übernimmt der Barman den kompletten Stock der betreffenden Bar. Im Inventarbuch wird der genaue Bestand festgehalten. Für diesen übernommenen Stock muß der Barman, falls er ihn nicht gleich bezahlt, eine Kaution hinterlegen. Nach Saisonschluß findet wieder eine Bestandsaufnahme statt, und die Differenz wird beglichen. In den meisten Fällen ist der Bestand am Ende der Saison ziemlich verbraucht. Die Folge ist, daß der Barman dem Barinhaber die Differenz zahlen muß. Hat der Barman jedoch eine größere Anzahl angebrochener Flaschen übernommen und diese durch neue ersetzt, so kann der Bestand bei Saisonschluß höher sein als bei der Übernahme der Bar. Der Barinhaber muß in diesem Falle die Differenz zahlen.

Bei diesem System der Betriebsführung wird keine Barkontrolle im eigentlichen Sinne des Wortes durchgeführt, da der Barman die Bar ja auf eigene Rechnung übernommen hat. Der Barinhaber muß sich weitgehend auf die Ehrlichkeit seines Angestellten verlassen. Von dieser Ehrlichkeit kann unter Umständen seine ganze Existenz abhängen, denn in einer Bar, die auf Rechnung des Barmixers geführt wird, ist eine absolut sichere Kontrolle kaum durchzuführen.

Ein strebsamer Barmixer wird sich immer bemühen, das gute Renommee der Bar zu erhalten und noch zu verbessern. Schließlich ist das Renommee einer Bar nicht zuletzt das des Barmixers.

Um ihren Angestellten einen zusätzlichen Anreiz zu geben, durch korrektes Arbeiten mehr zu verdienen, sind viele Barinhaber dazu übergegangen, dem Mixer einen Schankverlust von 1 bis 2 Glas pro Flasche zu gewähren. Einem noch so aufmerksamen Barman wird es kaum gelingen, jedes Glas bis zum Eichstrich ohne Schankverlust zu füllen. Auch wenn das Glas nur wenige Millimeter über den Eichstrich gefüllt ist, so ist der Verlust bei einer Likörflasche, aus der man 36 Gläser ausschenkt, doch schon beachtlich. Der Barinhaber berechnet dem Angestellten auf Flaschen, die zu 4 cl ausgeschenkt werden, wie zum Beispiel Whisky, ein Glas als Marge. Bei Spirituosen und Likören, die zu 2 cl ausgeschenkt werden, ist der Schankverlust natürlich größer. Bei diesen Flaschen gewährt der Barbesitzer 2 Glas Schankverlust. Diese Ausschankmarge wird bei Eintragung in das Inventarbuch gleich in Abzug gebracht. Bei korrektem Arbeiten des Mixers kann sich die Marge zu seinem Vorteil auswirken. Auf jeden Fall ist er vor Schaden geschützt.

## Das Trinkzeremoniell

Das Zutrinken war schon bei den Persern, Griechen, Römern, Kelten und Germanen üblich.

Alle dieser Völker hatten ihre eigenen Trinksitten und ihr eigenes Trinkzeremoniell.

Die alten Griechen hatten strikte Zeremonien, an denen Frauen nicht teilnehmen durften. Die Römer ehrten vielfach junge Männer, indem sie ihnen die Erlaubnis gaben, an Trinkgelagen teilzunehmen. Beim Zutrinken wurden die Worte „Bene te", „Bene tibi", also „Zum Wohle, auf Ihre Gesundheit", gewechselt. Die Perser waren weniger an Höflichkeiten interessiert, doch betrachteten sie es als schlechtes Benehmen, wenn der Bart beim Trinken benetzt wurde oder wenn Wein auf Kleidung oder auf dem Boden verschüttet wurde. Wurde der Zutrunk bei den Kelten nicht erwidert, so war das eine große Beleidigung, die nur durch Blut gesühnt werden konnte. Die Germanen tranken den ersten Becher zum Wohle Odins, den zweiten weihten sie Thor und Freyja und gedachten beim dritten und vierten berühmter Helden und verstorbener Freunde. Die Sitte, bei Zechgelagen mit eingeschränkten Armen zu trinken, um zu symbolisieren, daß Bier und Blut von einem zum anderen fließt, ist noch heute in Deutschland gebräuchlich. Die Anglo-Saxons tranken zu den Worten „Drink heil", womit „Auf Ihre Gesundheit" gemeint war.

Im Mittelalter wurde das Trinkzeremoniell in höfischen Kreisen streng eingehalten. Der Mundschenk war ein Vertrauensmann, der oft den ersten Schluck tun mußte, bevor er dem Herrn die Getränke reichte. Hierdurch sollte sichergestellt werden, daß das Getränk nicht vergiftet war.

In den Klöstern verstand man sich schon von jeher auf die Herstellung alkoholischer Getränke. Damit nicht unüberlegt, nur um des Genusses willen getrunken wurde, widmeten die frommen Brüder jedes Glas einem anderen Heiligen. Als die Heiligen nicht mehr ausreichten, erfand man neue. Die Minnetrünke, wie man sie nannte, arteten in maßlose Saufereien aus. Schließlich reduzierten bischöfliche Edikte die Zahl der Heiligen, denen ein Minnetrunk zustand, auf ein Mindestmaß.

Die weltlichen Trinkbruderschaften benutzten die Sitte des Gesundheitstrinkens zu ausschweifenden Gelagen. Es gab einen Willkommenstrunk, einen Ehrentrunk, einen Rundtrunk und einen Abschiedstrunk. Trinkfest zu sein, galt schon damals als eine besondere Mannestugend.

Als Tilly die Stadt Rothenburg im Jahre 1631 eroberte, zog er wieder ab, ohne die Stadt zu brandschatzen, weil der Bürgermeister einen riesigen Krug Wein

auf einen Zug austrinken konnte. Heute noch wird alljährlich an diesen Vorfall durch ein Festspiel erinnert.
In den Trinksprüchen drückt sich der Glaube aus, daß der Wein eine magische Kraft besitze. Das lateinische Prosit — es möge nützen oder, freier übersetzt, wohl bekomm's — ist seit dem 16. Jahrhundert der Zutrunk der Deutschen. Aus dieser Zeit stammt auch das Anstoßen mit den Gläsern. Diese deutsche Sitte kam unter dem Begriff trinquer nach Frankreich.
Das skandinavische Skål heißt Schale und hat seinen Ursprung in der Zeit der Wikinger. Es sollte heißen, daß der Zutrinkende keine Waffe, sondern ein Trinkgefäß in der Hand hielt. Im Mittelalter wurde die mit Met und Bier gefüllte Schale im Kreise herumgereicht, und mit guten Wünschen wurden die Zechgelage begleitet. Bei festlichen Anlässen mußten die Gäste oft auf die Knie fallen und ihr Haupt entblößen, bevor es ihnen erlaubt war, aus der Schale zu trinken. König Christian IV., der Dänemark von 1588 bis 1648 regierte, führte individuelle Trinkgefäße ein, mit denen man sich zutrinken konnte. Das Wort Skål wurde beibehalten und ist noch heute der Zuspruch der Skandinavier.
Das Ritual des Zutrinkens unterscheidet sich geringfügig in den skandinavischen Ländern. Die Schweden folgen einer alten Sitte, die von Offizieren eingeführt wurde, auch heute noch gewissenhaft. Die Offiziere hielten das Glas beim Zutrinken genau in Höhe des dritten Uniformknopfes und schauten dem Zutrinkenden in die Augen. Der Kopf wurde leicht gesenkt und das Glas Aquavit ruckartig zu den Lippen geführt. Mit einem Schluck wurde das Glas geleert. Man schaute sich wieder in die Augen und war bereit, den Vorgang zu wiederholen.
In Kreisen, wo weniger auf Etikette geachtet wird, beschränken sich die Schweden auf den Zutrunk „Din skoal, min skoal, alla vackra flickors skoal", was soviel bedeutet wie „Auf Dein Wohl, auf mein Wohl und auf das Wohl aller hübschen Mädchen".
Die Chinesen schauen sich beim Zutrinken auch in die Augen, das Glas braucht jedoch nicht in Höhe des dritten Uniformknopfes gehalten zu werden. Wichtig ist, daß die ausgestreckte Hand unter das Glas gehalten wird, wenn der Zutrinkende „Gomei" oder „Kong Chien" sagt.
Aus England stammt der Begriff „einen Toast ausbringen". Beim Rundtrunk wurde vom Ältesten, der einen Trinkspruch aufsagen mußte, ein Stück Brot ins Glas gegeben. Wenn das Glas die Runde gemacht hatte, mußte er den Rest austrinken und das Brot aufessen.
Das Trinkzeremoniell führte dazu, daß sich Brüderschaften bildeten, die dieses Zeremoniell pflegten. Einige dieser Brüderschaften haben sich bis heute erhalten.

**Internationale Trinksprüche**

| | |
|---|---|
| Albanien | Paich |
| Amerika | Your health |
| Arabien | Sidha |
| Australien | Bottom's up |
| Bolivien | A suya salud |
| China | Gomei |
| Dänemark | Skål |
| Deutschland | Prosit |
| England | Cheers |
| Frankreich | A votre santé |
| Griechenland | Lyia sos |
| Holland | Gezondheit |
| Indien | Mubarik |
| Indonesien | Perdamian |
| Iran | Salamati shemoh |
| Irland | Slainte |
| Island | Minni heilsa |
| Israel | Lochaim |
| Italien | Salute |
| Japan | Kampei |
| Jugoslawien | Zivijo |
| Malaysia | Slamat |
| Neuseeland | Kia ora |
| Polen | Na zdrovje |
| Portugal | Pela sua saude |
| Rußland | Zvasha darovia |
| Spanien | Salud |
| Südafrika | Gesondheid |
| Tschechoslowakei | Nazdar |
| Türkei | Sorifinize |
| Ungarn | Egészségéré |

## MUSTER EINER BARKARTE

### Cocktails

| *Trocken — Dry* | DM |
|---|---|
| Martini . . . . . . . . . . . . . . . . . . | |
| Manhattan . . . . . . . . . . . . . . . | |
| Gimlet . . . . . . . . . . . . . . . . . . | |
| Rob Roy . . . . . . . . . . . . . . . | |
| Bamboo . . . . . . . . . . . . . . . | |

| *Halbsüß — Medium* | DM |
|---|---|
| Black Russian . . . . . . . . . . . | |
| Daiquiri . . . . . . . . . . . . . . . . | |
| Side Car . . . . . . . . . . . . . . . | |
| Stinger . . . . . . . . . . . . . . . . | |
| Bronx . . . . . . . . . . . . . . . . . | |

| *Süß — Sweet* | DM |
|---|---|
| Grasshopper . . . . . . . . . . . . | |
| Alexander . . . . . . . . . . . . . . | |
| Paradise . . . . . . . . . . . . . . . | |
| Blanche . . . . . . . . . . . . . . . . | |
| Rose . . . . . . . . . . . . . . . . . . | |

| **Fizzes** | DM |
|---|---|
| Gin . . . . . . . . . . . . . . . . . . . . | |
| Silver . . . . . . . . . . . . . . . . . . | |
| Golden Fizz . . . . . . . . . . . . . | |
| Royal Fizz . . . . . . . . . . . . . . | |

| **Flips** | DM |
|---|---|
| Portwein . . . . . . . . . . . . . . . | |
| Brandy . . . . . . . . . . . . . . . . | |
| Sherry . . . . . . . . . . . . . . . . . | |
| Champagner . . . . . . . . . . . . | |

| **Daisies** | DM |
|---|---|
| Ascot . . . . . . . . . . . . . . . . . . | |
| Brandy . . . . . . . . . . . . . . . . | |
| Canadian . . . . . . . . . . . . . . . | |
| Champagner . . . . . . . . . . . . | |
| Maraska . . . . . . . . . . . . . . . . | |

| **Champagner-Cocktails** | DM |
|---|---|
| Ohio .................... | |
| Flying .................. | |
| Prince of Wales ........... | |
| Champagner-Cocktail ...... | |
| Mimosa ................. | |

| **Various Longdrinks** | DM |
|---|---|
| Singapore Sling ........... | |
| Planters' Punch ........... | |
| Caribe Coller ............. | |
| Pimm's No 1 ............. | |
| Cuba Libre .............. | |
| Americano ............... | |

| **Collins** | DM |
|---|---|
| Rum .................... | |
| Tom .................... | |
| John .................... | |
| Wodka ................. | |

| **Sours** | DM |
|---|---|
| Whisky ................. | |
| Gin ..................... | |
| Rum .................... | |
| Blackthorne .............. | |

| **Frappés** | DM |
|---|---|
| Peppermint .............. | |
| Drambuie ............... | |
| Marie Brizard ............. | |
| Cointreau ............... | |

| **Fancy Drinks** | DM |
|---|---|
| Apotheke ................ | |
| Bloody Mary ............. | |
| Prairie Oyster ............ | |
| Nikolaschka ............. | |
| Pick me up .............. | |

| **Apéritifs** | DM |
|---|---|
| Cinzano Rosso ........... | |
| Martini Bianco ........... | |
| Dubonnet ............... | |
| Pernod ................. | |
| Carpano „Punt e Mes“ ...... | |
| Byrrh ................... | |
| Noilly Prat .............. | |

**Südweine** DM

Sherry Primero ...........
Sherry Tio Pepe ...........
White Port Sandeman ......
Red Port Sandeman .......
Madeira ................
Malaga La Caleta ..........
Marsala .................

**Weinbrände** DM

Asbach „Uralt“ ............
Bols ..................
Dujardin „Imperial“ ........
Jacobi 1880 ..............
Texier XO ...............
Noris „Alt-Nürnberg“ .......

**Cognacs** DM

Martell Cordon Bleu ........
Rémy Martin „VSOP“ .......
Courvoisier ..............
Otard ..................
Bisquit Dubouché*** ......
Hennessy „VSOP“ .........

**Whiskies** *(Scotch)* DM

Queen Anne .............
Ballantine's ..............
White Horse .............
Dewar's White Label .......
Black and White ..........
Haig's Dimple ............
Johnnie Walker Black Label ..
Something Special ........
Chivas Regal .............

*(Bourbon)* DM

Old Crow ................
Four Roses ..............
Old Grand Dad ...........
Old Forester .............
Jack Daniel's Black Label ...

**Whiskies** *(Rye and Canadian)* DM

Canadian Club ...........
Seagram's VO ............
Schenley's ..............
Hiram Walker American Rye .

**Spirituosen** DM

Aalborg Akvavit . . . . . . . . . . .
Barack Palinka . . . . . . . . . . .
Bommerlunder . . . . . . . . . . .
Calvados Busnel . . . . . . . . . .
Doornkaat . . . . . . . . . . . . . .
Enzian . . . . . . . . . . . . . . . . .
Beefeater Gin . . . . . . . . . . . .
Gordon's Dry Gin . . . . . . . . . .
Himbeergeist . . . . . . . . . . . . .
Kirschwasser . . . . . . . . . . . . .
Sliwowitz . . . . . . . . . . . . . . .
Williams-Birnenbrand . . . . . .
Wodka Gorbatschow . . . . . . .
Wodka Moskowskaja . . . . . . .
Wodka Zubrowka . . . . . . . . . .
Steinhäger . . . . . . . . . . . . . .
Tequila . . . . . . . . . . . . . . . . .

**Rums** DM

Rum Coruba . . . . . . . . . . . . .
Captain Morgan . . . . . . . . . . .
Bacardi Rum . . . . . . . . . . . . .
Lemon Heart . . . . . . . . . . . . .

**Deutsche Liköre** DM

Ettaler Klosterlikör . . . . . . . . .
Türkisch Mokka „Keuck" . . . .
Echt Stonsdorfer . . . . . . . . . .
Bärenfang . . . . . . . . . . . . . . .
Jägerfeuer . . . . . . . . . . . . . .
Kirsch „Eckes" . . . . . . . . . . . .
Bols-Liköre . . . . . . . . . . . . . .

**Ausländische Liköre** DM

Drambuie . . . . . . . . . . . . . . .
Grand Marnier . . . . . . . . . . . .
Maraschino „Luxardo" . . . . . .
Cherry Heering . . . . . . . . . . .
Vieille Cure . . . . . . . . . . . . .
D.O.M. Bénédictine . . . . . . . .
Chartreuse verte . . . . . . . . . .
Chartreuse jaune . . . . . . . . . .
Anisette Marie Brizard . . . . . .
Cointreau Triple Sec . . . . . . .
Cordial Médoc . . . . . . . . . . . .

**Deutsche Schaumweine** DM

Deinhard Cabinet . . . . . . . . .
Deinhard Lila Extra Dry . . . . .
Söhnlein Rheingold . . . . . . . .
Henkell Trocken . . . . . . . . . .
Mumm Extra Dry . . . . . . . . . .
Matheus Müller Blau-Rot . . . .

**Champagner** DM

Louis Roederer Brut ........
G. H. Mumm Cordon Rouge ..
Pommery & Greno
Drapeau Sec ...........
Chr. Heidsieck Brut ........
J. Bollinger Brut Extra ......
Quality Jahrgang
Krug, Brut Reserve ........

**Biere** DM

Dortmunder Union Pils ......
Löwenbräu Export .........
Beck's .................
Holsten ................
Heineken ..............
Tuborg Luxus Gold ........
Pilsner Urquell ...........
Guinness Export-Stout ......

**Alkoholfreie Getränke**

*(Fruchtsäfte)* DM

Apfelsaft ................
Orangensaft .............
Traubensaft ..............
Tomatensaft .............
Grapefruitsaft ............

*(Limonaden)* DM

Coca-Cola ...............
Ginger Ale ...............
Florida Boy ..............

**Mineralwasser** DM

Apollinaris ...............
Fachinger ...............
Vichy Céléstin ............
Club Soda ...............
Schweppes Tonic .........

**Kaffees** DM

Kännchen Kaffee ..........
Kännchen Mokka ..........
Kännchen Kaffee Hag ......
Espresso ................
Türkischer Kaffee .........
Irish Coffee ..............

# II. TEIL

# WARENKUNDE

**Beschreibung der für die Bar wichtigen Spirituosen, Liköre,**

**Fruchtsäfte usw. in alphabetischer Reihenfolge**

**Aalborg Taffel Akvavit**

Dänische Spezialität, die eiskalt im Schnapsglas serviert wird. Alkoholgehalt 45 Volumprozent.

**Absinth**

Dieses bitter schmeckende, grünlich aussehende alkoholische Getränk wird aus der Absinthpflanze (Wermutkraut) mit Zusatz von Anis und Fenchel hergestellt. Der Alkoholgehalt liegt bei 55 Volumprozent.
Schon im Altertum galt die Absinthpflanze als Heilpflanze. Sie wurde vor allem gegen Gelbsucht, Gicht und Malaria verwendet. Gegen Ende des 18. Jahrhunderts wurde der aus der Absinthpflanze für medizinische Zwecke hergestellte Likör als Genußmittel verbreitet. Der übermäßige Genuß von Absinth ist infolge des hohen Gehaltes an Thujon und Tanaceton äußerst schädlich. Heute besteht in den meisten Kulturländern ein Herstellungsverbot für Absinth.
Absinthähnliche, mit Anis abgeschmeckte unschädliche Getränke sind: Pernod, Ricard, Raki und Ouzo.

**Acqua Bianca**

Ein Likör aus Italien mit Bergamottegeschmack; enthält wenige kleinste Silberplättchen.

**Acqua d'oro**

Acqua d'oro, zu deutsch Goldwasser, ist ein italienischer Rosmarinlikör, der im Likörglas serviert wird.

**Adam's Antique**

Whiskymarke (Kanada).

**Admiral**

Holländischer Branntwein, aus Weinsprit und Kümmel hergestellt. Wird im Likörglas serviert.

**Advokaat**

Ein beliebter holländischer Eierlikör, der aus Branntwein, Zucker und Eigelb hergestellt wird.
Advokaat ist keine Markenbezeichnung, jeder Eierlikör wird als Advokaat bezeichnet.
Wie die Überlieferungen berichten, machten die Portugiesen vor ein paar Jahrhunderten, als sie in das Tiefland des Amazonas vordrangen, die Bekannt-

schaft mit einer wohlschmeckenden birnenförmigen Frucht, die die indianischen Tupi-Guarani-Stämme als Abacate oder Aguacate bezeichneten. Die Indios machten aus dem gelbweißen Fleisch dieser Frucht zusammen mit Branntwein und verschiedenen Gewürzen ein wohlschmeckendes, aromatisches alkoholisches Getränk.
Die Portugiesen wollten dieses Getränk in ihre Heimat einführen, mußten aber feststellen, daß sich die Abacatefrucht in Europa nicht anbauen ließ. Erst als das Rezept über Indien nach Indonesien gelangte und von dort nach Holland, kam jemand auf die Idee, Hühnereier anstatt der südamerikanischen Frucht zu nehmen.
Seinen ursprünglichen Namen behielt der Eierlikör bei, auch als er mit der Abacatefrucht nichts mehr zu tun hatte. Allerdings mußte sich das indianische Wort Abacate einige Verwandlungen gefallen lassen. Die Engländer auf Jamaika nannten die Frucht Alligator. Die Portugiesen machten aus Abacate das ihnen bekannte Wort Advocado. Schließlich wurde bei den Holländern daraus Advokaat.
Advokaat wird kühl im Südweinglas serviert. Manche Genießer trinken ihn mit einer Spur Kaffeepulver, Kakao oder Schokoladenraspeln darübergestreut. Auch mit Sekt oder mit säuerlicher Limonade vermischt, ist Advokaat eine Delikatesse. Alkoholgehalt 17 bis 20 Volumprozent.

**Aguardiente**
Spanischer Weinbrand, der weiß und ungelagert ist. Ziemlich roh schmeckend.

**Allasch**
Ein Kümmellikör, der unter Verwendung von Kümmeldestillat hergestellt wird und einen reichlichen Zuckerzusatz enthält. Ursprünglich wurde Allasch auf dem Gut Allasch bei Riga (Lettland) hergestellt. Die Verwendung ätherischer Öle gilt als Verfälschung. Allasch wird kalt im Likörglas oder in der Schwenkschale serviert. Alkoholgehalt 40 Volumprozent.

**Alpenkräuter-Magenbitter**
Ein in der Schweiz aus Branntwein und Alpenkräutern hergestellter Magenbitter, der bei Magenbeschwerden getrunken wird. Alpenkräuter-Magenbitter wird im Südweinglas serviert.

**Amaretto di Saronno**
Der Ursprung dieses bernsteinfarbenen Likörs mit unverwechselbarem Mandelgeschmack liegt im Jahre 1525. Damals wurde der Maler Bernardino Luini

beauftragt, die im Jahre 1460 erbaute Wallfahrtskirche Santa Maria delle Grazie von Saronno mit den heute berühmten Fresken zu verzieren. Luini mietete sich ein Zimmer in einer Herberge in Saronno, die von einer jungen Witwe geführt wurde. Die Frau stand dem Maler zur Darstellung der Madonna mit dem Jesuskind Modell, und aus Dankbarkeit soll sie ihm am Weihnachtsabend ein selbstgebrautes Likörgetränk überreicht haben. Die Witwe sei, so wird heute behauptet, in den Maler verliebt gewesen, und dies soll auch der Grund sein, warum der Likör als „Liebestrunk" bekannt wurde. Es vergingen jedoch mehr als 300 Jahre, bis der „Liebestrunk" auf kommerzielle Weise hergestellt wurde, und erst 1919 entschlossen sich die Nachkommen der in Luinis Gemälde verewigten Witwe, ihr Geschäft überregional auszubreiten.
Heute ist der Likör, nach strenggehütetem Geheimrezept der lombardischen Familie Reina von der Illva-Gruppe, Italiens größtem Hersteller von Likören, mit 30 Volumprozent auf den Markt gebracht, eine der führenden Likörmarken der Welt. Der Hauptsitz des Herstellers ist in Saronno in der Nähe von Mailand, doch die Illva-Gruppe verfügt über Abfüllstationen in Brasilien, Spanien und der Schweiz, die wesentlich dazu beitragen, die rund 25 Millionen Flaschen Amaretto di Saronno in 81 Ländern zu verbreiten. Für den amerikanischen Markt, der immerhin ein Drittel der gesamten Produktion abnimmt, wurde 1980 ein eigenes Abfüllwerk im Staat New Jersey errichtet.
Seit Januar 1983 wird Amaretto di Saronno von der Hamburger Charles Hosie GmbH auf den bundesdeutschen Markt gebracht. Als Weltneuheit wurde im selben Jahr auch die Rarität Amaretto Special Reserve eingeführt. Dabei handelt es sich um eine erlesene Komposition von Amaretto di Saronno, mit einem 10 Jahre alten Weinbrand angereichert. Entsprechend exklusiv ist die Ausstattung. Amaretto di Saronno Originale ist in einer wertvollen Karaffe im Murano-Design mit einem Etikett, das an eine alte Urkunde erinnert, abgefüllt; die Qualität Amaretto Special Reserve ist mit einem Lederetikett mit Goldprägung versehen.
Neben der Profilierung von Amaretto di Saronno in der Bundesrepublik Deutschland erfolgen interessante internationale Aktivitäten, so zum Beispiel ein internationaler Cocktail-Wettbewerb, der sich durch markenadäquate Preise auszeichnet. So gab es im Jahre 1982 einen Ferrari für den Sieger aus Belgien, und 1983 winkte dem Kompositeur des besten Amaretto-Longdrinks eine 700-ml-Flasche Amaretto di Saronno — aus purem Gold, versteht sich.

**Amaro Ramazotti**

Amaro Ramazotti ist Italiens populärster Halbbitterlikör. Er wird nach einem geheimen Familienrezept aus 33 erlesenen Kräutern und Pflanzen von der 1815

in Mailand gegründeten Destillerie Flli. Ramazotti, die zu den größten Likörherstellern Italiens zählt, hergestellt.
Der ausgeprägte, herb-würzige Geschmack des Amaro Ramazotti sichert ihm vielfältige Verwendungsmöglichkeiten, auch als Aperitif oder Longdrink oder für die Cocktailbereitung.
Die ständig wachsende Nachfrage nach Amaro Ramazotti veranlaßte das Mailänder Haus, in Lainate bei Mailand ein neues Werk zu errichten, das zu den modernsten der Welt zählt.
Ramazotti exportiert in mehr als 50 Länder der Welt.

**Amer Picon**

Dieser französische, auf Alkohol basierende und mit Chinarinde, Enzian und Orangen aromatisierte Aperitif wurde erstmals im Jahre 1837 von dem in Algerien dienenden Soldaten Geaton Picon hergestellt.
Die medizinischen Vorzüge der Chinarinde wurden schon im 17. Jahrhundert gepriesen, und 1830, nach dem Einzug der französischen Armee in Algerien, verordnete der Militärarzt Dr. Maillot, daß das zu Puder zerriebene Holz der Chinarinde an Soldaten sowie Zivilisten auszugeben sei.
Picon hatte mit seinem Getränk, welches als der Gesundheit außerordentlich zuträglich angesehen wurde, unmittelbaren Erfolg. Er quittierte den Militärdienst und machte sich in Frankreich selbständig, indem er den Aperitif mit einem Alkoholgehalt von 30 Volumprozent in den Farben Rot und Weiß auf den Markt brachte.
Heute ist Amer Picon einer der bekanntesten französischen Aperitifs, welcher gewöhnlich mit Sodawasser verdünnt und unter Zugabe einer halben Orangenscheibe serviert wird.

**Angostura Aromatic Bitter**

Die Dr. J. G. B. Siegert & Söhne Ltd., Hersteller des einzigartigen und weltberühmten Angostura Aromatic Bitter, gibt das Jahr 1826 als offizielles Gründungsjahr der Firma an.
Der Erfinder des Angostura Aromatic Bitter und Gründer der Firma, Dr. Johann Gottlieb Benjamin Siegert, wurde 1796 in Schlesien geboren. Nach seinem Studium an der Universität in Heidelberg zeichnete er sich in den Napoleonischen Kriegen aus. 1815, nach der Schlacht bei Waterloo, wurde er aus dem Militärdienst entlassen. Fünf Jahre später begab er sich wie viele deutsche und englische Offiziere nach Südamerika, um sich dem Freiheitskampf von Simón Bolívar gegen die Spanier anzuschließen. In der Stadt Angostura, dem Haupt-

quartier Bolívars in Guayana, wurde Dr. Siegert bald zum Chefchirurgen des dortigen Militärlazaretts ernannt. Da er unter dem tropischen Klima litt, beschäftigte er sich mit dem Studium der Heilwirkungen der verschiedenen Tropenpflanzen. Auf Grund seiner gewonnenen Erkenntnisse gelang es ihm, 1824 ein Elixier von hohem therapeutischem Wert zusammenzustellen. Dr. Siegert nannte seine „Medizin" Amaro Aromàtico.

Sein Rezept ergab nicht nur ein gutes Tonikum, sondern auch einen ausgezeichneten, hocharomatisierten Bitter, der bei Familie und Freunden sofort großen Anklang fand.

Englische Seefahrer, die in Venezuela mit Dr. Siegerts Bitter Bekanntschaft machten, mischten ihn mit Gin, und bereits im Jahre 1830 wurde die braunrote, bitter und aromatisch schmeckende Flüssigkeit nach der britischen Kolonie Trinidad und von dort nach England ausgeführt.

Dr. Siegert, der sich nun ganz der Herstellung seines verdauungsanregenden Bitters widmete, erklärte sich bereit, den allgemein gebräuchlichen Namen Angostura Bitter als offizielle Herkunftsbezeichnung anzuerkennen. Die Stadt Angostura wurde jedoch 1846 in Cuidad Bolívar umgetauft, aber da der Name des Bitters bereits weithin bekannt war, wurde dieser beibehalten. Im Jahre 1850 nahm Dr. Siegert seinen Sohn Carlos als Partner in die Firma auf, so daß nach seinem Tode im Alter von 74 Jahren sein Geheimrezept in guten Händen war. Venezuela war damals ein unruhiges Land. Carlos Siegert konnte sich mit den politischen Verhältnissen nicht abfinden und plante mit seinem Bruder Alfredo eine Verlegung der Firma. Dies war zwar nach den herrschenden Gesetzen streng verboten, aber 1875 konnten sie einen britischen Kapitän überreden, sie heimlich nach Trinidad zu bringen. In Port of Spain bauten sie das Unternehmen vollständig neu auf.

Im Jahre 1907 wurde die Firma zum Hoflieferanten des spanischen Königshauses ernannt. Zwei Jahre später wurde eine Tochtergesellschaft in London gegründet, und im Jahre 1922 ernannte König Georg V. die Firma zum Hoflieferanten des englischen Königshauses. Im ersten Weltkrieg mußte sich die Firma jedoch ganz nach Trinidad zurückziehen, und 1921 wurde die Tochtergesellschaft in London aufgelöst.

Die durch den ersten Weltkrieg und dessen Folgen entstandenen finanziellen Schwierigkeiten konnten erst im Jahre 1936 voll überwunden werden. Unter der Leitung von Robert W. Siegert wurde später mit der Herstellung von Rum begonnen, doch Angostura Aromatic Bitter, nach dem von Gordon Brian Siegert, dem geschäftsführenden Direktor und Vertreter der fünften Generation des Familienunternehmens, sorgfältig gehüteten Originalrezept hergestellt, ist noch immer das Rückgrat der Firma.

In der Bar findet Angostura Aromatic Bitter, der aus rund 40 Kräuterextrakten gebraut wird und durch die Beigabe von erheblichen Mengen Sandelholz eine leuchtend braunrote Farbe hat, Verwendung zum Aromatisieren von Getränken. Pur wird das Produkt in der kleinen Ausgußflasche mit dem schwarzweißen Etikett nicht getrunken.
Angostura Aromatic Bitter wird mit 44 Volumprozent Alkoholgehalt in 56- und 225-ml-Flaschen von der Eggers & Franke Importgesellschaft, Bremen, in die Bundesrepublik Deutschland eingeführt.

**Anis**

Kaum eine Spirituose hat eine so alte Tradition wie die Anisgetränke. Anisgeist kannten die Ägypter schon 1500 vor Christus. Bei römischen Wagenrennen wurde, wie Plinius berichtet, den Siegern ein Kelch mit Anislikör gereicht. Schon früh benutzte man ihn als Heilmittel gegen Magen- und Darmkrankheiten und Krämpfe.
Seit mehr als 150 Jahren gilt Pastis, wie der Anis-Aperitif in Frankreich bezeichnet wird, neben Wein als Nationalgetränk der Franzosen. Bekannte Marken sind Pernod und Ricard (s. d.). Trotz unterschiedlicher Geschmacksnuancen haben alle Anis-Aperitifs einen Hauptbestandteil gemeinsam: den Sternanis. Seine Heimat ist China, doch baut man ihn auch in Südfrankreich an. Der größte Teil wird aus Asien importiert, meist schon in Form des herausdestillierten Anethols. Vier bis fünf Prozent des Sternanis bestehen aus ätherischen Ölen, insbesondere aus Anethol. Dieses wird in Frankreich nochmals destilliert, um auch die letzten Unsauberkeiten, die sein Aroma verdecken, auszuscheiden. Zur Anisessenz kommen Zucker, reiner Alkohol und verschiedene Zutaten, die jeweils Firmengeheimnis sind. Unter diesen geheimnisvollen Zutaten befinden sich Minze, Melisse, provenzalische Kräuter, Süßholz und anderes.
Die Farbe nimmt der grünlichgelbe Anis in Verbindung mit Wasser an. Man mischt ihn im Verhältnis 1 : 5, das heißt, 1 Teil Pastis wird mit 5 Teilen eisgekühltem natürlichem Wasser vermischt. Daraus ergibt sich ein erfrischendes Getränk mit 7,5 Prozent Alkohol, das Magen, Darm und Blutkreislauf anregt und Geist und Körper belebt. Aus einer Flasche Anis-Aperitif kann man rund 35 Getränke mischen.
Anis-Likör wird wie Anis-Aperitif vorwiegend aus Sternanis hergestellt. Eine Reihe aromatischer Zusätze wie Fenchel, Koriander, Zimt und Nelken wird ebenfalls verwendet. Anis-Likör wurde durch Marie Brizard (s. d.) bekannt. Die Armenschwester gründete im Jahre 1755 in Bordeaux eine Likörfabrik, und der

noch heute beliebte „Anisette blanche“ war das erste Produkt dieser bedeutenden Firma. Anis-Likör wird in verschiedenen Farben hergestellt, am bekanntesten ist jedoch das weiße Produkt. Anis-Likör wird hauptsächlich zur Verdauung nach dem Essen getrunken, eignet sich aber auch zum Mixen.

**Apfelbranntwein**
Ein aus Äpfeln hergestellter Branntwein, der in England als Apple Brandy bezeichnet wird. In Frankreich ist er unter dem Namen „Calvados“ bekannt und beliebt. Apfelbranntwein wird im Cognacschwenker serviert. Alkoholgehalt 42 Volumprozent.

**Applejack**
Ein in Amerika bekannter Apfelgeist, dessen Herstellung nach Aufhebung der Prohibitionsgesetze ein finanzielles Spekulationsobjekt war.

**Apricot**
Unter den Fruchtlikören findet Aprikosenlikör besonders viele Liebhaber. Der Aprikosenbaum hat seine Heimat in China. Die Frucht wurde vor mehr als 2000 Jahren von Armenien nach Italien gebracht. Heute werden Aprikosen in allen Ländern, die ein gemäßigtes Klima haben, angebaut. Die größten Anbaugebiete befinden sich jedoch in Kecskemét in Ungarn, das Land, in welchem Apricot Brandy Nationalgetränk ist.
Aprikosenbranntwein muß einen Alkoholgehalt von mindestens 40 Volumprozent haben. Eines der bekanntesten Produkte ist Ungarns Barack Pálinka (s. d.).
Aprikosengeist ist Branntwein, bei dem die Aprikosen vor der Destillation in hochprozentigem Alkohol mazeriert werden.
Aprikosenwasser ist Branntwein, der aus der vergorenen Maische von Aprikosen hergestellt wird.
Aprikosenlikör, ein Fruchtaromalikör, der auch als Apricot Brandy bezeichnet wird, muß einen Alkoholgehalt von mindestens 30 Volumprozent aufweisen. Er wird in allen Ländern, die Aprikosen anbauen, hergestellt. Bekannte Produzenten sind Bols (Bols Apricot Brandy), Marie Brizard (Apry), Garnier (Apricotine), Cuisinier (Apricot Brandy, hergestellt aus „Mukat“-Aprikosen aus dem Roussillon, die mit einer Fine Champagne Cognac Infusion hergestellt werden) und Amaretto di Saronno aus Italien.
Aprikosenbranntweine und Liköre sind beliebte Digestifs und finden weite Verwendung zum Mixen sowie auch zur Herstellung feinen Gebäcks.

## Aquavit

Der Name Aquavit ist aus dem lateinischen Aqua vita, was Lebenswasser bedeutet, abgeleitet und war früher die Bezeichnung für alle Branntweine. Aquavit ist das Nationalgetränk der Skandinavier. Ursprünglich wurde er aus eingeführten Weinen produziert, doch zu Beginn des 16. Jahrhunderts gingen die Dänen und Schweden dazu über, Korn zu verwenden. Als die Kartoffel zu Beginn des 18. Jahrhunderts in Dänemark angebaut wurde und Hugenotten, die in Dänemark Asyl suchten, von der Regierung ermutigt wurden, Kartoffeln anzubauen, gingen Brenner dazu über, die stärkereichen Kartoffeln in großem Umfang zur Alkoholherstellung zu verwenden.

Eine der ältesten dänischen Aufzeichnungen über Aquavit geht auf das Jahr 1534 zurück. Canon Christian Pederson beschrieb, wie man den Schnaps, oder „ein Mundvoll", wie die ursprüngliche Bezeichnung dieses dänischen Wortes lautet, mit einheimischen Kräutern aromatisieren könne, um die Medizin schmackhafter zu machen.

Es sollte nicht lange dauern, bis praktisch jede Familie in Skandinavien ihren eigenen Schnaps brannte. Sogar König Christian III. kaufte sich Brennblasen, die 1555 in Kopenhagen als Pfand hinterlassen waren. Die Herstellung von Aquavit wurde die Leidenschaft des dänischen Monarchen, die er mit seinem Sohn Frederik II. teilte. Das dänische Königshaus soll schließlich nicht weniger als 181 verschiedene Aquavit-Rezepte besessen haben, und der Tod von Frederik II. wurde auf seine Vorliebe für das Getränk zurückgeführt. Sein Nachfolger, Christian IV., der Dänemark von 1588 bis 1648 regierte, war dem Lebenswasser nicht weniger abgeneigt wie seine Vorfahren. Er ließ individuelle Trinkgefäße entwerfen, mit denen seine Gäste sich unter Begleitung von Trommeln, Trompeten und Kanonenschüssen zuprosteten. Als ganz Dänemark im ständigen Rausch zu stehen schien, befahl Christian IV., daß Aquavit nicht zur Zeit des Gottesdienstes ausgeschenkt werden durfte und daß der Pastor beim Gottesdienst kein Glas in der Hand halten durfte. Der Gottesdienst wurde gewöhnlich um sieben Uhr in der Früh abgehalten.

Mitte des 19. Jahrhunderts trat die Wende ein. Die Regierung begann mit der industriellen Erzeugung von Aquavit, nachdem der in Thorn in Polen geborene Isidor Henius 1846 am Südufer des Limfjordes ein Kolonnendestilliergerät in Betrieb setzte, das er aus Frankreich kannte. 1843 verkauften die Dänen 11 000 Brennblasen wegen ihres Kupferwertes an die Regierung, und einige Jahre später kamen Aquavits mit bestimmten Geschmacksrichtungen von hohem Gehalt auf den Markt.

Viele Dänen brannten weiterhin ihren eigenen Schnaps nach Rezepten, die seit Generationen im Familienbesitz waren; da jedoch 26 Brennereien in direktem Konkurrenzkampf standen, war es billiger, den fertigen Aquavit zu kaufen. 1917 wurden die Steuern derart erhöht, daß nur noch eine Brennerei, die Danske Spiritfabrikker, die 1881 in Aalborg gegründet wurde, überleben konnte. Die Danske Spiritfabrikker übernahm alle Brennereien und erhielt als Gegenleistung das Alleinrecht, Aquavit zu produzieren.
Als Dänemark am 1. Januar 1975 der Europäischen Wirtschaftsgemeinschaft beitrat und sich nach den Gesetzen der EWG richten mußte, die anderen Firmen das Recht, Aquavit herzustellen, einräumten, kamen neue Marken auf den Markt. Der weitaus größte Teil der Produktion liegt jedoch noch immer in den Händen der Danske Spiritfabrikker. Die Produkte dieser Gesellschaft sind der seit 1846 hergestellte Aalborg Taffel Akvavit, Aalborg Jubilaeums Akvavit, der 1946 zum hundertjährigen Jubiläum auf den Markt kam, Brondums Snaps und Brondums Kummenakvavit, die ihren Namen einem Kopenhagener Brenner verdanken, Herald Jensen Akvavit, nach einem Aalborger Brenner und Patron der Künste der Jahrhundertwende benannt, Aalborg Fuselfri Akvavit, Aalborg Esksport Akvavit, Aalborg Porse Snaps und Aalborg Akeleje Snaps.
In Schweden wird Aquavit ausschließlich von der 1917 gegründeten Aktiebolaget Vin & Spiritcentralen hergestellt. Die Stockholmer Brennerei, die größte in Westeuropa, produziert 19 verschiedene Arten von Aquavit oder brannvin, wie die Spirituose in Schweden auch genannt wird. Wie auch in Dänemark, wo Kartoffeln zwischen September und April verwendet werden und während der anderen Monate Korn gebrannt wird, produzieren die Schweden den größten Teil ihrer Aquavits aus Kartoffeln. Bekannte Produkte sind der Klare Skåne Akvavit, der leicht gelbe OP Anderson Akvavit und der in Sherryfässern gereifte Gammal Tin Herrgards Aquavit.
In Norwegen wurde Akvavit erstmals zu Ende des 16. Jahrhunderts gebrannt. Seit 1927 ist die Staats Wine & Spirit Monopoly, A/S Vinmonopolet, der Alleinhersteller der Spirituose. Verschiedene klare und aromatisierte Produkte kommen unter der Firmenbezeichnung Løiten und Lysholm auf den Markt. Der bekannteste norwegische Aquavit ist der Linie-Aquavit (s. d.)
Weitere bekannte Aquavits sind der Extra Akvaviittii, der von der finnischen Monopoly Oy Alko A in Salmivaara, Rajamaki und Koskenkorva hergestellt wird, Malteserkreuz der Danisco Brennerei in Berlin und Bommerlunder (s. d.) der Flensburger Firma Christian Dethleffsen.
Als Grundlage für Akvavit wird reiner und extra fein filtrierter Alkohol verwendet. Bei der Destillation der Würze, die aus 96 Prozent Alkohol, Kümmel, Koriander, Zimt, Fenchel, Dill, Zitronenschalen, Nelken, Sternanis und weiteren

geheimgehaltenen Zutaten und Wasser besteht, kommt zunächst aus der Destillierblase der Vorlauf. Er entspricht noch nicht den hohen Ansprüchen, genausowenig wie der zum Schluß des Destillierprozesses auslaufende Nachlauf. Verwendet wird allein der Mittellauf, das Herzstück der Destillation. Anschließend werden Destillat, enthärtetes Wasser sowie Alkohol in Chargen gemischt. Aus den Mischbehältern fließt der fertige Aquavit in Lagertanks, in denen er eine gewisse Zeit ruht und Qualitätskontrollen unterworfen wird, bevor er auf Flaschen gefüllt wird. Die Bezeichnung Aquavit ist nur in der Kombination „dänischer Aquavit" geschützt.
Aquavit wird eiskalt serviert, weil die in ihm enthaltene Würze auf starkes Abkühlen abgestimmt ist. Er entfaltet so seinen vollen, runden und typischen Eigengeschmack. Die ideale Serviertemperatur für Aquavit liegt bei einigen Graden unter null Grad Celsius. Da Aquavits hohe Kühltemperaturen vertragen, kann man sie in die Tiefkühltruhe stellen, so daß sie immer trinkbereit sind, zudem gibt es für verschiedene Aquavits einen speziellen Kühlmantel, der Flasche und Inhalt über Stunden hinweg in genau der richtigen Trinktemperatur hält. Um die genußvolle Kühle auch optisch wirksam zu machen, braucht die Flasche nur mit einem feuchten Tuch abgewischt zu werden, dann bildet sich in der Tiefkühltruhe schnell ein hauchdünner Frostmantel. Das ideale Aquavitglas ist dünnwandig, damit dem eisgekühlten Aquavit nicht zuviel Kälte entzogen wird, und steht auf einem hohen Stiel, so daß die warme Hand das Getränk nicht erwärmt. Auch hat es einen sich nach oben öffnenden Kelch, deshalb kann Aquavit in einem Schluck getrunken werden. Zum Mixen eignet sich Aquavit wegen seinem feinen, aromatischen Geschmack, der immer an Kümmel erinnert, nicht.
Der A/S de Danske Spiritfabrikker zufolge soll Aquavit einen Alkoholgehalt von 40 bis 45 Volumprozent aufweisen, um den Geschmack am besten hervorzuheben. In Deutschland hergestellter Aquavit muß einen Mindestalkoholgehalt von 35 Volumprozent aufweisen.

**Armagnac**
Dieser edle Weinbrand ist Frankreichs ältester Qualitätsweinbrand; er wurde schon im Jahre 1461 urkundlich erwähnt. Sein Produktionsgebiet ist die gleichnamige Landschaft im Südwesten Frankreichs, die Teile der Departements Gers, Landes und Lot-et-Garonne in der Gascogne am Nordabhang der Pyrenäen umfaßt. Die Grenzen dieses Landstriches zwischen zwei Meeren, welcher von einem milden, mediterranen Klima geprägt ist und über die für Reben so wertvollen Sand-, Ton- und Kreideböden verfügt, wurden von den Verwaltungsbehörden bereits am 25. Mai 1909 genauestens festgelegt.

Damit ein einheitlicher Qualitätsstandard sichergestellt ist, schreibt der Gesetzgeber auch die Rebsorten vor. Armagnac darf nur aus weißen Trauben bestimmter Sorten der in Zonen eingeteilten Produktionsgebiete hergestellt werden. Die Traubensorten sind hauptsächlich Folle Blanche, Colombard, Jurançon und St-Emilion. Die Zonen sind aufgeteilt in:

a) Bas-Armagnac: Hier wachsen die besten Trauben auf sandigen Böden und liefern etwas mehr als die Hälfte des für Armagnac verarbeiteten Weines.
b) Ténarèze: Ein durch Tonböden geprägtes Gebiet, welches leichtere Erzeugnisse hervorbringt, die schneller altern als jene aus dem Bas-Armagnac.
c) Haut-Armagnac: Kreideböden bestimmen das Gebiet, und die Erzeugnisse, ungefähr drei Prozent der Gesamtproduktion, sind von geringer Qualität.

Die Rebstöcke müssen ein Alter von 5 Jahren haben, ehe ihre Trauben gepflückt werden dürfen. Um Überreife der Trauben zu vermeiden, wird vor jeder Weinlese der Reifevorgang genauestens überwacht. Der Wein selbst muß ohne jeglichen Zusatz von Zucker oder Schwefeldioxyd gären. Nach den behördlichen Bestimmungen darf Armagnac nur während der Monate Oktober bis März gebrannt werden, und dieses geschieht in der Regel nur einmal nach dem eigens dafür entwickelten kontinuierlichen Brennverfahren. (Seit 1972 ist eine zweifache Destillation nach dem Charenter Brennverfahren erlaubt.) Für das kontinuierliche Brennverfahren ist laut Gesetz ein Alkoholgehalt von 52 bis 63 Volumprozent vorgeschrieben. Der zu brennende Wein darf mit Kräutern, Haselnüssen und Pflaumen versetzt werden, und dieser Gebrauch verleiht dem Weinbrand seinen besonderen Geschmack und sein ausgeprägtes Aroma.
Die Destillation muß vor dem 30. April des Jahres nach der Ernte beendet sein. Danach wird Armagnac in Fässern aus der Monlezum-Eiche des Departements Gers, die ein Fassungsvermögen von 225 bis 420 Liter haben, mindestens ein Jahr unter strenger Aufsicht gelagert. Die staatliche Überwachungsbehörde, das Bureau National Interprofessionnel de l'Armagnac (B. N. I. A.), bescheinigt Lagerzeiten bis zu 6 Jahren.
Vor dem Abfüllen in die charakteristischen enghalsigen, flachrunden Flaschen wird der hellgoldene Weinbrand auf Trinkstärke von 38, 40 und 43 Volumprozent Alkohol herabgesetzt. Armagnac, der in der Bundesrepublik in den Handel gebracht wird, muß einen Mindestalkoholgehalt von 38 Volumprozent haben.
Die Namensbezeichnungen für Armagnacs sind gestaffelt nach dem Alter. Die Behörden garantieren eine Lagerzeit bis zu 6 Jahren. Am 1. Mai des Jahres nach der Ernte, wenn das Brennen beendigt sein muß, wird das junge Destillat auf Konto 0 eingetragen. Hat der reifende Armagnac Konto 5 erreicht, ist die Lagerzeit im 6. Jahr. Danach endet die staatliche Kontrolle.

Die Bezeichnungen sind für:
Ein- bis dreijährige Armagnacs: Von 3 bis 7 Sterne.
Drei- bis vierjährigen Armagnacs: Armoiries; Authentique; Blason; Blond; Crest; Cuvée Spéciale; De Luxe; Élégance; Fin; Monopole; Privilège; Qualité Spéciale; Rassis; Séduction; Select; Sélection; Very Special.
Vier- bis fünfjährige Armagnacs: Best; Choix de la Maison; Cuvée Personnelle; Cuvée Supérieure; Grande Sélection; Premiere Choix; Qualité Supérieure, Supérieur.
Fünf- bis sechsjährige Armagnacs: Cuvée Réservée; Grande Fine; Réserve; O.P.; V.E.G.A. (Very Enjoyable Grande Armagnac); V.O.; V.S.O.P.; V.V.S.
Age Inconnu; Antique; Bonaparte; Bras d'Or; Cesar Imperator; Consul; Cordon d'Or; Cordon Rouge; De la Propriété; Extra; Grande Réserve; Hors d'Age; Imperial; Imperium; Louis XVI; Methusalem; Napoléon; Nege Plus Ultra; Palais Royal; Rare; Réserve des Ancestres; Réserve Personnelle; Réserve du Producteur; Royal; Sans Rival; Spécial; Supérieur; Souvenir Jubilé; Sélection des Ancestres; Tradition; Versailles; Vieille Réserve; Vieux; V.V.O.P; V.V.S.O.P; X.O.

**Arrak**

Arrak ist ein starker asiatischer Branntwein, der bei uns oft als Rumsorte eingestuft wird. Diese Einstufung ist nicht unbedingt falsch, denn in der Arrakbrennerei wird unter anderem immer Zuckerrohrmelasse verarbeitet. Am bekanntesten ist der Batavia-Arrak, der nur aus Zuckerrohrmelasse und Reis aus Java hergestellt wird. Für die Verzuckerung werden diastasereiche Pilzkulturen verwendet, die in Form von etwa 3 cm großen Kugeln, Raggi genannt, gezüchtet werden. Zunächst wird nur der Reis verzuckert. Das zuckerhaltige Zwischenprodukt wird Tapej genannt. Danach wird mit Wasser verdünnte Melasse zugesetzt und die Mischung vergoren. Nach dem Brennen wird Batavia-Arrak in Eichenholzfässern gelagert. Der hellgelbe Arrak kommt mit einer Alkoholstärke von rund 60 Volumprozent in den Handel.
Auf Ceylon, in Thailand und in Teilen Indiens verwendet man neben Reis und Zuckerrohrmelasse auch noch den Saft der Zuckerpalme, der zu Toddy vergoren wird. Hier bringt man den Reis zuerst zum Keimen, zerquetscht das Mälzgut und setzt Toddy und Melasse zu.
Für den Verkauf von Arrak gibt es in Deutschland folgende Vorschriften:
Original-Arrak muß in Deutschland im Importzustand verkauft werden.
Echter Arrak ist Original-Arrak, der in Deutschland auf Trinkstärke herabgesetzt wurde.

Arrak-Verschnitt ist eine Mischung aus Original-Arrak, Primasprit und Wasser, wobei mindestens 10 Prozent des im Endprodukt enthaltenen Alkohols dem Original-Arrak entstammen müssen.
Deutscher Arrak ist ein dem Übersee-Arrak ähnlicher Branntwein, der in Deutschland aus zuckerhaltigen Stoffen gebrannt wurde.
Deutschland führt jährlich etwa 620 hl Arrak ein. In skandinavischen Ländern werden erhebliche Mengen Arrak zu Schwedenpunsch verarbeitet.
In der Bar wird Arrak vor allem für die Zubereitung von Grog und Punsch verwendet. Auch zum Mixen von Getränken ist Arrak beliebt. Pur wird Arrak bei uns jedoch weniger getrunken.

**Asbach**
Die Geschichte der Firma Asbach & Co. in Rüdesheim am Rhein beginnt mit dem im Jahre 1868 im Westerwald geborenen Hugo Asbach. Bei der Kölner Firma Krayn & Co. erlernte Hugo Asbach den Beruf des Destillateurs und Kaufmanns, bevor er sich mit 24 Jahren selbständig machte. Er übernahm die Rüdesheimer Filiale der „Export-Compagnie für Deutschen Cognac, J. Krayn & Co., Köln", die 1896 als „Exportgesellschaft für Rheinischen Cognac, Asbach & Co." in Rüdesheim neu gegründet wurde und sich in wenigen Jahren zu einem „Großetablissement der Cognac-Industry Asbach & Co" entwickelte.
Mit zwei Brennblasen fing das Familienunternehmen an, in dem Hugos Vater, Albert Asbach, das Amt des Kellermeisters und Hugos Schwager, Franz Boltendahl, die kaufmännischen und finanziellen Aufgaben übernahmen.
Im Jahre 1905, als Albert Sturm dem Unternehmen großzügig finanzielle Mittel zur Verfügung stellte, wurde mit der Vergrößerung des Betriebes begonnen. Asbach & Co. stellte schon damals eine Fülle von Marken her, die unter Bezeichnungen wie Alt, Echt, Anker, Krone, Cabinett, Extra, Charente, Einstern, Zweistern, Dreistern, Vierstern, Medizinal und sogar „Zuckerfrei" für Diabetiker vertrieben wurden.
Neben dem Ausbau der Betriebsanlagen in Rüdesheim wurde eine eigene Brennerei in der Charente erworben, um in eigener Verantwortung den Einkauf geeigneter Brennweine und die Herstellung der Destillate zum Aufstärken der Brennweine sicherzustellen.
Die verwirrende Fülle der angebotenen Sorten stand jedoch einem durchschlagenden Erfolg im Wege, so daß seit 1907 eine Marke mit allen Werbemitteln gefördert wurde. Der Name dieser Marke, Asbach Uralt, der am 18. März 1908 in die Zeichenkontrolle des Kaiserlichen Patentamtes in Berlin eingetragen wurde, war rein deutsch in seiner Wortbildung. Das bewußte Vermeiden einer Anlehnung an Cognac oder Charente führte automatisch zu „Weinbrand" hin. Ein

Rundschreiben von 1911 beruft sich auf die „Erzeugung unbeschnittener Qualitäts-Weinbrände", und somit prägte Hugo Asbach die genauere, treffendere Gattungsbezeichnung Weinbrand, lange bevor der Versailler Vertrag den Deutschen verbot, ihre Erzeugnisse mit dem Begriff „Cognac" zu bezeichnen.
Im Jahre 1927 wurde die Weinbrennerei Gebrüder Macholl in München erworben, und in zäher Arbeit sicherte sich das Haus Asbach & Co. unter den deutschen Weinbrennern ein hohes Ansehen und jene Stellung auf dem Weltmarkt, die dazu führte, daß heute jede zweite aus der Bundesrepublik ausgeführte Flasche Weinbrand den Namen Asbach „Uralt" trägt.
Die Weine, die in unterirdischen, zusammen über eine Million Liter fassenden Behältern lagern, bevor sie zum Brennen gelangen, werden von den Inhabern des Unternehmens, den Familien Asbach, Boltendahl und Sturm, aus den besten Anbaugebieten der ganzen Welt gekauft.
Asbach „Uralt" wird bei Zimmertemperatur in der Schwenkschale serviert. Zum Mixen findet der Weinbrand mit seinen 38 bis 40 Volumprozent (je nach Verbraucherland) Alkoholgehalt vielfache Verwendung.

**Bacardi Rum**

Der Original Bacardi Rum wurde im Jahre 1862 von Don Facundo Bacardi in Santiago de Cuba auf der Insel Kuba zum erstenmal gebrannt. Die Bacardi-Familie hatte mit dem leichten Rum, der den einheimischen Rum an Weichheit und Qualität bei weitem übertraf, trotz Gefangenschaft, Verbannung und Revolutionen, die die Familie über sich ergehen lassen mußte, außerordentlichen Erfolg. Mit steigender Nachfrage etablierte die Bacardi-Familie separate Gesellschaften in San Juan auf der Insel Puerto Rico, in Mexiko, Brasilien, Spanien und in Nassau auf den Bahamas.
Um die ursprüngliche Brennerei auf Kuba entwickelte sich eine Sage, derzufolge die Bacardi-Brennerei nur so lange existiere, wie der Kokosbaum vor dem Gebäude stehe. Als Fidel Castro die Brennerei im Jahre 1960 verstaatlichte und alles Eigentum der Bacardi-Familie beschlagnahmte, starb der Baum ab.
Der in den europäischen Ländern erhältliche, aus reiner Zuckerrohrmaische destillierte Bacardi Rum kommt aus den Brennereien in Nassau. Neben dem beliebten „Light-Dry" (Carta Blanca) bringt die Firma noch einen goldgelben Rum mit der Bezeichnung „Dark-Dry" (Carta de oro) auf den Markt.
Weniger bekannt sind die Produkte „Extra Seco", ein trockener Rum, der nur in Verbindung mit Wasser getrunken wird, und „Anejo", ein schwerer, likörartiger Rum.
In der Bar wird der „Light-Dry" zum Mixen vieler bekannter Cocktails verwendet.
Der „Dark-Dry", ebenfalls geeignet zum Mixen, darf in keiner guten Bar fehlen.
Pur wird Bacardi bei uns weniger verlangt. Alkoholgehalt 40 Volumprozent.

**Ballantine's**

Bekannte Whiskymarke, die von der schottischen Firma George Ballantine & Sons Ltd. in Dumbarton seit 1827 hergestellt wird.

Die Brennerei wurde Mitte der 30er Jahre dieses Jahrhunderts von der kanadischen Firma Hiram Walker käuflich erworben. Heute gehören der Hiram Walker (Scotland) Ltd. verschiedene Destillereien in Schottland, und obwohl die Gesellschaft in der Lage ist, eine große Anzahl verschiedener Brände auf den Markt zu bringen, werden diese nicht unter dem Firmennamen gehandelt. Die einzelnen Betriebe stehen unter der Schirmherrschaft der Gesellschaft, sind jedoch unverwechselbar, und ihre individuell hergestellten Marken konkurrieren untereinander. Ballantine's ist einer der bekanntesten Namen unter den 20 verschiedenen verschnittenen Produkten der Hiram-Walker-Gruppe. Außer dieser beliebten Marke, die übrigens zu den bekanntesten Whiskys überhaupt gehört, bringt die Firma George Ballantine & Sons noch die Spezialabfüllung „Ballantine's 17 Years Old" auf den Markt.

Interessant ist, daß die Firma eine Schar Gänse hält, die, als äußerst wachsam gepriesen, dem Wachpersonal als wertvolle Unterstützung dient und schon mehrfach Einbruchversuche durch wildes Geschnatter verhindert haben soll.

**Bananes, Crème de**

Bananenlikör, der im Likörglas serviert wird und auch vielfach zum Mixen Verwendung findet.

**Barack Palinka**

Ungarns Nationalschnaps, der Barack Palinka, wird aus Aprikosen in den städtischen Brennereien von Kecskemét, der aprikosenbaumreichsten Gegend der Erde, destilliert. Das Aroma der überreifen, auf dem Markt von Kecskemét nicht verkauften Früchte rettet sich über die Destillierblase hinweg und geht in den Barack über.

Dieser doppelt gebrannte Schnaps wird lange in Eichenholzfässern gelagert, dann auf Trinkstärke herabgesetzt und in die dickhalsigen Flaschen abgefüllt. Der nach Deutschland importierte Barack Palinka hat 43 Volumprozent Alkohol.

**Bardinet**

Die Firma Bardinet, der auch das Rumhaus Negrita gehört und die eine Tochtergesellschaft des Hauses Cointreau (s. d.) ist, hat seinen Stammsitz in Fleurenne in der unmittelbaren Nähe von Bordeaux.

1857 begann der Likörhersteller Paul Bardinet mit seinen Söhnen, Rum, der damals in Frankreich nur als hitziger Kreolentrank galt, salonfähig zu machen.

Heute genießt Negrita (s. d.), der als weißer und als brauner Rum erhältlich ist, Weltruf.
Außer Rum bringt die Firma die folgenden Produkte auf den Markt: Brandy Bardinet V.S.O.P., Super Crème de Cassis, Super Crème de Framboise, Super Crème de Fraise, Caribbean Cream Coconut sowie den flüssigen und geschmacksneutralen Rohrzucker Canadou.
Die Produkte des Gironder Unternehmens Bardinet/Negrita werden in 117 Ländern vertrieben.

**Beefeater**
Beefeater Gin, eine der bekanntesten und beliebtesten englischen Ginmarken, wird seit 1820 von der James Burrough's Ltd., London, hergestellt. Auf dem Etikett der Flasche ist der farbenprächtige Beefeater dargestellt, der das männliche Korps, welches ursprünglich von König Heinrich VII. von England im Jahre 1485 als Leibgarde gegründet wurde, repräsentiert. In dieser Funktion spielten die Beefeater eine führende Rolle bei königlichen Zeremonien und Staatsdinners. In seiner farbenfrohen Uniform hat der Beefeater einen weltweiten Ruf erlangt. Seit 1820 ist Beefeater Gin als einer der feinsten Gins mit unnachahmlicher Weichheit anerkannt. Beefeater Gin ist von einmaligem Charakter, welchen er der Burrough-Methode, der dreifachen Destillation, behütet und bewacht von erfolgreichen Generationen der Familie Burrough, verdankt.

**Bell's**
Name des in Schottland meistverkauften Whiskys, der von der Firma Arthur Bell & Sons Ltd. in Perth hergestellt wird.
Die Geschichte der Firma Bell führt in das Jahr 1825 zurück. Damals begann der Brenner T. R. Sandeman, in seinem Geschäft in Perth mit Whisky zu handeln. Einige Jahre später wurde das Geschäft von einem gewissen James Roy übernommen, und 1851, als Arthur Bell der Firma beitrat, war diese als Roy and Miller bekannt. 1865 übernahm Bell die Firma als alleiniger Inhaber, und 1895, als seine beiden Söhne ins Geschäft einstiegen, wurde die Firma in Arthur Bell & Sons umbenannt. Als Arthur Bell im Jahre 1900 starb, übernahm sein Sohn Arthur Kimmond Bell die Geschäftsleitung. Kurz nach dem ersten Weltkrieg eröffnete er das in der Victoria Street in Perth gelegene und noch heute als Hauptsitz der Firma dienende Gebäude, und 1922 wurde die Firma in eine GmbH umgewandelt.
Seit 1870 ist die Firma für ihre „blended" Whiskys bekannt. Nach der Krise im Whiskymarkt 1933 wurde die Blair Athol Brennerei in Pitlochry und die Duff-

town-Glenlivet Brennerei in Dufftown erworben. 1936 kam die Inchower Brennerei in Buckie hinzu.
Die heute von der Gesellschaft, die allerdings keinen Bell mehr unter den Direktoren aufweisen kann, hergestellten Whiskys sind der 3 Jahre alte „Bell's Extra Special", der 12 Jahre alte „Bell's Royal Vat", der 20 Jahre alte „Bell's Royal Reserve" und der 8 Jahre alte „Dufftown-Glenlivet Pure Malt Whisky".

**Bénédictine**
Dieser große französische Kräuterlikör führt seine Geschichte bis auf das Jahr 1510 zurück. Im Kloster Fécamp in der Normandie soll Dom Bernardo Vincelli, ein Benediktinermönch italienischer Herkunft, dieses Getränk als Elixier für medizinische Zwecke produziert haben. Aus dieser Zeit soll auch der Zusatz „D. O. M." stammen, der heute auf allen Etiketten der Bénédictine-Flaschen zu finden ist. Die drei Buchstaben „D. O. M." sind die Abkürzungen für das lateinische Deo optimo maximo, zu deutsch: „dem besten, größten Gott".
Das Gebiet von Fécamp war schon immer reich an Kräutern aller Art, die durch die Nachbarschaft des Meeres besonders gut gedeihen. Diesen Segen der Natur aufzubereiten, die Säfte und Aromen der Kräuter zu gewinnen und sie für seine Salben und Stärkungsmittel zu verwenden, das war das Bestreben des Bruders Vincelli. Am meisten schätzte man damals schon jenes Elixier, das er aus 28 ganz bestimmten Pflanzen und Kräutern zubereitete und dem man gewisse wohltuende und stärkende Eigenschaften zusprach. Daß dessen Ursprung die Grundlage eines weltberühmten Likörs werden sollte, daran hatte Dom Bernardo Vincelli nie gedacht. Dazu kam es erst, als im Jahre 1863 ein Kaufmann aus Fécamp, Alexandre Le Grand, unter den ererbten Manuskripten das Pergament mit der Formel des Bénédictine-Elixiers wiederfand. Das Rezept war in den Besitz der Familie Le Grand gelangt, nachdem das im Jahre 958 gegründete Kloster in Fécamp während der Französischen Revolution bedroht worden war. Von der ererbten Formel ausgehend, vertiefte sich Alexandre Le Grand in die Geheimnisse der Behandlung und Mischung von Kräutern. Nach ausdauernder Forschungsarbeit und zahlreichen Experimenten gelang es ihm schließlich, das überlieferte Rezept nachzuvollziehen.
Immer noch sind Wurzeln, Stengel, Rinden, Blüten und sogar Früchte der ursprünglichen 28 Pflanzen die Basis. Die zahlreichen Herstellungsstadien beginnen mit einem sorgfältigen Zuordnen von verschiedenen, in Art und Aroma zueinander passenden Kräutern. So entstehen 5 verschiedene Mischungen, deren erste 4 mit ausgewählten Alkoholsubstanzen zusammengebracht und in großen, kupfernen Kolben sorgfältig destilliert werden. Die 5. Gruppe,

hauptsächlich Früchte oder Fruchtschalen, wird mazeriert. In ausgewogener Einwirkzeit übertragen sich Aroma- und Geschmacksstoffe auf den Alkohol. Dies geschieht in relativ kleinen Steinguttöpfen, die sorgfältig verschlossen sind. Die so entstandenen 5 Grundsubstanzen werden in weiträumigen Kellergewölben bis zur vollkommenen Reife gelagert und erst dann gemäß dem alten Geheimrezept miteinander vermischt. So entsteht in den Grundzügen die alkoholische Basis des Bénédictine. Der Name ist in allen Ländern geschützt, doch die Nachahmungen des Likörs sind so groß, daß man in Fécamp ein „Zimmer der Nachahmungen" einrichtete, in dem Hunderte von Bénédictine-Fälschungen aufbewahrt werden.
Das Rezept zur Herstellung von Bénédictine gehört zu den bestgehüteten Geheimnissen der Welt. Nur 3 leitende Angestellte des Originalherstellers kennen die genauen Mengen der 28 Kräuter und Gewürze.
Um dem Trend zum herberen Likör entgegenzukommen, wurde im Jahre 1938 das Produkt „B and B", Bénédictine und Brandy, auf den Markt gebracht. „B and B" vereint die Geschmacksmerkmale des Likörs mit dem Bukett eines Qualitätscognacs, die ihm einen insgesamt feinherben Charakter verleihen.
Der größte Bénédictine-Liebhaber war wohl Pomare V., der letzte regierende König von Tahiti. Nach seinem Tode errichtete ihm sein trauerndes Volk eine Säule, auf der die bekannte bauchige Bénédictine-Flasche in Stein gehauen bis auf den heutigen Tag an das Lieblingsgetränk ihres letzten Königs erinnert.
Bénédictine hat 43 Volumprozent Alkoholgehalt und rund 35 Prozent Zuckeranteil. Er wird in einer großen Schwenkschale oder im Likörglas serviert.

**Bisquit Dubouché**
Ausgezeichneter Cognac, in folgenden Qualitätsbezeichnungen erhältlich: „Dreistern", „Triomphe", „V.S.O.P.", „Napoléon" und „Extra-Vieille".

**Black and White**
„Black and White" ist eine bekannte und beliebte schottische Whiskymarke, die von der Firma James Buchanan & Co. Ltd. in Glasgow hergestellt wird. Außerdem bringt die Firma noch die Spezialfüllung „Buchanan's de Luxe" auf den Markt.
James Buchanan, der Gründer der Firma, war eine der größten Persönlichkeiten unter den Whiskybaronen. 1849 in Kanada geboren, brachten ihn seine Eltern schon nach einem Jahr in ihre schottische Heimat. Seine Laufbahn sollte in einem Glasgower Reedereibüro beginnen. Nach Beendigung des Vertrages wechselte der junge Buchanan in den Getreidehandel seines Bruders über. Sein neues Arbeitsgebiet brachte ihn viel mit Pferden zusammen, die er

mehr und mehr lieben lernte. Auf dem Höhepunkt seiner Karriere kam er darauf zurück und wurde weithin bekannt als Züchter und Besitzer rassiger Pferde. Von der Firma Charles Mackinlay & Co. ließ James Buchanan sich nach London versetzen, wo er sich als Vertreter mit dem Vertrieb von Whisky sehr erfolgreich erwiesen haben soll. Im Jahre 1884 gründete er in der Basinghall Street in London eine eigene Firma, James Buchanan & Co. Von dem renommierten Unternehmer Mr. W. P. Lowrie bekam er aus Glasgow Whisky in Fässern geliefert, den er in schwarzen Flaschen mit weißem Etikett unter dem Namen „Buchanan" auf den Markt brachte. Dies war der Ursprung von „Black and White". Neben Pferden waren Hunde eine weitere Liebe Buchanans. 1892 kam James Buchanan mit dem Bild der zwei schönsten Hochlandterriers von einer Hundeausstellung in Schottland nach London zurück. Um die sympathischen Tiere als Warenzeichen unter dem Titel „Real Scotch" für seine Whiskywerbung verwenden zu können, ließ er sie von dem bekannten Künstler Tom Brown zeichnen. Seither sind die Scotchterrier, der eine weiß, der andere schwarz, in jedem Zusammenhang mit „Black and White" zu sehen.

**Boodles**
Name eines De-Luxe-Gins, der einzigartig in seiner Klasse ist, denn es werden zu seiner Herstellung Pflanzen verwendet, die niemand zuvor zu nützen dachte. Er wird destilliert mit Alkohol, der nach besonderem Verfahren hergestellt wird. Das Produkt wird dann zurückdestilliert mit einer umwälzenden Vakuummethode, die es möglich macht, Gin in einer viel niedrigeren Temperatur herzustellen. Dadurch gewinnt man einen Gin, welcher viel weicher ist als ein auf herkömmliche Weise destillierter. Seine Klarheit wird durch ein beidseitig bedrucktes Etikett veranschaulicht, das man deutlich durch den Inhalt der Flasche lesen kann.
Die außergewöhnliche vierkantige Flaschenform, in der dieser Gin von Seagram, der größten Spirituosenfirma der Welt, auf den Markt gebracht wird, hat Sam Bronfman, der Gründer des Unternehmens, selbst entworfen. Sie entspricht dem wertvollen Inhalt.
Boodles' Gin wird von Burgreff Weltmarken Import auf den bundesdeutschen Markt gebracht.

**Bols**
Die Firma Erven Lucas Bols ist die älteste noch tätige Brennerei der Welt. Im Jahr 1575 richtete Lucas Bols seine Likörbrennerei in einem Holzhäuschen an der Poststraße nach Harlem, dem Plempenpad vor den Stadtmauern von Amsterdam, ein. Das kleine Flüßchen an der Poststraße wurde bei der Erweiterung

der Stadt im 17. Jahrhundert zu einer der schönsten und bekanntesten Grachten Amsterdams, der Rozengracht, ausgebaut. Das Holzhäuschen, von den Einheimischen „Lootsje" genannt, wurde schnell eine beliebte Raststätte der Amsterdamer Bürger.
Im Jahre 1965 wurde mit dem Bau einer neuen Destillerie in Nieuw-Vennep begonnen. Nach Beendigung im Jahre 1967 wurde die Produktion von Amsterdam nach Nieuw-Vennep verlegt, wo im selben Jahre mit dem Bau des Bürohauses begonnen wurde.
Im Frühjahr 1970 zog Bols endgültig nach Nieuw-Vennep, 35 km südlich von Amsterdam.
Während der offiziellen Eröffnung des Bols-Konzerns am 11. September 1970 wurde von S. K. H. dem Prinzen der Niederlande der Firma das Recht verliehen, das Prädikat „Königliche" zu führen.
Der Name der Gesellschaft, Erven Lucas Bols, wurde daraufhin in „N. V. Koninklijke Distilleerderijen Erven Lucas Bols" (Königliche Destillerien Erven Lucas Bols) umbenannt.
Das Produktionsprogramm der Unternehmensgruppe konzentriert sich auf Liköre, umfaßt aber auch das niederländische Nationalgetränk, den Genever, ferner Gin, Eierlikör, Wodka und zahlreiche andere Spirituosen.

**Bommerlunder**
Name eines der bekanntesten Aquavits und ältesten Markenartikels Deutschlands, der, einer Legende zufolge, auf Anfang des 18. Jahrh. zurückgeht.
Die Gastwirtschaft Bommerlund an der alten Heerstraße in dem südjütländischen Bommerlund nördlich von Flensburg war ein weltbekanntes Haus, und der Gastwirt Julius Schwennesen war als erfahrener Meister der Gastlichkeit berühmt. Zum Wohle seiner Gäste, es waren durchreisende Edelmänner, Gutsbesitzer, Seefahrer und Kaufleute, die in der damals 13 000 Einwohner zählenden Stadt Flensburg, in der mehr als 210 Überseesegler beheimatet waren, regen Handel trieben, brannte Julius Schwennesen einen Schnaps nach einem Rezept, das ein durchreisender französischer Offizier als Bezahlung für eine Übernachtung hinterlassen haben soll. Der dänische König soll Schwennesen die Erlaubnis gegeben haben, den Schnaps, den er Bommerlunder nannte, zu brennen.
Der Flensburger Christian Dethleffsen kaufte 1738 das Rezept und gründete eine Firma, die heute, in der siebten Generation geführt, zu den größten Markenspirituosenherstellern Deutschlands zählt.
Dieser einzigartige Erfolg der Firma wurde durch die einzigartige Qualität des „großen Klaren aus dem Norden" möglich. Seinen besonderen Geschmack

verleihen ihm verschiedene Kräuter, darunter Kümmel und Anis. Die Mischung wird mit 45prozentigem Alkohol angesetzt und destilliert. Dieses Destillat wird nun 6 Monate lang in alten Eichenfässern gelagert, wodurch sein Geschmack unter der Einwirkung des Holzes besonders rund und mild wird. Nach der Reifezeit wird das Destillat mit reinem Alkohol in einem bestimmten Verhältnis gemischt und mit Wasser auf 40 Volumprozent gebracht.
Ein neueres Produkt des Hauses Herm. G. Dethleffsen ist der herzhafte Edelkräuterlikör „Dokator", der 1967 durch die Übernahme des Hauses A. Nissen J. F. Clausen Nachf. hinzukam. Gleichzeitig kamen 2 weitere Qualitätserzeugnisse hinzu: der Milde Nissen-Weizenkorn und der Edler Nissen-Weizen-Doppelkorn. Ein weiteres Erzeugnis ist „De geele Köm vun Herm. G. D.", welcher als Basis des guten Köm-Punsch an der Küste geschätzt wird.
1973 erwarb das Unternehmen Herm. G. Dethleffsen das bekannte Lübecker Importhaus Tesdorf & Deiters und engagierte sich so auf dem Markt erstklassiger Importspirituosen.
1976 übernahm das Haus den Alleinvertrieb in Deutschland für den norwegischen Linie-Aquavit (s. d.). Für den Aquavitkenner ist dieses Erzeugnis ein besonderer Genuß.

**Boonekamp**
Dieser Bitterbranntwein wurde von der Amsterdamer Firma Kamp unter der Bezeichnung „Maagbitter of Boonekamp" im Jahre 1815 erstmals in den Handel gebracht. Der „Maagbitter of Boonekamp" wurde schnell in der ganzen Welt bekannt. Heute wird Boonekamp, der Name ist eine ungeschützte Gattungsbezeichnung, nicht nur in Holland, sondern in vielen Ländern hergestellt. Zur Herstellung des würzigen Magenbitters finden unter anderem folgende Zutaten Verwendung:
Anis, Fenchel, Lärchenschwamm, Sternanis, Süßholz, Koriander, Zitterwurzel, Ingwer, Kalmus, Zimt, Nelken, Manna, Bitterklee, Johannisbrot, Safran, Baldrianwurzel, Rhabarber, Aloe, Galant, Tausendgüldenkraut, Wermutkraut, Enzianwurzel, Pappelknospen, Myrrhen und Guajaholz.
In Deutschland hergestellter Boonekamp muß mindestens 40 Volumprozent Alkoholgehalt haben.
Boonekamp kommt meist in Portionsflaschen auf den Markt; er wird im Likörglas serviert. Zum Mixen eignet sich Boonekamp nicht.

**Booth's**
Dieser bekannte englische Gin wurde erstmals im Jahre 1740 von der Familie Booth, die von Nordostengland nach London kam, destilliert. Nach Überliefe-

rungen war die Brennerei der Familie Booth in Clerkenwell, am Rande der City von London, schon im Jahre 1778 eine der bedeutendsten in England. Um 1815 übernahm Felix, der Sohn von Phillip Booth, die Firma und wurde mit einer zweiten Brennerei, die er in Brentford eröffnete, Englands größter Ginhersteller.
„House of Lords" ist ein gelblicher Gin, der wegen seines feines Aromas von Ginliebhabern geschätzt wird.

**Borovicka**
Ein Wacholderbranntwein aus den Karpaten, der dem holländischen Genever ähnelt.

**Bourbon Whiskey**
Der in den USA hergestellte Whiskey, der vorwiegend aus Maismaische destilliert wird, schreibt sich im Gegensatz zum englischen Whisky mit -ey. Die Aussprache ist jedoch gleich. (Siehe Whisky, Seite 243.)

**Brandy**
Brandy ist die englische Bezeichnung für Weinbrand. Auch in Italien wurde diese angelsächsische Bezeichnung im Jahre 1948 eingeführt.

**Branntwein**
Unter Branntwein versteht man extraktfreie oder extraktarme Spirituosen mit und ohne Geschmackszutaten. Spirituosen sind zum menschlichen Genuß bestimmte Getränke, in denen aus vergorenen, zuckerhaltigen Stoffen durch Brennverfahren gewonnener Alkohol (Äthylalkohol) als wertbestimmender Anteil enthalten ist. Der Alkoholgehalt muß mindestens 32 Raumhundertteile (Volumprozent) betragen. Die Herstellung von Branntwein wird in Deutschland durch das Branntwein-Monopol-Gesetz vom 8. April 1922 geregelt.
Je nach der Herkunft des im Endprodukt enthaltenen Alkohols und der geschmacklichen Qualität unterscheidet man zwischen Branntweinen höherer und niederer Abstammung, zwischen den sogenannten Edelbranntweinen und sonstigen Branntweinen.
Edelbranntweine werden zum überwiegenden Teil aus einem wertvollen Rohstoff gebrannt (Wein, Obst, Korn). Die übrigen Branntweine sind in der Regel gemischte Erzeugnisse auf der Basis von Primasprit, Wasser und Aromastoffen. Laut Vorschrift müssen diese Getränke lediglich zum menschlichen Genuß bestimmt oder geeignet sein.

## Die Arten des Branntweines

### 1. Weinbrand

Weinbrand ist gebrannter Wein. Wann und wo zum ersten Male Wein gebrannt wurde, ist nicht überliefert. Aus der medizinischen Schule von Salerno kam um das Jahr 1050 die Kunde, daß der kranken Menschheit ein neues Heilmittel geschenkt worden sei: der gebrannte Wein.

Arnauld de Villeneuve, ein Schüler der hochberühmten Salerner Schule, bezeichnete die Medizin als aqua vitae (Lebenswasser). Von dem an der Bologneser Universität dozierenden Florentiner Arzt Thaddeus wurde der gebrannte Wein um 1250 als aqua ardens (brennendes Wasser), das die „Mutter, Herrin und Königin aller Arzneien" sei, gepriesen. Erst der Arzt Theophrastus Bombastus Paracelsus verwendete das aus dem Arabischen stammende Wort Alkohol.

Für die Alchimisten war der Alkohol ein geheimnisvoller Stoff, zusammengesetzt aus Feuer und Wasser. Sie schoben das Zeichen für Feuer über das Zeichen für Wasser und kamen so zu dem Branntweinzeichen, dem sechseckigen Stern. Und noch heute findet man das alchimistische Branntweinsymbol eingeschnitzt in die Balken uralter Gastwirtschaften oder verborgen in den Schnörkeln von Wirtshausschildern.

Im 14. Jahrhundert wurde nach einem besonders guten Weinjahr von den Weinbauern in Modena eine größere Menge Branntwein hergestellt, welcher noch immer als Arznei gegen Wassersucht, Pest und Infektionskrankheiten verwendet wurde. Deutsche Kauffahrer oder auch Scholaren, die an glanzvollen Universitäten des mittelalterlichen Italiens studierten, wußten zu Hause von der Wundermedizin zu berichten.

Im Jahre 1353 brachte der fränkische Apotheker Hieronymus Burkhard das Geheimnis des Branntweins mit nach Deutschland. Burkhard erhielt in Berlin das Privileg, Branntwein herzustellen.

Die Apotheker des Rates sorgten dafür, daß der Branntwein über zwei Jahrhunderte eine Arznei blieb. Doch die wohltuende Wirkung des aqua vitae wurde immer bekannter, und der Hohe Rat zu Nürnberg veranlaßte im Jahre 1496, daß der Verkauf an Sonntagen und das Trinken am Verkaufsort verboten wurden.

Erst nach der Unterwerfung der Niederlande im Jahre 1567 trat die entscheidende Wendung ein. Als dort das Schreckensregiment des spanischen Herzogs Alba begann, flüchteten zahlreiche Flamen aus ihrer Heimat und siedelten sich in der Mark Brandenburg an. Unter ihnen waren erfahrene Kornbrenner, denen erlaubt wurde, ihre handwerkliche Kunst fortzusetzen.

Die Kornbrenner fingen an, Wein in größeren Mengen zu brennen. Die alte lateinische Bezeichnung aqua vitae blieb bis um die Mitte des 17. Jahrhunderts erhalten. Als aus Frankreich die Nachricht kam, daß in dem Städtchen Cognac Wein gebrannt wurde, den man Eau-de-vie-de-Cognac oder auch nur Cognac nannte, wurde gebrannter Wein überall in Europa Cognac genannt. Bis zum Abschluß des Versailler Vertrages, der Frankreich die Herkunftsbezeichnung Cognac sicherte, hieß der Weinbrand auch in Deutschland nicht anders als Cognac.
Der deutsche Weinbrenner Hugo Asbach prägte um die Jahrhundertwende die genauere, treffendere Gattungsbezeichnung Weinbrand. Er verwendete den Namen erstmals im Jahre 1907, damals noch in der Verbindung Weinbrand-Cognac. Später wurde die Bezeichnung Weinbrand ein Allgemeinbegriff für alle reinen, deutschen Weindestillate.
Die Vorschriften für die Herstellung von Weinbrand sind sehr streng. Das Weingesetz vom 25. Juli 1930 schreibt vor, daß Branntwein nur als Weinbrand bezeichnet werden darf, wenn dessen Alkohol ausschließlich aus Wein gewonnen und nach Art des Cognacs hergestellt wird. Die ergänzend erlassenen Ausführungsbestimmungen geben genaue Richtlinien, welcher Stoff bei der Weinbrandherstellung neben dem reinen Weindestillat zur Geschmacksabrundung, Filterung und Klärung verwendet werden darf. Nach dem Gutachten des Verbandes der Weinbrennereien ist für Weinbrand eine Mindestlagerzeit von sechs Monaten in Eichenholzfässern vorgeschrieben. Für Weinbrand mit einem Altersprädikat ist eine Mindestlagerzeit von zwölf Monaten erforderlich. Der trinkfertige Weinbrand muß mindestens 38 Volumprozent Alkoholgehalt haben.
Diese strengen Vorschriften sind die Garantie, daß nur Weinbrände in den Handel kommen, die auch den höchsten Ansprüchen genügen.

**2. Obstbranntweine**

Obstbranntweine dürfen aus folgenden Obstarten hergestellt werden:

a) S t e i n o b s t:
Kirschen, Zwetschgen, Pflaumen, Mirabellen, Aprikosen, Pfirsiche und Schlehen.

b) B e e r e n:
Himbeeren, Heidelbeeren, Johannisbeeren, Erdbeeren.
Die Bezeichnung „Wasser“ darf für einen Obstbrand nur dann verwendet werden, wenn er „ausschließlich aus der betreffenden Obstfrucht oder

Beere oder deren Säften ohne Zusatz von zuckerhaltigen Stoffen, Zucker oder Alkohol anderer Art" gewonnen wurde.
Da Beeren einen zu niedrigen Zuckergehalt haben, um aus ihnen nach den gesetzlichen Wasserbestimmungen einen vernünftigen Schnaps brennen zu können, verzichten die Brenner auf das Vergären der Früchte, setzen sie statt dessen mit feinfiltriertem Sprit an und destillieren ab. Das vorzügliche Produkt muß „Geist" genannt werden, weil die Bezeichnung „Wasser" den vergorenen und gebrannten Obstdestillaten vorbehalten ist.

**3. Kernobstbranntweine**

Kernobstbranntweine sind Destillate, die aus vergorenen Äpfeln, Birnen oder aus anderem Kernobst aus der vollen Obstfrucht oder deren Säften ohne Zusatz von zuckerhaltigen Stoffen, Zucker oder Alkohol gewonnen werden. Diese Destillate dürfen weder „Wasser" noch „Geist" genannt werden, sondern sind als Branntweine klassifiziert. Der Alkoholgehalt muß mindestens 38 Volumprozent betragen.

**4. Kornbranntweine**

Die Bezeichnung Kornbranntwein, Kornbrand oder Korn darf nur für solche Branntweine gelten, die ausschließlich aus Roggen, Weizen, Buchweizen, Hafer oder Gerste hergestellt sind. Hirse, Mais, Milokorn und dergleichen gelten nicht als Kornrohstoffe im Sinne des Monopolgesetzes.
Kornbranntwein wird von vielen Brennereien bis zum fertigen Kornsprit hergestellt und trinkfertig gemacht. Ein großer Teil der Kornbrennereien produziert jedoch nur Rauhbrand, für dessen Rektifikation (Reinigung) die DKV (Deutsche Kornbranntwein-Verwaltungsstelle) in Münster zuständig ist. Die DKV ist allein berechtigt, unverarbeitetes Kornfeindestillat an Betriebe zu verkaufen, die eine amtliche Genehmigung haben, das Destillat zu einem trinkfertigen Produkt weiterzuverarbeiten.
Ein als Korn oder Kornbrand bezeichneter Trinkbranntwein darf nicht mit kornfremdem Sprit verschnitten werden. Fehlt die Bezeichnung Korn oder Kornbrand, darf der Trinkbranntwein, aus neutralem Primasprit, Wasser und Aromastoffen gemischt, in den Handel kommen.
Kornbranntwein muß mindestens 32 Volumprozent Alkoholgehalt haben. Der als Doppelkorn bezeichnete Kornbranntwein muß mindestens 38 Volumprozent Alkoholgehalt aufweisen.
Zu den ausländischen Kornbranntweinen gehören unter anderem der aus Gerstenmalz, Roggen, Korn oder Mais hergestellte Whisky und der russische Wodka. (Wodka kann auch ein einfacher Kartoffelsprit sein.)

**5. Wacholderbranntweine**

Wir unterscheiden folgende Wacholderbranntweine:

a) Wacholder

Ein Branntwein, der aus Sprit-Wasser-Gemisch und/oder Korn-Sprit-Wasser-Gemisch unter Hinzufügung von Wacholderdestillat oder Wacholderlutter hergestellt wird. Die Verwendung von Wacholderöl ist nicht erlaubt. Mindestalkoholgehalt 32 Volumprozent.

b) Steinhäger

Ein sehr bekannter Branntwein, der ausschließlich durch Abtrieb unter Verwendung von Wacholderlutter aus vergorener Wacholdermaische hergestellt wird. Alkoholgehalt 38 Volumprozent.
Steinhäger ist ein Gattungsbegriff.
„Echter Steinhäger" darf nur in der Stadt Steinhagen in Westfalen hergestellt werden. Der Zusatz „Echter" gilt als Herkunftsbezeichnung.

c) Gin

Ein Branntwein, der unter Verwendung von Destillation aus Wacholderbeeren und Gewürzen hergestellt ist. Alkoholgehalt mindestens 38 Volumprozent.
Ein als „Dry Gin" (trocken) bezeichnetes Produkt muß mindestens 40 Volumprozent Alkoholgehalt haben.

d) Genever

Ein holländischer Branntwein, der aus Maische von Getreide und reichlich Darrmalz gebrannt wird, wobei die notwendigen Wacholderbeeren spätestens während des letzten Destillationsvorganges zugegeben werden. Genever kann auch unter reichlicher Verwendung von Geneverdestillat mit Sprit und Kornsprit hergestellt werden. Alkoholgehalt mindestens 38 Volumprozent.

e) Doornkaat

Ein Genever aus Ostfriesland, der dreifach unter Zusatz von Wacholderbeeren aus Korn destilliert wird. Alkoholgehalt 38 Volumprozent.

Weitere Wacholderbranntweine:

Machandel (Ostpreußen)
Kranawitter (Tirol)
Borovicka (Slowakei)
Klekowatsch (Balkan)

### 6. Branntwein aus Wurzeln

Enzian

Dieser Branntwein ist ein Produkt, das nur durch Abtrieb von Maische aus vergorenen Enzianwurzeln gewonnen wurde, mit oder ohne Sprit, und ohne jeden Zusatz hergestellt ist.

Die heilkräftige Wirkung der bis zu 12 Pfund schweren Enzianwurzel war schon im Mittelalter bekannt. Friedrich Hoffmann, der Leibarzt König Friedrichs I. und Erfinder der „Hoffmannstropfen", machte die Enzianwurzel zum Hauptbestandteil vieler Mixturen. Zu Beginn des 19. Jahrhunderts brannten viele Bewohner der bayerischen Hochgebirgstäler ihren Enzian selber. Heute ist die Enzianwurzel in Bayern geschützt. Die Brennereien führen ihre Wurzeln hauptsächlich aus Frankreich ein, wo der Brennenzian feldmäßig angebaut wird.

Enzian muß mindestens 38 Volumprozent Alkoholgehalt haben. Die meisten Enzianbranntweine, die auch in der Schweiz, in Österreich und in Italien hergestellt werden, haben einen Alkoholgehalt zwischen 45 und 55 Volumprozent. Man trinkt Enzian eiskalt aus Stamperln oder kleinen Tonkrügen. Die auf vielen Enziankrügen abgebildete blaue Blume, die Gentiana, hat mit der Gentiana lutea, der gelbblühenden, mannshohen Staude der Enzianwurzeln nur den Namen gemeinsam.

### 7. Spezialbranntweine

Unter Spezialbranntweinen versteht man Bitterbranntweine, die mit bitteren und aromatischen Pflanzen- oder Fruchtauszügen und/oder Destillaten, Fruchtsäften, ätherischen Ölen mit oder ohne Zucker oder Stärkesirup hergestellt sind.

Der Alkoholgehalt muß mindestens 32 Volumprozent betragen.

## Brombeere

Aus der Brombeere (Rabus caesius) wird im Hochschwarzwald ein Brombeergeist hergestellt, der fast nur an Ort und Stelle zu haben ist. In der Schweiz wird ein Brombeerwasser Spécialité extraordinaire gebrannt. In Ostpreußen wächst die blonde Brombeere, die Kranichbeere genannt wird und einen hochprozentigen „Nalifka" liefert. In Schlesien nannte man Brombeeren Kroatzbeeren. Der aus ihr hergestellte Likör ist bei uns unter dem Namen „Echte Kroatzbeere" bekannt. (Siehe Echt Kroatzbeere, Seite 138). Brombeerlikör ist in England als Blackberry-Brandy bekannt.

**Burnett's White Satin**
Ein bekannter Gin kommt unter dieser Bezeichnung in den Handel.

**Busnel**
Eine bekannte Calvados-Marke.

**Byrrh**
Dieser bekannte französische Aperitif wird aus Wein und aus Auszügen der Chinarinde hergestellt. Byrrh serviert man meistens unter Beigabe von Sodawasser und einer Zitronenscheibe.

**Cacao, Crème de**
Ein weißer oder brauner Likör mit Kakaogeschmack. Man serviert Crème de Cacao im Likörglas. Auch zum Mixen findet er vielfache Verwendung.

**Cachaca**
Ein brasilianischer Branntwein, der aus Zuckerrohr hergestellt wird.

**Café, Crème de**
Ein Likör mit Kaffeegeschmack. Wird im Likörglas serviert. Auch zum Mixen geeignet.

**Calisay**
Ein aperitifartiger Magenlikör mit Chinarindengeschmack aus Katalonien.

**Caloric-Punch**
Andere Bezeichnung für Schwedenpunsch. Dieses Bargetränk wird glas- oder flaschenweise eiskalt serviert.

**Calvados**
Ein aus dem Apfelwein der Normandie, dem Cidre, hergestellter Apfelbranntwein, der unter dem Namen der apfelreichsten Provinz Frankreichs, Calvados, Weltruhm genießt.
Begünstigt durch das feuchtmilde Klima, gediehen in der Normandie und der angrenzenden Bretagne schon von jeher wilde Apfelbäume. Die normannischen Bauern, Nachfahren jener Normannen, die einst auf ihren Drachenbooten aus Skandinavien hier landeten, bereiteten schon vor mehr als einem Jahrtausend aus dem Most der kleinen, wildwachsenden Äpfel einen recht sauren Apfelwein, der sich mit der Qualität des heutigen Cidre nicht vergleichen konnte. Daß sich

dies änderte, war das Verdienst Kaiser Karls des Großen, der in seinen Kapitularien „De Villis“ seinen Haushofmeistern befahl, diese wilden Apfelbäume zu kultivieren. So gewann man allmählich bessere Äpfel und damit einen milderen Apfelwein, aus dem der Agronom und Gastronom Gilles de Gouberville schließlich im 16. Jahrhundert Apfelbranntwein destillierte. Unter dem Namen „L'eau de vie sydre“ wird er zum ersten Mal 1553 urkundlich erwähnt.

Der Name Calvados ist spanischen Ursprungs. Als Philipp II., König von Spanien, im Jahre 1588 seine Armada gegen England auslaufen ließ, zerschellte eines seiner Schiffe im Sturm an der normannischen Küste. Die Karavelle hieß „El Calvador“, was soviel wie Bezwinger bedeutet. Die weißen Felsen, an denen das Schiff gestrandet war, heißen seitdem Calvados.

Später, als nach der Französischen Revolution von 1789 die königlichen Provinzen in Départements aufgeteilt wurden, erhielt das in der Normandie den Namen Calvados.

Die Bezeichnung Calvados für Apfelbranntwein ist nach französischem Recht geschützt. Nach dem am 8. März 1960 abgeschlossenen Abkommen zwischen Frankreich und der Bundesrepublik Deutschland erstreckt sich dieser Schutz auch auf deren Gebiet.

Calvados dürfen sich nur die Cidre-Brände nennen, die aus den 11 genau abgegrenzten Gebieten der Normandie kommen. Die strengen Richtlinien des „Nationalen Instituts für Ursprungsbezeichnungen“ (I. N. A. O.) unterscheiden zwischen 2 Calvadosarten, und zwar dem Calvados mit reglementierter Ursprungsbezeichnung und dem Calvados mit kontrollierter Ursprungsbezeichnung aus dem Pays d'Auge, einem kleinen Gebiet im Herzen des Départements Calvados. An die Herstellung dieses Calvados du Pays d'Auge werden besonders hohe Anforderungen, auch was die Destillation anbelangt, gestellt.

Die für die Herstellung von Calvados in Frage kommenden Äpfel werden zunächst gewaschen, zerkleinert, und der Saft, der nur durch diskontinuierliches Pressen gewonnen werden darf, wird in großen Holzbottichen ohne jeden Zusatz vergoren. Der Most reift viele Monate, mitunter ein ganzes Jahr, ehe er zu Cidre wird. Und erst aus gut abgelagertem, reifem Cidre wird der Calvados gebrannt. Destilliert wird nach 2 unterschiedlichen Verfahren: „Calvados Appellation Réglementée“ kann im kontinuierlichen Brennvorgang destilliert werden, doch „Calvados Appellation Contrôlée“ muß in kleinen Brennblasen zweimal nacheinander gebrannt werden. Das Brennverfahren unterscheidet sich nicht von dem des Cognacs, und der höchstzulässige Ausbrenngrad darf, genau wie beim Cognac, 72 Volumprozent nicht überschreiten.

Der junge, wasserhelle, herb schmeckende Calvados erhält seine Bernsteinfarbe und sein volles, köstliches Apfelbukett durch lange und sorgfältige Lage-

rung in Fässern aus Limousin-Eichen. Nach unterschiedlicher Lagerzeit, je nach Qualitätsstufe, wird der fertige Calvados mit einem Alkoholgehalt zwischen 42 und 44 Volumprozent in Flaschen abgefüllt.
Alterskonten dienen der Überwachung der vom Bureau National Interprofessionnel des Calvados vorgeschriebenen Lagerzeiten. Nach der Destillation befindet sich der Calvados zunächst im Konto „00“. In diesem Konto kann ein Calvados je nach Brenndatum zwischen 1 Tag und 12 Monaten sein. Jeweils zum 1. Oktober eines jeden Jahres rückt der Calvados um ein Konto weiter, und zwar zunächst in das Konto „0“, ein Jahr darauf ins Konto „1“. Ein Calvados darf erst verkauft werden, wenn er dem Alterskonto „1“ entstammt. Im ungünstigsten Fall ist er dann nur 12 Monate alt. Diese Zeitdifferenz, die im äußersten Fall knapp 2 Jahre betragen kann, setzt sich verständlicherweise durch alle weiteren Konten fort. In der Praxis gibt es diese Extreme jedoch kaum, da die Destillation üblicherweise nicht ganzjährig, sondern erntebedingt in den Herbst- und Wintermonaten erfolgt.
Ein Calvados aus dem Konto „1“ (1–3 Jahre gelagert) darf keinen Altershinweis auf dem Etikett tragen. Ab Konto „2“ (2–4 Jahre gelagert) sind folgende Altersbezeichnungen erlaubt:
— die Abbildung oder die Bezeichnung „Drei Sterne“, „Drei Äpfel“ o. ä. nur für Calvados, der mindestens aus dem Konto „2“ stammt;
— die Bezeichnung „Vieux“ oder „Réserve“ ausschließlich für Calvados, der mindestens dem Alterskonto „3“ (3–5 Jahre gelagert) entstammt;
— die Bezeichnung „V.O.“ oder „Vieille Réserve“ ausschließlich für Calvados, der mindestens dem Konto „4“ (4–6 Jahre gelagert) entstammt;
— die Bezeichnung „V.S.O.P.“ ausschließlich für Calvados aus dem Alterskonto „5“ (5–6 Jahre gelagertes Destillat);
— die Bezeichnung „Extra“, „Napoléon“, „Hors d'Age“ und „Age Inconnu“ dürfen nur für Calvados Verwendung finden, der älter als Ware aus dem Konto „5“ ist, also mindestens 6 Jahre in Eichenfässern gelagert hat.

Calvados trinkt man während eines üppigen Mahls — die Sitte des „trou normand“, des normannischen Lochs — oder nach dem Essen zimmerwarm in einem großen Schwenkglas. Man kann ihn auch nach einer Tasse heißem Kaffee, mit dem letzten Tropfen Kaffee vermischt, trinken.

**Campari**

Im Jahre 1867 gelang es Signor Caspare Campari, in den Kellerräumen seines Mailänder Cafés, in der Galleria Vittorio Emanuele II, nach ausgedehnten Experimenten den rubinroten Campari Bitter herzustellen. Campari Bitter wird aus aromatischen Kräutern gewonnen und mit Duftstoffen der Schalen von

Zitrusfrüchten gewürzt. Die Namen der Kräuter, ihre Verarbeitung und das Mischverhältnis ist immer ein Geheimnis des Unternehmens Davide Campari geblieben.
Der in 150 Ländern der Erde bekannte Aperitif Campari Bitter wird seit 1951 von dem Hamburger Spirituosenunternehmen Hans Prang für die Bundesrepublik hergestellt. Die bereits im Jahre 1869 gegründete Firma Hans Prang stellt den Bitteraperitif in genau der gleichen Art und Weise her wie das Mailänder Stammhaus. Die aromatischen Originalkräuter werden in Italien nach überliefertem Brauch gemischt, reisen in mit Blech ausgeschlagenen und verlöteten Kisten nach Hamburg und werden hier so destilliert, daß der in Deutschland produzierte Campari dem italienischen Produkt entspricht. Campari Bitter, der nervöse Magen beruhigt und den Appetit anregt, hat einen Alkoholgehalt von 30 Volumprozent. Der Bitteraperitif wird vielfach zum Mixen verwendet, vor allem in Longdrinks, kann aber auch pur, mit Soda oder auf Eis getrunken werden.
Campari Cordial (s. d.) ist ein aus Himbeeren von der Mailänder Firma destillierter Likör, der von dem Spirituosenunternehmen Hans Prang für die Bundesrepublik vertrieben wird.

**Camus**

Name eines der größten Cognacerzeuger mit Sitz in Cognac. Der Familienbetrieb, dessen Produkte unbedingt als Spitzenqualität internationalen Ruf genießen, geht auf das Jahr 1863 zurück.
Camus besitzt 230 Hektar Weinberge in vier Lagen mit den Gütern Château d'Uffaut und Château Bonneuil im Anbaugebiet Grande Champagne sowie Château du Plessus und Château Vignolles in Borderies. Jedem Gut ist eine Brennerei angeschlossen, und die Weine, die gebrannt werden, stammen ausschließlich aus den firmeneigenen Weingärten.
Die Produkte des sich jetzt in der vierten Generation befindenden Familienunternehmens sind die folgenden:
Cardinal
Camus V.S.O.P.
Camus Grand V.S.O.P.
Camus Célébration
Camus Napoléon
Camus Napoléon Extra
Camus X.O.
Alle Camus-Erzeugnisse kommen mit einem Alkoholgehalt von 40 Volumprozent in den Handel.

**Canadian Club Whisky**
Wohl die bekannteste kanadische Whiskymarke ist der von Walker & Sons Ltd. in Walkerville in Kanada hergestellte Canadian Club. Der Original Manhattan wird ausschließlich mit Canadian Club Whisky zubereitet.

**Canadian Ten Whisky**
Eine kanadische Whiskymarke.

**Cane**
Gattungsbezeichnung für ein wasserklares, in Ost- und Südafrika hergestelltes rumähnliches Destillat aus Zuckerrohr.
Das reife Zuckerrohr wird gewöhnlich mit der Hand geschnitten. Nachdem die grünen Seitensprossen entfernt sind, sehen die Stangen aus wie Bambus. Diese Stangen werden zwischen Walzen zerquetscht, und der dickflüssige Saft wird zum Kochen gebracht, damit das Wasser verdampfen kann. Übrig bleibt dicke Zuckersirupmelasse.
Der Zucker wird dann auskristallisiert und von der Melasse geschieden. Die Melasse wird unter Beigabe von Hefe vergoren, und das Destillat wird filtriert und ungelagert, mit Wasser auf Trinkstärke gebracht, auf Flaschen abgefüllt.
Eines der bekanntesten Produkte wird seit 1933 unter dem Namen Mainstay von Zuckerrohr aus Zululand in der Provinz Natal in Südafrika mit 43 Volumprozent Alkoholgehalt hergestellt.
Cane wird wie weißer Rum unter Zufügung von Coca-Cola, Sodawasser, Tonic oder Bitter Lemon mit Eis getrunken.

**Captain Morgan**
Name eines ausgezeichneten dunklen Jamaika-Rums, der von der Captain Morgan Distillers Limited, einer Tochtergesellschaft der Firma Seagram Company Limited, mit einem Alkoholgehalt von 42 Volumprozent auf den deutschen Markt gebracht wird.
Captain Henry Morgan war ein Pirat, der für das Kapern feindlicher Schiffe von der englischen Regierung geadelt wurde und 1674 zum Gouverneur von Jamaika berufen wurde.

**Carpano**
Name der ältesten noch tätigen Wermut produzierenden Firma, die ihren Sitz in Turin in Italien hat. Der Gründer der Firma, Antonio Benedetto Carpano, ein Wissenschaftler, der zu Ende des 18. Jahrhunderts eine Weinhandlung am Piazza Castello im Zentrum von Turin besaß, zweifelte, ob die lokalen Weine

für Frauen geeignet waren. Eine von ihm vorgenommene Infusion mit aromatischen Kräutern und Pflanzen sollte die Dinge rechtstellen.
Carpano war ein großer Bewunderer der deutschen Literatur mit besonderer Vorliebe für Goethe. Dieses veranlaßte ihn, seinen Kräuterwein kurzum Wermut, nach dem Wermutkraut, zu nennen. Carpanos Kunden probierten seinen Wermut erstmals im Jahre 1786 und rühmten den ungewöhnlichen Geschmack. Angespornt durch diesen Erfolg begann Carpano, Wermut auf kommerzielle Weise herzustellen. Er mixte die Kräuter und Pflanzen nach den individuellen Wünschen seiner Kunden, und sein Wermut wurde so beliebt, daß er gezwungen war, sein Geschäft auch nachts offenzuhalten.
Genau hundert Jahre später kam ein neues Carpano-Produkt mit dem Namen Punt e Mes auf den Markt.
Unter der Aufsicht von Guiseppe Bernardino Carpano, einem Neffen von Antonio Benedetto Carpano, der als eigentlicher Gründer des Carpano-Unternehmens angesehen wird, wurden die bevorzugten Aromen aus Flaschen und Krügen in der Bar am Piazza Castello Kunden serviert. Die meisten der Kunden hatte ihre eignenen Ausdrücke für bestimmte Mischungen, und Carpano wußte genau, was mit „vier Neger", „drei Buben", „ein Gemisch" und anderen Bezeichnungen gemeint war.
Da die Bar das Stammlokal der Mitglieder der Turiner Börse war, schien es selbstverständlich, daß Ausdrücke, die im Finanzwesen üblich waren, auch zum Carpano-Repertoire gehörten. Eines Tages, als der Wert gewisser Anteile zu Ende der Handlungen um einen Punkt und einen halben gefallen war und verschiedene Kunden dieses in der Bar eifrig diskutierten, veranlaßte dies einen Geschäftsmann, seine Bestellung für einen bitter-süßen Wermut im Piemonter Dialekt mit den Worten „Ca'm dag'n Punt e Mes" (Gib mit einen Punkt und einen halben) zu tätigen. Der Barman wußte natürlich, daß einundeinhalb Teile Bitterwermut gemeint waren, die dem normalen Carpano beigegeben werden sollten, aber die anderen Gästen lachten im Glauben, daß der Geschäftsmann sich in Gedanken noch in der Börse befand. Das Getränk fand unmittelbaren Anklang und wurde von dem Tag an nur durch Zeichen bestellt. Der Gast brauchte nur seinen Daumen zu heben, was ein Punkt bedeutete, und dann mit der Hand eine horizontale Bewegung zu machen, um zu bekommen, was er wünschte. Carpano füllte das Getränk auf Flaschen ab, und das Etikett wurde natürlich mit dem Namen Punt e Mes (s. d.) beschriftet.
Die Söhne von Guiseppe Bernardino Carpano, Luigi und Ottavio, gewährleisteten die technische und kommerzielle Weiterentwicklung der Firma, doch 1916, während des ersten Weltkriegs, schloß das Lokal für immer seine Tore. Im darauffolgenden Jahr starb Ottavio Carpano, und seine Witwe, Mathilde Govone,

übernahm die Leitung des Betriebes, der 1940 von dem Turiner Industriellen Silvio Turati erworben wurde. Das Gebäude der Carpanos wurde 1943 durch Bomben zerstört, und Turati verlegte die Firma ins Palazzo Carpano in der Via Maria Vittoria, ein imposantes Gebäude, welches 1648 von Michelangelo Garove, einem Schüler des berühmten Barockarchitekten Guarani, entworfen wurde.
Im Jahre 1982 hat sich die G. B. Carpano S. p. A. Turin, die von Silvios Sohn, Atilio Turati, geleitet wird, mit der Firma Fratelli Branca Distillerie S. p. A. in Mailand zusammengeschlossen.
In Alcamo in Sizilien besitzt die Firma einen Betrieb, der für die Herstellung der für Punt e Mes erforderlichen Weine verantwortlich ist, und in der Via Nizza in Turin erstreckt sich ein Werk über eine Fläche von 10 600 qm, welches über Behälter mit einer Kapazität von insgesamt mehr als 19 Mio. Litern verfügt. Hier werden die verschiedenen Grundweine mit einigen Dutzend verschiedenen Kräutern zubereitet. Die genaue Rezeptur soll nur eine einzige Person kennen. Es wird behauptet, daß früher niemand mehr als ein Drittel des Geheimrezeptes kannte und daß für die Zubereitung von Carpano die Zusammenarbeit dreier Personen erforderlich war, ohne daß eine von dem Geheimnis der anderen wußte.
Der einmalige und unvergleichbare Geschmack von Carpano ist ein Beweis dafür, daß das Rezept ein von den Eigentümern sorgsam gehütetes Geheimnis geblieben ist.
Die Produkte der Firma, Punt e Mes und Fernet-Branca, werden in der Bundesrepublik Deutschland von der Weinbrennerei Jacobi KG in Weinstadt vertrieben.
Carpano Punt e Mes hat einen Alkoholgehalt von 20 Volumprozent. Er wird kalt serviert und mit Vorliebe unter Beigabe von Sodawasser, Bitter Lemon oder Tonic und Zitronenscheibe getrunken.

**Cassis**
Cassis ist ein tiefroter Likör, der aus schwarzen Johannisbeeren in der Gegend von Dijon in Burgund hergestellt wird.
Cassis wurde erstmals im Jahre 1712 erwähnt, als der Klostervorsteher Bailly de Montavand in Bordeaux den Likör gegen Pest und Fieber und zum Entwurmen Erwachsener und Kinder empfahl. Bis zum 19. Jahrhundert wurde Cassis lediglich für den Hausgebrauch produziert. Im Jahre 1923, als Cassis bereits von verschiedenen Firmen mit Erfolg hergestellt wurde, wurden die Anbaugebiete der Johannisbeeren rechtlich festgelegt. Neben der Appellation Contrôlée wurde bestimmt, daß ein Cassis nur dann als „Crème“ bezeichnet wer-

den darf, wenn er einen Mindestalkoholgehalt von 15 Volumprozent und einen Minimumzuckeranteil aufweisen kann. Ein Cassis, der einen Alkoholgehalt von 20 und mehr Volumprozent aufweisen kann, darf die Bezeichnung „Super" oder „Double crème" führen. Der hohe Alkoholgehalt wird durch langes Lagern der Beeren in einem neutralen Destillat erreicht. Zu langes Lagern soll jedoch verursachen, daß der Alkohol die Früchte „verzehrt", und eine Flüssigkeit ergeben, der der typische Cassischarakter fehlt.
Cassis verliert mit Alter an Farbe, und um die Jugend der Trènel-Produkte hervorzuheben, führt diese Burgunder Firma den Jahrgang auf den Etiketten.
Cassis wird pur als Likör geschätzt, aber auch als Aperitif, wenn ein Teil Likör mit vier oder fünf Teilen Aligoté, dem herben und besonders säurehaltigen Weißwein Burgunds, gemischt wird. Dieses Getränk ist heute unter der Bezeichnung Kir (s. d.) weltberühmt. Zum Mixen eleganter Cocktails eignet sich Cassis ebenfalls ausgezeichnet.

**Cederlund**
Name des bekannten Schwedenpunschs.

**Centerbe**
Name eines süßen, gelbbraunen Kräuterlikörs aus Italien, zu dessen Herstellung hundert Kräuter (Centerbe = hundert Kräuter) gebraucht werden. Pfefferminze ist einer der Hauptbestandteile der Aromastoffe.

**Cerasella**
Ein italienischer Likör von roter Farbe, schmeckt kräftig nach Kirschen, enthält Auszüge von Würzkräutern aus den Abruzzen.

**Certosa**
Italienischer Kräuterlikör, der dem Chartreuse ähnelt.

**Chabanneau**
Name eines Armagnacs.

**Chambéry**
Gattungsbezeichnung eines französischen Wermuts, der erstmals 1821 von Joseph Chavasse, einem Herbalist und Weinbrenner, in dem Ort Chambéry in Savoyen hergestellt wurde.
Heute wird Chambéry Vermouth von zwei Herstellern auf den Markt gebracht. Die Firma Comoz produziert Chambéry Vermouth unter den Namen Boissèrie

und Comoz und die La Grande Distillerie Chambertiènne den Dolin Chambéry und Chambéry Gaudin.
Der Name Chambéry ist als Herkunftsbezeichnung seit 1932 gesetzlich geschützt. Die Weine kommen von Gers, der Midi und aus Teilen des Rhonetals, denn die trockenen Weißweine von Savoyen erfüllen nicht die Ansprüche der Chambéry-Vermouth-Hersteller.
Ausgewählte Pflanzen und Kräuter, die aus Chambéry und deren unmittelbarer Umgebung stammen, werden in den Weinen ausgelaugt. Die Zufügung von Auszügen und Konzentraten ist jedoch nicht erlaubt, und somit wird der eigenartige Charakter der Chambéry Vermouths gesichert.

**Chanelle**
Ein Likör mit Zimtgeschmack.

**Chantré**
Bekannter und beliebter deutscher Weinbrand, der von der Firma Chantré & Cie., einer Tochtergesellschaft der Firma Eckes (s. d.), in Nieder-Olm bei Mainz hergestellt wird.
Im Jahre 1952 kam Ludwig Eckes der Gedanke, den stagnierenden Weinbrandmarkt mit einer Neuheit zu beleben. Ihm schwebte ein Markenweinbrand von hoher, gleichbleibender Qualität vor, der dem Verbraucher zum Preis von unter 10 Mark angeboten werden sollte, im Vergleich zu 14 bis 15 Mark, die andere Weinbrände kosteten. Bei einer winzigen kalkulatorischen Gewinnspanne ruhten alle Überlegungen auf hohen, rasch steigenden Absatzziffern und der Möglichkeit zur kostengünstigen Herstellung großer Mengen.
Vom Geschmack her sollte der neue Markenweinbrand den sich wandelnden Verbraucherwünschen gerecht werden. Im Gegensatz zu den bis dahin harten deutschen Weinbränden und Cognacs wurde der neue von Eckes betont mild und weich konzipiert. Um diesen Typ zu kreieren, waren immerhin 1007 Versuche erforderlich, aber die Mühe hat sich gelohnt. Auch der passende Markenname wurde gefunden – Chantré, nach dem Geburtsnamen von Frau Marianne Eckes.
Die Herstellung von Chantré begann im Februar 1953. Verkauft wurde zunächst im Faß, Etiketten wurden mitgeliefert; 1955 wurde auf die Auslieferung von Flaschenware umgestellt. Unterstützung durch Werbung fand zunächst nicht statt – Chantré war der „Markenartikel ohne Werbung". Dennoch wurde die Eckes-Neuheit von Anfang an ein glänzender Erfolg. Schon kurz nach dem Start war Chantré der meistverkaufte Weinbrand in Deutschland. Absatz und Umsatz vervielfachten sich von Jahr zu Jahr. Trotz Ausweitung der techni-

schen Anlagen konnte Eckes die Nachfrage nicht befriedigen, und mehrere Lohnbrennereien mußten vorübergehend eingeschaltet werden. Chantré trug wesentlich dazu bei, daß Weinbrand sich zur beliebtesten Spirituosenart in Deutschland entwickelte.
Die Werbung für Chantré begann 1954/55, und der erste Werbefilm für den beliebten Weinbrand hieß „Der Kipper" – ein Plädoyer für das Genießen und eine Attacke gegen das „Kippen".
Die Mühe hat sich gelohnt. Im Juli 1983, zum 30. Geburtstag des Weinbrands, wurde in der Nieder-Olm die 400millionste 0,7-l-Flasche Chantré gefüllt. Daß Chantré auch heute noch vom Verbraucher geschätzt wird, zeigt der stabile Absatz von über 12 Millionen Flaschen pro Jahr, die Chantré Platz 3 unter Deutschlands Weinbränden sichern.

**Chartreuse**
Ein unbekannter Alchimist soll die Formel eines geheimnisvollen „Elixiers für langes Leben", das die guten Eigenschaften von rund 130 Kräutern und Pflanzen in sich vereinigte, erfunden haben. Die geheimnisvolle Mischung wurde neben Eau-de-vie de vin zur Basis des Likörs. Das Originalmanuskript des Alchimistenrezeptes geriet in die Hände von François Annibal d'Estrées, Marschall von Frankreich, der es im Jahre 1605 an die Mönche des Klosters „La Grande Chartreuse" bei Grenoble weiterreichte.
Das Rezept war so kompliziert, daß man es lange Zeit nicht auswertete. Erst um 1735 begann man sich ernstlich damit zu beschäftigen. Nach vielen Versuchen gelang es Bruder Jérôme Maubec, Professor der Chartreuse in Vergne, im Jahre 1762 in der Grande Chartreuse verstorben, die Formel auszuwerten. Von dem Rezept des Elixiers ausgehend, stellte Bruder Jérôme auch den Chartreuse grün her, der beachtenswerte Eigenschaften zur Regelung der Verdauung besaß. Man gab ihm daher den Namen Gesundheitslikör. In den Wirren der Französischen Revolution geriet das Manuskript aus den Händen der Chartreusemönche und kam 1810 in das Ministère des Remèdes secrets. Nach einer Überprüfung bezeichnete es der Minister Graf Monalivet jedoch als unverständlich und nicht interessant. Mit einem roten Siegel und dem Vermerk „abgelehnt", den man heute noch darauf lesen kann, wies er es zurück.
Die Chartreusepatres fanden das Manuskript wieder und bewahren es seither sorgsam unter der Obhut des Generalabtes.
Im Jahre 1840 erfand Bruder Jaquet, ein würdiger Nachfolger des Bruders Jérôme, den gelben Likör. Wegen seiner samtenen unvergleichlichen Zartheit erhielt er den Beinamen Königin der Liköre.

Zunächst übernahm die Klosterapotheke die Herstellung des Elixiers und der beiden Liköre grün und gelb. Bruder Charles brachte die kostbaren Erzeugnisse mit einem Maulesel nach Grenoble und Chambéry und verkaufte sie dort. Die Herstellung und Zusammensetzung der Chartreuseerzeugnisse ist bis zum heutigen Tage ein streng gehütetes Geheimnis der Mönche. Im Laufe des letzten Jahrhunderts tauchten über hundert Nachahmungen auf. Es geschah sogar, daß ein Ehrgeiziger dem Chartreuseorden beitrat, um sich des berühmten Geheimrezeptes zu bemächtigen. Aber es gelang ihm nicht.
Die 130 im Rezept erwähnten Pflanzen wachsen hauptsächlich in den Bergen. Ein Staatsvertrag gab den Mönchen das Alleinrecht, sie auf den Bergwiesen im Bereich der Grande Chartreuse zu sammeln. Das Betreten des Pflanzensaals ist allen Personen, außer den Mönchen selbst, untersagt. Die Pflanzen werden sorgsam gewogen, fein gemahlen, nach dem Geheimrezept vermischt und zum Ziehen in Branntwein geschüttet. Es werden nur Branntweine verwendet, die aus ausgezeichneten Weinen kommen, die die Mönche selber auswählen und überprüfen. Diese Branntweine werden in der Brennerei von Aigues-Vives hergestellt, die einzig und allein für das Kloster Chartreuse und unter dessen Kontrolle nach traditionellen Methoden arbeitet.
Nach mehr oder weniger langen Infusionen werden Branntwein und Pflanzen zusammen im Brennkolben destilliert. Um das feine abgerundete Gemisch zu erhalten, das zur Vollkommenheit des Likörs unerläßlich ist, werden weder Extrakte noch Essenzen, sondern nur Pflanzen verwendet. Der Herstellungsprozeß ist langwierig und verlangt peinliche Genauigkeit. So sind zum Beispiel zur Herstellung des grünen Chartreuse fünf aufeinanderfolgende Infusionen und vier Destillationen notwendig.
Die von Kennern so sehr geschätzte samtartige Zartheit des Chartreuse wird durch langes Lagern in Eichenholzfässern erreicht. Die Keller der Grande Chartreuse sind die größten Likörkeller der Welt. Der 120 Meter lange Hauptkeller mit seinen Doppelreihen hundertjähriger, 10 000 Liter fassenden Fässern ruft immer wieder Erstaunen und Bewunderung hervor.
Dem Fabrikationschef, einem Chartreusebruder, obliegt es zu entscheiden, ob die Reife ausreichend und der Likör verkaufsfertig ist.
Man serviert Chartreuse, der auch vielfach zum Mixen verwendet wird, ungekühlt oder nur schwach gekühlt in großen Schwenkschalen.
Alkoholgehalt:
Elixier végétal de la Grande Chartreuse (das Kräuterelixier der Grande Chartreuse) 68 Volumprozent.
Liqueur de la Grande Chartreuse verte (der grüne Likör) 55 Volumprozent.
Liqueur de la Grande Chartreuse jaune (der gelbe Likör) 43 Volumprozent.

Das Kräuterelixier ist ein Konzentrat, das nur in Miniaturflaschen in den Handel kommt. Die beiden Hauptsorten sind in verschiedenen Abfüllungen bis zur Doppelmagnum (3 Liter) erhältlich.

**Château Labarthe**
Name eines Armagnacs.

**Château-Likör**
In Schweden hergestellter goldgelber, würzig-süßer Kräuterlikör. Alkoholgehalt 43 Volumprozent.

**Cherry Bounce**
Ein amerikanischer Magenlikör auf Kirschwasserbasis. Bounce bedeutet im amerikanischen Slang soviel wie unverschämte Lüge, und Cherry Bounce war im 19. Jahrhundert eine Ausweichbezeichnung für Kirschwasser. Man hatte es umgetauft, um der Besteuerung zu entgehen.

**Cherry Brandy**
Ein Fruchtsaftlikör aus natürlichem Kirschsaft unter Verwendung von Kirschendestillaten.

**Cherry Marnier**
Ein Likör (Firma Marnier Lapostolle) von hervorragender Qualität. Alkoholgehalt 25 Volumprozent.

**Chesky**
Ein Kirschlikör aus Frankreich (mit leichtem Whiskygeschmack).

**Chicha**
Chicha ist das peruanische Nationalgetränk. Von Kolumbus, der Chicha in Amerika vorfand, wurde dieser beißend scharfe Maisschnaps als Wein aus Maische bezeichnet. Zur Herstellung wird grobpulverisierter Mais in Wasser gekocht, dann durch Seiher in ein spezielles Gefäß aus Ton gegossen. Die Flüssigkeit läßt man zwei bis drei Tage gären, dann wird sie gesüßt und ist trinkfertig. In Lateinamerika sind merkwürdigerweise Maisbier und Maisschnaps unter dem Namen Chicha bekannt, während in Costa Rica die Chicha aus Bananen hergestellt wird. Teilweise wird auch Maniok verwendet.
Getrunken wird Chicha aus einem speziellen Glas, das etwa 35 cm hoch ist. Oben ist das konische, meist rot angemalte Glas etwa 20 cm breit.

**Chiemseer Klosterlikör**
Ein auf der Chiemseer Fraueninsel hergestellter Likör von gelber Farbe. Alkoholgehalt 42 Volumprozent.

**Chivas Regal**
Dieser besonders lange gelagerte Whisky wird von der im Jahre 1801 gegründeten Firma Chivas Brothers Ltd. in Aberdeen, Schottland, hergestellt. Alkoholgehalt 43 Volumprozent.

**Cidre**
Cidre ist die Bezeichnung für Apfelwein aus der Normandie. Alkoholgehalt mindestens 5 Volumprozent.
Apfelwein und Apfelsaft ist in England als Cider bekannt.

**Cinzano**
Als im Jahre 1757 die beiden Brüder Carlo Stefano und Giovanni Giacomo Cinzano an der Universität der Konditoren und Weinbrenner in Turin aufgenommen wurden, brachten sie das Rezept über die Zubereitung des Wermutweines mit.
Sie kamen aus einem Dorf namens Pecetto im piemontesischen Weinbaugebiet. Wenn man in den Kirchenbüchern von Pecetto, das im Jahre 1224 gegründet wurde, nachblättert, dann findet man schon 1520 den Namen Antonio Cinzano, der ansehnliche Landgüter und Weinberge besaß, von denen er beträchtliche Mengen Wein erntete.
Aus dem Jahre 1707 liegt eine Urkunde vor, aus der hervorgeht, daß ein Cinzano bereits in diesem Jahr von den Formieri Generali (Syndizi des Königs) die Genehmigung zum Brennen von Wein und zur Erzeugung von Rosolien erhalten hat.
Jedoch das Jahr 1757 wird von den Familienforschern der Cinzanos als das Gründungsjahr des Hauses angesehen, da damals alle Forschungen in Archiven und Kirchenbüchern bei einem entscheidenden Punkt angelangt waren: der Mitgliederversammlung der Turiner Universität am 6. Januar 1757, wo die Brüder Carlo Stefano Cinzano und Giovanni Giacomo Cinzano in die Reihen der Weinbrennermeister aufgenommen worden sind.
Um das ersehnte Patent eines Weinbrenners zu erhalten, mußte man eine schwere Prüfung ablegen und ein Meisterstück anfertigen, das hohe Anforderungen an die handwerkliche Kunst des Anwärters stellte. Die Brüder Cinzano

brachten die Prüfung mit Bravour hinter sich, und Carlo Stefano wurde 1767 sogar zum Ratsherren der Universität und 1769 zum Syndikus gewählt. Giovanni Giacomo aber ging in seinen Heimatort Pecetto bei Turin zurück und lebte dort als Weinbrennermeister. Pecetto, wegen seiner üppigen Vegetation damals auch der „Laubengang" von Turin genannt, war die Heimat zahlreicher Weinbrenner, Alkoholhersteller und Erzeuger von aromatischen Weinen. Aber im Blickpunkt der Welt geblieben sind bis heute nur die Cinzanos.

Giovanni Giacomo Cinzanos Sohn Carlo Giuseppe setzte die Weinbrennerei fort. Und sein Nachkomme, der am 9. Mai 1787 geborene Francesco, war jener Cinzano, der als eigentlicher Gründer des Welthauses gilt.

Mit Klugheit und Durchsetzungsvermögen vollendete Francesco Cinzano das Werk, das von seinem Großvater begonnen wurde.

Sein Sohn, ebenfalls mit Namen Francesco, fand sich, als er 1859 sein Nachfolger wurde, schon an der Spitze eines Unternehmens, das in Italien einen bekannten und geschätzten Namen trug. Er vermehrte das Prestige und war vor allem für das Erscheinen des Vermouth Cinzano auf dem Weltmarkt verantwortlich. 1861 in London und 1862 in Florenz erhielt das Haus 2 Goldmedaillen.

Angesichts der großen geschäftlichen Erfolge wurde damals beschlossen, ein dem Namen der Firma entsprechendes Gebäude in Turin zu errichten. Man mietete die Grundstücke des Roal Casa auf dem Boden von Santa Vittoria d'Alba. Dieses Grundstück hieß Moscatello, weil dort die Trauben verarbeitet wurden, die aus Santa Vittoria und Sommariva Porno stammten. Francescos Sohn, Enrico Cinzano (1840—1902), setzte in würdiger Weise das Werk seiner Vorfahren fort und kaufte das Moscatello-Grundstück.

Gegen Ende des 19. Jahrhunderts trat dann der Schwiegersohn von Enrico Cinzano, Alberto Marone, in die Firma ein. Von ihm gingen die wichtigsten Impulse aus, die Ausdehnung des Geschäftes durch die Eroberung der ausländischen Märkte zu verstärken. Alberto Marone, der dann die Firma ganz übernahm, weitete vor allem immer mehr den Export nach Amerika aus.

Auch in Deutschland schätzt man Cinzano schon viele Jahrzehnte. Nach dem zweiten Weltkrieg waren die Abfüllanlagen zunächst in Neuss am Rhein. Dieser Betrieb reichte bald nicht mehr aus. Große und moderne Anlagen wurden in Dietzenbach bei Frankfurt eingerichtet, die im Oktober 1964 von Graf Alberto Marone-Cinzano eingeweiht wurden.

Die Francesco Cinzano & Cia. GmbH in Dietzenbach ist eine der 35 Tochtergesellschaften, die das Turiner Unternehmen in der ganzen Welt unterhält. Die in mehr als 100 Ländern der Erde exportierten Erzeugnisse der Firma Francesco Cinzano & Cia. sind u. a.:

Cinzano Rosso
Die rote Farbe ist auf die Verwendung von roten Weinen und zum Teil auf Zuckerkulör zurückzuführen. Alkoholgehalt 15,5 Volumprozent.

Cinzano Bianco
Wird aus weißen Trauben hergestellt. Die leicht grünliche Farbe ist bedingt durch Kräuterauszüge. Alkoholgehalt 15,5 Volumprozent.

Cinzano Dry (trocken)
Alkoholgehalt 18 Volumprozent.

Cinzano Aperitivo Amaro
Wodka 72
Cinzano Asti Spumante (Schaumwein)
Cinzano Riserva Principe di Piemonte

**Citrusgetränke**
Zur Herstellung von Citrusgetränken werden dünn geschälte Zitronen- oder Orangenschalen mit reinem Alkohol extrahiert und abdestilliert. In einem Kilo Destillat ist das Aroma von 4 kg Zitronen- oder Orangenschalen enthalten.

**Clés des Ducs**
Unter dieser Bezeichnung bringt die Distillerie de la Côte Basque in Bayonne die folgenden 3 Armagnacqualitäten auf den Markt:
V.S.O.P., ein weicher, runder Armagnac, bei dem zwischen 4 und 12 Jahren im Faß gereifte Destillate vermischt werden;
Grande Réserve, ein Armagnac, der aus noch älteren Jahrgängen wie der V.S.O.P. gemischt wird;
Extra Grande Réserve, eine absolute Spitzenqualität, in der der jüngste Tropfen mindestens 21 Jahre alt ist. Von dieser Rarität stehen als Zeichen begrenzter Verfügbarkeit nur einzelne numerierte Flaschen zur Verfügung.
Die Armagnacprodukte Clés des Ducs werden von der Firma Schneider-Import in Bingen auf den bundesdeutschen Markt gebracht.

**Coca-Cola**
Der amerikanische Apotheker Dr. John S. Pemberton braute im Jahre 1886 in Atlanta erstmals ein aromatisches Sirupgemisch zusammen, das er Drugstores zur Herstellung von Limonaden anbot. Kein Betriebsfremder hat die Rezeptur

jemals zu Gesicht bekommen. Pembertons Nachfolger fürchteten sich vor Freibeutern der Getränkebranche, die identische Getränke auf den Markt bringen könnten. Auch die Chemiker in den Coca-Cola-Abfüllbetrieben (in Deutschland gibt es 120 Abfüllstellen) kennen die Zusammensetzung nur ungenau. Unter den zahlreichen Bestandteilen wie Wasser, Zucker, Karamel, Koffein, Frucht- und Kräuterauszüge, Farbstoffe und Orthophosphorsäure sind 2 bislang nicht identifizierte Stoffe, die in Kanistern direkt aus den USA importiert werden. Nur 2 hochbezahlte Chemiker in Atlanta kennen die genaue Analyse. Diese Experten dürfen niemals zusammen in einem Flugzeug oder Auto reisen. Diese Order soll verhindern, daß bei einem Unglücksfall beide Geheimnisträger ums Leben kommen und der tägliche Coca-Cola-Quell von 80 Millionen Flaschen in über 100 Ländern der Erde versiegt.
In der Bundesrepublik müssen seit 1958 alle Fremdstoffe in Nahrungsmitteln und Getränken auf der Verpackung oder Speisekarte genau deklariert sein. Die deutsche Coca-Cola-GmbH in Essen erhielt eine Ausnahmegenehmigung, ihren Fremdstoff, die Orthophosphorsäure, undeklariert weiter zu verwenden, da in Deutschland das Wort Phosphor makabre Erinnerungen an die Phosphorbomben des zweiten Weltkrieges wachrufen könnte.
Coca-Cola wird mit Eis im Limonadenglas serviert. Beliebt ist die Zugabe einer Scheibe Zitrone.
In Verbindung mit bestimmten Spirituosen, wie zum Beispiel Rum (Cuba libre), Weinbrand, Bourbon und Wodka, findet Coca-Cola viele Liebhaber anregender und zugleich durstlöschender Longdrinks.

**Cognac**

Der berühmteste aller Branntweine, der Cognac, entstand durch eine Notlage im Absatz der Weine der Charente. Bis zum Jahre 1622 wurde der größte Teil der Weine von Bordeaux, Nantes und Rochelle nach England und Skandinavien verschifft. Während des Hugenottenkrieges zerstörten Richelieus Truppen sämtliche Weinberge. Die Weine der nach dem Edikt von Nantes wieder neu gepflanzten Reben schmeckten den früheren Kunden nicht mehr. In dieser schwierigen Lage machten sich die Bauern daran, ihre Weine zu Essig zu verarbeiten und später dann auch zu brennen. Im Verlaufe der nächsten Jahrzehnte ging der Weinhandel fast ganz ein, und selbst der kleinste Winzer wurde zum Brenner. Durch langwierige Versuche wurde die Destillation verbessert, und der brenzlige Geschmack, der den ersten Destillaten anhaftete, konnte gänzlich weggebracht werden. Da jedoch keine Nachfrage da war, mußten die Destillate lange lagern. Hierbei stellte man die große Qualitätssteigerung

des Alkohols fest. Auf den Erfahrungen der damaligen Zeit basiert auch heute noch die große Kunst des Brennens.
Wo Wein angebaut wird, wird auch Wein gebrannt. In den meisten Ländern wurde der Weinbrand als Cognac oder Kognak bezeichnet. Am 1. Mai 1909 trat ein französisches Gesetz in Kraft, nach dem Cognac kein Allgemeinbegriff, sondern eine geschützte Herkunftsbezeichnung ist. Es wurde genau festgelegt, welche Gemeinden der Départements Charente Maritime, Charente, Deux-Sèvres und Dordogne das Recht haben sollten, den am Ort hergestellten Weinbrand aus Trauben ihres Gebietes „Cognac" zu nennen. Das Cognacgebiet wurde in einzelne Regionen unterteilt, und die Bezeichnungen dieser Regionen wurde zugleich als zusätzlicher Markennamen anerkannt.

Die Regionen sind:

1. Grande Champagne, Gebiet um Segonaz.
2. Petite Champagne, Gebiet um Châteauneuf, Barbezieux, Archiac und Jonzac.
3. Borderies, einschließlich der Stadt Cognac.
4. Fins Bois, das die Fins-Bois-Region umschließende Gebiet.
5. Bois Ordinaires, Bereich von Surgères und Aigrefeuilles.
6. Bois à Terroir, auch Bois Communs genannt; Gebiet um La Rochelle, Coucon und Rochefort, dazu die Inseln Oléron und Ré.

Die Grande Champagne bringt die weichsten, feinsten und bukettreichsten Brände hervor, denn der Boden dieses Gebietes ist reich an kohlensaurem Kalk. Im Zentrum der Grande Champagne liegt die Stadt Cognac. Je weiter die Anbauflächen von der Stadt Cognac entfernt liegen, desto geringer wird der Kalkgehalt des Bodens, und dementsprechend verringert sich auch die Qualität der Brände.
Die Cognacerzeugnisse, die im Handel die zusätzliche Bezeichnung „Fine Champagne" führen, müssen entweder ganz aus der Grande Champagne oder mindestens zu 50 Prozent aus der Grande Champagne und aus der Petite Champagne stammen. Die Brände der übrigen Gebiete dürfen die Bezeichnung nicht tragen.
Ein Fine ohne den Zusatz Champagne ist in Frankreich ein beliebiger Branntwein, der oft auch einfach Eau-de-vie genannt wird.
Weinbrand heißt in Frankreich Eau-de-vie de vin. Obwohl die Bezeichnung „Eau-de-vie de vin" in Deutschland geschützt ist, muß er bei uns als „Französischer Weinbrand" gekennzeichnet sein.

Die zur Herstellung von Cognac zugelassenen Weißweine dürfen nur von den Rebsorten Saint-Emilion, Folle blanche, Colombar, Blanc ramé, Juraçon blanc, Montils, Sémillon und Sauvignon stammen.
Den Namen Cognac konnte sich Frankreich hauptsächlich über Handelsverträge als Herkunftsbezeichnung in vielen Ländern schützen lassen. Für Deutschland, Österreich und Ungarn war der Versailler Vertrag von 1919 die Grundlage. Italien verzichtete 1948 auf die Bezeichnung Cognac und schloß sich dem angelsächsischen Brandy an. Ein Dutzend anderer Länder folgte dem Beispiel; zuletzt schlossen sich die Niederländer dieser Regelung an. Ganz durchzuführen war der Schutz der Herkunftsbezeichnung Cognac bis heute noch nicht. Die UdSSR bezeichnet ihren Weinbrand noch immer als Kognak, und Bulgarien hat die Bezeichnung Wein-Kognak beibehalten. Selbst in Spanien trifft man neben den international bezeichneten Brandys und dem Jerignac noch manche Cognacmarke.

Die Brenntechnik

Noch heute wird der Cognac nach jahrhundertealtem System gewonnen. Die Weinbrenner der Charente dürfen ihre Brennblasen nicht wie die meisten deutschen Brenner per Dampf oder Wasserbad beheizen, sondern müssen ein offenes Holz- oder Kohlenfeuer benutzen. Die direkte Befeuerung der Brennblase hat den Nachteil, daß sich Weinheferückstände an der Innenwand des Gefäßes festsetzen können, die dem Produkt einen seifigen Geschmack verleihen. Dieser angebrannt-seifige Nebengeschmack wird jedoch von vielen Cognacliebhabern geschätzt.
Das Destilliergerät, genannt Alambic, setzt sich zusammen aus der eingemauerten Brennblase, einem Helm, meistens mit Vorwärmer, und einer Metallschlange mit Wasserkühlung.
Die Weine müssen nach dem durch ständigen Gebrauch bewährten Charentaiser Verfahren gebrannt werden, das heißt in aufeinanderfolgenden Einzelabtrieben. Ein größerer Kessel (Alambic* charentais) wird samt Vorwärmer mit Wein gefüllt. Man destilliert dann einen Teil, der nun den sogenannten premier Brouilli (ersten Lutter) bildet. Den Rückstand läßt man aus dem Kessel abfließen und füllt ihn von neuem mit dem Inhalt des Vorwärmers, den man wieder mit frischem Wein füllt. Das Ergebnis der zweiten Destillation ist der deuxième Brouilli oder der zweite Lutter. Dasselbe wiederholt sich, um den troisième

* Alambic (arabisch) = al embic, der Helm.
Diese Form besitzen die alten Brennblasen. Man kann daraus schließen, daß zwar nicht die Weindestillation, wohl aber das Destilliergerät von den Arabern übernommen wurde.

Brouilli zu erhalten. Dann wird der Vorwärmer mit dem Destillat gefüllt, und man erhält den vierten Lutter. Eine weitere Destillation liefert den Feinbrand, der als bonne Chauffe bezeichnet wird. Der Feinbrand darf nicht höher als 72 Gay-Lussac-Grade ausgebrannt sein, wenn er den Namen „Cognac" führen soll. Die Werte der französischen Gay-Lussac-Tabelle entsprechen ungefähr den deutschen Raumprozenten. 40 Gay-Lussac-Grade sind 40,08 Volumprozent, 50 Gay-Lussac-Grade entsprechen 50,18 Volumprozenten usw.

### Die Lagerung

Gelagert werden die frischen Weindestillate in Fässern der Limousin-Eiche, deren Holz besonders gerbsäurearm ist. Verwendet werden die auch bei uns bekannten Barriques mit einem Fassungsvermögen von 270 bis 350 Litern sowie auch die rund 500 Liter fassenden Tierçons. Im Charentegebiet werden die Fässer vielfach in ebenerdigen Lagerschuppen, Chais genannt, gestapelt. Die Aufgabe des Kellermeisters (Maître de chais) ist, die Weindestillate verschiedener Chargen miteinander zu vermischen. Diese Melange wird im Verlauf der Lagerzeit einige Male wiederholt. Der zur Herabsetzung auf Trinkstärke notwendige Wasserzusatz erfolgt in mehreren Etappen. Das Destillat wird zunächst von 70 Prozent auf 60 Prozent mit Regenwasser, das, schwach mit Cognac angereichert, jahrelang gelagert wurde, verdünnt. Nach kurzer Lagerzeit wird die Stärke von 60 Prozent auf 50 Prozent herabgesetzt und dann erst auf die endgültige Trinkstärke (38 Volumprozent) gebracht. Der Alterungsprozeß verläuft je nach Herkunft des zum Brennen verwendeten Weines verschieden schnell. Die Cognacs der Borderies-Region sollen besonders rasch altern. Das ursprünglich farblose Destillat erhält durch die Lagerung in den Eichenfässern ein bernsteinfarbenes Aussehen. Mit Karamelzucker wird die Farbe verstärkt. Ein heller Cognac, fast weiß, ist ein ungefärbter Privatbrand, der ein P auf dem Etikett verzeichnet hat.

### Die Altersbezeichnung beim Cognac

In der zweiten Hälfte des 19. Jahrhunderts hatte der Cognacbrenner Maurice Hennessy die Idee, die ungefähre Altersbezeichnung des Cognacs durch Sternchen anzuzeigen. Heute ist dieses System gesetzlich verankert, und seit dem Jahre 1947 ist es untersagt, zahlenmäßige Angaben über das Alter des Cognacs zu machen. Die amtliche französische Alterskontrolle bescheinigt seit dem 1. Januar 1954 nur noch Lagerzeiten bis 5 Jahre. Hierdurch soll verhindert werden, daß sehr alte Bestände mit jüngeren Destillaten vermischt werden und das Produkt mit dem Prädikat des älteren Destillatanteils versehen in den Handel kommt. Noch heute ist es üblich, lange gelagerte Brände mit frischen

Bränden zu vermischen, wobei der alte Anteil, der sogenannte Muttercognac, nur wenige Prozente ausmacht. Ein solches Verfahren ist erlaubt, und es steht jedem Cognacproduzenten frei, seine Produkte auf diese Weise zu verfeinern.
Für die Überwachung der Cognacproduktion ist das Bureau National Interprofessionnel du Cognac, eine dem Landwirtschaftsministerium unterstellte Behörde, zuständig. Diese Behörde, kurz BNICo. genannt, bescheinigt die Echtheit von exportiertem Cognac mit einem Begleitpapier, das den Namen Acquit jaune d'or (goldgelber Begleitschein) trägt.
Von der Alterskontrolle werden die Cognacs in Alterskonten eingestuft. Das Brennjahr beginnt am 1. Oktober und endet am darauffolgenden 30. September. Das Destillat eines Brennjahres gehört zum Konto 0 und darf weder in Frankreich an den Verbraucher abgegeben noch nach Deutschland exportiert werden. Am nächsten 1. Oktober rückt der Branntwein in das Konto 1 nach und gilt als einjährig gelagerter Cognac. Jeder Cognac, der in den Handel kommt, hat also theoretisch eine Mindestlagerzeit von einem Jahr. In der Praxis kann ein Cognac wegen der Brennjahrabgrenzung fast blasenfrisch in das verkaufsfähige Konto kommen, wenn er kurz vor dem 30. September gebrannt wurde. An jedem 1. Oktober wird der gelagerte Cognac in das darauffolgende Konto eingestuft, bis er das Höchstkonto, Konto 5, erreicht hat.
Mit der Kontoeingliederung sind folgende Kennzeichnungsvorschriften verbunden:

a) Cognac der Konten 1 bis 3 darf nur unter den Bezeichnungen „Cognac", „Cognac Authentique" oder „Dreistern" in den Handel kommen.
b) Die Bezeichnungen V.O., V.S.O.P. und Réserve sind Cognacs vorbehalten, die mindestens Konto 4 erreicht haben.
c) Für Cognacs aus Konto 5 sind die Bezeichnungen „Extra", „Napoléon", „Vieille Réserve" und die Bezeichnungen vom Konto 4 vorgeschrieben.

Neben diesen Altershinweisen gibt es noch eine ganze Reihe weiterer Cognachieroglyphen, die jedoch keine praktische Bedeutung haben. Hier der Schlüssel zu den geheimnisvollen Abkürzungen:

B = Brandy (Weinbrand)
C = Cognac
C = Champagne
E = Extra (besonders)
F = Fine
O = Old (alt)
P = Pale (hell)
S = Superior (vorzüglich)
S = Soft (weich)
V = Very (sehr)
X = Extra (besonders)
X = Extrémely (außergewöhnlich)

Mit der Abkürzung X.O. auf dem Etikett einer Cognacflasche will der Produzent sagen, daß das Produkt außergewöhnlich alt ist.

Die Firma Hennessy bringt einen Cognac mit der Bezeichnung X.O. auf den Markt, der über 45 Jahre Lagerzeit haben soll. Ein Martell mit den Abkürzungen V.S.O.P. soll länger als 20 Jahre gelagert haben. Steht der Zusatz „Cordon bleu" auf dem Etikett einer Martellflasche, soll das Produkt über 35 Jahre alt sein. Der Zusatz „Cordon d'argent" soll sogar eine Lagerzeit von über 60 Jahren bestätigen. Mit „Réserve Particulière" oder „Réserve du Patron" bezeichnen führende Firmen Cognacerzeugnisse, mit denen sie bei Kennern ganz besondere Ehre einlegen wollen. Der Kenner verläßt sich aber nicht auf klangvolle Bezeichnungen, sondern er prüft selber mit Nase und Gaumen, die ihm mehr als alle Bezeichnungen sagen.

Wie man Cognac serviert
Cognac serviert man immer in Zimmertemperatur. Niemals soll ein Cognac eisgekühlt serviert werden. Auch das Flambieren ist falsch. Die Flasche wird dem Gast präsentiert. Dann nimmt man eine Schwenkschale in die linke Hand und füllt das Glas mit der rechten bis zum Eichstrich. Der Gast läßt das Glas in der warmen Handfläche kreisen. So erwärmt sich das Produkt am besten und gibt seine Blume preis.
Cognacflaschen bewahrt man stehend im Keller auf. Der Inhalt einer geöffneten Cognacflasche ist nicht jahrelang haltbar. Cognac kann zwar nicht verderben, aber er verliert sein Aroma, er wird schal. Man bemüht sich also, eine einmal geöffnete Flasche schnell abzusetzen. Auch das Alter einer verschlossenen Flasche hat seine Grenzen. Ein Muttercognac, der über 50 Jahre alt ist, soll schnell an Körper und Geschmack verlieren.

**Cointreau**
Dieser Edellikör von Weltruhm wird von der Firma Cointreau, einem der größten Likörproduzenten der Welt, in Anjou in Frankreich auf den Markt gebracht. Die Firma wurde 1849 von den Brüdern Adolphe und Edouard Cointreau gegründet. Die Brüder, Konditoren von Beruf, machten reichlich von den alkoholischen Getränken, die aus den Früchten der Landschaft der Loire gewonnen wurden, Gebrauch, um ihrem Gebäck eine besondere Note zu verleihen. Ermutigt durch die Erfolge, begannen sie, mit den Schalen bitterer Orangen zu experimentieren, die aus Haiti und Martinique kamen und im Hafen von Nantes verladen wurden. Den curaçaoartigen Likör, den die Konditoren aus diesen Schalen zu destillieren verstanden, nannten sie Cointreau.
1871, als Edouard Cointreau sich von seinen Geschäften zurückzog, war der Likör weithin bekannt, und die 58 Goldmedaillen, mit denen er bereits auf natio-

nalen sowie internationalen Ausstellungen ausgezeichnet worden war, zeugten von der hohen Qualität des Getränkes.
Im Jahre 1935 wurde eine moderne Destillerie im Herzen Angers errichtet, die 1971 durch eine modernere Anlage am Rande der Stadt ersetzt wurde.
Das Rohprodukt, die Orangenschalen, wird von den Westindischen Inseln und von Spanien eingeführt. Es wird mazeriert und zweifach destilliert. Der Extrakt wird dann mit Wasser und Zucker vermischt. Mit 1 oder 2 anderen geheimgehaltenen Zutaten aromatisiert, wird der Likör in die charakteristischen Flaschen abgefüllt. Der Vorgang wird durch Computer kontrolliert, damit eine ständig gleichbleibende Qualität gewährleistet wird.
Die Firma Cointreau besitzt weitere Destillerien in Brasilien, den USA und in Spanien. Allein in Frankreich werden jährlich etwa 1000 Tonnen Orangenschalen und etwa 2000 Kilometer von dem roten Band, welches die eckigen braunen Flaschen schmückt, um diese von den vielen Nachahmungen zu unterscheiden, benötigt. In Frankreich tragen 3 von 10 verkauften Likören das Cointreau-Etikett, während eine von 3 Flaschen, die ausgeführt werden, aus dem Hause Cointreau stammt.
Heute gehört der Firma Cointreau das Bardinet-Unternehmen, und sie ist maßgebend in der für ihre Liköre bekannten Firma Regnier, was sie zu einem der größten Likörhersteller der Welt und einem der bedeutendsten Produzenten von Curaçaolikören macht.
Die Gesellschaft wird von Robert und Max Cointreau, den Nachkommen der Gründer der Firma, geführt.
Cointreau mit einem Alkoholgehalt von 40 Volumprozent wird als Likör pur oder auf Eis getrunken und vielfach zum Mixen eleganter Cocktails wie White Lady und Side Car verwendet. In der feinen Küche wird der noble Likör ebenfalls geschätzt.

**Cordial Campari**
Ein in Eichenfässern langfristig gelagerter Likör, der aus frischen, in Cognac gereiften Himbeeren von der Mailänder Firma Davide Campari hergestellt wird.
Davide Campari, der Sohn des Campari-Firmengründers Caspare Campari, entwickelte das Cordialrezept vor über 100 Jahren. Es ist bis zum heutigen Tag unverändert geblieben.
Cordial Campari wird kühl serviert und meist pur getrunken. Er eignet sich außerdem gut zum Mixen diverser Cocktails und Longdrinks.
Cordial Campari wird seit 1978 von der norddeutschen Spirituosenfabrik Hans Prang, Hamburg, auf den deutschen Markt gebracht.

**Cordial-Médoc**

Dieser ursprünglich französische Edellikör wird auch in Deutschland unter gleichem Namen hergestellt. Cordial bedeutet herzstärkend, und Médoc ist ein französisches Rotweinanbaugebiet am linken Ufer der Gironde. „Cordial-Médoc" wäre mit „Herzstärkung aus dem Médoc" zu übersetzen. In der englischen Sprache ist die Bezeichnung Cordial zum Sammelbegriff für Likör geworden.
In Deutschland muß ein Cordial-Médoc laut Gesetz mindestens 20 Prozent seines Alkohols aus Weinbrand oder Weindestillat beziehen. Die wichtigsten Aromastoffe sind Veilchenwurzeln und Backpflaumen. Oft wird auch Bordeaux- oder Malagawein zugesetzt, um das Aroma dieses Weinbrandlikörs zu festigen. Cordial-Médoc findet vielfach Verwendung zum Mixen. Pur wird Cordial-Médoc in Zimmertemperatur im Likörglas oder auch in der Schwenkschale serviert. Alkoholgehalt 43 Volumprozent.

**Coruba**

Die bekannte Rummarke „Coruba" wird von der im Jahre 1889 gegründeten Firma Rum Company Ltd. in Kingston auf Jamaika hergestellt. In Deutschland wird dieser Rum, der sich vorzüglich zum Mixen eignet, auf Trinkstärke (44 Volumprozent) herabgesetzt.

**Courvoisier**

Die Firma Courvoisier, gegründet von Emile Courvoisier in Jarnac-sur-Charente, hat niemals Rebstöcke angebaut. Die besten Fine Champagne werden von der Firma aufgekauft, verschnitten und in Eichenfässern der Limousin-Eiche gelagert.
Courvoisier war der Cognac Napoléons und des Marschalls Bernadotte, des späteren Königs von Schweden.
Heute kommen die Produkte der Firma Courvoisier unter folgenden Bezeichnungen auf den Markt:
„*** Luxe" (Dreistern), „V.S.O.P.", „Napoléon" und „Courvoisier 60 ans". Alle Courvoisier-Cognacs haben 40 Volumprozent Alkoholgehalt.

**Crawford**

Schottische Whiskymarke, hergestellt von der Firma Crawford Ltd. in Leith, Schottland.

**Crème de . . .**
Unter der Bezeichnung Crème de . . . kommen dickflüssige Liköre auf den Markt, die in der Bar häufige Verwendung finden. Es sind Liköre, wie z. B. Crème de Bananes, Crème de Cacao, Crème de Rose, Crème de Yvette usw. Diese Liköre werden immer in Likörgläsern serviert.

**Croizet**
Die Firma Croizet, die ihren Sitz in der Stadt Cognac hat, bringt folgende Produkte auf den Markt: „Croizet***" (Dreistern), „V.S.O.P", „Fine Champagne Bonaparte" (mit Jahrgang) und „Réserve Royale" (60 Jahre alt). Der Alkoholgehalt aller Croizet-Produkte ist 40 Volumprozent.

**Cuervo**
Name eines Tequilas, der, in zwei Qualitäten erhältlich, von der ersten und ältesten Tequiladestillerie Mexikos hergestellt wird.
Im Jahre 1795, als Mexiko noch eine spanische Kolonie war, erhielt Don José Guadalupe Cuervo vom spanischen König die offizielle Erlaubnis, „Tequila-Wein", wie das Getränk genannt wurde, herzustellen. Don José Cuervo legte mit seiner Tequiladestillerie den Grundstein für einen Welterfolg und gründete gleichzeitig das erste Industrieunternehmen Mexikos. Die Destillerie Cuervo ist noch heute in Tequila ansässig und – neben zwei Dutzend weiteren Destillerien – eines der größten und modernsten Unternehmen mit dem höchsten Exportanteil. Die Cuervo-Tequilaqualitäten sind Cuervo White, der, frisch gebrannt und gleich abgefüllt, seine klare Farbe und den typischen frischen Tequilageschmack behält, und Cuervo Centenario, ein mindestens drei Jahre in Eichenfässern gelagertes Produkt, mit seinem etwas schweren, fast rauchigen Geschmack.
Beide Produkte werden von der Roland Marken-Import KG in Bremen auf den bundesdeutschen Markt gebracht.

**Curaçao**
Der Name Curaçao ist eine Gattungsbezeichnung, er sagt also nichts über die Herkunft des Getränkes aus. Die Insel Curaçao, die zu den Niederländischen Antillen vor der Nordküste Venezuelas gehört, war früher das Hauptanbaugebiet der Curaçaofrüchte. Man kam jedoch im holländischen Mutterland auf die Idee, aus den ziemlich unbrauchbaren Curaçaopomeranzen einen Likör zu brauen. Heute wird Curaçao von der Firma Bols in Amsterdam in fünf verschiedenen Farben hergestellt (Weiß, Orange, Rot, Grün und Blau). Auch in Frankreich und in Italien wird Curaçao hergestellt. Auf der Insel selbst findet die Herstellung von Curaçaolikör jedoch nur in sehr begrenztem Umfang statt.

Neben dem normalen Curaçao gibt es auch trockenere, das heißt alkoholstärkere Sorten mit den Zusatzbezeichnungen sec = trocken und Triple sec = dreifach trocken.
Zum Mixen ist Curaçao unerläßlich. Wird ein Curaçao pur verlangt, so ist immer Curaçao-Orange gemeint; die gefärbten Sorten werden nur zum Mixen verwendet. Man serviert Curaçao wie jeden anderen Likör. Außer für die Likörzubereitung findet die Curaçaopomeranze noch große Verwendung zur Herstellung von Eau de Cologne.

**Cusenier**
Im Jahre 1857 wurden in Ornans bei Besançon in einer kleinen Brennerei von Eugen Cusenier nach alten Familienrezepten Liköre und Branntweinspezialitäten hergestellt. Schon bald entwickelte sich diese handwerklich betriebene Destillerie zu einer großen und bedeutenden Brennerei. Die Qualität der Produkte brachte dem Hause Cusenier Weltgeltung. Sichtbarer Ausdruck sind die modernen Werke in La Courneuve vor den Toren von Paris und Produktionsstätten in Mulhouse, Cognac, Marseille, Dijon und Ornans. Marseille und La Courneuve liefern die berühmten Likörspezialitäten, während in den anderen Fabriken mehr standortgebundene Besonderheiten hergestellt werden, so z. B. Cognac, Elsässer Obstbranntweine und Crème de Cassis. Überlieferte Rezepte, herkömmliche Verfahren, die nun über hundert Jahre alte Erfahrung, vor allem aber die peinlich genaue Qualitätsüberwachung sind das unsichtbare, aber schmackhafte Gütesiegel für Cusenier-Erzeugnisse.
Das Haus Cusenier unterhält heute Niederlassungen in Belgien, Spanien, in der Schweiz, in Deutschland und in Argentinien sowie Verbindungen mit Italien und den USA.
Die hervorragenden Erzeugnisse des Hauses Cusenier sind die Liköre Freezomint (Crème de Menthe), Curaçao-Orange, Prunellia und Apricot Brandy.
In der Bundesrepublik werden alle Cusenier-Erzeugnisse von der Firma Euromark-Markengetränke GmbH in Neuenburg/Baden vertrieben.

**Cutty Sark**
Dieser schottische Whisky, benannt nach einem Segelschiff, wird von der Firma Berry Bros & Rudd Ltd. hergestellt. Er zeichnet sich durch seine helle Farbe und sein vollmundiges Aroma aus.
Der Name Cutty Sark ist aus dem Gälischen (der alten Sprache Schottlands) übersetzt und bedeutet kurzes Hemd. Der Ausdruck erscheint in Tom O'Shanters von Robert Burns, dem schottischen Nationaldichter. Das kurze Hemd wird von einer Hexe getragen, die an heimlichen Gelagen am Abend vor dem

Allerheiligentag teilnimmt. Diese Hexe ist die Gallionsfigur der Cutty Sark, des berühmten Segelschiffs, das so oft an den jährlichen Teerennen von China nach England teilgenommen hat. Der Kapitän der im Jahre 1869 in Schottland gebauten Cutty Sark war John Willis. Heute liegt das Schiff in Greenwich bei London als ein Denkmal für die große Vergangenheit der Schiffahrt.

**Cynar**

Bitteraperitif italienischen Ursprungs, der aus Artischockensäften und Kräutern hergestellt wird. In Italien unterhalten die Cynarhersteller Laboratorien und Versuchsanbaugebiete, um die Wirkstoffe der Artischocken zu untersuchen und die besten Artischockenarten für Cynar zu nutzen. Schon die alten Ägypter und Griechen tranken den Saft von Artischocken, dem sie belebende Kräfte nachsagten. Der Name Cynar wird von der lateinischen Bezeichnung der Artischokke, cynara scolimus, abgeleitet. Dieser dunkelbraune Bitteraperitif wird in Deutschland von der Firma Erven Lucas Bols GmbH in Neuss hergestellt.
Man serviert Cynar mit Eis, Sodawasser und je einem Stückchen Orangen- und Zitronenscheibe. Er soll eine spezifische Wirkung auf die Leber ausüben.

**Damjana**

Ein mexikanischer Likör, der aus der Pflanze gleichen Namens, die zur Familie der Chrysanthemen gehört, gewonnen wird.

**Danziger Goldwasser**

Ältester deutscher Gewürzlikör, der aus Rosenblüten und Orangenblättern, Kümmel und Koriander, Muskatnuß und Pfeffer von verschiedenen Likörherstellern auf den Markt gebracht wird. Der Name ist nicht geschützt. Die Bezeichnung kann jedoch nur für einen Gewürzlikör verwendet werden, der nach Art des Danziger Goldwassers bereitet ist und die charakteristischen Bestandteile von 22karätigem Blattgold aufweist. Der aus Lier in Holland stammende Ambrosien Vermölln komponierte das Rezept für den Likör. Vermölln lebte in Spanien. Als König Philipp II. den Protestanten im Zeichen der Inquisition aus dem Lande vertrieb, suchte er sich eine neue Heimat in Deutschland. Im Jahre 1598 erhielt Vermölln die Erlaubnis, in Danzig eine Likörfabrik zu gründen. Der von ihm hergestellte Likör wurde als „Dubelt Güldenwasser“ bekannt und besonders von Frauen beim Kaffeekränzchen getrunken. Noch heute wird der Likör in Danzig unter dem polnischen Namen für Goldwasser, „Zlotowada“, hergestellt. Danziger Goldwasser wird im Likörglas serviert. Zum Mixen ist dieser Likör nicht geeignet.

**De Kuyper**
Holländische Firma, die Liköre, Genever und Bitters herstellt.

**Delamain**
Die Firma Delamain & Co. stellt den bekannten Cognac „Delamain Grande Champagne Pale & Dry“ her.

**Demerara**
Dieser hochprozentige Rum wird an den Ufern des Demerara-Flusses in Britisch-Guayana gebrannt. In Kanada wird dieser schwere und dunkle Rum, der dem Jamaika-Rum ähnelt, aber nicht so aromatisch ist, als Verschnittgrundlage verwendet. Demerara gilt als typischer Navy-Rum. Mit zwei Drittel Wasser vermischt, wurde er an die Matrosen der englischen Marine ausgegeben.

**Denis-Mounié**
Die Firma Denis-Mounié ist 1838 durch den Zusammenschluß der Winzer- und Weinhäuser Justin Denis und Henrie Mounié entstanden. Sie setzte sich zum Ziel, bestmögliche Cognacqualitäten zu erreichen, und kaufte deshalb ausschließlich Trauben aus den beiden besten Gebieten der kleinen Region um Cognac. Diese Tradition wurde von nachfolgenden Generationen übernommen, und 1908 erhielt die Firma als erstes Cognachaus die königliche Auszeichnung von Edward VII., den britischen Hof zu beliefern.
Denis-Mounié bleibt seiner Tradition treu und bietet in der schlanken historischen Flasche drei Qualitäten an:
V.S.O.P. kommt ausschließlich aus den beiden besten Regionen der Provinz Cognac, der Petite und Grande Champagne, und darf sich deshalb „Fine Champagne“ nennen;
Grande Réserve Edouard VII, ebenfalls ein „Fine Champagne“, jedoch mit einem höheren Anteil der teueren Trauben aus der Grande Champagne;
Grande Champagne Extra Hors d'Age, die Spitzenqualität, wird ausschließlich aus Trauben der Grande Champagne gewonnen.
Die Firma Roland Marken-Import in Bremen bringt Denis-Mounié Cognac auf den bundesdeutschen Markt.

**Dennler**
Name eines bekannten Schweizer Magenbitters.

**Deptford**
Englische Ginmarke, die mit 50 Volumprozent Alkoholgehalt in den Handel kommt.

**Dettling-Kirsch**
Die Firma A. Dettling stellt in dem Ort Brunnen in der Schweiz ein ausgezeichnetes Kirschwasser her. Das Produkt kommt mit 43 Volumprozent Alkoholgehalt unter dem Namen „Dettling-Kirsch" auf den Markt.

**Dewar**
Die bekannte Whiskybrennerei, die den beliebten „White Label" und einen besonders lange gelagerten „Ancester De Luxe" in Perth in Schottland in den Handel bringt, wurde 1846 von John Dewar gegründet.
John Dewar wurde im Jahre 1806 als Sohn eines armen Häuslers im Kreis Dull in Schottland geboren. Als er sich in der High Street selbständig machte, verlegte er sich in der Hauptsache auf den Verkauf von Whisky in Flaschen, was damals noch etwas völlig Neues war. Seit 1880 gehört dieses Unternehmen zu den führenden Exporteuren der gesamten britischen Industrie. Ende des Jahrhunderts hatte die Jahresproduktion von Dewar's Whisky 4,5 Millionen Liter überschritten.
Der Name „Dewar", der als große Lichtreklame über London leuchtete, verband sich mit dem Glanz persönlichen Ruhms. Sobald Edward VII. den Thron bestiegen hatte, wurde Tommy Dewar zum Ritter geschlagen. Im Jahre 1907 erhielt John die Baronetswürde, und im Jahre 1916 wurde er zum Peer mit dem Titel Baron Forteviot of Duppli, einem reizenden Gut südlich von Perth, das er 1910 vom Earl of Kinnoull erworben hatte, erhoben. Als 1919 Tommy die Peerwürde erlangt hatte, war aus dem Haus Dewar die größte Dynastie im Königreich des Whiskys entstanden.
Die erste große Blending- und Abfüllanlage steht heute noch als Markstein im Zentrum von Perth. Inzwischen verfügt die Firma über moderne Produktionsanlagen auf einem Besitz von etwa 50 Morgen in Inveralmond am Nordrand von Perth.
Seit Verlegung des Betriebes nach Inveralmond im Jahre 1962 übernahm das Unternehmen einen beträchtlichen Aufschwung und beschäftigt heute fast 800 Angestellte und weitere 200 Mitarbeiter in Zweigbüros in England und Übersee.
Es ist Tradition des Hauses Dewar, die Betriebsanlagen in Inveralmond einer möglichst großen Zahl von Besuchen vorzustellen. Diese können sich an Ort und Stelle von den vorbildlichen Bedingungen, unter denen dieser Whisky produziert wird, überzeugen.

Bereits im Jahre 1966 erhielt Dewar als erster Whiskyhersteller den Queen's Award to Industry verliehen. Dieser Industriepreis der englischen Königin wurde der Firma mehrmals als Auszeichnung überreicht.

**Dimple**

Spezialwhisky der Firma John Haig & Co. Ltd., Markinch, Schottland.

**Doornkaat**

Ein Kornbranntwein mit Wacholderaroma, der dreifach destilliert mit 38 Volumprozent Alkoholgehalt in den Handel kommt.

Gegründet wurde die Firma von Jan ten Doornkaat Koolman, der als Sohn eines holländischen Kornbrenners im Jahre 1806 politisches Asyl in der Stadt Norden in Ostfriesland suchte. In seiner neuen Heimat hatte Jan ten Doornkaat Koolman mit seiner Brennerei schnell Erfolg. Schon im Jahre 1833 produzierte man in Norden 180 000 Liter Kornbranntwein. Das Unternehmen wurde kurz vor der Jahrhundertwende von einem Enkel des Gründers in eine Familienaktiengesellschaft umgewandelt. Durch die beiden Weltkriege wurde die weitere Entwicklung unterbrochen; aber man fing jedesmal mit neuem Elan wieder an. Heute hat die Brennerei in Norden einen täglichen Ausstoß von rund 150 000 Flaschen. Die 4 auswärtigen Brennereien der Firma stellen lediglich Kornbranntwein her. Die eigentliche Doornkaat-Destillation erfolgt nach altbewährten, traditionellen Familienrezepten in Norden.

Zunächst wird Kornfeinbrand hergestellt. In den weiten Gewölben des Gärkellers muß die Gerste 10 bis 12 Tage lang keimen. Zu diesem Zweck wird sie einige Male pro Tag mit Wasser benetzt und immer wieder umgewälzt, damit Sauerstoff herantritt. Das so entstandene Grünmalz (gekeimte Gerste) kommt dann zur Darre, wo es bei zirka 60 Grad getrocknet wird. Das Darrmalz wird dann fein gemahlen. In der Gerste bildet sich bei diesem Vorgang ein Enzym (Diastase), das die Stärke des Getreides später in Zucker umwandelt. Inzwischen wurden Roggen und Weizen gemahlen, mit Wasser eingeteigt und unter Druck im Dämpfer gekocht. Das Darrmalz wird nun mit dieser Maische vermischt. Der durch die Wirkung der Enzyme des Malzes verzuckerten Maische wird sodann Hefe zugesetzt. Durch Erhitzen der reifen Maische wird im Rohbrenndestillierverfahren Kornbrand gewonnen, der jedoch noch Verunreinigungen enthält. In großen Rektifizieranlagen wird der Kornrohbrand von Fuselölen befreit und zu Kornfeinbranntwein destilliert. Nun muß der Kornfeinbranntwein, nachdem er längere Zeit gelagert hat, über frischen Wacholderbeeren destilliert werden. Bei dieser letzten, eigentlichen Doornkaat-Destillation wird der Kornfeinbranntwein erhitzt, die Alkohol-Wasser-Dämpfe werden über die

Wacholderbeeren geleitet, dabei nehmen sie Aromastoffe mit. Danach werden die Dämpfe abgekühlt und dadurch verflüssigt. Das Doornkaat-Destillat braucht nur noch auf Trinkstärke (38 Volumprozent) herabgesetzt zu werden. Um das zarte Getreidearoma und den ganz feinen Wacholdergeschmack richtig genießen zu können, sollte Doornkaat nicht zu kalt getrunken werden. Die richtige Temperatur liegt etwa bei 6 bis 8 Grad. Man trinkt Doornkaat vor dem Essen als Aperitif und danach zur besseren Verträglichkeit der Speisen. Man trinkt ihn gern zu Bier. Auch zur Herstellung verschiedener Mixgetränke kann man Doornkaat verwenden.

**Douzico**

Ein dem Absinth ähnliches Destillat aus der Türkei.

**Drambuie**

Der auf einer Basis von Whisky mit Kräutern aromatisierte und mit Heidehonig gesüßte Edellikör Drambuie wird von der Familie Mackinnon, den Besitzern der Drambuie-Likörgesellschaft in Edinburgh in Schottland, nach einem Geheimrezept hergestellt.

Der Name Drambuie ist in der keltischen Ursprache Schottlands „An dram buidheach" und heißt „das Getränk, das zufriedenstellt". Das Rezept für Drambuie, so erzählt eine alte Legende, wurde von Prinz Charles Edward nach der Niederlage der Schotten in Culloden im Jahre 1746 einem Mackinnon aus Strathaird aus Dankbarkeit übergeben. Mackinnon hielt den Stuartprinzen auf der Insel Skye verborgen, bis er schließlich nach Frankreich flüchten konnte.

Im Jahre 1896 ließ die Familie Mackinnon, die den Likör bisher für den eigenen Gebrauch hergestellt hatte, den Namen Drambuie handelsgerichtlich eintragen, und 1906 entschloß sich Malcom Mackinnon, das Getränk kommerziell herzustellen. Malcom Mackinnon war bei der Firma W. Macbeth & Son in Edinburgh angestellt, doch er war überzeugt, daß er mit dem eigenen Likörrezept erfolgreich sein konnte. Er genoß weithin Ruhm für seine Kenntnisse des Whiskyverschneidens, doch sein Drambuie-Rezept schrieb nicht weniger als 60 verschiedene Sorten, zum größten Teil Malt Whiskys, die zwischen 8 und 20 Jahre gelagert werden müssen, vor. Er benötigte eine ganze Woche, um einen einzigen Karton mit 12 Flaschen in seinem Geschäft in der Union Street in Edinburgh zu füllen. Nach anfänglichen Schwierigkeiten wurde Drambuie auch im Ausland verlangt, und schließlich wurde das „zufriedenstellende Getränk" mit einem Alkoholgehalt von 40 Volumprozent zu Schottlands Beitrag zu den großen Edellikören der Welt.

**Dubonnet**

Französischer Aperitif, der auf einer Basis von Weiß- und Rotwein, mit Chinarinde aromatisiert, von Joseph Dubonnet, einem Weinhändler in Paris, erstmals 1846 in seinem Geschäft in der Rue Sainte-Anne zum Verkauf angeboten wurde.

Dubonnet nannte sein appetitanregendes Getränk Dubonnet Tonic, doch es wurde schnell als Quinquina Dubonnet bekannt, und sein Erfinder mußte sich vollzeitig der Herstellung widmen, um den Nachfragen gerecht werden zu können. Als Warenzeichen wählte er das Abbild einer Katze, die, mit einem roten Zirkel umrandet, hinter einer Flasche seines Produktes seiner katzenliebenden Frau zur Ehre gereichen sollte.

Neben dem bekannten roten Produkt stellt die in Thuir im Südwesten Frankreichs ansässige Firma Dubonnet einen weißen Aperitif her, der als „trockener Wermut“ bezeichnet wird.

Dubonnet, mit einem Alkoholgehalt von 18 Volumprozent auch im Ausland hergestellt, wird pur oder mit Sodawasser oder Limonade vermischt unter Zugabe einer halben Zitronen- oder Orangenscheibe serviert.

**Dujardin**

Ein bekannter deutscher Weinbrand, der von der im Jahre 1810 in Uerdingen am Rhein gegründeten Firma Dujardin & Co., vormals Gebrüder Melcher, auf den Markt gebracht wird.

Die Firma Melcher kann ihren Ursprung auf das Jahr 1743 zurückführen, denn damals, zur Zeit der Schlesischen Kriege des Alten Fritz, wurde dem Ahnherrn des Hauses, Henricus Melcher, das Bürgerrecht zu Uerdingen am Niederrhein verbrieft, so daß er in der ehemaligen Reichsstadt als „patentyrter Branntweinbrenner“ destillieren konnte. Weinbrand war es damals jedoch nicht, der aus den Brennblasen floß, sondern Korn und Wacholder.

Nach dem Machtantritt Napoleons sicherte sich Sohn Henry Melcher das Firmen- und Handelsrecht durch Eintragung in den Code de Commerce. Nicht nur die Urkunde ist zweisprachig, sondern in jener Zeit wurden auch erste Verbindungen zu Frankreich geknüpft, und „Cognac“ wurde in die Produktion aufgenommen. Einer der bedeutendsten Weinlieferanten waren die Dujardins auf Château des Mérigots in der Charente, und die Verbindung führte schließlich zur gemeinsamen Firmengründung.

Der „Dujardin Impérial“ verbringt seine Reifezeit in 350-Liter-Fässern aus Limousin-Eiche, die in großen Hallen zu ebener Erde lagern, damit möglichst viel Sauerstoff Zutritt hat. Die Herabsetzung des Alkoholgehaltes des Destillates bis zur Trinkstärke von 38 Volumprozent erfolgt in großen Fässern schrittweise, damit die volle Ausgeglichenheit erreicht ist, wenn „Dujardin Impérial“ und „Dujardin Fine“ als letzten Schritt vor dem Verkauf ihre amtliche Prüfungsnummer erhalten.

**Duluc**
Die Firma Gatin Duluc bringt die folgenden Cognacs mit 40 Volumprozent in Touza in der Cognacregion auf den Markt:
Duluc Grande Fine Champagne Réserve Familiale und Duluc Grande Fine Champagne Vieille Réserve.

**Eau de Créole**
Ein westindischer Likör, der aus den Blüten des Mammeibaumes, der aprikosenähnliche Früchte trägt, hergestellt wird.

**Eau-de-Vie du Cap**
Ein Likör, den die Firma Bols auf den Markt bringt.

**Echte Kroatzbeere**
Im Jahre 1907 entwickelte der Destillateurmeister Moritz Thienelt in Schlegel in Schlesien aus dem Saft wilder Waldbrombeeren einen Edellikör, den er „Echte Kroatzbeere“ nannte. Der Likör fand schnell Anerkennung bei den Gästen der Schlegeler Gaststätte „Zur echten Kroatzbeere“, und in kurzer Zeit entwickelte sich eine ansehnliche Likörfabrikation, die in der ostdeutschen Spirituosenindustrie eine beachtliche Geltung besaß.
Neben der „Echten Kroatzbeere“ wurden im Laufe der Jahre weitere Destillate entwickelt wie der Herrenlikör „Schüttboden“, ein Frühstückskümmel für den verwöhnten Gaumen und für den Liebhaber besonderen Geschmacks.
Im Februar 1939 starb Moritz Thienelt, doch in seinem Sohn Moritz hatte er den Nachfolger und Getränkefachmann, der, als die vorhandenen Kapazitäten nicht mehr ausreichten, in Holzbüttgen bei Düsseldorf einen neuen Betrieb errichtete.
Im Laufe der folgenden Jahre zog sich Moritz Thienelt langsam vom Geschäft zurück und gab die Unternehmensleitung immer mehr in die Hände seines Sohnes Arno Moritz Thienelt, unter dessen Leitung nicht nur die Kapazität vergrößert wurde, sondern auch weitere neue Produkte von spezieller Eigenart auf den Markt gebracht wurden. Hierzu gehört die Doppelflaschenidee „Kuß mit Liebe“ und „Kuß mit Feuer“ sowie die Rustikalserie „Schlummertröpfchen“, „Beerenglut“, „Johannisbeer“, „Hausschnaps“ und „Kräuterfee“.

Jährlich werden 400 Tonnen der wildwachsenden Waldbrombeeren, die vorwiegend vom Balkan, aber auch aus Polen kommen, verarbeitet, um einen Fruchtsaftanteil von 50 Prozent in dem auch im europäischen Ausland und in Übersee beliebten Brombeerlikör zu garantieren.
Echte Kroatzbeere hat einen Alkoholgehalt von 30 Volumprozent. Der fruchtige, dunkelrote Likör eignet sich vorzüglich zum Mixen. Pur wird er kühl serviert.

**Echt Stonsdorfer**

Der Ursprung des Gebirgskräuterlikörs mit dem fruchtigen Aroma reifer Waldheidelbeeren geht bis in das Jahr 1810 zurück.
Am Fuße des Riesengebirges, in der kleinen schlesischen Gemeinde Stonsdorf, stellte damals Christian Gottlieb Koerner nach einem noch bis heute strenggehüteten Rezept seinen ersten Gebirgskräuterlikör, den er nach seinem Heimatort benannte, her.
Stonsdorfer gewann rasch an Beliebtheit, der große Erfolg begann jedoch erst im Jahre 1868, als die Fabrikationsstätte in das vier Kilometer entfernte Gunnersdorf verlegt wurde. Gunnersdorf hatte direkten Anschluß an die Eisenbahnlinie Hirschberg—Warmbrunn. Mit der wachsenden Berühmtheit des Likörs drängten sich die ersten Nachahmungen unter der gleichen Bezeichnung auf den Markt. Zwar erhielt die Firma Koerner durch zwei Gerichtsurteile von 1899 und 1903 das alleinige Recht, in ihrem Markennamen den Zusatz Echt zu führen, doch hinderten diese Urteile eine andere Firma nicht daran, einen Scheinbetrieb in Stonsdorf zu führen, um diesen Namen nutzen zu können.
Nach dem zweiten Weltkrieg begann der heutige Inhaber der Firma W. Koerner & Co. im schleswig-holsteinischen Norderstedt mit dem Wiederaufbau der verlorenen Produktionsstätte und der angestammten Absatzmärkte.
Es gelang der Firma, dem guten Ruf des Echten Stonsdorfers in kürzester Zeit wieder seine alte Geltung zu verschaffen. Heute zählt die Stonsdorferei W. Koerner & Co. zu den führenden Markenspirituosenfirmen für Gebirgskräuterliköre. Als sich andere Firmen erneut an den Erfolg des Echten Stonsdorfers anzuhängen versuchten, fällte das Landgericht in Hamburg am 24. 2. 1971 ein Urteil, in dem der Firma W. Koerner & Co. das ausschließliche Recht des Begriffes Stonsdorfer zuerkannt wurde. Jede Benutzung des Namens durch Dritte wurde untersagt.
Echt Stonsdorfer, der einen Alkoholgehalt von 32 Volumprozent hat, wird im Likörglas serviert. Zum Mixen eignet sich dieser Likör weniger.

**Eckes**

Die Chronik der Firma Eckes, die als Herstellerin von Spirituosen, Fruchtsäften, leichtalkoholischen Getränken sowie sonstiger Produkte für die Lebensmittelindustrie bekannt ist, berichtet, daß Peter Eckes im Jahre 1857 auf seinem Hof in der Gemeinde Nieder-Olm bei Mainz mit der Herstellung eines eigenen Hausbrands begann. Schon in kurzer Zeit gelang es Peter Eckes, seine Hausbrennerei in eine moderne Produktionsstätte umzuwandeln. Ein Neubau als Keimzelle des wachsenden Betriebes entstand an der gleichen Stelle, an der sich heute die über 300 Meter lange Hauptgebäudefront erhebt. Der eigentliche Durchbruch zum Großunternehmen erfolgt nach Ende des zweiten Weltkrieges in der vierten Generation mit den Vettern Ludwig und Peter Eckes. Mit der Vorstellung neuer Markenfabrikate vollzog sich die Gründung der Tochtergesellschaften Chantré & Cie. KG, Eckes-Übersee-Fruchtsaft KG, Klosterbrennerei Mariacron Eckes KG, Hulstkamp & Zoon sowie Klosterberg Spirituosen GmbH. Zu den Eckesprodukten gehören „Chantré" und „Mariacron", zwei bekannte und beliebte Weinbrände, verschiedene Likörarten, von denen „Eckes Edelkirsch" seit Jahren einen hohen Marktanteil behauptet, „Zinn 40", der Klare aus Wein, „Hulstkamp", der Klare aus Korn, „Criss", das weinhaltige Getränk, und „Knaddel Daddel Apfelwein".
Zu den alkoholfreien Getränken gehören Orangensaft „Hohes C", „Estanza", „Orange" und „Grapefruit", die Eckes Traubensäfte und die nach Spezialverfahren von Professor Dr. Koch hergestellten „Dr. Kochs naturtrüber Saft reiner Äpfel" und „Dr. Kochs schwarzer Johannisbeer-Süßmost".
Nach der Gründung von Eckes-Übersee-Frucht KG und der Natursaft GmbH 1958 und 1959 erfolgte die Errichtung des Instituts für Getränkeforschung GmbH. Diesem für die gesamte Branche beispielhaften Institut obliegt die ständige Gütekontrolle. Der steigenden Nachfrage nach zwar sättigenden, aber kalorienarmen Produkten entsprach Eckes im Frühjahr 1971 mit den „Minikal Schlankheits-Mahlzeiten". Nach dem Ergebnis eines Markttests im Jahre 1974 wurden „Eckes Frucht Trinks" Anfang 1974 national eingeführt.
Die Rohstoffbasis für die Eckes-Gruppe liegt fast völlig im Ausland. Brennweine kommen aus Frankreich und Italien. Tochtergesellschaften in Argentinien, Italien und Marokko dienen der Fruchtverarbeitung. In der Schweiz werden Frucht- und Gemüsepulver hergestellt, und in Österreich wird für diesen Markt produziert.

**Edelliköre**

Liköre, die als Edelliköre bezeichnet werden, dürfen keine künstlichen Essenzen enthalten. Als Edelliköre gelten unter anderem Chartreuse, Grand Marnier und Bénédictine.

**Eierlikör**
Ein aus Eigelb, Zucker und Alkohol (meistens Weinbrand) hergestellter Likör, der in flachen Likörschalen serviert wird. Der Alkoholgehalt beträgt 17 bis 20 Volumprozent.

**Eierweinbrand**
Eierweinbrand darf im Gegensatz zu Eierlikör nur Weindestillat als Alkoholanteil enthalten. Die Bezeichnung Eiercognac ist für Eierweinbrand unzulässig.
Eierweinbrand ist die einzige Spirituosenbezeichnung neben Weinbrand, in der das Wort Weinbrand vorkommen darf.
Eine Eierlikör- oder -weinbrandflasche sollte man vor grellem Sonnenlicht und auch vor allzu intensiver Neonlichtbestrahlung schützen. Beides könnte die Entmischung der Emulsionen fördern.
Eierweinbrand trinkt man ungekühlt aus flachen Likörschalen.

**Eiskümmel**
Ein Getreidekümmel mit hohem Zuckergehalt, der zum Auskristallisieren in den Flaschen führt. Die Zuckerkruste hat das Aussehen von Kristallen, und daher wird der Name Kristall-Kümmel auch gebraucht.
Eiskümmel wird pur im Likörglas oder in einer kleinen Schwenkschale serviert. Zum Mixen eignet er sich jedoch schon wegen seines ausgeprägten Kümmelaromas, der von Anis und Fenchel betont wird, nicht.

**Elixir d'Anvers**
Ein süßer, goldgelber Kräuterlikör vom Chartreusetyp, der von der Fima F. X. de Beukelaer in Antwerpen in Belgien nach einem alten, geheimgehaltenen Familienrezept hergestellt wird. Der Likör wurde erstmals 1863 unter Verwendung von 31 auserlesenen Kräutern und Pflanzen hergestellt. Er wird in Eichenfässern gelagert und wird wegen seiner ausgezeichneten Bekömmlichkeit gerühmt.
Ein ähnliches Produkt der Firma F. X. de Beukelaer ist der Elexir de Spa, der in der Stadt Spa im wallonischen Teil Belgiens hergestellt wird.

**Elixir de Spa**
Ein in Belgien bekannter Kräuterlikör, der in Spa hergestellt wird.

**Enzian**
Sammelbezeichnung für Branntweine, die aus den Wurzeln des gelben Enzians (Gentiana lutea) hergestellt werden.

In den Alpenländern Europas wird Enzianschnaps seit mehr als hundert Jahren in der jetzigen Form und dem bekannten, stark herben Geruch und bitteren, würzig-erdigen Geschmack gebrannt.
Da die Enzianpflanze in Deutschland unter Naturschutz steht und es bisher nicht gelungen ist, sie in erwähnenswerter Menge zu kultivieren, werden die bis zu sechs Kilogramm schweren Wurzeln des gelben und roten Enzians aus Frankreich, den Pyrenäen, der Schweiz, Österreich und Ungarn importiert. Zur Herstellung dieser Alpenspezialität werden die Wurzeln zunächst zerkleinert und fünf Wochen lang mit einer speziellen Hefe vergoren. Die zweimalige Destillation ergibt reinen Enzianbrand. Dieser allerdings wäre zu teuer, denn es sind immerhin tausend Kilogramm frische Wurzeln notwendig, um hundert Liter Edelenzian mit 50 Volumprozent Alkohol zu gewinnen. So wird dieser Edelbrand mit Monopolsprit versetzt, und schließlich bleiben nur noch 5 Prozent Alkohol, die aus der Enzianwurzel stammen.
In den Alpenländern gilt Enzian als Hausmittel gegen Magen-, Nieren- und Gallenkrankheiten, stellt aber gleichzeitig eine wasserklare Branntweinspezialität dar, die, auch als Likör hergestellt mit 35 bis 55 Volumprozent, gekühlt oder bei Zimmertemperatur in Tonkrügen, Stamperln oder Likörgläsern serviert wird.

**Erfrischungsgetränke**
Zu den alkoholfreien Erfrischungsgetränken zählen:
1. Fruchtsaftgetränke
2. Limonaden
3. Brausen

Fruchtsaftgetränke werden aus den mit Zucker versetzten Säften von Zitronen, Orangen, Ananas und auch aus einigen Beerenfrüchten mit kohlensäurehaltigem Wasser oder Tafelwasser hergestellt. Außer dem natürlichen Schalenaroma der Zitrusfrüchte dürfen sie keine weiteren Zusätze enthalten. Ihr Saftgehalt muß mindestens 6 Prozent, bei anderen als Zitrusfrüchten mindestens 10 Prozent betragen, und ihr Zuckergehalt darf nicht unter 9 Prozent liegen.
Limonaden werden aus kohlensäurehaltigem Wasser oder Tafelwasser unter Zusatz von nur natürlichen Aromastoffen und Fruchtsäuren hergestellt. Der Zuckerzusatz muß mindestens 7 Prozent betragen. Koffeinhaltige Erfrischungsgetränke, bei denen durch die verwendeten Pflanzenauszüge Koffein in das Getränk gelangt, gehören lebensmittelrechtlich in die Gruppen der Limonaden. Brausen werden aus künstlichen Essenzen, die aus künstlichen Geschmacksstoffen durch Mischen und Lösen von aromatischen Stoffen und Ölen gewonnen werden, unter Zusatz von Süßstoff und Säure, mit Kohlensäure und Wasser vermischt, hergestellt.

**Escorial Grün**

Escorial Grün wird mit 56 Volumprozent Alkoholgehalt von der Weinbrennerei Anton Riemerschmid in München nach gehütetem Rezept auf den Markt gebracht.

**Ettaler Klosterlikör**

Ein Kräuterlikör, der grün und gelb im Benediktinerkloster Ettal bei Oberammergau hergestellt wird. Der Alkoholgehalt des gelben Produktes beträgt 42 Volumprozent, der des grünen Produktes 44 Volumprozent.

**Fachinger**

Ein bekanntes Mineralwasser mit natürlicher Kohlensäure aus dem staatlichen Mineralbrunnen in Fachingen an der Lahn.
Fachinger soll von heilendem Einfluß sein bei:
Magen- und Darmkrankheiten, übermäßiger Säure, Stoffwechselkrankheiten, Krankheiten der Leber und der Galle sowie der ableitenden Harnwege.

**Favraud**

Bekannte Cognacmarke, die mit 40 Volumprozent Alkoholgehalt in den Handel kommt.

**Fernet-Branca**

Ein bekannter und beliebter italienischer Magenbitter, der von der Firma Fratelli Branca Distillerie SpA in Mailand mit 45 Volumprozent Alkoholgehalt in den Handel kommt.
Das Unternehmen hat sich 1982 mit der Turiner Firma Carpano (s. d.) zusammengeschlossen, und seine Produkte werden von der Weinbrennerei Jacobi KG in Weinstadt auf den bundesdeutschen Markt gebracht.

**Fernet-Lugga**

Ein Magenbitter, der nach demselben Verfahren wie „Fernet-Branca“ in Italien hergestellt wird.

**Finkel**

Ein Gin, der in Norwegen hergestellt wird.

**Finlandia**

Finnischer Wodka, der von der Oy Alko Ab. in Helsinki hergestellt wird. Er wird ausschließlich aus finnischem Weizen gewonnen und mit extrem reinem und weichem Wasser aus einer Quelle 20 Meter tief unter einer Eiszeitmoräne auf seine Trinkstärke von 40 Volumprozent Alkohol gebracht. Die eisartige Riffelglasflasche gestaltete Tapio Wirkala, Finnlands bekanntester Designer. Sie versinnbildlicht die reine und kühle Frische des Wodkas. Auf dem Etikett des Wodkas — zwei kämpfende weiße Rentiere und der glutrote Ball der Mittsommernachtssonne Lapplands — ist eine alte Sage nachempfunden. Die Sage erzählt, daß einst ein junges Mädchen in einer kalten, schwarzen Winternacht durch einen magischen Zauber in ein weißes Rentier verwandelt wurde. Es wurde geehrt und gefürchtet von den Menschen. Dennoch versuchten immer wieder einige, das weiße Rentier wegen seines wertvollen Felles zu fangen, aber alle wurden von dem weißen Rentier getötet, das ihnen im Sterben in seiner ursprünglichen Mädchengestalt erschien. Eines Tages verfolgte auch der Jüngling, den das Mädchen einst geliebt hatte, das weiße Rentier. Es kam zu einem heftigen Kampf, in dem sich beide tödlich verletzten. Im Sterben verwandelte sich das weiße Rentier zurück in das junge Mädchen und sank dem Jüngling in die Arme. In inniger Umarmung fielen sie in einen ewigen Schlaf.
Noch heute glaubt man in Finnland, daß, wer zur selben Zeit die Sonne, den Mond und ein weißes Rentier sieht, einen Wunsch frei hat — und dieser Wunsch wird sich erfüllen.
Finlandia Wodka, von den Finnen als „Geist des weißen Rentiers“ genannt, wird von der Lübecker Firma Carl Hertzberg für die Bundesrepublik importiert.

**Fiora di Alpe**

Ein italienischer Likör mit kennzeichnenden Zuckerkristallen. Fiore d'Alpe = Alpenblume.

**Fockink**

Holländische Spirituosenbrennerei, die ausgezeichnete Erzeugnisse auf den Markt bringt. Neben den unten aufgeführten Produkten ist der „Schiedamer“ (Genever), der einen Alkoholgehalt von 40 Volumprozent hat, sehr beliebt.

Apricot Brandy . . . . . . . . . . . . . . . . . . . . . . . . Alkoholgehalt 30 Volumprozent
Advokaat . . . . . . . . . . . . . . . . . . . . . . . . . . . . Alkoholgehalt 18 Volumprozent
Anisette, blanche . . . . . . . . . . . . . . . . . . . . . . Alkoholgehalt 31 Volumprozent
Cherry Fockink . . . . . . . . . . . . . . . . . . . . . . . Alkoholgehalt 25 Volumprozent
Crème de Cacao . . . . . . . . . . . . . . . . . . . . . . Alkoholgehalt 27 Volumprozent

Crème de Mocca ........................ Alkoholgehalt 31 Volumprozent
Crème de Menthe ...................... Alkoholgehalt 30 Volumprozent
Crème de Vanille ....................... Alkoholgehalt 31 Volumprozent
Curaçao Blanc, triple sec ................ Alkoholgehalt 38 Volumprozent
Curaçao Orange double rouge ............ Alkoholgehalt 34 Volumprozent
Curaçao Bleu .......................... Alkoholgehalt 36 Volumprozent
Eau-de-Vie de Danzig ................... Alkoholgehalt 30 Volumprozent
Kummel, sec, extra dry .................. Alkoholgehalt 39 Volumprozent
Liqueur de Bananes .................... Alkoholgehalt 31 Volumprozent
Liqueur de Mandarines ................. Alkoholgehalt 30 Volumprozent
Peach Brandy ......................... Alkoholgehalt 31 Volumprozent

**Forbidden-Fruit-Likör**

Forbidden-Fruit-Likör, der von Louis Bustanoby erfunden wurde, wird in den USA aus Grapefruit, Orangen, Mandarinen, Zitronen und verschiedenen Ingredienzen hergestellt.

**Four Roses**

Ein bekannter Straight Bourbon Whiskey, den die Four Roses Distilling Co. in Louisville im US-Staat Kentucky nach sechs Jahren Lagerzeit mit 43 Volumprozent auf den Markt bringt.

**Fraise des Bois**

Französischer Erdbeerlikör, der von der traditionsreichen elsässischen Firma Dolfi Grande Distillerie Strasbourgeoise S. A. nach einem alten Geheimrezept der Familie Dolfi hergestellt wird. Als Grundlage für diesen exquisiten Likör werden ausgereifte, kleine, besonders aromatische Erdbeeren verwendet. Fraise des Bois enthält keinerlei künstliche Farb- und Geschmacksstoffe. Um den natürlichen Fruchtgeschmack voll zur Geltung zu bringen, wird der Alkoholgehalt auf 20 Volumprozent beschränkt. Aufgrund seines Aromas und seiner besonderen Qualität eignet sich dieser Likör sehr gut zum Mixen, aber auch in der Küche ist er zum Verfeinern von Desserts und Gebäck oder auf Eis beliebt.
Fraise des Bois wird von der Martini & Rossi AG auf den bundesdeutschen Markt gebracht.

**Framboise**

Französische Bezeichnung für Himbeere. In der Bar versteht man unter Framboise Himbeergeist, der kalt serviert wird.

**Freezomint**
Ein Pfefferminzlikör, den die Firma Cusenier in Frankreich herstellt.

**Fruchtsäfte**
Fruchtsäfte gehören zu den vollkommensten Getränken, die es gibt. Allgemein bekannt ist, daß sonnengereifte Früchte dem menschlichen Körper nicht nur lebenswichtige Vitamine, sondern auch wertvolle Aufbaustoffe liefern. Wie in den Früchten selbst, so sind auch in deren Säften Vitamine, Mineralsalze, Spurenelemente, Zucker, Fruchtsäure und Gerbstoffe enthalten. Hervorzuheben sind besonders von den Mineralien Kalium, Kalzium, Magnesium, Natrium, während Chlor, Schwefel und Phosphor als säurebildende Elemente schwächer vertreten sind.
Nach den amtlichen Begriffsbestimmungen sind Fruchtsäfte die zum unmittelbaren Genuß bestimmten unvergorenen und alkoholfreien Erzeugnisse aus Kern-, Beeren-, Steinobst, Wildfrüchten, Trauben und Südfrüchten. Sie beinhalten immer 100 Prozent Fruchtgehalt, gleichgültig ob es sich um einen sogenannten „Direktsaft" oder um ein auf der Packung als „Fruchtsaftkonzentrat" bezeichnetes Erzeugnis handelt. Zur Haltbarmachung sind keine Konservierungsstoffe, Farbstoffe oder sonstige chemische Zutaten erlaubt.
Fruchtnektar ist die in der gesamten EG vorgeschriebene Bezeichnung für gehobene Fruchtsaftgetränke aus Fruchtsaft und/oder Fruchtmark mit Zusatz von Wasser und Zucker. Der vorgeschriebene Mindestfruchtgehalt beträgt je nach Fruchtart zwischen 25 und 50 Prozent. Er kann auch höher liegen und muß auf der Packung deutlich sichtbar in Prozent angegeben werden. Konservierungsstoffe und Farbstoffe sowie andere chemische Zusätze sind nicht erlaubt.
Im einzelnen werden unterschieden:

1. Fruchtnektar aus säurereichen Früchten, zum Beispiel schwarze Johannisbeeren oder Sauerkirschen, deren Saft erst nach Zusatz von Wasser und Zucker getrunken werden kann;
2. Fruchtnektar aus Fruchtmark, das durch Passieren gewonnen wird, zum Beispiel Aprikose, Pfirsich, Birne.
3. Fruchtnektar aus Saft von Früchten mit zum unmittelbaren Genuß geeignetem Saft, zum Beispiel Orange oder Grapefruit, gegebenenfalls auch unter Zusatz von Fruchtmark. Der vorgeschriebene Mindestgehalt an Frucht beträgt hier generell 50 (Pfirsich 45) Prozent.

Fruchtsaftgetränke, zum Beispiel Orangen-Fruchtsaftgetränk, sind Erfrischungsgetränke mit oder ohne Kohlensäure mit Fruchtsaft als Geschmacksgeber und Zusatz von Wasser und Zucker. Der vorgeschriebene Mindestgehalt beträgt bei Fruchtsaftgetränken mit Zitrussaft (Orange, Zitrone, Grapefruit)

6 Prozent; mit Kernobstsaft oder Traubensaft 30 Prozent; mit anderen Fruchtsäften (Beeren oder Steinobst) 10 Prozent. Der Fruchtgehalt kann auch höher liegen und muß – wie bei Nektar – auf der Packung deutlich sichtbar in Prozent angegeben werden.

**Fürst Bismarck**

Ein Kornbranntwein, der nach dem Originalrezept aus Roggen und Weizen hergestellt wird.

Die Fürstlich von Bismarcksche Brennerei befindet sich seit 1874 im Besitz der Familie. Der Reichskanzler erwarb sie zusammen mit dem Hofgut Schönau bei Friedrichsruh im Sachsenwald.

Heute ist die Brennerei, die inmitten weitausgebreiteter Kornfelder liegt, eine der modernsten ihrer Art. Das Korn der eigenen Felder ist das Kernstück der Rohstoffbasis und Vorbild für die Rohstoffbeschaffung.

Der auf Trinkstärke (38 Volumprozent) herabgesetzte Feinbrand wird, bevor er in Flaschen abgefüllt wird, eine Zeitlang in Eschenholzfässern von 10 000 Litern gelagert.

„Fürst Bismarck" verdankt seine Klarheit und sein feines Aroma, das ein wenig an frisch gebackenes Brot erinnert, dem altüberlieferten Rezept und dem modernen Verarbeitungsverfahren.

**Fundador**

Ein spanischer Weinbrand, den die Firma Pedro Domecq in Jerez de la Frontera im Süden des Landes herstellt.

**Galliano**

Der gelbgefärbte Likör von Arturo Vaccari, das ursprüngliche Produkt des Gründers der Destillerie Reunite di Liquori mit Sitz in Livorno bei Mailand in Italien, ist einer der bekanntesten Liköre Italiens. Dieser aromatisierte Kräuterlikör mit einem Alkoholgehalt von 40 Volumprozent eignet sich nicht nur zum Kaffee nach einem ausgezeichneten Essen oder als Zugabe zu Nachspeisen, sondern besonders auch zum Mixen feiner Cocktails. Die weiteren Galliano-Liköre, Botschafter der italienischen Trinkkultur, sind der farblose, auf der Basis von Orangenschalen hergestellte Galliano und der bräunliche Galliano mit delikatem Mandelgeschmack.

Der Name Galliano stammt aus der italienischen Kolonialgeschichte. Major Giuseppe Galliano verteidigte während des italienisch-abessinischen Konflikts 1895–96 das in der Nähe der antiken Stadt Macallé in Äthiopien gelegene Fort Enda Jesus. Auf den hohen, schlanken Flaschen der Galliano-Liköre ist die Festung, die der italienische Major mit 2347 Soldaten 44 Tage lang gegen 80 000 abessinische Soldaten verteidigte, dargestellt.

**Geistige Getränke**

Zu den geistigen Getränken zählen alle nichtbranntweinhaltigen, aber alkoholischen Flüssigkeiten, die auf Grund eines natürlichen Gärungsprozesses Alkohol enthalten und zum menschlichen Genuß bestimmt sind.

**Genever**

Genever, die bekannteste Spirituose der Niederlande, wurde schon in einem Kräuterbuch aus dem Jahre 1539 als „holländischer Genever aus Schiedam" erwähnt. Er soll erstmals von Franciscus de la Boe, ein Physiker und Professor der Medizin an der Universität Leiden, für medizinische Zwecke hergestellt worden sein.

Die harntreibenden Eigenschaften der ätherischen Öle des Wacholders waren bereits bekannt. Durch die zweite Destillation von gemeinem Kornbrannt zusammen mit Wacholderbeeren gelang es de la Boe, der sich selbst Dr. Sylvius nannte, ihr therapeutisches Öl in Form einer nicht teueren Medizin zu gewinnen. Innerhalb kurzer Zeit schien ganz Holland an Magen- und Darmverstimmungen zu leiden, die nur mit jenever, wie man die neue Medizin, vom wissenschaftlichen Namen des Wacholders, von Juniperus (französisch geniève), abgeleitet nannte, zu heilen schien. Die ungewöhnliche Nachfrage veranlaßte die Firma Bols, Genever 1575 kommerziell herzustellen. Schon 10 Jahre später, als die Soldaten von Königin Elizabeth I. in den Niederlanden gegen die Spanier kämpften, kamen sie auf den Genevergeschmack und veranlaßten, daß er in ihrer Heimat unter dem Namen Gin (s. d.) hergestellt wurde.

Schiedam, das Zentrum des Getreidehandels, entwickelte sich rasch zur Genevermetropole. Zu Ende des 19. Jahrhunderts gab es bereits 392 Brennereien, und der Name Schiedam wurde das Synonym für Genever.

Noch heute ist Schiedam der Hauptort der Geneverherstellung, doch Genever wird auch außerhalb der Niederlande produziert. In Deutschland ist die Bezeichnung Genever nicht geschützt. Es ist jedoch verboten, Spirituosen, die in Deutschland hergestellt sind, unter der Bezeichnung Holländischer Jenever, Schiedamsche Jenever oder ähnlich klingende Bezeichnungen, die den Eindruck erwecken können, daß es sich um ein in den Niederlanden hergestelltes Erzeugnis handelt, in den Verkehr zu bringen.

Deutscher Genever ist ein Branntwein, der aus der Maische von Getreide und reichlich Darrmalz gebrannt wird. Die Wacholderbeeren müssen spätestens während des letzten Destillationsvorganges zugegeben werden. Genever kann

auch unter reichlicher Verwendung von Geneverdestillat mit Sprit oder Kornsprit hergestellt werden. Das Geneverdestillat wird aus einer Maische von Getreide und reichlich Darrmalz unter Mitverwendung von Wacholderbeeren vor oder nach der Vergärung im Destillierblasenverfahren gewonnen. Der Zusatz von ätherischen Ölen ist nicht üblich und wird deshalb als Verfälschung angesehen. Der Alkoholgehalt muß mindestens 38 Volumprozent betragen.
Holländischer Genever wird aus Moutwijn (Malzwein), einem Destillat ohne Zutaten von Essenzen, gewonnen aus Maische von gesunden Körnern, von denen mindestens 30 Prozent Gerstenmalz sein muß, hergestellt. Die Maische wird stufenweise vergoren und in aufeinanderfolgenden Brennvorrichtungen destilliert. Bei den letzten Brennvorgängen muß das Destillat nach niederländischen Vorschriften eine mittlere Stärke zwischen mindestens 43 Volumprozent und höchstens 48 Volumprozent Alkohol bei einer Temperatur von 15 Grad haben.
Die Bezeichnung „ouden“ (alten) Genever und „jongen“ (jungen) Genever haben nichts mit dem Alter der Spirituose zu tun. Nach deutschen Begriffen ist der junge Genever ein einfacher Klarer, meist ohne merklichen Eigengeschmack und Kräuteraroma, doch gibt es, wie auch unter dem alten Genever, merkbare Qualitätsunterschiede. Der beste wird zu gleichen Teilen aus Malzwein, dem Kräuter und Gewürze zugesetzt worden sind, und Zuckerrübenmelassealkohol hergestellt. Die Produktion des Malzweines erfolgt in den beiden Malzweinfabriken in Schiedam. Aus dem Mehl von Gerste, Roggen und Mais wird ein Brei gerührt, aus dem nach dreimaliger Destillation reinster Alkohol gewonnen wird. Zur Fertigung des Genevers wird dieser Sprit an die namhaften Brennereien geliefert, die in einem vierten Brennvorgang ihre spezielle Kräutermischung hinzufügen, so daß der dem Genever typische Geschmack entsteht.
Genever trinkt man gekühlt, sein Aroma entfaltet sich am besten bei wenigen Graden über Null. Zum Mixen eignet sich Genever nicht.

**George Dickel**

Der „George Dickel“, ein Tennessee-Whisky, der sich eigenwilligerweise mit „y“ statt mit „ey“ schreibt, gilt unter Liebhabern erlesener Whiskyraritäten als einer der besten der Welt. Der Gründer dieses heute so bedeutenden Unternehmens stammt aus einer alten hessischen Müllerfamilie.
In Grünberg, einer romantischen Kleinstadt im waldigen Hügelland Oberhessens — nicht weit von den Toren Gießens —, betrieb die Familie Dickel eine Kornmühle. Diese hatte sie vor dem Dreißigjährigen Krieg von dem Mönchsorden der Antoniter erworben. Noch heute gibt es eine Originalzeichnung der

historischen Dickels-Mühle um 1900. Leider wurde dieses historische Gebäude um 1935 abgerissen. Hier wurde, nachdem die Familie Dickels schon seit Generationen in Grünberg war, Georg Adam Dickel am 8. Februar 1818 als Sohn der Müllerstochter Elisabeth geboren. Sein Vater war der Sohn eines fränkischen Küfermeisters. Georg Adam wurde Kornbrenner, wanderte jedoch später nach Amerika aus. In Amerika gründete er nach vielen Jahren harter Arbeit als Destilliermeister im Jahre 1870 seine eigene Whiskydestillerie in der alten Indianersiedlung Tullahoma in Tennessee. Er entwickelte ein besonders zeitraubendes Verfahren, bestmöglichen Whisky zu bereiten, der auch heute noch nach seinen überlieferten Methoden hergestellt wird. Mais, Roggen und Gerstenmalz werden mit dem Wasser einer eisenfreien Quelle verkocht, mit Hefe vergoren und destilliert. Das Destillat wird dann in hohen Bottichen, die drei Meter hoch mit feingemahlener Holzkohle einer besonders harten Ahornart gefüllt sind, zehn Tage lang durchgesickert. Der Whisky wird dann mehrere Jahre lang in kleinen 200-l-Fässern aus dem Holz der Weißeiche gelagert. George Dickel Tennessee Whisky hat einen Alkoholgehalt von 43 Volumprozent. Die Dickel Distillery gehört heute zum Schenley-Konzern, dem drittgrößten Spirituosenhersteller der USA.
Alleinimporteur für Deutschland ist die J. B. Sturm Markenimport GmbH in Rüdesheim am Rhein.

**Gewürzlikör**
Liköre, die mit den natürlichen ätherischen Extrakten von Gewürzen versetzt sind und mindestens 30 Volumprozent Alkoholgehalt haben.
Weine, die mit Extrakten unserer Gewürze versetzt sind, werden in Deutschland als Kräuterweine bezeichnet.

**Gilbert Calvados**
Name eines großen Calvados der Firma Gilbert S. A., der in drei Qualitäten auf den Markt gebracht wird.
Carte Verte wird aus zwei- bis dreijährigem Apfelwein gebrannt, den man aus den vollreifen Äpfeln der Normandie gewinnt. Er ist ein Calvados Appellation Réglementée mit einem ausgeprägten Apfelbukett.
Gilbert Réserve ist ein Calvados Appellation Contrôlée mit einer mehr als fünfjährigen Lagerzeit. Er stammt aus dem berühmtesten Calvadosgebiet der Normandie, dem Pays d'Auge, und erfreut den Kenner durch seine Fülle und sein ausgeprägtes Apfelaroma.
Gilbert Age Inconnu, ein Calvados Appellation Réglementée, verdankt seine Bekömmlichkeit und seinen kräftigen Alterston einer mehr als sechsjährigen Lagerung in Eichenfässern.

Im Jahre 1971 gelangte der angesehene Familienbetrieb Gilbert S. A. in Milly in der Normandie, der schon seit Generationen Calvados brennt und dessen Produkte 1970, 1975 und 1977 mit dem „Großen Ehrenpreis des Präsidenten der Republik Frankreich“ für die qualitativ besten Calvadosbestände in der ganzen Normandie ausgezeichnet wurden, in den Besitz der Rüdesheimer Weinbrennerei Asbach & Co.
Um Gilbert Calvados bis zum letzten Tropfen voll genießen zu können, wurde ein tulpenförmiges, hochstieliges Glas mit einem passenden, elegant geschwungenen Glasdeckel, der das herrliche Apfelbukett bis zum letzten Schluck bewahrt, von der Firma Gilbert S. A. entwickelt.
Die Rüdesheimer J. B. Sturm Markenimport GmbH bringt Gilbert Calvados in der Bundesrepublik Deutschland auf den Markt.

**Gilbey's**
Die britische Firma Gilbey bringt den beliebten „Gilbey's London Dry Gin“ mit 47 Volumprozent Alkoholgehalt in der charakteristischen viereckigen Flasche auf den Markt. Weitere Brennereien hat die Firma in Australien, Kanada, Südafrika und Ostafrika.
Der „Spey Royal“, ein bekannter Blended Scotch Whisky, wird ebenfalls von der Firma Gilbey in den Brennereien Glen Spey, Strathmill und Knockando hergestellt.
Außerdem bringt Gilbey den populären „Vodka Smirnoff“ in Vereinbarung mit der Heublein Inc. im Commonwealth auf den Markt.

**Gilka**
Bekannte Brennerei, die früher ihren Sitz in Berlin hatte und heute ihre Erzeugnisse in Hamburg auf den Markt bringt.
Bekannt ist vor allem der halbsüße Gilka-Kümmel.

**Gin**
Als englische Soldaten und Matrosen das Rezept des holländischen Genevers im 17. Jahrhundert mit in ihre Heimat brachten, machten sich die Engländer mit großem Eifer daran, ihren fuselig schmeckenden Kornbranntwein mit Wacholderauszügen zu verbessern.
Wilhelm III. von Oranien unterstützte nach seiner Krönung zum englischen König im Jahre 1689 den Genuß seines Heimatschnapses, indem er hohe Steuern auf französische Brände legte und seinen Untertanen erlaubte, nach Belieben Genever zu brennen. Das neue Getränk, der Geneva, war billig herzustellen und verbreitete sich lawinenhaft. Die Beliebtheit führte jedoch zu einer Kata-

strophe, als die Good Queen Ann, die 1702 den englischen Thron bestieg, die Zölle auf ausländische Erzeugnisse erhöhte und den Geneva (der Name wurde in Gin abgekürzt) jedoch von allen Abgaben befreite. Im Jahre 1690 wurden 2,5 Millionen Liter getrunken, im Jahre 1727 waren es bereits 25 Millionen Liter. Nach Überlieferungen soll in jedem vierten Haus in den Citys von London und Westminster ein Ginausschank gewesen sein. Händler verkauften Gin an Haustüren, auf Marktplätzen, und manchmal erhielten Arbeiter Gin als Bezahlung. Die Regierung mußte diesen verheerenden Zuständen ein Ende machen. Gin durfte nicht mehr glasweise, sondern nur noch gallonenweise verkauft werden. Die Verkäufer hatten eine Patentgebühr von 50 Pfund zu zahlen, und pro Gallone gab es eine Sondersteuer von 1 Pfund. Diese drastischen Maßnahmen führten jedoch zu keinem Erfolg. Der Ginkonsum stieg weiterhin an. Im Jahre 1742 wurden über 100 Millionen Liter Gin getrunken. Die Gefängnisse waren mit Menschen, die gegen den „Gin-Act“ verstoßen hatten, überfüllt, und die Regierung wurde gezwungen, das Gesetz zu widerrufen. Im Jahre 1742 begann ein neues Kapitel im Leben der „Madame Geneva“, wie der Gin oft von den Londonern genannt wurde. Die Regierung ließ neue Brennereien bauen, und die Kornbrenner wurden beauftragt, die Qualität der Produkte zu verbessern. Im Laufe der Jahrzehnte entwickelte sich aus dem billigen Fusel ein Getränk von zartem Aroma, das sich in idealer Weise mit vielem anderen wie Tonic Water, Bitter Lemon und Wermut mischen läßt. Die prächtigen „Gin-Paläste“ des viktorianischen London waren beliebte Vergnügungsstätten dieser Zeit. Die prächtig ausgestatteten Lokale verschafften den Londonern Behaglichkeit und Unterhaltung und, als Vorläufer der heutigen Bar, hatten ihren Anteil, Gin Ansehen zu verleihen.

Zu Anfang des 20. Jahrhunderts kamen in London die ersten „American Bars“ auf, und hier spielte der Gin bald eine bedeutende Rolle. Auch außerhalb Englands verbreitete sich der Gin rasch – und erfreute sich in den vielen britischen Kolonien unter Zugabe von Angostura Aromatic Bitters oder Tonic Water besonderer Beliebtheit. In den Jahren zwischen den Weltkriegen wurde Gin schließlich als ein wirklich internationales Getränk bekannt, und dies war nicht zuletzt dem Cocktail zu verdanken, der damals seinen Siegeszug durch Amerika und schließlich der westlichen Welt antrat.

Früher, als die Korngeschmacksnote beim Gin noch gefragt war, wurde Kornbranntwein verwendet. Heute ist die Grundlage reiner, neutraler Alkohol. Wacholderbeeren, Zitrusschalen, Lavendel, Mandeln, Kümmel, Anissamen, Kalmus, Angelikawurzel, Kardamom und andere Gewürze geben Geschmack und Aroma. Die genaue Zusammensetzung der verschiedenen Zutaten ist ein sorgsam gehütetes Geheimnis des Herstellers.

Der Feinbrand wird mit destilliertem oder demineralisiertem Wasser auf Trinkstärke, d. h. 38 bis 45 Volumprozent Alkohol, herabgesetzt, und das farblose, kristallklare Produkt ist, im Gegensatz zu Whisky, Brandy und Rum, trinkfertig. Eine Lagerung ist weder vorteilhaft noch notwendig. Aufbewahrt wird der Gin in Fässern mit Innenglasur.
Die wichtigsten Ginarten sind:
**Dry Gin:** Ein ungesüßter Gin mit einem Mindestalkoholgehalt von 38 Volumprozent.
**London Dry Gin:** Ein ungesüßter Gin, der, wenn in Deutschland hergestellt, einen Mindestalkoholgehalt von 40 Volumprozent haben muß.
**Old Tom Gin oder Plymouth Gin:** Ein Normalgin, der mit Zuckersirup leicht gesüßt wurde. In Deutschland ist dieser Gin kaum anzutreffen.
**Versetzte Gins:** Gins, denen Farbstoffe und Geschmackszutaten beigefügt sind. Zu diesen zählen:
**Sloe Gin:** Normaler Gin, wird einige Monate mit Schlehen gelagert. Der Alkohol zieht das Aroma der Früchte aus und verleiht dem Gin eine kastanienbraune Farbe.
**Lemon und Orange Gin:** Normaler Gin, wird mit Auszügen aus Zitronen oder Orangen oder deren Schalen oder mit Zitronen- oder Orangenessenz versetzt.

**Ginger Ale**
Ein limonadenartiges Getränk mit Ingwergeschmack. Dieses alkoholfreie Getränk wird vielfach in Verbindung mit hochprozentigen Spirituosen getrunken.

**Ginger Beer**
Ein alkoholfreies Ingwerbier englischen Ursprungs. Bei uns ist Ginger Beer kaum anzutreffen.

**Glenfiddich**
Eine bekannte und beliebte schottische Whiskymarke, die am ersten Weihnachtstag 1886 erstmals die Brennblasen verließ. William Grant hatte sich im September 1886 entschlossen, seine Anstellung in Brennereien aufzugeben, und zusammen mit seinen sieben Söhnen erbaute er in dem Örtchen Dufftown die Glenfiddich Distillery. Schon sechs Jahre später konnte der einstige Hirtenjunge einen zweiten Betrieb, die Balvanie Distilleries erwerben. Der Erfolg war nicht zuletzt auf die Verwendung des hervorragenden Wassers der Robbie-Dubh-Quelle zurückzuführen. Um nicht mehr von den allmächtigen Handelsfirmen abhängig zu sein, erweiterte William Grant einen Betrieb durch eine

Abfüllerei und übernahm auch selbst den Großhandel und den Export seiner Produkte. Zu Anfang des neuen Jahrhunderts gab es bereits Verkaufsniederlassungen in Kanada und den Vereinigten Staaten. Erste Verkaufserfolge wurden damals auch in Indien, Burma, China, Japan, Australien und Neuseeland erzielt. In den folgenden Jahrzehnten jedoch mußten starke Steuererhöhungen in England, die Prohibition in den USA, die Folgen der weltweiten Wirtschaftskrise der 20er und 30er Jahre und die beiden Weltkriege überwunden werden. 1956 kaufte die Firma William Grant & Sons Ltd. das Unternehmen Blackland Cotton Mill in Paisley dazu, das zur Abfüll- und Exportzentrale ausgebaut wurde. Ein Jahr später wurde die dreieckige Flasche eingeführt, die schon vom Äußeren her die Exklusivität des Glenfiddich Single Pure Malt Whiskys deutlich macht. Anfang der 60er Jahre erbaute das Unternehmen in Girvan die modernste Brennerei Europas. Zwei Jahre später wurde die Ladyburn Distillery erworben, in der Lowland Malt Whisky hergestellt wird. Etwa zur gleichen Zeit etablierte die Firma eine Tochtergesellschaft in den USA. In den 70er Jahren erlebte die Marke Glenfiddich einen regelrechten Boom. Allein von 1969 bis 1971 verdoppelte sich der Absatz. Zehn Jahre später wurde die Rekordziffer von 5,2 Millionen Flaschen erreicht.
Noch heute ist das Unternehmen ein Familienbetrieb, der von den direkten Nachkommen William Grants geleitet wird. Seit 1969 können Touristen die Glenfiddich Distillery besuchen und unter anderem den Maltspeicher besichtigen, den Gründer William und seine sieben Söhne mit eigenen Händen gebaut haben.

**Glühwein**
Glühwein ist erhitzter Wein, der mit Zucker gesüßt und mit Gewürzen aromatisiert wird. Dieses Getränk wird besonders gern in der kalten Jahreszeit getrunken. Bei der Zubereitung achte man darauf, daß der Wein bis zum Siedepunkt erhitzt wird, aber nicht kocht. Die Gewürze werden vor dem Servieren entfernt. Die Gläser müssen feuerfest sein. Weiteres im Rezeptteil.

**Goldwasser**
Siehe Danziger Goldwasser, Seite 132.

**González Byass S.A.**
Spanische Firma, die Südweine und Spirituosen auf den Markt bringt. Der „Tio Pepe“, ein trockener Sherry, ist eines der bekanntesten Produkte dieser Firma.

**Gorbatschow**

Name eines deutschen Wodkas, der von der Arthur Barth KG in Berlin-Charlottenburg hergestellt wird. Der Alkoholgehalt beträgt 40 Volumprozent.

**Gordon's**

Gordon's London Dry Gin ist eine bekannte und beliebte Ginmarke.
Die Gordon's Gin Distillery in der Goswell Road in Finsbury in London wurde im Jahre 1769 von Alexander Gordon gegründet. Finsbury war in jenen Tagen ein bekannter Kurort, der für die Reinheit seines Brunnenwassers berühmt war. Wohlhabende Londoner pflegten nach Finsbury hinauszufahren, um den Gefahren einer Stadt zu entgehen, die in der Furcht vor Erkrankung durch verunreinigtes Wasser lebte. Dies ermutigte den Schotten Alexander Gordon, seine Brennerei hier einzurichten, und es ist nicht uninteressant, daß die Brennerei selbst heute über einer großen unterirdischen Quelle steht.
Um 1800 war Gordon's Gin schon weithin bekannt und eine hochgeschätzte Marke, die viel zur Beliebtheit des Gins in England selbst und später in der ganzen Welt beitrug. Gordon's wurde besonders bei den Offizieren der königlich britischen Kriegsmarine und der britischen Handelsschiffahrt beliebt, und diese Herren waren es, die mehr durch Zufall das Exportgeschäft in die Wege leiteten, indem sie ihre Trinksitten in den Hafenstädten, wo die Schiffe anliefen, bekannt machten. Mit dem Wachstum des britischen Überseereiches dehnte sich der Handel nach fernen Ländern aus, und Aufträge von durstigen Briten in fernen Gegenden begannen in immer größerer Zahl einzugehen. Eine Gruppe von Siedlern in Australien schickte sogar einen Beutel Goldstaub als Vorausbezahlung für eine Sendung Gordon's Gin.
Im Jahre 1898 schloß sich Gordon and Company mit einer anderen Londoner Brennerei, Charles Tanqueray and Company Limited, zusammen, und die neue Firma setzte die Geschäfte unter dem Namen Tanqueray, Gordon and Company Limited fort. Diese organisatorische Veränderung ging natürlich ohne Änderung des Produktes selbst vor sich, es blieb der gleiche Gordon's Gin, wenn auch die Firma verschiedenartige Flaschen zu verwenden begann — eine Flasche mit hellgelbem Etikett für die Kunden außerhalb Englands und Flaschen mit grünweißem Etikett für den Inlandsbedarf.
1934 wurde in Linden, New Jersey, die erste Brennerei der Firma Gordon's außerhalb Englands errichtet. Nach dem Kriege wurde Gordon's die Marke mit dem größten Absatz in Amerika.
Im Jahre 1952 wurde die zweite Brennerei in Übersee in Isando in der Nähe von Johannesburg in Südafrika gebaut, auf die sechs Jahre später in Brasilien

die dritte folgte. Seit damals hat sich Gordon's zugunsten der örtlichen Produktion in einer ständig wachsenden Zahl von anderen Märkten, wie Venezuela, Neuseeland, Argentinien, Mexiko, Kanada, Jamaika, Peru und Spanien, entschieden, wo Importbeschränkungen, hohe Zölle usw. für notwendig gehalten werden, um die einheimische Industrie zu schützen.
Gordon's vertraut jedoch die Produktion des Gins niemandem anders an. Auf diese Weise sichert Gordon's die hohe Qualität des Gins in allen Ländern.
Gordon's London Dry Gin wird von der Charles Hosie GmbH in Hamburg auf den bundesdeutschen Markt gebracht.

**Grand Marnier**
Ein in gelber und roter Farbe in Neauphle-le-Château bei Paris auf Cognacbasis hergestellter, international bekannter Edellikör.
Die Geschichte des Grand Marniers geht auf das Jahr 1827 zurück, als Jean-Baptiste Lapostolle mit seiner Destillerie in Neauphle-le-Château mit der Herstellung des mit den Schalen exotischer Bitterorangen aromatisierten Likörs begann. Sein Sohn und Nachfolger Eugène wurde während des Deutsch-Französischen Krieges 1870/71 zur Untätigkeit verbannt und zog sich nach Cognac zurück. Dort kam ihm der Gedanke, einen Teil dieses Gebietes zu erwerben.
Als nach Beendigung dieses Krieges in Paris das gesellschaftliche Leben wieder begann und das Trinken von Likör Mode wurde, entwickelte Louis Alexandre Marnier-Lapostolle, der Schwiegersohn von Eugène, den Grand Marnier Cordon Rouge.
Den Namen Grand Marnier soll der Edellikör keinem Geringeren als dem großen Hotelier César Ritz verdanken. Als Ritz in den neunziger Jahren des letzten Jahrhunderts das Savoy Hotel in London leitete, bat ihn Louis Alexandre Marnier-Lapostolle um die Ansicht über einen Likör, von dem er ständig eine Probeflasche bei sich trug. Der kleine, untersetzte, jedoch selbstbewußte Marnier-Lapostolle konnte seine Freude kaum verbergen, als Ritz den Likör guthieß. Ritz, der dann um einen Namen für den Likör gebeten wurde, anwortete, halb im Scherz, „Grand Marnier". Marnier-Lapostolle, dem nicht der Gedanke kam, von Ritz zum besten gehalten zu werden, brachte den Likör unter dieser Bezeichnung auf den Markt. Grand Marnier Cordon Rouge, dem später das gelbe Produkt beigefügt wurde, war ein unmittelbarer Erfolg, und Marnier-Lapostolle schwor, immer in der Schuld des Hoteliers zu stehen. César Ritz, der davon träumte, ein Gebäude am Place Vendôme in Paris zu erwerben, um es in das eleganteste Hotel Frankreichs umzuwandeln, jedoch nicht über die notwendigen Mittel verfügte, bekam die fehlende Summe ohne Zögern von Marnier-Lapostolle geliehen.

Der zur Grand-Marnier-Herstellung verwendete Cognac stammt hauptsächlich aus den beiden besten Anbaugebieten, der Grande und der Petite Champagne. Er ruht zunächst in Château de Bourg, mitten im Produktionsgebiet des Cognacs. In Neauphle-le-Château werden die getrockneten Schalen karibischer Bitterorangen zunächst in Alkohol eingeweicht und geben bei ihrer Mazeration und der folgenden Destillation die ganze Fülle ihres Aromas an den Alkohol ab. Im Laufe streng kontrollierter und geheimgehaltener Vorgänge wird dieses Destillat mit Cognac und Zuckersirup vermischt und eine gewisse Zeit in großen Eichenfässern gelagert.
Neben dem roten und gelben Orangenlikör bringt die Firma auch einen Kirschlikör unter der Bezeichnung Cherry Marnier (s. d.) auf den Markt.
Grand Marnier serviert man zimmerwarm im Schwenker oder im Likörglas, oder auch auf Eis. Grand Marnier eignet sich besonders gut zum Mixen feiner Cocktails und ist eine hervorragende Ingredienz in der Küche und Konditorei. Der Alkoholgehalt der beiden Produkte beträgt 40 Volumprozent.

**Grand Old Parr**
Dieser schottische Spezialwhisky wird aus dreißig verschiedenen Whiskys, von denen die jüngste Sorte mindestens zwölf Jahre alt ist, von der MacDonald Greenlees Ltd. Distillers in Edinburgh auf den Markt gebracht. Das Produkt mit besonders hohem Anteil an purem Malt Whisky wird von der J. B. Sturm Markenimport GmbH in Rüdesheim mit 43 Volumprozent Alkoholgehalt auf den bundesdeutschen Markt gebracht.

**Grant's**
Die Geschichte des Gründers der berühmten Whiskymarke „Grant's Standfast" beginnt in dem verborgenen Tal Glenfiddich mit dem Städtchen Dufftown im schottischen Hochland. Hier wurde William Grant am 19. Dezember 1859 als Sohn eines Peninsulaners mit dem Spitznamen „Old Waterloo" geboren. Durch außerordentlichen Fleiß und Sparsamkeit konnte William Grant sich gründliche Fachkenntnisse im Brennereiwesen aneignen und etwas Anfangskapital auf die Seite legen. Als die kleine und noch nicht fertige Cardow-Brennerei plötzlich zum Verkauf angeboten wurde, ergriff William Grant diese Chance, um mit nur 120 Pfund selbständiger Brennereibesitzer zu werden. Bis zum heutigen Tage ist die Firma mit dynamischem Unternehmungsgeist ausschließlich für einen Familienkonzern und nur mit dem reinsten Maltwhisky, dem „Glenfiddich special", ständig gewachsen. Die Weltmarke „Grant's Standfast" mit einem Alkoholgehalt von 43 Volumprozent wird in allen Erdteilen verkauft.

Unter dem Namen „Glenfiddich“ erscheint auf dem Weltmarkt eine gleichfalls hochberühmte Whiskymarke aus dem Haus Grant.

**Grappa**

Aus frischen Weintrestern (Traubenrückständen wie Schalen, Stielen und Kernen, die nach dem Weinkeltern übrigbleiben) wird der Grappa gebrannt. Grappa, der seinen Namen von dem italienischen Wort gràppolo (Traube) hat, gilt auch bei Feinschmeckern keineswegs als Resteverwertung, sondern als vollwertiges Produkt. Man trinkt ihn mit Vorliebe zum Schluß einer Mahlzeit und zu schwarzem Kaffee. Die besten Sorten der wasserklaren Produkte kommen vom Alpenrand, so zum Beispiel der Schweizer Grappa aus dem Tessin, der „Nostranello“ oder der italienische „Grappa del Friuli“ vom Fuß der Friauler Alpen.

**Grenadinesirup**

Ein aus Granatäpfeln hergestellter Sirup, der besonders in Frankreich als Basis für Erfrischungsgetränke Verwendung findet. In der Bar wurde der Himbeersirup durch die schöne rote Farbe des Grenadinesirups stark in den Hintergrund gedrängt.

**Grog**

Eine Mischung von Arrak, Rum, Weinbrand oder Whisky mit heißem Wasser und Zucker. Siehe Rezeptteil Seite 453.

**Halb und Halb**

Nach Originalrezepten des Firmengründers Dr. Carl Mampe im Jahre 1894 wird Halb und Halb unter Verwendung von ausgewählten Kräutern und Früchten von der Mampe AG in Berlin hergestellt. Nicht zu kühl servieren. Der Alkoholgehalt beträgt 38 Volumprozent.

**Half om Half**

Ein holländischer Likör, der aus Curaçao und Orangenbitter besteht. Im Likörglas servieren. Eignet sich auch zum Mixen.

**Haig**

Ein normannischer Ritter, Petrus de Haga, brachte Beschreibungen und Rezepte der arabischen Destillierkunst von Irland nach Schottland. Seine Urenkel nutzten das Wissen und brannten einen starken Haustrunk, der nur für die Familie bestimmt war. Diese Familie der Haigs, nun schon über 900 Jahre auf

Burg Beversyde ansässig, darf sich als Begründer der ältesten Scotchbrennerei der Welt bezeichnen.
Anfang des 17. Jahrhunderts übersiedelten einige Nachfahren des Petrus de Haga nach Thorsk, in der Gegend von St. Ninians. Dieser Bauernhof, die Thorskfarm, wurde die Wiege des großen und berühmten Unternehmens. Robert Haig, der zweite Sohn des 17. Lords of Beversyde, der zwischen 1622 und 1627 die in jener Zeit modernsten Methoden der Destillation in Holland studiert hatte, baute die Farm zu einer leistungsfähigen Whiskybrennerei aus.
Um 1822 genügend Stapelraum für eine Massenproduktion von Blended Scotch zu haben, verbanden sich John Haig Söhne & Co. in diesem Jahr mit David Smith & Co. in Leith als Zweigniederlassung am geeignetsten Ausfuhrhafen. Diese Kombination bestand bis 1892, als man begann, alles nach Markinch zu konzentrieren und die Firma zwei Jahre später in eine Aktiengesellschaft umzuwandeln.
Um genügend Maltwhisky produzieren zu können, wurde 1903 die Glen Cawdor Distillery erworben. 1906 wurden John Haig & Co. Lieferanten des Oberhauses, und von da ab unterhielt die Firma bedeutende Büros in London und Manchester.
Heute werden die Produkte der Firma, der bekannte „Haig Gold Label" und der besonders lange gelagerte Spezialwhisky „Dimple", unter dem Slogan „Don't be vague, ask for Haig" (Zaudere nicht, verlange Haig) in allen Teilen der Erde verkauft.

**Hammer**
Bekannter deutscher Weinbrand.

**Harper**
Eine der bekanntesten Bourbonbrennereien Amerikas, die Firma I. W. Harper, wurde von einem deutschen Emigranten gegründet.
Vor etwa hundert Jahren ging die Firma an den Mitarbeiter I. W. Harper über. Heute ist die Distillery ein Glied des Schenley-Konzerns.
Die bekannten Produkte der Firma sind „Harper's Straight Bourbon Whiskey", der nur aus den besten Rohstoffen hergestellt wird und sechs Jahre in Weißeichenfässern gelagert haben muß, ehe er in Flaschen abgefüllt wird, und „Harper's de Luxe".

**Hefebranntwein**
Dieser wohlschmeckende Branntwein wird durch Destillieren der beim ersten Abstich der Traubenweine in größeren Mengen anfallenden Weinhefe gewonnen. Der Alkoholgehalt beträgt 40–50 Volumprozent.

**Heilwässer**

Es sind natürliche oder künstliche Mineralwässer, die dazu bestimmt sind, Krankheiten zu beseitigen, zu lindern oder zu verhüten. Heilwässer sind Arzneimittel und unterliegen nicht dem Lebensmittelgesetz, sondern dem Arzneimittelgesetz. Die Mineral- und Tafelwasser-Verordnung vom 1. August 1984 gilt nicht für Heilwässer.

**Hennessy**

Eine der bekanntesten Cognacmarken, die in verschiedenen Qualitätsabfüllungen von der Sektkellerei Henkell & Co in Wiesbaden für die Bundesrepublik Deutschland importiert werden.
Die Firma Jas. Hennessy & Co. wurde im Jahre 1765 von dem aus Irland stammenden Richard Hennessy gegründet. Richard Hennessy, drittältester Sohn des Gutsherren von Ballmacmoy in der irischen Grafschaft Cork, kämpfte im Stuartkrieg in der irischen Brigade der Franzosen. Nachdem er verwundet worden war, verbrachte er einen Teil seiner Genesung in Cognac. Er lernte den gebrannten Wein der Charente schätzen, und nach immer größeren Nachfragen seiner Freunde und Bekannten in Irland, denen er Cognac zukommen ließ, beschloß er, in Cognac ein eigenes Unternehmen zu gründen. Sein Sohn James verwandelte das Familienunternehmen später in eine Aktiengesellschaft. Maurice Hennessy, ein Nachkomme des Gründers der heute weltberühmten Firma, hatte zum erstenmal den Gedanken, einen besonderen Cognac mit 3 Sternen auszuzeichnen. Der Hennessy-Cognac war demnach der erste 3-Sterne-Cognac der Welt.
Die folgenden Produkte des Hauses Hennessy werden von Henkell & Co vertrieben:
„Hennessy*** (Dreistern), „V.S.O.P.“, „Bras d’Or“, „X.O.“, „Extra“ und „Hennessy Paradis“, eine im Frühjahr 1980 in Cognac nach einer langen und sorgfältigen Pflege kreierte Komposition bester Cognacs aus den vornehmsten Lagen der Charente. Seinen Namen verdankt dieser Cognac den Lagern der Firma, in die nur solche Weinbrände Eingang finden, die ein Mindestalter von 50 Jahren aufweisen und hier ein Alter von 150 Jahren erreichen können. Der Cognac „Paradis“ ist ein seltenes Produkt, das es immer nur in kleinen Mengen geben wird. Naturgemäß lassen ihn sein hohes Alter und die besondere Sorgfalt, mit der er hergestellt wird, zu einem teueren Produkt werden.

**Highlander's Bagpiper**
Schottische Whiskymarke, die mit 42 Volumprozent Alkoholgehalt in den Handel kommt.

**Highland Queen**
Dieser Scotch Whisky wird von den Macdonald & Wuir Distillers in Leith hergestellt. Der Alkoholgehalt beträgt 43 Volumprozent.

**Himbeergeist**
Bei der Herstellung von Himbeergeist werden die Himbeeren nicht vergoren, sondern roh mit Alkohol überzogen und destilliert. Fuselöle können sich somit nicht einschleichen, und es ist nicht nötig, zwei Brenngänge hintereinander zu schalten. Der Alkoholgehalt muß bei Himbeergeist mindestens 40 Volumprozent betragen, liegt aber meistens noch höher. Verschnitte von Himbeergeist mit fremden Spirituosen sind zwar zulässig, dürfen aber weder Geist genannt werden noch einen Hinweis auf die Himbeeren enthalten.

**Himbeersirup**
Saft von Himbeeren, stark gezuckert, aber oft künstlich nachgefärbt, findet in der Bar zum Mixen und zum Zubereiten von Limonaden sehr viel Verwendung.

**Hine**
Bekannte Cognacmarke.

**Hiram Walker**
Die bekannte, im Jahre 1858 gegründete Spirituosenbrennerei Hiram Walker & Sons Inc. bringt in London einen „London Dry Gin", in Walkerville in Kanada den berühmten „Canadian Club" und in Peoria, im amerikanischen Bundesstaat Illinois, den acht Jahre gelagerten „De Luxe Straight Bourbon Whiskey" auf den Markt.

**Holger Danske**
Name eines dänischen Aquavits, der in zwei Qualitäten, Holger Danske und Holger Danske Luxus, unter Verwendung von Destillaten, die vornehmlich mit Dill aromatisiert sind, von der Firma Carl Hertzberg auf den bundesdeutschen Markt gebracht wird. Der mit dem Zusatz „Luxus" versehene Aquavit verdankt seine hellgoldene Farbe ausgedienten Madeirafässern, in denen er gelagert wird, bevor er in den Handel kommt.

Der Name Holger Danske stammt aus der dänischen Sagenwelt. Holger Danske war ein Volksheld, der, zu Stein erstarrt, im Hamletschloß Kronborg am Öresund auf seine Befreiung wartet.

**Honigliköre**
Unter den Namen Honiglikör, Bärenfang, Petzfang und ähnlichen Bezeichnungen wird nur ein Likör in den Verkehr gebracht, zu dessen Herstellung mindestens 25 kg Bienenhonig auf 100 Liter fertigen Likör verwendet worden sind. Zusätze, die geeignet sind, einen höheren Gehalt an Honig vorzutäuschen, sind nicht erlaubt. Bevorzugt werden Lindenblüten- und Akazienhonig; Tannenhonig ist zu harzhaltig, Heidehonig könnte zu Trübungen führen.
Färbung und Zuckerkulör ist erlaubt. Der Alkoholgehalt muß mindestens 35 Volumprozent betragen. Honigliköre werden zimmerwarm getrunken.

**House of Lords**
Ein durch längere Faßlagerung gelblich getönter Gin, der von der Fa. Booth in der Red Lion Distillery in London hergestellt wird. Wegen seines feinen Aromas wird „House of Lords" von Ginliebhabern geschätzt.
Alkoholgehalt 43 Volumprozent.

**Hulstkamp**
Die holländische Firma Hulstkamp & Zoon & Moijin, die ihren Sitz in Rotterdam hat, bringt eine Anzahl ausgezeichneter Liköre und den „Oude Schiedamer Genever" auf den Markt. Außerdem stellt sie einen Steinhäger mit 42 Volumprozent Alkoholgehalt her.

**Indian Quinine Water**
Als Tonic Water bekanntes, mit Kohlensäure angereichertes, bittersüßes, alkoholfreies Getränk.

**Ingwerlikör**
Ein aus Ingwermazerat und Ingwerdestillat hergestellter, brennend-aromatischer Likör, der bei uns weniger beliebt ist.

**Irish Mist**
Dieser beliebte irische Likör, der, auf Tullamore Dew Whiskey basierend, mit pflanzlichen Extrakten aromatisiert und mit Heidehonig gesüßt, von der Irish Mist Liqueur Co. Ltd. in Tullamore hergestellt wird, soll seinen Ursprung einem jahrhundertealten Rezept für Heidehonigwein verdanken.

Das Rezept für den ursprünglichen, mit Whiskey angereicherten Heidehonigwein soll, so wird in alten Schriften bestätigt, als Familiengeheimnis vom Vater auf den Sohn vererbt worden sein. Die Familie Williams, Besitzer der Tullamore Dew Distillery, wollte nach vielen Jahren intensiver, doch vergeblicher Forschung das auf mysteriöse Art verschollene Originalrezept wiederentdekken und vermutete, daß es irgendwo auf dem europäischen Kontinent, durch Auswanderer, Flüchtlinge oder gar Legionäre schon im 17. oder 18. Jahrhundert von der Grünen Insel dorthin mitgebracht, zu finden sei. Doch in welchem Land das Rezept sich befinden konnte, blieb den Williams ein genausogroßes Rätsel wie das Rezept selber. Schließlich, im Jahre 1948, als alle Hoffnung, das Rezept jemals auftreiben zu können, aufgegeben wurde, brachte ein Flüchtling des zweiten Weltkrieges ein Rezept aus Österreich nach Tullamore, das seinen irischen Ursprung nicht verleugnen konnte. Dieses Rezept, das auf Whiskey, Heidehonig und Pflanzenextrakten basiert, befand sich seit vielen Generationen im Besitz der österreichischen Familie. Nach intensiven Untersuchungen wurde das Rezept schließlich als das, was alles vorher Versuchte weitgehend überragte, gepriesen, und für die Familie Williams bestand kein Zweifel mehr, daß es sich um das originale Heidehonigweinrezept handelte.
Der umgehend kommerziell hergestellte Likör, als Irish Mist (Mist bedeutet Nebel) bezeichnet, war ein sofortiger Erfolg. Schon nach wenigen Jahren wurde der Likör in 60 Ländern verkauft, und 1979 wurde die Stellenbosch Farmers' Wineries in Südafrika beauftragt, den Likör unter Lizenz für das südliche Afrika herzustellen. Diese Lizenz wurde 1983 jedoch zurückgezogen, denn die Qualität des im Ausland hergestellten Likörs entsprach nicht den hohen Anforderungen des irischen Produzenten.
Irish Mist wird besonders nach dem Essen pur oder auf Eis geschätzt. Er eignet sich ebenfalls vorzüglich zum Mixen feiner Cocktails.

**Italienischer Vermouth**
Der echte italienische Vermouth wird hauptsächlich in Oberitalien im Gebiet von Turin aus der Muscato-d'Asti-Traube gewonnen. Die Trauben werden nicht gemahlen, sondern nur gepreßt. Danach erhält der Wein Zusätze von Südwein sowie Kräuterauszügen, die im Betrieb selbst gewonnen werden. In Italien ist die Herstellung von Vermouth seit 1933 gesetzlich geregelt. In anderen Ländern erfolgt die Herstellung von „italienischem Vermouth" teilweise von den Stammhäusern selbst, teilweise in Lizenz nach erprobten Rezepten.
Die italienischen Vermouths haben einen Alkoholgehalt von 15,5 bis 18 Volumprozent. Sie werden kalt im Südweinglas serviert.

Bekannte Marken sind: Carpano, Cinzano, Gancia, Martini, Mirafiore und Riccadonna.

**Izarra**

Französischer Likör, der von Joseph Grattau, dem Gründer der Distillerie de la Côte Basque, im Jahre 1835 auf der Grundlage eines Pflanzenkonzentrats kreiert wurde. Kräuter und Pflanzen aus den Pyrenäen werden in Armagnac ausgelaugt, und das Gemisch wird dann destilliert, bevor es mit Honig aus der Umgebung gesüßt und mit zusätzlichem Armagnac angereichert wird. Nach einer Ruhezeit von 24 Stunden wird der Likör filtriert und in Eichenfässer abgefüllt, damit sich die Aromastoffe voll entwickeln können und die harmonische Abrundung der Bestandteile gewährleistet wird.
Izarra, der Name stammt aus dem Baskischen und bedeutet Stern, kommt nach längerer Lagerung in üblichen Flaschen sowie formschönen Krügen in den Handel.
Heute gibt es zwei Arten dieses Likörs mit verschiedenem Alkoholgehalt: Izarra grün mit 54 Volumprozent und Izarra gelb mit 43 Volumprozent.
Man serviert Izarra kühl, vorzugsweise in der großen Schwenkschale.

**J & B**

Dieser bekannte und beliebte Whisky wird von der Firma Justerini & Brooks Ltd., mit Hauptsitz in der St. James Street in London, auf den Markt gebracht. Die Geschichte der Firma geht auf das Jahr 1749 zurück, als ein Italiener namens Giacomo Justerini von Bologna nach London kam, um die schöne italienische Opernsängerin Margharita Bellindo zu heiraten. Als aus der Heirat jedoch nichts wurde, gründete er in Partnerschaft mit George Johnson einen Wein- und Spirituosenhandel. Justerini hatte wenig Geld, doch die Rezepte, die er aus einem Handbuch seines Onkels, eines Weinbrenners, kopiert hatte, sollten ihm von Nutzen sein. Wirklicher Erfolg war den Partnern doch allerdings erst dann sicher, als sie neben den selbstgebrannten „starken Wässern" eingeführte Weine zum Verkauf anboten.
1860 wurde die Firma zum Hoflieferanten des englischen Königshauses ernannt, ein Privileg, das dem Unternehmen 7 weitere Male zugestanden wurde. Im Jahre 1831 wurde die Firma an Alfred Brooks verkauft, und seitdem ist sie als Justerini & Brooks oder kurz J & B bekannt.
Obwohl seit 1779 mit Whisky gehandelt wurde, war die Firma J & B für die nächsten 100 Jahre hauptsächlich als Weinimporteur bekannt. Erst als die Pro-

hibition in Amerika aufgehoben wurde, begann die Firma, den Handel mit Whisky in den Vereinigten Staaten aufzubauen. Es sollte jedoch bis Anfang der 50er Jahre des 19. Jahrhunderts dauern, bis die Paddington Corporation, die Agentur in Amerika, den gewaltigen amerikanischen Markt erobern konnte.
1952 wurden in den Vereinigten Staaten etwa 120 000 Flaschen „J & B Rare" verkauft; 10 Jahre später war die Zahl auf 12 Millionen gestiegen, und 1968 überquerten 24 Millionen Flaschen den Atlantischen Ozean. Heute ist „J & B Rare" nicht nur der meistverkaufte schottische Whisky auf dem größten Whiskymarkt der Erde, sondern auch die meistverkaufte Spirituose überhaupt. Doch nicht nur in den USA ist der leichte und besondere helle Whisky beliebt; die grünen Flaschen mit den charakteristischen roten Buchstaben auf dem gelben Etikett werden in 150 Ländern verkauft.
Außer „J & B Rare" produziert die Justerini & Brooks Ltd. einen Malt Whisky in der eigenen Brennerei, der Knockando Distillery in Glenlivet in Schottland, der unter dem Namen Knockando auf den Markt kommt.

**Jack Daniel's**
Beliebter amerikanischer „Sour-Mash"-Whiskey, der seinen Namen dem Gründer der 1866 errichteten Jack Daniel's Distillery in Lynchburg, mitten in den waldreichen Cumberland-Bergen im Bundesstaat Tennessee, zu verdanken hat. Jack Daniel erfand, erst 13 Jahre alt, das Mild- und Zartmachen eines Whiskeys durch Holzkohlenfilterung und war bereits mit 15 Jahren Geschäftspartner in Amerikas erster registrierter Whiskeydistillery.
Heute wie damals wird Jack Daniel's nach dem gleichen Rezept hergestellt: Mais, Roggen und Gerstenmalz werden mit frischem Quellwasser, aus einer eisenfreien Quelle, die 600 l kristallklares Wasser pro Minute aus einer Kalksteinhöhle sprudeln läßt, zu Maische verkocht, mit Hefe vergoren und destilliert. Dann läßt man das Destillat in hohen Bottichen, die mit feingemahlener Holzkohle einer besonders harten Ahornart, die nur auf den Hügeln rund um Lynchburg wächst, gefüllt sind, 10 Tage lang durchsickern. Das Ergebnis ist ein besonders weiches und feines Whiskeydestillat, welches während seiner fünfjährigen Lagerzeit in kleinen 200-l-Fässern aus dem Holz der Weißeiche seinen satten Goldton und seinen kräftig-würzigen Geschmack erhält.
Nur 12 Millionen Flaschen pro Jahr können in diesem zeitraubenden und kostspieligen Verfahren, das man jedoch keinesfalls zugunsten größerer Quantität aufgeben will, hergestellt werden.
Jack Daniel's wird mit einem Alkoholgehalt von 45 Volumprozent in Vierkantflaschen von der J. B. Sturm Markenimport GmbH in Rüdesheim am Rhein für die Bundesrepublik Deutschland importiert.

**Jamaika-Rum**

Rum aus Jamaika gehört zu den berühmtesten Rumsorten der Welt. Früher wurde er hauptsächlich in den kleinen Brennereinebenbetrieben der Zuckerrohrplantagen destilliert; heute liegt das Schwergewicht bei einigen Dutzend Großbrennereien mit modernsten Einrichtungen. Jamaika-Rum ist meistens dunkel, besonders schwer, körperreich und von ausgeprägtem Aroma. Bei Versuchen hat man festgestellt, daß sein charakteristisches Aroma noch bei einer Vermischung von 1 ccm Originalrum mit 100 Liter Wasser deutlich feststellbar ist. Er eignet sich deshalb besonders gut für Verschnittzwecke.

**Jim Beam**

Jim Beam „Sour-Mash"-Whiskey wird vier Jahre gelagert, bevor er von der im Jahre 1795 gegründeten Jim Beam Distilling Co. in Kentucky in den Handel gebracht wird. Der Alkoholgehalt beträgt 43 Volumprozent.

**Johnnie Walker**

Die Geschichte der Firma John Walker & Sons Ltd., die die bekannten Whiskys „Johnnie Walker Red Label" und „Johnnie Walker Black Label" aus 40 verschiedenen Whiskys, die sich durch die Feinheit der zahlreichen Highlandmalts auszeichnen, herstellt, reicht bis 1820 zurück. In Cardow stellt die Firma John Walker einen ausgezeichneten „blended" Malzwhisky her. Aber auch ein reiner Malzwhisky wird dort unter dem original gälischen Namen Cardhu — was schwarzer Fels bedeutet — hergestellt.

Bei aller Wahrung verpflichtender Tradition ist man im Hause Walker dennoch für die hochentwickelten wissenschaftlichen Kenntnisse aufgeschlossen. 2 Millionen der bekannten Vierkantflaschen können pro Woche abgefüllt und, versehen mit rund 1000 Variationen des Johnnie-Walker-Etiketts, in alle Sprachen übersetzt, versandt werden. In dem Stammwerk in Kilmarnock sind etwa 2000 Mitarbeiter beschäftigt.

**Känguruhlikör**

Ein fruchtig-goldgelber Likör mit feiner Trübung, den die Firma Anton Riemerschmid in München aus der tropischen Maracujafrucht herstellt. Die Maracujapflanze trägt oft am selben Zweig gleichzeitig Blüten und dunkelviolette Früchte. Die Fruchtschale ist dick, spröde und ohne Geschmack, aber am Fruchtfleisch und am Saft hat die exotische Natur ihren ganzen Reichtum an Genüssen verschwendet. Känguruhlikör wird in der flachen Likörschale serviert. Er eignet sich ausgezeichnet zum Mixen feiner Cocktails. Der Alkoholgehalt beträgt 25 Volumprozent.

**Kaffeelikör**

Kaffee- oder auch Mokkalikör kann sowohl aus frisch geröstetem und gemahlenem Kaffee als auch aus Pulverkaffee hergestellt werden. Bei der Herstellung hat man die Wahl zwischen einem heißen und einem kalten Verfahren:
Mazeration = kalte Einweichung des gemahlenen Kaffees in Alkohol und Wasser.
Destillation = Verdampfung und anschließende Kühlung und Kondensation des vorher in Wasser/Alkohol eingeweichten Kaffees.
Kombination beider Verfahren = Die eine Partie wird kalt, die andere heiß behandelt.
Die gewonnene konzentrierte Lösung wird in genau festgelegter Dosierung mit Zucker oder Zuckerlösung und feinem Alkohol gemischt. Das Fertigprodukt muß laut Vorschrift in 100 ccm mindestens 22 g Kaffee-Extraktstoffe enthalten. Geschmacksverbessernde Zusätze, wie Vanille, Zimt, Muskat, Kirschwasser und Weindestillat, sind üblich, dringen aber gegenüber dem kräftigen Kaffeearoma nicht durch. Der Alkoholgehalt liegt bei mindestens 25 Volumprozent.
Man trinkt Kaffeelikör am besten gekühlt, und zwar aus einer flachen Likörschale. Man kann ihn pur trinken, so wie er aus der Flasche kommt, oder mit einem Wölkchen Sahne. Die Sahne sollte man nicht umrühren, sondern wie bei einem Pousse-Café im Kaffeelikör schweben lassen.

**Kahlúa**

Mexikanischer Kaffeelikör, den die Firma Peter F. Heering in Kopenhagen in Lizenz der Kahlúa SA Mexico City mit 26,5 Volumprozent Alkoholgehalt in den Handel bringt.

**Kakaolikör**

Hergestellt wird dieser Likör aus mazeriertem und destilliertem Kakaobohnenschrot oder aus Kakaopulver. Häufig wird Kirschwasser hinzugesetzt, denn das feine Bittermandelaroma verträgt sich ausgezeichnet mit dem Geschmack des Kakaos.
Der Kakao-Destillatlikör ist weiß oder leicht gelblich, der Kakao-Auszugslikör dagegen braun. Es gibt eine ganze Reihe von Likören, die auf der Basis von Kakao hergestellt werden. Zum Beispiel: Kakao-Kaffee, Kakao-Zitrone, Pfefferminz-Kakao oder Kakao mit Nuß.
Kakao mit Nuß, der bekannteste unter den Kakaolikören, hat eine weiße Farbe, wenn er aus den Destillaten von Kakao und Haselnüssen hergestellt wurde, oder eine dunkelbraune Farbe, wenn er aus Kakao- und Haselnußauszügen verarbeitet wurde.

**Kartoffelschnaps**

Kartoffelschnaps wurde erstmals um 1700 als „Erdtrüffelbranntwein“ in Schwaben bekannt. Es dauerte allerdings noch über hundert Jahre, bis die Herstellung von Kartoffelschnaps größeren Umfang annahm, und bis zur Mitte des letzten Jahrhunderts, bis sie die Kornbrennerei in weiten Teilen Deutschlands fast vollständig verdrängte.

Inzwischen ist Kartoffelschnaps aufgrund finanzieller und produktionstechnischer Erwägungen wieder in den Hintergrund gerückt.

Zur Herstellung von Kartoffelschnaps werden die gereinigten Kartoffeln gedämpft, zerquetscht und in Vormaischbottichen mit zerdrücktem Grünmalz oder Enzymen verzuckert. Nach dreitägiger Gärung erfolgt die Destillation.

Die Münchener Firma Anton Riemerschmid bringt einen Kartoffelschnaps in 0,7-l-Flaschen mit 40 Volumprozent Alkoholgehalt auf den Markt. Dieses als „Erster Altbayerischer Kartoffelschnaps“ bezeichnete Destillat ist würzig-herb und hat eine deutliche Kartoffelnote. Es wird kalt serviert.

**Keuck**

„Keuck Turkisch Mokka-Likör“, eine Spezialität, die sich auch zum Mixen verwenden läßt, wird von der im Jahre 1895 in Braunschweig gegründeten Firma Hermann Keuck & Söhne mit 33 Volumprozent Alkoholgehalt auf den Markt gebracht.

**King George IV**

Schottischer Whisky, der von der Distillers Agency Ltd. in South Queensferry mit 43 Volumprozent Alkoholgehalt in den Handel gebracht wird.

**King's Ransom**

Ein schottischer Whisky, den die Firma William Whiteley & Co. in Leith mit 43 Volumprozent Alkoholgehalt in den Handel bringt.

**Kir**

Ein aus trockenem französischem Weißwein und schwarzem Johannisbeerlikör hergestelltes Getränk, welches von Puschkin International, der Berliner Tochtergesellschaft der Firma H. C. König, Steinhagen, in der Getränkeserie „Mr. Drink“ auf den Markt gebracht wird.

Kir ist nach dem Domherrn und Bürgermeister von Dijon benannt. Monsieur Félix Kir (1876-1968) liebte es, herbe Weißweine Burgunds mit Crème de Cassis, süßem Johannisbeerlikör, zu mischen. Dieses „französische Schorle“ entwickelte sich zunächst als Spezialität der Stadt Dijon, und erst nach dem Tode von

Kir wurde das erfrischende, herbsüßliche Getränk auch über die Grenzen Frankreichs hinaus bekannt.
Der in der Bundesrepublik Deutschland hergestellte Kir hat einen Alkoholgehalt von 13 Volumprozent und findet wie in Frankreich meist als Aperitif Verwendung.

**Kirschwasser**
Schwarzwälder Kirschwasser — diese Bezeichnung ist geschützt — wird von Fachleuten als bester deutscher Edelbranntwein bezeichnet. Da die von den Brennereien bevorzugten Wildkirschenarten (Vogelkirsche, Haferkirsche), die auf dem Granit- und porphyrhaltigen Boden in den höheren Lagen des Schwarzwaldes wachsen, zur Deckung des Brennereibedarfs nicht ausreichen, werden die schwarzen Früchte von angebauten Kirschenplantagen verwendet. Besonders hervorragende Qualität liefern die alten Kirschbäume des Renchtals in Mittelbaden. Neben den etwa 20 000 Obstbrennern, die im Bereich der Oberfinanzdirektion Freiburg vornehmlich für den eigenen Gebrauch brennen, gibt es einige große Firmen (Grundbacher, Kammer, Schladerer), die ihre in alle Teile der Erde exportierten Produkte mit modernsten Destilliergeräten, die im Prinzip den Einrichtungen der Weinbrennereien gleichen, herstellen.
Die reifen Kirschen werden entstielt, zerquetscht und mit etwa einem Drittel der Steine in den Gärbottich eingestampft. Die Gärung erfolgt durch die den Früchten anhaftenden wilden Hefen. In etwa 8 Wochen kann die Maische gebrannt werden. Aus 50 kg Kirschen werden 6 bis 10 Liter Alkohol mit etwa 50 Volumprozent gewonnen. Aus 10 bis 17 Liter Früchten wird 1 Liter Kirschwasser hergestellt. Das Kirschwasser kommt wasserhell, so wie es verkauft wird, aus dem Kühler. Für die zur Reife und Bukettbildung notwendige Lagerung werden Gefäße aus Steingut oder Eschenholzfässer, die kaum Farbstoff abgeben, verwendet. Das charakteristische Bittermandelaroma ist auf Bittermandelöl zurückzuführen, das sich aus dem im Kirschkern enthaltenen Amygdalin bildet. Die bei diesem chemischen Prozeß entstehende Blausäure ist im Kirschwasser in so winzigen Mengen enthalten, daß eine Gesundheitsschädigung unmöglich ist.
In der Schweiz wird ebenfalls Kirschwasser von hervorragender Qualität hergestellt. Folgende Kantone liefern die Kirschen: Basel-Land, Luzern, Schwyz, Waadt und Zug. Die Destillation erfolgt zum Teil noch nach uralten Methoden, nämlich in kleinen Brennhafen. Diese Produkte kommen oft als Häflibrand in den Handel. Heute werden die Kirschensteine von den Schweizer Brennern nicht mehr der Maische beigegeben. Man will dadurch erreichen, daß Kirsch-

wasser, dessen Qualität nicht nur von der Güte der Kirschen abhängt, sondern ebensosehr vom Können des Brenners, möglichst frei von unerwünschten Bukettstoffen ist. Getrunken wird Kirschwasser aus echten Schwarzwälder Kirschwasserstamperln oder auch aus Schwenkschalen. Kenner trinken Kirschwasser nicht zu kalt, damit das herrliche Bukett voll und ganz zur Geltung kommt.

**Koffeinhaltige Erfrischungsgetränke**
Die koffeinhaltigen Erfrischungsgetränke stellen nach der Verordnung vom 24. Juni 1938 eine Untergruppe der Gruppe Limonade dar. Dazu zählt man Erzeugnisse wie „Coca-Cola", „Pepsi-Cola", „Sinalco-Cola", „Afri-Cola" und andere.

**Korn**
Die erste urkundliche Erwähnung, daß aus Getreide Alkohol gebrannt wurde, stammt aus dem Jahre 1507 und kommt aus Nordhausen.
Korn ist ein typisches deutsches Erzeugnis und neben dem Weinbrand die in Deutschland meistgetrunkene Spirituose. Das Branntweinmonopolgesetz aus dem Jahre 1922 garantiert die absolute Reinheit dieser Spirituose. Nach diesem Gesetz darf eine Spirituose, die den Namen Korn trägt, ausschließlich aus Weizen, Buchweizen, Roggen, Gerste oder Hafer gebrannt sein, während ein „Klarer" aus Kartoffeln, Mais und Hirse produziert werden kann.
Man unterscheidet den einfachen Korn mit mindestens 32 Volumprozent Alkohol und den Doppelkorn, auch Edelkorn oder Kornbrannt genannt, mit 38 Volumprozent Alkohol.
Steht die Bezeichnung „Alt" oder „Alter . . ." auf dem Etikett, wurde das Produkt mindestens sechs Monate gelagert. Das verwendete Getreide sowie auch die spezielle Mischung der verschiedenen Sorten gibt dem Schnaps die charakteristische Geschmacksnote. Weizen ergibt einen milden Korn und Roggen dagegen einen kräftigen, würzigen.
Geringfügige Geschmackszugaben aus Pflanzen, Gewürzen oder Wacholderbeeren geben Korn einen eigenen, von den jeweiligen Herstellern bestimmten Geschmack.

**Kosaken-Kaffee**
Die Geschichte des Kosaken-Kaffees, einer Mokkalikörsorte, die heute bei uns am meisten von allen Mokkalikören getrunken wird, begann vor dem zweiten Weltkrieg in Wiartel, einem idyllischen Ort in den Masuren/Ostpreußen, der sich zwischen den unzähligen Seen und dunklen Wäldern versteckte und der im Winter von der übrigen Welt fast abgeschnitten war.

Heinrich Krisch, ein Gastwirt in Wiartel, begann an den langen Winterabenden mit Kaffee und Alkohol zu destillieren, um für seine Gäste ein besonderes Getränk zu erfinden, das die Lebensgeister wieder aufmunterte.
Der Erfolg zeigte sich bald. Als die kleine Destillerie erst einmal in Gang war, betrug die Tagesleistung gleich im ersten Jahr 500 Liter. Für damalige Verhältnisse wirklich enorm. Nach dem zweiten Weltkrieg wurde Krischs „Kosaken-Kaffee" zunächst in Berlin hergestellt, dann fand er in Preetz/Holstein eine neue Heimat.
Kosaken-Kaffee, der einen Alkoholgehalt von 35 Volumprozent hat, wird kühl in einer flachen Likörschale serviert. Er eignet sich ausgezeichnet zum Mixen.

**Kräuterweine**
Die aus Wein unter Verwendung von würzigen Stoffen hergestellten Getränke werden als Kräuterweine bezeichnet. In einem Liter dürfen jedoch nicht mehr als insgesamt höchstens 140 g Alkohol und mindestens 750 ml Wein enthalten sein. Wermutweine, Punsche, Bowlen, Glühweine, Arzneiweine und dergleichen gehören nicht zu den Kräuterweinen.

**Krambambuli**
Danziger Gewürzlikör, der heute nur noch selten zu bekommen ist. Krambambuli wird unter anderem aus Zitrusschalendestillaten, römischen Kamillen, Pfirsichkernen, Wacholderbeeren, Piment, Wermutkraut und Veilchenwurzel hergestellt. Seine Farbe verdankt er einer kräftigen Heidelbeertinktur. Der Name ist eine Verballhornung von Kranatbaum, wie der Wacholder in Danzig heißt.

**Kranawitter**
Ein aus Tirol stammender Wacholderbranntwein. In Österreich wird die Wacholderbeere auch Kranabeere genannt.

**Kristallikör**
Der Kristallikör ist eine Spezialität, die Zuckerkristalle ausscheidet. Heute sind Flaschen mit auskristallisiertem Zucker an der Innenwand nur selten zu sehen.

**Kuba-Rum**
Kuba-Rum ist im Gegensatz zu Jamaika-Rum trockener, hat weniger Körper und schmeckt etwas herb. Früher wurde der Kuba-Rum von den amerikanischen Verbrauchern bevorzugt. Heute wird jedoch, wahrscheinlich aus politischen Gründen, auf Neu-England-Rum, eine in den USA aus westindischer Melasse gebrannte Rumsorte, zurückgegriffen.

**Kümmel**
Ein Getreidelikör, der einen sehr starken Kümmelgeruch und -geschmack hat. Zum Mixen eignet sich Kümmel weniger. Eiskalt servieren!

**Kvo Tsje U**
Chinesischer Sammelbegriff für Obstbrände, die auf dem Diastaseweg vergoren und destilliert werden.

**Labarthe**
Armagnacmarke, den die gleichnamige Firma mit 43 Volumprozent Alkoholgehalt in den Handel bringt.

**Lakka**
Finnischer Multebeerenlikör, auch Summuurain-Likör genannt, der aus den großen gelben Multebeeren (nordische Sumpfbrombeere) gewonnen wird. Der orangenfarbene Likör kommt mit 28 Volumprozent Alkoholgehalt in den Handel.

**Lamplighter**
Ein reiner, kristallklarer englischer Gin mit der ganzen Würze und dem Duft des Hochlandwacholders. Die Lamplighter-Destillerie liegt im Londoner Stadtbezirk Clerkenwell, dessen Wasser sich besonders für die Ginherstellung eignet.

**Larell**
Larell ist ein auf biologisch gesäuertem Milchserum aufgebautes Erfrischungsgetränk für Diabetiker und empfehlenswert für alle, die für ihr Wohlbefinden eine kalorienarme Kost bevorzugen. Es enthält in natürlicher Zusammenfassung folgende physiologisch wertvolle Wirkstoffe: Milchzucker, Milchsalze und Milchsäure. Reinste Extrakte aus Alpenkräutern und Früchten geben Larell die typische Geschmacksnote.
Larell wirkt vielseitig regulierend auf den Organismus. Als Erfrischung oder zu den Mahlzeiten immer kühl servieren.
Larell, in 0,7-Liter-Familienflaschen oder in der 0,25-Liter-Flasche erhältlich, wird von der Larell Getränke GmbH in Durmersheim hergestellt.

**Lejay-Lagoute**
Diese Firma bringt in Dijon in Frankreich ausgezeichnete Cassis- und Prunelleliköre auf den Markt.

**Lemon-Gin**
Mit Zitronenessenz aromatisierter Gin.

**Lemon Hart**

Die im Jahre 1804 gegründete englische Firma Lemon Hart & Son Ltd. bringt unter der Bezeichnung Lemon Hart einen Jamaika-Rum auf den Markt, der einen Alkoholgehalt von 73 Volumprozent hat.

**Liköre**

Liköre sind Spirituosen mit Zusatz von Zucker und aromatischen Stoffen, Pflanzen- und Fruchtauszügen und/oder Destillation, Fruchtsäften und/oder ätherischen Ölen.
Die Likörherstellung war bereits im 14. Jahrhundert in Italien bekannt. Mit Rosenblättern und Rosenblüten wurden die allerersten Liköre parfümiert. In Italien nannte man sie Rosolio (Rosenöl). Noch heute wird das Likörservice in Italien als Rosoliera bezeichnet. Zum Süßen wurde Honig verwendet, und die Alchimisten kamen auf der Suche nach dem ewiges Leben versprechenden Elixier auf sonderbare Ideen. So wurde zum Beispiel Gold aufgelöst und mit Branntwein vermischt. Später führte diese Mischung zu dem bekannten „Danziger Goldwasser". Schon 1332 wurden die süßen Getränke, die man in Italien als Liquori (Flüssigkeiten) bezeichnete, in Paris eingeführt. Unter Ludwig XIV. wurde der Verbrauch von Likören in Frankreich verbreitet. Besonders die Klostermönche beschäftigten sich im Mittelalter mit der Likörfabrikation. Die noch heute gebräuchlichen Bezeichnungen „Klosterlikör", „Benediktinerlikör", „Karthäuserlikör", „Abteilikör" usw. gehen auf diese Zeit zurück.

Die moderne Herstellung der Liköre zerfällt in:
1. Grundlikör,
2. Aromatisierung.

Unter Grundlikör verstehen wir eine Mischung von Alkohol und Zucker. Die Aromatisierung erfolgt durch ätherische Öle und Tinkturen. Ätherische Öle, die dem Likör den besonderen Geruch und Geschmack verleihen, sind flüchtige Stoffe, die durch Destillation mit Wasser gewonnen werden aus:

Samen von Anis, Dill, Fenchel, Senf;
Wurzeln von Baldrian, Kalmus, Ingwer, Veilchen;
Blättern von Baldrian, Thymian;
Kräutern von Iva, Tausendgüldenkraut;
Blüten von Kamille, Lavendel, Linde, Nelken, Rosen;
Rinden von Angostura, Zimt;
Fruchtschalen von Apfelsinen, Pomeranzen, Zitronen.

Tinkturen sind Bitterstoffe, die in Wurzeln, Kräutern und Schalen enthalten sind und durch alkoholische Auszüge dieser Pflanzenteile gewonnen werden. Durch Destillation können die Bitterstoffe, die die Verdauungsorgane anregen, nicht gewonnen werden, da sie nicht flüchtig sind. Werden Tinkturen verschiedener Pflanzenteile gemischt, so entsteht eine Essenz.
Die Herstellung kann auf kaltem und warmem Wege erfolgen. Bei der Herstellung auf kaltem Wege wird der Grundlikör mit ätherischen Ölen und Tinkturen gemischt. Für Edelliköre wird die Herstellung auf warmem Wege angewandt. Hier werden die zerkleinerten Pflanzenteile mit Weingeist übergossen, und die Geschmacksstoffe werden ausgelaugt.
Laut Gesetz müssen Liköre mindestens 22 g Extraktstoffe in 100 ml enthalten und mindestens einen Alkoholgehalt von 30 Volumprozent haben.

**Likörarten**

1. Fruchtsaftlikör
Fruchtsaftliköre sind Spirituosen, in denen der Saft derjenigen Fruchtarten als wesentlicher geschmacksbestimmender Bestandteil enthalten ist, nach denen die Liköre benannt sind.
In je 100 Liter Fruchtsaftlikör müssen mindestens 20 Liter Fruchtsaft enthalten sein. Der Alkoholgehalt muß mindestens 25 Volumprozent betragen.

2. Fruchtaromaliköre
Fruchtaromaliköre sind Spirituosen, die ihren charakteristischen Geschmack aus Früchten oder Fruchtteilen erhalten, nach denen sie benannt sind. Außer Vanillin ist die Verwendung künstlicher Aromastoffe verboten. Die Bezeichnungen „Triple“ oder „Triple sec“ sind als Haupt- und Nebenbezeichnungen nur bei Fruchtaromalikören aus Zitrusfrüchten mit einem Alkoholgehalt von mindestens 38 Volumprozent erlaubt.

3. Kräuter-, Gewürz- und Bitterliköre
Hierunter verstehen wir Spirituosen, die mit Fruchtsäften, natürlichen ätherischen Ölen, natürlichen Essenzen und mit Zucker hergestellt sind. Bei Bitterlikören unterscheiden wir aromatische Bitterliköre, Magen- und Starkbitter.
Bei den aromatischen Bitterlikören überwiegt der aromatische Geschmack gegenüber dem bitteren (Altvater, Halb und Halb, Stonsdorfer, Leibwächter).
Bei den Magenbittern gleichen sich die aromatischen und die bitteren Geschmacksrichtungen an (Alpenkräuterbitter, Boonekamp).
Zu den Starkbittern zählen u. a. Angosturabitter und Chinabitter.

4. Emulsionsliköre

Hierzu zählen Schokoladen-, Sahne- und Milchliköre, die aus Schokolade, Schokoladenpulver, Sahne oder Milch mit Alkohol und Zucker hergestellt sind. Der Alkoholgehalt muß mindestens 20 Volumprozent bei mindestens 22 g Extrakt in 100 ml betragen.

Eierliköre und sonstige Liköre, bei denen in ihrer Bezeichnung auf die Verwendung von Eiern hingewiesen wird, gehören zu den Emulsionslikören und haben einen Mindestgehalt an Eigelb von 100 g je Liter.

Der Alkoholgehalt muß mindestens 20 Volumprozent betragen.

5. Honigliköre

Unter der Bezeichnung „Honiglikör", „Bärenfang" oder „Petzfang" darf nur ein Likör in den Handel gebracht werden, zu dessen Herstellung mindestens 25 kg Bienenhonig auf 100 Liter fertigen Likör verwendet worden sind. Alkoholgehalt muß mindestens 35 Volumprozent sein.

**Likörweine**

Likörweine sind behandelte, konzentrierte, gespritete und gezuckerte Südweine.

Folgende Südweinsorten sind bei uns im Handel erhältlich: Malvasier, Marsala, Madeira, Malaga, Jerez-Xeres-Sherry und Portwein.

**Lilette**

Ein Aperitif. Weißer Wein mit Chinarinde und mit Anteil von Armagnac.

**Limonaden**

Limonaden sind alkoholfreie Erfrischungsgetränke, die aus kohlensäurehaltigem Wasser oder Tafelwasser unter Zusatz von nur natürlichen Aromastoffen und Fruchtsäuren unter Verwendung von technisch reinem Zucker hergestellt werden.

1650 wird die Limonade in Paris erstmals erwähnt. Seit 1767 kennt man die Sättigung des Wassers mit Kohlensäure, und von da ab datiert die gewerbliche Herstellung der kohlensäurehaltigen Getränke. Um 1880 wurden in Dresden und Philadelphia die ersten kohlensäurehaltigen Süßgetränke hergestellt.

Limonade setzt sich zusammen aus den durch Extraktion oder Destillation von Früchten, Obstteilen oder Kräutern gewonnenen Essenzen, mindestens 7 Prozent reinem Zucker, Wein-, Zitronen- und Milchsäure, woraus der Limonadensirup entsteht. Dieser und das sorgfältig mit Kohlensäure versetzte Wasser vereinigen sich zu einer guten Limonade.

**Linie-Aquavit**
Ein von der Loiten-Brennerei in Oslo hergestellter Aquavit, der heute noch, nach jahrelanger Lagerung, in ausgesuchten Sherryfässern den Äquator kreuzen muß. Auf Schiffe verladen, „schaukelt" der Aquavit von Norwegen nach Australien und zurück. Also zweimal über die Linie, wie die Norweger zum Äquator sagen. Die Reiferoute spielt für die Qualität des leicht gelben Produkts eine große Rolle. Auf dem Etikettrücken jeder Flasche stehen Schiffsname sowie die Dauer dieser Weltreise. Der Alleinimport des norwegischen Linie-Aquavits wurde im Jahre 1976 von der Flensburger Firma Herm. G. Dethleffsen übernommen.

**Luxardo**
Girolamo Luxardo, der als Konsul des Königs von Sardinien im Jahre 1817 nach Zara, der Hauptstadt Dalmatiens, kam, interessierte sich für die Fabrikation des dalmatischen Maraschinos und verbesserte die Brennmethoden. Nach mehrjähriger Arbeit gelang es ihm, aus der dortigen Kirschenart, der Marasca, einen Maraschino di Zara herzustellen, der qualitativ besser war als die anderen bekannten Kirschliköre. Weit über hundert Jahre waren vier Generationen der Luxardos mit der Herstellung von Maraschino di Zara tätig. Im zweiten Weltkrieg wurde Zara durch Bombeneinwirkung gänzlich zerstört. Nach dem Kriege kam Zara an Jugoslawien zurück und wurde in Zadar umbenannt. Die Luxardos kehrten in ihre angestammte Heimat zurück und errichteten in Torreglia bei Padua eine neue Fabrik. Sie begannen gleich mit dem Züchten der für diesen Speziallikör unerläßlichen Maraschen und entwickelten eine neue Sorte, genannt „Marasca-Luxardo". Inzwischen ist es der Firma Luxardo, die ihr Produkt in der typischen Flaschenform mit der Strohumhüllung auf den Markt bringt, wieder gelungen, ihre Position auf dem Likörmarkt zurückzugewinnen.

**Machandel**
Ein aus der urigen Seenlandschaft Masurens in Ostpreußen stammender Wacholderbranntwein. Der hochprozentige Schnaps wurde aus Korn, Kartoffeln und Wacholder hauptsächlich von Bauern und kleinen Familienunternehmen hergestellt. Nach altem Brauch wurden Backpflaumen in Machandel eingeweicht und zu dem Getränk gegessen.
Heute wird Machandel von der Firma C. Vetter in Wunsiedel im Fichtelgebirge unter dem Namen Tiegenhofer Stobbe Machandel auf den Markt gebracht.

**Mackinlay's**
Schottische Whiskyfirma, die ihre Produkte in über 100 verschiedene Länder exportiert.
Charles Mackinlay war vor mehr als 150 Jahren Lehrling bei einem Weinhändler in dem in der Nähe von Edinburgh gelegenen Ort Leith. Als er im Jahre 1867 starb, hinterließ er die inzwischen in seinen Besitz übergegangene Firma seinen beiden Söhnen James und Charles. Zu jener Zeit war allerdings nicht mehr Wein, sondern der Scotch Whisky das Hauptgeschäft.
Die heute im Handel erhältlichen Marken des Hauses Mackinlay sind:
„Mackinlay's Legacy" (12 Jahre alt),
„Glen Mohr" (10 Jahre alter Malzwhisky), „Mackinlay's Old Scotch" (5 Jahre alt).

**Madeira**
Die Madeiraweine werden auf der portugiesischen Insel Madeira vor der Westküste Afrikas aus den Traubensorten Malvasia, Alicante, Moscatel und Verdeho gewonnen.
Vor Beendigung der Gärung wird dem Wein Weinsprit und Mistella zugesetzt. Dadurch erhält der Wein seine große Süße und einen höheren Alkoholgehalt, der mindestens 135 g/l betragen muß. Der Wein bekommt seine Reife durch lange Lagerung, die man heute dadurch abzukürzen versucht, daß man die Fässer unter Glasdächern der Sonnenbestrahlung aussetzt. Die Farbe des Madeiras ist goldbraun. Madeira soll kühl, aber nicht kalt aufbewahrt werden. Alkoholgehalt 15 bis 20 Volumprozent.

**Malaga**
Der Malaga, der seinen Namen von der Stadt Malaga in Andalusien hat, ist als feinster Likörwein und zugleich als Gesundheitswein berühmt. Er wird aber nicht nur im Gebiet von Malaga, sondern auch an der Ostküste Spaniens auf verschiedene Weise hergestellt. Der Most oder auch der Wein erhält einen Zusatz von eingedicktem Most, der je nach der Art der Eindickung (dunkel über offenem Feuer oder hell unter Luftabschluß) seine Farbe bekommt. Der beste Malaga ist der Goldmalaga, der in der Jugend strohgelb und im Alter braungelb wird und sehr süß und feurig schmeckt. Zur Erzielung dunkler Sorten wird oft schwefelige Säure verwendet, wodurch ein etwas brenzliger Geschmack hervorgerufen wird. Die Bezeichnung Color auf dem Flaschenetikett sagt, daß der Wein stark eingedickte Mostzusätze erhalten hat, dagegen Sec, daß der Wein trocken, also weniger süß ist. Gute Malagaweine können sehr alt werden. Der edelste Malaga wird aus der kleinbeerigen Pedro-Ximénez-Traube gewonnen. Alkoholgehalt 17 Volumprozent.

**Malteserkreuz**

Ein seit dem 18. Februar 1924 in Berlin hergestellter Aquavit, der mit 40 Volumprozent Alkoholgehalt auf den Markt gebracht wird.
Ursprünglich stammt das Produkt von der Firma A/S de Danske Spritfabrikker aus Dänemark. Nachdem die deutsche Reichsregierung 1923 ein Einfuhrverbot für ausländische Spirituosen erlassen hatte, blieb dem in Aalborg und Kopenhagen ansässigen Hersteller nichts anders übrig, als in Berlin ein Tochterunternehmen zu gründen. Da die Ortsbezeichnung „Aalborg" nicht mehr verwendet werden durfte, wurde das dänische Firmensymbol - das Malteserkreuz - zum Markennamen. Bis zum heutigen Tag wird der Aquavit auf der Grundlage der dänischen Originalrezeptur hergestellt und in Dänemark begutachtet.
Seit 1972 besitzt das in der Ilsenburger Straße in Berlin ansässige Unternehmen eine weitere Fabrikationsanlage in Buxtehude.
Neue Anregungen erhielt Malteserkreuz, als die Danisco De Danske Spritfabrikker Berlin GmbH einen Kühlmantel einführte, der seither zur Ausstattung von Malteserkreuz Aquavit gehört und die ideale Trinktemperatur von −1 Grad unter Null behält.

**Mampe**

Die Carl Mampe AG, von Dr. Carl Mampe im Jahre 1894 in Berlin gegründet, bringt ausgezeichnete Liköre und den ältesten deutschen Halb und Halb auf den Markt.

**Mandarine Napoléon**

Dieser belgische, auf Cognac basierende und mit der Schale andalusischer Tangerinen, der seltensten unter den sieben erhältlichen Mandarinenarten, aromatisierte Likör wird von der im Jahre 1862 im Brüsseler Vorort Laken gegründeten Firma Ets. Fourcroy hergestellt.
Der Likör soll zuerst von einem Vorfahren der Familie Fourcroy für Napoleon hergestellt worden sein, der ihn mit Vorliebe in der Gesellschaft einer gewissen Mademoiselle Mars, einer Sängerin von großer Schönheit, in privaten Gemächern nach ihren Auftritten in Paris genossen haben soll. Kurz nach dem Tode Napoleons wurde der Likör unter dem Namen des Diktators bekannt, doch erst in den 70er Jahren dieses Jahrhunderts wurde er international berühmt. 1968 wurde der Likör in drei Länder verkauft. Zehn Jahre später war die Zahl der importierenden Länder bereits auf 86 gestiegen.

Die Firma Fourcroy, unter der Leitung Alfred Fourcroys und seiner beiden Söhne, stellt außer dem bereits auf vielen internationalen Ausstellungen mit Goldmedaillen, Trophäen und Urkunden ausgezeichneten Likör Smirnoff Wodka unter Lizenz der Heublein Corporation von Amerika her. Sie beliefert das belgische Königshaus mit ihren Produkten und besitzt Niederlassungen in Holland und in Zaire in Afrika.

**Maracuja**
Eßbare Frucht der Passionsblume, die einen aromatischen, feinfruchtigen und pikant-sauren Saft liefert, der zu naturtrüben Fruchtsaftlikören verarbeitet wird.

**Maraschino**
Gattungsbezeichnung eines farblosen Kirschlikörs, der aus dem vergorenen Saft der kleinen, dunklen, aus Dalmatien stammenden Sauerkirschen, den Marasken, hergestellt wird.
Der vergorene Saft der Marasken, der schon im Mittelalter beliebt war, beeindruckte den italienischen Poeten D'Annunzio so, daß er ihn „Morlakken-Blut" nannte. Die abgehärteten Morlakken lebten an der dalmatinischen Küste und vertrieben ihre Zeit mit dem Anbau der wilden Sauerkirschen und dem Piratentum. Vielfach werden dem Fruchtlikör geringe Mengen würzender Zutaten und Zukker beigefügt. Eines der bekanntesten Erzeugnisse wird von der Firma Luxardo (s. d.) in Italien auf den Markt gebracht.
Man trinkt Maraschino als Likör nach dem Essen, auf Eis, oder man benutzt ihn zum Mixen und zum Aromatisieren von Fruchtsalat sowie auch zum Backen. Der Alkoholgehalt liegt, je nach Hersteller, zwischen 30 und 35 Volumprozent.

**Marc**
Französische Bezeichnung für Tresterbranntwein (s. d.), der aus Traubenrückständen, den Schalen, Stielen und Kernen, die nach dem Weinkeltern übrigbleiben, gebrannt wird.
Früher wurde eine Art von Marc in allen Weinbaugebieten gebrannt, doch jetzt finden die Traubenrückstände hauptsächlich zum Düngen und als Viehfutter Verwendung.
Die Bezeichnungen für Marc sind gesetzlich geschützt. So gibt es einen Marc de Bourgogne, der berühmteste aller französischen Tresterbrantweine, und in Burgund selbst Produkte, die Ortsbezeichnungen tragen, wie z. B. Marc de Nuit St. Georges, Romanée Conti, Chamertin, Musigny, Montrachet und Meursault.

Der beste Tresterbranntwein Frankreichs ist der Marc de Hospices de Beaune, der ausschließlich zur jährlichen Wohltätigkeitsversteigerung in Beaune auf den Markt kommt. Weitere Gebiete Frankreichs, die für die Herstellung von Marc bekannt sind, sind die Champagne und das Elsaß.
Marc, auch unter der Sammelbezeichnung Eau-de-vie de Marc bekannt, wird zimmerwarm in der kleinen Schwenkschale serviert und gerne zum Kaffee und auch im Kaffee getrunken.

**Mariacron**
Beliebter deutscher Weinbrand, der von der Klosterbrennerei Mariacron Eckes KG, einer Tochtergesellschaft der Firma Eckes (s. d.), in Nieder-Olm bei Mainz hergestellt wird.
Mariacron wird, neben dem Weinbrand Chantré, in den 15 Brennblasen, die täglich bis zu 150 000 Liter Wein italienischer und französischer Herkunft zu feinem Destillat verarbeiten, gebrannt. In den ausgedehnten Kellern erhalten die Destillate in über 20 000 Fässern aus dem Holz der Limousin-Eiche in langjähriger Lagerung Reife, Farbe und Aroma. Das Abfüllen geschieht durch vollautomatische Bänder mit einer Leistung von 80 000 Flaschen pro Schicht.

**Marie Brizard**
Französische Likörbrennerei, die im Jahre 1755 in Bordeaux gegründet wurde. Die Gründerin, eine Armenschwester namens Marie Brizard, wurde 1714 als drittes von fünfzehn Kindern des Schreiners Pierre Brizard in Bordeaux geboren. Sie mußte einen nicht geringen Beitrag liefern, um ihre zwölf jüngeren Geschwister aufzuziehen, und dies sollte ihre Berufswahl entscheiden.
Der Hafen von Bordeaux wurde damals schon von Schiffen aus aller Welt angelaufen, und Infektionen und Epidemien waren an der Tagesordnung. Von einem Sterbenden, den sie lange gepflegt hatte, erhielt sie ein aus Westafrika stammendes Rezept für einen Trank, welcher Magenbeschwerden aufheben sollte. Marie Brizard war bald weit über die Grenzen von Bordeaux für ihr anisartiges Getränk, das bei Durchfall und anderen Magenkrankheiten besonders wirksam war, bekannt, und um der Nachfrage nach ihrer Medizin gerecht zu werden, stellte sie einen Buchhalter an.
Im Jahre 1755 begann Marie Brizard, sich nur noch mit der Herstellung des Likörs zu beschäftigen. Der Herstellungsort war ihre eigene Küche. Bald war es ihr unmöglich, das Getränk, das nicht länger nur zur Heilung von Krankheiten, sondern nun auch zu deren Verhütung genossen wurde, in den verlangten Mengen herzustellen, und sie akzeptierte die Partnerschaft von Jean-Baptiste Roger, des Sohns eines Schneiders und zukünftigen Ehemanns ihrer Nichte.

In den darauffolgenden Jahren wurde der Likör in ganz Europa verkauft und nach Indien, allen Teilen Amerikas, Südafrika und Kanada ausgeführt, und der ungeahnte Erfolg veranlaßte viele Likörhersteller, sich auf anisartige Liköre zu konzentrieren.
Während der Französischen Revolution flüchtete Marie Brizard zusammen mit einem Priester, und 1796, im Alter von 82 Jahren, übergab sie ihr Geschäft der inzwischen verwitweten Nichte Anne Roger. Als Annes Sohn Jean-Baptiste Augustin Roger das Geschäft 1804 übernahm, geriet er mit Fouché und seiner Geheimpolizei in Schwierigkeiten. Er wurde unter der Beschuldigung, sein Geschäft als Deckmantel für politische Beziehungen mit England zu gebrauchen, arretiert, und obwohl es ihm gelang, der Guillotine zu entkommen, waren die Schwierigkeiten der Firma noch lange nicht durchgestanden. Seine zwei Brüder zeigten wenig Interesse an dem Geschäft und zogen es vor, Aquarelle und Schmetterlinge zu sammeln. Erst Mitte des 19. Jahrhunderts waren die finanziellen Schwierigkeiten überwunden.
Außer Anisette, der nach dem alten Rezept aus andalusischem Anis unter Zusatz von 15 weiteren Kräutern und Gewürzen hergestellt wird, produziert die Firma folgende Liköre: „Apricot“ aus Aprikosen, die mit Fine Champagne Cognac verfeinert werden, „Peach“ aus Pfirsichen des Loire- und Garonnetals, ebenfalls mit Fine Champagne Cognac verfeinert, „Framboise“ aus Waldhimbeeren, mit etwas Brombeersaft abgerundet, „Mandarine“, ein Destillat aus ausgesuchten Mandarinenschalen, die tiefgefroren importiert werden, und „Crème de Bananes“. Die Früchte dafür werden grün importiert und reifen erst in Bordeaux aus, damit sie zum Zeitpunkt höchster Aromaentfaltung destilliert werden können.

**Marijan Slivovica**
Jugoslawischer Pflaumenbranntwein, der mit 40 Volumprozent Alkoholgehalt in den Handel gebracht wird.

**Markengetränke**
Hierunter fallen alle Getränke, die auf Grund des beim Patentamt eingetragenen Warenzeichens einen besonderen Schutz genießen.

**Marsala**
Sizilianischer Dessertwein, der aus den Traubensorten Cattarato und Insolia hergestellt wird. Der Most wird gegipst und mit eingedicktem Traubensaft versetzt. Diese Idee hatte der Engländer Woodhouse im Jahre 1772, um aus den in der Provinz Trapani wachsenden Landweinen ein Qualitätsprodukt herzustellen.

Dem fertigen Wein wird Sifone, ein mit Weinsprit stumm gemachter Most, zugesetzt. Danach macht er eine zwei- bis fünfjährige Lagerzeit durch und kommt als goldgelber, süßer und alkoholreicher Süßwein in den Handel.

**Martell**

Die Firma Martell & Co., eine der ältesten Cognachersteller, wurde 1715 von dem von der Insel Jersey stammenden Jean Martell gegründet.
Jean Martell kaufte damals ein Grundstück mit Gebäuden in der Charente, in Gâtebourse, um als Hersteller und Händler von Cognac zu arbeiten. Als Jean Martell 1753 starb, hinterließ er seiner Witwe ein gutgehendes Geschäft. 1767 wurde von der ihr eine Gesellschaft gegründet; ihre beiden Söhne Jean und Frédéric wurden Teilhaber. Nach dem Tod der Mutter hieß die Firma „Jean & Frédéric Martell", und im Jahre 1807 wurde diese als „J. & F. Martell" handelsgerichtlich eingetragen.
Trotz kontinuierlicher Blockaden während der Napoleonischen Kriege wuchs die Firma schnell, und wie aus Urkunden von 1809 zu ersehen ist, waren die Gebrüder Martell in jener Zeit die größten Cognachersteller mit etablierten Märkten in neutralen Staaten und Städten wie den USA, Hamburg, Bremen und Papenburg. Frédéric reiste 1809 nach Rotterdam und Hamburg, um die Verschiffung seiner Produkte nach Skandinavien zu regeln, von wo Martell-Cognac wiederum nach England weitergeleitet wurde. Seit jener Zeit konzentriert sich die Firmenleitung auf den Export. 1820 wurden die ersten Agenturen in England, in Bristol und Liverpool, gegründet; London folgte 1833, New York und Philadelphia 1849. Heute unterhält Martell & Co., von einem Repräsentanten der achten Generation der Martell-Familie geführt, Agenturen in 172 Ländern, in denen 90 Prozent der gesamten Produktion verkauft werden.
Der Brennwein wird aus Trauben, die in firmeneigenen Weingütern wachsen, gewonnen. Zur Zeit ist die Zahl der Brennereien, die der Firma gehören oder von ihr kontrolliert werden, 21, und weitere 18 Brennereien, die in den besten Anbaugebieten liegen, liefern die ganze oder einen Teil ihrer Produktion an Martell.
Das Hauptgebäude der Firma befindet sich im Herzen der Stadt Cognac. In weiteren Lagerhäusern im gesamten Cognacgebiet mit Gâtebourse, Comptoir, Port du Lys, Monlineuf, Gallienne und Chanteloup hat die Firma mehr als 100 000 Fässer aus Limousin-Eiche. Täglich werden 20 000 Flaschen aller Größen in einem vierstöckigen Gebäude abgefüllt. Die 86 Flaschenarten, die in die ganze Welt exportiert werden, sind in verschiedenen Verpackungen mit verschiedenen Etiketten versehen entsprechend den Vorschriften, Sitten und Gewohnheiten der verschiedenen Länder und Nationen. Das traditionelle Blau des Martell-Eti-

ketts wird zum Beispiel bei Lieferungen in verschiedene Länder Asiens durch Rot ersetzt, denn Blau ist dort die Farbe des Trauerns und des Unglücks.
Die verschiedenen Cognacqualitäten des Hauses Martell sind die folgenden: Martell „Dreistern", Martell „Médaillon", Martell „Cordon Bleu" und Martell „Cordon d'Argent".

**Martini & Rossi**
Die Firma Martini & Rossi, Hersteller des international bekannten Martini-Wermuts, wurde 1840 von Luigi Rossi in Pessione, einem Dorf zwischen Turin und Asti im Norden Italiens, gegründet, als er Teilhaber der Firma Martini & Sola wurde. Die Firma Martini & Sola wiederum war ein likör- und wermutproduzierendes Unternehmen, welches vom Großvater von Giovanni Agnelli, dem Gründer der Fiat-Werke, gegründet worden war.
Ursprünglich wurden die Martini-Wermuts ausschließlich aus Weinen des Astigebiets hergestellt, doch heute kommen sie aus der Emilia-Romagna, aus Apulien und Sizilien. Die Weine werden dort gewonnen, wo die Trauben wachsen, dann nach Pessione geschickt und dort geklärt und gefiltert. Dann werden sie mit anderen Weißweinen gemischt und mit Extrakten aus Pflanzen, Kräutern, Samen, Wurzeln, Blumen und Rinden versetzt. Dem aromatisierten Wein, nach Bedarf mit Zucker gesüßt oder mit Karamel rotbraun gefärbt, wird ein wenig Alkohol beigegeben, und nach kurzer Lagerzeit hat der Wermut die charakteristischen Eigenschaften erworben, für welche er auf der ganzen Welt bekannt ist.
Das Verhältnis, in dem die Pflanzen, Kräuter und anderen Zutaten mit Wein gemischt werden, ist nur vier Direktoren der vierten Generation der Familie Rossi bekannt (die Familie Martini ist nicht mehr vertreten).
Martini-Wermut wird heute in verschiedenen Ländern unter Lizenz hergestellt, doch die Rossis behaupten, daß der echte Martini nur in Pessione produziert werden kann, obwohl für die Fabrikation im Ausland dieselben Ingredienzen vorgeschrieben sind. Martini-Wermut soll am besten schmecken, wenn er zwischen zwei und vier Jahre alt ist.
1953 wurde von der Firma die erste Martini-Terrasse in Paris eröffnet. Später folgten weitere in Genua, Barcelona, Brüssel, São Paulo und London. Diese Terrassen im obersten Stockwerk hoher Gebäude werden zu Empfängen und für Werbezwecke der Martini & Rossi-Produkte benutzt.
Im Keller des Hauptgebäudes in Pessione wurde von der Firma ein Weinmuseum eingerichtet, welches als das bedeutendste der Welt gilt. Neben einer Sammlung von Weinpressen aus dem 18. Jahrhundert, Gläsern und Bechern werden dort die ältesten Wermutflaschen der Firma mit dem Martini & Sola-e-Cia.-Etikett aus dem Jahre 1880 ausgestellt.

In der Bundesrepublik Deutschland sind vor allem die Produkte Martini „Rosso“, Martini „Bianco“ und Martini „Extra Dry“, die hier unter Lizenz hergestellt werden, bekannt. Weniger bekannt ist der Aperitif „Rossi“ und „Kina Martini“, ein dunkles, verdauungsanregendes Bittergetränk.

**Martinique-Rum**

Martinique-Rum hat ein mildes, bukettreiches Aroma und einen leicht süßlichen Geschmack. Auf der Insel Martinique wird der meiste Rum des französischen Einflußbereichs produziert.

**Menthe, Crème de**

Pfefferminzlikör, der weiß und auch grün gefärbt von verschiedenen Likörherstellern in den Handel gebracht wird.

**Metaxa**

Griechische Branntweinspezialität, die von der im Jahre 1888 in Piräus gegründeten Firma Metaxa aus der roten Traube von Attika hergestellt wird.
Je nach der Reifezeit unterscheidet man Metaxa Fünfstern, Siebenstern und Grande Fine. Die Destillate werden ausschließlich in Eichenholzfässern gelagert. Schon vor dem ersten Weltkrieg wurde das Haus Metaxa in aller Welt für seine Produkte geehrt. Großer Wert wird auf die Erhaltung einer gleichbleibenden Metaxa-Qualität, die durch einen weichen und gehaltvollen Geschmack und ein weinig-aromatisches Bukett geprägt ist, gelegt. Dies ist, neben der Kontinuität in der Preispolitik, der Grund, warum in der Bundesrepublik Deutschland der Absatz von einigen Tausend Flaschen Anfang der 70er Jahre auf weit über 10 Millionen Flaschen schon vor Griechenlands Beitritt zur EG gesteigert werden konnte.
Im Jahre 1974 übernahm die Underberg-Tochter Inter Marken GmbH in Rheinberg den Vertrieb von Metaxa für die Bundesrepublik.

**Millefiori**

Dieser sehr süße italienische Kräuterlikör hat im Flascheninnern einen Zweig, an dem sich Zuckerkristalle bilden. Millefiori heißt zu deutsch tausend Blumen.

**Mineralwässer**

Mineralwässer sind natürliche, aus natürlichen oder künstlich erschlossenen Quellen gewonnene Wässer, die in 1 Kilogramm mindestens 1000 Milligramm gelöste Salze oder 1000 Milligramm freies Kohlendioxyd enthalten. Sie werden

am Quellort in Glasflaschen abgefüllt. Mineralwässer dürfen aus geschmacklichen und hygienischen Gründen enteisent, entschwefelt sowie mit Kohlensäure versetzt werden.
Mineralarme Wässer sind aus natürlichen oder künstlich erschlossenen Quellen gewonnene Wässer mit weniger als 100 Milligramm gelösten Mineralstoffen in 1 Kilogramm Wasser, die mit Kohlensäurezusatz angereichert und enteisent werden dürfen. Sie müssen ebenfalls an der Quelle in die für den Verbraucher bestimmten Gefäße abgefüllt werden.
Künstliche Mineralwässer sind aus Trinkwasser, Mineralwasser oder mineralarmem Wasser oder einem Gemisch aus diesen und Salzen oder Sole oder Kohlensäure oder mehreren dieser Zusätze hergestellte Erzeugnisse. Künstliche Mineralwässer werden auch durch Auslaugen von Mineralstoffen mit Wasser (auch kohlensäurehaltigem Wasser) hergestellt.
Sole ist ein natürliches, salzreiches Wasser oder durch Wasserentziehung im Gehalt an Salzen angereichertes Mineralwasser mit einem Mindestgehalt von 14 Gramm gelösten, überwiegend aus Natriumchlorid bestehenden Salzen in 1 Kilogramm.
Stille Mineralwässer sind kohlensäurefreie oder kohlensäurearme Quellwässer, die beim Öffnen der Flasche nicht durch eine Kohlensäurebindung sprudeln.
Sprudel sind Mineralwässer, die aus einer natürlichen oder künstlich erschlossenen Quelle meist unter natürlichem Kohlensäuredruck hervorsprudeln. Als Sprudel werden auch unter Kohlensäurezusatz abgefüllte Mineralwässer, auch künstliche, bezeichnet.
Natürliche Heilwässer sind Wässer aus Heilquellen, die natürlich zutage treten oder künstlich erschlossen werden und den allgemeinen hygienischen Anforderungen Rechnung tragen. Sie dürfen enteisent und im vorgeschriebenen geringen Umfang mit Kohlendioxyd angereichert werden. Sie unterliegen dem Arzneimittelgesetz und müssen medizinisch nachweislich krankheitsheilende, -lindernde oder -verhütende Eigenschaften aufweisen. Alle Heilwässer müssen beim Bundesgesundheitsamt zugelassen werden. Rein natürliche Heilwässer wie Staatlich Fachingen sind Wässer, die obigen Voraussetzungen entsprechen, jedoch ohne willkürliche Veränderungen über und unter Tage, d. h. in naturbelassenem Zustand, ohne Zusätze oder Ausscheidungen, abgefüllt werden.

**Mirabellenbranntwein**

Man brennt ihn in Baden und Elsaß-Lothringen, und zwar sowohl im Gärungsverfahren als auch wie bei den Obstgeisten aus der unvergorenen, spiritusüberzogenen Frucht. Das Erzeugnis heißt im ersten Fall Mirabellenwasser, im zweiten Fall jedoch nicht Mirabellengeist, sondern Mirabellenbranntwein, weil die Frucht nicht zu den zuckerarmen Beerenfrüchten gehört.

**Mokkalikör**
Ein Likör mit Mokkageschmack. Der Alkoholgehalt muß mindestens 25 Volumprozent betragen.
Man trinkt Mokkalikör aus einer flachen Likörschale.

**Montesquiou, Marquis de**
Ausgezeichneter Armagnac, der in folgenden zwei Qualitäten in den Handel kommt:
„Grand Réserve", Alkoholgehalt 41 Volumprozent,
„Marquis de Montesquiou 19 . . .", Alkoholgehalt 42 Volumprozent.
Man serviert Armagnac zimmerwarm im Cognacschwenker.

**Mozart-Likör**
Die Alt-Salzburger Spezialität Mozart-Likör, nach einem geheimen Rezept hergestellt, bei dem unter anderem Schokolade und Nugat Verwendung finden, ist eine überdimensionale Variante der traditionsreichen, von Hand mit Goldfolie umwickelten Mozartkugel. Der Steinhagener Markenspirituosenhersteller H. C. König vertreibt den österreichischen Likör mit einem Alkoholgehalt von 20 Volumprozent auf dem bundesdeutschen Markt.

**Myers' Rum**
Die Firma Myers bringt den unverschnittenen, 30 Jahre alten Jamaika-Rum „Mona" und „Myers' Planters' Punch" auf den Markt.

**Nalewka**
Dunkelroter polnischer Kirschgewürzlikör.

**Negrita**
Name eines weltweit bekannten und beliebten Rums der Firma Bardinet/Negrita (s. d.), der erstmals 1857 von Paul Bardinet und seinen Söhnen in Fleurenne in der Nähe von Bordeaux erzeugt wurde.
Rhum Negrita ist als weißer und brauner Rum erhältlich. Das weiße Produkt hat einen Alkoholgehalt von 40 Volumprozent, und das braune Erzeugnis kommt mit 44 Volumprozent Alkohol auf den Markt.

**Noilly Prat**

Im Jahre 1813 gründete ein gewisser Louis Noilly in Lyon eine Firma zur Herstellung von Wermut. Noilly war von den roten Wermuts, die damals nur in Italien produziert wurden, beeindruckt, und mit Hilfe seines Schwiegersohns Claudius Prat begann er, ein bisher unbekanntes weißes und herbes Produkt auf den Markt zu bringen. Diese Neuheit nannten sie Noilly Prat.

Noilly und Prat hatten bald Erfolg, und 1843 verlegten sie ihre Fabrikationsstätte nach Marseille, um somit die Vorzüge des internationalen Hafens sowie des weiten Gebiets zwischen Avignon und Marseille, in dem die zur Herstellung ihres Wermuts benötigten Trauben wachsen, voll ausnutzen zu können.

Nachdem Claudius Prat gestorben war, wurde die Firma von seiner Witwe Joséphine Prat geführt, bis deren 2 Kinder den Betrieb übernehmen konnten. 1939 wurde die Enkelin von Joséphine, die Viscountess Vigier, in die Betriebsleitung berufen, und obwohl die Firma Martell die Herstellung von Noilly-Prat-Wermut 1971 übernahm, blieb sie die Chefin, bis sie, weit über 100 Jahre alt, 1979 starb.

Die Basis von Noilly Prat Extra Dry, des ursprünglich herben Wermuts, sind leichte, säurereiche Weine, die aus den Trauben Clairette Blanche und Picpoul gewonnen werden. Die Weine werden vermischt in Fässern aus baltischer und amerikanischer Eiche 18 Monate lang über der Erde und damit unter der heißen Sonne des französischen Südens gelagert. Diese einmalige Art, den Wein, gemischt mit etwa 40 verschiedenen Kräutern, Pflanzen, Gewürzen und anderen Zutaten, in der Sonne „backen“ zu lassen, verhindert, den durch die großen Poren des Eichenholzes verdunsteten Wein durch neuen zu ersetzen. Der so gereifte Wermut verbringt dann 3 weitere Jahre in den Kellern in der Rue Paradis in Marseille, wo er in größeren Fässern langsam zur vollen Reife gelangt und auch seine zarte, gelblichgrüne Farbe erhält.

Das Geheimrezept, nach dem Noilly Prat hergestellt wird, ist unter Bankverschluß, und nur der Vorsitzende der Firma weiß, wie das Schloß zu öffnen ist.

Außer dem weißen Noilly Prat mit dem grünen Etikett, allgemein als trockenster aller Wermuts anerkannt, bringt die Firma noch einen „Bianco“ sowie einen dunkelroten süßen Typ, den Noilly Prat Rouge, und den Noilly Prat Rosé in der Zweigniederlassung in Sète an der Küste des Mittelmeeres und in Marseille auf den Markt.

**Nordhäuser**

Bekannter deutscher Kornbranntwein aus Nordhausen am Harz. Eiskalt servieren.

**Noris**

Name eines bekannten deutschen Weinbrandes, der von der Noris Weinbrennerei in Nürnberg auf den Markt gebracht wird.

Die Noris Weinbrennerei hatte ihren Ursprung 1855 in Mögelsdorf, damals ein Vorort von Nürnberg und heute ein Stadtteil der Großstadt, als Johann Wilhelm Knorr, der Besitzer des Gasthauses „Zum Gulden Ochsen", vom Stadtmagistrat die Genehmigung zur Herstellung von Essig und Likör erhielt. Acht Jahre später wurde das „Spirit-, Liqueur- und Essig-Fabrik-Geschäft Gebrüder Knorr" sowie die heute unter Denkmalschutz stehende Gaststätte an Isaac Metzger und Selig Böhm verkauft. Die Weinbrennerei Metzger und Böhm ging 1938 an die Noris Weinbrennerei Klöwer und Wiegmann KG über, und 1970 bildete das Unternehmen zusammen mit der Söhnlein Rheingold KG Sektkellereien in Wiesbaden-Schierstein eine Firmengruppe.

Der Name der Firma und des Weinbrandes, Noris, ist der alte lateinisierte Stadtname von Nürnberg. Er wurde gewählt, um an die älteste Weinbrennertradition in Deutschland anzuschließen und sie fortzusetzen.

**Nostranello**

Tessiner Grappa, der aus den dunklen gleichnamigen Trauben gewonnen wird. Man trinkt ihn mit Vorliebe zum Kaffee, und er sollte in einer kleinen Schwenkschale serviert werden.

**Noyau, Crème de**

Französischer Likör, der aus Aprikosenkernen gewonnen wird.

**Obstbranntwein**

1. Obstwasser

Als Obstwasser darf ein Obstbrand nur dann bezeichnet werden, wenn er ausschließlich aus der betreffenden vergorenen Obstfrucht oder Beere oder deren Säften ohne Zusatz von zuckerhaltigen Stoffen, Zucker oder Alkohol anderer Art gewonnen wurde, und zwar aus:

a) Steinobst: Kirschen, Zwetschgen, Pflaumen, Mirabellen, Aprikosen, Pfirsichen und Schlehen.
b) Beeren: Himbeeren, Heidelbeeren, Brombeeren, Johannisbeeren, Erdbeeren und Vogelbeeren.

Der Alkoholgehalt muß bei Obstwasser mindestens 40 Volumprozent betragen. Unzulässig ist es, Verschnitte aus Stein- oder Beerenobst in den Verkehr zu bringen, die auf die Herstellung aus den angegebenen Früchten schließen lassen.

Hinweise auf die Herkunft aus einem bestimmten Gebiet gelten als irreführend (z. B. Schwarzwälder Edelwasser, Schwarzwälder Wildwasser u. ä.). Zuckerzusatz und Färbung sind nicht üblich und deshalb als Verfälschung anzusehen.

2. Obstgeist
Werden frische, unvergorene Heidelbeeren, Himbeeren, Brombeeren, Erdbeeren, Johannisbeeren, Vogelbeeren, Aprikosen oder Pfirsiche, auch wenn sie mit zulässigen Konservierungsmitteln versetzt sind, unter Zusatz von Alkohol destilliert, so darf der gewonnene Branntwein als Heidelbeergeist, Himbeergeist, Brombeergeist usw. in den Verkehr gebracht werden.
Der Alkoholgehalt muß mindestens 40 Volumprozent betragen.
Zuckerzusatz und Färbung sind nicht üblich und deshalb als Verfälschung anzusehen.

3. Obstbranntwein aus Kernobst
Kernobstbranntweine sind Destillate, die aus vergorenen Äpfeln oder aus anderem Kernobst aus der vollen Obstfrucht oder deren Säften ohne Zusatz von zuckerhaltigen Stoffen, Zucker oder Alkohol anderer Art gewonnen sind.
Diese Destillate dürfen weder „Wasser“ noch „Geist“ genannt werden, sondern sind als Branntweine klassifiziert.
Der Alkoholgehalt muß mindestens 38 Volumprozent betragen.

**Obstsäfte**
Unter Obstsäften verstehen wir Zubereitungen, die durch Pressen von frischem oder vergorenem Obst einer Obstart hergestellt werden.
Nach der Konservierungsstoff-Verordnung sind folgende Fremdstoffe, mit Deklarationspflicht ab 24. 12. 1963, zugelassen: Sorbinsäure (Kenn-Nr. 1), Benzoesäure (Kenn-Nr. 2), Ameisensäure (Kenn-Nr. 3).

**Okolehao**
Eine Spirituose, die in zwei Arten, Crystal Clear und Golden Oke, aus dem vergorenen Most der Wurzel der heiligen Ti-Pflanze von Hawaii von der Ti Root Okolehao Hawaii Inc. hergestellt wird.
Das Getränk wurde erstmals um 1790 von dem Australier William Stevenson hergestellt. Stevenson kochte die Ti-Wurzel (Cordyline australis) und vergor das Gemisch. Das alkoholische Getränk wurde dann von ihm in einem Kochtopf, mit einer aus dem Lauf eines Gewehrs versehenen Kühlschlange versehen, destilliert.

Heute wird die Spirituose von der Okolehao Distillery nach modernsten Methoden in Brennanlagen hergestellt und nach Filterung durch Holzkohle unmittelbar in Flaschen gefüllt. Okolehao hat einen Alkoholgehalt von 40 Volumprozent und wird pur, auf Eis oder unter Zugabe von Sodawasser oder Limonade getrunken. Auf Hawaii wird das Getränk häufig zum Mixen von tropischen Cocktails verwendet.

**Old Bushmills**

Old Bushmills ist der einzige nordirische Whiskey und deshalb einzigartig unter allen Whiskeyarten der Welt. Die jetzige Old Bushmills Distillery Co. Ltd. wurde im Jahre 1784 gegründet. Die Firma kann jedoch auf eine Lizenz aus dem Jahre 1608 verweisen und ist somit die älteste Whiskey-Brennerei der Welt. Sie liegt am Fluß Bush zwischen Tara, einst die Hauptstadt Irlands, und dem Schloß Dunseverick. Schon die keltischen Könige benutzten hier mit ihren Mannen eine Furt, um den Fluß zu durchqueren. Hier bauten sie auch Mühlen, die dem kleinen Ort Bushmills sowie später der Brennerei und dem beliebten goldgelben Produkt den Namen gaben.

Old Bushmills zeichnet sich gegenüber südirischem Whiskey durch sein völlig unterschiedliches Herstellungsverfahren aus, das ihm seinen berühmten, milden, zarten Geschmack verleiht. Die Gerste, die zur Herstellung von Old Bushmills verwendet wird, wächst auf den nährstoffreichen Böden Irlands. Das Wasser des St. Columbus Rill wird in riesigen Tanks gelagert und dann in den Maische-Bottich gepumpt, in das zu Schrot gemahlenes Malz aus großen Vorratsbehältern geschüttet wird. Die klare Würze wird später herausgepumpt, gekühlt und in Gärbehälter gefüllt, in denen durch Hefezusatz die Gärung stattfindet. Die vergorene Maische wird dann in Destillierblasen gepumpt, in welchen drei Destilliervorgänge stattfinden. In wertvollen Sherry-Fässern, in denen Old Bushmills seine hellgoldene Farbe erhält, findet die endgültige Reifung statt. Bevor der vollausgereifte Whiskey in Flaschen gefüllt werden kann, wird der Inhalt der einzelnen Fässer zur Erzielung eines stets gleichbleibenden Geschmacks gemischt. Die Mischung wird von Experten sorgfältig verkostet, und nur wenn dieser Whiskey den endgültigen Qualitätstest bestanden hat, darf er in die charakteristischen Vierkantflaschen abgefüllt werden.

Der jüngste Old Bushmills Whiskey ist zwischen 5 und 6 Jahre alt, und das von der Firma als Black Bush bezeichnete Produkt mit seinem sehr hohen Malt-Whiskey-Anteil zwischen 10 und 12 Jahre.

Old Bushmills Irish Whiskey wird von der Lübecker Firma Carl Hertzberg auf den bundesdeutschen Markt gebracht.

**Old Crow**
Bekannter Straight Bourbon Whiskey, den die Old Crow Distillery Company in Francfort, Kentucky (USA), mit 43 Volumprozent Alkoholgehalt vertreibt.

**Old Fitzgerald**
Die im Jahre 1849 gegründete Old Fitzgerald Distillery bietet einen acht Jahre gelagerten Straight Bourbon Whiskey mit 43 Volumprozent Alkoholgehalt unter gleichem Namen an.

**Old Forester**
Ein Straight Bourbon Whiskey, der aus einem einzigen Destillat und nicht aus einer Mischung von der Brown-Forman Distillers Corporation in Louisville, Kentucky (USA), mit 43 Volumprozent Alkoholgehalt gebrannt wird.
Old Forester kam als erster amerikanischer Whiskey im Jahre 1870 in versiegelten Flaschen in den Handel. Das erlaubte seinem Hersteller, dem Konsumenten eine immer gleichbleibende Qualität zu garantieren und den stolzen Wahlspruch des Hauses Brown-Forman „There is nothing better on the market" auf dem Etikett zu führen.

**Old Grand Dad**
Beliebter Straight Bourbon Whiskey der Old Grand Dad Distillery Company in Francfort, Kentucky (USA).

**Old Kentucky Tavern**
Ein acht Jahre gelagerter Straight Bourbon Whiskey der Glenmore Distilleries Company in Louisville und Owensboro, Kentucky (USA).

**Old Oak**
Name eines Trinidad-Rums, der von der Firma Angostura hergestellt wird. Old Oak zeichnet sich durch sein spezielles Aroma aus und unterscheidet sich in seiner Art von Rums anderer Karibikinseln. Rumkenner trinken Old Oak pur, doch zum Mixen eignet sich der Rum wegen seines ausgeprägten blumigen Aromas besonders gut. Old Oak wird von der Bremer Firma Eggers & Franke auf den bundesdeutschen Markt gebracht.

**Old Smuggler**
Ein klassischer schottischer Hochlandwhisky, ungewöhnlich voll und abgerundet im Geschmack, mit dem typischen herzhaften Aroma des im Torfrauch ge-

dörrten Gerstenmalzes. Der Old Smuggler Whisky wird aus 38 verschiedenen Maltwhiskies gemischt, die aus sechs, teilweise schon über hundert Jahre alten Malzbrennereien stammen. In der Hiram Walker gehörenden riesigen Brennerei in Dumbarton, einer der drei großen in Schottland, werden die Maltwhiskies mit Grain-Spirit gemischt.
Old Smuggler Whisky hat 43 Volumprozent Alkoholgehalt.

**Old Taylor**
Ein beliebter Straight Bourbon Whiskey mit 43 Volumprozent Alkoholgehalt.

**Old Tom Gin**
In Deutschland kaum anzutreffender Gin, der mit Hilfe von etwas Zuckersirup gesüßt wurde. Man nennt ihn auch Plymouth Gin.

**Orangebitter**
Ein Extrakt aus Pomeranzenschalen, mit Gin vermischt. Orangebitter ist, im Gegensatz zu den Magenbitters, ein Mixbitter.

**Orange-Gin**
Ein mit Pomeranzenbitteraroma aromatisierter Gin.

**Osborne**
Die im Jahre 1772 in Puerto de Santa Maria in Andalusien (Spanien) gegründete Weinbrennerei Osborne & Co. stellt ausgezeichnete Weinbrände und Sherrys her, die sich eines besonderen Ansehens auf allen Märkten der Welt erfreuen. Der beste der Osborne Brandys ist der „Reserva Conde de Osborne". Für diesen speziellen Weinbrand beauftragte das Haus Salvador Dali mit dem Entwurf eines Etiketts und einer Flasche unter Mitwirkung des spanischen Keramikers Antonio Cumella, des Bildhauers Xavier Corbero und der Kunstgewerbler der Vidriera Catalana. Jede einzelne Flasche ist Handarbeit, ebenso die Keramikstopfen, alle in Form und Farbe verschieden und gezeichnet von Dali und Cumella.

**Otard**
Die bekannte Cognacdestillerie, die im Jahre 1795 gegründete Firma Otard S. A. mit Sitz im „Château de Cognac", dem alten Königsschloß in der Charente und Geburtsort von François I. (Schutzpatron des Weinbrands), ist durch die Söhnlein Rheingold KG Kellereien in Wiesbaden-Schierstein auf dem bundesdeutschen Markt vertreten.

In der Bundesrepublik Deutschland erfreuen sich die Produkte „Baron Otard V.S.O.P. Fine Champagne“, ein ausschließlich aus Weinen der Anbaugebiete Petite Champagne und Grande Champagne gewonnener Cognac, und „Otard X.O.“ großer Beliebtheit.

**Ouzo**
Der Ouzo gilt als hochprozentiges Nationalgetränk Griechenlands. Die Herstellung ähnelt der des Raki, nur werden neben Anissamen noch andere Gewürze zugesetzt.
Ouzosorten aus Mavrodaphne-Wein sind am beliebtesten, doch es gibt auch hier Variationen auf der Grundlage von Rosinen.

**Parfait Amour**
Lilafarbener, süßer, nach Zimt schmeckender Likör, der besonders zum Mixen (Färben) von Cocktails Verwendung findet.

**Pastis**
Gattungsbezeichnung für Aperitifs, die auf einer Basis von Wein unter Zugabe von Anis und Kräuterauszügen besonders in den Mittelmeerländern beliebt sind und mit Wasser verdünnt getrunken werden. Die Pastisgetränke sind die Nachfolger der in fast allen Ländern aus gesundheitlichen Gründen verbotenen Absinths. Bekannte Marken sind Pernod, Pastis 51 (s. Pernod) und Ricard aus Frankreich, Ouzo aus Griechenland und Raki aus der Türkei.

**Peach Brandy**
Pfirsichlikör, der aus dem Saft frischer oder getrockneter Pfirsiche gewonnen wird. Peach Brandy wird im Likörglas serviert und findet vielfach Verwendung zum Mixen.

**Pecco, Crème de**
Feiner holländischer Teelikör.

**Père Magloire**
Name eines Calvadosproduzenten, dessen Apfelbranntweine, Père Magloire Carte Jaune, Père Magloire Vieille Réserve und Père Magloire Age Inconnu, von der Firma Schneider-Import in Bingen auf den bundesdeutschen Markt gebracht werden.

Père Magloire Vieille Réserve wird aus drei- bis fünfjährigem Apfelwein gebrannt, und der mit einem Alkoholgehalt von 44 Volumprozent in einzeln numerierten Flaschen abgefüllte Père Magloire Age Inconnu hat nicht weniger als acht Jahre in Eichenfässern gelagert.
Die Bezeichnung Appellation Calvados du Pays d'Auge Contrôlée auf den Etiketten der Père-Magloire-Produkte garantiert, daß alle Äpfel, die zur Herstellung verwendet werden, auch wirklich aus dem Spitzengebiet Pays d'Auge stammen und daß der dort zweimal destillierte Apfelwein auch dort auf Flaschen abgezogen wird.

**Pernod**
Die Geschichte der Firma Pernod, Hersteller des bekannten und beliebten französischen Pastis, geht auf das Jahr 1797 zurück.
Ein gewisser Dr. Pierre Ordinaire, ein französischer Anhänger des Königshauses, der 1790 als politischer Flüchtling nach Couvet in der Schweiz übersiedelte, braute aus einer aus 15 Kräutern gewonnenen Flüssigkeit ein Getränk, welches er Patienten mit Magenbeschwerden verschrieb. Das Getränk wurde unter dem Namen Absinth (s. d.) bekannt. Als Dr. Ordinaire 1792 starb, hinterließ er die Rezeptur seiner Haushälterin, einer Madame Henriot, die das Getränk mit Hilfe ihrer zwei Töchter herstellte und im eigenen Geschäft zum Verkauf anbot. Fünf Jahre später verkaufte sie die Rezeptur an einen Kunden, der, zusammen mit seinem Schwiegersohn Henry Louis Pernod, das Getränk in großen Mengen herzustellen begann. 1805 wurde das Geschäft nach Frankreich ausgeweitet, wo man am Ufer des Flusses Doubs bei Pontardier an der Schweizer Grenze eine Niederlassung errichtete.
Im 19. Jahrhundert wurde Absinth ein äußerst beliebtes Getränk, doch der übermäßige Genuß erwies sich als gefährlich und hatte in einigen Fällen Wahnsinn, ja sogar den Tod zur Folge. Die Schweiz war dann schließlich das erste Land, in dem die Herstellung und der Verkauf von Absinth verboten wurde. Dieses Verbot trat 1907 in Kraft, nachdem der Landwirt Jean Lanfray nach übermäßigem Absinthgenuß seine Frau und zwei Töchter erschossen hatte.
In Frankreich wurde das Getränk ebenfalls verboten, und die Pernods waren gezwungen, ihr lukratives Geschäft aufzugeben. 1915 wurde die Fabrikationsstätte schließlich an das Schweizer Nestlé-Unternehmen verkauft. Die Nachkommen von Henry Louis Pernod schlossen sich 1926 mit einem anderen Unternehmen zusammen und gründeten die Pernod-Père-et-Fils-Gesellschaft. Das neue Produkt, ohne die Absinthpflanze hergestellt, wurde bald unter dem Namen Pernod bekannt, und die Gesellschaft konnte sich nach Lyon, Bordeaux und Marseille ausbreiten. Später wurde die La Pernoderie in Créteil bei

Paris gebaut, wo nur 6 Personen täglich über 300 000 Flaschen Pernod herstellen.
Der beliebte Pastis 51 wurde im Jahre 1951 von der Firma auf den Markt gebracht; die Zahl 51 erinnert nicht nur an das Jahr 1951, sondern empfiehlt auch, für ein Getränk einen Teil Pastis mit fünf Teilen Wasser zu mischen. Im Jahre 1971 kam der Zusammenschluß mit der Firma Ricard (s. d.), die ihren Hauptsitz in Marseille hat.
Pernod hat einen Alkoholgehalt von 45 Volumprozent. Er wird in der Regel mit 5 Teilen Wasser gemischt getrunken. Im Süden Frankreichs wird dem Getränk häufig ein Schuß Grenadine zugegeben, und in der Schweiz liebt man es, ein Stück Würfelzucker auf der sogenannten Pernodgabel durch das zugegebene Wasser in das Getränk schmelzen zu lassen.

**Persiko**
Italienischer Likör, dessen Extrakt aus bitteren Mandeln und Pfirsichkernen hergestellt wird.

**Peter Heering**
Dieser beliebte dänische Kirschlikör, vor einigen Jahren noch als Cherry Heering bekannt, wurde erstmals im Jahre 1818 von Peter Frederik Suhm Heering in Kopenhagen hergestellt.
Peter Heering, einer der vier Söhne eines Roskilder Steuereinziehers, wurde 1792 geboren. Mit 14 Jahren ging er in einem Kopenhagener Lebensmittelgeschäft in die Lehre, und die Frau seines Lehrherrn soll ihm das Rezept für den Kirschlikör gegeben haben. Am 1. Dezember 1818 eröffnete Peter Heering sein eigenes Lebensmittelgeschäft auf der Christianshavn-Insel in der Kopenhagener Stadtmitte, in dem er auch den selbstgemachten Kirschlikör verkaufte. Der Likör fand schnell Anklang, und besonders Seeleute, die zu seinen Hauptkunden zählten, priesen das Getränk. Ein Offizier der dänischen Marine wurde Heerings erster Agent, als er den Likör nach Westindien ausführte. Bald war Peter Heering so erfolgreich, daß er ein eigenes Schiff bauen konnte, um damit den Exportmarkt zu erobern. Schließlich gehörten ihm nicht weniger als zehn Schiffe, und im Zuge der weiteren Ausbreitung verlegte er sein Geschäft 1838 in ein Haus am Christianshavn-Kanal. Während der Wirtschaftskrise in den 50er Jahren entschloß er sich, sein Geschäft auf die Herstellung des inzwischen weitbekannten Kirschlikörs zu beschränken. Als Peter Heering 1875 starb, übernahm sein Sohn Peter das internationalen Ruhm genießende Geschäft.

Heute ist Peter Heering in 144 Ländern erhältlich. Er wird noch stets nach dem Geheimrezept von 1818 von der Familie Heering hergestellt, doch die Produktionsstätte wurde 1978 von Peter Heering, Vertreter der fünften Generation der Familie Heering und Besitzer der Firma, von dem ursprünglichen Wohnsitz nach Dalby etwa 60 Kilometer südlich von Kopenhagen verlegt. Der alte Wohnsitz am Christianshavn-Kanal wurde in ein Museum umgewandelt, in dem alte Pressen, Fässer, Gläser und andere Objekte der Spirituosenindustrie besichtigt werden können.
In Dalby werden die dunklen, fast schwarzen Kirschen aus eigenen, speziell angelegten Plantagen in Südseeland verarbeitet. Beim Mahlen des Fruchtfleisches wird ein Teil der Kerne zerdrückt, dadurch erhält der Likör einen herben Geschmack. Der Kirschmost wird dann vergoren und der „Wein" unter Zugabe von neutralem Alkohol destilliert. Der fertige Likör wird in Eichenfässern, die je 11 000 Liter fassen, zur Reife gebracht und schließlich auf 24 Volumprozent Alkoholgehalt reduziert.
Außer dem bekannten Kirschlikör stellt die Firma Peter Heering noch einen Kümmel her, der unter der Bezeichnung Cumin Liquidum Optimum Castelli oder „Der beste Kümmel Likör in der Burg" auf den Markt gebracht wird. Die Firma produziert auch einen als CLOC bekannten Curaçao-Likör sowie den beliebten Kahlúa (s. d.), für dessen Herstellung sie die Lizenz des Hauptunternehmens in Mexiko besitzt.

**Pfefferminzlikör**
Ein Likör, der aus Pfefferminzöl oder -destillat hergestellt wird. Pfefferminzlikör kommt in grüner und weißer Farbe in den Handel. Man serviert Pfefferminzlikör im Likörglas oder in einer kleinen Schwenkschale. Der grüne Pfefferminzlikör ist als Frappé sehr beliebt.

**Pflümli**
Obstbranntwein, aus Pflaumen gewonnen. Pflümli ist besonders in der Schweiz und im Elsaß beliebt, wird aber auch in Deutschland hergestellt.

**Picon**
Gekräuterter französischer Aperitif, der rot, weiß oder als Bitteraperitif auf den Markt kommt.

**Pimento Dram**
Dunkelroter westindischer Likör, der auf der Basis von Rum unter Zugabe von Pimentbeeren hergestellt wird.

**Pimm's No 1 Cup**

Die beliebte englische Spezialität Pimm's No 1 Cup wurde von James Pimm, dem Letzten einer alteingesessenen Londoner Gastronomenfamilie, im Jahre 1841 erstmals hergestellt.

James Pimm verkaufte das Getränk in seiner bekannten Oyster Bar in der City von Westminster. Nach seinem Tod wurde das bis heute geheimgehaltene Rezept geschäftlich genutzt. Zuerst lieferte man das nun in Flaschen abgefüllte Getränk an Londoner Restaurants und Bars. Dann, mit steigender Nachfrage, wurde Pimm's No 1 Cup von einer privaten Gesellschaft, die die Herstellung durchführte, auch über Englands Grenzen hinaus versandt. Wenig später, 1898, wurde Pimm's No 1 Cup auf dem Nil nach dem Sudan verschifft. Sir Horatio David Davies, der 1897 bis 1898 Londons Bürgermeister war, kaufte die Gesellschaft und gründete die heute so berühmte H. D. Davies & Co. Ltd.

Allgemein bekannt ist, daß Pimm's No 1 Cup auf Gin-Basis hergestellt wird. Das genaue Rezept ist jedoch nur sechs leitenden Angestellten der Firma bekannt. Diese sechs Geheimnisträger überwachen auch die Niederlassungen in Kanada, Frankreich und Australien. Etwa Dreiviertel der Gesamtproduktion wird ins Ausland exportiert. Australien gilt als größter Konsument, und daher dürfte es wohl nur zu verständlich sein, daß die Firma dazu übergegangen ist, Pimm's No 1 Cup in Australien auch in Dosen auf den Markt zu bringen. — In Deutschland ist der erfrischende Pimm's No 1 Cup in allen guten Bars anzutreffen. Das Getränk, oft als Lieblingsgetränk der englischen Königin gerühmt, kann je nach Wunsch mit Sprudel, Ginger-Ale, Orangen- oder Zitronenlimonade aufgefüllt werden. Beliebt ist die Zugabe einer dünngeschälten Gurkenschale, die sich wesentlich auf den Geschmack auswirkt.

In England wird häufig eine Spirituose dem Pimm's zugegeben. Im Laufe der Jahre haben sich verschiedene Varianten eingebürgert, die in der Bar folgendermaßen bezeichnet werden:

Pimm's Cup No 2 — mit Whisky; Pimm's Cup No 3 — mit Weinbrand; Pimm's Cup No 4 — mit weißem Rum; Pimm's Cup No 5 — mit Wodka.

**Pineau des Charentes**

Ein Qualitätslikörwein aus Frankreich, dessen Rezeptur rein zufällig im Jahre 1580 auf einem Landgut in der Nähe von Burie im Cognacgebiet entdeckt wurde.

Der Besitzer des Landgutes, der Lagerfässer für neuen Wein brauchte, füllte diesen in Fässer, in denen sich vergessene Weinbrandreste befanden. Später, als er ahnungslos den Wein probierte, bezeichnete er ihn als ungenießbar und versiegelte die Fässer, um sie vorerst zu lassen, wo sie waren. Im folgenden

Jahr, als er die Fässer benötigte, war er von dem Aroma seines Weines so beeindruckt, daß er kurzerhand erklärte, daß in seinem Keller ein Wunder geschehen sei.
Pineau wurde schnell das Lieblingsgetränk der Winzer in der Charente. Er wurde von Ludwig XIII. als „Vertreiber schlechter Launen“ gepriesen, und Ludwig XVI. empfahl ihn als „Medizin gegen Verstopfung“.
Im Jahre 1935 erhielt Pineau des Charentes Appellation-Contrôlée-Status; er wird demnach im gesetzlich festgelegten Cognacgebiet hergestellt und darf nur aus frischem Traubenmost bestimmter Rebsorten und aus Cognac gewonnen werden, und zwar noch während der Weinlese. Cognac und Most müssen dabei von demselben Winzer oder von derselben Genossenschaft sein. Die Mostgärung wird durch Hinzufügung von lange gelagertem Cognac unterbrochen. Dadurch erhält Pineau des Charentes einen Alkoholgehalt von rund 17 Volumprozent. Er muß mindestens zwei Jahre in Fässern aus Limousin-Eiche lagern und reifen. Danach hat er eine Laboranalyse und eine Geschmacksprüfung zu bestehen.
Getrunken wird Pineau des Charentes als Aperitif, leicht gekühlt, oder als Likör nach dem Essen.

**Pisang Ambon**
Unter dieser Bezeichnung kommt ein Bananenlikör auf den Markt, der seinen Namen einer Bananenart, die in Indonesien und insbesondere auf der kleinen tropischen Insel Ambon gedeiht, verdankt.
Der tropisch-grüne, mit Kräutern gewürzte Likör hat einen Alkoholgehalt von 22 Volumprozent. Er wird von der Firma Heukes, einem der drei führenden Spirituosenunternehmen der Niederlande, hergestellt und in Flaschen, die an indonesische Tempel erinnern sollen, in den Handel gebracht.

**Pisco**
Ein weinbrandähnliches Destillat, das aus den im Ica-Tal nahe der peruanischen Hafenstadt Pisco wachsenden Muskatellertrauben hergestellt wird. Für den Export läßt man Pisco in porösen Tontöpfen reifen. In nachgebildeten altperuanischen Figurengefäßen wird er dann verkauft. Pisco wird unter gleichem Namen in Chile und Argentinien gebrannt und verkauft, aber nicht exportiert.

**Plym-Gin**
Plym-Gin wird in Lizenz und unter Kontrolle des Hauses Coates & Co. von der Distilleria Stock Import GmbH in Unterföhring bei München hergestellt. Der Na

me ist warenzeichenrechtlich geschützt. Der Dominikanermönch, die Symbolfigur der Marke, erinnert an die Black Friars in Plymouth. Auf dem Boden, auf dem ehemals das Kloster der Mönche stand, hat Coates & Co. die Destillerie errichtet, in der der bekannte Gin seit 1793 gebrannt wird. Der Alkoholgehalt beträgt 40 Volumprozent.

**Portwein**

Portwein, der als bester und beliebtester aller Südweine gilt, stammt aus den Tälern des Flusses Douro in Portugal. Über zwanzig verschiedene Rebsorten, darunter auch Malvasia- und Moscatelzüchtungen, klammern sich an steile Hänge, die durch mühsam in Schiefer gesprengte Terrassen urbar gemacht wurden. Zusammenhängende Rebflächen wie am Rhein oder an der Mosel sieht man kaum. Scheu strecken die Weinstöcke aus dem Gestein ihre Blätter dem Licht entgegen und schicken ihre Wurzeln durch den im Laufe der Jahre bröckelig gewordenen Schiefer, der sich im Douro-Bezirk Nordportugals fast senkrecht spalten läßt, bis zu zwölf Meter tief ins Erdreich, um alles aufzunehmen, was ihnen die unbarmherzige Natur gerade noch gibt. Diese merkwürdige Landschaft, über der sich bis spät in den Herbst hinein ein wolkenloser blauer Himmel spannt, ist von blühenden Weingärten umgeben, aus denen Jahr für Jahr eine Fülle preisgünstiger und doch sehr ansprechender Weine kommt. Und trotzdem mühen sich die Winzer an den Hängen des Douro ab.

Der Weinbau am Douro wäre ein wirtschaftlicher Unsinn, wenn man den gleichen Wein irgendwo anders unter günstigeren Bedingungen ernten könnte. Man hat es versucht. Es ist nie gelungen. Die Natur selbst begrenzte die Anbaumöglichkeiten, und bereits 1756 bestimmte ein portugiesisches Gesetz, aus welchem Gebiet die Trauben für den Portwein kommen durften. Die Winzer am Douro müssen einen höheren Preis fordern als jeder andere Winzer in Portugal, sonst lohnt sich die ungewöhnliche Mühe nicht. Dieser höhere Preis, der anstandslos akzeptiert wird, kann aber zum Strecken der eigenen Weine mit billigeren Weinen aus anderen Gebieten verführen.

Die Begrenzung des Portweinareals allein ist kein Mittel gegen solche Verfälschungen. Daher führte man mit ihr zusammen ein lückenloses Kontrollsystem ein, das den Wein von der Rebe bis zur Verschiffung in Schutzhaft gegen jede Mesalliance nimmt. Diese gesetzlichen Bestimmungen gelten in ergänzter Form bis auf den heutigen Tag. Es sind wohl die strengsten Weingesetze, die es auf der Welt gibt. Portwein gehört zu den Hauptausfuhrgütern Portugals, und man kann sich eine Gefährdung des jahrhundertealten Rufes, den dieser Wein in aller Welt genießt, einfach nicht leisten.

Die Vorschriften sind in ihrer Art jedoch ganz anders als zum Beispiel die deutschen Weingesetze. Die Begründung liegt in der Art und in dem eigentümlichen Werdegang des Portweins, der zwei bis drei Jahre braucht, bis er das Lager verlassen darf. Weitere sieben Jahre gilt er als junger Wein, und erst mit zehn Jahren darf er die Bezeichnung „alt" tragen.

Ein halbes Jahr nach der Lese bringen die Winzer den noch unfertigen Wein mit ihren malerischen Barken in die riesigen Läger von Vila Nova de Gaia, der Stadt am linken Douroufer gegenüber von Porto. Wer nach Vila Nova de Gaia liefern will, muß Mitglied des „Hauses des Douro" sein, seine Richtlinien befolgen und seine Kontrollen erlauben. Nach strengen Prüfungen werden vom Haus des Douro jedes Jahr erneut die Weinmengen festgesetzt, die jeder Winzer von seiner Gesamternte zur Portweinverarbeitung verwenden darf. Nur für die zugelassene Menge erhält der Winzer eine Transitbescheinigung, ohne die der Wein weder das Dourogebiet verlassen noch in die Läger von Vila Nova de Gaia aufgenommen werden darf. Auch in der Vila Nova de Gaia beugen strenge Bestimmungen jeder Verfälschung oder Qualitätsminderung des Portweins vor. Jeder Portweinexporteur muß Mitglied des Grémio dos Exportadores de Vinho do Porto sein und gewissenhaft alle Auflagen dieser Vereinigung erfüllen. Darüber hinaus führt man an neutraler Stelle über alle Weinmengen, die bei den Exporteuren ein- und ausgehen, laufend Buch. So läßt sich der Weg jeder Pipe (Bezeichnung für das typische, röhrenartige Portweinfaß, 1 Pipe = 534 Liter) vom Winzer bis zum Exporteur genau verfolgen. Schwarzlieferungen käme man sofort auf die Spur.

Die Arbeit des Hauses des Douro und der Vereinigung der Portweinexporteure faßt eine weitere Instanz, das Instituto do Vinho do Porto in Porto, zusammen. Diese halbstaatliche Institution betreibt u. a. eine intensive Weinforschung. Es setzt jedes Jahr die Mostmengen fest, die zu Portwein verarbeitet werden dürfen, und kontrolliert die Läger. Vor allem aber prüft man jede Portweinpartie, die zum Export kommt, auf Qualität und Alter. Erst wenn die Chemiker und die Weinprobierer übereinstimmend die Exportfähigkeit feststellen, erhält der Exporteur ein staatliches Ursprungszeugnis, ohne das kein Portwein Vila Nova de Gaia verlassen darf.

In Fässern aus Kastanienholz und aus baltischer Eiche wird der Portwein gelagert. Die besten Fässer bestehen aus baltischer Eiche. Dieses Holz erhielt man früher über den deutschen Hafen Memel, und noch heute spricht man von Memelholz. Während der Lagerung erhält der Wein einen Zusatz von reinem Traubendestillat, bis er einen Alkoholgehalt von mindestens 20 Volumprozent erreicht hat.

Bevor man Portwein ausschenkt, soll die Flasche einige Stunden aufrecht stehen, damit der im Laufe der Jahre gebildete Satz zu Boden sinkt. Der Satz ist zwar im Geschmack neutral, wirkt aber im Glas weniger schön. Ein auf der Flasche gealterter Wein, ein sogenannter Vintage, der nach zwei-, höchstens dreijähriger Faßlagerung in der Flasche weiterreift, sollte eine Stunde vor Genuß in eine Kristallkaraffe umgefüllt werden. Ein roter Portwein muß sich langsam an die Zimmertemperatur gewöhnen. Einen weißen Portwein, der einen geringeren Extraktgehalt hat und dem das feine Aroma fehlt, bringt man wie deutsche Weißweine kellerkühl auf den Tisch.
Das Portweinetikett ist leicht zu lesen, wenn man sich einige englische und portugiesische Ausdrücke merkt. In England wurde schon immer mehr Portwein getrunken als in anderen Ländern. So haben sich verschiedene englische Bezeichnungen derart eingebürgert, daß man sie sogar auf sonst deutschsprachigen Portweinetiketten findet.
Nur die weißen Portweine tragen meist das Wörtchen weiß (branco oder white) auf dem Etikett. Diese Sammelbezeichnung wird bei roten Portweinen durch die Deklarationen des speziellen Farbtones gekennzeichnet.

| | | |
|---|---|---|
| Dunkelrot | port.: Retinto | engl.: Full |
| Rot | port.: Tinto | engl.: Red oder Medium Full |
| Rubinrot | port.: Tinto Aloirado | engl.: Ruby oder Medium |
| Lohfarben | port.: Aloirado | engl.: Tawny |
| Hell-lohfarben | port.: Aloirado Claro | engl.: Light Tawny |

Bei weißen Portweinen kennt man noch folgende Bezeichnungen:

| | | |
|---|---|---|
| Mattweiß | port.: Branco-Palido | engl.: Pale White |
| Strohfarben | port.: Branco-Palha | engl.: Straw Coloured |
| Goldfarben | port.: Branco-Doirado | engl.: Golden White |

Über die Geschmacksrichtungen geben bei den Normaltypen meistens die folgenden Standardbezeichnungen genaue Auskunft:

| | | |
|---|---|---|
| Extra trocken | port.: Extra-Seco | engl.: Extra Dry oder Very Dry |
| Trocken | port.: Seco | engl.: Dry |
| Halbtrocken | port.: Meio-seco | engl.: Dry Finish oder Medium Dry |
| Halbsüß | port.: Meio-doce | engl.: Medium Sweet |
| Süß | port.: Doce | engl.: Rich oder Sweet |
| Sehr süß | port.: Muito Doce | engl.: Very Sweet |

In der Bar findet Portwein vielfache Verwendung. Zum Mixen wird er hauptsächlich für Flips verwendet. Eine gute Bar hat stets mehrere Sorten vorrätig,

z. B. Delaforce, Menéres, Offley, Sandeman usw. Portwein wird im Südweinglas (50 g) serviert. Zu empfehlen sind Gläser, die sich nach oben hin verjüngen; sie fassen die Duftfülle am besten zusammen. Gläser mit weit ausladenden Rändern lassen den Duft nach allen Seiten verströmen und bringen den Kenner um einen guten Teil des Genusses.

**Pott**
Ausgezeichnete Rumprodukte bringt das im Jahre 1848 gegründete Rumhandelshaus H. H. Pott Nfgr. in Flensburg-Rintelen auf den Markt.

**Pruneau**
Klarer, hocharomatisierter französischer Pflaumengeist.

**Pruneau au Armagnac**
In pokalartigen Gläsern mit Schraubverschluß werden getrocknete französische Pflaumen, die in Armagnac aufgequollen sind, verkauft.

**Prunellenbranntwein**
Ein hauptsächlich im Schwarzwald aus dem Nektarinenpfirsich oder auch aus einer Pflaumenart, die Zibarte genannt wird, hergestellter Obstbranntwein.

**Punt e Mes**
Name eines bekannten italienischen Aperitifs aus dem Hause Carpano (s. d.), der erstmals 1786 von Antonio Benedetto Carpano hergestellt wurde.
Carpano verkaufte seinen auf Weißwein basierenden und mit verschiedenen Kräuterauszügen aromatisierten Aperitif in seiner Gaststätte an der Piazza Castello in Turin. Das Lokal wurde bald der Treffpunkt der Turiner Gesellschaft, und an einem Börsentag im Jahre 1870, als die Carpano-Produktion unter der Leitung von Guiseppe Bernardino Carpano stand und eine Gruppe von Maklern sich in der Gaststätte zum täglichen Essen traf, wurde über die leichten Tagesschwankungen der Aktienkurse von 1½ Punkten diskutiert. Einer der Makler, der einen Aperitif mit etwas Bitter gemischt bestellen wollte, rief gedankenverloren in seinem Piemonteser Dialekt: „Un punt e mes" — ein Punkt und einen halben. Der Markenname des herbsüßen Aperitifs war somit geboren.
Punt e Mes wird heute in mehr als 100 Ländern verkauft. In der Bundesrepublik Deutschland wird das Produkt von der Weinbrennerei Jacobi KG mit Sitz in Weinstadt vertrieben.

**Puschkin**
In Deutschland hergestellter Wodka, der mit 40 und 50 Volumprozent Alkoholgehalt in den Handel kommt.

**Pulque**
Dieses mexikanische Getränk geht noch auf die Azteken zurück, bei denen es göttliche Verehrung genoß. Hergestellt wird es aus dem Saft der mexikanischen Agave, einer kaktusähnlichen Pflanze. Dieser Saft wird von den Mexikanern Aguamiel (Honigwasser) genannt. Zunächst wird eine größere Portion vergoren, dann wird frisches Aguamiel hinzugesetzt, das nun eine kurze und stürmische Gärung durchmacht.
Das Endprodukt muß frisch getrunken werden.

**Queen Anne**
Bekannte schottische Whiskymarke, die von der im Jahre 1793 gegründeten Firma Hill Thompson & Co. Ltd. in Edinburgh mit 43 Volumprozent Alkoholgehalt auf den Markt gebracht wird.

**Quellwasser**
Es ist Wasser, das seinen Ursprung in einem unterirdischen Wasservorkommen hat und aus einer oder mehreren natürlichen oder künstlich erschlossenen Quellen gewonnen worden ist. Bei der Herstellung wird es keinen Verfahren oder lediglich Verfahren wie Abtrennen von Eisen- und Schwefelverbindungen, Entzug der freien Kohlensäure und Versetzen bzw. Wiederversetzen mit Kohlendioxyd unterworfen.
Die genauen Vorschriften und Bedingungen für Quellwasser sind in der Mineral- und Tafelwasser-Verordnung vom 1. August 1984 enthalten.

**Quetsche**
Im Elsaß und in Luxemburg kommt Zwetschgenwasser unter der Bezeichnung Quetsche in den Handel.

**Quinine Water**
Ein bittersüßes, mit Chinarinde aromatisiertes, stark kohlensäurehaltiges Wasser, das meistens unter der Bezeichnung Tonic Water in den Handel kommt. Es wird hauptsächlich als Zusatz zu Gin gegeben.

**Raki**

Türkischer Branntwein, der laut Gesetz nur aus Trauben- oder Rosinenwein gebrannt werden darf. Das hochprozentige Weindestillat der ersten beiden Brenngänge wird mit Wasser verdünnt und nach einem Zusatz von Anissamen ein drittes Mal abdestilliert. Danach wird es auf Trinkstärke herabgesetzt und einige Monate gelagert. Man verdünnt Raki mit zwei bis drei Teilen Wasser, wobei sich das farblose Destillat milchig-trüb verfärbt.
Raki, die Bezeichnung wird im Mittleren Osten für fast alle Alkoholsorten angewandt und entspricht in etwa der deutschen Bezeichnung Schnaps, gilt als reines Aperitifgetränk.
Die bekannten Marken sind: Yeni Raki mit 45 Volumprozent Alkoholgehalt und Club Raki mit 50 Volumprozent Alkoholgehalt.
Der sogenannte Incir Raki ist ein aus Datteln oder Feigen destilliertes Getränk und gilt als zweitklassig.

**Raspberry Brandy**

Englische Bezeichnung für Himbeerlikör.

**Red Hackle**

Schottischer Whisky, den die Firma Hepburn & Ross Ltd. in Glasgow mit 43 Volumprozent Alkoholgehalt auf den Markt bringt.

**Rémy Martin**

Die bekannte Cognacmarke Rémy Martin wird von der im Jahre 1724 gegründeten Firma E. Rémy Martin & Co. mit der Bezeichnung „V.S.O.P.“, „Fine Champagne“ auf den Markt gebracht.

**Ricard**

Die Firma Ricard, Hersteller des bekannten Pastis gleichen Namens, wurde 1938 von Paul Ricard in Sainte Marthe, einem Vorort von Marseille, gegründet. Paul Ricard, der Sohn eines Weinhändlers, wollte Maler werden. Doch eines Tages, als er mit seinem Vater in der Provence spazierenging, machte er die Bekanntschaft eines Schäfers, der ihm die Rezeptur eines mit Anis und Kräuterauszügen aromatisierten alkoholischen Getränks gab, welches seinen weiteren Lebenslauf bestimmen sollte.
Paul, gerade 18 Jahre alt, experimentierte mit der Rezeptur, um das Getränk geschmacklich zu verbessern, und 1938, in dem Jahr, in dem die französische Regierung ihm die Erlaubnis erteilte, das Getränk auf kommerzielle Weise

herzustellen, verkaufte er nicht weniger als 3½ Millionen Flaschen seines Pastis.
Als der zweite Weltkrieg ausbrach und die Produktion von Pastis mit der Begründung, daß Alkohol zur Herstellung von Munition unerläßlich sei, verboten wurde, begab sich Ricard in die Camargue, um sich in dem weithin berühmten und von ihm geliebten Marschland der wilden Schimmel als Pionier im Reisanbau zu betätigen.
Unmittelbar nach dem Kriege nahm der Verkauf des Aperitifs Ricard außerordentlich stark zu und dies trotz einer Kampagne gegen den Alkoholgenuß, die es der Firma nicht gestattete, ihr Produkt durch Anzeigen dem Publikum vorzustellen. Paul Ricard ließ sich billigere und zugleich wirksamere Methoden einfallen, um seinen Pastis ins Gespräch zu bringen und zu halten. Eine seiner erfolgreichsten Reklamen war, den Händlern in Marseille seinen Aperitif auf Kamelen zu liefern. Bei einem solchen Einfallsreichtum eines Unternehmers war es nicht verwunderlich, daß die Firma Ricard schließlich die Hälfte aller Aperitifs, Spirituosen und Liköre, die in Frankreich hergestellt werden, aus eigener Produktion liefern konnte.
Paul Ricard setzte sich 1968 zur Ruhe, um den Rest seines Lebens Bullen in der Camargue zu züchten und sich auf Bendor, der firmeneigenen Insel im Mittelmeer, zu erholen.
1971 kam der Zusammenschluß mit Pernod (s. d.), doch Ricard wird als separate Marke mit der Empfehlung, ihn nach Marseiller Art zu genießen, angeboten. Bei der Marseiller Art kommen fünf Teile Wasser auf einen Teil Ricard. Wem der charakteristische Geschmack von Ricard neu ist, dem wird empfohlen, ihn mit Bitter Lemon, Tonic oder Fruchtsaft gemischt zu trinken.

**Riemerschmid**
Die Firma Anton Riemerschmid, eine der bedeutendsten Spirituosenimportfirmen und ein Spirituosenproduzent in der Bundesrepublik Deutschland, geht auf das Jahr 1835 zurück.
Der aus Burghausen stammende Anton Riemerschmid trat, als die erste deutsche Eisenbahn zwischen Nürnberg und Fürth eine neue Ära im Verkehrswesen einläutete, als Teilhaber in die „Königlich Bayerische Privilegierte Weingeist-, Spiritus-, Likör- und Essig-Fabrik Tipp & Vigl“ in der Münchener Herrnstraße ein, die von da an von ihm geführt wurde und heute in der fünften Generation im Familienbesitz ist.
Mit der Verlegung der Fabrik auf die Praterinsel in der Isar im Jahre 1869 hielt auch die wissenschaftliche Verfahrenstechnik Einzug in den Riemerschmidschen Produktionsablauf. Die in der 1879 erbauten Essigfabrik angewandten

Methoden erregten bei den Fachleuten ebenso großes Aufsehen wie bei bedeutenden Wissenschaftlern vom Range eines Justus Liebig oder Max von Pettenhofer. So zeigte sich schon in den Anfängen des Unternehmens der bis auf den heutigen Tag bestehende Drang der Riemerschmids zum Forschen und Experimentieren.
Nach dem Zusammenbruch im Jahre 1945 trat Heinrich Riemerschmid als Teilhaber ins väterliche Geschäft ein. Er hatte nicht nur maßgeblichen Anteil am Wiederaufbau des Unternehmens nach dem Krieg und der Modernisierung und Rationalisierung des Betriebs, sondern in erster Linie das unternehmerische Gespür dafür, daß die entscheidenden Impulse zur marktwirtschaftlichen Orientierung des Unternehmens nach dem Zusammenbruch der deutschen Wirtschaft nur aus dem Ausland kommen konnten. Seine Reisen in die Schweiz und vor allem in die USA brachten ihm neue Erkenntnisse über produktionstechnische Verbesserungen und moderne Absatzmöglichkeiten, die er rasch in die Tat umsetzte und die den Grundstein für das heutige weltweite Exportgeschäft bilden.
Heinrich Riemerschmids besonderes Verdienst ist es zweifellos, typisch einheimische Getränke in fernen Ländern genauso populär gemacht zu haben wie ausländische Spezialitäten auf dem Inlandsmarkt.
Zu den zahlreichen Riemerschmid-Marken, die heute in alle Welt gehen, gehören allen voran „Escorial", „Oberbayerischer Gebirgsenzian" und „Sangrita". Das eigene Sortiment wird seit Jahren durch den Import ausländischer Spezialitäten bereichert. So war Riemerschmid der erste Importeur von „Tequila", und mit „Pitu", einem brasilianischen Zuckerrohrschnaps, gelang es dem Pionier von der Praterinsel, dem deutschen Verbraucher eine weitere Spezialität anzubieten.
Eine der originellsten Produktionsentwicklungen brachte Heinrich Riemerschmid mit den „Alkotropics" auf den Markt. Hierbei handelt es sich um alkoholveredelte Früchte, die als eigene und völlig neue Produktart in dem Spirituosenterzett „Bananavit", „Känguruh" und „Amazona" zusammengestellt wurden.
Im Zuge seiner Expansionspolitik, mit der er die Stammfirma Anton Riemerschmid auf eine breitere Basis stellte, übernahm Heinrich Riemerschmid im Jahre 1965 die Georg Hemmeter Weinbrennerei mit den Produkten „Enzian", „Santa Crux", „Bayerischer Kräuterlikör" und „Grantler", im Jahre 1971 die Donath-Kellerei, ein Unternehmen, welches ausschließlich reine Fruchtsäfte unter den Namen „Marama", „Xuxudo", „Domango" und „Maracuja" auf den Markt bringt, und im Jahre 1975 die Wolfra-Kelterei mit den Johannisbeer-, Apfel-, Orangen-, Grapefruit-, Trauben- und Sauerkirschsäften.

**Robbie Burns**
Schottischer Whisky, der seinen Namen dem schottischen Nationaldichter Robert Burns verdankt. Hergestellt wird dieser Whisky von der Donald Greenlees Distillery in Leith.

**Rocher**
Das 1705 zur Regierungszeit Ludwigs XIV. gegründete Haus Rocher ist die älteste Likördestillerie Frankreichs. Die Destillerie steht noch heute nahe dem Rhonetal in dem kleinen Städtchen La Côte-Saint-André (Isère). Hier in diesem Obstgarten Frankreichs wachsen auch die köstlichen Früchte, die das Haus Rocher für folgende Liköre verwendet:

„Cherry Rocher“
„Blackberry“
„Curaçao Triple Sec“
„Anisette“
„Crème de Menthe“
„Peach Brandy“
„Apricot“

**Roner's**
Ein Destillat aus Williams Christbirnen, hergestellt und abgefüllt von der Brennerei Roner in Tramin, Südtirol.

**Ron Q**
Name eines Puerto-Rico-Rums, der von dem größten Rumproduzenten Puerto Ricos, der Destilleria Seralles Inc. in Mercedita, in unterschiedlichen Qualitäten produziert wird.
Hauptumsatzträger ist die Sorte „Ron Q White“, ein weißer Rum mit ungewöhnlich mildem, lieblichem Geschmack. Ein weiterer Rum des Familienunternehmens, der ebenfalls aus dem Zuckerrohr eigener Plantagen hergestellt wird, ist „Ron Q Gold“.
Die Flensburger Hansen-Gruppe vertreibt die faßgelagerten Ron-Q-Qualitäten mit einem Alkoholanteil von 40 Volumprozent für die Bundesrepublik Deutschland.

**Ronrico**
Weißer Rum der Ronrico Corporation in Arecibo, Puerto Rico. Alkoholgehalt 45 Volumprozent.

**Royal Mint-Chocolate Liquor**

Name eines Likörs von ausgezeichneter Qualität, der auf Schokolade und Pfefferminz basiert und von Peter Hallgarten erstmals 1966 hergestellt wurde. Peter Hallgarten, der Sohn eines deutschen Rechtsanwalts, qualifizierte sich als Apotheker in London und Zürich, bevor er sich als Weinhändler selbständig machte. Sein besonderes Interesse gilt der Zusammenstellung verschiedener Liköre. Mit seiner Frau, die Hobbyköchin ist, experimentierte er in der zu einer Versuchsanstalt umgewandelten Küche seiner Londoner Wohnung, um neue Gerichte und Getränke zu kreieren. Fast zwei Jahre erprobte er die Rezeptur aus Schokolade und Pfefferminz, die in verschiedenen Zusammenstellungen als Pudding, Speiseeis und anderen Nachspeisen Verwendung fand. Als er eines Tages ein Getränke probierte, welches er die Woche zuvor hergestellt hatte, war er erstaunt über dessen delikaten Geschmack und angenehme Frische. Er nannte den Likör Royal Mint-Chocolate und bot ihn zum Verkauf an. Der unmittelbare Erfolg veranlaßte ihn, mit anderen Rezepturen zu experimentieren, und zwei Jahre später kam der Royal Orange-Chocolate Liqour auf den Markt. Heute werden weitere Liköre, die auf der Basis von Bananen, Kirschen, Zitronen, Himbeeren und Ginger nach geheimen Rezepten in Frankreich hergestellt werden, auf den Markt gebracht.

**Rum**

Christoph Kolumbus entdeckte auf seiner Suche nach einem Seeweg nach Indien ein paar einsame Inseln im Karibischen Meer, die er Westindien nannte. Diese Inseln wurden zu spanischen Kolonien, und spanische Siedler waren es, die Zuckerrohr, ein schilfartiges Gewächs, welches besonders gut in subtropischen Gebieten gedeiht, anbauten. Ob es die Siedler waren, die den ersten Rum brannten, oder ob die Sklaven auf den Zuckerrohrplantagen auf die Idee kamen, bei vergorenem Zuckerwasser ihr hartes Los zu vergessen, läßt sich heute nicht mehr feststellen. Fest steht nur, daß die Existenz des Rums erstmals vor etwas über 300 Jahren, als britische Seeleute nach Westindien kamen, registriert wurde. Die Briten nannten das hochprozentige Getränk „Killdevil“ (Teufelstöter). Über die Entstehung des Namens Rum gibt es verschiedene Erklärungen. Eine besagt, daß es sich um eine Abkürzung des englischen Rumbullion handele, was soviel wie Aufruhr heißt. Eine andere Erklärung stützt sich auf das malaiische Wort Brum, das die Bedeutung von Branntwein oder Likör haben soll.

Wie kaum eine andere Spirituose hat der Rum eine eigene Prägung, und auch seine Geschichte läßt an Vieldeutigkeit nichts fehlen. In der Frühzeit der australischen Siedler führte man eine „Rumwährung“ ein. Rum wurde ein gültiges Zahlungsmittel anstelle von Geld, ein Tauschobjekt im Menschenhandel. Dieses entsetzliche Geschäft geschah in der ersten Hälfte des 18. Jahrhunderts, als die Bewohner von Neuengland in Westindien Melasse kauften, diese in ihrer Heimat zu Rum verarbeiteten, mit Rum in Afrika Sklaven einhandelten, einen Teil der Sklaven wiederum gegen Melasse vertauschten, den Rest der Sklaven auf die eigenen Plantagen mitnahmen und neuen Rum brannten. Der „Three-cornered-Trade“, der „Handel um drei Ecken“, wurde nicht etwa aus menschenfreundlichen Gründen beendet, sondern weil die Auswirkungen auf den westlichen Rumhandel England veranlaßten, seiner Kolonie den Melassehandel zu verbieten.

Gegen 1890 machte sich Mr. Percival H. Greig, der Chefchemiker des Königlich britischen Laboratoriums in Kingston, der Hauptstadt von Jamaika, an die Arbeit, die für die Rumfabrikation günstigste Hefeart herauszufinden. Über 200 Hefekulturen wurden gezüchtet und erprobt. Greig testete 19 verschiedene Rassen. Heferasse Nr. 18 war die beste. Dies war die letzte Mitteilung des Chemikers an das Laboratorium; er war dem Geheimnis der Rumfabrikation auf die Spur gekommen und betätigte sich nun als Rumfabrikant.

Als in Amerika das Prohibitionsgesetz in Kraft trat, wurde Rum zur Basis einer riesigen Schmuggelorganisation. Jahrelang waren 25 Häfen in Mittel- und Südamerika und auf den Westindischen Inseln fast ausschließlich damit beschäftigt, Rum und Branntwein in die Vereinigten Staaten zu schmuggeln. Selbst der kubanische Industriesprit wurde in Rum verwandelt und mit Hilfe der „Rum-Row“-Flotte nach Nordamerika geschmuggelt. Wie sehr Präsident Washington die Überzeugungskraft des Rums einschätzte, beweist die Tatsache, daß er kurz vor seiner Wahl ins Abgeordnetenhaus von Virginia 75 Gallonen Rum unter die Wähler seines Bezirks verteilen ließ.

Rum zum Überleben nahm Defoes Robinson mit auf seine Insel, und Rum zum Sterben brauchte Admiral Nelson. Als er in der Schlacht von Trafalgar gefallen war, brachte man ihn in einem mit Rum gefüllten Sarg nach Hause.

### Die Rumherstellung

Die amtliche deutsche Begriffsbestimmung für Spirituosen definiert Rum als „ein Erzeugnis, das im wesentlichen hergestellt ist aus Zuckerrohr, Zuckerrohrmelasse oder sonstigen Rückständen der Zuckerrohrfabrikation“. Es ist allgemein bekannt, welche zuckerhaltigen Rohstoffe bei der Rumfabrikation eingemaischt werden, die Anteile der einzelnen Stoffe sowie die besondere Art des Herstellungsverfahrens sind Geheimnisse der Brennereien.

Die wichtigsten Rumrohstoffe sind:

Zuckerrohrmelasse
: die nach dem Abpressen des Zuckersaftes verbliebenen Rückstände, die noch 50 Prozent vergärbaren Zucker enthalten.

Skimming (vom englischen to skim = abschöpfen des Schaumes)
: der beim Aufkochen des Zuckersaftes entstehende Schaum.

Dender
: die Schlempe vom letzten Rumbrand; sie besteht aus den entgeisteten Rückständen vorangegangener Destillation.

Früher wurde auch reiner Zuckersaft mit vergoren. Diese kostspielige Methode wird heute kaum noch angewandt. Manche Brennereien sollen der Maische auch noch Kleeblätter, Ananas, Akazienrinde und Zimtäpfel zusetzen. Ob es stimmt, ist nicht nachgewiesen. Die Vergärung der Maische dauert sechs bis zwölf Tage. Für das Entgeisten werden von den größeren Brennereien die modernen „Patent-still"-Geräte benutzt. Der Rum wird bis 80 Prozent und mehr ausgebrannt und in Eichenholzfässern oder auch in neutralen, keine Farbe abgebenden Behältern gelagert. Exportrum wird im Destillatzustand, also mit einem Alkoholgehalt von 76 bis 80 Volumprozent verschifft. Durch Zuckerkulör erhält das ursprünglich farblose Destillat seine charakteristische Bräune. Seinen eigentlichen Geschmack bekommt das kalorienreiche Getränk durch den reichen Bestand an freien Ameisen-, Butter-, Essig- und Kaprinsäuren und ihrer Äther.

### Die Begriffsbestimmungen für Rum

Originalrum darf nur ein Erzeugnis genannt werden, das aus dem Ausland eingeführt ist und im Inland keine Veränderungen erfahren hat. Alkoholgehalt 76 bis 80 Volumprozent.
Echter Rum ist die Bezeichnung für Originalrum, der in Deutschland durch destilliertes Wasser auf Trinkstärke (42 bis 43 Volumprozent) herabgesetzt wurde.
Rumverschnitt ist eine Mischung aus Rum und neutralem Sprit, unter Wasserzusatz auf Trinkstärke gebracht. Mindestens ein Zwanzigstel des Alkohols (5 Prozent) der fertigen Spirituose muß aus dem bezeichneten Rum stammen, z. B. Kuba-Rum-Verschnitt oder Jamaika-Rum-Verschnitt.
Alle Verschnitte werden mit Zuckerkulör nachgefärbt. Dieses Verfahren ist nach den Bestimmungen erlaubt.

Deutscher Rum ist ein dem Überseerum ähnlicher Branntwein, der im Inland durch Vergärung von Melasse, Rübensaft und anderen zuckerhaltigen Stoffen hergestellt wird. Mindestalkoholgehalt 38 Volumprozent.

Die Rumsorten

Die Heimat des Rums ist der Raum des Karibischen Meeres mit den Inseln der Antillen. Für viele dieser Inseln ist Rum neben Zucker das wichtigste Exporterzeugnis.

Rum aus Jamaika

Jamaika wird als die Königin der Antillen bezeichnet. Kolumbus entdeckte die Insel 1494. Im Jahre 1655 eroberten die Engländer Jamaika. Die Insel wurde zum internationalen Treffpunkt der Seeräuber und später zum führenden Sklavenmarkt der Welt. Durch die Sklavenbefreiung im Jahre 1833 erlebte die Insel den wirtschaftlichen Zusammenbruch.
Jamaika-Rum ist meist dunkel, hat ein ausgeprägtes Aroma und gehört zu den berühmtesten Rumsorten der Welt.
Man hat Jamaika-Rum in drei Handelsklassen eingeteilt:

1. Common Clean (oder Local Trade Quality)
   ein Produkt von neutralem Charakter, das hauptsächlich an Ort und Stelle getrunken wird.
2. Hometrade Quality
   Ein unverschnittener, dunkler und schwerer Rum, der auf den Geschmack des englischen Verbrauchers zugeschnitten ist.
3. High Continental (oder German Flavour)
   Ein Rum, der für das europäische Festland, speziell seit vielen Jahren für Deutschland hergestellt wird. Sein Aroma übersteigt das des Normalrums um das Zwanzigfache. Er wird fast ausschließlich für Verschnittzwecke verwendet.

Rum aus Kuba

Kuba, die Perle der Antillen, wurde von Kolumbus entdeckt. Nachdem sie den Spaniern, Engländern, Franzosen und Amerikanern unterstellt war, wurde sie 1902 selbständig.
Der leichte, weiße oder goldgelbe Rum, der früher von den Amerikanern bevorzugt wurde, ist im Gegensatz zu Jamaika-Rum trockener, hat weniger Körper und schmeckt etwas herb.

Der bekannteste Kuba-Rum ist der Bacardi, der von Facundo Bacardi in Santiago de Cuba im Jahre 1862 zum erstenmal gebrannt wurde. Nach der Beschlagnahme durch Castro wurde die Firma in Nassau auf den Bahamas neu gegründet.
In Kuba stellt man jetzt einen staatlichen Bacardi als „Carta Blanca“ (weiß) und „Carta de oro“ (goldgelb) her.

### Rum aus Puerto Rico

Puerto Rico wurde im Jahre 1492 von Kolumbus entdeckt. Er ernannte Ponce de Leon zum Gouverneur der Insel, der den ersten Rum getrunken haben soll. Jemand kam auf die Idee, die dunkle Melasse, das sirupartige Nebenprodukt bei der Zuckergewinnung, zu vergären und es mit dem köstlichen Gebirgswasser von Puerto Rico zu vermischen. Als der einsame Gouverneur nach den ersten Schlücken sein Blut wallen spürte, glaubte er, ein Elixier ewiger Jugend zu trinken. Puerto Rico wurde 1898 von den USA den Spaniern zusammen mit Guam und den Philippinen für 20 Millionen Dollar abgekauft.
Der Puerto-Rico-Rum ist herb, leicht und mild. Eine Lagerzeit von sechs Jahren ist üblich, und jeder Verschnitt ist von der Regierung verboten. Bekannte Marken sind: Ronrico, Bacardi „Silver Label“ und Bacardi „Amber Label“.

### Rum aus Barbados

Die Insel Barbados wurde von den Engländern entdeckt und war lange ein beliebter Seeräuberschlupfwinkel. Barbados-Rum ist besonders wegen seines klaren, nicht aufdringlichen Aromas beliebt.
Bekannte Marken sind: „Goddard’s“ und „Mount Gay“.

### Demerara-Rum aus British Guayana

British Guayana wurde zuerst von den Holländern besetzt und im Jahre 1815 von den Engländern erobert.
Der Demerara-Rum wird an den Ufern des Demerara-Flusses gebrannt. Er ist dunkel, schwer, aromareich und hochprozentig. In Kanada wird er als Verschnittrum bevorzugt. Demerara-Rum wird zudem als typischer Navy-Rum bezeichnet. Mit zwei Drittel Wasser vermischt, wurde er an die Matrosen der englischen Marine ausgegeben.

Rum aus Martinique
Die Insel wurde 1502 von Kolumbus entdeckt. Im Jahre 1653 eroberten die Franzosen die Insel, und Napoleons Frau Josephine wurde dort geboren. Martinique-Rum zeichnet sich durch einen leicht süßlichen Geschmack und ein bukettreiches Aroma aus.

Rum von den Virgin Islands
Drei der Jungferninseln wurden 1917 von den USA den Dänen abgekauft. Zwei von ihnen, St. Thomas und St. Croix, produzieren Rum von mittelschwerem Typ und lieblichem Aroma. Das Aroma sollen Pfirsichblätter verursachen, die der Maische zugesetzt werden.
Weitere bei uns weniger bekannte Rumarten sind u. a. Rum aus Haiti, der nach französischer Cognactradition viermal gebrannt wird, der Guadeloupe-Rum und der Rum von der Insel St. Vincent.

**Sabra-Kakteenlikör**
Dieser erfrischende Likör wird in Israel aus den roten Früchten der Sabra-Kakteen, dem Saft von Jaffa-Zitrusfrüchten und verschiedenen Gewürzkräutern hergestellt. In einer gedrungen-bauchigen Flasche mit langem Hals, die eine Nachbildung eines phönizischen Kruges ist, der in Israel gefunden wurde, kommt der süßlich schmeckende rote Likör in den Handel.

**Sake**
In Japan und China schon vor zweieinhalb Jahrtausenden bekanntes, aus geschältem Reis hergestelltes, stark sättigendes Getränk. In Japan gilt Sake als Nationalgetränk. Die Gegend von Fushimi, Kyoto, Nada und Kobe ist das größte Herstellungszentrum für Sake. Die unübertroffene Qualität des in dieser Gegend hergestellten Sake verdankt man dem milden, gleichmäßigen Klima, dem harten und klaren Wasser aus den Granitfelsen des Rokkogebirges und dem Reis der benachbarten Felder, der als der für die Sakeherstellung geeignetste gilt.
Das Herstellungsverfahren ähnelt dem der Rumherstellung, nur daß als Ausgangsstoff nicht eine Zuckerrohrmelasse, sondern eine Reismelasse verwendet wird. Der Reis wird zunächst poliert, gewaschen und gedämpft. Dann wird er in einer heißen Kammer gelagert, wo man Malzsporen hinzufügt, um eine süße Reiskultur zu bekommen. Eine bestimmte Menge dieser Reiskultur wird mit der gleichen Menge gedämpften Reises gemischt, und Wasser sowie Hefe werden hinzugefügt. Dieses Gemisch wird in einem emaillierten Tank zur Gärung gebracht. Um das Volumen zu erhöhen, mischt man noch zweimal in Zwi-

schenräumen weitere Mengen der süßen Reiskultur und gedämpften Reis hinzu. Dann läßt man das Gemisch zur weiteren Gärung 20 bis 25 Tage ruhen. Das Endprodukt wird in einen baumwollenen Beutel gefüllt und mit hydraulischer Presse gepreßt. Dieser frische Sake wird gefiltert, erwärmt und in einem emaillierten Tank 6 Monate lang gelagert. Der so abgelagerte Sake wird dann auf Flaschen gezogen und verkauft.
Sake hat einen Alkoholgehalt von 16 bis 17 Volumprozent.
Man trinkt das hellgelbe, angenehm riechende Getränk meist warm. Angewärmt wird Sake in einem Krug, japanisch Choshi genannt, den man in kochendes Wasser stellt, bis die Temperatur des Sake etwa 45 Grad Celsius erreicht hat. Der erwärmte Sake wird in kleinen Porzellantassen, Sakazukis genannt, oder in kleinen Gläsern serviert. Man kann Sake auch kalt, mit oder ohne Eis trinken.
Bekannte Marken sind „Gekkeihan", „Ozeki", „Schockikulai" und „Hakutruru".

**Samalens**
Das Haus Samalens, bekannt für ausgezeichnete Armagnacs, wurde im Jahre 1882 in Laujuzan im Herzen des Bas Armagnac gegründet.
Samalens hat, durch traditionelle Herstellungsmethoden und durch Selbstbeschränkung bedingt, kleine Kapazitäten. Es hat sich deshalb in erster Linie der Qualität verschrieben. Für die Herstellung der Brände werden nur Trauben aus dem Bas Armagnac verwandt. Die Destillation vollzieht sich unter der Aufsicht von Jean und Georges Samalens, den Besitzern der Firma, und die Brände werden in Eichenholzfässern, die nicht mehr als 400 Liter fassen, gelagert. Als einer der letzten Armagnachäuser benutzt Samelens die traditionelle Stufenlagerung, das heißt, die jüngsten Destillate lagern zwei Jahre lang auf dem Dachboden, die zwei- bis zehnjährigen Brände zu ebener Erde und die ältesten Destillate im Untergeschoß. Geschmack, Geruch und Farbe sind entscheidend dafür, wann die Zeit gekommen ist, das kostbare Destillat in ältere Fässer umzufüllen oder es in ein anderes Stockwerk zu bringen. In den Chaise von Samalens lagern Armagnacvorräte für mehr als zehn Jahre.
Mit besonderer Liebe widmen sich die Gebrüder Jean und Georges Samalens dem Jahrgangsarmagnac. Im Gegensatz zu Cognac darf der Armagnac eine Jahresbezeichnung auf dem Etikett tragen. Zwar zeigt die Jahresangabe, daß die Brände aus einem Jahr stammen, sie gibt jedoch keinen Aufschluß darüber, wie lange die Brände im Faß gelagert haben. Es ist der Kunst und dem Wissen der Kellermeister überlassen, zu entscheiden, wann ein Jahresarmagnac fertig ausgebaut ist und sich nicht mehr verbessert. Er wird dann vom Faß genommen und in Glaskolben gefüllt, wo er sich nicht mehr verändert. In den Kellern von Samalens lagern Jahrgänge aus großen Weinjahren bis zurück

zum Jahrgang 1888, und das Haus Samalens verfügt ohne Zweifel über das größte Angebot von allen Jahrgangsarmagnacs.
Die in der Bundesrepublik erhältlichen Samalens-Armagnacs tragen alle die Herkunftsbezeichnung „Bas Armagnac". Sie werden in der typischen Armagnacflasche, der „Bouteille basquaise", mit 0,7 l Inhalt angeboten. Folgende Qualitäten sind erhältlich:
Samalens V.S.O.P.: ein 6 bis 8 Jahre gelagerter Armagnac;
Samalens Hors d'Age: 10- und 12jährige Destillate werden verwendet, und das Bukett erinnert an Dörrpflaumen;
Samalens Vieille Relique: nur ausgesuchte alte Brände, die mindestens 15 bis 20 Jahre gelagert wurden, werden verwendet;
Samalens Cuvée Anniversaire: 100 Jahre nach der Gründung des Hauses Samalens wählte eine Jury international anerkannter Weinkenner diesen Armagnac als Jubiläumscuvée, komponiert aus sehr alten Bränden, die zum Teil aus dem vorigen Jahrhundert stammen. Er fällt besonders durch seine große Weichheit und sein mächtiges „Rancio", den armagnactypischen Alterston, auf. Die Auflage dieses Cuvée Aniversaire ist beschränkt, jede Flasche einzeln numeriert und verplombt.
Verschiedene alte Jahrgänge sind ebenfalls erhältlich, und Samalens, in der Bundesrepublik durch die Euromarken Import GmbH in Wiesbaden vertreten, ist das einzige Haus, das die seltenen Jahrgänge 1888, 1891, 1900 und 1904 komplett anbieten. Weiterhin gibt es noch den sogenannten „Pot gascon", der einer Bordeaux-Flasche ähnelt und 2,5 Liter faßt und besonders für die Gastronomie und als Geschenk gedacht ist, ohne Anspruch auf Rarität zu legen.

**Sambuca**
Gattungsbezeichnung für einen farblosen Holunderlikör, der, von verschiedenen Produzenten in Italien auf den Markt gebracht, als Italiens Nationalgetränk angesehen wird.
Sambuca wird durch Infusion von Alkohol mit einer anisähnlichen Pflanze, die aus China und Vietnam eingeführt wird, Holunderbeeren (Sambuca nigra) und Lakritz hergestellt. Sambuca ähnelt den mit Lakritz und Anis aromatisierten Pastisgetränken Frankreichs und dem Ouzo Griechenlands. Er wird wegen seiner vielseitigen Verwendung und hervorragender Bekömmlichkeit besonders geschätzt. Man trinkt Sambuca mit Wasser und Eis als erfrischenden und anregenden Longdrink oder auf Eis, welches den Geschmack hervorhebt. Am beliebtesten ist Sambuca jedoch pur, als Likör „con mosche", was „mit Fliegen" bedeutet, nach der Mahlzeit. Die „Fliegen" sind drei Kaffeebohnen, die ins Glas gegeben werden, ehe man den Likör anzündet und brennend serviert.

In Italien wird auch ein bereits mit Kaffee aromatisierter Sambuca, der Sambuca negra, auf den Markt gebracht. Bekannte Hersteller des Likörs, der einen Alkoholgehalt von 35 bis 42 Volumprozent hat, sind Tochi, Molinari, Buton, Leroux, del Cesari, Romana und Luxardo.

**Samos**
Griechischer Süßwein, nach der Insel Samos benannt. Eigentlich ist Samos kein richtiger Wein, denn die aromatischen Trauben werden nach dem Keltern nicht vergoren, sondern noch als reiner Traubensaft mit Äthylalkohol versetzt. Hierdurch bleiben das volle Aroma und die Süße der Frucht erhalten.

**Sandeman**
Die Geschichte der Firma G. Sandeman Sons & Co., Ltd., die für ihre ausgezeichneten Südweine bekannt ist, geht auf das Jahr 1790 zurück. Mit einem Darlehen seines Vaters in Höhe von 300 Pfund legte der 25 Jahre alte George Sandeman den Grundstein des heute weltweiten Unternehmens mit großen Besitzungen in Oporto, auf Madeira und in Jerez de la Frontera in Spanien in Tom's Coffee-House in der Birchin Lane im Herzen der Londoner City.
Der erste Wein, der den Namen Sandeman trug, war ein Port, Jahrgang 1790. Trotz der Napoleonischen Kriege reiste Sandeman häufig nach Spanien und Madeira, um von dort schließlich im Jahre 1809 den ersten Sherry und Madeira zu vertreiben.
Der erfolgreiche Firmengründer starb 1841 im Alter von 76 Jahren in Brüssel. Sein Nachfolger wurde sein Neffe, George Glas Sandeman, der das Unternehmen durch Gründung einer eigenen Versicherung und Export englischen Leinens und Baumwollstoffen weiter ausbaute. Transportiert wurden die Weine und andere Waren mit der berühmten Hoopoe, einem der schnellsten Segelclipper der damaligen Zeit.
Im Jahre 1868 übernahm Albert George Sandeman als ältester Sohn die Geschäfte. Wenig später machte der weitsichtige und familiär denkende Albert George seine jüngeren Brüder zu Geschäftspartnern.
Die Geschäftsverbindungen zur Iberischen Halbinsel verstärkten sich durch die Heirat Albert Georges mit der Tochter des portugiesischen Botschafters in London im Jahre 1856.
Im Jahre 1902 führte Albert George Sandeman das bis dahin reine Familienunternehmen in eine Gesellschaft mit beschränkter Haftung, um so der Weiterentwicklung der Wirtschaftspraxis besser Rechnung tragen zu können.
Ab 1923 trieb sein ältester Sohn Walter Albert Sandeman das unternehmerische Werk weiter voran. Er erwarb im Jahre 1928 von einem kaum bekannten

Künstler namens George Massiot das heute weltweit bekannte Markenzeichen, die Don-Figur. Sie schmückt alle Sherry-, Madeira- und Portweinflaschen und ist weltweit als Symbol für die hohe Qualität der Sandeman-Produkte bekannt. Ein weiterer bedeutender unternehmerischer Schritt erfolgte 1952, in dem die Gesellschaft in eine „Public Company" umgewandelt wurde, da grundlegende Änderungen in den Handelsmethoden und in der Struktur des Weinmarktes diesen Schritt erforderten. Bis 1953 lag die Führung des Unternehmens in den Händen von Henry Gérard Walter Sandeman. Nach dessen Tod im Jahre 1953 trat sein Bruder, Patrick Walter Sandeman, an die Spitze des Unternehmens. Seit Juni 1959 führen Timothy Walter Sandeman und sein Bruder David, die Söhne von Patrick Walter Sandeman, die Geschäfte des internationalen Hauses.
Über 12 Millionen Flaschen mit der Don-Figur verlassen jährlich das Unternehmen, wobei sich der Hauptanteil auf die Märkte in England, den Niederlanden, der Bundesrepublik Deutschland, Dänemark, Belgien und die Republik Irland erstreckt. In 17 weiteren Märkten werden immerhin mehr als 100 000 Flaschen pro Land verkauft.
Heute hat sich die Firma Sandeman zum größten Portweinexporteur der Welt entwickelt und nimmt eine führende Stellung in dem ausgewählten Kreis der bedeutenden Sherryexporteure ein, deren international berühmte Marken im Sherryweltmarkt dominieren. So verkauft Sandeman in den Niederlanden, dem Land mit dem höchsten Pro-Kopf-Verbrauch an Sherry, fast fünfmal soviel wie jede andere eigenständige Marke. Darüber hinaus gehört Sandeman-Sherry in den meisten europäischen Ländern zu den Marktführern.

**Sanddorn Edellikör**
Die Firma Wünschelburger stellt in Anröchte in Westfalen aus der korallenroten Sanddornfrucht, die einen besonders hohen Vitamin-C- sowie Provitamin-A-Gehalt hat, einen Edellikör mit 27 Volumprozent Alkoholgehalt her.

**Sangrita**
Alkoholfreies Fruchtsaftgetränk, das nach mexikanischem Rezept aus Orangen- und Tomatensäften, diversen Gewürzen und scharfem Chillipfeffer von der Firma Anton Riemerschmid in München hergestellt wird.

**Scharlachberg**
Die Weinbrennerei Scharlachberg Sturm & Co. in Bingen am Rhein wurde 1898 mit einer Belegschaft von 7 Mann gegründet. Schon nach einigen Jahren konnte die erfolgreiche Firma die einstmals dem von der heiligen Hildegard von Bingen

im Jahre 1147 gegründeten Kloster Rupertsberg gehörende Schmidtsche Mühle übernehmen, und im Jahre 1900 wurde eine Zweigniederlassung in Grünberg in Schlesien errichtet. 1925 übernahm Dr. Walter Asbach die Leitung der Firma, bis er 1972 durch seinen Sohn Manfred W. Asbach abgelöst wurde. Der Betrieb in Schlesien wurde nach dem zweiten Weltkrieg von Polen in Besitz genommen, und noch immer wird in diesen Anlagen gearbeitet und polnischer Wodka hergestellt. Der Bingener Betrieb wurde zügig ausgebaut, und heute gehören der Firma ein Zweigbetrieb in Cognac sowie eine Vertriebsgesellschaft mbH in Salzburg. In Bingen selber verfügt das Unternehmen über Tankraum für fast 6 Millionen Liter Scharlachberg Weinbrand sowie Fässer, die 6,3 Millionen Liter Weinbrand aufnehmen können. Unter diesen Fässern befinden sich 22 000 Fäßchen aus Limousin-Eiche, in denen der edle Weinbrand zur Reife gebracht wird. Er wird danach von einer automatischen Füllanlage, die über 115 000 Flaschen pro Tag füllen kann, für den Versand in alle Welt verarbeitet.

**Schenley**
Die bekannte kanadische Firma Schenley bringt mehrere Whiskysorten auf den Markt, so den „Reserve", einen Blended American Whiskey, und den „Schenley O.F.C." (Old fine Canadian), der acht Jahre im Faß gelagert wird, ehe er zum Verkauf gelangt. Alkoholgehalt beider Sorten 43 Volumprozent.

**Schiedam**
In der holländischen Stadt Schiedam wird der „Schiedamsche Jenever", eine Geneverabart, die in flachen, schwarzen Flaschen verkauft wird, hergestellt.

**Schinkenhäger**
Die Firma H. C. König stellt diese bekannte Steinhägermarke in Steinhagen in Westfalen her.
Schinkenhäger wird eiskalt getrunken. Man trinkt ihn gern zum Bier.

**Schladerer**
Die Schwarzwälder Obstbrennerei Schladerer, ein Familienbetrieb in Staufen im Breisgau, dessen Produkte, Echtes Schwarzwälder Kirschwasser und Himbeergeist, Weltruf genießen, hatte seinen Ursprung 1844 in der „Kreuz-Post". Sixtus Schladerer übernahm damals das Gasthaus, dem eine Hausbrennerei angeschlossen war, und sein selbstgebranntes „Chriesiwässerli" wurde weithin bekannt. Der Grundstein für den heutigen Erfolg des Hauses Schladerer wurde 1919 gelegt, als der Enkel von Sixtus, Alfred Schladerer, die Hausbrennerei ausbaute.

Wenn oben auf den Bergen des Schwarzwaldes noch Schnee liegt, stehen die Kirschbäume in den Tälern meist schon in voller Blüte. Das südliche Klima bildet die ideale Voraussetzung für das Gedeihen der Früchte. Im Juli beginnt die Ernte. Die Kirschen werden ohne Stiel in Bütten zu Sammelstellen gebracht. Jahrzehntelanger Verbindung zu den Aufkäufern verdankt man es, daß ein weitverbreites Netz von Sammelstellen den ganzen Schwarzwald umschließt. Bis in die Nachtstunden fahren wochenlang die Lastwagen mit gefüllten Behältern zur Abladerampe, von wo die Kirschen in die großen Maischetanks gepumpt werden. Hier verwandelt sich der natürliche Fruchtzucker ohne jegliche Zusätze in Alkohol. So verlangt es das Gesetz.
Anders verhält es sich bei der Herstellung von Himbeergeist. Die Beerenfrüchte sind von Natur aus zuckerarm und werden nicht vergoren, sondern mit reinem Fruchtalkohol angesetzt und anschließend destilliert. Klar und rein verlassen die Destillate die Brennerei, um über mehrere Jahre im Lager zu reifen. Vor dem Auffüllen werden die hochprozentigen Brände mit Quellwasser auf Trinkstärke herabgesetzt.
Heute stehen die typischen Schladerer-Vierkantflaschen in über 40 Ländern der Erde und zeugen von der Beliebtheit der Edlen Schwarzwälder Obstbrände.

**Schlehenfeuer**
Dieser ausgezeichnete Wildfruchtlikör wird aus frostgereiften Schlehen, unter Verwendung von karibischem Rum, von der Firma W. Mast GmbH in Wolfenbüttel hergestellt.
Schlehenfeuer soll kalt serviert werden. Der Alkoholgehalt beträgt 38 Volumprozent.

**Schlichte**
Name eines bekannten Steinhägers. Eiskalt servieren.

**Schwedenpunsch**
Neben dem schwedischen Aquavit ist Schwedenpunsch das einzige alkoholische Getränk schwedischen Ursprungs, das internationalen Ruf erlangt hat. Schwedenpunsch ist nicht, wie vielfach angenommen wird, eine Punschessenz, sondern ein Likör.
König Gustav Adolf von Schweden (1595–1632), der mit Vorliebe Schwedenpunsch getrunken haben soll, hat ihn während des Dreißigjährigen Krieges nach Deutschland gebracht, wo er seit dieser Zeit fabriziert wird.

Der strohgelbe Likör, der unter Mitverwendung von Arrak und Gewürzen hergestellt wird, muß in Deutschland einen Mindestalkoholgehalt von 25 Volumprozent haben.
Warm trinkt man ihn als Punsch und eisgekühlt als Likör.

**Schweppes**
Der Schweizer Jacob Schweppe war einer der ersten Produzenten von Sodawasser. Schon im Jahre 1780 stellte er, zuerst für seinen eigenen Gebrauch, Sodawasser in Genf her. Im Jahre 1783 verlegte er seinen Wohnsitz nach London, wo er mit der kommerziellen Herstellung von Mineralwasser begann. Das Sodawasser seiner Firma, J. Schweppe & Company, erfreute sich großer Beliebtheit und wurde als „patentierte Medizin" in den Handel gebracht.
Schweppe stellte hohe Anforderungen an sein Produkt. So erfand er die eiförmige Flasche, die ein aufrechtes Hinstellen seiner Sodaflaschen unmöglich machte. Hierdurch wurde das Austrocknen der Korken verhindert, und die Kohlensäure konnte somit nicht entweichen. Die Qualitätsanforderungen führten schnell zum Erfolg. Schon im Jahre 1836 wurde die Firma J. Schweppe & Company durch königlichen Erlaß zum Hoflieferanten der englischen Krone.
Der nächste bedeutende Schritt war die Einführung des chininhaltigen Tonic Water. Chinin galt damals in den englischen Kolonien als vorbeugendes Mittel gegen Fieber. Doch die Engländer in Indien führten das chininhaltige Getränk sehr bald seinem späteren Verwendungszweck zu. Sie benutzten es als Mixer für London Dry Gin. In der zweiten Hälfte des 19. Jahrhunderts wurde so das Indian Tonic Water in England berühmt.
Das große Wachstum der Firma aber kam nach dem ersten Weltkrieg. Schweppes expandierte nicht nur in England, sondern auch in vielen anderen Ländern. Heute hat die weltweite Firma fast 300 Produktionsstätten. Mineral- und Quellwasser, Fruchtsäfte, Gemüsesäfte, Limonaden aller Geschmacksrichtungen, Tonic- und Gingerwein sowie kalorienarme Diabetikergetränke werden in Australien, Neuseeland, Ost-, Süd- und Zentralafrika, in Belgien, Kanada, Nordamerika, Frankreich und Deutschland hergestellt.
In der Bundesrepublik wurde am 26. August 1970 in Buxtehude mit der Herstellung von Schweppes-Produkten begonnen. Die moderne Buxtehuder Produktionsanlage wird den hohen Qualitätsanforderungen, die man an einen Markenartikel stellt, unbedingt gerecht. Der Rohstoff Wasser wird nach der Schweppes-Norm aufbereitet. Um auch die geringste geschmackliche Veränderung zu vermeiden, darf das Wasser niemals mit Schwermetallionen in Berührung kommen. Aus diesem Grund sind alle Geräte zur Wasseraufbereitung aus Kunststoff oder emailliert. Alle Gegenstände aus Stahl, die mit Wasser in

Berührung kommen, so zum Beispiel Rührwerk, Füllmaschinen, Ventile oder Leitungen, sind aus Sonderqualitäten hergestellt, die gegen jegliche Korrosion resistent sind. Die Qualität der Konzentrate und Essenzen wird durch eine zentrale Produktion für alle Schweppes-Produktionsstätten in der Welt gewährleistet. Naturreine Auszüge und Fruchtstoffe werden aus den Erzeugerländern oder aus England schon weitgehend standardisiert eingeführt. Zucker wird in flüssigem Zustand genau temperiert gelagert. Alle Grundstoffe werden im Siruproum vermischt, filtriert und, wenn notwendig, auch pasteurisiert. Nach genauer Laborkontrolle wird der Sirup in automatischen Dosierungsanlagen weitergeleitet, wo er mit vorher entlüftetem und dann kohlensäureimprägniertem Wasser zum fertigen Getränk vermischt wird.
Im Jahre 1957 gelang es Schweppes als erstem, Bitterlimonade zu produzieren. Bitter Lemon gehört zu den erfolgreichsten Getränken und wurde in zahlreichen Ländern nachgemacht.
Seit Juni 1975 sind die Produkte „Schweppes Slimline Bitter Lemon“ und „Schweppes Slimline Tonic Water“, die sich im Aussehen und Geschmack nicht von den bewährten Produkten „Schweppes Bitter Lemon“ und „Schweppes Tonic Water“ unterscheiden, bei uns erhältlich. Der einzige, aber entscheidende Unterschied besteht darin, daß sie nicht mit Zucker, sondern mit Saccharin gesüßt sind und somit so gut wie keine Kalorien enthalten. Slimline Bitter Lemon und Slimline Tonic Water haben weniger als 1 Kalorie pro 100 ccm, was ernährungsphysiologisch nicht meßbaren Werten entspricht.

**Seagram's**

Die Seagram Company Ltd., einer der größten Spirituosenhersteller der Welt, ist für die Produktion von nicht weniger als 200 verschiedenen Spirituosen verantwortlich.
Die Gesellschaft wurde von Joseph Seagram, dem Sohn von Octavius und Amelia Seagram, die 1837 von Bratton in Wiltshire, England, nach Kanada auswanderten, gegründet. Als Joseph Seagram 1869 heiratete, wurde er Teilhaber in der Granite Mill and Waterloo Distillery in Ontario. Im Jahre 1883 war es ihm schließlich gelungen, alle anderen Teilhaber abzufinden, und um seine Alleinherrschaft über die von seiner Frau mit in die Ehe gebrachte Firma zu feiern, brachte er den mit der Jahreszahl 1883 versehenen Whisky auf den Markt. Diese Marke wurde ein sofortiger Erfolg. 1911 wurde die Firma in Joseph E. Seagram's & Sons Ltd. umgeändert, und als der Gründer des Unternehmens 1919 starb, hinterließ er seinen Söhnen die Gesellschaft, die bis zum heutigen Tage den beliebten Seagram's V.O. Canadian Whisky herstellt. 9 Jahre später wurde

die Firma von Abe und Sam Bronfman erworben und in die Distillers Corporation — Seagram Ltd. umbenannt.
Die Familie Bronfman kam um 1880 von Bessarabien nach Saskatchewan in Kanada. Abe und Sam Bronfman, 2 der 4 Söhne von Ezechiel Bronfman oder „Whiskymann“, wie die jüdische Übersetzung des Nachnamens lautet, gründeten ihre eigene Brennerei in Yorktown, nachdem sie Erfahrung und Geld als Whiskyhändler erworben hatten. 1919 bildeten die Brüder eine Gesellschaft, um schottischen Whisky in großen Mengen einführen zu können und auch um Rye, Bourbon und kanadischen Whisky in eigener Regie zu produzieren. 1928 hatten sie genug Kapital angesammelt, um die Seagram's Gesellschaft käuflich erwerben zu können.
Im Jahre 1971, als die Distillers Corporation — Seagram Ltd. zum größten Hersteller alkoholischer Getränke geworden war, wurde das Hauptbüro des Unternehmens in Joseph Seagrams ursprüngliches Büro in Waterloo zurückverlegt, und 3 Jahre später wurde die Firma von Edgar und Charles Bronfman, den Nachkommen von Sam Bronfman, in The Seagram Company Limited umbenannt.
Heute produziert die Gesellschaft Spirituosen in Argentinien, Brasilien, Costa Rica, der Bundesrepublik Deutschland, England, Frankreich, Irland, Israel, Italien, Jamaika, Japan, Kanada, Mexiko, Österreich, Puerto Rico, Schottland, der Schweiz, der Türkei, den USA und in Venezuela in eigenen Betrieben oder durch Unternehmen, denen eine Lizenz gewährt wurde.
Die beiden bekanntesten Produkte auf dem internationalen Markt und die, die den Erfolg der Gesellschaft begründeten, sind Seven Crown American Whisky und V.O. Canadian Whisky.
Außer V.O., von Seagram in Kanada hergestellt, produziert die Gesellschaft noch 7 weitere kanadische Whiskys unter den folgenden Namen: Lord Calvert, Five Stars, Masterpiece, Hudson Bay, Jameson Foxe, Harwood und Crown Royal. Letzterer wurde 1939 anläßlich des Besuches von König Georg VI. in Kanada erstmals auf den Markt gebracht.
In Österreich gehört Seagram die Weichsler GmbH, die sich auf die Herstellung von Spirituosen aus Früchten sowie Weinbrände spezialisiert. In Argentinien ist der Rum Montilla ein Produkt aus dem Hause Seagram; in England stellt Seagram Gins unter den Namen Boodles, Calvert und Sir Robert Burnett's White Satin her sowie den weißen Rum Tropicana und die dunklen Rums Captain Morgan, Wood's Old Navy und Old Charlie sowie Orloff Wodka; in Frankreich wird der Cognac Augier unter Seagrams Regie auf den Markt gebracht. Große Anteile besitzt das Unternehmen an den Champagne-Häusern Barton & Guestier und Mumm. Polar Rum wird bei einer Seagram-Zweignieder-

lassung in der Bundesrepublik Deutschland produziert, und große Anteile der Weinhandlung Julius Kayser sind im Besitz der internationalen Gesellschaft. In Italien sind die Anteile des Weinherstellers Brolio und Tonino gesichert, und in Irland sind es die Anteile an der Irish Distillers Group, die das Unternehmen dort den Markt beherrschen lassen. In Israel ist die International Distillers Company, eine Tochtergesellschaft Seagrams, Hersteller des bekannten Sabra-Likörs, und die berühmten dunklen Meyers' Rums werden von Seagram auf Jamaika produziert. In Japan produziert Seagram zusammen mit der Kirian Brauerei die Blended Whiskys Robert Brown und Dunbar's. Olmeca Tequila wird von Mexiko auf den Weltmarkt gebracht, und die weißen Rums Ronrico, Ron Llave und Palo Viejo kommen von Puerto Rico. In Schottland ist die Firma der größte unabhängige Whiskyhersteller mit Strathisla-Glenlivet, Glen Keith-Glenlivet, Braes of Glenlivet, Allt-A-Bhainne und der Glenlivet Distillery Ltd., die durch die Brennereien The Glenlivet und Beuriarch-Glenlivet weitere bekannte Marken auf den Weltmarkt bringen. Zu diesen zählen die Luxusprodukte Chivas Regal und der 21 Jahre alte Royal Salute sowie die Verschnitte 100 Pipers, Passport, Something Special und Queen Anne; hinzu kommen ferner noch die Malt Whiskys The Glenlivet, Glen Grant und Longmorn sowie auch der auf einer Grundlage von Whisky hergestellte, mit Heidehonig gesüßte und mit Kräuterauszügen aromatisierte Likör Lochan Ora. In Spanien hat Seagram Anteile in der Bodega Palacio, und in der Schweiz wird der bekannte Cheri-Suisse-Likör hergestellt. Aus der Türkei kommt der Pasha Coffee Liqueur, und in den USA produziert Seagram die Bourbons Antique, Benchmark, Henry McKenna, Maltingly & Moore und Eagle Rare; ferner werden dort produziert die amerikanischen Whiskeys Seven Crown, Wilson, Calvert, Gallagher & Burton, Galaxy, Four Roses, Kessler, Paul Jones und Carstair sowie auch die Lerous-Likörserie, die Wodkas Crown Russe, Nikolai und Wolschmidt und die Gins Calvert, Frankfort und Seagram Extra Dry.

**Sechsämtertropfen**
Ein aus Vogelbeeren und Kräutern nach geheimem Rezept von der Firma G. Vetter in Wunsiedel im Fichtelgebirge hergestellter Likör.
Das Familienunternehmen, welches heute zu den Großen der deutschen Spirituosenhersteller gehört, wurde im Jahre 1850 von Georg Paul Hönig gegründet. Die Witwe seines Sohnes heiratete 1881 Gottlieb Vetter, den Erfinder des Sechsämtertropfens. 1890 begann Gottlieb Vetter an der Entwicklung des Rezeptes des Sechsämtertropfens zu arbeiten. Nach etwa 5 Jahren war es gelungen, und noch heute bildet dieses Geheimrezept die Grundlage der Fabrikation. Seinen Namen verdankt der würzige Kräuterlikör seiner engsten Heimat.

Seit 1613 heißt die Landschaft des Fichtelgebirges nördlich von Wunsiedel „Sechsämterland". Es umfaßt die 6 Gemeinden (sprich: Ämter) Wunsiedel, Weißenstadt, Kirchenlamitz, Selb, Hohenberg und Thierstein.
Im Jahre 1899 wurde das erste Lagerhaus im Sechsämtergäßchen errichtet. Die Entwicklung des Unternehmens machte schon 1907 eine Erweiterung erforderlich, und 1910 wurden zusätzliche Büro-, Keller- und Lagerräume ausgebaut. Im Jahre 1917 wurde der Erfinder des Sechsämtertropfens mit dem Titel eines königlich bayerischen Hoflieferanten ausgezeichnet.
Heute wird Sechsämtertropfen in modernsten Fabrikationsanlagen hergestellt. Bis zu 200 000 Flaschen aller Größen können auf vollautomatischen Fließbandanlagen gefüllt werden. Die Flaschenform des Sechsämtertropfens ist seit 1895 ungeändert geblieben, jedoch kamen im Jahre 1955 die ersten Literflaschen auf den Markt.
Regelmäßige Qualitätskontrollen sichern den gleichbleibend hohen Standard des Kräuterlikörs. Ein eigenes Labor ist dabei so unerläßlich wie die modernen Herstellungsanlagen selbst.
Neben dem beliebten Kräuterlikör, der mit 35 Volumprozent Alkoholgehalt in den Handel gebracht wird, bringt die Firma G. Vetter verschiedene Fruchtliköre, darunter den beliebten Fruchtsaftlikör „Jambosala", einen Wodka, Aquavit und den „Tiegenhofer Stobbe Machandel", auf den Markt.

**Selters**

Ein kohlensäurehaltiges Wasser, das aus einem Ort, der früher Selteriesa hieß, aus einer natürlichen Quelle stammt. Der natürliche Sprudel erreichte im Laufe der Jahre eine solche Beliebtheit, daß der ehemalige Herkunftsbegriff zur allgemeinen Gattungsbezeichnung für alle Tafelwässer wurde.

**Sherry**

Ein spanischer Wein, der neben dem Portwein als einer der bekanntesten und besten aller Südweine gilt. Seine Heimat ist die Provinz Cádiz in Andalusien in Südspanien, die durch die Städte Jerez de la Frontera, Sanlúcar de Barramedo und Puerto de Santa Maria abgegrenzt ist. Die Stadt Cádiz selbst ist der Verschiffungshafen für Sherry, den man in Spanien Jerez nennt und von dem die Spanier behaupten, daß er der älteste Wein der Welt sei.
Die auf den Kalk-, Klei- und Sandböden wachsenden Reben sind auf wenige Sorten beschränkt. Man hat die Sortenauswahl so getroffen, daß man die Weinlese in verschiedenen Etappen vornehmen kann. Im gleichen Weinberg kann zweimal, ja oft sogar dreimal im Jahr gelesen werden.

Die bekanntesten Traubensorten sind:
die weiße Palomino, auch unter dem Namen Listan bekannt,
die süße Canocazo- und auch Mollar-blanco-Traube,
die weiße Moscatel-Traube und die sehr süße Pedro-Ximénez-Traube.
Die Weinlese beginnt in der ersten Septemberhälfte. Die gepflückten Trauben werden zum Trocknen auf Strohmatten gelegt. Die Palomino-Traube, aus der ein herber Wein gewonnen wird, bleibt nicht länger als einen Tag in der Sonne liegen, während die Moscatel- und Pedro-Ximénez-Trauben bis zu drei Wochen in der Sonne liegen, bis sie fast rosinenartig eingeschrumpft sind.
Das Keltern geschieht durch sogenannte Pisadores, die wie zu Großvaters Zeiten die Trauben mit benagelten Spezialschuhen zertreten. Diese Methode soll verhindern, daß die Kerne zerquetscht werden. Die Kerne haben einen hohen Säuregehalt, der die Qualität des Weines ungünstig beeinflussen könnte.
Nach dem Auspressen kommt der Most in Gärfässer, die etwa 500 Liter fassen. Die Hauptgärung vollzieht sich in etwa drei Wochen. Danach bleibt der junge Wein noch etwa sechs Wochen in Fässern liegen, bis sich alle Fremdstoffe, wie Kerne und Schalenreste, am Boden der Fässer abgesetzt haben.
Nach dem Klären wird der Wein in ebenfalls 500 Liter fassende Fässer umgefüllt. Seltsamerweise entstehen dabei aus der gleichen Saftausbeute verschiedene Qualitäten, die von Fachleuten nach dreijähriger Reifezeit in folgende Klassen eingeteilt werden:
„Raya", „Palma", „Palma Cortado", „Oloroso" oder „Palo-Cortados". Die Fässer der feststehenden Typen werden nie geleert, sondern jede Entnahme wird stets von einem jüngeren Wein derselben Klasse ersetzt. Dieses streng durchgeführte System wird Solera genannt und geschieht folgendermaßen: Die Lagerfässer werden in langen Reihen zehnfach übereinander in den Bodegas geschichtet. Bei den Bodegas handelt es sich um große steinerne Gebäude, durch die die Seeluft des Atlantiks wehen kann, damit der Sherry die erforderlichen Sauerstoffmengen erhält. Die Lehmböden der Bodegas werden stündlich benetzt, damit eine möglichst konstante Temperatur von 15 bis 18 Grad Celsius unterhalten wird. Sämtliche Fässer, die übereinander liegen, sind miteinander verbunden. Im untersten Faß befindet sich der ältere Wein und im obersten der jüngste. Entnommen wird immer nur vom untersten Faß. Das jeweils entnommene Quantum wird aus den darüberliegenden Fässern ersetzt, so daß die älteren Weine ständig mit jüngeren vermischt werden, bis schließlich die oberen Fässer zur Aufnahme der nächstjährigen Ernte geleert sind.
Die trockenen Qualitäten kommen als Manzanillas, Finos und Olorosos in den Handel. Die Fino-Art wird wiederum in Fino und Amontillado unterteilt. Die Finos sind hellfarben und haben ein eigenartiges Bukett, das sie der sich bei der

Lagerung bildenden Hefedecke, auch Blumendecke genannt, verdanken. Manzanilla, der noch leichter als der Fino ist, kommt aus Sanlúcar de Barrameda. Nach längerer Lagerzeit erhält er eine schöne Blume und eine goldgelbe Farbe. Beim Oloroso handelt es sich um einen sehr fülligen Wein. Von ihm zweigt man den Rya ab, der aber nicht das ausgeprägte Aroma des Olorosos hat. Sherry wird, genau wie der Portwein, im Südweinglas serviert. Man trinkt ihn gern vor dem Essen. Auch zur Herstellung vieler Cocktails wird Sherry verwendet.

**Sinalco**
Das älteste alkoholfreie Markengetränk Deutschlands heißt Sinalco und ist seit dem Jahre 1902 auf dem Markt.
Heute gibt es Sinalco-Orange ohne Kohlensäure, Sinalco-Fruchtsaft, Sinalco-Frucht-fein, ein Produkt mit naturreinen Orangensäften ohne Farbstoff und Konservierungsmittel, und Sinalco-Cola, ein koffeinhaltiges Erfrischungsgetränk.

**Sisca**
Ein von der Firma Lejay-Lagoute in Dijon aus schwarzen Johannisbeeren hergestellter Likör, der sich ausgezeichnet zum Mixen verwenden läßt. Alkoholgehalt 16 Volumprozent.

**Sliwowitz**
Bekannter Pflaumenbranntwein aus Jugoslawien. Auch in anderen Balkanstaaten und osteuropäischen Ländern wird Sliwowitz (manchmal auch Sliwovitz oder Slibowitz geschrieben) hergestellt. Der Name ist von Sliva, der slawischen Bezeichnung für Pflaume, abgeleitet. In Deutschland ist die Bezeichnung nicht geschützt. Jugoslawischer Sliwowitz, der in charakteristischen flachen Flaschen auf den Markt kommt, hat eine strohgelbe Farbe, die auf die Eichenfaßlagerung zurückzuführen ist.
Der Alkoholgehalt beträgt in der Regel 46 Volumprozent.

**Sloe-Gin**
Eine englische Ginspezialisierung. Normaler Gin wird einige Monate lang mit Schlehen gelagert, wobei der Alkohol das Aroma aus den Früchten zieht.

**Smirnoff**
Name eines international bekannten Wodkas, der erstmals von Pierre Smirnoff in seiner Kornbrennerei neben der Eisenbrücke in Moskau, dem einzigen Wahrzeichen der Stadt, welches, abgesehen vom Kreml, Napoleons Verwüstung im Jahre 1812 überstand, hergestellt wurde. Die Brennerei und Lager-

häuser wurden damals als „Das Haus von Smirnovka neben der Eisenbrücke" und als eines der wichtigsten Gebäude Moskaus angesehen, denn schließlich wurde dort Rußlands beliebtester Wodka hergestellt.

Die Zaren erlaubten ausgewählten Händlern das Recht, ein Siegel mit dem Staatswappen auf den Etiketten ihrer Produkte zu führen, und als 1886 der Firma Smirnoff durch Zar Nikolaus III. das dritte Siegel verliehen wurde, hatten sich die Smirnoffs die Ehre erworben, als alleinige Hoflieferanten in die Geschichte Rußlands einzugehen.

Anfang dieses Jahrhunderts verkauften die Smirnoffs täglich über eine Million Flaschen ihres Wodkas, und 1914 wurden sie als die reichste Familie der Welt angesehen. Durch die Oktoberrevolution von 1917 mußten die Smirnoffs aus Rußland fliehen, und ohne einen Pfennig in der Tasche landete Vladimir Smirnoff, der Enkel des Gründers des Unternehmens, mit seiner Familie in Frankreich.

Vladimir Smirnoff konnte zwar sich auf seinen guten Namen berufend mit geliehenem Geld in Paris die Wodkaproduktion aufnehmen, doch das nach dem ursprünglichen Geheimrezept hergestellte Getränk fand in Frankreich nicht den Anklang, den es im Osten gehabt hatte. Und auch als Rudolph Kunett, ein Amerikaner russischer Abstammung und Sohn des Weizenlieferanten von Vladimirs Vater, 1933 das Recht verliehen wurde, in Bethel im amerikanischen Bundesstaat Connecticut Smirnoff-Wodka herzustellen, war der Erfolg noch lange nicht gesichert.

1939 verkaufte Kunett seine Lizenz an John G. Martin, den Vorsitzenden der Spirituosenhandlung Heublein in Hartford in Connecticut. Martins Teilhaber in der Heublein-Company waren jedoch von dem Geschäft nicht beeindruckt, denn damals wurden jährlich nur etwa 6000 Kisten des Wodkas verkauft, und dafür hatte der Vorsitzende 14 000 Dollar bezahlt und einen Vertrag unterschrieben, nach dem er für jede verkaufte Flasche einen prozentualen Anteil an Kunett zu zahlen hatte, außerdem hatte er diesem auch eine Anstellung im eigenen Betrieb zugesichert.

Ende der vierziger Jahre wußten Martin und Kunett, daß Wodka niemals das Getränk der Amerikaner werden würde. Damals waren alle Flaschen mit Korken versehen, aber als die Heublein-Company Schwierigkeiten mit der Beschaffung dieser hatte, begannen die Amerikaner, wenn auch zögernd, Geschmack an der Spirituose Rußlands zu finden. Überflüssige Korken, die für einen von Heublein hergestellten, aber nicht zu verkaufenden Whiskey bestimmt waren, wurden kurzerhand als Verschluß der Wodkaflaschen verwendet. Smirnoffs „Weißer Whiskey", wie das farblose Getränk bezeichnet wurde, kam ins Gespräch, und der Erfolg schien gesichert.

Der wirkliche Erfolg in den USA und schließlich auch auf der ganzen Welt kam jedoch erst nach dem Krieg in Korea, als mehr Geld im Umlauf war und man geneigter war, Neues auszuprobieren.
Martin besuchte während einer Handelsreise nach Los Angeles Jack Morgan, den Besitzer der Cock 'n' Bull-Taverne am Sunset Boulevard in Hollywood. Er erwähnte, daß er eine größere Fracht Wodka zu verkaufen habe, und Morgan, der ein ähnliches Problem zu lösen hatte, nämlich einen Lagerraum voll mit Ginger-Beer an den Mann bringen mußte, schlug vor, beides zu mischen und mit einem Schuß Limonensaft angereichert als Spezialität des Hauses unter dem Namen Moscow Mule anzubieten. Dabei erinnerte er sich eines Freundes, der eine Firma geerbt hatte, die Kupferkrüge herstellte, aber nicht wußte, wie er diese Krüge verkaufen sollte. Um dem Getränk eine weitere spezielle Note zu geben, wurde abgesprochen, es in den Kupferkrügen anzubieten. Moscow Mule wurde schnell bekannt, und Smirnoffs Erfolg war schließlich gesichert.
Wodka, von dem in den USA heute mehr als 200 verschiedene Marken hergestellt werden, wurde 1975 als meistverkaufte Spirituose in Nordamerika gefeiert, denn Wodka, von Herstellern als Getränk, welches keinen Geruch hinterläßt, angepriesen, überstieg den Verkauf des amerikanischen Nationalgetränks Bourbon, das bis dahin die meistverkaufte Spirituose überhaupt gewesen war.

**Southern Comfort**
Die Rezeptur für den beliebten amerikanischen Likör, der mit einem Alkoholgehalt von 50 Volumprozent in den Handel gebracht wird, umfaßt mehr als hundert Seiten. Sie soll im letzten Jahrhundert von einem Francis E. Fowler in New Orleans entwickelt worden sein, indem er Whiskey mit Fruchtsäften und anderen Zutaten mischte, um so den für ihn zu strengen Geschmack auch der feinsten Destillate zu mindern.
Das von Fowler für sich und seine Familie hergestellte Getränk wurde von Freunden als „Cuff and Buttons" bezeichnet. Im Jahre 1875 jedoch wurde ihm der Name Southern Comfort von einem Louis Herron, einem Barmixer in St. Louis in Missouri, gegeben. Der Likör wurde vor allem durch die mit Schaufelrädern angetriebenen Mississippidampfer bekannt. Überlieferungen zufolge sollen die Kapitäne Wettfahrten abgesprochen haben mit einer vorher bestimmten Anzahl Kisten Southern Comfort als Preis für den Sieger.
Heute wird Southern Comfort in St. Louis unter Aufsicht der dritten Generation der Familie Fowler von der Southern Comfort Corporation nach einem streng-gehüteten Geheimrezept produziert. Es wird allgemein angenommen, daß der Likör wegen seiner Farbe und dem hohen Alkoholanteil auf Bourbonbasis hergestellt wird, doch wurde dies niemals von den Herstellern bestätigt. Die alko-

holische Grundlage ist ohne Zweifel eine aus Korn und speziell aus Mais gewonnene Spirituose, und es ist sicher, daß der Likör hauptsächlich mit Pfirsichen und Orangen aromatisiert wird, außerdem mit anderen Fruchtsäften und Kräuterauszügen. Der Likör wird zwischen sechs und acht Monate in Eichenholzfässern gelagert, um den Geschmack abzurunden und ihm die charakteristische Weichheit zu geben.
Southern Comfort, von dem jährlich über eine Million Kisten verkauft werden, wird pur, auf Eis, als kühles Erfrischungsgetränk unter Zugabe von Fruchtsäften, Weißwein, Sodawasser oder Limonade sowie als Anteil in Cocktails geschätzt.

**Spirituosen**
Nach den Begriffsbestimmungen für Spirituosen aus dem Jahre 1957 sind Spirituosen „zum menschlichen Genuß bestimmte Getränke, in denen aus vergorenen, zuckerhaltigen Stoffen oder in Zucker verwandelten oder vergorenen Stoffen durch Brennverfahren gewonnener Alkohol als wertbestimmender Anteil enthalten sind".
Nach der Zusammensetzung unterscheidet man:
Branntweine, Liköre, Punsche und Mischgetränke.
Zuckerkulör und zulässige Lebensmittelfarben dürfen nur dann zur Färbung von Spirituosen angewandt werden, wenn gesetzliche Vorschriften dem nicht entgegenstehen. Mit Ausnahme von Weinbrand muß der Alkoholgehalt bei allen Spirituosen deutlich gekennzeichnet sein. Als Doppelt oder Doppelter dürfen Branntweine bezeichnet sein, die einen über die gesetzlich festgelegte Mindestmenge hinausgehenden Alkoholgehalt aufweisen und nicht weniger als 38 Volumprozent betragen.
Alle Spirituosen, die in Flaschen oder ähnlichen Gefäßen verkauft werden, müssen eine Kennzeichnung tragen, die erkennen läßt, ob sie im Ausland oder im Inland fertiggestellt sind.
Das Verzeichnis muß lauten: „Deutsches Erzeugnis" oder „Ausländisches Erzeugnis, in Deutschland fertiggestellt" oder „Ausländisches Erzeugnis, in Deutschland auf Trinkstärke herabgesetzt". Der Fertigsteller muß mit dem Ort der Fertigstellung sowie dem Sitz der Firma deutlich und nicht verwischbar in deutscher Sprache abgefaßt auf dem Flaschenbild an einer in die Augen fallenden Stelle verzeichnet sein.

**Steinhäger**
Ursprünglich war Steinhäger ein doppelt gebrannter Kornbranntwein mit einem Zusatz von Wacholderbeeren. Heute wird Steinhäger weitgehend mit Monopolsprit bereitet.

Die Bezeichnung Steinhäger gilt als Gattungsbegriff. Nur ein in der Stadt Steinhagen in Westfalen gebrannter Steinhäger darf als Echter Steinhäger bezeichnet werden.
Die traditionellen salzglasierten Steingutflaschen oder grünen Glasflaschen, in denen Steinhäger gehandelt wird, sind ein zusätzlicher Schutz vor geschmacklicher oder farblicher Änderung durch Lichteinwirkung.

**Stonsdorfer**
Ein fruchtiger Gebirgskräuterlikör, der von der Firma Koerner & Co. unter der Bezeichnung „Echt Stonsdorfer“ (s. d.) in den Handel kommt. Alkoholgehalt 32 Volumprozent.

**St. Raphaël**
Der bekannte französische China-Aperitif St. Raphaël hat seinen Ursprung in Peru. Vor Jahrhunderten entdeckten die Inkas die wohltuende Wirkung der Rinde von immergrünen, in den nördlichen Anden vorkommenden Bäumen bei Fieber und Magen-Darm-Krankheiten.
Spanische Jesuiten brachten die Rinde, die von den Inkas Kina-Kina, die Rinde aller Rinden, genannt wurde, in ihre Heimat, um daraus ein Heilpulver zu gewinnen. Doch das bittere Pulver, 1643 von dem Arzt van der Heyden in einem Buch als Mittel gegen Malaria empfohlen, schmeckte den Leuten nicht so recht. Der damals hochberühmte englische Arzt Sir Talbot mischte das bittere Pulver mit aromatischen süßen Weinen und erhielt somit ein anregendes Getränk mit bitter-süßem Charakter.
Sir Talbot brachte seine Weinspezialität nach Frankreich, wo sie den Namen Quinquina erhielt. Als Ludwig XIV., der 1686 an Fieber erkrankte, mit Quinquina geheilt wurde, sang ganz Paris ein Loblied auf diesen Wunderwein.
Nachdem es den französischen Pharmazeuten Pelletier und Caventou im Jahre 1820 gelungen war, das Chinin und das Chinchoine als wirksame Stoffe in der Chinarinde zu isolieren, machte sich ein Herr Jupet daran, auf der Basis von Quinquina einen richtigen Aperitif herzustellen. Doch 1830 wurde Jupet bei den letzten Versuchen mit seinem Rezept blind. Jupet betete zu St. Raphaël, dem Schutzpatron der Apotheker und Blinden, er möge ihm das Augenlicht wiedergeben. Als Jupet geheilt wurde, nannte er den von ihm erfundenen Aperitif St. Raphaël.
Heute wird St. Raphaël-Quinquina in Ivry bei Paris und in Sète in Südfrankreich aus Wein, Mistelle und dem Extrakt der Chinarinde und Kräuterauszügen in großen Fabriken hergestellt.

Für den Grundwein des Aperitifs werden weiße, rote und hellrote Weine aus Südfrankreich und Nordafrika ausgewählt.
Mistelle, ein wichtiger Grundstoff des Aperitifs, ist Traubensaft, dem sofort nach dem Pressen oder nach einer nur ganz kurzen Gärung eine bestimmte Menge reinen Weindestillats zugeführt wird, damit die Gärung verhindert oder vorzeitig abgebrochen wird. So behält der Mistelle seine natürliche Süße und sein frisches Traubenaroma, welches zum harmonischen Ausgleich der bitteren Geschmackskomponenten im Aperitif erforderlich ist. Der fertige Aperitif enthält 200 g natürlichen Traubenzucker pro Liter, ohne daß Rohr- oder Rübenzucker verwendet wird.
Der Grundwein aus den verschiedenen Weinen und Mistelle muß, bevor er zur Weiterverarbeitung in die Fabrik kommt, zwei Jahre lagern, um eine harmonische Abrundung zu erhalten.
Um den Extrakt der Chinarinde zu gewinnen, wird diese mit verschiedenen Kräutern, deren genaue Dosierung Firmengeheimnis ist, in Alkohol kalt eingeweicht. Dann wird der Extrakt mit dem Grundwein in einem genau festgelegten Verhältnis gemischt.
Damit der Aperitif haltbar wird und später in den Flaschen keinen Bodensatz bildet, müssen während der verschiedenen Produktionsphasen immer wieder sorgfältige Filterungen erfolgen.
Der fertige Aperitif reift noch ein weiteres Jahr, erst in Holzfässern, dann in Tanks und zum Schluß nochmals in Holzfässern.
Es gibt einen weißen und einen roten St. Raphaël. Im Geschmack unterscheiden sie sich jedoch nicht allzusehr voneinander.
Der Alkoholgehalt beträgt 17 Volumprozent.
Man serviert St. Raphaël gut gekühlt mit einer Zitronenschale. Oft wird St. Raphaël auch mit Wasser oder Soda vermischt. Doch sollte man mit Wasser und Soda sparsam umgehen, da sonst das feine Aroma des Aperitifs ertränkt wird.

**Strega**
Als Giuseppe Alberti vor über hundert Jahren in Benevent (Italien) das Rezept für seinen Kräuterlikör erdachte, wählte er dafür den Namen Strega, zu deutsch Hexe.
Hexen haben sich bekanntlich sehr gut auf allerlei Kräuter und Zaubertränke verstanden. Daß aber Alberti den Namen Strega wählte, hat wohl mehr einen lokalen Anlaß:
Gerade um Benevent, dieser nach der Legende von Diomedes gegründeten Stadt in Kampanien, ranken sich zahllose Hexensagen. Sie stammen aus den Anfängen der Langobardenherrschaft, sind also fast anderthalb Jahrtausende

alt. Eigentlich sind sie sogar noch älter, denn geheimnisvolle Riten kannte man hier schon in der Römerzeit und früher. Als aber der germanische Volksstamm der Langobarden im Jahre 571 Benevent eroberte und die Stadt zum südlichen Hauptort des Herzogtums erhob, erwachten die alten Hexenlegenden zu neuem Leben, denn die Einheimischen beobachteten, wie sich die langobardischen Krieger zu bestimmten Zeiten bei einem dem Wotan geweihten Nußbaum versammelten und orgiastisch um das Fell eines Ziegenbockes tanzten.
In der Destillerie Strega Alberti ist jedoch von mittelalterlichen Hexenkünsten nichts zu spüren. Nach den neuesten Methoden wissenschaftlich entwickelter Destillationskunst werden 70 verschiedene Kräuter und aromatische pflanzliche Zutaten aus Italien und anderen Ländern ausgewählt und zusammengetragen und zum Liquore Strega verarbeitet.
Das Rezept für die Herstellung wird von den vier Vettern Alberti sorgsam gehütet. Unter den Zutaten befinden sich die besonders würzige Pfefferminze sowie Anis, Koriander, Bitterorange, Salbei, Vanille, Fenchel, Rosmarin usw.
Die Kräuter werden mit reinem Alkohol einige Wochen lang auf kaltem Wege ausgelaugt, bis die feinen Duft- und Geschmacksstoffe vollkommen vom Alkohol aufgenommen worden sind. Dann wird dieser aromatisierte Alkohol in der Destillerie in einer langen Batterie von Brennblasen zur Vervollkommnung seiner Reinheit einer zweifachen Destillation unterworfen. Anschließend muß dieses Kräuterdestillat zur Abrundung und Reifung für lange Zeit in Eichenfässern lagern.
Man serviert Strega kalt, aber nicht eiskalt, in Likörgläsern zum Abschluß eines Essens oder auch zum Kaffee.
Zum Mixen eignet sich Strega ausgezeichnet, ebenfalls als Erfrischungsgetränk auf Eis mit oder ohne Sodawasser.

**Stück 1826**

Bekannter deutscher Weinbrand der Stück-Weinbrennereien (Söhnlein-Rheingold) mit Schwerpunkt in Norddeutschland und West-Berlin.

**Subrowka**

Polnischer Wodka, der auch unter dem Namen Bison Brand Wodka bekannt ist. Subrowka zeichnet sich durch einen hauchzarten Waldmeistergeschmack aus, der allerdings nicht von diesem Kraut herrührt, sondern vom Büffel- oder Mariengras stammt. Der aromabildende Bestandteil dieser Grasart heißt Cumarin. In jeder Subrowkaflasche befindet sich ein Büffelgrashalm.
Subrowka wird eiskalt getrunken.

**Suze**
Französischer Aperitif, der auf der Basis von gelben Enzianwurzeln hergestellt wird.
Man serviert im Aperitifglas, füllt mit kaltem Sodawasser auf und gibt dem Suze ein Stück Zitronenschale zu. Alkoholgehalt 30 Volumprozent.
Außer dem Aperitif Suze gibt es noch einen Likör gleichen Namens, der ebenfalls aus der Enzianwurzel hergestellt wird. Dieser Likör wird in der geeisten Likörschale serviert. Alkoholgehalt 40 Volumprozent.

**Südwein**
Unter Südwein, auch Dessert- oder Süßwein genannt, versteht man Wein aus ganz oder teilweise vergorenem Traubensaft, dessen Alkoholgehalt durch Zusatz von Feinsprit und dessen Zuckergehalt durch eingedickten Most oder Saft von Trockenbeerenauslesen erhöht wird. Als Südwein ist nicht unbedingt jeder aus dem Süden kommende Wein anzusehen. Bei solchen Weinen müssen die angegebenen Merkmale, hoher Zuckergehalt und Alkoholgehalt, zutreffen.
Die künstliche Herstellung von Süd- oder Süßwein ist verboten.

**Süßgetränke**
Zu den Süßgetränken zählen wir:

1. Limonaden, Kalt- und Heißgetränke, die mit Essenzen natürlicher Herkunft, Zucker, Genußsäure (Zitronen- oder Weinsäure) und kohlensäurehaltigem oder anderem Tafelwasser hergestellt sind.
2. Fruchtsaftgetränke, aus Obst und Obstdicksäften unter Zuckerzusatz mit kohlensäurehaltigem Wasser oder Tafelwasser hergestellt. Meist sind diese Fruchtsaftgetränke aus Südfrüchten oder Fruchtsaftgemischen hergestellt. Manchmal werden Genußsäuren zugegeben.
3. Kunsterzeugnisse (Brausen), nachgemachte Fruchtsaftgetränke oder Limonaden, bei denen Zucker ganz oder teilweise durch Süßstoffe ersetzt wird.

**Süßmost**
Als Süßmost gilt der naturreine, unvergorene Saft aus reifen, frischen Früchten, der nur in bestimmten Fällen, um das Übermaß an Säure zu mildern, einen Zusatz von gelöstem Zucker erhält. Bei Trauben, Äpfeln und Birnen erfolgt kein Zuckerzusatz. Bei Kirschen wird der Süßmost durch Zusatz von Wasser und Zucker in technisch erforderlichem und vertretbarem Maß trinkfertig gemacht.

**Tafelwasser**
Zur Herstellung von Tafelwasser dürfen außer Trinkwasser und natürlichem Mineralwasser u. a. folgende Zusatzstoffe verwendet werden: Natursole, Meerwasser, Natriumchlorid, Natriumcarbonat, Magnesiumcarbonat, Kohlendioxyd. Bei Tafelwasser, das mindestens 570 Milligramm Natriumhydrogencarbonat in einem Liter sowie Kohlendioxid enthält, kann die Verkehrsbezeichnung „Tafelwasser“ durch „Sodawasser“ ersetzt werden.
Die genauen Vorschriften und Bedingungen für die Mindestanforderungen der analytischen Zusammensetzung von Tafelwasser sind in der Mineral- und Tafelwasser-Verordnung vom 1. August 1984 enthalten.

**Takara**
Japanischer Pflaumenwein, der, pur oder mit Eiswürfeln, vorwiegend als Aperitif oder als Dessertwein getrunken wird. Der Alkoholgehalt beträgt 12 Volumprozent.

**Tangarinette**
Name eines französischen Mandarinenlikörs.

**Teacher's**
Bekannte schottische Whiskymarke. William Teacher, der Gründer der Firma, etablierte sich 1830 in Glasgow im Wein- und Spirituosenhandel. Seine besondere Aufmerksamkeit galt von Anfang an dem schottischen Whisky, und die Bezeichnung „Highland Cream“ wurde erstmals auf seinen verschnittenen Scotch mit hohem Malzanteil aus der Ardmore Distillery in Kennethmont in Aberdeenshire im Jahre 1884 angewandt.
Die Firma blieb im Familienbesitz bis 1923. Seit 1949 heißt sie Teacher's (Distillers) Limited, und 1962 konnte sie die 1826 erbaute Glendronach Distillery erwerben. Auch eine neue Abfüllanlage in Craig Park in Glasgow wurde errichtet. Tradition ist eines der wichtigsten Merkmale der Firma, die von sich behauptet, die größte unabhängige schottische Whiskyfirma zu sein, und demnach treffen sich der Vorsitzende und die Nachkommen des Gründers viermal pro Woche, um das Produkt zu probieren und somit auch die kleinste Abweichung vom Originalrezept zu verhüten.

**Ten High**
Ein Straight Bourbon Whiskey, den die bekannte Firma Hiram Walker mit 43 Volumprozent Alkoholgehalt in Peoria auf den Markt bringt.

**Tequila**

Das Nationalgetränk der 25 Millionen Mexikaner ist eine Erfindung der Nahua-Indianer. Bei den Tolteken und Azteken spielte Tequila eine so wichtige Rolle, daß man ihm zu Ehren einen Gott benannte und eine Pyramide erbaute.
Tequila wird aus dem Saft der blaugrünen Magueypflanze, einer Agavenart, die in riesigen Haziendas in der Umgebung der Stadt Tequila im Staat Jalisco im Westen von Zentralmexiko angebaut wird, gewonnen. Das Herz der reifen, etwa 10 Jahre alten, kaktusähnlichen Pflanze wird geerntet und der Saft in der Brennerei durch Zermahlen und Erhitzen ausgezogen. Der Saft wird in großen Fässern 2½ Tage vergoren. Die Einleitung der Gärung bewirkt ein Zusatz von Agavenmost aus einem früheren Gärprozeß. Nach der Gärung wird Tequila zweimal destilliert.
Der frische, farblose Tequila kommt als Tequila fino in den Handel. Der mehrere Jahre in Eichenholzfässern abgelagerte, goldfarbene Tequila trägt die Bezeichnung Finissimo Tequila Espuela.
In Mexiko trinkt man Tequila in Verbindung mit Salz und Zitrone. Zunächst streut man etwas Salz auf den Handrücken, schleudert dieses ruckartig auf die Zunge, beißt dann in eine Zitronenscheibe und gießt den Tequila hinterher.
Als Grundlage zu Mixgetränken erfreut sich Tequila einer großen Beliebtheit.

**Texier XO**

Unter dieser Bezeichnung bringt die Weinbrennerei E. Texier & Cie. in Bingen am Rhein einen Weinbrand auf den Markt.

**Tia Maria**

Ein aus Zuckerrohrsaft, Extrakt von Blue-Mountain-Kaffeebohnen, tropischen Kräutern und Vanille hergestellter Likör aus Jamaika. Das Rezept dieser karibischen Spezialität, bis heute als Firmengeheimnis gewahrt, befand sich im 17. Jahrhundert im Besitz einer spanischen Kolonialfamilie. Die Inseln der Karibik waren damals alles andere als traumhafte Ferieninseln: Seeräuberzentrum, Schauplatz von kriegerischen Auseinandersetzungen. Viele der spanischen Familien mußten fliehen. So wurde ein schönes junges Mädchen von ihren Eltern getrennt. Sie war nur in Begleitung ihrer Zofe namens Tia Maria, die von ihrer Herrin ein Bündel persönlicher Habseligkeiten gerettet hatte, darunter ein Paar kostbare Ohrringe, die der Königin Isabella von Spanien gehört haben sollen, und ein vergilbtes Pergament mit dem Rezept eines Familienlikörs, das von Generation zu Generation weitergegeben wurde. Und so bekam auch das junge Mädchen am Tage ihrer Hochzeit das Rezept von ihrer treuen Dienerin. Aus Dankbarkeit nannte sie diesen Likör fortan Tia Maria (Tante Maria).

Erst viel später wurde dieser Likör in größeren Mengen produziert und machte seinen Weg zu den Liebhabern exotischer Genüsse in aller Welt. Tia Maria wird von der Firma Lucas Bols GmbH in Neuss für den bundesdeutschen Markt importiert. Der Alkoholgehalt des Kaffeelikörs ist 34 Volumprozent.
Tia Maria wird gerne zum Kaffee getrunken. Man trinkt ihn pur, mit einem Sahnehäubchen oder mischt ihn mit Kaffee. Auch zum Mixen verschiedener Cocktails eignet sich Tia Maria vorzüglich.

**Tisserand**
Die Tisserand GmbH mit Sitz in Elsfleth bringt Likörspezialitäten in 500-ml-Flaschen, versehen mit eleganten Etiketten, aus eigener Herstellung auf den Markt. Sie vereinen gattungsspezifische Prägnanz der einzelnen Sorten und unverkennbaren Sortimentcharakter. Dies sind Curaçao-blue, Apricot, Banane, Edelkirsch, Edel Mocca, Kakao-Nuss, Kirsch mit Whisky, Peppermint und Williams Christ.

**Tonic Water**
Alkoholfreies, bitter-süßes, mit Kohlensäure durchsetztes Getränk, das als beliebte Beigabe zu Gin Verwendung findet.

**Trester**
Ein aus den bei der Kelterung entstehenden Traubenrückständen (Trester) gewonnenes Destillat.
Die Zusammensetzung der Rückstände ist auf 100 kg folgende: Weintraubenkämme 28 kg, Hülsen 47,5 kg, Traubenkerne 24,5 kg. Bei 100 l Wein rechnet man mit 14 bis 15 kg Trester. Die Qualität der Destillate hängt nicht nur von der Art der Destillation ab, sondern auch von der Qualität der verwendeten Trauben. Die italienische Bezeichnung für Trester ist Grappa, die französische und schweizerische Marc (s. d.).

**Triple Sec**
Bezeichnung für Zitruslikõre, die einen Alkoholgehalt von mindestens 38 Volumprozent haben.

**Tullamore**
Die im Jahre 1791 gegründete Firma Tullamore Dew Ltd. stellt in Dublin einen acht Jahre gelagerten Blended Irish Whiskey und einen zwölf Jahre gelagerten Whiskey, der in Steinkrügen auf den Markt kommt, her. Alkoholgehalt beider Sorten 43 Volumprozent.

**Tzuika**

Rumänischer Pflaumenschnaps, der seit mehr als 500 Jahren aus den tiefblauen, saftigen Pflaumen der Karpaten destilliert wird. Fachleute schätzen, daß es mehr als 10 000 ländliche Brennereien gibt, die ihren bernsteinfarbenen Tzuika selbst herstellen. Auf dem Lande ist das Brennen jedes Jahr ein kleines Fest. Die vollreifen Pflaumen werden zerquetscht und 14 Tage lang in riesigen Holzbottichen nach einem ganz besonderen Verfahren unter Luftabschluß sorgfältig vergoren. Diese Maische wird von Kernen und Unsauberkeiten befreit, mit Wasser angereichert und destilliert. Frisches Bachwasser sorgt für die Abkühlung der Destillierschlange. Das erste Destillat von 30 Prozent Alkohol wird nach 2 bis 4 Wochen noch einmal gebrannt. Nach dem Ausscheiden des minderen Vor- und Nachlaufes erhält man den reinen Tzuika. Eine mehrjährige, sorgfältige Lagerung in Fässern aus Maulbeerholz verleiht dem farblosen Destillat seine typische goldene Topasfarbe und ist entscheidend für die oft gerühmte Bekömmlichkeit, den herzhaften, unnachahmlichen Geschmack und das feurig-fruchtige Pflaumenbukett.
In Rumänien trinkt man den Tzuika gut gekühlt aus dem original Tzoiu-Glas, einer kleinen Glaskaraffe mit langem, schlankem Hals, worin das feurige Aroma des Tzuika bis zum letzten Tropfen erhalten bleibt. Dazu werden Oliven gegessen. Bei größerer Kälte wird Tzuika auch heiß, mit Pfeffer und Zucker gewürzt, in dicken Keramikschalen serviert.
In Deutschland trinkt man ihn gerne pur vor dem Essen oder als Digestif nach einem kräftigen Essen mit dem Kaffee.

**Uerdinger**

Ein Korn- und Wacholderdestillat aus der im Jahre 1780 gegründeten Firma der Gebrüder Melcher in Uerdingen am Rhein. Er wird eiskalt serviert.
Alkoholgehalt 38 Volumprozent.

**Uisge-beatha**

Der ursprüngliche Name für Whisky. Er stammt aus der keltischen Sprache und bedeutet Lebenswasser.

**Underberg**

Ein bekannter Magenbitter, den die Firma Underberg GmbH seit 1846 in Rheinberg am Niederrhein herstellt.
Weingeistgehalt 49 Volumprozent.

**Unicum**
Ein aus 43 verschiedenen Kräutern in Ungarn hergestellter Magenlikör.

**Van der Hum**
Südafrikanischer Likör, der aus Tangarinen (Mandarinenart) und verschiedenen Kräutern nach strenggehütetem Rezept hergestellt wird. Die Geschichte des Van der Hum geht bis auf die ersten Einwanderer am Kap der Guten Hoffnung zurück. Holländer, die den in ihrer Heimat so beliebten Curaçao nachahmen wollten, sich jedoch nicht auf den Namen des ursprünglichen Herstellers entsinnen konnten, nannten ihr Destillat „Van der Hum", was soviel wie „Wie ist sein Name" bedeutet. Bekannter Hersteller ist Bertrams in Constantia bei Kapstadt. In Deutschland ist dieser stark aromatisierte Likör, der sich auch zum Mixen eignet, jedoch mit Vorliebe nach dem Essen aus Likörgläsern getrunken wird, in spezialisierten Geschäften erhältlich.
Alkoholgehalt 27 Volumprozent.

**Vanillelikör**
Ein aus dem Mazerat oder Perkolat der Vanilleschote hergestellter weißer, roter oder grüner Likör. Ein mexikanischer Indianerstamm namens Totonaco ist der Erfinder des Vanillesaftes. Aus dem Thil-xochitl-Saft des Vanillebaumes, eines orchideenartigen Gewächses, brauten sie in Verbindung mit der Kakaobohne ein Getränk, das sie Xoxolatl nannten. Xoxolatl ist der Vorläufer unserer Trinkschokolade.

**Van Zuylekom**
Die Van Zuylekom Brennerei in Amsterdam wurde 1648 errichtet. Sie ist bekannt für die Herstellung von „Alt-Holländischen" Likören oder sogenannten Traditionsgetränken von regionaler Bedeutung, die ihre Bezeichnungen dem Humor des Jordaans, einer ehemaligen Hugenottensiedlung im Herzen Amsterdams, zu verdanken haben.
Die farbenprächtige, doch zur Vorsicht mahnende Geschichte spiegelt sich in neun der Van-Zuylekom-Erzeugnisse wider und beginnt mit Kwartier na Vijven oder „Viertel nach Fünf"; das nächste Produkt ist Parfait d'Amour – „perfekte Liebe"; dann folgt Hoe langer Hoe Liever oder „je länger, je besser" und Hempje Licht Op, was soviel bedeutet wie „Zieh das Hemd hoch". Naveltje Bloot heißt „entblößter Nabel". Der folgende Likör ist aus Pflaumen hergestellt und trägt die Bezeichnung Pruimpje Prik In, was ein unübersetzbarer Vorschlag ist und zu Bruidstranen oder „Brautstränen" führt.

Eine Tante, die, als sie die Braut sieht, ohnmächtig wird, bekommt ein Glas Orangenlikör mit dem Namen Eau de ma Tante. Es besteht kein Zweifel, daß die Braut ein Hansje in de Kelder oder einen „kleinen Hans im Keller" hat. Dieser Likör wurde, einem alten Gebrauch zufolge, serviert, wenn man auf diskrete Weise die Erwartung eines Kindes bekanntgeben wollte. Die werdende Mutter errötete, wenn sie einen Schluck nahm. Ein spezielles Trinkgefäß wurde entwickelt, von welchem die Miniatur eines Babys hochschoß, wenn das Getränk einen bestimmten Punkt erreichte.
Andere Liköre, die von der Firma Van Zuylekom hergestellt werden, sind Kandeel, auf Weinbrand basierend und mit Eigelb, Vanille, Zimt und Nelken angereichert und aromatisiert, der gerne bei Taufen serviert wird, Roosje Zonder Doornen oder „Rosen ohne Dornen" und ein Anislikör mit dem Namen Kraamanis.

**Vat 69**
Bekannte und beliebte schottische Whiskymarke, die von der Firma Sanderson & Son Ltd. in Leith auf den Markt gebracht wird.
Der Gründer der Firma, William Sanderson, begann seine Laufbahn als Whiskyproduzent 1852 bei Matthew Buchan, einem Freund seines Vaters, in der Bernard Street in Leith. Im Mai 1863 machte er sich als Wein- und Likörhersteller selbständig. Sein besonderes Interesse war, mit verschiedenen Früchten und Weinen zu experimentieren. Rhabarber-, Wein- und Himbeerlikör wurden hergestellt, doch es war der „Whisky Bitter", der am meisten Zuspruch fand und, nach verschiedenen europäischen Ländern ausgeführt, die Zukunft der Firma sicherte. Der Erfolg veranlaßte Sanderson, ein stattliches Haus in der Ferry Road in Leith zu kaufen, welches er nach dem Talbot-Jagdhund, dem Zeichen seiner Vorfahren, Talbot House nannte.
Sanderson kaufte seinen Malt Whisky hauptsächlich von seinem Freund John Begg, dem Besitzer der Royal Lochmagar Distillery, hoch oben über dem Balmoral Castle in Deeside. Sanderson war einer der ersten, der die Lagerung von Whisky in Sherryfässern empfahl, und 1876, als das Interesse an blended Whisky bedeutend zunahm, erwarb er eine Spirituosenhändlerlizenz.
Sein Sohn William Mark trat 1880 in sein Geschäft ein, und es war er, der ihn überzeugte, die in Leith hergestellten Flaschen für den Verkauf der Sanderson-Produkte anstelle von Fässern zu gebrauchen. Der Inhalt in den versiegelten Flaschen, so argumentierte der Sohn, konnten nicht von Händlern mit minderwertigen Erzeugnissen vermischt werden.
William Sanderson war ein geborener Experimentierer. Im Juli 1882 füllte er fast hundert verschiedene verschnittene Whiskys in numerierte Fässer. Sein Sohn bestand darauf, daß nur ein Produkt, das Beste der verschiedenen Ver-

schnitte, von der Firma Sanderson auf den Markt gebracht werden sollte. Die besten Blender der Umgebung wurden eingeladen, die verschiedenen Produkte zu verkosten. Alle, einschließlich der Sandersons, stimmten überein – der Whisky aus dem Faß mit der Nummer 69 war der Beste – und somit war „Vat 69" geboren.
Als die Distillers' Company Limited 1887 gegründet wurde, überredete Sanderson, der die Konkurrenz fürchtete, verschiedene Händler und Blender, eine eigene Gesellschaft zu gründen. Sanderson wurde zum geschäftsführenden Direktor der neuen North British Distillery Company berufen. Die Brennerei begann 1887, ein Jahr nachdem Sanderson Teilhaber der Glengarioch Malt Distillery in Old Medrum in Aberdeenshire wurde, mit der Herstellung von verschiedenen Verschnittwhiskys. Ein Produkt, als „A. M." bezeichnet, wurde zum Trinken am Vormittag empfohlen, und der „P. M." sollte besonders für den Nachmittag geeignet sein. Der „S. V. G." oder „Special Vatted Glengarioch", der einen hohen Anteil Islay Malt enthielt, und der „Vat 88" erfreuten sich Beliebtheit, doch begann man sich mehr und mehr auf den Verkauf von „Vat 69" zu konzentrieren.
Im Jahre 1903, als der jüngere Sohn, Arthur Watson Sanderson, der Firma, die nun William Sanderson and Son, Distillery and Scotch Whisky Merchants hieß, beitrat, war „Vat 69" das Hauptprodukt.
William Sanderson starb 1908. Sein Nachfolger war sein Sohn William Mark. Die Werbung wurde jetzt auf Export ausgerichtet, unter dem Slogan „Quality Tells" sicherte „Vat 69" einen ständig steigenden Erfolg.
1917 übernahm Sanderson die Whiskyhandlung Carstair and Robertson und 1920 die Wein- und Spirituosenhandlung D. and G. McLaren in Leith. 1933 schloß sich die Firma Sanderson & Son mit der Booth's Distillery zusammen, und 1937 schloß sich die Firma der Distillers' Company Limited an.
Die dunkle bauchige Flasche, eine Nachahmung einer traditionellen Flasche aus der Leither Glashütte, wurde 1960 durch eine moderne ersetzt, doch das schwarze Etikett mit den weißen Buchstaben VAT und die Nummer 69 sowie auch das rote Siegel mit dem Talbot-Jagdhund blieben unverändert.

**Vermouth**

Das bekannteste weinhaltige Getränk, der Wermut, wurde erstmals im Jahre 1786 von Antonio Bernardino Carpano in Turin hergestellt. Zwar war schon den Römern das Zersetzen von Wermutkraut in Wein bekannt, mit der Wermutherstellung von Carpano hatten die Rezepte jedoch wenig gemeinsam.
Heute wird Wermutwein in vielen Ländern hergestellt. Italienische und französische Produkte, die in allen Bars der Welt zu finden sind, tragen die Bezeich-

nung „Vermouth". In Deutschland hergestellter Wermutwein darf nicht als „Vermouth" bezeichnet werden. Nach der Verordnung über Wermut- und Kräuterwein vom 20. März 1936 ist Wermut das aus Wein unter Verwendung von Wermutkraut hergestellte Getränk, in dem der dem Wermutkraut eigentümliche Geschmack deutlich hervortritt und das in 1 Liter mindestens 750 ccm Wein sowie insgesamt mindestens 119 und höchstens 145 g Alkohol enthält.

Bei der Herstellung von Wermutwein dürfen folgende Stoffe verwendet werden:
1. Wein, außer Hybridenwein;
2. Wermutkraut, allein oder im Gemisch mit anderen würzenden Pflanzenteilen, auch in Auszügen; zu 1 Liter Wein dürfen jedoch höchstens 50 ccm wässeriger Auszug zugesetzt werden;
3. reiner, mindestens 90 Raumhundertteile Alkohol enthaltender Sprit;
4. technisch reiner Rüben- oder Rohrzucker, auch in reinem Wasser gelöst; auf 1 kg Zucker dürfen jedoch höchstens 2 Liter Wasser verwendet werden;
5. kleine Mengen gebrannter Zucker (Zuckerkulör);
6. Zitronensäure.

Man serviert Wermutwein kalt im Südweinglas (50 g).

**Vieille Cure**
Ein dem Bénédictine ähnlicher französischer Kräuterlikör.
Alkoholgehalt 43 Volumprozent.

**Vieira de Souza**
Ein halbtrockener Portwein mit der Bezeichnung Superior Tawny, der mit dem amtlichen Garantiesiegel des Portweininstituts geliefert wird.
Souza Portwein ist nach Alcimo Vieira de Souza, einem der besten Weinverkoster in Vila Nova de Gaia, benannt.

**Vin brûlé**
Französisch für Glühwein.

**Wacholder**
Wacholder ist eine Sammelbezeichnung für Destillate, die aus Sprit-Wasser-Gemisch und/oder Korn-Sprit-Wasser-Gemisch unter Hinzufügung von Wacholderdestillat oder Wacholderlutter hergestellt werden.

Bereits im 15. Jahrhundert wurde im Ravensburgischen ein Getränk aus Wacholderbeeren gebrannt. Durch den hohen Anteil von ätherischen Ölen, deren verdauungsfördernde Wirkung schon im Mittelalter bekannt war, galt dieses Getränk als ein beliebtes Hausmittel gegen Krankheiten.
Grundstoff aller Wacholderschnäpse ist ein Wacholderdestillat, das durch die Destillation der Beeren mit Alkohol gewonnen wird. Setzt man dieses mit Wasser auf Trinkstärke herab, heißt es Wacholdergeist und muß einen Mindestalkoholgehalt von 38 Volumprozent haben.
Wacholderbranntwein hingegen wird aus Monopolsprit und/oder Korndestillat unter Hinzufügen des Wacholderdestillats und/oder des Wacholderlutters, das ist der erste Abtrieb einer Maische aus Wacholderbeeren, gebrannt.
Wacholderbranntwein darf keine Zusätze von Wacholderölen enthalten. Geringe Mengen würzender Stoffe sowie eine kleine Beigabe von Zucker sind zulässig. Wenn ein Erzeugnis seinen Alkohol ausschließlich aus Korn- oder Wacholderdestillat bezieht, darf es die Bezeichnung Korn-Wacholder führen. Ein besonderes Verfahren zur Herstellung von Wacholderbranntweinen wenden die Kornbrenner aus Steinhagen an. Sie produzieren den Schnaps ausschließlich aus Wacholderlutter unter Verzicht auf jegliche Süßungs- oder Schönungsmittel. Die Beeren, die überwiegend aus der Toskana stammen, werden nach der Reinigung in einer speziellen Mühle gemahlen, in Bottichen zur Maische angerührt und mit Hefe versetzt. Während der einsetzenden Gärung werden die für den Geschmack charakteristischen Aromastoffe frei. In einer Spezialblase wird die bukettstarke Wacholdermaische abgebrannt, und man erzielt ein schwach alkoholhaltiges, aber ungemein aromatisches Destillat, den Wacholderlutter. Das wesentliche Geheimnis des Steinhägers besteht nun in der Mischung der beiden Komponenten Alkohol und Wacholderlutter. Das Erzeugnis muß einen Geruch und Geschmack haben, der ein abgerundetes Wacholderaroma mit zart duftendem Bukett erkennen läßt.
Wacholderschnaps wird pur und eiskalt zusammen mit Bier oder auch zu einem deftigen Essen getrunken.
Zu den bekanntesten Wacholderbranntweinen und Schnäpsen zählen:
Steinhäger, H. C. König (Deutschland),
Schlichte (Deutschland),
Uerdinger, Dujardin (Deutschland),
Gin (England),
Genever (Holland),
Machandel (Ostpreußen),
Kranawitter (Tirol),
Borovicka (Karpaten).

**Wacholdergeist**
Ein Wacholderbranntwein, der ausschließlich unter Verwendung von Wacholderdestillat aus der vollen Wacholderbeere oder aus deren vergorenen wässerigen Auszügen hergestellt ist.
Mindestalkoholgehalt 38 Volumprozent.

**Weinbrand**
Siehe Branntwein, Seite 101.

**Weisflog**
Schweizer Alpenkräuterlikör mit stark bitterlichem Aroma, der pur oder auch mit Wasser vermischt getrunken wird. Alkoholgehalt 18 Volumprozent.

**Wermutwein**
Deutsche Bezeichnung für Vermouth (s. d.).

**Whisky**
Nach der Definition der deutschen Begriffsbestimmungen ist Whisky „ein Getreidebranntwein mit dem für Whisky charakteristischen Geschmack und Geruch, der vorwiegend aus Gerstenmalz, Roggen und Weizen hergestellt ist".
Es läßt sich heute nicht mehr nachprüfen, wann und wo zum erstenmal Getreidebranntwein hergestellt wurde. Manchmal wird behauptet, die Phönizier hätten das Wissen von der Destillierkunst schon vor unserer Zeitrechnung gekannt. Daß die Ägypter und Griechen schon im klassischen Altertum Gerstengebräue und Destillate herstellten, dafür gibt es Zeugnisse.
Die Iren führen die Anfänge des Getreidebranntweins auf ihren Nationalheiligen Patrick zurück, der die Insel im 5. Jahrhundert christianisierte. Wahrscheinlich aber ist, daß die Klöster, die ja über weite Verbindungen verfügten, auch hier, wie überall im Abendland, die Branntweinherstellung pflegten.
Im Gälischen, der Sprache der Kelten, die heute nur noch in Irland ein amtliches Dasein fristet, wurde das Getreidedestillat, das das Geheimnis langen Lebens bergen soll, als „uisge beatha" (Lebenswasser) bezeichnet. Es ist anzunehmen, daß „uisge beatha" von Irland aus nach Schottland gekommen ist, wo es zunächst in Klöstern hergestellt wurde. Später sollen ein paar Skoten, die aus Irland kamen, im schottischen Hochland „Uiskie" gebrannt haben, der nur für den Hausgebrauch bestimmt war. Im Laufe der Jahrhunderte verbreitete sich die Uiskieherstellung über das ganze schottische Hochland, lieferte doch die Natur die wesentlichen Elemente: einmal die Gerste für das Malz, dann das über rote Granitfelsen zu Tal fließende klare Wasser der Highlandmoorquellen,

zum anderen die frische Bergluft unter den jodhaltigen Meereswinden und ferner den dunklen Torf der Hochmoore.
In den schottischen Geschichtsdokumenten wird Whisky um 1500 erwähnt. Damals soll König Jakob IV. dem Gerstenbranntwein sehr zugetan gewesen sein. Das wichtigste Datum in der Geschichte des Whiskys war das Jahr 1746, als die englischen Whigs, unterstützt von den Hannoveranern, die Stuarts nach dem dritten Versuch ihrer Wiedererhebung endgültig schlugen. Die Niederlage von Culloden Muir bedeutete die Öffnung der bis dahin abgeschlossenen Grenzen des schottischen Hochlands zu den Lowlands, wodurch der Whisky sich seinen Weg nach Süden bahnte. Die Schotten begannen nun, den Whisky, der damals nicht etwa ein Luxus für Reiche war, sondern vielmehr des armen Mannes einfacher Trunk wie heute das Bier, in größerem Umfang fabrikmäßig herzustellen. Um die seit 1660 bestehende Whiskysteuer von 2 Pence pro Gallone (4,54 Liter) hatte sich bislang kein Schotte gekümmert. Nach der Niederlage von Culloden Muir begannen jedoch ganze Kompanien von Steuerbeamten und Kontrolleuren, mit strengen Gesetzen die Steuern einzutreiben. Die Schotten ignorierten und vereitelten die Versuche der Regierung, ihr Nationalgetränk unter Kontrolle zu bringen. Sie begannen, ihren Whisky nach England zu schmuggeln, woraufhin die englische Regierung einen Einfuhrzoll von 9 Shilling 6 Pence pro Gallone verlangte. Auch diese Maßnahme schien die Schotten wenig zu beeindrucken. Als die Schwarzbrennerei und der Schmuggel sich immer mehr ausbreiteten, kam aus London ein neues Gesetz, nach dem alle Brennereien ab 1814 geschlossen wurden, deren Jahresproduktion unter 500 Gallonen (2300 Liter) lag. Dieses Gesetz bewirkte jedoch genau das Gegenteil. In den folgenden 60 Jahren wurde mehr Whisky geschmuggelt als in allen Jahrhunderten der englischen Geschichte zusammen.
Die Schwarzbrennerei hatte um 1820 derart überhandgenommen, daß sich das englische Oberhaus mit dem Problem befassen mußte. Auf Antrag des Duke of Gordon wurden 1823 die Kleinbrennereien wieder zugelassen. Trotz Steuersenkungen und der Aufforderung an alle Landbesitzer, den Schmuggel aktiv mit zu unterbinden, wurde weiter geschmuggelt und schwarzgebrannt. Daß die Schwarzbrennerei am Ende ganz von selbst aufhörte, hängt hauptsächlich mit der Erfindung eines neuen Herstellungsverfahrens in den Lowlands zusammen.
Robert Stein, ein Brenner in Kilbagie in Clackmannan, entwickelte ein Verfahren, nach dem der Alkohol und die ätherischen Öle und Aromastoffe von den ausgegorenen Rückständen, der Schlempe, durch Dampf herausgewaschen wurde. Ein nach diesem Prinzip arbeitendes Destilliergerät ließ er 1826 paten-

tieren. 1830 erfand Aeneas Coffey, ein Zollinspektor aus Dublin, eine verbesserte Ausführung dieses Gerätes, das nach ihm benannt wurde.
Der Vorteil des Coffey-Destilliergerätes liegt darin, daß es ununterbrochen arbeiten kann und daß viel weniger Arbeitskräfte benötigt werden als bei den traditionellen Kesselbrennöfen. Der Whisky wurde durch das neue Herstellungsverfahren wesentlich billiger, und die Absatzzahlen der großen Brennereien, die sich ohnedies nicht auf Schwarzbrennerei und Schmuggel eingelassen hatten, stiegen rapide an. Schließlich kam man 1852 in Schottland auf die Idee, den reinen, unverschnittenen Malzwhisky mit 30 bis 50 Prozent mildem Kornbranntwein zu verschneiden. Was die Bergschotten nicht für möglich hielten, trat ein. Das gemischte Produkt, vom Fachmann als Blended Whisky bezeichnet, traf den Geschmack der Lowländer und vor allem der Engländer weit besser als der tiefdunkle, gehaltvolle Malzwhisky. Der Blended Whisky setzte sich schnell durch, und plötzlich wollte niemand mehr den qualitativ schlechteren schwarzgebrannten, der kaum billiger war als ein guter Blended Whisky, kaufen.
Zwar hielten die Bergschotten verbissen an ihren Destillationsverfahren mittels Doppelbrennblase fest und beanspruchten, daß nur ein reiner Malzwhisky als Scotch Whisky verkauft werden durfte. Doch 1909 einigte man sich, daß auch Destillate als Scotch Whisky verkauft werden dürfen, die nur teilweise aus Gerstenmalz hergestellt sind. Somit begann der Welttriumph des Whiskys und sein Weg über ganz Britannien bis zur Eroberung der Weltmärkte.

### Die Whiskyherstellung

Der Prozeß der Whiskyherstellung beginnt bei der Gerste, die nur für die Vergärung verwendet werden kann, wenn sie voll ausgereift und gut getrocknet ist. Die Gerste wird zur Wässerung in große, flache Kessel, Steeps genannt, geschüttet, wo sie zwischen 40 und 60 Stunden liegen muß, bis jedes Korn durchweicht und vollgesaugt ist. Dann wird sie zur Keimung auf dem Boden der Malzscheune ausgebreitet. Damit ein gleichmäßiges Wachsen der Keimlinge erzielt wird, muß sie immer wieder mit langen, hölzernen Schaufeln gewendet werden. Hat die Keimung einen bestimmten Grad erreicht, wird sie unterbrochen. Die gekeimten Körner kommen dann auf die Darre, einen perforierten Fußboden, der mit feinem Maschendraht ausgespannt ist und sich oben an der Spitze der Wölbung in einem Kamin verengt. Unter dem Drahtgitter, auf dem die gemälzte Gerste liegt, schwelt ein gleichmäßiges Torffeuer, dessen Rauch durch das Gitter zieht, das Malz trocknet und ihm den für den Highlandwhisky typischen Rauchgeschmack mitteilt. Um die Rauchentwicklung zu verstärken und die Kraft des Feuers zu dämpfen, werden Holzspäne über den brennenden Torf geschichtet. Die Zusammensetzung der Sägemehlspäne ist immer Brennereigeheimnis. Verwendet werden vor allem Eichen, Buchen, Birken oder Mischungen daraus, die die Geschmacksbildung des Whiskys mitbestimmen. Das getrocknete Malz wird dann in einer Mühle zerquetscht. In diesem Zustand kommt es in gewaltige Maischbottiche, wo es mit heißem Wasser übergossen wird. Das gemahlene Gerstenmalz wird in den Maischbottichen maschinell gerührt, bis sich der zuckerhaltige Teil von den übrigen Malzbestandteilen löst. Der zuckerhaltige, noch alkoholfreie Teil ist die „Würze". Sie wird durch in die Maischbottiche eingezogene Siebgitter abgeseiht und nebenbei als Grundlage für verschiedene Malzextrakte und Nährgetränke für Kinder verarbeitet. Das Malzgetreide, dem die Würze durch die heiße Auswaschung entzogen wurde, wird als Viehfutter verwendet.

Die Würze wird dann in Fermentierbottiche, die zwischen 9000 und 50 000 Liter fassen, gepumpt. Hier vollzieht sich der 2 bis 3 Tage dauernde Gärprozeß. Um eine gleichmäßige und schnelle Gärung zu erzielen, wird der Würze Reinhefe zugesetzt, die den Naturprozeß fortführt und den Zucker in Alkohol umwandelt. Die vergorene Würze enthält die unverbrauchte Hefe, etwa 10 Prozent minderwertige Methylalkohole, einen gewissen Prozentsatz reinen Äthylalkohol, das Aromabukett, Fuselstoffe und Wasser. Die Aufgabe des Destillateurs ist, in den folgenden Verarbeitungsgängen das reine Herz, wie man in den Highlands sagt, herauszuwaschen. Der eigentliche Brennvorgang geschieht beim Highland Maltwhisky durch 2 Brennapparate in 2 Etappen. Die Trennung des Alkohols, der ätherischen Öle und der Aromastoffe von den ausgegorenen Rückständen, der Schlempe, vollzieht sich in mächtigen Kupferkesseln, die in einer spitzen Tüte, im sogenannten Schnabel, enden. Durch diesen Schnabel werden die etwa 70 bis 75 Grad heißen Alkoholdämpfe in die Kühlschlange, ein Kupferrohrsystem, welches man in Schottland the Worm, den Wurm, nennt, geleitet. In der Kühlschlange, die durch eine Wanne mit ständig fließendem Kaltwasser läuft, schlagen sich die Alkoholdämpfe nieder und verflüssigen sich, so daß am Ende ein Kondensat abläuft, das zwar noch kein Whisky, aber der Rohbrand für ihn ist. Dieser fuselige, noch trübe Rohbrand wird in der Whiskytechnik als Low-Wine, niederer Wein, bezeichnet. In der zweiten Stufe folgt dann der Feinbrand. Im Prinzip handelt es sich dabei um eine Wiederholung des Verdampfungsprozesses, nur wird diesmal alles noch viel behutsamer durchgeführt. Die Methylalkoholanteile, die beizenden Ester, verdampfen zuallererst. Man nennt das den Vorlauf, Foreshot, den der Brennmeister abschöpft. Genauso scheidet er den Nachlauf, Feint, ab, wenn der Rohbrand lange genug verdampft, bis schließlich nur noch die fuseligen und alkoholschwachen Flüssigkeiten aus der Kühlschlange rinnen. Was übrigbleibt ist hochprozentiger, purer Maltwhisky. Die Qualität und der Alkoholgehalt des

jungen, noch wasserklaren Gerstenbrandes wird mittels Hydrometer und Alkoholwaage genau festgestellt, bevor er in die Auffangbehälter des Lagerraums gepumpt wird, um von dort aus in Fässer umgefüllt zu werden. Die geeignetsten Lagerfässer sind Sherry- oder Portweinfässer aus Steineiche. Das poröse Holz der Steineiche erlaubt dem Whisky, Luft einzuatmen und zu oxydieren, ohne daß sich dabei Alkohol verflüchtigt. Außerdem hat Sherry dem Holz schon das Querzin, die Eichenlauge, entzogen. Je größer das Faß ist, desto langsamer reift der Whisky und nimmt die bekannte Whiskyfarbe an. Heute sind ausgediente Sherryfässer teuer und immer schwerer zu beschaffen. Die Brennereien werden deshalb gezwungen, die Fässer oft zweimal zu benutzen, was sich besonders auf den Farbton des Whiskys auswirkt. Einfallsreiche Firmen haben sich dies zunutze gemacht und rühmen die Vorzüge des blassen Whiskys, der nichts anderes sei als Whisky ungefärbt. Andere Firmen behelfen sich mit Eichenfässern, die mit Sherry und einer Karamellösung präpariert werden, damit die differenzierten Whiskysorten und Altersstufen eine einheitliche Farbe erhalten. Frisch aufs Faß gezogen, hat der Whisky etwa 65 Volumprozent Alkoholgehalt. Während der Lagerung schwindet der Alkoholgehalt beim Whisky nicht, wie es beim Cognac oder Rum der Fall ist, sondern er enthält mit den Jahren prozentual mehr Alkohol, weil der Schwund der anderen Flüssigkeitsanteile durch das System der luftigen Lagerung in Eichenholzfässern viel größer ist. Die gesetzliche Mindestlagerzeit beträgt für Scotch Whisky 3 Jahre. Manche Sorten werden von den Brennereien bis zu 12 Jahren und länger gelagert. Kommt das Produkt, nach der vorgeschriebenen Lagerzeit auf Flaschen gezogen, in den Handel, so erhält es die Bezeichnung Straight Whisky (reiner, unverschnittener Whisky).
Heute ist Straight Whisky fast gänzlich durch den Blended Whisky (verschnittener Whisky) vom Weltmarkt verdrängt worden.
Zum Verschneiden verwendet man Kornwhisky, der nicht im Pot-still-Verfahren, sondern in Kolonnenapparaten (Patent-still-Brennerei) aus ungemälzter Gerste, einem gewissen Anteil gemälzter Gerste und Roggen- oder Maischezusatz gebrannt wird. Bevor der Kornwhisky mit dem Malzwhisky verschnitten wird, muß er ebenfalls gelagert werden. Vom Können des Blendmasters hängt es ab, die richtigen Sorten im richtigen Verhältnis miteinander zu vermischen, damit eine gleichbleibende Qualität garantiert ist. Über 100 Brennereien sind zur Scotch Whisky Association zusammengeschlossen und stellen den großen Markenfirmen etwa 3000 Whiskytypen zur Verfügung. Der Kenner weiß, daß nicht 2 Sorten einander gleichen.
In der Regel enthält der fertige Blended Whisky Malzwhisky verschiedener Abstammung und verschiedene Kornwhiskyarten.

Der Malzwhisky ist nach den Gegenden, in denen er gebrannt wird, in folgende 4 Hauptkategorien eingeteilt:

1. Highlands:
   Er soll der beste Whisky überhaupt sein. Sein ausgeglichenes Aroma wird von Whiskyliebhabern in der ganzen Welt geschätzt. Bekannte Brennereien befinden sich in Aberfeldy, Balmenach, Banffshire, Cardow, Clynelish, Glenlivet, Moray und Speyside.
2. Lowlands:
   Der Lowlandwhisky aus dem Gebiet zwischen Edinburgh und dem Clyde hat nicht den schweren Rauchgeschmack wie der Highlandwhisky und ist, trotz einer Anzahl großer Brennereien, nicht so bedeutend.
3. Islay:
   Der von der gleichnamigen Insel kommende Whisky zeichnet sich durch einen streng-rauchigen Geschmack aus. Er wird wegen seines vollen Körpers gerne für Verschnittzwecke verwendet.
4. Campbelton:
   Auf der Halbinsel Kintyre, im Westen Schottlands, wird der besonders schwere Whisky, der fast ausschließlich verschnitten wird, hergestellt.

Das Produkt einer einzigen Brennerei wird als Single-Whisky bezeichnet. Aus 30 und mehr Singles wird ein Blended Whisky gemischt.
Verschnitten muß der Whisky nochmals lagern, damit die verschiedenen Anteile zusammengehen oder sich verheiraten, wie der Fachmann sagt. Erst dann wird er durch Zusatz von destilliertem Originalwasser der Highlandquellen auf Trinkstärke, welche üblicherweise bei 43 Volumprozent liegt, reduziert. Ist der Whisky einmal in Flaschen abgefüllt, verändert er sich überhaupt nicht mehr. Der Entwicklungsprozeß ist dann völlig abgeschlossen.

Irish Whiskey

Der irische Whiskey unterscheidet sich vom schottischen nicht allein in der Schreibweise, sondern auch im Herstellungsverfahren.
Kenner bezeichnen Irish Whiskey als ausgesprochen mild, mit blumig-weichem, an Torf erinnerndem Aroma und vollem Malzcharakter, dem die rauchige Note des Scotch Whiskys fehlt.
Wie Schottland, so hat auch Irland seine Whiskeygeschichten. Noch heute erzählt man sich die verwegensten Schmuggleranekdoten wie in Bayern die berühmten Wildererepisoden.

Schon 1661 erhob man in Irland eine Whiskeysteuer, die es nach sich zog, daß man bei einer im Jahre 1784 durchgeführten Kontrolle feststellen mußte, daß jeder dritte schwarzgebrannt hatte. Im Jahre 1813 wurden in Irland 20 000 illegale Brennereien festgestellt, und noch heute munkelt man in den weitverstreuten Dörfern von heimlichen Brennern, die in verlassenen Scheunen oder Strandbuchten ihren Potheen (kleiner Topf) und ihren Mountain Dew (Bergtau) herstellen.

Die Zeit des Schwarzbrennens und der Schmuggler gehört jedoch längst der Vergangenheit an. Den puren Gerstenmalzbrand von damals stellen noch die schon 1556 gegründeten Bushmills-Brennereien Coloraine und Killowen her, inzwischen sind aber auf beiden Teilen der Grünen Insel andere Arten und Sorten populär geworden. Am bedeutendsten ist der Straight Grain Whiskey aus ungemälzter Gerste oder Mischungen mit anderen Getreiden, wie Roggen, Weizen und Hafer. Dann kommen Brände aus Gerstenmalz und ungemälzter Gerste unter verschieden hohem Zusatz von Roggen, Weizen und Hafer auf den Markt. Verschnitte mehrerer Typen und Jahrgänge werden nur mit Destillaten der gleichen Brennerei hergestellt. Sie dürfen als Straight Whiskey in den Handel gebracht werden. In Nordirland stellt man Whiskey prinzipiell aus gemälzter Gerste her. Im Gegensatz zu Schottland wird das Gerstenmalz jedoch nicht mit Torffeuer geräuchert, und somit ergibt sich ein wesentlicher Geschmacksunterschied.

Irland hat, genau wie Schottland, ideale Bedingungen für die Whiskeyherstellung, und nur zu Unrecht ist der Irish Whiskey in Deutschland weitgehend unbekannt.

Die gehaltvolle Braugerste, die auf moorigem Boden unter dem jodhaltigen Seewind wächst, wird, bevor sie für 2 bis 3 Tage in ein Quellbad kommt, sauber verlesen und von ihren Spelzen befreit. Zum Keimen wird sie auf dem Mälzboden einer weiten Tenne ausgebreitet. 8 bis 12 Tage benötigt die Gerste zur Keimung. In dieser Zeit muß sie, damit sich kein Schimmel bildet, immer wieder mit Holzschaufeln aufgelockert werden. Durch Rösten auf erhitzten Steinplatten wird die Keimung im richtigen Moment abgebrochen. Danach muß das Malz etwa 3 Wochen in Lagerräumen nachtrocknen.

Zur Weiterverarbeitung wird das Malz in Schrotmühlen zerkleinert und mehrfach mit verschieden heißem Wasser in Bottichen vermischt. Mit einem durchlöcherten Brett mit langem Stiel wird das Malz maschinell verrührt, bis sich der Malzextrakt löst und als zuckrige Würze nach unten sinkt. Der Rest des Getreideschrotes wird als Viehfutter verwertet.

Die Würze kommt nun für den Gärprozeß in bis zu 12 000 Gallonen fassende Lärchen- oder Oregonkiefernbottiche, die jedesmal mit Heidekrautbüscheln gesäubert und abgerieben werden. Der Gärprozeß, durch Braugärhefe eingeleitet, dauert 48 Stunden.
Der nächste Prozeß ist die Destillation der vergorenen Würze, die jetzt als Maische bezeichnet wird. Die Destillation wird in Irland und für den Malzwhiskey überwiegend nach dem traditionellen Pot-still-Verfahren vorgenommen. Die Pot-still-Anlagen fassen bis zu 20 000 Gallonen. Sie sind also viel größer als die in Schottland. Dafür wird der Whiskey in Irland dreifach destilliert. Beim letzten Feinbrand werden die groben Vorläufe und die dünnen Nachläufe abgesondert, bis man nur das allerfeinste Herz, den Clean-Finished, erhält. Dieses flüssige Herz des Getreides wird zwischen 6 und 12, manchmal sogar bis zu 30 Jahren in 180 bis 200 Liter fassenden Sherry- oder Portweinfässern gelagert.
Bevor der Whiskey auf Flaschen abgefüllt wird, setzt man seinen Alkoholgehalt durch Zusatz von klarem Quellwasser auf 43 Volumprozent herab.
Trägt der Whiskey die Aufschrift bonded, so bedeutet dies, daß der abgelagerte Straight Malt Whiskey völlig unverschnitten in amtlich überwachten Branntweinlagern auf Fässern gereift ist.
Bei der Fabrikation von Grainwhiskey und auch bei der Herstellung von Mischungen mit Malz ist man in Irland überwiegend auf die Schnellmethode der Patent-still-Apparate übergegangen.

### Amerikanischer Whiskey

Der erste Getreidebrenner in Nordamerika soll der Holländer William Kieft, der Generalgouverneur von Neu-Holland war, gewesen sein. Im Jahre 1640 gründete er in Staten Island, New York, eine Getreidebrennerei, die noch heute existiert. Das fruchtbare Land mit seinen sauberen Kalksteinquellen im Shenandoah-Tal hinter den Pennsylvaniahöhenzügen, im Cumberlandcap und in Maryland war die natürliche Grundlage für britische, holländische und deutsche Siedler, durch Destillieren von Roggen in Form von Handwerksnebenbetrieben eine zusätzliche Einkommensquelle zu haben.
Schnell verbreitete sich das Getreidebrennen, bildete doch gebranntes Korn den sichersten ökonomischen Weg, den Ernteüberschuß des von Europa mitgebrachten Saatroggens haltbar zu stapeln. Im Jahre 1770 trifft in Pittsburgh die erste Sendung eines in Amerika produzierten Whiskeys aus Roggen, der Rye, ein. Bis 1790 war praktisch jeder Farmer zum Destillateur geworden, der mehr oder weniger auch von den Erlösen seines im Pot-still-Verfahren gewonnenen Destillates abhing.

Als der Schatzmeister Alexander Hamilton den hausgebrannten Whiskey mit einer Steuer belegte, löste dies im ganzen Land eine heftige Reaktion aus. Besonders die Iren und Schotten sahen in den neuen Steuern eine Wiederholung jener Willkürakte, durch die sie aus der alten Heimat vertrieben wurden.

Viele Brenner verließen ihre Farmen und zogen in die Wildnis der Blaugrasebenen am bergumschlossenen Kentucky-River, die heute das Kernstück des Staates Kentucky bilden. Unter ihnen war der Wanderprediger Elijah Craig, der neben der Bibel auch die Kunst der Destillation beherrschte. Elijah Craig begann sofort mit einer selbstkonstruierten Destille, den wilden Mais, eine goldgelbe Frucht der Eingeborenen, die in Europa unbekannt war, in Whiskey umzusetzen.

Bevor sich 1792 der US-Staat Kentucky bildete, nannten die Kolonisten die Blaugrasebenen zu Ehren des französischen Herrscherhauses, das ihnen Hilfe und Unterstützung im Krieg mit England gegeben hatte, Bourbon County. Die Farmer waren so stolz auf Craigs Erfindung, daß sie das Maisdestillat Bourbon Whiskey nannten.

Obwohl die Whiskeysteuer 1802 aufgehoben wurde und die Farmer in Kentukky erhebliche Schwierigkeiten hatten, ihren neuen Maisbrand in Prärieschonern, auf Indianerpfaden und in Kielbooten auf dem Kentucky, dann dem Ohio und schließlich dem Mississippi hinab nach St. Louis und New Orleans in den Süden zu transportieren, entwickelte sich die Bourbonherstellung lawinenhaft. Um 1810 gab es schon 2000 Bourbonbrennereien, die mit den üblichen zwei- oder dreifachen Topfbrennzwiebeln aus Kupfer einen Whiskey von höchster Qualität herstellten. Doch das System der Pot-stills war umständlich und wenig rentabel, da man nur eine geringe Maischemenge, eine nach der anderen, verarbeiten kann. Erst die Erfindung der Coffeyschen Patent Still und der daraus speziell für den Bourbon und Rye entwickelten Continuous Stills, die Fortlaufdestillationen, die den Destillationsvorgang praktisch 20- bis 26mal wiederholen, ermöglichten es, die Bourbonproduktion genau zu kontrollieren und für höchste Mengen eine einheitliche Form und gleichbleibende Qualität zu garantieren.

Heute ist Bourbon die meistgetrunkene Spirituose der Welt. In den USA allein wird doppelt soviel Whiskey getrunken, wie ganz Schottland produziert. Dieser gigantische Aufschwung begann nach der Prohibition und vor allem nach dem zweiten Weltkrieg.

Trotz der riesigen Fließbandanlagen, der 4 bis 5 Stockwerke hohen Destilliergeräte und der Abfüllautomaten, die täglich 1 Million Flaschen ausstoßen, hat sich an der historischen Bourbonformel von vor knapp 200 Jahren nichts geändert. Die historische Formel lautet: ein halb bis drei Viertel Mais für

Körper und Blume, dazu eine geringe Menge Roggen für die Eleganz und schließlich eine Spur Gerstenmalz zur Fermentation.

Die amerikanische Regierung erließ durch die Bundesalkoholverwaltung eine Verordnung, nach der Bourbon als eine Spirituose, die aus fermentiertem Getreidemalz destilliert ist, welches mindestens 51 Prozent Mais enthält und nicht höher als mit 80 Alkoholprozenten destilliert werden darf, bezeichnet wird. Der verkaufsfertige Bourbon darf jedoch nicht mehr als 62,5 Volumprozent und nicht weniger als 40 Volumprozent enthalten und muß mindestens 2 Jahre in frischen Fässern amerikanischer Steineiche gelagert haben.

Die Seele des Bourbon ist der Mais. Je größer der Maisanteil in der Grundstoffmischung ist, desto leichter und heller wird der Körper oder Body, wie man in der Fachsprache sagt. Je höher der Anteil an Roggen und Gerste ist, desto schwerer und würziger fällt der Whiskey aus. Es genügt nicht, irgendeine Sorte Mais oder einfach Roggen und Gerste zu benutzen. Nur das Beste ist gut genug. Der ausgesuchte Mais wird in den Brennereien gereinigt und mit einem geringen Zusatz von Gerstenmalz für die Diastase vermahlen und mit dem kalksteinhaltigen Limestonewasser Kentuckys vermischt und gekocht. Die ausgekochte süße Mehlbrühe, die Würze, wird in riesige Bottiche gepumpt und nach der Abkühlung mit reiner Zuchthefe in Gärung versetzt. Es gibt viele verschiedene Hefearten im Boden und in der Luft. Für den Destillationsprozeß werden jedoch einige ganz besonders wertvolle, von den Brennereien gezüchtete Hefen ausgewählt. Nicht selten wird der Gärhefestamm von den Inhabern großer Brennereien persönlich in Kühlsafes diebessicher verwahrt.

Durch den durch die Hefe eingeleiteten Gärungsprozeß wird der Maltosezucker in $CO_2$ und Alkohol transformiert. Hierbei entsteht gleichzeitig Wärme. Damit der Gärungsprozeß jedoch nicht zu stürmisch verläuft, werden die Gärbehälter auf ein bestimmtes Temperaturniveau gekühlt. Nahezu alle Bourbonhersteller richten sich bei dem Gärprozeß nach der Sour-Mash-Methode, der die Sweet Mash, die süße Vergärung, gegenübersteht. Diese technischen, von altersher eingebürgerten Ausdrücke haben nichts mit saurem oder süßem Geschmack zu tun. Sour Mash bedeutet, daß immer ein kleiner Teil der ausgegorenen Maische mit Hefepilzen zurückbehalten wird, um damit die Gärung der nächsten Partie in Gang zu bringen. Der Vorteil dieser Art von Fortpflanzungsmethode ist, daß von einer Getreidemischung zur anderen die komplizierten Verhältnisse stabil bleiben, wodurch sich der Geschmack kaum verändert.

Bei der Sweet Mash, der süßen Vergärung, wird die Würze jedesmal mit frischer Gärhefe in Gang gebracht.

Der Vergärungsprozeß dauert 4 bis 6 Tage. Die vergorene Maische, der Getreidemost, den man in Amerika als „Distillers bee“ bezeichnet, wird dann in den Brennapparat gebracht, wo der Alkohol von der Getreidebrühe getrennt und in einem zweiten Zug konzentriert wird.

Das wasserklare Destillat hat zwischen 62,5 und 80 Volumprozent. Bevor es mit dem Namen Bourbon bezeichnet werden darf, muß der junge Whiskey mindestens 2 Jahre in unbenutzten Fässern aus amerikanischer Steineiche, deren Holz bis zu 10 Jahre abgelagert hat, lagern. Die Innenseite der Eichenfässer muß vorschriftsmäßig ausgebrannt sein. Dies geschieht, indem man ein Feuer auf einem Rost in die Fässer schiebt, diese langsam dreht, bis schließlich eine dünnverkohlte Schicht an den Eichendauben zurückbleibt. Während der Lagerung nimmt der Whiskey Farbe an, indem er Gerbsäure aus den Fässern entzieht. Gleichzeitig aber vollzieht sich die Wandlung vom Kornbukett zum ausgeprägten Whiskeygeschmack.

Die meisten Bourbons brauchen eine längere Lagerzeit als 2 Jahre, um ihren individuellen Charakter ganz zu entfalten. Viele Bourbons erreichen innerhalb von 4 Jahren ihren Höhepunkt. Manche brauchen aber 10, 12 und noch mehr Jahre bis zur Vollkommenheit. Während dieser Lagerzeit in den Lagerhallen unterstützt man den natürlichen Reifeprozeß durch Temperaturregelung, d. h. durch aufwendiges Beheizen, Lüften und Kühlen der bis zu 10 Stockwerke hohen Lagerhallen, und durch Um- und Nachfüllen der Fässer, um die höchste Qualität zu erreichen.

Ein Schnellreifeverfahren und eine Klärung des Bourbon ist, im Gegensatz zur Herstellung mancher Weinbrände, nach amerikanischem Gesetz verboten.
Bei der letzten Etappe der Bourbonherstellung sind die Wahl der für das Verschneiden verwendeten Sorten sowie der durch Faßlagerung entschärfte neutrale Kornsprit und das Limestonewasser von größter Bedeutung.

Entsprechend den verschiedenen Rohstoffen werden die amerikanischen Whiskeys mit unterschiedlichen Namenskombinationen deklariert, die gesetzlich festgelegt sind.

Die bekannten amerikanischen Bezeichnungen sind folgende:

US Straight Whiskey
Ein Destillat aus fermentiertem Getreide, das nicht stärker als mit 62 Volumprozent und nicht schwächer als mit 40 Volumprozent in den Handel kommt. Es muß mindestens 2 Jahre gelagert sein.

### Straight Bourbon Whiskey

Ein unverschnittener Whiskey aus einer fermentierten Getreidemischung, die nicht weniger als 51 und nicht mehr als 79 Prozent Mais enthält. 2 Jahre Mindestlagerzeit in Steineichefässern sind vorgeschrieben.

### Blended Bourbon Whiskey

Ein Whiskeyverschnitt, der nicht weniger als 51 Prozent seines Volumens an unverschnittenem Bourbon enthält und dessen Rest sich auf Getreide, Alkohol und reines Wasser verteilen muß.

### Blended Straight Bourbon Whiskey

Ein Verschnitt aus verschiedenen Bourbon Whiskeys.

### Straight Rye Whiskey

Ein unverschnittener Whiskey aus einer fermentierten Getreidemischung, die nicht weniger als 51 Prozent Roggen enthält.

### Blended Rye Whiskey

Ein Blended Rye Whiskey muß 51 Prozent seines Volumens an unverschnittenem Rye Whiskey enthalten. Der Rest kann sich auf anderes Getreide, Alkohol und Wasser verteilen.
Heute ist der Rye, der ausgeprägter und härter schmeckt als der Bourbon, nicht mehr modern. Er wird immer weniger hergestellt und nur noch in Maryland und Pennsylvania gebrannt. Lediglich 4 Prozent der amerikanischen Whiskeyproduktion ist Rye und 1/2 Prozent Straight Rye.

### Corn Whiskey

Reiner Maisbrand, der wasserklar, nach den Vorschriften für amerikanischen Straight Whiskey ohne Lagerung in Steineichefässern in den Handel kommt.

### Bottled in Bond

Durch Staatsaufsicht wird verbürgt, daß dieser Bourbon Whiskey aus einer einzigen Destillierung einer Brennsaison hergestellt wurde. Er hat 50 Volumprozent und ist mindestens 4 Jahre in neuen, verkohlten Eichenfässern mit 120 Litern Inhalt zollversiegelt gelagert worden.

### Kanadischer Whisky

Der kanadische Whisky, der im Gegensatz zum irischen und amerikanischen ohne e geschrieben wird, ähnelt dem Bourbon sehr, denn auch der größte Teil seiner Grundlage ist der Mais. Doch auch Gerste-, Roggen- und Maismalz sind im Grundrezept vorgeschrieben.

Erst in den Anfangsjahren des 19. Jahrhunderts hat man in Kanada mit der Herstellung von Whisky begonnen.

Heute bringen etwa 20 kanadische Firmen ihre Produkte mit erheblichen Geschmacksunterschieden auf den Markt. Diese Geschmacksunterschiede sind neben den verschiedenen Destilliersystemen und dem unterschiedlichen Aufbau der Grundelemente nicht zuletzt auf die bedeutenden Wasserunterschiede zurückzuführen.

Die New-Westminster-Whiskys verdanken ihr blumiges Bukett dem weichen Felsquellwasser. Die mit dem Kalkwasser der Laurentiagebirge hergestellten Whiskys haben einen goldenen Farbton. Im Gebiet von Quebec wird mehr Roggen verarbeitet, und der Whisky ist schwer und gehaltvoll. Die Produkte aus Ontario zeichnen sich dagegen durch ihre Leichtigkeit aus. Einige Hochtalbrennereien in Nova Scotia, der Atlantikhalbinsel, brennen ihre Whiskys mit dem weniger bekannten Tetra-Petkus-Getreide, das speziell für die Whiskyherstellung angebaut wird.

Die leichtesten und delikatesten Whiskys werden nach dem amerikanischen Conti-Verfahren destilliert. Die Primary Whisky Stills sind verbesserte Pot-stills und erzeugen einen vollen Whisky. Dann gibt es noch besonders bukettreiche Whiskys, die mit den Column und Cattle Batch Stills, ein aus Dephlegmatoren und Umwälzkesseln gekoppeltes Verfahren, hergestellt werden. Schließlich arbeitet noch eine Brennerei in Montreal mit der schottischen Coffey Still.

Das Blenden geschieht in Kanada sofort nach der Destillation. Nach kanadischem Gesetz darf nur Kornbrand, der parallel zu dem Extraktwhisky mit höchstens 78 Alkoholprozenten destilliert werden darf, zum Verschneiden genommen werden. Erst das gemischte Produkt wird in frische, verhältnismäßig kleine Eichenfässer gefüllt und 2 Jahre in staatlichen Lagerhallen unter der Aufsicht von Zollinspektoren abgelagert.

Durch das frische Eichenholz erhalten die Whiskys, im Gegensatz zum torfrauchigen Scotch und zum holzkohligen Bourbon, einen ausgeprägten Querzetingeschmack.

Nach der zweijährigen Mindestlagerzeit werden die Canadian Blends in riesigen Fässern zusammengegossen und mit destilliertem Wasser auf Trinkstärke gebracht. Dann muß der Whisky noch einmal 6 Monate lagern, damit sich alle Anteile egalisieren. Erst dann kann er auf Flaschen gezogen werden, um zum Versand in über 120 Länder zu gelangen.

**White Horse**

Ein schottischer Whisky, den die White Horse Distillers Ltd. in Glasgow auf den Markt bringt.

Sir Peter Mackie, der Mann, der den White Horse berühmt gemacht hat, entstammt einer Familie, die schon mehrere Generationen im Whiskyhandel vertreten war.

James Logan Mackie, der Onkel von Peter Mackie, stellte aus dem schweren, würzig-aromatischen Maltwhisky der Atlantikinsel Islay eine besondere, charakteristische Mischung von Malt und Korn her, die er White Horse nannte. Durch diesen „White Horse Whisky" kam die Firma zu Ansehen und Vermögen. Der Name White Horse entstammt einem weltbekannten alten Gasthof am Canongatetor in Edinburgh. Dieser Gasthof war schon bei den Offizieren von Prinz Charles Edward während der Stuartaufstände in den Jahren 1745 – 48 ein beliebtes Absteigequartier.

Doch die noch viel tiefere Bedeutung des Schimmels, die nicht nur den Zusammenhang mit der alten Poststation erfaßt, wurde von Peter Mackie erst viel später erkannt.

Ein weißes Pferd symbolisiert nämlich den Sieg, die Macht, die Reinheit und alles, was sich mit den Idealen der Götterpferde verknüpft.

1926 brachte die Firma als erste den Flaschenschraubverschluß heraus. Mit dieser Erfindung konnte die Firma ihre Verkaufszahlen in kürzester Zeit verdoppeln.

**White Label**

Diese bekannte schottische Whiskymarke, die in Perth hergestellt wird, ist in allen guten Bars anzutreffen. Alkoholgehalt 43 Volumprozent.

**Wild Turkey**

Ein acht Jahre alter Straight Bourbon Whiskey, der von der Austin Nichols Distilling Company in Lawrenceburg in Kentucky auf den Markt gebracht wird. Die Geschichte des „Wild Turkey" geht auf die 30er Jahre zurück. Zu jener Zeit trafen sich amerikanische Jäger zur jährlichen Truthahnjagd in South Carolina. Jeder brachte seinen Lieblingsbourbon zum Entspannen beim abendlichen Jägerlatein. Nur einer, ein Mr. McCarthy, brachte einen privat hergestellten Whiskey mit. Dieser acht Jahre gereifte Bourbon fand die Zustimmung der Truthahnjäger, und McCarthy ließ den Whiskey nach seinen Angaben als Rarität kommerziell herstellen. Er nannte ihn „Wild Turkey" nach dem Truthahn, der unter Präsident Lincoln beinahe Amerikas Wappenvogel wurde. Nur mit einer Stimme mehr wurde es der Adler. Wild Turkey Straight Bourbon Whiskey

wird von der Flensburger Firma Tesdorpf & Deiters importiert. Neben der konventionellen Flasche wird jährlich eine Keramikflasche in Truthahnform auf den Markt gebracht. Die Form, jedes Jahr von einem anderen renommierten Künstler entworfen, wird nach Gebrauch vernichtet.
Wild Turkey Straight Bourbon Whiskey hat einen Alkoholgehalt von 50,5 Volumprozent.
Das Importhaus in Flensburg empfiehlt, den Wild Turkey handwarm und pur zu trinken.

**Williamine**
Ein in der Schweiz aus Williams Christbirnen gewonnener Branntwein. Auch im Schwarzwald und im Badischen wird Branntwein aus Birnen hergestellt. Am bekanntesten sind jedoch die Schweizer Produkte, die als „Williamine“ oder „Poire William's“ auf den Markt kommen.
In der Schweiz wird die Maische der Williamsbirnen oft durch Zuckerzusatz „verbessert“, um die Ausbeute zu erhöhen. Diese Methode ist in Deutschland als Verfälschung verboten.
Im Kanton Wallis leben die Bauern, die im Auftrag von Obstbrennereien Williams Christbirnen in bauchige Flaschen wachsen lassen. Sobald die letzten Blütenblätter verweht sind und die kleine Frucht verspricht, mit Sicherheit eine große Birne zu werden, wird sie mitsamt Zweig in die Flasche gesteckt, um darin zu wachsen und zu reifen.
Die an den Bäumen hängenden Flaschen müssen leicht beweglich sein, denn die empfindlichen Früchte reagieren auf jede Druckstelle. Auch durch Insekten, die in die Flaschen kriechen, werden viele Früchte vernichtet.
Nur Flaschen mit vollreifen, fehlerfreien Früchten werden an die Brennereien geliefert und dort mit edlem Branntwein aufgefüllt.
Es ist nur verständlich, daß man für diesen Obstbrand, der mit so hohen Risiken verbunden ist, auch einen entsprechenden Preis zahlen muß.
Kalt, aber nicht eiskalt, in kleinen Schwenkschalen serviert, dankt Williams Birnenbranntwein, indem er seinen lieblichen Duft und sein weiches Aroma, das als deutlichstes und reinstes von allen Obstbränden gilt, im ganzen Raum verbreitet, als würde dort ein Korb frischer, vollreifer Williams Christbirnen stehen.

**Wodka**
Die Geschichte des Wodkas beginnt in jenem Teil Polens, der später russisch wurde. Der Name Wodka bedeutet nichts anderes als Wässerchen. Die Russen

hängten an ihr Woda (Wasser) die Verkleinerungssilbe -ka und hatten somit einen harmlosen Namen für ihr wasserklares, hochprozentiges Destillat.

Damals spielte Wodka ausschließlich in Rußland und allenfalls noch im alten Polen eine Rolle. Die Eroberung der Weltmärkte ist Wodkafabrikanten aus zaristischer Zeit zu verdanken, die die Tradition des Wässerchenbrennens nach uralten Familienrezepten in der Emigration fortsetzten und in Westeuropa und Amerika neue Produktionsstätten schufen. Nach deutschen Begriffsbestimmungen ist Wodka „ein Branntwein, der aus feinfiltriertem Alkohol oder nach besonderem Verfahren behandeltem Primasprit bzw. Kornfeinsprit hergestellt wird". Die charakteristischen Merkmale des Wodkas, die Reinheit und Weichheit des Geschmacks, müssen durch die besonderen Verfahren erreicht werden. Mit den „besonderen Verfahren" sind die Techniken der Spirituosenreinigung gemeint. Manche Wodkahersteller reinigen den Sprit mit Buchenholzkohle, andere setzen Kaliumpermanganat hinzu, das nach kurzer Einwirkungszeit nebst allen Unreinheiten auf chemischem Wege wieder entfernt wird. Die Brennereien wollen mit diesen Techniken genau das erreichen, was alle anderen Branntweinhersteller zu verhindern suchen, nämlich ein absolut neutrales Endprodukt.

Nachdem der verwendete Sprit sorgfältig gefiltert und gereinigt wurde, ist es wichtig, daß bei der Herabsetzung auf Trinkstärke (zwischen 40 und 55 Volumprozent) geeignetes Wasser benutzt wird. Entgegen allgemeiner Ansicht muß Wodka nicht unbedingt Kartoffeln als Rohstoff haben. Viele Brennereien stellen einen Getreidewodka aus Roggen oder Gerste mit einem gewissen Anteil Weizen oder Mais her. Die Rohstoffe haben keinen Einfluß auf die Geschmacksbildung, denn von den kaum vorhandenen Bukettstoffen in Kartoffel- und Getreidesprit ist nach der hohen Rektifizierung nichts mehr erhalten.

Weil es beim Wodka kein Aroma gibt, das zur Entfaltung gebracht werden soll, trinkt man ihn aus Stamperln oder kleinen Stieltulpen. Nur einigen wenigen Marken fügt man Cumarin hinzu; das ist der Geschmackstoff, der im Waldmeister und im Büffel- oder Mariengras enthalten ist. Wichtig ist, daß er eiskalt serviert wird. Am besten kühlt man auch die Gläser, so daß sie nach dem Einschenken sofort beschlagen.

**Wolfschmidt**
Die Firma Wolfschmidt aus Riga ist ein Begriff für guten Wodka und Kümmel. Heute hat die Firma ihren Sitz in London. Neben Wodka und Kümmel bringt sie auch andere Spirituosen auf den Markt.

**Zubrowka**
Polnischer Wodka, der seinen Ursprung im Osten des Landes, in Bialowieza an der russischen Grenze, hat. Dieser Wodka, der in Rußland unter dem Namen Zubrovka hergestellt wird, ist auch unter der Bezeichnung Bison Brand Wodka bekannt.
Heute befindet sich in Bialowieza ein Naturschutzpark, in dem sich die letzten europäischen Büffel frei bewegen können. Wilde Büffel starben 1919 aus, und als die polnische Regierung den Park 1929 etablierte, wurde er mit Büffeln aus Zoos belebt. Die Nahrung der Büffel, langes, dunkles Gras, wurde von der einheimischen Bevölkerung zum Aromatisieren ihres Wodkas gebraucht, und dieses sollte ihnen auch die Kraft der Büffel geben.
Die Sitte wurde von den heutigen Herstellern des Wodkas, der Pabstwowy Monopol Spirytsowy, kurz als Polmos bekannt, übernommen. Jede Flasche Zubrowka enthält ein langes Blatt Büffel- oder Mariengras (Hierochloe odorato), welches dem Trinker zwar nicht die Kräfte eines Büffels verleiht, aber dem Wodka eine leicht grüne Farbe und einen hauchzarten Waldmeistergeschmack gibt.
Zubrowka Wodka mit dem Büffel auf dem Etikett hat einen Alkoholgehalt von 40 Volumprozent.

**Zucca**
Italienische Spirituosenfirma, die den Rabarbaro, einen dem Fernet-Branca ähnlichen Bitter, herstellt.

**Zuger Kirschwasser**
Klassischer Schweizer Kirschenbrand aus dem Kanton Zug. Er wird gerne zum Kaffee getrunken und auch für die Zuger Kirschtorte und für Käsefondue benutzt.

**Zwetschgenwasser**
Ein Destillat von Zwetschgen (Pflaumen). Man trinkt Zwetschgenwasser kalt als Beigabe zum schwarzen Kaffee.
In Süddeutschland ist Zwetschgenwasser auch als Quetschwasser bekannt. In der Schweiz kommt es als Pflümliwasser auf den Markt.

# III. Teil

# Über 1000 Rezepte für alle Anlässe

## COCKTAIL-REZEPTE

### A-1 Cocktail

Nebenstehende Zutaten werden mit einigen Eiswürfeln im Shaker durchgeschüttelt, dann in ein Cocktailglas abgeseiht. Mit Zitronenschale abspritzen.

Eis
1 Spritzer Zitronensaft
1 Spritzer Grenadine
1/3 Grand Marnier
2/3 Gin
Zitronenschale

### Abbey Cocktail

Die Zutaten werden mit einigen Eiswürfeln im Shaker durchgeschüttelt, dann in ein Cocktailglas abgeseiht. Mit Kirsche dekorieren.

Eis
1 Spritzer Angostura
1/4 Orangensaft
1/4 Lillet
1/2 Gin
Kirsche

### Absinth Cocktail

Man schüttelt die Zutaten im Shaker durch und seiht sie in ein Cocktailglas ab.

Eis
1 Spritzer Angostura
1 Barlöffel Zuckersirup
1/2 Pernod
1/2 Wasser

### Acacia Cocktail

Die Zutaten werden mit einigen Eiswürfeln im Shaker durchgeschüttelt, dann in ein Cocktailglas abgeseiht.

Eis
1 Barlöffel Kirschwasser
1/4 Bénédictine
3/4 Gin

### Acapulco Cocktail

Die Zutaten mit einigen Eiswürfeln im Shaker durchschütteln, dann in ein Cocktailglas abseihen.

Eis
Saft von 1/2 Zitrone
3 Spritzer Maraschino
1/3 Cointreau
2/3 Bacardi Rum

### Adam and Eve Cocktail

Nebenstehende Zutaten mit Eiswürfeln im Shaker durchschütteln und in ein Cocktailglas abseihen.

Eis
1/3 Forbidden-Fruit-Likör
1/3 Gin
1/3 Weinbrand

**Admiral Cocktail**

Man schüttelt die Zutaten mit genügend Eiswürfeln im Shaker durch und seiht ab in ein Cocktailglas.

Eis
1/4 Zitronensaft
1/4 Cherry Heering
1/2 Gin

**Adonis Cocktail**

Die Zutaten werden mit einigen Eiswürfeln im Mixglas verrührt, dann in ein Cocktailglas abgeseiht.

Eis
1/3 Sherry medium
2/3 Vermouth rot

**Affinity Cocktail**

Die nebenstehenden Zutaten werden kurz mit einigen Eiswürfeln im Mixglas verrührt, dann in ein Cocktailglas abgeseiht.

Eis
2 Spritzer Angostura Bitters
1/3 Vermouth rot
2/3 Whisky

**After Dinner Cocktail**

Man schüttelt nebenstehende Zutaten kurz mit einigen Eiswürfeln im Shaker durch und seiht ab in ein Cocktailglas.

Eis
1/3 Zitronensaft
1/3 Prunelle
1/3 Cherry Brandy

**Airmail Cocktail**

Man schüttelt die Zutaten kräftig im Shaker durch und seiht sie dann in ein Cocktailglas ab.

Eis
1 Barlöffel Honig
1/6 Zitronensaft
5/6 Bacardi Rum

**Aladin Cocktail**

Nebenstehende Zutaten werden mit Eis im Shaker durchgeschüttelt. Die Flüssigkeit wird in ein Cocktailglas abgeseiht, welches man mit einer Kirsche dekoriert.

Eis
1/4 Grenadine
1/4 Kirschwasser
1/2 Vermouth rot
Kirsche

**Alaska Cocktail**

Man schüttelt die Zutaten kurz mit Eis im Shaker durch, seiht sie dann in ein Cocktailglas ab.

Eis
1/3 Chartreuse gelb
2/3 Gin

**Alexander Cocktail**

Die Zutaten werden mit genügend Eiswürfeln kräftig im Shaker durchgeschüttelt, dann in ein Cocktailglas abgeseiht.

Eis
1/3 flüssige Sahne
1/3 Crème de Cacao
1/3 Cognac

**Alexander's Sister Cocktail**

Die Zutaten werden kräftig im Shaker durchgeschüttelt, dann in ein Cocktailglas abgeseiht.

Eis
1/3 flüssige Sahne
1/3 Crème de Menthe weiß
1/3 Gin

**Alexandra Cocktail**

Man schüttelt die Zutaten kräftig im Shaker durch, seiht sie dann in ein Cocktailglas ab.

Eis
1/3 flüssige Sahne
1/3 Gin
1/3 Crème de Cacao

**Alfonso Cocktail**

Die Zutaten kräftig im Shaker durchschütteln, dann in ein Cocktailglas abseihen.

Eis
1/2 Sherry medium
1/2 Dubonnet

**Alice Mine Cocktail**

Nebenstehende Zutaten im Mixglas mit genügend Eiswürfeln verrühren, dann in ein Cocktailglas abseihen.

Eis
2 Spritzer Whisky
1/2 Vermouth rot
1/2 Kümmel

**Allies Cocktail**

Die Zutaten werden kurz im Shaker durchgeschüttelt, dann in ein Cocktailglas abgeseiht.

Eis
2 Spritzer Kümmel
1/2 Vermouth trocken
1/2 Gin

**Almaza Cocktail**

Die Zutaten im Mixglas mit einigen Eiswürfeln verrühren, dann in ein Cocktailglas abseihen.

Eis
1 Barlöffel Rossi
1/3 Vermouth rot
2/3 Gin

**Alpine Glow Cocktail**

Nebenstehende Zutaten mit genügend Eiswürfeln in Shaker geben, kräftig durchschütteln und in ein Cocktailglas abseihen.

Eis
2 Spritzer Grenadine
1/6 Cointreau
1/6 Zitronensaft
1/3 Cognac
1/3 Bacardi Rum

**Alvear Palace Cocktail**

**Kreiert von Donato Munzo und 1960 anläßlich der Nationalen Cocktail Competition in Argentinien mit dem 1. Preis ausgezeichnet.**

Die nebenstehenden Zutaten werden kurz mit einigen Eiswürfeln im Shaker durchgeschüttelt, dann in ein Cocktailglas abgeseiht.

Eis
1/8 Curaçao Triple sec
1/4 Ananassaft
5/8 Wodka

**Amber Dream Cocktail**

Man schüttelt nebenstehende Zutaten kurz im Shaker durch, seiht sie dann ab in ein Cocktailglas.

Eis
1 Spritzer Orangebitter
2 Spritzer Chartreuse grün
1/2 Vermouth rot
1/2 Gin

**Amuleto Cocktail**

**Kreiert von Miguel Messina, Brasilien, und 1982 anläßlich der 16. Internationalen Cocktail Competition in Albufera, Portugal, wurde Brasilien als Teamweltmeister ausgezeichnet.**

Nebenstehende Zutaten mit einigen Eiswürfeln in Shaker durchschütteln, dann in ein Cocktailglas abseihen. Mit Kirsche und Zitronenscheibe garnieren.

Eis
2/5 Gin
2/5 St. Raphaël
1/5 Maraschino
3 Spritzer Sherry, trocken
Kirsche
Zitronenscheibe

**Angel's Face Cocktail**

Die Zutaten werden mit genügend Eiswürfeln im Shaker durchgeschüttelt, dann in ein Cocktailglas abgeseiht.

Eis
1/3 Gin
1/3 Apricot Brandy
1/3 Calvados

**Angel's Wing Cocktail**

Die Zutaten im Shaker mit einigen Eiswürfeln durchschütteln, dann in ein Cocktailglas abseihen.

Eis
1 Spritzer Sahne
1/2 Sliwowitz
1/2 Crème de Cacao

**Apollo 13 Cocktail**
**Kreiert von Peter Sarantos, Melbourne. Das Rezept wurde anläßlich der Nationalen Cocktail Competition in Australien preisgekrönt.**

Die nebenstehenden Zutaten werden kurz mit einigen Eiswürfeln im Shaker durchgeschüttelt, dann in ein Cocktailglas abgeseiht. Mit Kirsche dekorieren.

Eis
1/6 Galliano
1/6 Grand Marnier
1/3 flüssige Sahne
1/3 Bacardi Rum
Kirsche

**Apotheke**

Die nebenstehenden Zutaten mit einigen Eiswürfeln im Mixglas verrühren, dann in ein Cocktailglas abseihen.

Eis
2 Spritzer Angostura Bitters
1/5 Vermouth rot
2/5 Crème de Menthe grün
2/5 Fernet-Branca

**Appendicitis Cocktail**

Man schüttelt nebenstehende Zutaten mit genügend Eiswürfeln kräftig im Shaker durch, seiht sie dann in ein Cocktailglas ab.

Eis
1 Barlöffel Eiweiß
1/4 Zitronensaft
1/4 Curaçao Triple sec
1/2 Gin

**Appetizer Cocktail**

Die Zutaten mit einigen Eiswürfeln im Shaker durchschütteln, dann in ein Cocktailglas abseihen. Auf das Getränk etwas Zitronenaroma geben.

Eis
1 Spritzer Angostura
1 Spritzer Orangensaft
1/2 Gin
1/2 Dubonnet

**Apple Blossom Cocktail**

Man schüttelt nebenstehende Zutaten mit genügend Eiswürfeln im Shaker durch, seiht sie dann in ein Cocktailglas ab.

Eis
2 Spritzer Grenadine
2 Spritzer Ananassaft
1/3 Vermouth rot
2/3 Calvados

**Applejack Cocktail**

Nebenstehende Zutaten kräftig im Shaker durchschütteln, dann in ein Cocktailglas abseihen. Etwas Zitronenschale auf das Getränk ausdrücken.

Eis
1 Spritzer Angostura
1/3 Curaçao Orange
2/3 Calvados

**Apple Pie Cocktail**

Mit einigen Eiswürfeln nebenstehende Zutaten im Shaker durchschütteln, dann in ein Cocktailglas abseihen.

Eis
1/6 Zitronensaft
1/6 Apricot Brandy
1/3 Vermouth rot
1/3 Cognac

**Apricot Cocktail**

Man schüttelt nebenstehende Zutaten im Shaker durch, seiht ab in ein Cocktailglas und dekoriert das Getränk mit einer Cocktailkirsche.

Eis
1 Spritzer Orangebitter
1/3 Apricot Brandy
2/3 Gin
Kirsche

**Apry Secco Cocktail**

Die Zutaten werden im Shaker mit genügend Eiswürfeln durchgeschüttelt, dann in ein Cocktailglas abgeseiht.

Eis
1/3 Apricot Brandy
1/3 Noilly Prat Dry
1/3 Gin

**Army and Navy Cocktail**

Man schüttelt nebenstehende Zutaten kurz im Shaker durch, seiht dann ab in ein Cocktailglas.

Eis
1/4 Zitronensaft
1/4 Orgeat
1/2 Gin

**Around the World Cocktail**

Nebenstehende Zutaten mit einigen Eiswürfeln im Shaker durchschütteln, dann in ein Cocktailglas abseihen. Das Getränk mit grüner Cocktailkirsche dekorieren.

Eis
1/4 Ananassaft
1/4 Crème de Menthe grün
1/2 Gin

**Artist's Cocktail**

Nebenstehende Zutaten mit einigen Eiswürfeln im Shaker durchschütteln, dann in ein Cocktailglas abseihen.

Eis
1/6 Zitronensaft
1/6 Cassis
1/3 Sherry medium
1/3 Whisky

**Astoria Cocktail**

Nebenstehende Zutaten mit einigen Eiswürfeln im Mixglas verrühren, dann in ein Cocktailglas abseihen. Mit Olive dekorieren.

Eis
1 Spritzer Orangebitter
1/3 Noilly Prat Dry
2/3 Gin
Olive

**Atlantic Cocktail**

Die Zutaten werden kurz im Shaker durchgeschüttelt, dann in ein Cocktailglas abgeseiht.

Eis
1 Spritzer Pernod
1/2 Cointreau
1/2 Gin

**Atta Boy Cocktail**

Nebenstehende Zutaten kurz im Shaker durchschütteln und in ein Cocktailglas abseihen. Auf das Getränk etwas Zitronenaroma geben.

Eis
2 Spritzer Grenadine
1/3 Vermouth trocken
2/3 Gin

**Atty Cocktail**

Mit einigen Eiswürfeln schüttelt man nebenstehende Zutaten im Shaker durch, seiht sie dann in ein Cocktailglas ab und dekoriert das Getränk mit einer Cocktailkirsche.

Eis
3 Spritzer Pernod
3 Spritzer Parfait Amour
1/4 Vermouth trocken
3/4 Gin
Kirsche

**Auburn Cocktail**

**Kreiert von Kurt Behringer, Westminster, Kalifornien. Das Rezept wurde anläßlich der Nationalen Cocktail Competition in Kalifornien mit dem 1. Preis ausgezeichnet.**

Die Zutaten werden kurz mit einigen Eiswürfeln im Shaker durchgeschüttelt, dann in ein Cocktailglas abgeseiht.

Eis
1/6 Orangensaft
1/6 Galliano
1/6 Crème de Cassis
3/6 Wodka

**Aviation Cocktail**

Die Zutaten mit genügend Eiswürfeln im Shaker durchschütteln, dann in ein Cocktailglas abseihen.

Eis
2 Spritzer Maraschino
1/4 Zitronensaft
3/4 Gin

**Baby's Cocktail**

Die Zutaten werden mit einigen Eiswürfeln im Shaker durchgeschüttelt und in ein Cocktailglas abgeseiht.

Eis
1/3 frische Sahne
1/3 Apricot Brandy
1/3 Peach Brandy

**Bacardi Blossom**

Nebenstehende Zutaten kräftig mit Eiswürfeln im Shaker durchschütteln und in ein Cocktailglas abseihen.

Eis
1 Barlöffel Zuckersirup
1/4 Zitronensaft
1/4 Orangensaft
1/2 Bacardi Rum

**Bacardi Cocktail**

Die Zutaten werden mit einigen Eiswürfeln im Shaker durchgeschüttelt, dann in ein Cocktailglas abgeseiht.

Eis
1 Barlöffel Grenadine
1/4 Zitronensaft
3/4 Bacardi Rum

**Bahia Cocktail**

Nebenstehende Zutaten mit genügend Eiswürfeln im Mixglas verrühren und in ein Cocktailglas abseihen. Etwas Zitronenaroma aufspritzen.

Eis
1 Spritzer Orangebitter
2 Spritzer Pernod
1/2 Vermouth trocken
1/2 Sherry medium

**Balalaika Cocktail**

Nebenstehende Zutaten mit genügend Eiswürfeln im Shaker durchschütteln, dann in ein Cocktailglas abseihen. Ein kleines Stückchen Orangenscheibe ins Glas geben.

Eis
1/4 Zitronensaft
1/4 Cointreau
1/2 Wodka
Orangenscheibe

**Bald Head Cocktail**

Man verrührt die Zutaten im Mixglas und seiht in ein Cocktailglas ab. Mit einer grünen Olive dekorieren und auf das Getränk etwas Zitronenaroma geben.

Eis
1 Spritzer Pernod
1/4 Vermouth trocken
1/4 Vermouth rot
1/2 Gin
1 Olive

**Ballet Russe**

Nebenstehende Zutaten im Shaker kurz durchschütteln, dann in ein Cocktailglas abseihen.

Eis
1/8 Zitronensaft
1/8 Crème de Cassis
3/4 Wodka

**Baltimore Bracer**

Die Zutaten werden mit einigen Eiswürfeln im Shaker durchgeschüttelt, dann in ein Cocktailglas abgeseiht.

Eis
1 Barlöffel Eiweiß
1/2 Anisette
1/2 Cognac

**Bambola Cocktail**

Nebenstehende Zutaten im Mixglas verrühren und in ein Cocktailglas abseihen.

Eis
1/6 Pernod
1/6 Calvados
1/3 Vieille Cure
1/3 Cognac

**Bamboo Cocktail**

Nebenstehende Zutaten mit einigen Eiswürfeln im Mixglas verrühren, dann in ein Cocktailglas abseihen.

Eis
1 Spritzer Angostura
1/2 Vermouth trocken
1/2 Sherry trocken

**Banana Bliss Cocktail**

Nebenstehende Zutaten kurz und kräftig im Shaker durchschütteln, dann in ein Cocktailglas abseihen.

Eis
1/2 Crème de Bananes
1/2 Cognac

**Banana Cocktail**

Mit einigen Eiswürfeln werden nebenstehende Zutaten im Shaker geschüttelt, dann in ein Cocktailglas abgeseiht.

- Eis
- 1/6 Arrak
- 1/6 Gin
- 2/3 Crème de Bananes

**Barbara Cocktail**

Die Zutaten mit einigen Eiswürfeln im Shaker durchschütteln, dann in ein Cocktailglas abseihen.

- Eis
- 1/3 flüssige Sahne
- 1/3 Crème de Cacao
- 1/3 Wodka

**Barbary Coast Cocktail**

Man schüttelt nebenstehende Zutaten kurz im Shaker durch, seiht sie dann in ein Cocktailglas ab.

- Eis
- 1/6 Crème de Cacao
- 1/6 Whisky
- 1/3 Gin
- 1/3 flüssige Sahne

**Barfly's Dream Cocktail**

Die Zutaten werden mit einigen Eiswürfeln im Shaker durchgeschüttelt, dann in ein Cocktailglas abgeseiht.

- Eis
- 1/3 Ananassaft
- 1/3 Negrita Rum
- 1/3 Gin

**Baronial Cocktail**

Nebenstehende Zutaten werden kurz mit einigen Eiswürfeln im Shaker durchgeschüttelt, dann in ein Cocktailglas abgeseiht.

- Eis
- 2 Spritzer Angostura Bitters
- 2 Spritzer Cointreau
- 3/10 Lemon Gin
- 7/10 Lillet

**Bartender Cocktail**

Nebenstehende Zutaten werden mit einigen Eiswürfeln im Shaker durchgeschüttelt, dann in ein Cocktailglas abgeseiht.

- Eis
- 1/4 Sherry trocken
- 1/4 Dubonnet
- 1/4 Vermouth trocken
- 1/4 Gin

**Beachcomber Cocktail**

Nebenstehende Zutaten mit einigen Eiswürfeln im Shaker durchschütteln und in ein Cocktailglas abseihen.

- Eis
- 2 Spritzer Maraschino
- 1/4 Zitronensaft
- 3/4 Bacardi Rum

**Beatrix Cocktail**

Die Zutaten mit einigen Eiswürfeln im Shaker durchschütteln und in ein Cocktailglas abseihen.

Eis
1/4 Ananassaft
1/4 Prunelle
1/4 Gin
1/4 Curaçao Triple sec

**Beau-Site Cocktail**

Nebenstehende Zutaten im Shaker durchschütteln, dann in ein Cocktailglas abseihen.

Eis
1/6 frische Sahne
1/6 Gin
2/3 Apricot Brandy

**Bee's Kiss Cocktail**

Man schüttelt nebenstehende Zutaten kräftig im Shaker durch und seiht sie in ein Cocktailglas ab.

Eis
1/8 Honig
1/8 flüssige Sahne
3/4 Bacardi Rum

**Bee's Knees Cocktail**

Im Shaker werden nebenstehende Zutaten kräftig durchgeschüttelt, dann in ein Cocktailglas abgeseiht.

Eis
1 Barlöffel Honig
1/6 Zitronensaft
5/6 Gin

**Bel Ami Cocktail**

Man schüttelt nebenstehende Zutaten mit genügend Eiswürfeln im Shaker durch und seiht ab in ein Cocktailglas.

Eis
1/3 Advokaat
1/3 Crème de Cacao
1/3 Wodka

**Belmont Cocktail**

Nebenstehende Zutaten mit einigen Eiswürfeln im Shaker durchschütteln, dann in ein Cocktailglas abseihen.

Eis
1 Barlöffel Sahne
1/4 Grenadine
3/4 Gin

**Belt Line Cocktail**

Man schüttelt nebenstehende Zutaten mit einigen Eiswürfeln im Shaker durch und seiht ab in ein Cocktailglas.

Eis
1/6 Zitronensaft
1/6 Vermouth rot
1/6 Bénédictine
1/6 Rum weiß
1/3 Whisky

**Bénédictine Cocktail**

Die Zutaten werden mit genügend Eiswürfeln im Shaker durchgeschüttelt, dann in ein Cocktailglas abgeseiht.

Eis
1/4 Zitronensaft
1/4 Bénédictine
1/2 Cognac

**Bennet Cocktail**

Im Shaker werden nebenstehende Zutaten durchgeschüttelt, dann in ein Cocktailglas abgeseiht.

Eis
1 Spritzer Angostura
1/3 Zitronensaft
2/3 Gin

**Bently Cocktail**

Die Zutaten werden im Shaker kurz durchgeschüttelt, dann in ein Cocktailglas abgeseiht.

Eis
1/2 Dubonnet
1/2 Calvados

**Bermuda Cocktail**

Im Shaker werden nebenstehende Zutaten durchgeschüttelt, dann in ein Cocktailglas abgeseiht.

Eis
2 Spritzer Grenadine
2 Spritzer Orangensaft
1/4 Peach Brandy
3/4 Gin

**Betsy Ross Cocktail**

Alle Zutaten mit einigen Eiswürfeln im Shaker durchschütteln, dann in ein Cocktailglas abseihen. Auf das Getränk etwas Zitronenaroma spritzen.

Eis
1 Spritzer Angostura
1 Spritzer Cointreau
1/2 Portwein
1/2 Cognac

**Betty James Cocktail**

Die Zutaten mit einigen Eiswürfeln im Shaker durchschütteln und in ein Cocktailglas abseihen.

Eis
1 Spritzer Angostura
1/4 Maraschino
1/4 Gin
1/2 Zitronensaft

**Between the Sheets**

Man gibt nebenstehende Zutaten mit einigen Eiswürfeln in den Shaker, schüttelt kurz durch und seiht ab in ein Cocktailglas.

Eis
1/6 Zitronensaft
1/6 Cointreau
1/3 Cognac
1/3 Negrita Rum

**Biarritz Cocktail**

Die Zutaten werden mit einigen Eiswürfeln im Mixglas verrührt und dann in ein Cocktailglas abgeseiht. Das Getränk wird mit einer Kirsche dekoriert und mit Zitronenschale aromatisiert.

Eis
1 Spritzer Cointreau
1/4 Zitronensaft
3/4 Armagnac
Kirsche

**Biffi Cocktail**

Die Zutaten mit einigen Eiswürfeln im Shaker kurz durchschütteln, dann in ein Cocktailglas abseihen.

Eis
1/4 Zitronensaft
1/4 Schwedenpunsch
1/2 Gin

**Bikini Cocktail**

Nebenstehende Zutaten kurz im Shaker durchschütteln und in ein Cocktailglas abseihen.

Eis
2 Spritzer Zitronensaft
1/3 Cognac
2/3 Gin

**Biondina Cocktail**

Man schüttelt die Zutaten mit einigen Eiswürfeln im Shaker durch und seiht ab in ein Cocktailglas.

Eis
1/2 Curaçao Triple sec
1/2 Anisette weiß

**Bird Cocktail**

Mit einigen Eiswürfeln werden die Zutaten im Shaker durchgeschüttelt und dann in ein Cocktailglas abgeseiht. Von einer Orangenschale drückt man etwas Aroma auf das Getränk und serviert mit kleinem Streifen Orangenschale.

Eis
1 Spritzer Orangensaft
1/3 Cognac
2/3 Curaçao Triple sec
Orangenschale

**Birgitt Cocktail**

Man schüttelt die Zutaten kurz im Shaker durch und seiht ab in ein Cocktailglas.

Eis
2 Spritzer Mandarin
2 Spritzer Apricot Brandy
1/2 Curaçao Triple sec
1/2 Gin

**Bishop Cocktail**

Die Zutaten werden mit einigen Eiswürfeln im Shaker durchgeschüttelt, dann in ein Cocktailglas abgeseiht. Man gibt ein kleines Stückchen dünnschalige Orange in das Getränk.

Eis
1 Spritzer Chartreuse grün
$^1/_8$ Orangensaft
$^1/_8$ Vermouth rot
$^3/_4$ Whisky

**Bitter Cocktail**

Man gibt einige Eiswürfel und die nebenstehenden Zutaten in den Shaker, schüttelt kurz und seiht ab in ein Cocktailglas.

Eis
1 Spritzer Pernod
$^1/_4$ Zitronensaft
$^1/_4$ Chartreuse gelb
$^1/_2$ Gin

**Black Baby Cocktail**

Die Zutaten werden mit einigen Eiswürfeln im Shaker durchgeschüttelt, dann in ein Cocktailglas abgeseiht.

Eis
$^1/_4$ Zitronensaft
$^1/_4$ Cointreau
$^1/_4$ Cognac
$^1/_4$ Gin

**Black Beauty Cocktail**

Man schüttelt die Zutaten mit einigen Eiswürfeln im Shaker durch und seiht ab in ein Cocktailglas.

Eis
$^1/_4$ Crème de Cassis
$^1/_4$ Gin
$^1/_2$ Zitronensaft

**Blackberry Cocktail**

Die Zutaten werden mit einigen Eiswürfeln im Shaker durchgeschüttelt, dann in ein Cocktailglas abgeseiht.

Eis
1 Spritzer Peach Brandy
$^1/_3$ Gin
$^2/_3$ Blackberry Brandy

**Blackout Cocktail**

Nebenstehende Zutaten mit genügend Eiswürfeln im Shaker durchschütteln, dann in ein Cocktailglas abseihen.

Eis
Saft von $^1/_4$ Zitrone
$^1/_3$ Blackberry Brandy
$^2/_3$ Gin

**Black Russian Cocktail**

Mit einigen Eiswürfeln werden nebenstehende Zutaten im Shaker durchgeschüttelt, dann in ein Cocktailglas abgeseiht.

Eis
1/2 Kahlúa
1/2 Wodka

**Blackthorne Cocktail**

Alle Zutaten im Mixglas mit einigen Eiswürfeln verrühren und in ein Cocktailglas abseihen.

Eis
1 Spritzer Angostura
2 Spritzer Anisette
1/2 Vermouth trocken
1/2 Irish Whiskey

**Blanche Cocktail**

Man schüttelt nebenstehende Zutaten mit genügend Eiswürfeln im Shaker durch und seiht ab in ein Cocktailglas.

Eis
1/3 Curaçao Triple sec
1/3 Cointreau
1/3 Anisette

**Blarney Stone Cocktail**

Die Zutaten werden kurz mit Shaker durchgeschüttelt, dann in ein Cocktailglas abgeseiht.

Eis
1/4 Chartreuse grün
1/4 Crème de Menthe grün
1/2 Irish Whiskey

**Blenheim Cocktail**

Mit einigen Eiswürfeln werden die Zutaten im Shaker durchgeschüttelt, dann in ein Cocktailglas abgeseiht.

Eis
1/4 Orangensaft
1/4 Tia Maria
1/2 Wodka

**Blinker Cocktail**

Die nebenstehenden Zutaten mit genügend Eiswürfeln im Shaker durchschütteln, dann in ein Cocktailglas abseihen.

Eis
1 Spritzer Grenadine
1/4 Grapefruitsaft
3/4 Bourbon Whiskey

**Blood and Sand Cocktail**

Nebenstehende Zutaten werden im Shaker mit genügend Eiswürfeln durchgeschüttelt, dann in ein Cocktailglas abgeseiht.

Eis
1/4 Orangensaft
1/4 Cherry Brandy
1/4 Vermouth rot
1/4 Whisky

**Bloodhound Cocktail**

Die nebenstehenden Zutaten werden im Shaker durchgeschüttelt, dann in ein Cocktailglas abgeseiht. Das Getränk mit einer Erdbeere dekorieren.

Eis
1/4 Vermouth trocken
1/4 Vermouth rot
1/2 Gin
1 Erdbeere

**Blood Transfuser**

Traubensaft und Whiskey werden mit einigen Eiswürfeln im Mixglas verrührt und in ein Cocktailglas abgeseiht.

Eis
1/2 roter Traubensaft
1/2 Bourbon Whiskey

**Bloody Guts**

Die Zutaten werden kurz im Shaker durchgeschüttelt, dann in ein Cocktailglas abgeseiht.

Eis
2 Spritzer Angostura
1/4 Zitronensaft
1/4 Cognac
1/2 Tomatensaft

**Blue Bird Cocktail**

Man schüttelt die Zutaten kurz im Shaker durch und seiht sie in ein Cocktailglas ab.

Eis
1 Spritzer Angostura
1/5 Curaçao blau
4/5 Gin

**Blue Cocktail**

Die Zutaten werden kurz im Shaker durchgeschüttelt, in ein Cocktailglas abgeseiht.

Eis
1/3 Curaçao blau
2/3 Gin

**Blue Cotillion Cocktail**

Nebenstehende Zutaten kräftig im Shaker mit genügend Eiswürfeln durchschütteln, dann in ein Cocktailglas abseihen.

Eis
Saft von 1/4 Zitrone
1 Barlöffel Eiweiß
1 Spritzer Maraschino
1/4 Curaçao Triple sec
1/4 Grand Marnier
1/2 Bacardi Rum

**Blue Day Cocktail**

Man schüttelt die Zutaten kurz im Shaker durch und seiht ab in ein Cocktailglas.

Eis
1/3 Curaçao blau
2/3 Wodka

**Blue Fleet Cocktail**

Nebenstehende Zutaten mit einigen Eiswürfeln im Shaker durchschütteln, dann in ein Cocktailglas abseihen.

Eis
1/3 Zitronensaft
1/3 Curaçao blau
1/3 Cognac

**Blue Gardenia Cocktail**

Nebenstehende Zutaten mit einigen Eiswürfeln im Shaker durchschütteln und in ein Cocktailglas abseihen.

Eis
1/8 flüssige Sahne
1/8 Maraschino
1/4 Curaçao blau
1/2 Cognac

**Blue Heaven Cocktail**

Die Zutaten werden mit genügend Eiswürfeln im Shaker kurz durchgeschüttelt, dann in ein Cocktailglas abgeseiht.

Eis
1/8 Zitronensaft
1/8 Grand Marnier
1/4 Curaçao blau
1/2 Bacardi Rum

**Blue Lady Cocktail**

Nebenstehende Zutaten mit einigen Eiswürfeln im Shaker durchschütteln und in ein Cocktailglas abseihen.

Eis
1 Barlöffel Eiweiß
1/3 Curaçao blau
1/3 Zitronensaft
1/3 Cognac

**Blue Monday Cocktail**

Die Zutaten mit einigen Eiswürfeln kurz im Shaker durchschütteln und in ein Cocktailglas abseihen.

Eis
1 Spritzer Curaçao blau
1/4 Cointreau
3/4 Wodka

**Blue Moon Cocktail**

Nebenstehende Zutaten mit einigen Eiswürfeln im Shaker durchschütteln und in ein Cocktailglas abseihen.

Eis
1 Barlöffel Eiweiß
1 Spritzer Crème Yvette
1/5 Zitronensaft
4/5 Gin

**Blue Négligée Cocktail**

**Kreiert von Frank Clarke. Das Rezept wurde in Australien anläßlich der Nationalen Cocktail Competition mit dem 1. Preis ausgezeichnet.**

Die nebenstehenden Zutaten werden mit genügend Eiswürfeln im Shaker kurz durchgeschüttelt, dann in ein Cocktailglas abgeseiht.

Eis
1/3 Ouzo
1/3 Parfait Amour
1/3 Chartreuse grün

**Bobby Burns Cocktail**

Alle Zutaten in den Shaker geben, mit genügend Eiswürfeln durchschütteln und in ein Cocktailglas abseihen.

Eis
2 Spritzer Bénédictine
1/4 Vermouth rot
1/4 Vermouth trocken
1/2 Whisky

**Bolero Cocktail**

Die Zutaten mit einigen Eiswürfeln in den Shaker geben und kurz durchschütteln. In ein Cocktailglas abseihen.

Eis
Saft von 1/4 Zitrone
2 Spritzer Orangensaft
1/2 Cognac
1/2 Bacardi Rum

**Bolo Cocktail**

Man schüttelt nebenstehende Zutaten kurz im Shaker durch und seiht dann in ein Cocktailglas.

Eis
1/8 Zuckersirup
1/8 Orangensaft
1/4 Zitronensaft
1/2 Bacardi Rum

**Bombay Cocktail**

Die nebenstehenden Zutaten werden kurz im Shaker durchgeschüttelt, dann in ein Cocktailglas abgeseiht.

Eis
1/6 Zitronensaft
1/6 Curaçao Orange
2/3 Arrak

**Bonnie Prince Charly Cocktail**

Man gibt die Zutaten mit einigen Eiswürfeln in den Shaker, schüttelt kurz durch und seiht ab in ein Cocktailglas.

Eis
1/4 Zitronensaft
1/4 Cognac
1/2 Drambuie

**Boomerang Cocktail**

Alle Zutaten werden mit genügend Eiswürfeln im Shaker durchgeschüttelt, dann in ein Cocktailglas abgeseiht.

Eis
1 Spritzer Angostura
1 Spritzer Maraschino
1/3 Vermouth trocken
1/3 Schwedenpunsch
1/3 Canadian Club Whisky

**Booster Cocktail**

Nebenstehende Zutaten mit einigen Eiswürfeln im Shaker kurz durchschütteln, dann in ein Cocktailglas abseihen. Auf das fertige Getränk etwas Muskatnuß reiben.

Eis
1 Barlöffel Eiweiß
1/5 Cointreau
4/5 Cognac
Muskatnuß

**Boulevard Cocktail**

Man schüttelt nebenstehende Zutaten mit genügend Eiswürfeln im Shaker durch und seiht ab in ein Cocktailglas. Das Getränk wird mit einer Kirsche garniert.

Eis
1 Spritzer Orangebitter
1 Spritzer Grand Marnier
1/3 Vermouth trocken
2/3 Whisky
Kirsche

**Bourbon Cocktail**

Nebenstehende Zutaten mit einigen Eiswürfeln im Shaker durchschütteln, dann in ein Cocktailglas abseihen.

Eis
1 Spritzer Angostura
1/8 Curaçao Orange
1/8 Bénédictine
1/4 Zitronensaft
1/2 Bourbon Whiskey

**Boyd Cocktail**

Man gibt nebenstehende Zutaten mit einigen Eiswürfeln in den Shaker, schüttelt gut durch und seiht ab in ein Cocktailglas.

Eis
1 Barlöffel Grenadine
1/8 Zitronensaft
1/8 Vermouth trocken
3/4 Bacardi Rum

**Brainstorm Cocktail**

Im Mixglas werden nebenstehende Zutaten mit einigen Eiswürfeln verrührt, dann in ein Cocktailglas abgeseiht. Auf das Getränk spritzt man etwas Zitronenaroma.

Eis
2 Spritzer Bénédictine
1/4 Vermouth trocken
3/4 Rye Whisky

**Brandy Cocktail**

Nebenstehende Zutaten mit einigen Eiswürfeln im Shaker durchschütteln und in ein Cocktailglas abseihen.

Eis
1 Spritzer Angostura
1 Spritzer Curaçao Triple sec
1/8 Zitronensaft
7/8 Cognac

**Breakfast Cocktail**

Nebenstehende Zutaten mit einigen Eiswürfeln im Shaker durchschütteln, dann in ein Cocktailglas abseihen.

Eis
1 Barlöffel Eiweiß
1/3 Grenadine
2/3 Gin

**Breamer Cocktail**

Nebenstehende Zutaten mit einigen Eiswürfeln im Shaker durchschütteln und in ein Cocktailglas abseihen.

Eis
1/3 Drambuie
1/3 Whisky
1/3 Vermouth troc

**Bridge Club Cocktail**

Nebenstehende Zutaten mit genügend Eiswürfeln im Shaker durchschütteln, dann in ein Cocktailglas abseihen. Das Getränk mit einer Kirsche garnieren.

Eis
2 Spritzer Oran
2 Spritzer Kirsc
1/2 Vermouth troc
1/2 Cherry Heerin
Kirsche

**Broken Heart Cocktail**

Nebenstehende Zutaten werden mit einigen Eiswürfeln im Shaker durchgeschüttelt, dann in ein Cocktailglas abgeseiht. Das Getränk wird mit einer Kirsche garniert.

Eis
1/4 Zitronensaft
1/4 Grenadine
1/4 Grand Marnier
1/4 Bacardi Rum
Kirsche

**Broken Spur Cocktail**

Die Zutaten werden mit genügend Eiswürfeln im Shaker durchgeschüttelt, dann in ein Cocktailglas abgeseiht.

Eis
1 Barlöffel Eigelb
1 Spritzer Marie Brizard
1/6 Vermouth rot
1/6 Gin
2/3 Portwein weiß

**Bronx Cocktail**

Die nebenstehenden Zutaten mit einigen Eiswürfeln im Shaker durchschütteln und in ein Cocktailglas abseihen.

Eis
1/4 Orangensaft
1/4 Vermouth rot
1/4 Vermouth trocken
1/4 Gin

**Bronx Silver Cocktail**

Die Zutaten werden kräftig im Shaker mit genügend Eiswürfeln durchgeschüttelt, dann in ein Cocktailglas abgeseiht.

Eis
1 Barlöffel Eiweiß
1/8 Orangensaft
1/8 Vermouth rot
3/4 Gin

**Bronx Terrace Cocktail**

Mit genügend Eiswürfeln werden nebenstehende Zutaten im Shaker durchgeschüttelt, dann in ein Cocktailglas abgeseiht.

Eis
1/6 Zitronensaft
1/6 Vermouth trocken
2/3 Gin

**Brut Cocktail**

Die Zutaten werden mit einigen Eiswürfeln im Shaker durchgeschüttelt und in ein Cocktailglas abgeseiht.

Eis
1 Spritzer Angostura
1/3 Amer Picon
2/3 Vermouth trocken

**Bunny Hug Cocktail**

Die Zutaten werden kurz im Shaker durchgeschüttelt, dann in ein Cocktailglas abgeseiht.

Eis
1/3 Pernod
1/3 Gin
1/3 Whisky

**Button Hook Cocktail**

Alle Zutaten im Shaker durchschütteln und in ein Cocktailglas abseihen.

Eis
1/4 Pernod
1/4 Apricot Brandy
1/4 Cognac
1/4 Crème de Menthe weiß

**Cacao Cocktail**

Man schüttelt nebenstehende Zutaten mit einigen Eiswürfeln im Shaker durch und seiht ab in ein Cocktailglas.

Eis
2 Spritzer Cognac
1/5 flüssige Sahne
4/5 Crème de Cacao

**California Cocktail**

Die Zutaten werden im Shaker durchgeschüttelt und in ein Cocktailglas abgeseiht.

Eis
2 Spritzer Angostura
2 Spritzer Grenadine
1/3 Vermouth trocken
2/3 Peach Brandy

**Calvados Cocktail**

Die Zutaten kurz im Shaker durchschütteln und dann in ein Cocktailglas abseihen.

Eis
1/3 Orangensaft
1/3 Curaçao Orange
1/3 Calvados

**Calypso Cocktail**

**Kreiert von D. Zeegers Sr. und 1969 anläßlich der Nationalen Cocktail Competition in den Niederlanden mit dem 1. Preis ausgezeichnet.**

Nebenstehende Zutaten werden kurz mit einigen Eiswürfeln im Shaker durchgeschüttelt, dann in ein Cocktailglas abgeseiht.

Eis
2 Spritzer Zitronensaft
2 Spritzer Grenadine
1/3 Curaçao Orange
1/3 Curaçao Triple sec
1/3 Gin

**Campeon Cocktail**

**Kreiert von José Bueno und 1952 anläßlich der Nationalen Cinzano Capital Competition in Argentinien mit dem 1. Preis ausgezeichnet.**

Nebenstehende Zutaten mit genügend Eiswürfeln in dem Shaker durchschütteln, dann in ein Cocktailglas abseihen.

Eis
1/8 Campari
3/8 Gin
1/4 Cinzano rot
1/4 Cinzano trocken

**Canada Cocktail**

Nebenstehende Zutaten kräftig im Shaker durchschütteln und in ein Cocktailglas abseihen. Anstatt Ahornsirup kann Zuckersirup verwendet werden.

Eis
2 Spritzer Angostura
1 Barlöffel Ahornsirup
1/8 Curaçao Triple sec
7/8 Canadian Whisky

**Cape Cocktail**

Die Zutaten kurz im Shaker durchschütteln, dann in ein Cocktailglas abseihen. Mit Cocktailkirsche dekorieren.

Eis
1/3 Orangensaft
1/3 Campari
1/3 Gin
Kirsche

**Capitol Cocktail**

Man verrührt die Zutaten mit einigen Eiswürfeln im Mixglas und seiht ab in ein Cocktailglas.

Eis
1 Spritzer Angostura
2 Spritzer Cointreau
1/3 Vermouth rot
2/3 Whisky

**Capri Cocktail**

Die Zutaten werden im Mixglas verrührt und in ein Cocktailglas abgeseiht. Mit Kirsche servieren.

Eis
1 Spritzer Angostura
1 Barlöffel Grenadine
1/3 Vermouth rot
2/3 Cognac
Kirsche

**Captain Kidd Cocktail**

Nebenstehende Zutaten mit genügend Eiswürfeln im Shaker durchschütteln, dann in ein Cocktailglas abseihen.

Eis
1 Spritzer Orangebitter
1 Barlöffel Zuckersirup
1/4 Sherry medium
1/4 Whisky
1/2 Jamaika-Rum

**Captain's Blood Cocktail**

Man schüttelt nebenstehende Zutaten kurz im Shaker durch und seiht ab in ein Cocktailglas.

Eis
2 Spritzer Angostura
1/3 Zitronensaft
2/3 Jamaika-Rum

**Cardicas Cocktail**
**Kreiert von Jarl Ahvenainen, Finnland, und 1956 in London anläßlich der Internationalen Cocktail Competition mit dem 1. Preis ausgezeichnet.**
Nebenstehende Zutaten mit einigen Eiswürfeln im Shaker kurz durchschütteln, dann in ein Cocktailglas abseihen.

Eis
1/4 Portwein weiß
1/4 Cointreau
1/2 Bacardi Rum

**Caribe Cocktail**
Nebenstehende Zutaten kurz im Shaker mit einigen Eiswürfeln durchschütteln und in ein Cocktailglas abseihen.

Eis
1/6 Zitronensaft
1/6 Ananassaft
2/3 Bacardi Rum

**Carine Cocktail**
**Kreiert von Georges Kuypers, Belgien, und 1958 anläßlich der Internationalen Cocktail Competition in Brüssel mit dem 1. Preis ausgezeichnet.**
Die nebenstehenden Zutaten werden kurz mit einigen Eiswürfeln im Mixglas verrührt, dann in ein Cocktailglas abgeseiht. Mit Zitronenschale abspritzen.

Eis
1/4 Dubonnet
1/4 Mandarinenlikör
1/2 Gin
Zitronenschale

**Carioca Cocktail**
Die Zutaten werden im Shaker durchgeschüttelt und in ein Cocktailglas abgeseiht.

Eis
1/8 Grenadine
1/8 Zitronensaft
3/4 Bacardi Rum

**Carnival Cocktail**
**Kreiert von S. A. Rowe. 1948 anläßlich der Torquay (England) Carnival Cocktail Competition ausgezeichnet.**
Nebenstehende Zutaten werden kurz mit einigen Eiswürfeln im Shaker durchgeschüttelt, dann in ein Cocktailglas abgeseiht.

Eis
1 Spritzer Orangensaft
1 Spritzer Kirsch
1/3 Weinbrand
1/3 Apricot Brandy
1/3 Lillet

**Carpano Cocktail**

Die Zutaten im Mixglas verrühren und in ein Cocktailglas abseihen. Etwas Zitronenaroma auf das Getränk pressen.

Eis
1/2 Punt e Mes (Carpano)
1/2 Gin

**Caruso Cocktail**

Man schüttelt die Zutaten im Shaker mit genügend Eiswürfeln durch und seiht ab in ein Cocktailglas.

Eis
1/3 Gin
1/3 Vermouth trocken
1/3 Crème de Menthe grün

**Castle Dip Cocktail**

Die Zutaten kurz im Shaker durchschütteln, dann in ein Cocktailglas abseihen.

Eis
3 Spritzer Pernod
1/2 Crème de Menthe weiß
1/2 Calvados

**Cat's Cocktail**

Die Zutaten im Shaker mit einigen Eiswürfeln durchschütteln und in ein Cocktailglas abseihen. Mit Cocktailkirsche dekorieren.

Eis
1/6 Maraschino
1/6 Armagnac
2/3 Dubonnet
Kirsche

**Champs Elysées Cocktail**

Man schüttelt die Zutaten kurz durch und seiht ab in ein Cocktailglas.

Eis
1 Spritzer Angostura
1/8 Zitronensaft
1/8 Chartreuse grün
3/4 Cognac

**Charlotte Russe Cocktail**

Nebenstehende Zutaten im Shaker mit genügend Eiswürfeln durchschütteln, dann in ein Cocktailglas abseihen.

Eis
1 Spritzer Orangebitter
1 Barlöffel Zuckersirup
1/8 Pernod
7/8 Gin

**Charly Chaplin Cocktail**

Die Zutaten kurz im Shaker mit einigen Eiswürfeln durchschütteln, dann in ein Cocktailglas abseihen.

Eis
1/4 Zitronensaft
1/4 Apricot Brandy
1/2 Gin

**Chauncey Olcott Cocktail**

Die Zutaten kurz im Shaker mit einigen Eiswürfeln durchschütteln, dann in ein Cocktailglas abseihen.

- Eis
- 1 Spritzer Vermouth rot
- 1/8 Sherry medium
- 7/8 Irish Whiskey

**Cherry Blossom Cocktail**

Nebenstehende Zutaten im Shaker mit genügend Eiswürfeln durchschütteln und in ein Cocktailglas abseihen. Das Getränk wird mit einer Cocktailkirsche dekoriert.

- Eis
- 2 Spritzer Grenadine
- 2 Spritzer Curaçao Orange
- 1/3 Orangensaft
- 1/3 Cherry Brandy
- 1/3 Cognac
- Kirsche

**Cherry Cocktail**

Man schüttelt nebenstehende Zutaten kurz im Shaker durch und seiht sie in ein Cocktailglas ab. Das Getränk wird mit einer Cocktailkirsche dekoriert.

- Eis
- 1/6 Maraschino
- 1/6 Cherry Brandy
- 1/3 Kirschwasser
- 1/3 Vermouth rot
- Kirsche

**Chiccarney Cocktail**

Nebenstehende Zutaten im Shaker mit einigen Eiswürfeln durchschütteln und in ein Cocktailglas abseihen.

- Eis
- 1 Barlöffel Honig
- 1/4 Zitronensaft
- 1/4 Bacardi Rum
- 1/2 Apricot Brandy

**Chicken Cocktail**

Mit einigen Eiswürfeln werden nebenstehende Zutaten im Shaker durchgeschüttelt, dann in ein Cocktailglas abgeseiht.

- Eis
- 1/4 Orangensaft
- 1/4 Apricot Brandy
- 1/2 Bacardi Rum

**China Dream Cocktail**

Nebenstehende Zutaten im Shaker durchschütteln und in ein Cocktailglas abseihen. Das Getränk mit einer Litschi dekorieren.

- Eis
- 1 Barlöffel Grenadine
- 1/2 Litschisirup
- 1/2 Wodka
- 1 Litschi

**Chinese Cocktail**

Mit genügend Eiswürfeln werden die Zutaten im Shaker durchgeschüttelt, dann in ein Cocktailglas abgeseiht.

- Eis
- 1/6 Grenadine
- 1/6 Curaçao Orange
- 1/3 Maraschino
- 1/3 Bacardi Rum

**Ching Ching Cocktail**

Alle Zutaten mit genügend Eiswürfeln im Shaker durchschütteln und in ein Cocktailglas abseihen.

- Eis
- 1 Spritzer Angostura
- 1 Barlöffel Zuckersirup
- 1/3 Orangensaft
- 1/3 Crème de Menthe weiß
- 1/3 Bacardi Rum

**Chocolate Cocktail**

Nebenstehende Zutaten werden mit genügend Eiswürfeln im Shaker durchgeschüttelt und in ein Cocktailglas abgeseiht. Auf das fertige Getränk streut man etwas Schokoladenpulver.

- Eis
- 1 Barlöffel Eigelb
- 1 Barlöffel Zuckersirup
- 1/2 Chartreuse grün
- 1/2 Portwein
- Schokoladenpulver

**Chocolate Soldier**

**Kreiert von F. J. Cook und 1949 in Torquay (England) anläßlich der Europäischen Cocktail Competition mit dem 1. Preis ausgezeichnet.**

Nebenstehende Zutaten werden mit genügend Eiswürfeln kurz im Shaker durchgeschüttelt, dann in ein Cocktailglas abgeseiht.

- Eis
- 2 Spritzer Orangebitter
- 1/3 Vermouth trocken
- 1/3 Weinbrand
- 1/3 Crème de Cacao

**Chorus Girl Cocktail**

Die nebenstehenden Zutaten werden im Shaker mit einigen Eiswürfeln durchgeschüttelt, dann in ein Cocktailglas abseiht. Das Getränk wird mit einer Kirsche dekoriert.

- Eis
- 1/4 Orangensaft
- 1/4 Vermouth trocken
- 1/4 Vermouth rot
- 1/4 Gin, Kirsche

**Churchill Cocktail**

Man schüttelt die Zutaten mit einigen Eiswürfeln kurz im Shaker durch und seiht ab in ein Cocktailglas.

Eis
1 Spritzer Zitronensaft
1 Spritzer Cointreau
1/4 Vermouth rot
3/4 Whisky

**Cincinnati Cocktail**

Die Zuaten werden kurz im Shaker durchgeschüttelt, dann in ein Cocktailglas abgeseiht.

Eis
1/8 Kümmel
1/8 Zitronensaft
1/4 Vermouth rot
1/2 Whisky

**Claridge Cocktail**

Alle Zutaten mit Eiswürfeln in den Shaker geben, kurz schütteln und in ein Cocktailglas abseihen.

Eis
1/6 Apricot Brandy
1/6 Cointreau
1/3 Vermouth trocken
1/3 Gin

**Classic Cocktail**

Die Zutaten werden kurz im Shaker durchgeschüttelt, dann in ein Cocktailglas abgeseiht.

Eis
1/6 Zitronensaft
1/6 Curaçao Orange
1/3 Maraschino
1/3 Cognac

**Cliftonian Cocktail**

**Kreiert von Bert Nutt und anläßlich der British Empire Cocktail Competition 1935 ausgezeichnet.**

Nebenstehende Zutaten mit einigen Eiswürfeln kurz im Shaker durchschütteln, dann in ein Cocktailglas abseihen.

Eis
1/8 Orangensaft
1/8 Caloric Punch
3/8 Grand Marnier
3/8 Gin

**Clipper Cocktail**

Nebenstehende Zutaten mit einigen Eiswürfeln im Shaker durchschütteln und in ein Cocktailglas abseihen.

Eis
2 Spritzer Gin
1/2 Barlöffel Zuckersirup
1/3 Bacardi Rum
2/3 Zitronensaft

**Clover Club Cocktail**

Die Zutaten werden mit genügend Eiswürfeln im Shaker durchgeschüttelt, dann in ein Cocktailglas abgeseiht.

Eis
1 Barlöffel Eiweiß
1 Barlöffel Zitronensaft
1/3 Grenadine
2/3 Gin

**Club Cocktail**

Man schüttelt die Zutaten mit einigen Eiswürfeln kurz im Shaker durch, seiht dann ab in ein Cocktailglas.

Eis
2 Spritzer Angostura
3 Spritzer Grenadine
1/4 Vermouth rot
3/4 Canadian Club Whisky

**Cobenzl Vienna Cocktail**

**Kreiert von Karl Amon, Österreich, und 1952 anläßlich der Internationalen Cocktail Competition in Wien mit dem 1. Preis ausgezeichnet.**

Nebenstehende Zutaten werden mit einigen Eiswürfeln im Shaker durchgeschüttelt, dann in ein Cocktailglas abgeseiht. Mit Kirsche garnieren.

Eis
1/4 Bénédictine
1/4 Caloric Punsch
1/4 Cinzano rot
1/4 Cinzano trocken
Kirsche

**Cold Deck Cocktail**

Man schüttelt die Zutaten kurz im Shaker durch und seiht ab in ein Cocktailglas.

Eis
1/4 Crème de Menthe weiß
1/4 Vermouth rot
1/2 Cognac

**Colonel Cocktail**

Die Zutaten werden mit einigen Eiswürfeln im Shaker durchgeschüttelt, dann in ein Cocktailglas abgeseiht.

Eis
1 Spritzer Angostura
1/4 Bénédictine
3/4 Whisky

**Colorado Cocktail**

Im Shaker schüttelt man die Zutaten kurz durch, seiht dann ab in ein Cocktailglas.

Eis
1/3 flüssige Sahne
1/3 Kirschwasser
1/3 Cherry Heering

**Columbus Cocktail**

Mit einigen Eiswürfeln werden die Zutaten kurz im Shaker durchgeschüttelt, dann in ein Cocktailglas abgeseiht.

Eis
1/3 Zitronensaft
1/3 Apricot Brandy
1/3 Bacardi Rum

**Comfortable Cocktail**

**Kreiert von Daniel Stefansson, Hotel Saga, Reykjavík, und 1973 anläßlich der Nationalen Cocktail Competition in Island mit dem 2. Preis ausgezeichnet.**

Nebenstehende Zutaten werden mit genügend Eiswürfeln kurz im Shaker durchgeschüttelt, dann in ein Cocktailglas abgeseiht. Mit Kirsche dekorieren.

Eis
1/3 Zitronensaft
1/3 Crème de Cacao
1/3 Southern Comfort
Kirsche

**Commando Cocktail**

Man schüttelt die Zutaten mit einigen Eiswürfeln im Shaker durch und seiht ab in ein Cocktailglas.

Eis
2 Spritzer Pernod
1/6 Zitronensaft
1/6 Cointreau
2/3 Whisky

**Commodore Cocktail**

Mit einigen Eiswürfeln werden die Zutaten im Shaker durchschüttelt, dann in ein Cocktailglas abgeseiht.

Eis
2 Spritzer Orangebitter
3 Spritzer Zuckersirup
1/4 Zitronensaft
3/4 Canadian Club Whisky

**Conca d'Oro Cocktail**

**Kreiert von Giuseppe Neri, Italien, und 1955 in Amsterdam anläßlich der Internationalen Cocktail Competition mit dem 1. Preis ausgezeichnet.**

Die nebenstehenden Zutaten werden mit einigen Eiswürfeln kurz im Mixglas verrührt, dann in ein Cocktailglas abgeseiht.

Eis
1/8 Maraschino
1/8 Curaçao Triple sec
1/8 Cherry Heering
5/8 Gin

**Conchia Cocktail**

**Kreiert von J. G. Hagen, Holland, und anläßlich der Internationalen Cocktail Competition 1967 in Palma de Mallorca ausgezeichnet.**

Nebenstehende Zutaten mit genügend Eiswürfeln kurz im Shaker durchschütteln, dann in ein Cocktailglas abseihen. Mit Zitronenschale abspritzen.

Eis
1/6 Whisky
2/6 Vermouth bianco
3/6 Curaçao blau
Zitronenschale

**Continental Cocktail**

Man schüttelt die Zutaten kurz im Shaker durch und seiht ab in ein Cocktailglas.

Eis
1 Spritzer Sahne
3 Spritzer Jamaica-Rum
1/4 Zitronensaft
3/4 Rye Whisky

**Copacabana Cocktail**

Nebenstehende Zutaten werden mit einigen Eiswürfeln im Shaker durchgeschüttelt und in ein Cocktailglas abgeseiht.

Eis
1/6 Cointreau
1/6 Cognac
1/3 Zitronensaft
1/3 Apricot Brandy

**Copacabana Palace Cocktail**

Im Mixglas verrührt man nebenstehende Zutaten, seiht sie dann in ein Cocktailglas ab.

Eis
3 Spritzer Chartreuse grün
1/2 Vermouth rot
1/2 Sherry trocken

**Copa de Oro Cocktail**

Die Zutaten werden kräftig im Shaker mit genügend Eiswürfeln durchgeschüttelt, dann in ein Cocktailglas abgeseiht.

Eis
1 Barlöffel Eigelb
1 Barlöffel Zuckersirup
1/2 Grand Marnier
1/2 Tequila

**Copenheering Cocktail**

Man schüttelt die Zutaten mit einigen Eiswürfeln im Shaker durch und seiht sie in ein Cocktailglas ab.

Eis
1 Spritzer Zitronensaft
1/2 Wodka
1/2 Cherry Heering

**Coronation Cocktail**

Man verrührt die Zutaten mit einigen Eiswürfeln im Mixglas und seiht ab in ein Cocktailglas.

Eis
1 Spritzer Orangebitter
1 Spritzer Maraschino
1/2 Sherry trocken
1/2 Vermouth trocken

**Corpse Reviver Cocktail**

Die Zutaten werden mit einigen Eiswürfeln im Shaker durchgeschüttelt und in ein Cocktailglas abgeseiht.

Eis
1/4 Calvados
1/4 Vermouth rot
1/2 Cognac

**Cossak Cocktail**

Man schüttelt die Zutaten mit genügend Eiswürfeln im Shaker durch und seiht ab in ein Cocktailglas.

Eis
1 Spritzer Zitronensaft
1 Barlöffel Zuckersirup
1/2 Wodka
1/2 Cognac

**Country Club Cocktail**

Nebenstehende Zutaten mit genügend Eiswürfeln kräftig im Shaker durchschütteln, dann in ein Cocktailglas abseihen.

Eis
1 Barlöffel Zuckersirup
1 Barlöffel Eiweiß
1/3 Zitronensaft
1/3 Calvados
1/3 Portwein

**Cowboy Cocktail**

Flüssige Sahne und Whisky gut im Shaker durchschütteln, dann in ein Cocktailglas abseihen.

Eis
1/3 flüssige Sahne
2/3 Whisky

**Cream Cocktail**

Alle Zutaten mit einigen Eiswürfeln in den Shaker geben und kräftig durchschütteln, dann in ein Cocktailglas abseihen.

Eis
1/3 flüssige Sahne
1/3 Grenadine
1/3 Kirschwasser

**Cream Dream Cocktail**

**Kreiert von Fritz Schaller, Österreich, und 1982 anläßlich der Nationalen Cocktail Competition in Wien mit dem 1. Preis ausgezeichnet.**

Nebenstehende Zutaten werden mit genügend Eiswürfeln im Shaker kräftig durchgeschüttelt und in ein mit rosa Zuckerrand dekoriertes Cocktailglas abgeseiht. Schokoladenraspel und geraspelte Orangenschale werden auf das Getränk gestreut.

Eis
1/4 Amaretto di Saronno
1/4 Galliano
1/4 Tia Maria
1/4 flüssige Sahne
Schokoladenraspel
geraspelte Orangenschale

**Crème de Rhum**

**Kreiert von Joe Tyndall und 1967 anläßlich der All-Ireland Cocktail Competition mit dem 1. Preis ausgezeichnet.**

Die Zutaten werden mit genügend Eiswürfeln im Shaker kurz durchgeschüttelt, dann in ein Cocktailglas abgeseiht. Mit Kirsche und Orangenscheibe dekorieren.

Eis
1 Spritzer flüssige Sahne
1/3 Orangensaft
1/3 Crème de Bananes
1/3 Bacardi Rum
Kirsche
Orangenscheibe

**Creole Cocktail**

Nebenstehende Zutaten im Shaker mit einigen Eiswürfeln durchschütteln und in ein Cocktailglas abseihen.

Eis
2 Spritzer Amer Picon
2 Spritzer Bénédictine
1/2 Vermouth rot
1/2 Canadian Club Whisky

**Cross Bow Cocktail**

**Kreiert von J. L. Evans und 1962 anläßlich der All-Canadian Cocktail Competition ausgezeichnet.**

Man schüttelt die Zutaten mit einigen Eiswürfeln kurz im Shaker durch, dann in ein Cocktailglas abseihen.

Eis
1/3 Gin
1/3 Cointreau
1/3 Crème de Cacao

**Crow Cocktail**

Die Zutaten kurz im Shaker durchschütteln, dann in ein Cocktailglas abseihen.

Eis
1 Spritzer Grenadine
1/2 Zitronensaft
1/2 Whisky

**Cuban Cocktail**

Nebenstehende Zutaten im Shaker mit einigen Eiswürfeln durchschütteln, dann in ein Cocktailglas abseihen.

Eis
1/4 Zitronensaft
1/4 Apricot Brandy
1/2 Bacardi Rum

**Czarina Cocktail**

Man schüttelt die Zutaten mit genügend Eiswürfeln im Shaker durch und seiht ab in ein Cocktailglas.

Eis
1/6 Vermouth trocken
1/6 Vermouth rot
1/3 Apricot Brandy
1/3 Wodka

**Daily Mail Cocktail**

**Kreiert von S. Mitchell und 1948 anläßlich der Internationalen Cocktail Competition in London mit dem 1. Preis ausgezeichnet.**

Nebenstehende Zutaten mit genügend Eiswürfeln kurz im Shaker durchschütteln, dann in ein Cocktailglas abseihen.

Eis
3 Spritzer Orangebitter
1/3 Orangensaft
1/3 Amer Picon
1/3 Canadian Club Whisky

**Daiquiri Cocktail**

Man schüttelt nebenstehende Zutaten kurz im Shaker durch und seiht ab in ein Cocktailglas.

Eis
1 Barlöffel Zuckersirup
1/4 Zitronensaft
3/4 Bacardi Rum

**Dandy Cocktail**

Alle Zutaten mit Eis im Shaker durchschütteln und in ein Cocktailglas abseihen.

Eis
1 Spritzer Angostura
1 Spritzer Orangensaft
1 Spritzer Zitronensaft
3 Spritzer Cointreau
1/2 Dubonnet
1/2 Whisky

**Darling Cocktail**

Im Shaker werden die Zutaten mit Eiswürfeln durchgeschüttelt, dann in ein Cocktailglas abgeseiht. Das Getränk wird mit einer Kirsche dekoriert.

Eis
1/6 Zitronensaft
1/6 Chartreuse gelb
2/3 Bacardi Rum
Kirsche

**Dawn Cocktail**

Im Shaker schüttelt man die Zutaten kurz durch, seiht sie dann in ein Cocktailglas ab.

Eis
1 Spritzer Grenadine
2 Spritzer Apricot Brandy
1/4 Orangensaft
3/4 Bacardi Rum

**Deansgate Cocktail**

Nebenstehende Zutaten mit einigen Eiswürfeln kurz im Shaker durchschütteln, dann in ein Cocktailglas abseihen. Mit Orangenschale abspritzen.

Eis
1/4 Lime Juice Cordial
1/4 Drambuie
1/2 Bacardi Rum
Orangenscheibe

**Deauville Cocktail**

Man schüttelt die Zutaten kurz im Shaker durch, seiht sie dann in ein Cocktailglas ab.

Eis
1/3 Zitronensaft
1/3 Cointreau
1/3 Calvados

**Deep Dish Cocktail**

Mit einigen Eiswürfeln werden nebenstehende Zutaten im Shaker durchgeschüttelt, dann in ein Cocktailglas abgeseiht.

Eis
1 Barlöffel Zitronensaft
1/3 Calvados
1/3 Grenadine
1/3 Cognac

**Deep Sea Cocktail**

Man verrührt die Zutaten mit einigen Eiswürfeln im Mixglas und seiht ab in ein Cocktailglas.

Eis
1 Spritzer Anisette
1 Spritzer Orangebitter
1/2 Vermouth trocken
1/2 Gin

**Demi-Virgin Cocktail**

Man schüttelt die Zutaten kurz im Shaker durch und seiht ab in ein Cocktailglas.

Eis
1 Spritzer Orangebitter
1 Spritzer Grenadine
1/5 Zitronensaft
4/5 Gin

**Dempsey Cocktail**
Mit genügend Eiswürfeln schüttelt man die Zutaten im Shaker durch und seiht sie ab in ein Cocktailglas.

Eis
1 Spritzer Anisette
1 Spritzer Grenadine
1/2 Calvados
1/2 Gin

**Depth Bomb Cocktail**
Alle Zutaten werden mit Eiswürfeln im Shaker durchgeschüttelt, dann in ein Cocktailglas abgeseiht.

Eis
2 Spritzer Grenadine
4 Spritzer Zitronensaft
1/2 Calvados
1/2 Cognac

**Derby Cocktail**
In den Shaker gibt man einige Eiswürfel, nebenstehende Zutaten und schüttelt alles kräftig durch. In ein Cocktailglas abseihen.

Eis
1 Spritzer Crème de Menthe weiß
1/4 Peach Brandy
3/4 Gin

**Devil's Cocktail**
Mit einigen Eiswürfeln werden die Zutaten im Shaker durchgeschüttelt, dann in ein Cocktailglas abgeseiht. Auf das Getränk streut man etwas roten Pfeffer.

Eis
1/2 Crème de Menthe weiß
1/2 Cognac
roter Pfeffer

**Diana Cocktail**
Im Shaker werden nebenstehende Zutaten mit einigen Eiswürfeln durchgeschüttelt, dann in ein Cocktailglas abgeseiht.

Eis
1/4 Crème de Menthe grün
3/4 Cognac

**Diki Diki Cocktail**
Mit einigen Eiswürfeln schüttelt man die nebenstehenden Zutaten im Shaker durch und seiht sie dann in ein Cocktailglas ab.

Eis
1/4 Grapefruitsaft
1/4 Gin
1/2 Calvados

**Diplomat Cocktail**
Man verrührt die Zutaten mit einigen Eiswürfeln im Mixglas und seiht in ein Cocktailglas ab. Mit Kirsche wird das Getränk dekoriert.

Eis
1 Spritzer Maraschino
1/3 Vermouth rot
2/3 Vermouth trocken
Kirsche

**Divan Cocktail**

Die Zutaten werden kurz im Shaker durchgeschüttelt, dann in ein Cocktailglas abgeseiht.

Eis
1 Barlöffel Grenadine
1/3 Zitronensaft
1/3 Orangensaft
1/3 Bourbon Whiskey

**Dixie Cocktail**

Im Shaker werden die Zutaten kurz durchgeschüttelt, dann in ein Cocktailglas abgeseiht.

Eis
1/4 Anisette
1/4 Vermouth trocken
1/2 Cognac

**Dizzy Izzy Cocktail**

Die nebenstehenden Zutaten werden kurz im Shaker durchgeschüttelt, dann in ein Cocktailglas abgeseiht.

Eis
2 Spritzer Zitronensaft
2 Spritzer Ananassaft
1/2 Sherry medium
1/2 Whisky

**Doctor Cocktail**

Mit einigen Eiswürfeln werden die Zutaten im Shaker durchgeschüttelt, dann in ein Cocktailglas abgeseiht.

Eis
1/3 Zitronensaft
1/3 Schwedenpunsch
1/3 Gin

**D. O. M. Cocktail**

Mit einigen Eiswürfeln werden die Zutaten kurz im Shaker durchgeschüttelt, dann in ein Cocktailglas abgeseiht.

Eis
1 Barlöffel Orangensaft
1/6 Bénédictine
5/6 Gin

**Dorothy Cocktail**

Mit genügend Eiswürfeln schüttelt man nebenstehende Zutaten im Shaker durch und seiht sie dann in ein Cocktailglas ab.

Eis
1 Spritzer Apricot Brandy
1/6 Orangensaft
1/6 Ananassaft
2/3 Bacardi Rum

**Double Rainbow Cocktail**

Im Shaker werden nebenstehende Zutaten kurz durchgeschüttelt, dann in ein Cocktailglas abgeseiht.

Eis
1 Spritzer Zitronensaft
1 Spritzer Grenadine
1/4 Orangensaft
3/4 Drambuie

**Douglas Cocktail**

Mit einigen Eiswürfeln schüttelt man die Zutaten im Shaker durch und seiht sie dann in ein Cocktailglas ab.

Eis
1/4 Orangensaft
1/4 Vermouth trocken
1/2 Gin

**Dream of Naples Cocktail**

Im Mixglas verrührt man die Zutaten mit einigen Eiswürfeln und seiht sie dann in ein Cocktailglas ab. Das Getränk dekoriert man mit einer Cocktailkirsche.

Eis
1 Spritzer Angostura
1/6 Cointreau
1/6 Campari
2/3 Bourbon Whiskey
Kirsche

**Dry Martini**

Siehe „Martini Cocktail (Dry)“.

**Dubarry Cocktail**

Mit genügend Eiswürfeln schüttelt man die nebenstehenden Zutaten im Shaker durch und seiht sie dann in ein Cocktailglas ab.

Eis
1 Spritzer Angostura
2 Spritzer Pernod
1/3 Vermouth trocken
2/3 Gin

**Dubonnet Cocktail**

Im Mixglas verrührt man Dubonnet und Gin mit einigen Eiswürfeln und seiht dann in ein Cocktailglas ab.

Eis
1/2 Dubonnet
1/2 Gin

**Duchesse Cocktail**

Mit einigen Eiswürfeln werden nebenstehende Zutaten im Shaker durchgeschüttelt, dann in ein Cocktailglas abgeseiht.

Eis
1/3 Anisette
1/3 Vermouth rot
1/3 Vermouth trocken

**Dunhill ’71 Cocktail**

**Kreiert von Bryan Ruddy und 1971 anläßlich der Nationalen Cocktail Competition in London mit dem 1. Preis ausgezeichnet.**

Die nebenstehenden Zutaten werden kurz mit einigen Eiswürfeln im Shaker durchgeschüttelt, dann in ein Cocktailglas abgeseiht.

Eis
1/3 Royal Orange Chocolate Likör
1/3 Weinbrand
1/3 Crème de Bananes

**Durban Cocktail**

Im Shaker werden die Zutaten kurz durchgeschüttelt, dann in ein Cocktailglas abgeseiht.

Eis
1/4 Ananassirup
1/4 Arrak
1/2 Wodka

**Eagle Cocktail**

Mit einigen Eiswürfeln werden die Zutaten im Shaker durchgeschüttelt, dann in ein Cocktailglas abgeseiht.

Eis
1/6 Allasch
1/6 Whisky
2/3 Vermouth rot

**East India Cocktail**

Alle Zutaten gibt man mit einigen Eiswürfeln in den Shaker, schüttelt kurz durch und seiht ab in ein Cocktailglas. Das Getränk dekoriert man mit einer Cocktailkirsche.

Eis
1 Spritzer Angostura
1/8 Ananassirup
1/8 Curaçao Triple sec
3/4 Gin
Kirsche

**Ecstasy Cocktail**

Die Zutaten werden im Shaker mit einigen Eiswürfeln durchgeschüttelt, dann in ein Cocktailglas abgeseiht.

Eis
1/3 Vermouth trocken
1/3 Drambuie
1/3 Cognac

**Elisa Cocktail**
**Kreiert von Aldo Ferrer, Italien, und 1976 anläßlich der Internationalen Cocktail Competition in St. Vincent mit dem 1. Preis ausgezeichnet.**
Die nebenstehenden Zutaten, außer Gancia Spumante, werden mit genügend Eiswürfeln im Shaker durchgeschüttelt und dann in ein Cocktailglas abgeseiht. Das Glas wird mit Gancia Spumante aufgefüllt und mit einer Kirsche garniert.

Eis
4/8 Havana Club Rum
1/8 Amaro Averna
1/8 Apricot Brandy
1/8 Wermut, Torino
1/8 Gancia Spumante brut

**El Presidente**
Nebenstehende Zutaten mit genügend Eiswürfeln im Shaker durchschütteln, dann in ein Cocktailglas abseihen.

Eis
1 Spritzer Grenadine
1 Spritzer Curaçao
1/6 Zitronensaft, Orange
1/6 Vermouth trocken
2/3 Bacardi Rum

**Emerald Cocktail**
Man schüttelt die Zutaten kurz im Shaker durch und seiht ab in ein Cocktailglas. Mit Olive dekorieren.

Eis
1/6 Chartreuse gelb
1/6 Chartreuse grün
2/3 Gin, Olive

**Empire Cocktail**
Mit einigen Eiswürfeln werden die Zutaten im Shaker durchgeschüttelt, dann in ein Cocktailglas abgeseiht.

Eis
1/4 Apricot Brandy
1/4 Cognac
1/2 Gin

**Epee Cocktail**
Im Mixglas werden nebenstehende Zutaten verrührt, dann in ein Cocktailglas abgeseiht.

Eis
1/4 Vermouth rot
3/4 Cognac

**Epicurean Cocktail**
Mit einigen Eiswürfeln verrührt man die Zutaten im Mixglas und seiht ab in ein Cocktailglas.

Eis
1 Spritzer Angostura
2 Spritzer Kümmel
1/5 Vermouth trocken
4/5 Cognac

**Erin Cocktail**

Die Zutaten werden im Shaker mit einigen Eiswürfeln durchgeschüttelt, dann in ein Cocktailglas abgeseiht.

Eis
1/4 Crème de Menthe grün
3/4 Gin

**Expo Flight**
**Kreiert von Nobumasa Abe, 1970 anläßlich der Nationalen Cocktail Competition in Japan mit 1. Preis ausgezeichnet.**

Die nebenstehenden Zutaten werden kurz mit einigen Eiswürfeln im Shaker durchgeschüttelt, dann in ein Cocktailglas abgeseiht.

Eis
1/4 Lime Juice Cordial
1/4 Cointreau
1/2 Bacardi Rum

**Fairy Belle Cocktail**

Die nebenstehenden Zutaten werden mit genügend Eiswürfeln im Shaker durchgeschüttelt, dann in ein Cocktailglas abgeseiht.

Eis
1 Barlöffel Eiweiß
1 Barlöffel Grenadine
1/4 Apricot Brandy
3/4 Gin

**Fallen Angel Cocktail**

Im Shaker werden die Zutaten mit einigen Eiswürfeln durchgeschüttelt, dann in ein Cocktailglas abgeseiht.

Eis
Saft von 1/4 Zitrone
1 Spritzer Angostura
1/8 Crème de Menthe weiß
7/8 Gin

**Fantasio**

Alle Zutaten werden in den Shaker gegeben, kurz durchgeschüttelt und in ein Cocktailglas abgeseiht.

Eis
1/6 Crème de Menthe weiß
1/6 Maraschino
1/3 Gin
1/3 Cognac

**Far West Cocktail**

Die Zutaten werden mit genügend Eiswürfeln im Shaker durchgeschüttelt, dann in ein Cocktailglas abgeseiht. Auf das Getränk streut man etwas Zimt.

Eis
2 Spritzer Angostura
1/3 Vermouth trocken
1/3 Advokaat
1/3 Cognac
Zimt

**Fascination Cocktail**
Im Shaker werden nebenstehende Zutaten kräftig durchgeschüttelt, dann in ein Cocktailglas abgeseiht.

Eis
1 Spritzer Crème de Menthe weiß
1 Spritzer Anisette
1/3 Vermouth trocken
2/3 Gin

**Favorite Cocktail**
Mit einigen Eiswürfeln werden nebenstehende Zutaten im Shaker durchgeschüttelt, dann in ein Cocktailglas abgeseiht. Das Getränk wird mit einer Kirsche dekoriert.

Eis
1 Spritzer Zitronensaft
1/3 Apricot Brandy
1/3 Vermouth trocken
1/3 Gin, Kirsche

**Fedora Cocktail**
Alle Zutaten im Shaker mit genügend Eiswürfeln durchschütteln, dann in ein Cocktailglas abseihen.

Eis
1 Spritzer Cointreau
1/8 Zitronensaft
1/8 Cognac
1/4 Bacardi Rum
1/2 Whisky

**Fernando Cocktail**
Die Zutaten werden kräftig im Shaker durchgeschüttelt und in ein Cocktailglas abgeseiht.

Eis
1 Spritzer Angostura
1/3 Zitronensaft
1/3 Aquavit
1/3 Gin

**Festrus Cocktail**
**Kreiert von Bjarne Eriksen, Norwegen, und 1973 anläßlich der Internationalen Cocktail Competition in Los Angeles mit dem 1. Preis ausgezeichnet.**
Nebenstehende Zutaten mit genügend Eiswürfeln kurz im Shaker durchschütteln, dann in ein Cocktailglas abseihen.

Eis
1/3 Wodka
1/3 Grand Marnier Rouge
1/3 Bitter Cinzano

**Fil d'Argent Cocktail**
Nebenstehende Zutaten mit genügend Eiswürfeln kräftig im Shaker durchschütteln und in ein Cocktailglas abseihen.

Eis
3 Spritzer Zitronensaft
1/6 Pernod
1/6 Cointreau
1/3 Wodka
1/3 Aquavit

**First Night Cocktail**
**Kreiert von A. H. Jordan und 1956 anläßlich der World Cocktail Competition mit dem 1. Preis ausgezeichnet.**
Mit einigen Eiswürfeln werden nebenstehende Zutaten im Shaker kurz durchgeschüttelt, dann in ein Cocktailglas abgeseiht.

Eis
1 Barlöffel Sahne
1/4 Van der Hum
1/4 Tia Maria
1/2 Weinbrand

**Fitchet Cocktail**
Die Zutaten werden mit einigen Eiswürfeln im Shaker durchgeschüttelt und in ein Cocktailglas abgeseiht.

Eis
1 Barlöffel Orangensaft
1/4 Bénédictine
1/4 Vermouth rot
1/2 Gin

**Fixer Cocktail**
**Kreiert von J. O'Farrell und 1955 anläßlich der All-Ireland Cocktail Competition mit dem 1. Preis ausgezeichnet.**
Die Zutaten werden kurz mit einigen Eiswürfeln im Shaker durchgeschüttelt, dann in ein Cocktailglas abgeseiht.

Eis
1/6 flüssige Sahne
1/6 Prunelle
1/3 Crème de Noyau
1/3 Weinbrand

**Flamingo Cocktail**
Mit einigen Eiswürfeln schüttelt man nebenstehende Zutaten kurz im Shaker durch, seiht dann ab in ein Cocktailglas.

Eis
2 Spritzer Grenadine
1/4 Zitronensaft
1/4 Apricot Brandy
1/2 Gin

**Flora Macdonald Cocktail**
Man schüttelt die Zutaten kurz im Shaker durch, seiht dann ab in ein Cocktailglas.

Eis
1/4 Gin
1/4 Drambuie
1/2 Vermouth trocken

**Florence Cocktail**

Die Zutaten werden kräftig im Shaker durchgeschüttelt und in ein Cocktailglas abgeseiht.

- Eis
- 1 Barlöffel Zitronensaft
- 1 Barlöffel Zuckersirup
- 1 Spritzer Crème de Menthe weiß
- $^1/_4$ Ananassirup
- $^3/_4$ Bacardi Rum

**Florida Cocktail**

Nebenstehende Zutaten kräftig mit genügend Eiswürfeln im Shaker durchschütteln, dann in ein Cocktailglas abseihen.

- Eis
- 1 Spritzer Zuckersirup
- 1 Spritzer Zitronensaft
- 1 Spritzer Crème de Menthe grün
- $^1/_5$ Ananassirup
- $^4/_5$ Bacardi Rum

**Flying Saucer Cocktail**

Man schüttelt die Zutaten kurz im Shaker durch und seiht ab in ein Cocktailglas.

- Eis
- $^1/_3$ Cognac
- $^1/_3$ Grand Marnier
- $^1/_3$ Bourbon Whiskey

**Flying Scotchman Cocktail**

Man schüttelt nebenstehende Zutaten kurz mit einigen Eiswürfeln im Shaker durch und seiht ab in ein Cocktailglas.

- Eis
- 2 Spritzer Grenadine
- 4 Spritzer Orangebitter
- $^1/_2$ Vermouth rot
- $^1/_2$ Whisky

**Forbidden Fruit Cocktail**

Mit einigen Eiswürfeln werden nebenstehende Zutaten kurz im Shaker durchgeschüttelt und in ein Cocktailglas abgeseiht.

- Eis
- $^1/_2$ Forbidden-Fruit-Likör
- $^1/_2$ Vermouth trocken

**Formosa Blossom Cocktail**

Die Zutaten werden mit Eiswürfeln kräftig im Shaker durchgeschüttelt, dann in ein Cocktailglas abgeseiht.

- Eis
- 3 Spritzer Zitronensaft
- $^1/_4$ Mandelsirup
- $^1/_4$ Ananassirup
- $^1/_2$ Bacardi Rum

**Forty Eight Cocktail**
**Kreiert von Bert Nutt und 1948 in Manchester anläßlich der British Isles Cocktail Competition mit dem 1. Preis ausgezeichnet.**
Nebenstehende Zutaten mit einigen Eiswürfeln kurz im Shaker durchschütteln, dann in ein Cocktailglas abseihen.

Eis
1/5 Vermouth trocken
1/5 Curaçao Orange
1/5 Apricotine
2/5 Gin

**Fourth Degree Cocktail**
Nebenstehende Zutaten mit einigen Eiswürfeln im Shaker kurz durchschütteln, dann in ein Cocktailglas abseihen.

Eis
2 Spritzer Anisette
1/3 Vermouth trocken
1/3 Vermouth rot
1/3 Gin

**Fox River Cocktail**
Im Shaker werden die Zutaten kurz mit einigen Eiswürfeln durchgeschüttelt, dann in ein Cocktailglas abgeseiht.

Eis
4 Spritzer Peach-Bitter
1/4 Crème de Cacao
3/4 Whisky

**Frankenstein Cocktail**
Mit einigen Eiswürfeln schüttelt man alle Zutaten kräftig im Shaker durch und seiht ab in ein Cocktailglas. Das Getränk wird mit einer Kirsche dekoriert.

Eis
1/6 Apricot Brandy
1/6 Cointreau
1/3 Vermouth trocken
1/3 Gin
Kirsche

**French Kick Cocktail**
Mit einigen Eiswürfeln werden nebenstehende Zutaten kräftig im Shaker durchgeschüttelt, dann in ein Cocktailglas abgeseiht.

Eis
1 Barlöffel Erdbeersirup
1/4 Vermouth trocken
1/4 Kirschwasser
1/2 Gin

**Friar Cocktail**

Man schüttelt die Zutaten kurz im Shaker durch und seiht ab in ein Cocktailglas.

Eis
1/3 Ananassaft
1/3 Vermouth trocken
1/3 Gin

**Friendly Cocktail**

**Kreiert von Yoshinobu Nishikawa und 1971 anläßlich der Cuisinier Sapporo Olympic Cocktail Competition in Japan mit dem 1. Preis ausgezeichnet.**

Nebenstehende Zutaten mit einigen Eiswürfeln im Shaker kurz durchschütteln, dann in ein Cocktailglas abseihen.

Eis
1 Barlöffel Orangensaft
3 Spritzer Zitronensaft
1/3 Curaçao Triple sec
2/3 Wodka

**Frisco Cocktail**

Im Shaker werden nebenstehende Zutaten kurz durchgeschüttelt, dann in ein Cocktailglas abgeseiht.

Eis
1/4 Zitronensaft
1/4 Bénédictine
1/2 Bourbon Whiskey

**Fujiyama Cocktail**

Die Zutaten werden mit genügend Eiswürfeln im Shaker durchgeschüttelt, dann in ein Cocktailglas abgeseiht.

Eis
2 Barlöffel Zuckersirup
1/4 Zitronensaft
1/4 Bacardi Rum
1/2 Sake

**Full House Cocktail**

Alle Zutaten werden kräftig im Shaker durchgeschüttelt und in ein Cocktailglas abgeseiht.

Eis
1/4 Schwedenpunsch
1/4 Vermouth trocken
1/2 Bacardi Rum

**Furniture Cocktail**

Die Zutaten werden kräftig im Shaker durchgeschüttelt, dann in ein Cocktailglas abgeseiht.

Eis
1/6 Vermouth trocken
1/6 Vermouth rot
1/3 Ananassirup
1/3 Gin

**Gangadine Cocktail**

Alle Zutaten werden im Shaker mit einigen Eiswürfeln durchgeschüttelt, dann in ein Cocktailglas abgeseiht.

Eis
1 Barlöffel Grenadine
1/3 Crème de Menthe weiß
1/3 Pernod
1/3 Gin

**Gazelle Cocktail**

Die Zutaten werden kurz im Shaker durchgeschüttelt, dann in ein Cocktailglas abgeseiht.

Eis
1 Barlöffel Zitronensaft
1 Barlöffel Grenadine
1/2 Vermouth rot
1/2 Cognac

**Gibson Cocktail**

Man verrührt die Zutaten mit einigen Eiswürfeln im Mixglas und seiht in ein Cocktailglas ab. Mit Perlzwiebel servieren.

Eis
1/4 Vermouth trocken
3/4 Gin
Perlzwiebel

**Gimlet Cocktail**

Die Zutaten werden mit einigen Eiswürfeln im Mixglas verrührt, dann in ein Cocktailglas abgeseiht.

Eis
1 Barlöffel Zuckersirup
1/2 Lime Juice
1/2 Gin

**Gin Blind Cocktail**

Im Shaker werden nebenstehende Zutaten kurz durchgeschüttelt, dann in ein Cocktailglas abgeseiht.

Eis
1/8 Orangebitter
1/8 Cognac
1/4 Curaçao Orange
1/2 Gin

**Ginny Cocktail**

**Kreiert von Liam Bell, Großbritannien, und 1984 in Hamburg anläßlich der 17. Internationalen Cocktail Competition mit dem 3. Preis ausgzeichnet.**

Nebenstehende Zutaten werden mit einigen Eiswürfeln im Shaker durchgeschüttelt und dann in ein Cocktailglas abgeseiht. Mit Zitronenschalenring garnieren.

Eis
1/3 Gin
1/6 Apricot Brandy
1/6 Wermut, Martini trocken
1/3 Zitronensaft
1 Spritzer Eiweiß

**Gipsy Cocktail**

Mit einigen Eiswürfeln schüttelt man nebenstehende Zutaten kurz im Shaker durch, seiht dann ab in ein Cocktailglas.

Eis
1 Spritzer Angostura
1/3 Bénédictine
2/3 Wodka

**Glad Eye Cocktail**

Man schüttelt die Zutaten kurz im Shaker durch und seiht ab in ein Cocktailglas.

Eis
1/3 Crème de Menthe grün
2/3 Pernod

**Gloom Chaser Cocktail**

Alle Zutaten werden mit genügend Eiswürfeln im Shaker durchgeschüttelt, dann in ein Cocktailglas abgeseiht.

Eis
1/4 Zitronensaft
1/4 Grenadine
1/4 Grand Marnier
1/4 Curaçao Orange

**Gloom Lifter Cocktail**

Die Zutaten werden kräftig mit Eiswürfeln im Shaker durchgeschüttelt, dann in ein Cocktailglas abgeseiht.

Eis
1 Barlöffel Eiweiß
2 Barlöffel Zuckersirup
1/4 Zitronensaft
3/4 Irish Whiskey

**Gloria Cocktail**

**Kreiert von Giorgio Guida, Italien, und 1976 in St. Vincent anläßlich der Internationalen Cocktail Competition mit dem 1. Preis ausgezeichnet.**

Die nebenstehenden Zutaten werden mit genügend Eiswürfeln im Shaker durchgeschüttelt und dann in ein Cocktailglas abgeseiht. Das Getränk wird mit Zitronenschale und Kirsche garniert.

2/8 Weinbrand
2/8 Bourbon Whiskey
2/8 Campari
1/8 Carpano Punt e Mes
1/8 Amaretto di Saronno
Zitronenschale
Kirsche

**Goat's Cocktail**

Im Shaker werden nebenstehende Zutaten kurz durchgeschüttelt, dann in ein Cocktailglas abgeseiht.

Eis
1 Spritzer Pernod
2 Barlöffel Sahne
1/2 Kirschwasser
1/2 Cognac

**Golden Beauty Cocktail**

**Kreiert von J. W. Mensonides und 1974 anläßlich der Nationalen Cocktail Competition in den Niederlanden mit dem 1. Preis ausgezeichnet.**

Nebenstehende Zutaten werden mit einigen Eiswürfeln im Shaker durchgeschüttelt, dann in ein Cocktailglas abgeseiht.

Eis
1 Barlöffel Ananassaft
1 Barlöffel Eiweiß
1/5 Weinbrand
2/5 Apricot Brandy
2/5 Bols Persico

**Golden Bell Cocktail**

Die Zutaten werden kurz im Shaker durchgeschüttelt und dann in ein Cocktailglas abgeseiht.

Eis
2 Spritzer Angostura
1/2 Sherry medium
1/2 Gin

**Golden Cadillac**

Nebenstehende Zutaten mit einigen Eiswürfeln kurz im Shaker durchschütteln, dann in ein Cocktailglas abseihen.

Eis
1/4 flüssige Sahne
1/4 Galliano
1/2 Curaçao Triple sec

**Golden Cocktail**

Die Zutaten werden mit einigen Eiswürfeln im Shaker durchgeschüttelt, dann in ein Cocktailglas abgeseiht. Das Getränk wird mit einer Kirsche dekoriert.

Eis
1/6 Grenadine
1/6 Curaçao Triple sec
1/3 Vermouth rot
1/3 Gin
Kirsche

**Golden Comet Cocktail**

**Kreiert von Peter Zamuto und 1955 anläßlich der Sixth West Coast Cocktail Competition in den USA ausgezeichnet.**

Nebenstehende Zutaten mit einigen Eiswürfeln im Mixglas verrühren, dann in ein Cocktailglas abseihen. Mit Orangenschale abspritzen.

Eis
1/4 Lime Juice
1/4 Curaçao Orange
1/2 Gin
Orangenschale

**Golden Dream**

**Kreiert von Leroy Sharon und 1959 anläßlich der West Coast Cocktail Competition in Marineland in Kalifornien mit dem 1. Preis ausgezeichnet.**

Die nebenstehenden Zutaten werden mit genügend Eiswürfeln im Shaker durchgeschüttelt, dann in ein Cocktailglas abgeseiht.

Eis
1/4 flüssige Sahne
1/4 Orangensaft
1/4 Cointreau
1/4 Galliano

**Golden Dream No 2**

**Kreiert von Joshimoto Tamaki und 1975 anläßlich der Nationalen Cocktail Competition in Japan mit dem 1. Preis ausgezeichnet.**

Nebenstehende Zutaten werden mit einigen Eiswürfeln im Shaker durchgeschüttelt, dann in ein Cocktailglas abgeseiht.

Eis
1/6 Vermouth trocken
1/6 Weinbrand
1/3 Curaçao Triple sec
1/3 Bacardi Rum

**Golden Gate Cocktail**

Mit einigen Eiswürfeln werden nebenstehende Zutaten kurz im Shaker durchgeschüttelt, dann in ein Cocktailglas abgeseiht. Auf das Getränk spritzt man etwas Zitronenaroma.

Eis
1/3 Sherry trocken
2/3 Bacardi Rum

**Golden Glove Cocktail**

Nebenstehende Zutaten werden mit einigen Eiswürfeln im Shaker durchgeschüttelt und in ein Cocktailglas abgeseiht.

Eis
Saft von 1/4 Zitrone
1 Barlöffel Zuckersirup
1/8 Cointreau
7/8 Bacardi Rum

**Golden Heath Cocktail**

Man schüttelt die Zutaten kurz im Shaker durch und seiht ab in ein Cocktailglas.

Eis
1/3 Zitronensaft
1/3 Drambuie
1/3 Calvados

**Golden Martini Cocktail**

Im Mixglas verrührt man die Zutaten und seiht in ein Cocktailglas ab.

Eis
1 Spritzer Orangebitter
1/3 Vermouth trocken
2/3 Sloe Gin

**Golden Slipper Cocktail**

**Kreiert von Lucien Quesnell und 1969 anläßlich der Nationalen Cocktail Competition in Kanada mit dem 1. Preis ausgezeichnet.**

Nebenstehende Zutaten werden mit einigen Eiswürfeln im Shaker durchgeschüttelt, dann in ein Cocktailglas abgeseiht.

Eis
1 Barlöffel Eiweiß
1 Barlöffel Zuckersirup
1/3 Eierlikör
1/3 Orangensaft
1/3 Gin

**Golden Tang Cocktail**

**Kreiert von Christie O'Connor und 1969 anläßlich der All-Ireland Cocktail Competition mit dem 1. Preis ausgezeichnet.**

Nebenstehende Zutaten mit einigen Eiswürfeln im Shaker durchschütteln, dann in ein Cocktailglas abseihen.

Eis
1/8 Orangensaft
1/8 Crème de Bananes
1/4 Strega
1/2 Wodka

**Golden Tatch Cocktail**

**Kreiert von Peter Cooke und 1982 in Irland anläßlich der Nationalen Cocktail Competition mit dem 1. Preis ausgezeichnet.**

Die nebenstehenden Zutaten werden mit einigen Eiswürfeln im Shaker durchgeschüttelt und dann in ein Cocktailglas abgeseiht. Das Getränk wird mit Gurkenscheibe und Cocktailzwiebel dekoriert.

Eis
3/5 Wodka
1/5 Portwein weiß
1/5 Martini trocken
Gurkenscheibe
Cocktailzwiebel

**Golden Tulip Cocktail**
**Kreiert von G. Richtueld, Holland. Dieses Rezept kam 1969 anläßlich der Internationalen Cocktail Competition in St. Vincent in Italien in die Endrunde.**
Nebenstehende Zutaten mit einigen Eiswürfeln kurz im Shaker durchschütteln, dann in ein Cocktailglas abseihen.

Eis
1/3 Vermouth rot
1/3 Drambuie
1/3 Bourbon Whiskey

**Good Fellow Cocktail**
Mit einigen Eiswürfeln werden nebenstehende Zutaten kurz im Shaker durchgeschüttelt, dann in ein Cocktailglas abgeseiht.

Eis
1 Spritzer Angostura
2 Spritzer Zuckersirup
1/2 Bénédictine
1/2 Cognac

**Gordon Cocktail**
Mit einigen Eiswürfeln werden nebenstehende Zutaten im Mixglas verrührt, dann in ein Cocktailglas abgeseiht. Etwas Zitronenaroma auf das Getränk geben.

Eis
1/5 Gin
4/5 Sherry medium

**Gourmet Cocktail**
Die Zutaten werden im Shaker mit einigen Eiswürfeln gut durchgeschüttelt, dann in ein Cocktailglas abgeseiht.

Eis
1/4 Zitronensaft
1/4 Crème de Cassis
1/4 Schwedenpunsch
1/4 Cointreau

**Grand Duchess Cocktail**
Die Zutaten werden kurz im Shaker durchgeschüttelt, dann in ein Cocktailglas abgeseiht.

Eis
1 Spritzer Grenadine
1/4 Zitronensaft
1/4 Negrita-Rum
1/2 Wodka

**Grand Passion Cocktail**
Im Shaker werden nebenstehende Zutaten kurz durchgeschüttelt, dann in ein Cocktailglas abgeseiht.

Eis
1 Spritzer Grenadine
1/3 Passionsfruchtlikör
2/3 Gin

**Grand Slam Cocktail**

Man schüttelt die Zutaten mit einigen Eiswürfeln im Shaker durch und seiht ab in ein Cocktailglas.

Eis
1/4 Vermouth trocken
1/4 Schwedenpunsch
1/2 Vermouth rot

**Grapefruit Blossom Cocktail**

Mit genügend Eiswürfeln werden nebenstehende Zutaten im Shaker durchgeschüttelt, dann in ein Cocktailglas abgeseiht.

Eis
2 Spritzer Zuckersirup
2 Spritzer Maraschino
1/4 Grapefruitsaft
3/4 Gin

**Grasshopper Cocktail**

Die Zutaten werden kräftig im Shaker mit genügend Eiswürfeln durchgeschüttelt, dann in ein Cocktailglas abgeseiht.

Eis
1/3 flüssige Sahne
1/3 Crème de Cacao
1/3 Crème de Menthe grün

**Greenbriar Cocktail**

Man verrührt die Zutaten mit einigen Eiswürfeln im Mixglas und seiht in ein Cocktailglas ab.

Eis
1 Spritzer Peachbitter
1/3 Sherry medium
2/3 Vermouth trocken

**Green Hope Cocktail**

**Kreiert von Sven-Age Jonsbråten, Norwegen, und 1979 in Opatija in Jugoslawien anläßlich der Internationalen Cocktail Competition mit dem 1. Preis ausgezeichnet.**

Die nebenstehenden Zutaten werden mit einigen Eiswürfeln im Shaker durchgeschüttelt und dann in ein Cocktailglas abgeseiht. Das Getränk wird mit einer roten und einer grünen Kirsche garniert.

Eis
4/8 Wodka
2/8 Curaçao grün
1/8 Crème de Bananes
1/8 Trauben- und Zitronensaft
Rote und grüne Kirschen

**Greenhorn Cocktail**

Die Zutaten werden mit genügend Eiswürfeln im Shaker durchgeschüttelt, dann in ein Cocktailglas abgeseiht.

Eis
1/3 Curaçao grün
1/3 Chartreuse grün
1/3 Anisette grün

**Green Mist Cocktail**

**Dieses Rezept wurde 1969 anläßlich der Nationalen Cocktail Competition in Dänemark mit dem 1. Preis ausgezeichnet. Kreiert von Th. Dueholm.**

Die nebenstehenden Zutaten werden mit einigen Eiswürfeln im Mixglas verrührt, dann in ein Cocktailglas abgeseiht.

Eis
1/4 Galliano
1/4 Martini Bianco
1/4 Cinzano trocken
1/4 Chartreuse grün

**Green Room Cocktail**

Man schüttelt nebenstehende Zutaten kurz im Shaker durch und seiht ab in ein Cocktailglas.

Eis
2 Spritzer Curaçao Orange
1/3 Cognac
2/3 Vermouth trocken

**Green Sea Cocktail**

Die Zutaten werden mit einigen Eiswürfeln im Shaker durchgeschüttelt und in ein Cocktailglas abgeseiht.

Eis
1 Crème de Menthe grün
1/3 Vermouth trocken
1/3 Wodka

**Greenwich Cocktail**

Die Zutaten werden kurz im Shaker mit einigen Eiswürfeln durchgeschüttelt, dann in ein Cocktailglas abgeseiht.

Eis
1/3 Crème de Cacao
1/3 Calvados
1/3 Gin

**Grenadier Cocktail**

Nebenstehende Zutaten im Shaker mit Eiswürfeln durchschütteln und in ein Cocktailglas abseihen.

Eis
3 Spritzer Grenadine
1/5 Cointreau
4/5 Cognac

**Greta Garbo Cocktail**

Mit genügend Eiswürfeln werden nebenstehende Zutaten im Shaker durchgeschüttelt, dann in ein Cocktailglas abgeseiht.

Eis
1/3 Zitronensaft
1/3 Gin
1/3 Schwedenpunsch

**Guard's Cocktail**

Man schüttelt die Zutaten kurz im Shaker durch und seiht ab in ein Cocktailglas. Das Getränk wird mit einer Kirsche dekoriert.

Eis
2 Spritzer Curaçao Triple sec
1/3 Vermouth rot
2/3 Gin
Kirsche

**Habitant Cocktail**

Die Zutaten werden kräftig im Shaker mit einigen Eiswürfeln durchgeschüttelt, dann in ein Cocktailglas abgeseiht.

Eis
2 Spritzer Angostura
1/3 Ahornsirup
1/3 Vermouth rot
1/3 Gin

**Happy Medium Cocktail**

**Kreiert von F. R. Rastall, 1950 anläßlich der Irish Open Cocktail Competition in Dublin mit dem 1. Preis ausgezeichnet.**

Nebenstehende Zutaten mit einigen Eiswürfeln im Shaker durchschütteln, dann in ein Cocktailglas abseihen.

Eis
1/8 Orangensaft
1/8 Lillet
1/4 Cointreau
1/4 Pimm's No 1 Cup
1/4 Gin

**Harmony Cocktail**

Mit einigen Eiswürfeln schüttelt man nebenstehende Zutaten im Shaker durch und seiht ab in ein Cocktailglas.

Eis
1 Spritzer Grenadine
1/8 Zitronensaft
1/8 Maraschino
3/4 Cognac

**Harvard Cocktail**

Man schüttelt nebenstehende Zutaten kurz im Shaker durch und seiht ab in ein Cocktailglas.

Eis
1 Spritzer Zuckersirup
1 Spritzer Angostura
1/2 Vermouth rot
1/2 Cognac

**Hasty Cocktail**

Im Shaker werden nebenstehende Zutaten mit einigen Eiswürfeln durchgeschüttelt, dann in ein Cocktailglas abgeseiht.

Eis
1 Spritzer Anisette
1 Barlöffel Grenadine
1/3 Vermouth trocken
2/3 Gin

**Havanna Beach Cocktail**

Die Zutaten werden mit genügend Eiswürfeln im Shaker durchgeschüttelt und in ein Cocktailglas abgeseiht.

Eis
Saft von 1/4 Zitrone
2 Barlöffel Zuckersirup
1/2 Ananassaft
1/2 Bacardi Rum

**Havanna Club Cocktail**

Nebenstehende Zutaten mit einigen Eiswürfeln im Shaker durchschütteln und in ein Cocktailglas abseihen. Mit Kirsche dekorieren.

Eis
1 Spritzer Angostura
1/3 Vermouth rot
2/3 Bacardi Rum, Kirsche

**Havanna Cocktail**

Die Zutaten werden kurz im Shaker mit einigen Eiswürfeln durchgeschüttelt und in ein Cocktailglas abgeseiht. Etwas Zitronenaroma auf das Getränk spritzen.

Eis
3 Spritzer Zitronensaft
1/3 Sherry medium
2/3 Bacardi Rum

**Hawaiian Cocktail**

Mit einigen Eiswürfeln schüttelt man nebenstehende Zutaten im Shaker durch und seiht in ein Cocktailglas ab.

Eis
3 Spritzer Grand Marnier
1/3 Orangensaft
2/3 Gin

**Healer Cocktail**

Mit einigen Eiswürfeln werden die Zutaten im Shaker durchgeschüttelt und in ein Cocktailglas abgeseiht.

Eis
1/6 Grenadine
1/6 Schwedenpunsch
2/3 Bacardi Rum

**Helen Twelvetrees Cocktail**

Die Zutaten werden mit genügend Eiswürfeln im Shaker durchgeschüttelt, dann in ein Cocktailglas abgeseiht.

Eis
1 Spritzer Parfait Amour
1/2 Ananassaft
1/2 Gin

**Helvetia Cocktail**

Alle Zutaten werden im Shaker durchgeschüttelt und in ein Cocktailglas abgeseiht.

Eis
1/4 flüssige Sahne
1/4 Grenadinesirup
1/4 Kirschwasser
1/4 Cherry Brandy

**High Hat Cocktail**
Man schüttelt die Zutaten mit genügend Eiswürfeln im Shaker durch und seiht ab in ein Cocktailglas.

Eis
1/4 Zitronensaft
1/4 Cherry Heering
1/2 Whisky

**Hiroshima Cocktail**
Mit genügend Eiswürfeln werden nebenstehende Zutaten im Shaker durchgeschüttelt, dann in ein Cocktailglas abgeseiht. Auf das Getränk spritzt man etwas Zitronenaroma.

Eis
1 Spritzer Pernod
1/3 Vermouth trocken
2/3 Bourbon Whiskey

**Hole in One Cocktail**
Die Zutaten werden mit einigen Eiswürfeln im Mixglas verrührt und in ein Cocktailglas abgeseiht.

Eis
1 Spritzer Orangebitter
1 Spritzer Zitronensaft
1/3 Vermouth rot
2/3 Whisky

**Holland Cocktail**
Mit einigen Eiswürfeln verrührt man nebenstehende Zutaten im Mixglas und seiht ab in ein Cocktailglas.

Eis
1 Spritzer Orangebitter
1 Spritzer Zuckersirup
1/8 Pernod
7/8 Genever

**Homestead Cocktail**
Man schüttelt die Zutaten kurz im Shaker durch und seiht ab in ein Cocktailglas.

Eis
2 Spritzer Orangensaft
1/2 Vermouth rot
1/2 Gin

**Honey Bee Cocktail**
Die Zutaten werden im Shaker kräftig mit genügend Eiswürfeln durchgeschüttelt, dann in ein Cocktailglas abgeseiht.

Eis
1 Barlöffel Honig
1/6 Zitronensaft
5/6 Bacardi Rum

**Honeymoon Cocktail**

Nebenstehende Zutaten verrührt man mit genügend Eiswürfeln im Mixglas und seiht ab in ein Cocktailglas.

Eis
3 Spritzer Curaçao Orange
1/4 Zitronensaft
1/4 Bénédictine
1/2 Calvados

**Hong Kong Cocktail**

Nebenstehende Zutaten werden mit einigen Eiswürfeln im Shaker durchgeschüttelt, dann in ein Cocktailglas abgeseiht.

Eis
1 Spritzer Angostura
1 Barlöffel Zuckersirup
1 Barlöffel Lime Juice
1/3 Vermouth trocken
2/3 Gin

**Hoola Hoola Cocktail**

Mit genügend Eiswürfeln schüttelt man nebenstehende Zutaten im Shaker durch, seiht dann ab in ein Cocktailglas.

Eis
1/3 Orangensaft
1/3 Curaçao Orange
1/3 Gin

**Hop Toad Cocktail**

Man schüttelt Zitronensaft und Apricot Brandy kurz im Shaker durch und seiht ab in ein Cocktailglas.

Eis
1/3 Zitronensaft
2/3 Apricot Brandy

**Hot Deck Cocktail**

Die Zutaten werden im Mixglas mit einigen Eiswürfeln verrührt, dann in ein Cocktailglas abgeseiht.

Eis
1 Spritzer Bacardi Rum
1/2 Vermouth rot
1/2 Canadian Club Whisky

**Hotel Plaza Cocktail**

Im Shaker werden die Zutaten mit einigen Eiswürfeln durchgeschüttelt, dann in ein Cocktailglas abgeseiht.

Eis
2 Spritzer Ananassaft
1/3 Vermouth rot
1/3 Vermouth trocken
1/3 Gin

**Hot Pants**
**Kreiert von Simon Sigurjensson und 1971 anläßlich der Nationalen Cocktail Competition in Island mit dem 2. Preis ausgezeichnet.**
Die nebenstehenden Zutaten werden mit einigen Eiswürfeln im Shaker durchgeschüttelt, dann in ein Cocktailglas abgeseiht. Mit Kirsche dekorieren.

Eis
1/6 Zitronensaft
1/6 Royal Mint Chocolate Likör
1/3 Cointreau
1/3 Wodka
Kirsche

**Hurricane Cocktail**
Mit genügend Eiswürfeln schüttelt man nebenstehende Zutaten im Shaker durch, seiht dann ab in ein Cocktailglas.

Eis
1/4 Pernod
1/4 Wodka
1/2 Cognac

**Ideal Cocktail**
Mit genügend Eiswürfeln schüttelt man nebenstehende Zutaten im Shaker durch und seiht ab in ein Cocktailglas.

Eis
2 Spritzer Maraschino
1/8 Grapefruitsaft
1/6 Vermouth trocken
3/4 Gin

**Imperial Cocktail**
Mit genügend Eiswürfeln verrührt man die Zutaten im Mixglas und seiht dann ab in ein Cocktailglas. Man gibt eine Olive ins Glas.

Eis
1 Spritzer Angostura
1 Spritzer Maraschino
1/2 Vermouth trocken
1/2 Gin
Olive

**Inca Cocktail**
Die nebenstehenden Zutaten werden im Mixglas verrührt und in ein Cocktailglas abgeseiht. Man spritzt etwas Zitronenaroma auf das Getränk.

Eis
1 Spritzer Orangebitter
1/4 Gin
1/4 Sherry medium
1/4 Vermouth trocken
1/4 Vermouth rot

**Indulgence**

**Kreiert von Kunikazu Kikuchi und 1969 in Tokio anläßlich der Japanischen Anniversary Cocktail Competition mit dem 1. Preis ausgezeichnet.**

Die nebenstehenden Zutaten werden mit einigen Eiswürfeln im Shaker durchgeschüttelt, dann in ein Cocktailglas abgeseiht. Mit Olive dekorieren.

Eis
1/6 Lime Juice
2/6 Chartreuse grün
3/6 Wodka, Olive

**Iñes Cocktail**

**Kreiert von Alzin Nevers, Frankreich, 1982 in Albufera in Portugal anläßlich der 16. Internationalen Cocktail Competition mit dem 1. Preis ausgezeichnet.**

Nebenstehende Zutaten werden mit einigen Eiswürfeln im Shaker durchgeschüttelt und dann in ein Cocktailglas abgeseiht. Mit Paprika gefüllten Oliven dekorieren.

Eis
1/3 Gin
1/3 Martini trocken
1/3 Martini rosé
1 Spritzer Amaretto di Saronno
Oliven

**Ink Street Cocktail**

Mit einigen Eiswürfeln werden die Zutaten im Shaker durchgeschüttelt, dann in ein Cocktailglas abgeseiht.

Eis
1/3 Zitronensaft
1/3 Orangensaft
1/3 Canadian Club Whisky

**International Cocktail**

Die Zutaten werden mit einigen Eiswürfeln im Shaker durchgeschüttelt, dann in ein Cocktailglas abgeseiht.

Eis
2 Spritzer Pernod
1/3 Vermouth trocken
2/3 Gin

**Invasion Cocktail**

Alle Zutaten werden mit einigen Eiswürfeln im Shaker durchgeschüttelt, dann in ein Cocktailglas abgeseiht.

Eis
Saft von 1/4 Zitrone
1/4 Cognac
1/4 Apricot Brandy
1/2 Bacardi Rum

**Irish Cocktail**

Die Zutaten werden kurz im Shaker durchgeschüttelt, dann in ein Cocktailglas abgeseiht.

Eis
1 Spritzer Angostura
1/2 Vermouth trocken
1/2 Crème de Menthe grün

**Itza Paramount Cocktail**

**Kreiert von Christie O'Connor und 1948 anläßlich der Nationalen Cocktail Competition in Dublin in Irland mit dem 1. Preis ausgezeichnet.**

Nebenstehende Zutaten mit einigen Eiswürfeln im Mixglas verrühren, dann in ein Cocktailglas abseihen.

Eis
1/4 Cointreau
1/4 Drambuie
1/2 Gin

**Izcaraqua Cocktail**

**Kreiert von Paolo Tomaso Monaco, Venezuela, und 1984 in Hamburg anläßlich der 17. Internationalen Cocktail Competition mit dem 1. Preis ausgezeichnet.**

Die nebenstehenden Zutaten werden mit einigen Eiswürfeln im Shaker durchgeschüttelt und dann in ein Cocktailglas abgeseiht. Mit Zitronenscheibe dekorieren.

Eis
1/4 Buchanan's Whisky
1/4 Cinzano trocken
1/4 Amaretto di Saronno
1/4 Crème de Bananes
Zitronenscheibe

**Jackaroo Cocktail**

Im Shaker werden die Zutaten mit genügend Eiswürfeln durchgeschüttelt, dann in ein Cocktailglas abgeseiht.

Eis
1 Spritzer Angostura
1/3 Passionsfruchtlikör
2/3 Bourbon Whiskey

**Jack Rose Cocktail**

Die Zutaten werden mit einigen Eiswürfeln im Shaker durchgeschüttelt, dann in ein Cocktailglas abgeseiht.

Eis
1/6 Zitronensaft
1/6 Grenadine
2/3 Calvados

**Jack's Cocktail**

Nebenstehende Zutaten werden im Shaker mit einigen Eiswürfeln durchgeschüttelt, dann in ein Cocktailglas abgeseiht.

Eis
1 Spritzer Zitronensaft
1 Spritzer Zuckersirup
1/3 Bacardi Rum
2/3 Gin

**Jackson Cocktail**

Mit einigen Eiswürfeln schüttelt man nebenstehende Zutaten im Shaker gut durch und seiht ab in ein Cocktailglas.

Eis
2 Spritzer Orangebitter
1/2 Dubonnet
1/2 Gin

**Jamaica Joe Cocktail**

**Kreiert von Allan Clarke, 1948 in London anläßlich der Jamaica Rum Cocktail Competition mit 1. Preis ausgezeichnet.**
Nebenstehende Zutaten mit einigen Eiswürfeln im Shaker durchschütteln, dann in ein Cocktailglas abseihen.

Eis
1/3 Lemon Hart Rum
1/3 Tia Maria
1/3 Advokaat

**Jamaican Wonder Cocktail**

Nebenstehende Zutaten werden kräftig im Shaker mit einigen Eiswürfeln durchgeschüttelt, dann in ein Cocktailglas abgeseiht.

Eis
1 Spritzer Angostura
1/4 Lime Juice
1/4 Tia Maria
1/2 Jamaika-Rum

**Japanese Cocktail**

Im Shaker werden die Zutaten mit einigen Eiswürfeln durchgeschüttelt, dann in ein Cocktailglas abgeseiht.

Eis
1 Spritzer Angostura
3 Spritzer Mandelsirup
1/4 Maraschino
3/4 Cognac

**Java Cocktail**

Im Shaker schüttelt man nebenstehende Zutaten kräftig durch, seiht sie in ein Cocktailglas ab und serviert das Getränk mit einer dünnen Scheibe Banane als Dekoration.

Eis
2 Spritzer Crème de Bananes
1/3 Bacardi Rum
2/3 Arrak
1 Scheibe Banane

**Jerez Cocktail**

Die Zutaten werden mit einigen Eiswürfeln im Shaker durchgeschüttelt, dann in ein Cocktailglas abgeseiht.

Eis
1 Spritzer Orangebitter
1/6 Apricot Brandy
5/6 Sherry trocken

**Jerry's Joy Cocktail**

**Kreiert von Jerry Fitzpatrick und 1957 anläßlich der Sixth All-Ireland Cocktail Competition mit dem 1. Preis ausgezeichnet.**

Die nebenstehenden Zutaten werden mit einigen Eiswürfeln im Shaker durchgeschüttelt, dann in ein Cocktailglas abgeseiht. Mit Kirsche dekorieren.

Eis
1 Spritzer Orangebitter
1 Barlöffel Eiweiß
1/3 Cointreau
1/3 Lillet
1/3 Wodka
Kirsche

**Jersey Cocktail**

Man verrührt die Zutaten mit einigen Eiswürfeln im Mixglas und seiht ab in ein Cocktailglas.

Eis
1 Spritzer Angostura
1/8 Zuckersirup
1/8 Zitronensaft
1/4 Ananassaft
1/2 Calvados

**Jockey Club Cocktail**

Man schüttelt die nebenstehenden Zutaten kräftig im Shaker durch und seiht ab in ein Cocktailglas.

Eis
1 Spritzer Angostura
1/4 Zitronensaft
1/4 Crème des Noisettes
1/2 Gin

**Johnnie Mack Cocktail**

Im Mixglas werden nebenstehende Zutaten verrührt, dann in ein Cocktailglas abgeseiht. Auf das Getränk spritzt man etwas Zitronenaroma.

Eis
2 Spritzer Pernod
1/3 Curaçao Orange
2/3 Sloe Gin

**John Simon Cocktail**

**Kreiert von W. E. Hopkins und 1950 anläßlich der World Cocktail Competition in London mit dem 1. Preis ausgezeichnet.**

Nebenstehende Zutaten werden mit einigen Eiswürfeln im Shaker durchgeschüttelt, dann in ein Cocktailglas abgeseiht.

Eis
1/4 Orangensaft
1/4 Crème de Noyau
1/4 Grand Marnier
1/4 Gin

**Journalist's Cocktail**

Die nebenstehenden Zutaten werden im Mixglas verrührt und dann in ein Cocktailglas abgeseiht.

Eis
1 Spritzer Curaçao, Orange
2 Spritzer Zitronensaft
1/4 Vermouth trocken
1/4 Vermouth rot
1/2 Gin

**Kangaroo Cocktail**

Die Zutaten werden mit einigen Eiswürfeln im Mixglas verrührt und in ein Cocktailglas abgeseiht. Zitronenaroma auf das Getränk spritzen.

Eis
1/4 Vermouth trocken
3/4 Wodka

**Katinka Cocktail**

Mit einigen Eiswürfeln schüttelt man die Zutaten im Shaker durch und seiht ab in ein Cocktailglas.

Eis
1/4 Zitronensaft
1/4 Apricot Brandy
1/2 Wodka

**Kentucky Colonel Cocktail**

Im Mixglas werden die Zutaten mit einigen Eiswürfeln verrührt, dann in ein Cocktailglas abgeseiht.

Eis
1/4 Bénédictine
3/4 Bourbon Whiskey

**Kentucky Sunset**

**Kreiert von Pablo Aceveda, 1957 anläßlich der National Mixed Drink Contest in den USA mit 1. Preis ausgezeichnet.**

Nebenstehende Zutaten werden mit einigen Eiswürfeln im Mixglas verrührt, dann in ein Cocktailglas abgeseiht. Mit Orangenschale abspritzen.

Eis
1/5 Anisette
1/5 Strega
3/5 Bourbon Whiskey
Orangenschale

**Keyhole Cocktail**

Die Zutaten werden mit einigen Eiswürfeln im Shaker durchgeschüttelt, dann in ein Cocktailglas abgeseiht.

Eis
1 Spritzer Angostura
1/3 Maraschino
2/3 Gin

**Kicker Cocktail**

Nebenstehende Zutaten werden mit einigen Eiswürfeln im Mixglas verrührt und in ein Cocktailglas abgeseiht.

Eis
2 Spritzer Vermouth rot
1/3 Calvados
2/3 Bacardi Rum

**Kiddy Car Cocktail**

Im Shaker werden die Zutaten mit genügend Eiswürfeln durchgeschüttelt, dann in ein Cocktailglas abgeseiht.

Eis
2 Spritzer Cointreau
1/6 Zitronensaft
5/6 Calvados

**Kim Cocktail**

**Kreiert von John Durlesser, Beverly Hills, Kalifornien, und anläßlich der 15. jährlichen Cocktail Competition der Kalifornischen Bartenders Guild preisgekrönt.**

Nebenstehende Zutaten mit einigen Eiswürfeln im Shaker durchschütteln, dann in ein Cocktailglas abseihen.

Eis
1 Barlöffel Zuckersirup
1/4 Curaçao Triple sec
1/4 Galliano
1/2 Weinbrand

**King Cole Cocktail**

Die Zutaten werden im Shaker mit einigen Eiswürfeln durchgeschüttelt, dann in ein Cocktailglas abgeseiht. Mit einem kleinen Stückchen Orangenscheibe garnieren.

Eis
1 Spritzer Angostura
1 Spritzer Zuckersirup
1/5 Fernet-Branca
4/5 Whisky
Orangenscheibe

**King's Cross Cocktail**
**Kreiert von Wilhelm Schober aus Melbourne, Australien.**
Nebenstehende Zutaten werden mit einigen Eiswürfeln im Shaker durchgeschüttelt, dann in ein Cocktailglas abgeseiht. Mit Zitronenschale abspritzen und Schale beifügen.

Eis
1 Spritzer Grenadine
1 Spritzer Bénédictine
1/2 Vermouth rot
1/2 Bourbon Whiskey
Zitronenschale

**King's Men Cocktail**
**Kreiert von Jerry Hildebrandt, Newark, New Jersey, USA.**
Die nebenstehenden Zutaten werden mit einigen Eiswürfeln im Shaker durchgeschüttelt, dann in ein Cocktailglas abgeseiht.

Eis
1/6 Crème de Menthe weiß
1/6 Crème de Cacao weiß
1/6 Galliano
3/6 Weinbrand

**King's Park Cocktail**
**Kreiert von M. Malone, Sydney, Australien. Anläßlich der Nationalen Cocktail Competition preisgekrönt.**
Nebenstehende Zutaten werden mit einigen Eiswürfeln im Shaker durchgeschüttelt, dann in ein Cocktailglas abgeseiht.

Eis
1 Barlöffel Crème de Menthe grün
3 Spritzer Zuckersirup
1/4 Zitronensaft
3/4 Bacardi Rum

**Kingston Cocktail**
Mit genügend Eiswürfeln schüttelt man nebenstehende Zutaten im Shaker durch und seiht sie dann in ein Cocktailglas ab.

Eis
1 Spritzer Zuckersirup
2 Spritzer Lime Juice
1/5 Gin
4/5 Jamaika-Rum

**Kirsch Cocktail**
Im Shaker werden nebenstehende Zutaten mit genügend Eiswürfeln durchgeschüttelt, dann in ein Cocktailglas abgeseiht. Mit Kirsche dekorieren.

Eis
1 Spritzer Curaçao Triple sec
1/6 Grenadine
5/6 Kirschwasser, Kirsche

**Klondyke Cocktail**

Nebenstehende Zutaten werden mit einigen Eiswürfeln im Mixglas verrührt, dann in ein Cocktailglas abgeseiht. Auf das Getränk etwas Zitronenaroma.

Eis
1 Spritzer Angostura
1/3 Vermouth rot
2/3 Calvados

**Knickerbocker Cocktail**

Die nebenstehenden Zutaten werden mit genügend Eiswürfeln im Shaker durchgeschüttelt, dann in ein Cocktailglas abgeseiht.

Eis
2 Spritzer Curaçao Triple sec
2 Spritzer Grenadine
1/3 Orangensaft
1/3 Zitronensaft
1/3 Bacardi Rum

**Knock out Cocktail**

Man schüttelt nebenstehende Zutaten kurz im Shaker mit einigen Eiswürfeln durch und seiht ab in ein Cocktailglas.

Eis
2 Spritzer Crème de Menthe weiß
1/3 Gin
1/3 Anisette
1/3 Vermouth trocken

**Kretchma Cocktail**

Die Zutaten werden mit einigen Eiswürfeln im Shaker durchgeschüttelt, dann in ein Cocktailglas abgeseiht.

Eis
1 Spritzer Grenadine
1 Spritzer Zitronensaft
1/3 Crème de Cacao
2/3 Wodka

**Ladies' Cocktail**

Man schüttelt nebenstehende Zutaten kurz im Shaker durch und seiht ab in ein Cocktailglas.

Eis
2 Spritzer Pernod
2 Spritzer Angostura
1/3 Anisette
1/3 Canadian Club Whisky

**Laguna**

**Kreiert von Giorgio Silvestrini, Hotel Tofana, Cortina d'Ampezzo. 1973 in Venedig anläßlich der Nationalen Cocktail Competition wurde dieses Rezept mit dem 1. Preis ausgezeichnet.**

Nebenstehende Zutaten werden mit einigen Eiswürfeln im Shaker durchgeschüttelt, dann in ein Cocktailglas abgeseiht. Mit Kirsche dekorieren.

Eis
1/2 Royal Stock
1/5 Wodka
1/5 Vermouth Bianco
1/20 Bitter Campari
1/20 Amaro Isolabella
Kirsche

**Lafayette Cocktail**

Die Zutaten werden mit einigen Eiswürfeln im Shaker durchgeschüttelt, dann in ein Cocktailglas abgeseiht.

Eis
1 Spritzer Angostura
1/4 Vermouth trocken
1/4 Dubonnet
1/2 Whisky

**Lamb's Club Cocktail**

im Mixglas werden die Zutaten mit einigen Eiswürfeln verrührt, dann in ein Cocktailglas abgeseiht.

Eis
2 Spritzer Bénédictine
1/2 Vermouth trocken
1/2 Gin

**Lappados Cocktail**

**Kreiert von Johani Tuominen, Finnland, und 1984 in Hamburg anläßlich der 17. Internationalen Cocktail Competition mit dem 2. Preis ausgezeichnet.**

Die nebenstehenden Zutaten werden mit einigen Eiswürfeln im Shaker durchgeschüttelt und dann in ein Cocktailglas abgeseiht. Das Getränk wird mit einer Apfelscheibe und 2 Preiselbeeren dekoriert.

Eis
1/2 Lapponia Lingonberry Liqueur
1/2 Calvados
Apfelscheibe
Preiselbeeren

**Larchmont Cocktail**

Man gibt die Zutaten mit einigen Eiswürfeln in den Shaker, schüttelt gut durch und seiht ab in ein Cocktailglas.

Eis
1 Barlöffel Zuckersirup
1/8 Lime Juice
1/8 Grand Marnier
3/4 Bacardi Rum

**Lazy Louisiana Cocktail**

Mit einigen Eiswürfeln werden nebenstehende Zutaten im Shaker durchgeschüttelt, dann in ein Cocktailglas abgeseiht.

Eis
1/4 Grapefruitsaft
1/4 Gin
1/2 Apricot Brandy

**League of Nations Cocktail**

Alle Zutaten werden mit genügend Eiswürfeln im Shaker durchgeschüttelt und dann in ein Cocktailglas abgeseiht.

Eis
1/4 Bourbon Whiskey
1/4 London Dry Gin
1/4 Cognac
1/4 Wodka

**Legion Cocktail**

Mit einigen Eiswürfeln schüttelt man nachstehende Zutaten gut im Shaker durch und seiht sie ab in ein Cocktailglas. Mit Orangensaft abspritzen.

Eis
1 Spritzer Fernet-Branca
1/6 Cognac
1/6 Curaçao Orange
2/3 Vermouth rot

**Lemon Cocktail**

Im Mixglas verrührt man nebenstehende Zutaten und seiht sie in ein Cocktailglas.

Eis
2 Spritzer Orangensaft
1/2 Zitronensaft
1/2 Gin

**Lena Cocktail**

**Kreiert von Alberto Chirici, Florenz, und 1971 anläßlich der Internationalen Cocktail Competition in Tokio mit dem 1. Preis ausgezeichnet.**

Nebenstehende Zutaten mit einigen Eiswürfeln im Shaker durchschütteln, dann in ein Cocktailglas abseihen. Mit Kirsche dekorieren.

Eis
1/2 Bourbon Whiskey
1/5 Vermouth rot
1/10 Vermouth trocken
1/10 Bitter Campari
1/10 Galliano
Kirsche

**Leviathan Cocktail**

Die Zutaten werden mit genügend Eiswürfeln im Shaker durchgeschüttelt, dann in ein Cocktailglas abgeseiht.

Eis
1 Spritzer Zuckersirup
1/2 Zitronensaft
1/2 Whisky

**Liberal Cocktail**

Man schüttelt die Zutaten kurz im Shaker mit einigen Eiswürfeln durch und seiht ab in ein Cocktailglas.

Eis
1 Spritzer Orangebitter
3 Spritzer Amer Picon
1/2 Vermouth rot
1/2 Canadian Club Whisky

**Liberty Cocktail**

Mit einigen Eiswürfeln werden nebenstehende Zutaten im Shaker durchgeschüttelt, dann in ein Cocktailglas abgeseiht.

Eis
1 Spritzer Zuckersirup
2 Spritzer Lime Juice
1/3 Bacardi Rum
2/3 Calvados

**Life Saver Cocktail**

Die Zutaten werden mit einigen Eiswürfeln im Shaker durchgeschüttelt, dann in ein Cocktailglas abgeseiht. Das Getränk wird mit grüner Olive serviert.

Eis
1/6 Danziger Goldwasser
1/6 Chartreuse gelb
1/3 Vermouth rot
1/3 Gin, Olive

**Lilly Cocktail**

Mit kleinen Eiswürfeln werden die Zutaten im Shaker durchgeschüttelt, dann in ein Cocktailglas abgeseiht.

Eis
1 Spritzer Zuckersirup
1/4 Grapefruitsaft
1/4 Peach Brandy
1/2 Gin

**Linstead Cocktail**

Man schüttelt die Zutaten im Shaker durch und seiht ab in ein Cocktailglas. Auf das Getränk spritzt man etwas Zitronenaroma.

Eis
1 Spritzer Pernod
1/2 Ananassaft
1/2 Whisky

**Little Devil Cocktail**

Mit einigen Eiswürfeln werden nebenstehende Zutaten im Shaker durchgeschüttelt, dann in ein Cocktailglas abgeseiht.

Eis
1/6 Zitronensaft
1/6 Cointreau
1/3 Bacardi Rum
1/3 Gin

**Little Princess Cocktail**

Man verrührt Vermouth mit Bacardi und seiht ab in ein Cocktailglas.

Eis
1/2 Vermouth rot
1/2 Bacardi Rum

**Loch Lomond Cocktail**

Die Zutaten werden mit einigen Eiswürfeln im Shaker durchgeschüttelt, dann in ein Cocktailglas abgeseiht.

Eis
2 Spritzer Angostura
2 Barlöffel Zuckersirup
1/8 Curaçao Triple sec
7/8 Whisky

**London Cocktail**

Die Zutaten werden mit einigen Eiswürfeln im Mixglas verrührt, dann in ein Cocktailglas abgeseiht.

Eis
2 Spritzer Orangebitter
1 Spritzer Zuckersirup
1/8 Pernod
7/8 London Dry Gin

**London Fog Cocktail**

Man schüttelt nebenstehende Zutaten kurz im Shaker durch und seiht ab in ein Cocktailglas.

Eis
1 Spritzer Angostura
1/2 Crème de Menthe weiß
1/2 Anisette

**Lone Tree Cocktail**

Die Zutaten werden im Shaker mit genügend Eiswürfeln durchgeschüttelt und in ein Cocktailglas abgeseiht. Man serviert das Getränk mit einer Cocktailkirsche.

Eis
2 Spritzer Orangebitter
1/3 Vermouth trocken
1/3 Vermouth rot
1/3 Gin, Kirsche

**Long Whistle Cocktail**

Man schüttelt die Zutaten mit einigen Eiswürfeln im Shaker durch und seiht ab in ein Cocktailglas. Etwas Muskatnuß auf das Getränk reiben.

Eis
1 Barlöffel Zuckersirup
1/2 Milch
1/2 Cognac, Muskatnuß

**Lovely Cocktail**

Man schüttelt die Zutaten kurz im Shaker durch und seiht ab in ein Cocktailglas.

Eis
1/6 Apricot Brandy
1/6 Cherry Brandy
1/3 flüssige Sahne
1/3 Whisky

**Lover's Delight Cocktail**
Die nebenstehenden Zutaten werden mit einigen Eiswürfeln im Shaker durchgeschüttelt, dann in ein Cocktailglas abgeseiht.

Eis
1/6 Cointreau
1/6 Forbidden-Fruit-Likör
2/3 Cognac

**Love's Joy Cocktail**
Man schüttelt die Zutaten kurz mit einigen Eiswürfeln im Shaker durch und seiht ab in ein Cocktailglas.

Eis
1/3 flüssige Sahne
1/3 Grand Marnier
1/3 Schwedenpunsch

**Lucky Dip Cocktail**
**Kreiert von D. J. McLaughlin, 1959 anläßlich der Seventh All-Ireland Cocktail Competition mit 1. Preis ausgezeichnet.**
Die nebenstehenden Zutaten werden mit einigen Eiswürfeln im Shaker durchgeschüttelt, dann in ein Cocktailglas abgeseiht.

Eis
1 Barlöffel Eiweiß
1/4 Zitronensaft
1/4 Crème de Bananes
1/2 Wodka

**Luigi Cocktail**
Nebenstehende Zutaten werden kurz im Shaker durchgeschüttelt, dann in ein Cocktailglas abgeseiht.

Eis
1 Spritzer Cointreau
1 Barlöffel Grenadine
2 Barlöffel Orangensaft
1/2 Vermouth trocken
1/2 Gin

**Lulu's Favorite**
Im Shaker werden die Zutaten mit einigen Eiswürfeln durchgeschüttelt, dann in ein Cocktailglas abgeseiht.

Eis
1/3 Zitronensaft
1/3 Orangensaft
1/3 Cointreau

**Luxardo Special Cocktail**
Alle Zutaten schüttelt man im Shaker mit einigen Eiswürfeln kurz durch und seiht ab in ein Cocktailglas.

Eis
1/3 Ananassaft
1/3 Cherry Heering
1/3 Luxardo Maraschino

**Luxury Cocktail**
**Kreiert von W. S. Simpson und 1951 in Amerika anläßlich der West Coast Cocktail Competition ausgezeichnet.**
Nebenstehende Zutaten werden mit einigen Eiswürfeln im Shaker durchgeschüttelt, dann in ein Cocktailglas abgeseiht.

Eis
1 Spritzer Angostura Bitters
$^{3}/_{10}$ Gin
$^{1}/_{5}$ Pimm's No 1 Cup
$^{1}/_{6}$ Crème de Bananes
$^{1}/_{6}$ Lime Juice
$^{1}/_{6}$ Vermouth rot

**Maccaroni Cocktail**
Mit einigen Eiswürfeln werden nebenstehende Zutaten im Shaker durchgeschüttelt, dann in ein Cocktailglas abgeseiht.

Eis
$^{1}/_{3}$ Vermouth rot
$^{2}/_{3}$ Pernod

**Madagascar Cocktail**
Nebenstehende Zutaten werden mit genügend Eiswürfeln im Shaker durchgeschüttelt, dann in ein Cocktailglas abgeseiht.

Eis
1 Spritzer Zitronensaft
$^{1}/_{4}$ Orangensaft
$^{3}/_{4}$ Bacardi Rum

**Magnolia Blossom Cocktail**
Alle Zutaten werden im Shaker mit einigen Eiswürfeln durchgeschüttelt, dann in ein Cocktailglas abgeseiht.

Eis
2 Spritzer Grenadine
$^{1}/_{4}$ flüssige Sahne
$^{1}/_{4}$ Zitronensaft
$^{1}/_{2}$ Gin

**Magnolia Cocktail**
Die nebenstehenden Zutaten schüttelt man im Shaker mit einigen Eiswürfeln durch und seiht ab in ein Cocktailglas.

Eis
1 Barlöffel Eigelb
1 Barlöffel Zucker
$^{1}/_{8}$ Curaçao Triple sec
$^{7}/_{8}$ Cognac

**Mah Jongg Cocktail**
Mit einigen Eiswürfeln werden die Zutaten im Shaker durchgeschüttelt, dann in ein Cocktailglas abgeseiht.

Eis
$^{1}/_{6}$ Cointreau
$^{1}/_{6}$ Cognac
$^{2}/_{3}$ Gin

**Maiden's Blush Cocktail**

Man schüttelt nebenstehende Zutaten kurz im Shaker durch und seiht ab in ein Cocktailglas.

Eis
1 Barlöffel Grenadine
1/3 Anisette
2/3 Gin

**Maiden's Prayer Cocktail**

Im Shaker werden alle Zutaten mit genügend Eiswürfeln durchgeschüttelt, dann in ein Cocktailglas abgeseiht.

Eis
1 Spritzer Orangebitter
1/6 Zitronensaft
1/6 Cointreau
2/3 Gin

**Maiden's Wish Cocktail**

Nebenstehende Zutaten werden kurz im Shaker durchgeschüttelt, dann in ein Cocktailglas abgeseiht.

Eis
1/6 Apricot Brandy
1/6 Calvados
1/3 Cointreau
1/3 Gin

**Mallorca Cocktail**

**Kreiert von Enrique Bastante, Spanien. 1967 wurde das Rezept anläßlich der Internationalen Cocktail Competition in Mallorca preisgekrönt.**

Nebenstehende Zutaten werden mit einigen Eiswürfeln im Shaker durchgeschüttelt, dann in ein Cocktailglas abgeseiht.

Eis
1/6 Cinzano trocken
1/6 Crème de Bananes
1/6 Drambuie
1/2 Ron Pampero

**Manhattan Cocktail**

Mit einigen Eiswürfeln verrührt man nebenstehende Zutaten im Mixglas und seiht ab in ein Cocktailglas. Das Getränk wird mit einer Cocktailkirsche dekoriert.

Eis
1 Spritzer Angostura
1/3 Vermouth rot
2/3 Canadian Club Whisky
Kirsche

**Manhattan Latin Cocktail**

Mit einigen Eiswürfeln verrührt man die Zutaten im Mixglas und seiht in ein Cocktailglas ab. Mit Kirsche dekorieren.

Eis
1/3 Vermouth rot
2/3 Bacardi Rum, Kirsche

**Mar del Plata Cocktail**

**Kreiert von Enzo Antonetti aus Argentinien. 1964 wurde dieses Rezept in Edinburgh in Schottland anläßlich der Internationalen Cocktail Competition mit dem 1. Preis ausgezeichnet.**

Nebenstehende Zutaten werden mit einigen Eiswürfeln im Shaker durchgeschüttelt, dann in ein Cocktailglas abgeseiht. Das Getränk wird mit Zitronenschale abgespritzt.

- Eis
- 1 Spritzer Grand Marnier
- 1/8 Bénédictine
- 3/8 Vermouth trocken
- 1/2 Gin
- Zitronenschale

**Margi Cocktail**

Man schüttelt nebenstehende Zutaten kurz im Shaker durch und seiht ab in ein Cocktailglas.

- Eis
- 1/3 Orangensaft
- 1/3 Cointreau
- 1/3 Apricot Brandy

**Marianne Cocktail**

Nebenstehende Zutaten werden im Mixglas verrührt und dann in ein Cocktailglas abgeseiht.

- Eis
- 1 Spritzer Angostura
- 1/4 Vermouth trocken
- 1/4 Byrrh
- 1/2 Canadian Club Whisky

**Marisa Cocktail**

Man schüttelt die nebenstehenden Zutaten kurz im Shaker durch und seiht ab in ein Cocktailglas.

- Eis
- 1 Spritzer Angostura
- 1/3 Zitronensaft
- 1/3 Kümmel
- 1/3 Gin

**Martini Cocktail (Dry)**

Die Zutaten werden mit einigen Eiswürfeln im Mixglas verrührt, dann in ein Cocktailglas abgeseiht. Das Getränk wird mit Zitronenzeste abgespritzt und mit grüner Olive dekoriert.

- Eis
- 1/4 Vermouth trocken
- 3/4 Gin
- Olive

**Martini Cocktail (Medium)**

Man verrührt die Zutaten mit genügend Eiswürfeln im Mixglas und seiht ab in ein Cocktailglas. Das Getränk mit Zitronenschale abspritzen und mit Kirsche garnieren.

Eis
1 Spritzer Angostura
1/4 Vermouth trocken
1/4 Vermouth rot
1/2 Gin
Kirsche

**Martini Cocktail (Sweet)**

Die nebenstehenden Zutaten werden im Mixglas mit einigen Eiswürfeln verrührt und dann in ein Cocktailglas abgeseiht. Mit Kirsche servieren.

Eis
1/3 Vermouth rot
2/3 Gin
Kirsche

**Mary K Cocktail**

**Kreiert von Tom Stanger und 1956 anläßlich der Seventh USA Cocktail Competition in Amerika preisgekrönt.**

Die Zutaten werden mit einigen Eiswürfeln im Mixglas verrührt, dann in ein Cocktailglas abgeseiht.

Eis
1/3 Curaçao Orange
2/3 Bourbon Whiskey

**Mary Pickford Cocktail**

Die Zutaten werden im Shaker durchgeschüttelt und in ein Cocktailglas abgeseiht.

Eis
1 Spritzer Grenadine
1 Spritzer Maraschino
1/3 Ananassaft
2/3 Bacardi Rum

**Mascotte Cocktail**

Mit einigen Eiswürfeln werden nebenstehende Zutaten im Shaker durchgeschüttelt, dann in ein Cocktailglas abgeseiht.

Eis
1/6 Bénédictine
1/6 Anisette
2/3 Vermouth trocken

**Maurice Cocktail**

Alle Zutaten gibt man in den Shaker, schüttelt mit genügend Eiswürfeln gut durch und seiht ab in ein Cocktailglas.

Eis
1 Spritzer Angostura
2 Barlöffel Orangensaft
1/4 Vermouth rot
1/4 Vermouth trocken
1/2 Gin

**Maxim Cocktail**

Nebenstehende Zutaten werden mit genügend Eiswürfeln im Shaker durchgeschüttelt und in ein Cocktailglas abgeseiht. Das Getränk wird mit einer Kirsche dekoriert.

Eis
2 Spritzer Crème de Cacao
1/3 Vermouth rot
2/3 Gin
Kirsche

**May Blossom Cocktail**

Man schüttelt die Zutaten kurz im Shaker durch und seiht ab in ein Cocktailglas.

Eis
1/5 Schwedenpunsch
1/5 Curaçao Triple sec
3/5 Gin

**Melba Cocktail**

Man schüttelt nebenstehende Zutaten kurz im Shaker durch und seiht ab in ein Cocktailglas.

Eis
2 Barlöffel Zitronensaft
2 Spritzer Grenadine
2 Spritzer Pernod
1/2 Schwedenpunsch
1/2 Bacardi Rum

**Menace Cocktail**

**Kreiert von Gudmundur Axelsson und 1971 anläßlich der Nationalen Cocktail Competition in Island mit dem 1. Preis ausgezeichnet.**

Die Zutaten werden mit einigen Eiswürfeln im Shaker durchgeschüttelt, dann in ein Cocktailglas abgeseiht.

Eis
1/8 Crème de Bananes
3/8 Bacardi Rum
1/4 Crème de Cacao
1/4 Cointreau

**Merry Widow Cocktail**

Die nebenstehenden Zutaten werden kurz im Shaker durchgeschüttelt, dann in ein Cocktailglas abgeseiht.

Eis
1 Spritzer Orangebitter
1/3 Vermouth trocken
1/3 Dubonnet
1/3 Wodka

**Metropolitan Cocktail**

Alle nebenstehenden Zutaten schüttelt man mit genügend Eiswürfeln im Shaker durch und seiht ab in ein Cocktailglas. Das Aroma einer Zitronenschale auf das Getränk pressen.

Eis
2 Spritzer Angostura
2 Spritzer Zuckersirup
1/3 Vermouth trocken
2/3 Cognac

**Miami Beach Cocktail**

Die Zutaten werden kurz im Shaker durchgeschüttelt, dann in ein Cocktailglas abgeseiht.

Eis
1/3 Grapefruitsaft
1/3 Vermouth trocken
1/3 Whisky

**Miami Cocktail**

Man schüttelt nebenstehende Zutaten kurz im Shaker durch und seiht ab in ein Cocktailglas.

Eis
2 Spritzer Crème de Menthe weiß
1/4 Zitronensaft
3/4 Bacardi Rum

**Mickie Walker Cocktail**

Man schüttelt die Zutaten kurz im Shaker durch und seiht ab in ein Cocktailglas.

Eis
1 Spritzer Zitronensaft
1 Spritzer Grenadine
1/3 Vermouth rot
2/3 Whisky

**Midnight Cocktail**

Die Zutaten werden im Shaker mit genügend Eiswürfeln durchgeschüttelt, dann in ein Cocktailglas abgeseiht.

Eis
1 Spritzer Grenadine
1/6 Zitronensaft
1/6 Maraschino
2/3 Bacardi Rum

**Milano Cocktail**

**Kreiert von Viggo Christensen, Palace Hotel, Kopenhagen, und anläßlich der Nationalen Cocktail Competition in Dänemark mit dem 1. Preis ausgezeichnet.**

Die nebenstehenden Zutaten werden kurz mit einigen Eiswürfeln im Shaker durchgeschüttelt, dann in ein Cocktailglas abgeseiht. Mit Kirsche dekorieren.

Eis
1/3 Lime Juice
1/3 Galliano
1/3 Gin, Kirsche

**Millionaire Cocktail**

Die Zutaten werden mit genügend Eiswürfeln im Shaker durchgeschüttelt und in ein Cocktailglas abgeseiht.

Eis
1 Spritzer Grenadine
1 Barlöffel Eiweiß
1/8 Curaçao Triple sec
7/8 Bourbon Whiskey

**Million Dollar Cocktail**

Die Zutaten schüttelt man kräftig im Shaker mit genügend Eiswürfeln durch und seiht dann ab in ein Cocktailglas.

Eis
1 Barlöffel Eiweiß
1 Barlöffel Ananassaft
1 Barlöffel Grenadine
1/2 Vermouth rot
1/2 Gin

**Milvea Cocktail**

**Kreiert von A. Gordon und 1951 in Dublin in Irland anläßlich der Nationalen Cocktail Competition preisgekrönt.**

Nebenstehende Zutaten werden mit einigen Eiswürfeln im Shaker durchgeschüttelt, dann in ein Cocktailglas abgeseiht. Mit Kirsche dekorieren.

Eis
1/4 St. Raphaël
1/4 Crème de Bananes
1/2 Gin
Kirsche

**Mint Cocktail**

Im Shaker schüttelt man die Zutaten mit genügend Eiswürfeln durch und seiht dann ab in ein Cocktailglas.

Eis
1 Spritzer Angostura
1 Barlöffel Zuckersirup
1/4 Anisette
1/4 Crème de Menthe grün
1/2 Whisky

**Mint Royal Cocktail**

**Kreiert von Jack Haggerty. Das Rezept wurde 1966 in Glasgow anläßlich der All-Scotland Cocktail Competition mit dem 1. Preis ausgezeichnet.**

Nebenstehende Zutaten mit einigen Eiswürfeln im Shaker durchschütteln, dann in ein Cocktailglas abseihen.

Eis
1 Barlöffel Eiweiß
1/3 Zitronensaft
1/3 Royal Mint Chocolate Likör
1/3 Weinbrand

**Mississippi Cocktail**
Nebenstehende Zutaten werden im Shaker durchgeschüttelt und in ein Cocktailglas abgeseiht.

Eis
2 Barlöffel Orangensaft
1/2 Crème de Cassis
1/2 Gin

**Monkey Gland Cocktail**
Mit einigen Eiswürfeln schüttelt man nebenstehende Zutaten im Shaker durch und seiht dann ab in ein Cocktailglas.

Eis
2 Spritzer Pernod
2 Spritzer Grenadine
1/3 Gin
2/3 Orangensaft

**Monte Carlo Cocktail**
Nebenstehende Zutaten werden im Shaker mit genügend Eiswürfeln durchgeschüttelt, dann in ein Cocktailglas abgeseiht.

Eis
1 Spritzer Angostura
1/3 Bénédictine
2/3 Bourbon Whiskey

**Monte Carlo Imperial Cocktail**
Man schüttelt nebenstehende Zutaten im Shaker durch und seiht ab in ein großes Cocktailglas. Das Glas wird mit Sekt aufgefüllt.

Eis
1/4 Zitronensaft
1/4 Crème de Menthe weiß
1/2 Gin
Sekt

**Moon Crater Cocktail**
**Kreiert von Peter Gerloff in Australien. Das Rezept wurde anläßlich der Nationalen Cocktail Competition in Sydney preisgekrönt.**
Nebenstehende Zutaten werden mit einigen Eiswürfeln kurz im Shaker durchgeschüttelt, dann in ein Cocktailglas abgeseiht.

Eis
3 Spritzer Cointreau
1/2 Crème de Noyau
1/2 Lemon Hart Rum

**Morning Cocktail**

Man verrührt die Zutaten mit einigen Eiswürfeln im Mixglas und seiht ab in ein Cocktailglas. Das Getränk wird mit einer Cocktailkirsche dekoriert.

Eis
1 Spritzer Angostura
1 Spritzer Pernod
1 Spritzer Curaçao Triple sec
1/3 Vermouth trocken
2/3 Cognac
Kirsche

**Morning Glory Cocktail**

Mit einigen Eiswürfeln werden nebenstehende Zutaten im Shaker durchgeschüttelt, dann in ein Cocktailglas abgeseiht.

Eis
1 Spritzer Crème de Menthe weiß
1 Barlöffel Eiweiß
1/3 Zitronensaft
2/3 Gin

**Morning Star Cocktail**

Die Zutaten schüttelt man kräftig im Shaker durch und seiht ab in ein Cocktailglas.

Eis
1 Spritzer Zuckersirup
1 Barlöffel Eigelb
1/4 Sherry medium
2/3 Bacardi Rum

**Moss Rose Cocktail**

Mit einigen Eiswürfeln schüttelt man nebenstehende Zutaten im Shaker durch und seiht ab in ein Cocktailglas.

Eis
1 Spritzer Sloe Gin
1/3 Grapefruitsaft
2/3 Sherry sweet

**Moulin Rouge Cocktail**

Die Zutaten werden kurz im Shaker mit genügend Eiswürfeln durchgeschüttelt, dann in ein Cocktailglas abgeseiht.

Eis
3 Spritzer Grenadine
1/4 Zitronensaft
1/4 Gin
1/2 Apricot Brandy

**Mountain Cocktail**

Mit genügend Eiswürfeln schüttelt man die Zutaten im Shaker durch und seiht ab in ein Cocktailglas.

Eis
1 Barlöffel Eiweiß
2 Spritzer Zitronensaft
1/4 Vermouth rot
1/4 Vermouth trocken
1/2 Canadian Club Whisky

**Mount Cook Sunset**

**Kreiert von T. Tilbrook, Neuseeland. Das Rezept wurde anläßlich der Nationalen Cocktail Competition in Neuseeland preisgekrönt.**

Die nebenstehenden Zutaten werden mit einigen Eiswürfeln im Shaker durchgeschüttelt, dann in ein Cocktailglas abgeseiht. Mit Kirsche dekorieren.

Eis
1 Spritzer Grenadine
1/6 Maraschino
1/6 Zitronensaft
1/6 Orangensaft
2/3 Wodka
Kirsche

**My Fair Lady Cocktail**

Nebenstehende Zutaten schüttelt man kurz im Shaker mit einigen Eiswürfeln durch und seiht ab in ein Cocktailglas.

Eis
1 Spritzer Grenadine
1 Barlöffel Eiweiß
1/4 Zitronensaft
1/4 Orangensaft
1/2 Gin

**Napoleon Cocktail**

Die Zutaten werden mit genügend Eiswürfeln im Mixglas verrührt und in ein Cocktailglas abgeseiht. Auf das Getränk spritzt man etwas Zitronenaroma.

Eis
1 Spritzer Fernet-Branca
1 Spritzer Curaçao Triple sec
1/8 Dubonnet
7/8 Gin

**Natural Cocktail**

Mit einigen Eiswürfeln schüttelt man die Zutaten im Shaker durch und seiht sie ab in ein Cocktailglas.

Eis
1 Spritzer Zitronensaft
1 Spritzer Grenadine
1/4 Cognac
3/4 Bacardi Rum

**Negroni Cocktail**

Die Zutaten werden im Shaker mit genügend Eiswürfeln durchgeschüttelt, dann in ein Cocktailglas abgeseiht.

Eis
1/4 Carpano Punt e Mes
1/2 Campari
1/4 Gin

**Nevada Cocktail**

Nebenstehende Zutaten mit genügend Eiswürfeln im Shaker durchschütteln, dann in ein Cocktailglas abseihen.

Eis
1 Spritzer Zuckersirup
2 Spritzer Grapefruitsaft
1/3 Zitronensaft
2/3 Bacardi Rum

**New Deal Cocktail**

Nebenstehende Zutaten verrührt man mit einigen Eiswürfeln im Mixglas und seiht ab in ein Cocktailglas.

Eis
1 Spritzer Zuckersirup
1/5 Amer Picon
4/5 Whisky

**New Yorker Cocktail**

Die Zutaten werden mit einigen Eiswürfeln im Shaker durchgeschüttelt und in ein Cocktailglas abgeseiht.

Eis
2 Spritzer Grenadine
1/4 Zitronensaft
3/4 Bourbon Whiskey

**Nick's Own Cocktail**

Man schüttelt nebenstehende Zutaten kurz im Shaker durch und seiht ab in ein Cocktailglas. Auf das Getränk gibt man etwas Zitronenaroma. Mit Kirsche dekorieren.

Eis
1 Spritzer Angostura
1 Spritzer Pernod
1/2 Vermouth rot
1/2 Cognac
Kirsche

**Nobody's Cocktail**

Die Zutaten schüttelt man kurz im Shaker durch und seiht ab in ein Cocktailglas. Mit Zitronenaroma abspritzen.

Eis
1/2 Gin
1/2 Apricot Brandy

**Nordisk Cocktail**

Mit einigen Eiswürfeln schüttelt man die Zutaten im Shaker durch und seiht ab in ein Cocktailglas.

Eis
1/6 Aquavit
5/6 Schwedenpunsch

**Normandie Cocktail**

Die Zutaten werden kurz im Shaker durchgeschüttelt, dann in ein Cocktailglas abgeseiht.

Eis
1/8 Grenadine
1/8 Cointreau
1/4 Vermouth trocken
1/4 Vermouth rot
1/4 Kirschwasser

**North Pole Cocktail**

Man schüttelt die Zutaten im Shaker mit einigen Eiswürfeln durch und seiht ab in ein Cocktailglas.

Eis
1/6 Campari
2/6 Drambuie
3/6 Wodka

**North South Cocktail**

Nebenstehende Zutaten mit einigen Eiswürfeln im Shaker durchschütteln, dann in ein Cocktailglas abseihen.

Eis
1 Spritzer Orangebitter
1/3 Vermouth trocken
1/3 Vermouth rot
1/3 Schwedenpunsch

**Nude Eel Cocktail**

Die Zutaten werden mit einigen Eiswürfeln im Shaker durchgeschüttelt, dann in ein Cocktailglas abgeseiht.

Eis
1/4 Cognac
1/4 Dubonnet
1/4 Chartreuse gelb
1/4 Gin

**Oasis Cocktail**

Die Zutaten werden mit einigen Eiswürfeln im Shaker durchgeschüttelt, dann in ein Cocktailglas abgeseiht.

Eis
1 Spritzer Zuckersirup
1/3 Vermouth trocken
1/3 Zitronensaft
1/3 Gin

**Old Etonian Cocktail**

Man schüttelt die nebenstehenden Zutaten kräftig im Shaker durch und seiht ab in ein Cocktailglas.

Eis
2 Spritzer Orangebitter
2 Spritzer Crème de Noyau
1/2 Lillet
1/2 Gin

**Old Morality Cocktail**

Man schüttelt die Zutaten im Shaker gut durch und seiht ab in ein Cocktailglas.

Eis
1 Spritzer Angostura
1/2 Pernod
1/2 Calvados

**Old Pal Cocktail**

Mit einigen Eiswürfeln werden nebenstehende Zutaten im Shaker durchgeschüttelt, dann in ein Cocktailglas abgeseiht.

Eis
1/3 Vermouth trocken
1/3 Campari
1/3 Canadian Club Whisky

**Old Tom Cocktail**

Nebenstehende Zutaten schüttelt man im Shaker mit einigen Eiswürfeln durch und seiht ab in ein Cocktailglas. Etwas Zitronenaroma auf das Getränk drücken.

Eis
2 Spritzer Curaçao Orange
1/8 Cognac
7/8 Old Tom Gin

**Olympia Cocktail**

Mit einigen Eiswürfeln werden die Zutaten im Shaker durchgeschüttelt, dann in ein Cocktailglas abgeseiht.

Eis
1 Barlöffel Lime Juice
1/4 Cherry Heering
3/4 Bacardi Rum

**Olympic Cocktail**

Man schüttelt die Zutaten kurz mit Eiswürfeln im Shaker durch und seiht ab in ein Cocktailglas.

Eis
1/3 Orangensaft
1/3 Curaçao Triple sec
1/3 Cognac

**Omnia Cocktail**

**Kreiert von Loredano Fortalin und 1974 anläßlich der Nationalen Cocktail Competition in Montonave Christoforo in Kolumbien mit dem 1. Preis ausgezeichnet.**
Nebenstehende Zutaten werden mit genügend Eiswürfeln im Mixglas verrührt, dann in ein Cocktailglas abgeseiht. Mit Kirsche dekorieren.

Eis
1/10 Vermouth trocken
1/10 Orange Buton
1/10 Mandarinetto Isolabella
3/10 Wodka
3/10 Weinbrand
Kirsche

**Opal Cocktail**

Man schüttelt die Zutaten kurz im Shaker durch und seiht ab in ein Cocktailglas.

Eis
1/6 Chartreuse grün
5/6 Pernod

**Opening Cocktail**

Die nebenstehenden Zutaten werden im Mixglas verrührt und in ein Cocktailglas abgeseiht. Das Getränk wird mit einer Kirsche dekoriert.

Eis
1/4 Grenadine
1/4 Vermouth rot
1/2 Canadian Club Whisky
Kirsche

**Opera Cocktail**

Mit einigen Eiswürfeln werden nebenstehende Zutaten im Shaker durchgeschüttelt, dann in ein Cocktailglas abgeseiht.

Eis
1 Spritzer Zitronensaft
1 Spritzer Orangensaft
1/2 Dubonnet
1/2 Bacardi Rum

**Orange Bloom Cocktail**

Man schüttelt die Zutaten kurz im Shaker durch und seiht ab in ein Cocktailglas. Mit Kirsche garnieren.

Eis
1/4 Cointreau
1/4 Vermouth rot
1/2 Gin
Kirsche

**Orange Blossom Cocktail**

Orangensaft und Gin werden im Shaker mit einigen Eiswürfeln durchgeschüttelt, dann in ein Cocktailglas abgeseiht.

Eis
1/2 Orangensaft
1/2 Gin

**Orbit Cocktail**

**Kreiert von Arthur Andersen, Norwegen. Das Rezept wurde 1971 in Tokio anläßlich der Internationalen Cocktail Competition preisgekrönt.**

Nebenstehende Zutaten mit genügend Eiswürfeln im Mixglas verrühren, dann in ein Cocktailglas abseihen. Mit Kirsche dekorieren.

Eis
1/5 Cinzano Bianco
1/5 Dubonnet
1/5 Chartreuse gelb
1/5 Seagram's V.O.
Kirsche

**Paddy Cocktail**

Die Zutaten werden im Mixglas mit einigen Eiswürfeln verrührt und dann in ein Cocktailglas abgeseiht.

Eis
1 Spritzer Angostura
1/2 Vermouth rot
1/2 Irish Whiskey

**Pall Mall Cocktail**

Nebenstehende Zutaten schüttelt man mit genügend Eiswürfeln im Shaker durch und seiht ab in ein Cocktailglas.

Eis
1 Spritzer Orangebitter
1 Barlöffel Crème de Menthe weiß
1/3 Vermouth trocken
1/3 Vermouth rot
1/3 Gin

**Panama Cocktail**

Die Zutaten werden mit genügend Eiswürfeln im Shaker durchgeschüttelt und dann in ein Cocktailglas abgeseiht. Auf das Getränk reibt man etwas Muskatnuß.

Eis
1/4 flüssige Sahne
1/4 Crème de Cacao
1/2 Bacardi Rum
Muskatnuß

**Pan American Cocktail**

Die Zutaten werden im Mixglas verrührt und in ein Cocktailglas abgeseiht.

Eis
3 Spritzer Grenadine
1/4 Zitronensaft
3/4 Rye Whisky

**Pansy Blossom Cocktail**

Man schüttelt nebenstehende Zutaten kurz im Shaker durch und seiht ab in ein Cocktailglas.

Eis
2 Spritzer Angostura
1/8 Grenadine
7/8 Anisette

**Paprika Cocktail**

Man schüttelt die Zutaten kräftig im Shaker durch und seiht ab in ein Cocktailglas. Auf das Getränk reibt man etwas Paprika.

Eis
1/6 Cognac
1/6 Grand Marnier
2/3 Cointreau
Paprika

**Paradise Cocktail**

Mit einigen Eiswürfeln werden die Zutaten im Shaker durchgeschüttelt, dann in ein Cocktailglas abgeseiht.

Eis
1/3 Orangensaft
1/3 Apricot Brandy
1/3 Gin

**Parisian Cocktail**

Die Zutaten werden mit einigen Eiswürfeln im Shaker durchgeschüttelt, dann in ein Cocktailglas abgeseiht.

Eis
1/3 Crème de Cassis
1/3 Apricot Brandy
1/3 Gin

**Park Avenue Cocktail**

Man schüttelt nebenstehende Zutaten kurz im Shaker durch und seiht ab in ein Cocktailglas.

Eis
1 Spritzer Curaçao Orange
1/4 Ananassaft
1/4 Vermouth rot
1/2 Gin

**Patridge Cocktail**

Die Zutaten werden im Mixglas mit einigen Eiswürfeln verrührt, dann in ein Cocktailglas abgeseiht.

Eis
2 Spritzer Cointreau
1/4 Vermouth rot
3/4 Rye Whisky

**Payama Top Cocktail**

**Kreiert von Luigi Sasso, Caracas, Venezuela.**

Die nebenstehenden Zutaten werden mit einigen Eiswürfeln im Shaker durchgeschüttelt, dann in ein Cocktailglas abgeseiht.

Eis
1 Spritzer Grenadine
1 Spritzer Cointreau
1/4 Zitronensaft
3/4 Rum weiß

**Pegu Club Cocktail**

Die Zutaten werden im Shaker mit genügend Eiswürfeln durchgeschüttelt, dann in ein Cocktailglas abgeseiht.

Eis
1 Spritzer Angostura
1 Spritzer Orangebitter
3 Spritzer Zitronensaft
1/3 Curaçao Triple sec
2/3 Gin

**Pennsylvania Cocktail**

Nebenstehende Zutaten schüttelt man mit einigen Eiswürfeln im Shaker durch und seiht ab in ein Cocktailglas.

Eis
1 Spritzer Grenadine
1/5 Ananassaft
4/5 Bacardi Rum

**Peppermint Cocktail**

Mit einigen Eiswürfeln werden nebenstehende Zutaten im Shaker durchgeschüttelt, dann in ein Cocktailglas abgeseiht.

Eis
1 Spritzer Cognac
1/3 Vermouth trocken
2/3 Crème de Menthe grün

**Perfect Cocktail**

Die Zutaten werden mit einigen Eiswürfeln im Mixglas verrührt und dann in ein Cocktailglas abgeseiht.

Eis
1/3 Vermouth trocken
1/3 Vermouth rot
1/3 Gin

**Petite Fleur Cocktail**

**Kreiert von Charly Waidmann, Berlin, und 1959 in Kopenhagen anläßlich der Internationalen Cocktail Competition mit dem 1. Preis ausgezeichnet.**

Die nebenstehenden Zutaten werden mit einigen Eiswürfeln im Shaker durchgeschüttelt, dann in ein Cocktailglas abgeseiht. Mit Kirsche dekorieren.

Eis
1/3 Grapefruitsaft
1/3 Cointreau
1/3 Bacardi Rum
Kirsche

**Philadelphia Cocktail**

Nebenstehende Zutaten werden im Shaker mit einigen Eiswürfeln durchgeschüttelt, dann in ein Cocktailglas abgeseiht.

Eis
1/3 Orangensaft
1/3 Calvados
1/3 Portwein

**Phoebe Snow Cocktail**

Nebenstehende Zutaten werden mit einigen Eiswürfeln im Mixglas verrührt und dann in ein Cocktailglas abgeseiht.

Eis
1 Spritzer Pernod
1/2 Dubonnet
1/2 Cognac

**Picca Cocktail**
**Kreiert von Roger Lebet, Piccadilly Bar, Lugano, Schweiz. Das Rezept wurde 1967 anläßlich der Internationalen Cocktail Competition in Palma de Mallorca ausgezeichnet.**
Man schüttelt nebenstehende Zutaten mit genügend Eiswürfeln im Shaker durch, seiht dann ab in ein Cocktailglas. Mit Kirsche dekorieren. Mit Orangenschale abspritzen.

Eis
1/4 Galliano
1/4 Carpano Punt e Mes
1/2 Seagram's V.O.
Kirsche, Orangenschale

**Piccadilly Cocktail**
Nebenstehende Zutaten werden mit einigen Eiswürfeln im Shaker durchgeschüttelt und in ein Cocktailglas abgeseiht.

Eis
1 Spritzer Pernod
1 Spritzer Grenadine
1/3 Vermouth trocken
2/3 Gin

**Picon Cocktail**
Man verrührt die Zutaten mit einigen Eiswürfeln im Mixglas und seiht ab in ein Cocktailglas.

Eis
1/2 Vermouth rot
1/2 Amer Picon

**Picotin Cocktail**
**Kreiert von Ronald De Bock, Belgien. Das Rezept wurde 1968 anläßlich der ersten Benelux Cocktail Competition mit dem 1. Preis ausgezeichnet.**
Die nebenstehenden Zutaten werden kurz mit einigen Eiswürfeln im Shaker durchgeschüttelt, dann in ein Cocktailglas abgeseiht. Mit Orangenschale abspritzen.

Eis
1 Spritzer Zitronensaft
1/4 Santa Vittoria Likör
1/4 Cinzano Bianco
1/2 Wodka, Orangenschale

**Pineapple Bronx Cocktail**
Alle Zutaten im Shaker mit genügend Eiswürfeln durchschütteln, dann in ein Cocktailglas abseihen.

Eis
1/6 Ananassaft
1/6 Vermouth rot
2/3 Gin

**Pineapple Cocktail**

| | |
|---|---|
| Die Zutaten werden kurz im Shaker durchgeschüttelt und in ein Cocktailglas abgeseiht. | Eis<br>1/2 Ananassaft<br>1/2 Gin |

**Ping Pong Cocktail**

| | |
|---|---|
| Man schüttelt nebenstehende Zutaten kurz im Shaker durch und seiht ab in ein Cocktailglas. | Eis<br>1/3 Zitronensaft<br>1/3 Maraschino<br>1/3 Gin |

**Pink Baby Cocktail**

| | |
|---|---|
| Nebenstehende Zutaten kräftig im Shaker durchschütteln und in ein Cocktailglas abseihen. | Eis<br>1 Barlöffel Eiweiß<br>1/4 Zitronensaft<br>1/4 Grenadine<br>1/2 Gin |

**Pink Elephant Cocktail**

**Kreiert von Peter Zorbas, Sydney. Das Rezept wurde in Australien anläßlich der Nationalen Cocktail Competition 1970 mit dem 1. Preis ausgezeichnet.**

| | |
|---|---|
| Die nebenstehenden Zutaten mit genügend Eiswürfeln kräftig im Shaker durchschütteln, dann in ein Cocktailglas abseihen. Etwas Muskatnuß auf das Getränk reiben. | Eis<br>1 Spritzer Grenadine<br>1/5 flüssige Sahne<br>1/5 Orangensaft<br>1/5 Crème de Noyau<br>1/5 Galliano<br>1/5 Wodka<br>Muskatnuß |

**Pink Lady Cocktail**

| | |
|---|---|
| Man schüttelt die Zutaten kräftig mit einigen Eiswürfeln im Shaker durch und seiht ab in ein Cocktailglas. | Eis<br>1 Barlöffel Eiweiß<br>1 Spritzer Grenadine<br>1/2 Cognac<br>1/2 Gin |

**Pink Rose Cocktail**

Nebenstehende Zutaten werden im Shaker mit genügend Eiswürfeln durchgeschüttelt, dann in ein Cocktailglas abgeseiht.

Eis
1 Barlöffel Sahne
1 Barlöffel Zitronensaft
1/6 Grenadine
5/6 Gin

**Pipe Line Cocktail**

Nebenstehende Zutaten werden im Shaker mit einigen Eiswürfeln durchgeschüttelt, dann in ein Cocktailglas abgeseiht.

Eis
1/4 Zitronensaft
1/4 Apricot Brandy
1/2 Bacardi Rum

**Planter's Cocktail**

Die Zutaten werden im Shaker mit einigen Eiswürfeln durchgeschüttelt, dann in ein Cocktailglas abgeseiht.

Eis
1/3 Orangensaft
1/3 Zitronensaft
1/3 Bacardi Rum

**Plaza Cocktail**

Nebenstehende Zutaten schüttelt man kurz im Shaker durch und seiht sie dann in ein Cocktailglas ab.

Eis
1 Barlöffel Ananassaft
1/2 Gin
1/2 Vermouth trocken

**Pluie d'Or Cocktail**

Die Zutaten werden im Shaker mit genügend Eiswürfeln durchgeschüttelt, dann in ein Cocktailglas abgeseiht.

Eis
1/8 Kümmel
1/8 Orangensaft
1/4 Vieille Cure
1/2 Gin

**Poker Cocktail**

Man schüttelt die Zutaten kurz im Shaker durch und seiht ab in ein Cocktailglas.

Eis
3 Spritzer Curaçao Orange
1/2 Vermouth rot
1/2 Negrita-Rum

**Pollyana Cocktail**

Alle nebenstehenden Zutaten mit kleinen Eiswürfeln in den Shaker geben, kräftig durchschütteln und in ein Cocktailglas abseihen.

Eis
2 Spritzer Ananassaft
2 Spritzer Orangensaft
1/4 Grenadine
1/4 Vermouth rot
1/2 Gin

**Polly Cocktail**

Mit einigen Eiswürfeln werden nebenstehende Zutaten im Shaker durchgeschüttelt, dann in ein Cocktailglas abgeseiht.

Eis
1/3 Crème de Cacao
2/3 Gin

**Polo Cocktail**

Die Zutaten werden mit einigen Eiswürfeln im Shaker durchgeschüttelt, dann in ein Cocktailglas abgeseiht.

Eis
1/4 Zitronensaft
1/4 Vermouth trocken
1/4 Vermouth rot
1/4 Gin

**Polo Club Cocktail**

**Kreiert von Georges Broucke, Belgien. Das Rezept wurde 1963 anläßlich der ersten Golden Shaker Cocktail Competition in Belgien ausgezeichnet.**

Die nebenstehenden Zutaten werden kurz mit einigen Eiswürfeln im Shaker durchgeschüttelt, dann in ein Cocktailglas abgeseiht. Mit Orangenschale abspritzen.

Eis
1 Spritzer Zitronensaft
1/4 Elixier d'Anvers
1/4 Dolfi Kirsch
1/2 Cinzano Bianco
Orangenschale

**Porto Cocktail**

Cognac und Portwein werden im Shaker durchgeschüttelt, dann in ein Cocktailglas abgeseiht.

Eis
1/3 Cognac
2/3 Portwein

**President Cocktail**

Nebenstehende Zutaten werden im Mixglas verrührt, dann in ein Cocktailglas abgeseiht.

Eis
1 Spritzer Orangensaft
1/3 Vermouth trocken
2/3 Bacardi Rum

**Prince Charly Cocktail**

Man schüttelt nebenstehende Zutaten kurz im Shaker durch und seiht ab in ein Cocktailglas.

Eis
1/3 Zitronensaft
1/3 Drambuie
1/3 Cognac

**Princess Cocktail**

Nebenstehende Zutaten kräftig im Shaker durchschütteln, dann in ein Cocktailglas abseihen.

Eis
1/3 flüssige Sahne
1/3 Cordial Médoc
1/3 Gin

**Princeton Cocktail**

Nebenstehende Zutaten werden im Shaker durchgeschüttelt, dann in ein Cocktailglas abgeseiht. Auf das Getränk preßt man etwas Zitronenaroma.

Eis
2 Spritzer Orangebitter
1/3 Portwein
2/3 Gin

**Quarter Deck Cocktail**

Man schüttelt die Zutaten kurz im Shaker durch und seiht sie ab in ein Cocktailglas.

Eis
1 Barlöffel Lime Juice
1/3 Sherry trocken
2/3 Bacardi Rum

**Quartier Latin Cocktail**

Mit einigen Eiswürfeln werden nebenstehende Zutaten im Shaker durchgeschüttelt, dann in ein Cocktailglas abgeseiht.

Eis
3 Spritzer Cointreau
1/3 Amer Picon
2/3 Dubonnet

**Quasimodo Cocktail**

**Kreiert von Giorgio Tairiol und 1980 in Lugano anläßlich der Internationalen Cocktail Competition mit dem 1. Preis ausgezeichnet.**

Die nebenstehenden Zutaten werden mit einigen Eiswürfeln kurz im Shaker durchgeschüttelt und dann in ein Cocktailglas abgeseiht. Mit roter und weißer Weintraube auf Cocktailspieß dekorieren.

Eis
3/6 Wodka Wyborowa
2/6 Sherry Tio Pepe
1/6 Martini rot
1 Spritzer Amaretto di Saronno

**Quebec Cocktail**

Die nebenstehenden Zutaten werden mit genügend Eiswürfeln im Shaker durchgeschüttelt, dann in ein Cocktailglas abgeseiht.

Eis
1 Spritzer Angostura
1 Spritzer Zitronensaft
1/2 Gin
1/2 Canadian Club Whisky

**Queen Elizabeth Cocktail**

Mit einigen Eiswürfeln werden nebenstehende Zutaten im Shaker durchgeschüttelt, dann in ein Cocktailglas abgeseiht.

Eis
1 Spritzer Pernod
1/4 Zitronensaft
1/4 Cointreau
1/2 Gin

**Queen Mary Cocktail**

Mit genügend Eiswürfeln schüttelt man nebenstehende Zutaten im Shaker durch und seiht ab in ein Cocktailglas. Das Getränk wird mit einer Kirsche dekoriert.

Eis
1 Spritzer Grenadine
1 Spritzer Anisette
1/2 Cointreau
1/2 Cognac
Kirsche

**Queen's Cocktail**

Im Shaker schüttelt man nebenstehende Zutaten kräftig durch und seiht sie dann in ein Cocktailglas ab.

Eis
2 Spritzer Ananassaft
2 Spritzer Orangensaft
1/3 Vermouth rot
1/3 Gin

**Ray Long Cocktail**

Man schüttelt die Zutaten kurz im Shaker durch und seiht ab in ein Cocktailglas.

Eis
1 Spritzer Angostura
3 Spritzer Pernod
1/3 Vermouth rot
2/3 Cognac

**Raymond Hitch Cocktail**

Die Zutaten werden mit einigen Eiswürfeln im Shaker durchgeschüttelt, dann in ein Cocktailglas abgeseiht.

Eis
1 Spritzer Orangebitter
2 Spritzer Ananassaft
1/2 Orangensaft
1/2 Vermouth rot

**Red Hackle Cocktail**
**Kreiert von T. Blake und 1961 anläßlich der Nationalen Cocktail Competition in Irland mit dem 1. Preis ausgezeichnet.**
Man schüttelt nebenstehende Zutaten kurz mit einigen Eiswürfeln im Shaker durch, seiht dann ab in ein Cocktailglas.

Eis
1/4 Grenadine
1/4 Dubonnet
1/2 Weinbrand

**Red Lion Cocktail**
Nebenstehende Zutaten werden im Shaker mit einigen Eiswürfeln durchgeschüttelt, dann in ein Cocktailglas abgeseiht.

Eis
1/6 Orangensaft
1/6 Zitronensaft
1/3 Grand Marnier
1/3 Gin

**Red Skin Cocktail**
Im Mixglas werden die Zutaten verrührt, dann in ein Cocktailglas abgeseiht.

Eis
1 Spritzer Angostura
1/3 Vermouth trocken
2/3 Bourbon Whiskey

**Red Viking Cocktail**
Nebenstehende Zutaten schüttelt man kurz im Shaker durch und seiht ab in ein Cocktailglas.

Eis
1 Spritzer Grenadine
1/3 Zitronensaft
1/3 Maraschino
1/3 Aquavit

**Reform Cocktail**
Die Zutaten werden mit genügend Eiswürfeln im Shaker durchgeschüttelt, dann in ein Cocktailglas abgeseiht

Eis
2 Spritzer Orangebitter
1/2 Vermouth trocken
1/2 Sherry medium

**Resolute Cocktail**
Man schüttelt die Zutaten im Shaker mit einigen Eiswürfeln durch und seiht ab in ein Cocktailglas.

Eis
1/4 Zitronensaft
1/4 Apricot Brandy
1/2 Gin

**Rheingold Cocktail**
**Kreiert von Rocco Di Franco, Italien, und 1984 in Hamburg anläßlich der 17. Internationalen Cocktail Competition mit dem 1. Preis ausgezeichnet.**
Die nebenstehenden Zutaten werden mit einigen Eiswürfeln kurz im Shaker durchgeschüttelt und dann in ein Cocktailglas abgeseiht. Dem Getränk wird ein Stückchen Orangenschale beigefügt.

Eis
5/10 Gordon's Gin
3/10 Cointreau
1/10 Campari
1/10 Martini trocken

**Roberta May Cocktail**
**Kreiert von J. Ashworth und 1954 in London anläßlich der Internationalen Cocktail Competition ausgezeichnet.**
Die nebenstehenden Zutaten mit einigen Eiswürfeln im Shaker durchschütteln, dann in ein Cocktailglas abseihen.

Eis
1/3 Orangensaft
1/3 Aurum
1/3 Wodka

**Robinson Crusoe Cocktail**
Die Zutaten werden mit einigen Eiswürfeln im Shaker durchgeschüttelt, dann in ein Cocktailglas abgeseiht.

Eis
1/2 Ananassaft
1/2 Bacardi Rum

**Rob Roy Cocktail**
Die Zutaten werden im Mixglas mit einigen Eiswürfeln verrührt, dann in ein Cocktailglas abgeseiht. Das Getränk wird mit einer Kirsche dekoriert.

Eis
1/2 Vermouth trocken
1/2 Whisky
Kirsche

**Rolls Royce Cocktail**
Die Zutaten werden mit einigen Eiswürfeln im Shaker durchgeschüttelt, dann in ein Cocktailglas abgeseiht.

Eis
1 Spritzer Bénédictine
1/4 Vermouth trocken
1/4 Vermouth rot
1/2 Gin

**Rosary Cocktail**

Nebenstehende Zutaten werden im Shaker mit einigen Eiswürfeln durchgeschüttelt, dann in ein Cocktailglas abgeseiht. Das Getränk wird mit einer Kirsche dekoriert.

- Eis
- 3 Spritzer Crème de Vanille
- 3 Spritzer Parfait Amour
- 1/4 Curaçao rot
- 3/4 Crème de Mandarines
- Kirsche

**Rose Cocktail**

Man schüttelt die Zutaten mit einigen Eiswürfeln im Shaker durch und seiht ab in ein Cocktailglas. Mit Maraschinokirsche dekorieren.

- Eis
- 1/4 Grenadine
- 1/4 Vermouth trocken
- 1/2 Kirschwasser
- Kirsche

**Ross Royal Cocktail**

**Kreiert von Bryan Ruddy und 1969 in Torquay (England) anläßlich der Nationalen Cocktail Competition mit dem 1. Preis ausgezeichnet.**

Die nebenstehenden Zutaten werden mit genügend Eiswürfeln im Shaker durchgeschüttelt, dann in ein Cocktailglas abgeseiht.

- Eis
- 1/3 Royal Mint Chocolate Likör
- 1/3 Crème de Bananes
- 1/3 Weinbrand

**Roulette Cocktail**

Die nebenstehenden Zutaten schüttelt man im Shaker durch und seiht dann ab in ein Cocktailglas.

- Eis
- 1/4 Bacardi Rum
- 1/4 Schwedenpunsch
- 1/2 Calvados

**Royal Cocktail**

Im Shaker werden die Zutaten mit genügend Eiswürfeln kräftig durchgeschüttelt, dann in ein Cocktailglas abgeseiht.

- Eis
- 1 Spritzer Maraschino
- 1/3 Cherry Brandy
- 1/3 Vermouth trocken
- 1/3 Gin

**Royal Daiquiri Cocktail**

Nebenstehende Zutaten im Shaker mit genügend Eiswürfeln durchschütteln, dann in ein Cocktailglas abseihen.

Eis
1 Barlöffel Zuckersirup
1/4 Zitronensaft
1/4 Parfait Amour
1/2 Bacardi Rum

**Royal Romance Cocktail**

**Kreiert von John Perosino und 1934 in London anläßlich der British Empire Cocktail Competition mit dem 1. Preis ausgezeichnet.**

Man schüttelt nebenstehende Zutaten mit genügend Eiswürfeln im Shaker durch, seiht dann ab in ein Cocktailglas.

Eis
1 Spritzer Grenadine
1/4 Passionsfruchtsaft
1/4 Grand Marnier
1/2 Gin

**Royal Smile Cocktail**

Man schüttelt nebenstehende Zutaten mit einigen Eiswürfeln im Shaker durch und seiht ab in ein Cocktailglas.

Eis
1 Barlöffel Grenadine
1/3 Zitronensaft
1/3 Calvados
1/3 Gin

**Royal Victor Cocktail**

**Kreiert von V. J. McCarthy und 1953 in Blackpool anläßlich der Coronation Cocktail Competition mit dem 1. Preis ausgezeichnet.**

Die nebenstehenden Zutaten werden kurz mit einigen Eiswürfeln im Shaker durchgeschüttelt, dann in ein Cocktailglas abgeseiht.

Eis
1/6 Zitronensaft
1/6 Cointreau
1/3 Liqueur d'Or
1/3 Lemon Gin

**Rumba Cocktail**

Die Zutaten werden kurz im Shaker mit einigen Eiswürfeln durchgeschüttelt, dann in ein Cocktailglas abgeseiht.

Eis
1 Spritzer Grenadine
1/3 Gin
2/3 Jamaika-Rum

**Russel Cocktail**

Nebenstehende Zutaten werden mit einigen Eiswürfeln im Shaker durchgeschüttelt, dann in ein Cocktailglas abgeseiht.

Eis
2 Spritzer Orangebitter
2 Spritzer Zuckersirup
1/5 Blackberry Brandy
4/5 Whisky

**Russian Bear Cocktail**

Man schüttelt die Zutaten mit einigen Eiswürfeln im Shaker durch und seiht ab in ein Cocktailglas.

Eis
1/4 Crème de Cacao
1/4 flüssige Sahne
1/2 Wodka

**Russian Cocktail**

Die Zutaten werden kurz im Shaker mit einigen Eiswürfeln durchgeschüttelt, dann in ein Cocktailglas abgeseiht.

Eis
1/3 Crème de Cacao
2/3 Wodka

**Russian Dancer**

**Kreiert von Michael Maye. 1973 anläßlich der All-Ireland Cocktail Competition mit dem 1. Preis ausgezeichnet.**

Die nebenstehenden Zutaten werden mit genügend Eiswürfeln im Shaker durchgeschüttelt, dann in ein Cocktailglas abgeseiht.

Eis
1 Spritzer Rose's Lime Juice
1 Spritzer Bénédictine
1/3 Tia Maria
2/3 Wodka

**Rye Lane Cocktail**

**Kreiert von P. Raouvaieff. Das Rezept wurde 1951 in Torquay (England) anläßlich der Europäischen Cocktail Competition mit dem 1. Preis ausgezeichnet.**

Die nebenstehende Zutaten werden mit einigen Eiswürfeln im Shaker durchgeschüttelt, dann in ein Cocktailglas abgeseiht.

Eis
2 Spritzer Crème de Noyeau
1/3 Orangensaft
1/3 Curaçao Triple sec
1/3 Canadian Whisky

**Salome Cocktail**

Die nebenstehenden Zutaten werden mit einigen Eiswürfeln im Shaker durchgeschüttelt, dann in ein Cocktailglas abgeseiht. Auf das Getränk spritzt man etwas Zitronenaroma.

Eis
1/3 Dubonnet
1/3 Vermouth trocken
1/3 Gin

**Sanctuary Cocktail**

Man verrührt nebenstehende Zutaten mit einigen Eiswürfeln im Mixglas und seiht ab in ein Cocktailglas.

Eis
1/4 Cointreau
1/4 Amer Picon
1/4 Dubonnet

**San Martino Cocktail**

Mit einigen Eiswürfeln werden die Zutaten im Shaker durchgeschüttelt, dann in ein Cocktailglas abgeseiht. Auf das Getränk gibt man etwas Zitronenaroma.

Eis
1/6 Chartreuse gelb
1/6 Vermouth rot
2/3 Gin

**Santiago Cocktail**

Die Zutaten kurz im Shaker durchschütteln und in ein Cocktailglas abseihen.

Eis
2 Spritzer Jamaika-Rum
2 Spritzer Curaçao Triple sec
1/4 Zitronensaft
3/4 Bacardi Rum

**Savannah Cocktail**

Man schüttelt nebenstehende Zutaten kurz im Shaker durch und seiht ab in ein Cocktailglas.

Eis
1 Barlöffel Eiweiß
1 Barlöffel Crème de Cacao
1/3 Orangensaft
2/3 Gin

**Sazerac Cocktail**

Die Zutaten werden im Shaker mit einigen Eiswürfeln durchgeschüttelt, dann in ein Cocktailglas abgeseiht. Auf das Getränk preßt man etwas Zitronenaroma.

Eis
2 Spritzer Angostura
2 Spritzer Zuckersirup
1/8 Pernod
7/8 Rye Whisky

**Scarlett O'Hara Cocktail**

Man schüttelt nebenstehende Zutaten mit einigen Eiswürfeln im Shaker durch und seiht ab in ein Cocktailglas.

Eis
1 Spritzer Grenadine
1/5 Zitronensaft
4/5 Bourbon Whiskey

**Scarpino Cocktail**

Die Zutaten werden im Shaker mit einigen Eiswürfeln gut durchgeschüttelt, dann in ein Cocktailglas abgeseiht.

Eis
1/3 Grenadine
1/3 Advokaat
1/3 Gin

**Seesaw Cocktail**

Mit einigen Eiswürfeln werden nebenstehende Zutaten im Shaker durchgeschüttelt, dann in ein Cocktailglas abgeseiht.

Eis
1 Spritzer Angostura
2 Spritzer Bénédictine
1/4 Vermouth trocken
3/4 Cognac

**Sensation Cocktail**

Im Shaker schüttelt man die Zutaten kurz durch und seiht dann ab in ein Cocktailglas.

Eis
1 Spritzer Crème de Menthe weiß
2 Spritzer Maraschino
1/3 Zitronensaft
2/3 Gin

**Serpent's Cocktail**

**Kreiert von Peter Zorbas, Sydney. Das Rezept wurde anläßlich der Second Annual Cocktail Competition in Australien mit dem 1. Preis ausgezeichnet.**

Die nebenstehenden Zutaten werden mit Eiswürfeln im Shaker durchgeschüttelt, dann in ein Cocktailglas abgeseiht.

Eis
1/5 flüssige Sahne
1/5 Orangensaft
1/5 Crème de Noyau
1/5 Galliano
1/5 Bacardi Rum

**Seventh Heaven Cocktail**

Man schüttelt die Zutaten im Shaker mit genügend Eiswürfeln durch und seiht ab in ein Cocktailglas.

Eis
1 Spritzer Angostura
2 Spritzer Maraschino
1/4 Grapefruitsaft
3/4 Gin

**Seventy Five Cocktail**

Man schüttelt die Zutaten mit einigen Eiswürfeln im Shaker durch und seiht ab in ein Cocktailglas.

Eis
1 Barlöffel Zitronensaft
2 Spritzer Angostura
1/3 Calvados
2/3 Gin

**Shamrock Cocktail**

Nebenstehende Zutaten werden im Shaker mit einigen Eiswürfeln durchgeschüttelt, dann in ein Cocktailglas abgeseiht. Das Getränk wird mit einer grünen Olive dekoriert.

Eis
1 Spritzer Crème de Menthe grün
3 Spritzer Chartreuse grün
1/2 Vermouth trocken
1/2 Irish Whiskey
Olive

**Shanghai Cocktail**

Man schüttelt nebenstehende Zutaten im Shaker durch und seiht ab in ein Cocktailglas.

Eis
2 Spritzer Grenadine
1/4 Zitronensaft
1/4 Anisette
1/2 Bacardi Rum

**Shrove Cocktail**

Im Mixglas verrührt man nebenstehende Zutaten mit einigen Eiswürfeln und seiht dann in ein Cocktailglas ab.

Eis
1 Spritzer Pernod
1/2 Noilly Prat Dry
1/2 Sloe Gin

**Side Car Cocktail**

Die Zutaten werden mit einigen Eiswürfeln im Mixglas verrührt und in ein Cocktailglas abgeseiht.

Eis
1/3 Zitronensaft
1/3 Cointrau
1/3 Cognac

**Sidney Cocktail**

Die Zutaten werden mit einigen Eiswürfeln im Mixglas verrührt und in ein Cocktailglas abgeseiht. Das Getränk wird mit Zitronenaroma abgespritzt.

Eis
1 Spritzer Orangebitter
1/6 Chartreuse gelb
1/6 Vermouth trocken
2/3 Whisky

**Silver Bullet Cocktail**

Man schüttelt die Zutaten mit einigen Eiswürfeln im Shaker durch und seiht ab in ein Cocktailglas.

Eis
1/3 Zitronensaft
1/3 Kümmel
1/3 Gin

**Silver Cocktail**

Nebenstehende Zutaten werden mit einigen Eiswürfeln im Shaker durchgeschüttelt, dann in ein Cocktailglas abgeseiht.

Eis
1 Spritzer Orangebitter
1 Barlöffel Eiweiß
2 Spritzer Maraschino
1/2 Vermouth trocken
1/2 Gin

**Silver Crested Cocktail**

**Kreiert von Joe O'Casey, Dublin. Das Rezept wurde 1972 anläßlich der Jameson Cocktail Competition in Irland mit dem 1. Preis ausgezeichnet.**

Man schüttelt nebenstehende Zutaten kurz mit einigen Eiswürfeln im Shaker durch, seiht dann ab in ein Cocktailglas.

Eis
1/4 Crème de Bananes
1/4 Zitronensaft
1/4 Jameson Irish Whiskey

**Silver Streak Cocktail**

Kümmel und Gin werden im Mixglas verrührt und dann in ein Cocktailglas abgeseiht.

Eis
1/2 Kümmel
1/2 Gin

**Singer Cocktail**

Man schüttelt nebenstehende Zutaten mit einigen Eiswürfeln im Shaker durch und seiht ab in ein Cocktailglas.

Eis
1 Spritzer Zitronensaft
1 Spritzer Angostura
1/2 Crème de Menthe grün
1/2 Cognac

**Skål Cocktail**

Im Shaker werden die Zutaten mit einigen Eiswürfeln durchgeschüttelt, dann in ein Cocktailglas abgeseiht.

Eis
1/3 Zitronensaft
1/3 Anisette
1/3 Schwedenpunsch

**Sloeberry Cocktail**

Im Shaker werden nebenstehende Zutaten mit genügend Eiswürfeln durchgeschüttelt, dann in ein Cocktailglas abgeseiht. Das Getränk wird mit einer grünen Olive dekoriert.

Eis
1 Spritzer Angostura
1/8 Vermouth trocken
7/8 Sloe Gin
Olive

**Sloppy Joe Cocktail**

Nebenstehende Zutaten kurz im Shaker mit genügend Eiswürfeln durchschütteln, dann in ein Cocktailglas abseihen.

Eis
2 Spritzer Cointreau
1/4 Portwein
1/4 Cognac
1/2 Ananassaft

**Smiling Duchess Cocktail**

**Kreiert von G. Mackie. Das Rezept wurde 1937 anläßlich der Internationalen Cocktail Competition in London mit dem 1. Preis ausgezeichnet.**

Die nebenstehenden Zutaten werden mit genügend Eiswürfeln im Mixglas verrührt, dann in ein Cocktailglas abgeseiht. Mit Kirsche dekorieren.

Eis
1/6 Crème de Noyau
1/6 Apricot Brandy
1/3 Lillet
1/3 Gin
Kirsche

**Smiling Ivy Cocktail**

**Kreiert von S. Cox und 1950 anläßlich der Jamaica Rum Cocktail Competition of Great Britain mit dem 1. Preis ausgezeichnet.**

Man schüttelt nebenstehende Zutaten mit einigen Eiswürfeln im Shaker durch und seiht ab in ein Cocktailglas.

Eis
1 Spritzer Zitronensaft
1/3 Ananassaft
1/3 Peach Likör
1/3 Lemon Hart Rum

**Smiling Through Cocktail**

**Kreiert von A. Gordon und 1952 anläßlich der Jamaica Rum Cocktail Competition of Great Britain mit dem 1. Preis ausgezeichnet.**

Die nebenstehenden Zutaten werden mit einigen Eiswürfeln im Shaker durchgeschüttelt, dann in ein Cocktailglas abgeseiht.

Eis
1 Spritzer Zitronensaft
1 Spritzer Grenadine
1/3 Maraschino
1/3 Grand Marnier
1/3 Lemon Hart Rum

**Snowball Cocktail**

Die nebenstehenden Zutaten schüttelt man im Shaker durch und seiht ab in ein Cocktailglas.

Eis
1 Barlöffel Eiweiß
2 Barlöffel Sahne
1/2 Crème de Menthe weiß
1/2 Gin

**Snow White Cocktail**

Man schüttelt nebenstehende Zutaten im Shaker durch und seiht ab in ein Cocktailglas.

Eis
1 Barlöffel Zuckersirup
1 Barlöffel Eiweiß
1/4 Zitronensaft
3/4 Bacardi Rum

**Soul's Kiss Cocktail**

Alle Zutaten werden mit genügend Eiswürfeln im Shaker durchgeschüttelt, dann in ein Cocktailglas abgeseiht.

Eis
2 Barlöffel Orangensaft
1/3 Vermouth trocken
1/3 Vermouth rot
1/3 Dubonnet

**Southampton Cocktail**

Mit einigen Eiwürfeln werden nebenstehende Zutaten im Shaker durchgeschüttelt und dann in ein Cocktailglas abgeseiht. Auf das Getränk gibt man etwas Zitronenaroma.

Eis
1 Spritzer Angostura
1/4 Cherry Heering
3/4 Cognac

**Soviet Cocktail**

Nebenstehende Zutaten werden mit einigen Eiswürfeln im Mixglas verrührt, dann in ein Cocktailglas abgeseiht.

Eis
1/6 Vermouth trocken
1/6 Sherry trocken
2/3 Wodka

**Special Rough Cocktail**

Die Zutaten werden kurz im Shaker mit einigen Eiswürfeln durchgeschüttelt, dann in ein Cocktailglas abgeseiht.

Eis
1 Spritzer Pernod
1/2 Calvados
1/2 Cognac

**Springbok Cocktail**

Die nebenstehenden Zutaten schüttelt man mit einigen Eiswürfeln im Shaker durch und seiht ab in ein Cocktailglas.

Eis
2 Spritzer Orangebitter
1/3 Sherry medium
1/3 Noilly Prat Dry
1/3 Van der Hum

**Spriuss Cocktail**

Man schüttelt nebenstehende Zutaten kurz im Shaker durch und seiht ab in ein Cocktailglas.

Eis
3 Spritzer Orangebitter
1/6 Orangensaft
1/6 Apricot Brandy
2/3 Gin

**Stainless Cocktail**

Man schüttelt nebenstehende Zutaten mit einigen Eiswürfeln im Shaker durch und seiht ab in ein Cocktailglas.

Eis
1 Spritzer Angostura
1 Spritzer Cointreau
1/3 Grapefruitsaft
2/3 Gin

**Star Cocktail**

Im Shaker werden nebenstehende Zutaten mit einigen Eiswürfeln gut durchgeschüttelt, dann in ein Cocktailglas abgeseiht.

Eis
1 Spritzer Grapefruitsaft
1 Spritzer Vermouth rot
1 Spritzer Vermouth trocken
1/2 Calvados
1/2 Gin

**St. Germain Cocktail**

Nebenstehende Zutaten schüttelt man im Shaker mit einigen Eiswürfeln gut durch und seiht ab in ein Cocktailglas.

Eis
1 Barlöffel Eiweiß
1/3 Zitronensaft
1/3 Grapefruitsaft
1/3 Chartreuse grün

**Stinger Cocktail**

Nebenstehende Zutaten werden im Shaker mit einigen Eiswürfeln kurz durchgeschüttelt, dann in ein Cocktailglas abgeseiht.

Eis
1/2 Crème de Menthe weiß
1/2 Cognac

**Stolen Kiss Cocktail**

Die Zutaten werden im Shaker mit einigen Eiswürfeln durchgeschüttelt, dann in ein Cocktailglas abgeseiht.

Eis
1 Barlöffel Zuckersirup
1 Barlöffel Eiweiß
1/3 Pernod
2/3 Gin

**Stomach Reviver Cocktail**

Nebenstehende Zutaten schüttelt man kurz im Shaker durch und seiht ab in ein Cocktailglas.

Eis
3 Spritzer Angostura
1/4 Fernet-Branca
1/4 Kirschwasser
1/2 Cognac

**Stone Cocktail**

Die Zutaten werden mit einigen Eiswürfeln im Shaker durchgeschüttelt, dann in ein Cocktailglas abgeseiht.

Eis
1/4 Sherry medium
1/4 Vermouth rot
1/2 Bacardi Rum

**Stonehammer Cocktail**

Man schüttelt nebenstehende Zutaten mit einigen Eiswürfeln im Shaker durch und seiht ab in ein Cocktailglas.

Eis
1/4 Zitronensaft
1/4 Calvados
1/4 Vermouth rot
1/4 Gin

**St. Regis Cocktail**

Man schüttelt nebenstehende Zutaten kurz im Shaker durch und seiht ab in ein Cocktailglas.

Eis
1/6 Grenadine
1/6 Zitronensaft
2/3 Calvados

**Sundowner Cocktail**

Mit einigen Eiswürfeln werden die Zutaten im Shaker durchgeschüttelt, dann in ein Cocktailglas abgeseiht.

Eis
1 Spritzer Orangensaft
1 Spritzer Zitronensaft
1/4 Van der Hum
3/4 Cognac

**Sunny Life Cocktail**

In den Shaker werden einige Eiswürfel und die nebenstehenden Zutaten gegeben, das Ganze schüttelt man kurz durch und seiht ab in ein Cocktailglas.

Eis
1 Spritzer Grenadine
1/5 Cherry Brandy
4/5 Vermouth rot

**Sunrise Cocktail**

**Kreiert von Ron Clancy, Sydney. Das Rezept wurde 1965 anläßlich der Nationalen Cocktail Competition in Australien mit dem 1. Preis ausgezeichnet.**

Die nebenstehenden Zutaten werden mit genügend Eiswürfeln im Shaker durchgeschüttelt, dann in ein Cocktailglas abgeseiht.

Eis
1 Spritzer Grenadine
1 Spritzer Zitronensaft
1/5 flüssige Sahne
1/5 Crème de Bananes
1/5 Galliano
2/5 Tequila

**Supreme Cocktail**

Man schüttelt nebenstehende Zutaten im Shaker mit einigen Eiswürfeln gut durch und seiht ab in ein Cocktailglas.

Eis
1 Spritzer Grenadine
2 Spritzer Cointreau
1/5 Zitronensaft
4/5 Calvados

**Sweet Dream Cocktail**

Man schüttelt die Zutaten mit einigen Eiswürfeln im Shaker durch und seiht ab in ein Cocktailglas. Das Getränk dekoriert man mit einer Kirsche.

Eis
1 Spritzer Apricot-Likör
1 Spritzer Ananassaft
1/2 Bacardi Rum
1/2 Gin, Kirsche

**Sweet Lady Cocktail**

Man schüttelt nebenstehende Zutaten mit einigen Eiswürfeln im Shaker durch und seiht ab in ein Cocktailglas.

Eis
1/6 Peach Brandy
1/6 Crème de Cacao
2/3 Whisky

**Sweet Memories Cocktail**

**Kreiert von Egil Moum und 1961 anläßlich der internationalen Cocktail Competition in Causdal in Norwegen mit dem 1. Preis ausgezeichnet.**

Nebenstehende Zutaten mit genügend Eiswürfeln im Shaker durchschütteln, dann in ein Cocktailglas abseihen.

Eis
1/3 Curaçao Orange
1/3 Vermouth trocken
1/3 Bacardi Rum

**Swiss Cocktail**

Im Shaker werden nebenstehende Zutaten mit einigen Eiswürfeln durchgeschüttelt, dann in ein Cocktailglas abgeseiht. Das Getränk wird mit einer Kirsche dekoriert.

Eis
1/4 Dubonnet
3/4 Kirschwasser
Kirsche

**Tanglefoot Cocktail**

Die nebenstehenden Zutaten werden kurz im Shaker durchgeschüttelt, dann in ein Cocktailglas abgeseiht.

Eis
1/6 Zitronensaft
1/6 Orangensaft
1/3 Schwedenpunsch
1/3 Bacardi Rum

**Tango Cocktail**

Man schüttelt die Zutaten kurz im Shaker durch und seiht ab in ein Cocktailglas. Auf das Getränk preßt man etwas Orangenaroma.

Eis
1/6 Orangensaft
1/6 Curaçao Orange
1/3 Vermouth rot
1/3 Gin

**Tantalus Cocktail**

Im Shaker schüttelt man nebenstehende Zutaten kurz durch und seiht dann ab in ein Cocktailglas.

Eis
1/3 Zitronensaft
1/3 Forbidden-Fruit-Likör
1/3 Cognac

**Temptation Cocktail**

Mit einigen Eiswürfeln werden nebenstehende Zutaten im Shaker durchgeschüttelt, dann in ein Cocktailglas abgeseiht.

Eis
$^1/_3$ Pernod
$^1/_3$ Gin
$^1/_3$ Bourbon Whiskey

**Tennessee Cocktail**

Die Zutaten werden mit einigen Eiswürfeln im Shaker durchgeschüttelt, dann in ein Cocktailglas abgeseiht.

Eis
1 Spritzer Zitronensaft
$^1/_5$ Maraschino
$^4/_5$ Whisky

**Tennis Girl Cocktail**

Mit einigen Eiswürfeln schüttelt man nebenstehende Zutaten im Shaker durch und seiht ab in ein Cocktailglas.

Eis
1 Spritzer Zitronensaft
$^1/_3$ Whisky
$^2/_3$ Vermouth trocken

**The Melody Cocktail**

Man schüttelt die Zutaten mit einigen Eiswürfeln im Shaker durch und seiht ab in ein Cocktailglas.

Eis
$^1/_4$ flüssige Sahne
$^1/_4$ Crème de Bananes
$^1/_2$ Bourbon Whiskey

**Third Degree Cocktail**

Man schüttelt nebenstehende Zutaten kurz im Shaker durch und seiht ab in ein Cocktailglas.

Eis
3 Spritzer Pernod
$^1/_4$ Maraschino
$^1/_4$ Vermouth trocken
$^1/_2$ Gin

**Third Rail Cocktail**

Im Shaker werden nebenstehende Zutaten mit einigen Eiswürfeln durchgeschüttelt, dann in ein Cocktailglas abgeseiht.

Eis
1 Spritzer Pernod
$^1/_3$ Calvados
$^1/_3$ Cognac
$^1/_3$ Bacardi Rum

**Thistle Cocktail**

Man verrührt die nebenstehenden Zutaten mit einigen Eiswürfeln im Mixglas und seiht ab in ein Cocktailglas.

Eis
2 Spritzer Angostura
$^1/_2$ Vermouth rot
$^1/_2$ Whisky

**Three Miller Cocktail**

Nebenstehende Zutaten schüttelt man kurz im Shaker durch und seiht ab in ein Cocktailglas.

Eis
1 Spritzer Zitronensaft
3 Spritzer Grenadine
1/3 Bacardi Rum
2/3 Cognac

**Three Stripes Cocktail**

Die Zutaten werden kurz im Shaker mit genügend Eiswürfeln kräftig durchgeschüttelt, dann in ein Cocktailglas abgeseiht. Das Getränk wird mit einer Kirsche garniert.

Eis
2 Barlöffel Orangensaft
1/3 Vermouth trocken
2/3 Gin
Kirsche

**Tiger Lillet Cocktail**

**Kreiert von J. Jones und 1952 anläßlich der Internationalen Cocktail Competition in London ausgezeichnet.**

Die nebenstehenden Zutaten werden mit einigen Eiswürfeln im Mixglas verrührt, dann in ein Cocktailglas abgeseiht. Mit Orangenschale abspritzen.

Eis
1/6 Maraschino
1/6 Vermouth trocken
1/3 Van der Hum
1/3 Lillet
Orangenschale

**Tinton Cocktail**

Die Zutaten schüttelt man kurz im Shaker durch und seiht ab in ein Cocktailglas.

Eis
1/3 Portwein
2/3 Calvados

**Tipperary Cocktail**

Die Zutaten werden im Shaker mit genügend Eiswürfeln kräftig durchgeschüttelt, dann in ein Cocktailglas abgeseiht.

Eis
1 Barlöffel Crème de Menthe grün
1/6 Grenadine
1/6 Orangensaft
1/3 Vermouth rot
1/3 Gin

**Tojo Cocktail**
**Kreiert von Robert Detry und 1970 anläßlich der zweiten Benelux Cocktail Competition mit dem 1. Preis ausgezeichnet.**
Die nebenstehenden Zutaten werden kurz mit einigen Eiswürfeln im Shaker durchgeschüttelt, dann in ein Cocktailglas abgeseiht. Mit Zitronenschale abspritzen.

Eis
1/3 Curaçao Triple sec
1/3 Apricot Brandy
1/3 Gin
Zitronenschale

**Toronto Cocktail**
Nebenstehende Zutaten werden im Shaker mit einigen Eiswürfeln durchgeschüttelt, dann in ein Cocktailglas abgeseiht.

Eis
1 Spritzer Angostura
2 Spritzer Zuckersirup
1/4 Fernet-Branca
3/4 Canadian Club Whisky

**Torpedo Cocktail**
Man verrührt nebenstehende Zutaten mit einigen Eiswürfeln im Mixglas und seiht ab in ein Cocktailglas.

Eis
1 Spritzer Gin
1/3 Cognac
2/3 Calvados

**Tovarich Cocktail**
Mit einigen Eiswürfeln werden nebenstehende Zutaten im Shaker durchgeschüttelt, dann in ein Cocktailglas abgeseiht.

Eis
2 Spritzer Kümmel
1/5 Zitronensaft
4/5 Wodka

**Trinity Cocktail**
Man verrührt nebenstehende Zutaten mit genügend Eiswürfeln im Mixglas und seiht ab in ein Cocktailglas. Das Getränk wird mit einer Kirsche garniert.

Eis
1/3 Vermouth trocken
1/3 Vermouth rot
1/3 Gin
Kirsche

**Triplice Cocktail**
Man schüttelt die Zutaten kurz im Shaker durch und seiht ab in ein Cocktailglas.

Eis
1/3 Bénédictine
1/3 Vermouth trocken
1/3 Gin

**Trocadero Cocktail**

Im Mixglas werden nebenstehende Zutaten mit einigen Eiswürfeln verrührt, dann in ein Cocktailglas abgeseiht. Das Getränk wird mit einer Cocktailkirsche garniert.

Eis
1 Spritzer Orangebitter
1 Spritzer Grenadine
1/2 Vermouth trocken
Kirsche

**Tropical Cocktail**

Die nebenstehenden Zutaten werden mit einigen Eiswürfeln im Shaker durchgeschüttelt, dann in ein Cocktailglas abgeseiht.

Eis
2 Spritzer Angostura
1/3 Crème de Cacao
1/3 Maraschino
1/3 Vermouth trocken

**Tulip Cocktail**

Mit einigen Eiswürfeln werden nebenstehende Zutaten im Shaker durchgeschüttelt, dann in ein Cocktailglas abgeseiht.

Eis
1/6 Zitronensaft
1/6 Apricot Brandy
1/3 Vermouth rot
1/3 Calvados

**Turf Cocktail**

Im Shaker schüttelt man nebenstehende Zutaten mit einigen Eiswürfeln durch und seiht sie dann in ein Cocktailglas ab.

Eis
1 Spritzer Orangebitter
2 Spritzer Anisette
2 Spritzer Maraschino
1/3 Gin
2/3 Vermouth trocken

**Tuttosi Cocktail**

**Kreiert von Elio Cattaneo und 1969 anläßlich der Internationalen Cocktail Competition in St. Vincent in Italien mit dem 1. Preis ausgezeichnet.**

Die nebenstehenden Zutaten mit genügend Eiswürfeln kurz im Shaker durchschütteln, dann in ein Cocktailglas abseihen. Mit Orangenschale abspritzen.

Eis
1/10 Mandarinetto Isolabella
1/10 Galliano
1/5 Vermouth süß
1/5 Weinbrand
2/5 Canadian Whisky
Orangenschale

**Tu & Io Cocktail**
**Kreiert von Bruno Travaglia, Hotel Waldhaus, Sils/Maria, Schweiz, und 1984 anläßlich der Nationalen Cocktail Competition in Salzburg in Österreich mit dem 1. Preis ausgezeichnet.**
Die nebenstehenden Zutaten werden mit einigen Eiswürfeln kurz im Shaker durchgeschüttelt und dann in ein Cocktailglas abgeseiht. Mit Olive und Zitronenscheibe garnieren.

Eis
2/3 Wodka Moskovskaya
1/3 Noilly Prat trocken
1 Apricot Brandy
Olive
Zitronenscheibe

**Tuxedo Cocktail**
Man schüttelt nebenstehende Zutaten mit einigen Eiswürfeln im Shaker durch und seiht sie in ein Cocktailglas ab. Das Getränk wird mit einer Kirsche dekoriert.

Eis
1 Spritzer Orangebitter
1 Spritzer Pernod
1/3 Vermouth trocken
1/3 Maraschino
1/3 Gin
Kirsche

**Ulanda Cocktail**
Man schüttelt nebenstehende Zutaten mit einigen Eiswürfeln im Shaker durch und seiht ab in ein Cocktailglas.

Eis
1 Spritzer Pernod
1/3 Cointreau
2/3 Gin

**Union Club Cocktail**
Alle Zutaten werden im Shaker mit genügend Eiswürfeln durchgeschüttelt, dann in ein Cocktailglas abgeseiht.

Eis
2 Spritzer Grenadine
1 Barlöffel Eiweiß
1/4 Zitronensaft
1/4 Curaçao Orange
1/2 Rye Whisky

**Up to Date Cocktail**
Mit genügend Eiswürfeln werden nebenstehende Zutaten im Shaker durchgeschüttelt, dann in ein Cocktailglas abgeseiht.

Eis
2 Spritzer Angostura
3 Spritzer Grand Marnier
1/2 Sherry medium
1/2 Bourbon Whiskey

**Uptown Cocktail**

Die Zutaten werden mit einigen Eiswürfeln im Shaker durchgeschüttelt, dann in ein Cocktailglas abgeseiht.

Eis
1/6 Zitronensaft
1/6 Orangensaft
1/3 Ananassaft
1/3 Jamaika-Rum

**Valencia Cocktail**

Im Shaker werden nebenstehende Zutaten mit einigen Eiswürfeln durchgeschüttelt, dann in ein Cocktailglas abgeseiht. Auf das Getränk reibt man etwas Zitronenaroma.

Eis
1/3 Orangensaft
1/3 Apricot Brandy
1/3 Gin

**Vanderbilt Cocktail**

Die Zutaten werden mit einigen Eiswürfeln im Shaker durchgeschüttelt, dann in ein Cocktailglas abgeseiht.

Eis
2 Spritzer Angostura
3 Spritzer Zuckersirup
1/3 Cherry Brandy
2/3 Cognac

**Velvet Kiss Cocktail**

**Kreiert von Al Repetty und 1974 anläßlich der Nationalen Cocktail Competition in Amerika mit dem 1. Preis ausgezeichnet.**

Die nebenstehenden Zutaten werden mit genügend Eiswürfeln im Shaker kurz durchgeschüttelt, dann in ein Cocktailglas abgeseiht.

Eis
1 Spritzer Grenadine
1/6 Ananassaft
1/6 Crème de Bananes
1/3 flüssige Sahne
1/3 Gin

**Victory Cocktail**

Man schüttelt nebenstehende Zutaten mit einigen Eiswürfeln im Shaker durch und seiht ab in ein Cocktailglas.

Eis
2 Spritzer Grenadine
1/6 Zitronensaft
1/6 Orangensaft
1/3 Vermouth trocken
1/3 Vermouth rot

**Virgin Cocktail**

Man schüttelt nebenstehende Zutaten mit einigen Eiswürfeln im Shaker durch und seiht ab in ein Cocktailglas.

Eis
1/3 Forbidden-Fruit-Likör
1/3 Crème de Menthe weiß
1/3 Gin

**Visitor Cocktail**

**Kreiert von S. Sparling und 1953 anläßlich der Nationalen Cocktail Competition in Irland mit dem 1. Preis ausgezeichnet.**
Die nebenstehenden Zutaten werden mit einigen Eiswürfeln im Shaker durchgeschüttelt, dann in ein Cocktailglas abgeseiht.

Eis
1 Barlöffel Eiweiß
1 Spritzer Orangensaft
1/3 Crème de Bananes
1/3 Cointreau
1/3 Gin

**Votkatini**

Ein Martini Dry, den man mit Wodka anstelle von Gin mixt.

**Volga Boatman Cocktail**

Die Zutaten werden im Shaker mit einigen Eiswürfeln durchgeschüttelt, dann in ein Cocktailglas abgeseiht.

Eis
1/6 Orangensaft
1/6 Kirschwasser
2/3 Wodka

**Waldorf Cocktail**

Alle Zutaten werden mit einigen Eiswürfeln im Shaker durchgeschüttelt, dann in ein Cocktailglas abgeseiht.

Eis
2 Spritzer Angostura
1/3 Vermouth rot
1/3 Pernod
1/3 Irish Whiskey

**Waltzing Matilda Cocktail**

Mit einigen Eiswürfeln werden nebenstehende Zutaten im Shaker durchgeschüttelt, dann in ein Cocktailglas abgeseiht.

Eis
2 Spritzer Curaçao Triple sec
1/3 Passionsfruchtlikör
1/3 Sherry trocken
1/3 Gin

**War Days Cocktail**
Im Shaker schüttelt man die Zutaten mit einigen Eiswürfeln gut durch und seiht dann ab in ein Cocktailglas.

Eis
2 Spritzer Chartreuse grün
1/3 Gin
1/3 Vermouth rot
1/3 Calvados

**Washington Cocktail**
Im Mixglas werden nebenstehende Zutaten verrührt, dann in ein Cocktailglas abgeseiht.

Eis
2 Spritzer Angostura
2 Spritzer Zuckersirup
1/3 Vermouth trocken
2/3 Cognac

**Wedding Bells Cocktail**
Mit genügend Eiswürfeln schüttelt man die Zutaten im Shaker durch und seiht dann ab in ein Cocktailglas.

Eis
1/6 Orangensaft
1/6 Cherry Brandy
1/3 Dubonnet
1/3 Gin

**Wembley Cocktail**
Man schüttelt die Zutaten mit einigen Eiswürfeln im Shaker durch und seiht ab in ein Cocktailglas.

Eis
1/3 Ananassaft
1/3 Vermouth trocken
1/3 Whisky

**Westchester Cocktail**
Im Shaker werden nebenstehende Zutaten mit genügend Eiswürfeln durchgeschüttelt, dann in ein Cocktailglas abgeseiht.

Eis
1/8 Lime Juice
1/8 Vermouth trocken
3/4 Bourbon Whiskey

**Western Rose Cocktail**
Die nebenstehenden Zutaten werden mit einigen Eiswürfeln im Shaker durchgeschüttelt, dann in ein Cocktailglas abgeseiht.

Eis
2 Spritzer Zitronensaft
1/4 Apricot Brandy
1/4 Vermouth trocken
1/2 Gin

**Westminster Cocktail**

Mit einigen Eiswürfeln schüttelt man die Zutaten im Shaker durch und seiht ab in ein Cocktailglas.

Eis
1/3 Rye Whisky
1/3 Vermouth trocken
1/3 Vermouth rot

**White Baby Cocktail**

Man schüttelt nebenstehende Zutaten kurz im Shaker durch und seiht ab in ein Cocktailglas.

Eis
1/4 Zitronensaft
1/4 Cointreau
1/2 Gin

**White Cocktail**

Mit genügend Eiswürfeln schüttelt man die Zutaten im Shaker durch und seiht ab in ein Cocktailglas.

Eis
1 Spritzer Angostura
1/5 Anisette
4/5 Gin

**White Cap Cocktail**

**Kreiert von Helmut Balla, Heidelberg, und 1974 anläßlich der Nationalen Cocktail Competition in Deutschland mit dem 1. Preis ausgezeichnet.**

Die nebenstehenden Zutaten mit genügend Eiswürfeln kräftig im Shaker durchschütteln, dann in ein Cocktailglas abseihen. Mit etwas Schlagsahne dekorieren.

Eis
1/4 Porto Gilbert
1/4 Mokkalikör
1/2 Wodka
Schlagsahne

**White Lady Cocktail**

Die Zutaten werden mit genügend Eiswürfeln kräftig im Shaker durchgeschüttelt, dann in ein Cocktailglas abgeseiht.

Eis
1 Barlöffel Eiweiß
1/3 Zitronensaft
1/3 Cointreau
1/3 Gin

**White Lilly Cocktail**

Die Zutaten werden im Shaker mit genügend Eiswürfeln durchgeschüttelt, dann in ein Cocktailglas abgeseiht.

Eis
1 Spritzer Anisette
1/3 Cointreau
1/3 Bacardi Rum
1/3 Gin

**White Nun Cocktail**

Im Shaker schüttelt man nebenstehende Zutaten kräftig durch und seiht dann ab in ein Cocktailglas.

Eis
1/4 flüssige Sahne
1/4 Crème de Menthe weiß
1/2 Gin

**White Rose Cocktail**

Die nebenstehenden Zutaten werden kräftig im Shaker durchgeschüttelt, dann in ein Cocktailglas abgeseiht.

Eis
1 Barlöffel Eiweiß
3 Spritzer Maraschino
1/4 Zitronensaft
1/4 Orangensaft
1/2 Gin

**White Wing Cocktail**

Im Shaker schüttelt man nebenstehende Zutaten mit genügend Eiswürfeln durch und seiht dann ab in ein Cocktailglas.

Eis
1/2 Crème de Menthe weiß
1/2 Calvados

**Widow's Smile Cocktail**

Die Zutaten werden mit einigen Eiswürfeln im Shaker durchgeschüttelt, dann in ein Cocktailglas abgeseiht. Man dekoriert das Getränk mit einer grünen Weinbeere.

Eis
1/3 Bénédictine
1/3 Maraschino
1/3 Curaçao Orange
Weinbeere

**Willawa Cocktail**

**Kreiert von Terry Honan, Melbourne. In Australien anläßlich der Nationalen Cocktail Competition ausgezeichnet.**

Die nebenstehenden Zutaten werden mit genügend Eiswürfeln im Shaker durchgeschüttelt, dann in ein Cocktailglas abgeseiht. Etwas Muskatnuß daraufreiben.

Eis
1/5 flüssige Sahne
1/5 Cherry Brandy
1/5 Galliano
2/5 Weinbrand

**Wyoming Cocktail**

Alle nebenstehenden Zutaten werden im Shaker durchgeschüttelt, dann in ein Cocktailglas abgeseiht.

Eis
1 Barlöffel Zuckersirup
2 Spritzer Curaçao blau
1/3 Zitronensaft
1/3 Vermouth trocken
1/3 Vermouth rot

**Xanthia Cocktail**
Man schüttelt nebenstehende Zutaten mit genügend Eiswürfeln im Shaker durch und seiht ab in ein Cocktailglas.

Eis
1/3 Chartreuse gelb
1/3 Gin
1/3 Cherry Brandy

**X. Y. Z. Cocktail**
Die Zutaten werden im Shaker mit einigen Eiswürfeln durchgeschüttelt, dann in ein Cocktailglas abgeseiht.

Eis
1/4 Zitronensaft
1/4 Cointreau
1/2 Bacardi Rum

**Yacht Club Cocktail**
Nebenstehende Zutaten werden mit einigen Eiswürfeln im Shaker durchgeschüttelt, dann in ein Cocktailglas abgeseiht.

Eis
1 Spritzer Apricot-Likör
1/3 Vermouth rot
2/3 Jamaika-Rum

**Yale Cocktail**
Man schüttelt die nebenstehenden Zutaten kurz im Shaker durch und seiht ab in ein Cocktailglas.

Eis
1 Spritzer Orangebitter
1 Spritzer Grenadine
1/5 Pernod
4/5 Gin

**Yankee-Dutch Cocktail**
**Kreiert von Georges Broucke und 1969 anläßlich der Nationalen Cocktail Competition in Belgien mit dem 1. Preis ausgezeichnet.**
Die nebenstehenden Zutaten kurz mit einigen Eiswürfeln im Shaker durchschütteln, dann in ein Cocktailglas abseihen. Mit Orangenschale abspritzen.

Eis
1/4 Curaçao Triple sec
1/4 Cherry Brandy
1/4 Wodka
1/4 Bourbon Whiskey
Orangenschale

**Yellow Daisy Cocktail**
Die Zutaten werden im Shaker mit einigen Eiswürfeln durchgeschüttelt, dann in ein Cocktailglas abgeseiht. Das Getränk wird mit einer Kirsche dekoriert.

Eis
1 Spritzer Pernod
1 Spritzer Grand Marnier
1/2 Vermouth trocken
1/2 Gin
Kirsche

**Yellow Parrot Cocktail**

Nebenstehende Zutaten schüttelt man mit einigen Eiswürfeln im Shaker durch und seiht in ein Cocktailglas ab.

Eis
1/3 Chartreuse gelb
1/3 Bénédictine
1/3 Gin

**Yellow Rattler Cocktail**

Die Zutaten werden mit einigen Eiswürfeln im Shaker durchgeschüttelt, dann in ein Cocktailglas abgeseiht.

Eis
1/4 Orangensaft
1/4 Vermouth trocken
1/4 Vermouth rot
1/4 Gin

**Yellow Sea Cocktail**

**Kreiert von Hing Kwok Seto und 1971 anläßlich der Nationalen Cocktail Competition in Kanada mit dem 1. Preis ausgezeichnet.**

Die nebenstehenden Zutaten werden mit genügend Eiswürfeln im Shaker durchgeschüttelt, dann in ein Cocktailglas abgeseiht.

Eis
1 Barlöffel Zuckersirup
Saft von 1 Limone
1/8 Maraschino
2/8 Galliano
2/8 Bacardi Rum
3/8 Wodka

**York Cocktail**

Im Mixglas verrührt man nebenstehende Zutaten und seiht ab in ein Cocktailglas. Mit Kirsche garnieren. Mit Zitronenschale abspritzen.

Eis
3 Spritzer Angostura
1/4 Vermouth rot
3/4 Whisky
Kirsche

**You and I Cocktail**

Man schüttelt nebenstehende Zutaten mit genügend Eiswürfeln im Shaker durch und seiht ab in ein Cocktailglas.

Eis
2 Spritzer Curaçao Orange
1/2 Zitronensaft
1/2 Whisky

**Young Man Cocktail**

Im Shaker werden die Zutaten durchgeschüttelt, dann in ein Cocktailglas abgeseiht.

Eis
1 Spritzer Angostura
3 Spritzer Curaçao Orange
1/2 Vermouth trocken
1/2 Cognac

**Zaza Cocktail**

Die Zutaten werden im Mixglas mit einigen Eiswürfeln verrührt, dann in ein Cocktailglas abgeseiht.

Eis
1/3 Gin
1/3 Dubonnet
1/3 Vermouth rot

**Zazarac Cocktail**

Alle Zutaten werden mit genügend Eiswürfeln kräftig im Shaker durchgeschüttelt, dann in ein Cocktailglas abgeseiht.

Eis
1 Spritzer Angostura
1 Spritzer Grenadine
1/3 Whisky
1/3 Anisette
1/3 Bacardi Rum

**Zazie Cocktail**

**Kreiert von Jos. Houdmont, Belgien, und 1961 anläßlich der Internationalen Cocktail Competition in Oslo mit dem 3. Preis ausgezeichnet.**

Die nebenstehenden Zutaten kurz mit einigen Eiswürfeln im Mixglas verrühren, dann in ein Cocktailglas abseihen. Mit Orangenschale abspritzen.

Eis
1/3 Stock Aperitif
1/3 Chypre Bardinet Curaçao
1/3 Gin
Orangenschale

## FRAPPÉS

Die Frappés sind Shortdrinks, die aus jeder gewünschten Spirituose hergestellt werden können. Die Herstellung ist relativ einfach. Man gibt ein Glas (5 cl) der gewünschten Spirituosen- oder Likörsorte in einen Champagnerkelch und füllt diesen mit ganz fein geschlagenem Roheis. Einen Saughalm schneidet man in der Mitte durch, und die beiden Hälften werden in das Eis gesteckt.

Am bekanntesten dürfte wohl der „Peppermint-Frappé" sein, der mit grünem Pfefferminzlikör hergestellt wird. Aber auch Frappés, die mit anderen Zutaten, wie z. B. Allasch, Bacardi Rum, Kümmel- oder Mokkalikör, hergestellt werden, sind beliebte Erfrischungsgetränke.

## APERITIFS

Unter Aperitifs verstehen wir Getränke, die aus Wein oder auf Wein- oder Branntweinbasis mit Zuckerzusätzen und künstlichen oder natürlichen Geschmacksstoffen hergestellt sind.

Zu den aus Wein hergestellten Aperitifs gehören alle Südweine, wie zum Beispiel Portwein, Sherry, Madeira und Malaga. Diese Getränke werden in der Regel unvermischt getrunken und zählen zu den natürlichen Aperitifs. Ebenfalls zu den natürlichen Aperitifs gehören die auf Weinbasis hergestellten, mit natürlichen Geschmacksstoffen aromatisierten Vermouths, die sowohl pur als auch mit Sodawasser vermischt getrunken werden.

Zu den künstlichen Aperitifs zählen die auf Wein- oder Branntweinbasis hergestellten, mit natürlichen und künstlichen Geschmacksstoffen aromatisierten Getränke, die wiederum in zwei Gruppen unterteilt werden, und zwar in:

a) Aperitifs mit Bittergeschmack,
b) Aperitifs mit Anisgeschmack.

Die Aperitifs mit Bittergeschmack, zum Beispiel Campari, werden in kleinen Tumblern mit einem Stückchen Zitronenschale und Eiswürfel serviert. Dazu gibt man Sodawasser.

Die Aperitifs mit Anisgeschmack, zum Beispiel Pernod oder Ricard, serviert man in kleinen Tumblern unter Beigabe von Wasser, das nach Geschmack verwendet werden kann, und auf Wunsch auch Zucker.

Besonders die Vermouths und die Aperitifs mit Bittergeschmack werden gerne mit anderen Spirituosen vermischt. In der Regel vermischt man die Getränke direkt im Trinkglas. Man zählt sie zu der Gruppe der sogenannten Various Drinks.

Wie der Name schon sagt, handelt es sich bei den Aperitifs um Getränke, die vornehmlich vor dem Essen getrunken werden. Man beachte, daß die Gläser der mit Sodawasser zu servierenden Getränke nicht zu groß sind, denn es sollen keine Durstlöscher, sondern appetitanregende Getränke sein.

## COBBLERS

Der Cobbler, der Name heißt soviel wie Schuhflicker, was natürlich nichts mit dem Getränk zu tun hat, gehört zur Kategorie der Longdrinks und ist als Erfrischungsgetränk besonders bei den Damen beliebt.

Bei der Zubereitung eines Cobblers achtet man nicht nur auf die richtige Zusammensetzung der alkoholischen Ingredienzen, sondern ebensosehr auf das geschmackvolle Anrichten der Früchte. Wird ein Cobbler zum Beispiel mit einem halbierten Pfirsich, Kirschen und Ananasstücken hergestellt, so gibt man die Früchte nicht einfach ins Glas, als hätte man einen Fruchtsalat herzustellen, sondern verfährt folgendermaßen: Zuerst legt man die Pfirsichhälfte mit der Rundung nach oben aufs Eis. Die Ananasscheibe schneidet man in kirschgroße Stücke und legt diese, abwechselnd mit Kirschen, rund um den Pfirsich an den inneren Glasrand. In die Mitte des Pfirsichs sticht man eine Öffnung, in die man eine Kirsche legt. Ebenso verfährt man mit anderen Früchten, wie zum Beispiel Trauben, Bananen, Erdbeeren und Mandarinen. Ein geschmackvoll angerichteter Cobbler wird immer ein Erfolg sein.

Zum Garnieren werden nur einwandfreie und, soweit möglich, immer frische Früchte verwendet. Das Anrichten erfolgt mit Besteck.

Am besten eignen sich folgende Früchte:
Ananas, Aprikosen, Bananen, Erdbeeren, Kirschen, Mandarinen, Orangen, Pfirsiche und Weintrauben.
Nicht geeignet sind Äpfel, Birnen und Zitronen.

Daß man die vom Gast übriggelassenen Früchte nicht noch einmal verwendet, ist selbstverständlich.

**Grundrezept:**

Das Cobblerglas wird bis zur Hälfte mit feingestoßenem Eis gefüllt. Darauf gibt man die im Rezept angegebenen Ingredienzen.

Setzen sich die Bestandteile aus gleichen Mengen verschiedener Ingredienzen zusammen, so sind diese Bestandteile zusammen 50 Gramm. Oft kommt zu den gleichen Mengen der Bestandteile noch ein Glas einer bestimmten Spirituose als dominierender Bestandteil, nach dem der Cobbler vielfach benannt wird. Die Menge dieses dominierenden Anteils ist jeweils im Rezept angegeben. Die zum Auffüllen des Glases benötigte Flüssigkeit ist im höchsten Falle 50 Gramm.

Die verschiedenen Zutaten werden mit dem feingestoßenen Eis im Glas verrührt, und dann anschließend werden die Früchte phantasievoll auf dem Eis angerichtet.

Die alkoholische Hauptingredienz wird immer über die Früchte gegeben. Ist im Rezept Sodawasser, Ginger Ale oder Champagner vorgeschrieben, so gibt man diese Zutat stets zuletzt ins Glas.

**Balaton Cobbler**

Das Cobblerglas bis zur Hälfte mit feingestoßenem Eis füllen, darauf die alkoholischen Zutaten geben und gut verrühren. Mit einem halbierten Pfirsich, einigen Kirschen und Aprikosen garnieren. Das Glas mit Champagner auffüllen. Mit Saughalm und kleinem Löffel servieren.

Eis
1/3 Peach Brandy
1/3 Apricot Brandy
1/3 Barack Palinka
Pfirsich, Kirschen
Aprikosen
Champagner

**Batavia Cobbler**

Auf feingestoßenes Eis gibt man Zuckersirup und die alkoholischen Zutaten. Gut umrühren und mit einem halben Pfirsich, Bananenscheiben und Ananasstückchen garnieren. Das Glas mit Ginger Ale auffüllen und mit kleinem Löffel und Saughalm servieren.

Eis
1 Barlöffel Zuckersirup
1/3 Arrak
1/3 Weinbrand
1/3 Curaçao Triple sec
Pfirsich, Bananenscheiben, Ananas
Ginger Ale

**Branca Cobbler**

Man gibt Zuckersirup, Kirschsirup und Orangensaft über feingestoßenes Eis ins Cobblerglas. Gut verrühren und mit einer halbierten Orangenscheibe und einigen Kirschen dekorieren. Darauf roten Vermouth geben und das Getränk mit Saughalm und Löffel servieren.

Eis
1 Barlöffel Zuckersirup
1/2 Kirschsirup
1/2 Orangensaft
Orangenscheibe
Kirschen
1 Glas (50 g) Vermouth rot

**Brandy Cobbler**

Cobblerglas bis zur Hälfte mit feingestoßenem Eis füllen, nebenstehende Zutaten im Eis verrühren und mit Kirschen, Mandarinen- und Orangenscheibe dekorieren. Weinbrand über Früchte ins Glas geben und mit Sodawasser auffüllen. Mit Saughalm und Löffel servieren.

Eis
1/3 Grenadine
1/3 Curaçao Orange
1/3 Kirschwasser
Kirschen, Mandarinen-, Orangenscheibe
1 Glas (4 cl) Weinbrand
Sodawasser

**Carlton Cobbler**

Die nebenstehenden Zutaten werden in ein bis zur Hälfte mit feingestoßenem Eis gefülltes Cobblerglas verrührt. Mit Bananenscheiben, Ananasstückchen und halbierter Orangenscheibe garnieren. Darauf ein Glas halbtrockenen Sherry geben und mit Champagner auffüllen. Mit kleinem Löffel und Saughalm servieren.

Eis
2 Spritzer Maraschino
1/4 Grenadine
1/4 Curaçao Orange
1/2 Jamaika-Rum
Bananenscheiben
Ananas
Orangenscheibe
1 Glas (50 g) Sherry halbtrocken
Champagner

**Champagner Cobbler**

Man füllt ein Cobblerglas bis zur Hälfte mit feingestoßenem Eis, gibt nebenstehende alkoholische Zutaten darauf und rührt gut um. Mit halbiertem Pfirsich, Bananenscheiben und Kirschen garnieren und mit Champagner auffüllen. Mit Saughalm und kleinem Löffel servieren.

Eis
1/3 Maraschino
1/3 Cointreau
1/3 Curaçao Orange
halbierter Pfirsich
Banane, Kirschen
Champagner

**Club Cobbler**

Nebenstehende Zutaten mit feingestoßenem Eis im Cobblerglas verrühren und mit Erdbeeren und Ananasstückchen dekorieren. Das Glas mit Champagner auffüllen und mit kleinem Löffel und Saughalm servieren.

Eis
1/3 Vanillesirup
1/3 Erdbeersirup
1/3 Chartreuse gelb
Erdbeeren, Ananas
Champagner

**Côte d'Or Cobbler**

Auf feingestoßenes Eis, mit welchem das Cobblerglas bis zur Hälfte gefüllt ist, gibt man die nebenstehenden Ingredienzen, rührt gut um und dekoriert mit Erdbeeren und Kirschen. Mit rotem Sekt oder Burgunder-Mousseux auffüllen. Mit Saughalm und kleinem Löffel servieren.

Eis
1 Spritzer Orangebitter
1/3 Lime Juice
1/3 Grenadine
1/3 Cointreau
Erdbeeren, Kirschen
Roter Sekt oder Burgunder-Mousseux

**Imperial Cobbler**

Die Zutaten werden auf feingestoßenes Eis ins Cobblerglas gegeben und gut verrührt. Mit Ananasstückchen, Weinbeeren und halbierter Orangenscheibe garnieren. Mit Sodawasser auffüllen und mit Saughalm und kleinem Löffel servieren.

Eis
3 Spritzer Grenadine
1/4 Anisette
3/4 Whisky
Ananasstückchen
Trauben, Orangenscheibe, Sodawasser

**Irish Cobbler**

Die nebenstehenden alkoholischen Zutaten mit feingestoßenem Eis im Cobblerglas verrühren. Mit Kirschen und halbierter Orangenscheibe garnieren und ein Glas irischen Whiskey darübergeben. Mit Sodawasser auffüllen und mit Saughalm und kleinem Löffel servieren.

Eis
1/3 Cherry Heering
1/3 Maraschino
1/3 Curaçao Orange
Kirschen
Orangenscheibe
1 Glas (4 cl) irischen Whiskey
Sodawasser

**Madeira Cobbler**

Nebenstehende Zutaten mit feingestoßenem Eis im Cobblerglas verrühren. Mit Weintrauben, Kirschen und halbierter Orangenscheibe garnieren. Madeira darübergeben und mit Saughalm und kleinem Löffel servieren.

Eis
1/3 Grenadine
1/3 Maraschino
1/3 Curaçao Orange
Trauben, Kirschen
Orangenscheibe
1 Glas (50 g) Madeira

**Malaga Cobbler**

Cobblerglas bis zur Hälfte mit feingestoßenem Eis füllen, nebenstehende Zutaten mit dem Eis verrühren und mit Trauben, Mandarinen und Orangenscheibe garnieren. Darauf ein Glas Malaga geben. Mit Saughalm und kleinem Löffel servieren.

- Eis
- 1 Spritzer Bacardi Rum
- 1/3 Grenadine
- 1/3 Curaçao Orange
- 1/3 Weinbrand
- Trauben, Mandarinen
- Orangenscheibe
- 1 Glas (50 g) Malaga

**Marsala Cobbler**

Cointreau, Maraschino und Cordial Médoc werden mit feingestoßenem Eis im Cobblerglas verrührt. Mit Ananasstückchen, Mandarinen und Kirschen dekorieren. Ein Glas Marsala darübergeben und mit kleinem Löffel und Saughalm servieren.

- Eis
- 1/3 Cointreau
- 1/3 Maraschino
- 1/3 Cordial Médoc
- Ananas, Mandarinen
- Kirschen
- 1 Glas (50 g) Marsala

**Monogabela Cobbler**

Gleiche Anteile der im Rezept angegebenen Ingredienzen mit feingestoßenem Eis im Cobblerglas verrühren. Mit Kirschen, Ananasstückchen und halbierter Orangenscheibe garnieren. Darüber ein Glas Bourbon geben. Mit Sodawasser auffüllen und mit Saughalm und kleinem Löffel servieren.

- Eis
- 1/4 Lime Juice
- 1/4 Grenadine
- 1/4 Maraschino
- 1/4 Drambuie
- Kirschen, Ananas
- Orangenscheibe
- 1 Glas (4 cl) Bourbon
- Sodawasser

**Portwein Cobbler**

Die Zutaten mit feingestoßenem Eis im Cobblerglas verrühren. Mit Ananasstückchen, Kirschen und halbierter Orangenscheibe garnieren. Darauf ein Glas Portwein geben. Mit Saughalm und kleinem Löffel servieren.

- Eis
- 1/3 Grenadine
- 1/3 Curaçao Orange
- 1/3 Kirschwasser
- Ananasstückchen
- Kirschen
- Orangenscheibe
- 1 Glas (50 g) Portwein

**Sherry Cobbler**

Grenadine, Kirschwasser und Weinbrand mit feingestoßenem Eis im Cobblerglas verrühren und mit Trauben, Ananasstückchen und Orangenscheibe garnieren. Ein Glas trockenen Sherry darübergeben und mit Saughalm und kleinem Löffel servieren.

Eis
3 Spritzer Grenadine
1/3 Kirschwasser
2/3 Weinbrand
Trauben
Ananasstückchen
Orangenscheibe
1 Glas trockener Sherry (50 g)

**Vermouth Cobbler**

Gleiche Anteile der im Rezept angegebenen Ingredienzen über feingestoßenes Eis ins Cobblerglas geben und gut verrühren. Mit Ananasstücken, Bananenscheiben und halbierter Orangenscheibe dekorieren. Darauf ein Glas trockenen Vermouth geben. Mit Saughalm und kleinem Löffel servieren.

Eis
1/4 Lime Juice
1/4 Grenadine
1/4 Chartreuse gelb
1/4 Chartreuse grün
Ananasstückchen
Bananenscheiben
Orangenscheibe
1 Glas (50 g) trockener Vermouth

## JULEPS UND SMASHES

Die Juleps und Smashes gehören zur Kategorie der Longdrinks und sind besonders in den amerikanischen Südstaaten und in England beliebte Erfrischungsgetränke an warmen Sommertagen.

Zur Herstellung eines Juleps benötigt man immer frische Krauseminze. Die jungen Blätter von zwei oder drei kleinen Zweigen Krauseminze werden kurz in kaltem Wasser abgespült und dann mit etwas Zuckersirup in ein Highballglas gegeben. Mit dem Barlöffel drückt man sie so lange aus, bis sie genügend Aroma an den Zuckersirup abgegeben haben. Dann entfernt man die Minze und füllt das Glas vier Fünftel voll mit ganz fein geschlagenem Roheis. Die im Rezept vorgeschriebene alkoholische Zutat wird über das Eis ins Glas gegeben und so lange verrührt, bis das Glas beschlagen ist.

Zum Schluß steckt man einen kleinen Zweig frischer Krauseminze ins Glas und legt verschiedene Früchte um die grünen Blätter auf das Eis.

Das fertige Getränk wird mit Saughalm und kleinem Löffel auf einem Untersatz serviert.

Die Smashes unterscheiden sich von den Juleps lediglich in ihrer Herstellungsart. Während man die Juleps direkt im Glas anrichtet, werden die Smashes geschüttelt. Die Krauseminze wird im Shaker ausgedrückt. Nach dem Entfernen der Blätter gibt man die alkoholische Zutat mit einigen Eiswürfeln in den Shaker und schüttelt das Ganze kräftig durch. Die durchgeschüttelte Flüssigkeit wird in ein mit ganz fein geschlagenem Roheis gefülltes Highballglas abgeseiht. Zur Dekoration nimmt man einen kleinen Zweig frischer Krauseminze. Wenn man keine frische Krauseminze zur Hand hat, kann man sich bei den Smashes mit zwei Barlöffeln grünem Pfefferminzlikör pro Getränk behelfen.

Die Smashes werden gerne mit Ananasstückchen dekoriert. Aber auch hier eignen sich die bei den Juleps und Cobblers üblichen frischen Früchte.

Man serviert Smashes, genau wie die Juleps, immer mit Saughalm und kleinem Löffel.

Es erübrigt sich, die Rezepte der Juleps noch einmal als Smash-Rezepte zu wiederholen.

**Bacardi Julep**

Die Blätter von zwei oder drei kleinen Sträußchen Krauseminze werden mit dem Barlöffel im Zuckersirup ausgedrückt und wieder entfernt. Das Glas füllt man bis zu vier Fünftel mit feingeschlagenem Roheis, worüber man Bacardi Rum gibt. Mit einem kleinen Zweig Krauseminze, Ananasstückchen und Maraschinokirschen dekorieren und mit kleinem Löffel und Saughalm servieren.

Eis
frische Krauseminze
2 Barlöffel Zuckersirup
1 Glas (4 cl) Bacardi Rum
Ananasstückchen
Maraschinokirschen

**Brandy Julep**

Der Brandy Julep ist der bekannteste Julep und wird oft auch einfach „Mint Julep" genannt.

Hergestellt wird der Brandy Julep genau wie der Bacardi Julep. Anstatt Bacardi Rum nimmt man Weinbrand. Zur Dekoration werden Weinbeeren und Kirschen verwendet. Das Getränk wird mit Saughalm und Löffel serviert.

Eis
Krauseminze
2 Barlöffel Zuckersirup
1 Glas (4 cl) Weinbrand
Weinbeeren
Maraschinokirschen

**Champagner Julep**

Zuckersirup in ein Highballglas geben. Die Krauseminze mit Barlöffel im Zuckersirup ausdrücken und entfernen. Einen Spritzer Angostura hinzugeben und das Glas bis zu vier Fünftel mit feingeschlagenem Roheis füllen. Mit Champagner unter Rühren auffüllen. Mit kleinem Zweig Krauseminze und Mandarinen dekorieren und mit Saughalm und kleinem Löffel servieren.

Eis
Krauseminze
2 Barlöffel Zuckersirup
1 Spritzer Angostura
Champagner
Mandarinen

**Gin Julep**

Zuckersirup und Krauseminze in ein Highballglas geben. Die Blätter mit dem Barlöffel ausdrücken und entfernen. Einen Spritzer Angostura hinzugeben und das Glas mit feingeschlagenem Roheis füllen. Ein Glas Gin darübergeben, gut verrühren und mit Krauseminze und Maraschinokirschen garnieren. Mit kleinem Löffel und Saughalm servieren.

Eis
frische Krauseminze
2 Barlöffel Zuckersirup
1 Spritzer Angostura
1 Glas (4 cl) Gin
Maraschinokirschen

**Southern Comfort Julep**

Krauseminze und Zuckersirup in ein Highballglas geben. Die Minze mit dem Barlöffel ausdrücken und entfernen. Das Glas mit feingeschlagenem Roheis füllen und ein Glas Southern Comfort darübergeben. Gut verrühren, bis sich eine Eisschicht um das Glas bildet, und mit Krauseminze, Ananasstückchen und Maraschinokirschen garnieren. Mit kleinem Löffel und Saughalm servieren.

Eis
frische Krauseminze
2 Barlöffel Zuckersirup
1 Glas Southern Comfort
Ananasstückchen
Maraschinokirschen

**Whisky Julep**

Zuckersirup in ein Highballglas geben. Die jungen Blätter von zwei bis drei kleinen Zweigen darin ausdrücken und entfernen. Einen Spritzer Angostura hinzugeben und das Glas mit feingeschlagenem Roheis füllen. Ein Glas Whisky darübergeben (Bourbon, Scotch, Canadian oder Irish nach Wunsch) und so lange verrühren, bis sich eine Eisschicht um das Glas bildet. Zum Schluß einen kleinen Zweig Krauseminze ins Eis stecken und Maraschinokirschen und Ananasstückchen um die Blätter auf das Eis legen. Mit kleinem Löffel und Saughalm servieren.

Eis
frische Krauseminze
2 Barlöffel Zuckersirup
1 Spritzer Angostura
1 Glas (4 cl) Whisky
Ananasstückchen
Maraschinokirschen

## FIZZES

Die Fizzes, neben den Cocktails die bekanntesten und beliebtesten Bargetränke, gehören zur Gruppe der Longdrinks. Man kann sie zu jeder Tageszeit empfehlen, außer als After-dinner-Drinks.
Zwei französische Barmixer, die den „Gin Fizz“ erfanden, sollen sich mit ihm in Amerikas goldener Barzeit ein Vermögen zusammengeschüttelt haben. Ihr Erfolg war zweifellos die Sorgfalt, mit der sie das erfrischende Getränk zubereiteten.
Obwohl die Herstellung eines Fizzes einfach ist, bekommt man nur in wenigen Bars einen gut zubereiteten Fizz serviert.
Die Zutaten werden mit vielen kleinen Eisstücken im Shaker geschüttelt. Wesentlich ist, daß der Fizz lange genug geschüttelt wird. Der Shaker soll sich von außen mit einer Reifschicht überziehen. Von der eiskalten Aufgußflüssigkeit gibt man lediglich einen Schuß in den Shaker. Mit dem Rest füllt man das in einen Tumbler abgeseihte Gemisch auf. Der schäumende Fizz muß sofort serviert werden, abgestanden schmeckt er schal.

Anmerkung:
Oft werden die Fizzes mit den Collins verwechselt. Der einzige Unterschied besteht darin, daß der Collins nicht geschüttelt, sondern in einem großen Tumbler, in dem man ihn serviert, gerührt wird. Der Collins wird zudem mit feingeschlagenem Eis serviert und mit Zitronenscheibe und Maraschinokirsche dekoriert.

### Alabama Fizz

Die Zutaten werden mit kleinen Eiswürfeln kräftig im Shaker durchgeschüttelt und in einen kleinen Tumbler abgeseiht. Das Getränk wird mit kaltem Sodawasser aufgefüllt.

- Eis
- 2 Spritzer Crème de Menthe grün
- 2 Barlöffel Zuckersirup
- Saft von 1/2 Zitrone
- 1 Glas Gin
- Sodawasser

### Andalusia Fizz

Man schüttelt die Zutaten mit kleinen Eiswürfeln im Shaker durch und seiht ab in einen kleinen Tumbler. Mit Sodawasser auffüllen.

- Eis
- 1 Barlöffel Zuckersirup
- 1/2 Orangensaft
- 1/2 Sherry trocken
- Sodawasser

**Apricot Fizz**

Alle Zutaten, außer Sodawasser, werden im Shaker mit kleinen Eiswürfeln gut durchgeschüttelt, dann in einen kleinen Tumbler abgeseiht. Das Glas mit Sodawasser auffüllen.

Eis
2 Barlöffel Zuckersirup
1/3 Orangensaft
1/3 Zitronensaft
1/3 Apricot Brandy
Sodawasser

**Astoria Fizz**

Die Zutaten kräftig im Shaker durchschütteln und in einen kleinen Tumbler abseihen. Das Glas mit Sodawasser auffüllen.

Eis
1 Barlöffel Eiweiß
1 Barlöffel Eigelb
2 Barlöffel Zucker
1/4 Zitronensaft
1/4 Orangensaft
1/2 Gin
Sodawasser

**Brandy Fizz**

Man schüttelt nebenstehende Zutaten, außer Sodawasser, kräftig im Shaker durch und seiht ab in einen kleinen Tumbler. Mit Sodawasser auffüllen.

Eis
1 Barlöffel Zuckersirup
1/4 Zitronensaft
3/4 Weinbrand
Sodawasser

**Cream Fizz**

Die Zutaten werden kräftig im Shaker durchgeschüttelt, dann in einen kleinen Tumbler abgeseiht. Mit Sodawasser auffüllen.

Eis
2 Barlöffel Zucker
1 Eßlöffel Sahne
1/4 Zitronensaft
3/4 Gin
Sodawasser

**Diamond Fizz**

Man schüttelt die Zutaten kräftig mit genügend Eiswürfeln im Shaker durch und seiht ab in einen kleinen Tumbler. Das Glas mit kaltem Champagner auffüllen.

Eis
2 Barlöffel Zuckersirup
1/4 Zitronensaft
3/4 Gin
Champagner

**Dubonnet Fizz**

Die Zutaten werden mit genügend Eiswürfeln im Shaker durchgeschüttelt und in einen kleinen Tumbler abgeseiht. Mit kaltem Sodawasser auffüllen.

- Eis
- 1 Spritzer Cherry Brandy
- 1/6 Zitronensaft
- 1/6 Orangensaft
- 2/3 Dubonnet
- Sodawasser

**Gin Fizz**

Die Zutaten mit genügend Eiswürfeln im Shaker kräftig durchschütteln, dann in einen Tumbler abseihen. Mit Sodawasser auffüllen.

- Eis
- 2 Barlöffel Zuckersirup
- Saft von 1/2 Zitrone
- 1 Glas Gin
- Sodawasser

**Golden Fizz**

Alle Zutaten, außer Sodawasser, werden im Shaker mit genügend Eiswürfeln durchgeschüttelt, dann in einen Tumbler abgeseiht. Das Getränk wird mit Sodawasser aufgefüllt.

- Eis
- 1 Eigelb
- 2 Barlöffel Zuckersirup
- Saft von 1/2 Zitrone
- 1 Spritzer Grenadine
- 1 Glas Gin
- Sodawasser

**Green Fizz**

Die nebenstehenden Zutaten werden kräftig im Shaker durchgeschüttelt und in einen Tumbler abgeseiht. Das Glas wird mit Sodawasser aufgefüllt.

- Eis
- 1 Eiweiß
- 2 Barlöffel Zuckersirup
- 1/6 Crème de Menthe grün
- 5/6 Gin
- Sodawasser

**Holland Fizz**

Die Zutaten kräftig im Shaker durchschütteln und in einen kleinen Tumbler abseihen. Das Glas mit Sodawasser auffüllen.

- Eis
- 1 Eiweiß
- 2 Barlöffel Zuckersirup
- Saft von 1/2 Zitrone
- 1 Glas Genever
- Sodawasser

**May Blossom Fizz**

Man schüttelt die Zutaten kräftig im Shaker durch und seiht ab in ein Cocktailglas. Mit Sodawasser auffüllen.

Eis
1 Barlöffel Grenadine
1 Barlöffel Zuckersirup
Saft von 1/2 Zitrone
1 Glas Schwedenpunsch
Sodawasser

**Morning Glory Fizz**

Die Zutaten werden mit genügend Eiswürfeln im Shaker durchgeschüttelt, dann in einen kleinen Tumbler abgeseiht. Das Glas wird mit Sodawasser aufgefüllt.

Eis
1 Eiweiß
2 Barlöffel Zuckersirup
Saft von 1/2 Zitrone
1/2 Pernod
1/2 Whisky
Sodawasser

**New Orleans Fizz**

Alle Zutaten, außer Sodawasser, schüttelt man kräftig im Shaker durch und seiht dann ab in einen kleinen Tumbler. Der Tumbler wird mit Sodawasser aufgefüllt.

Eis
1 Eiweiß
1 Spritzer
Curaçao Orange
2 Barlöffel Zuckersirup
2 Barlöffel Sahne
Saft von 1/2 Zitrone
1 Glas Gin
Sodawasser

**Orange Fizz**

Die Zutaten werden im Shaker mit genügend Eiswürfeln kräftig durchgeschüttelt, dann in einen kleinen Tumbler abgeseiht.

Eis
2 Barlöffel Zuckersirup
Saft von 1/2 Orange
1 Glas Gin
Sodawasser

**Ostende Fizz**

Man gibt die Zutaten mit kleinen Eiswürfeln in den Shaker, schüttelt gut durch und seiht ab in einen kleinen Tumbler. Das Glas wird mit Sodawasser aufgefüllt.

Eis
Saft von 1/2 Zitrone
1/3 Crème de Cassis
2/3 Kirschwasser
Sodawasser

**Peach Blow Fizz**

Die nebenstehenden Zutaten werden kräftig im Shaker durchgeschüttelt, dann in einen Tumbler abgeseiht. Das Glas wird mit Sodawasser aufgefüllt.

- Eis
- 1 Barlöffel Sahne
- 2 Barlöffel Zuckersirup
- Saft von 1/2 Zitrone
- 1/2 Peach Brandy
- 1/2 Gin
- Sodawasser

**Pineapple Fizz**

Man schüttelt die Zutaten kräftig im Shaker durch und seiht ab in einen kleinen Tumbler. Das Glas wird mit Sodawasser aufgefüllt.

- Eis
- 2 Barlöffel Zuckersirup
- 1/3 Ananassaft
- 2/3 Gin
- Sodawasser

**Rose Fizz**

Die Zutaten mit genügend Eiswürfeln im Shaker durchschütteln und in einen Tumbler abseihen. Das Glas mit Sodawasser auffüllen.

- Eis
- 2 Barlöffel Grenadine
- 1/4 Zitronensaft
- 3/4 Kirschwasser
- Sodawasser

**Royal Fizz**

Die nebenstehenden Zutaten werden kräftig im Shaker durchgeschüttelt und dann in einen Tumbler abgeseiht. Das Glas wird mit Sodawasser aufgefüllt.

- Eis
- 1 Ei
- 2 Barlöffel Zuckersirup
- 2 Barlöffel Grenadine
- 1/3 Orangensaft
- 1/3 Zitronensaft
- 1/3 Gin
- Sodawasser

**Sea Fizz**

Man gibt nebenstehende Zutaten mit genügend Eiswürfeln in den Shaker, schüttelt gut durch und seiht ab in einen kleinen Tumbler. Das Glas wird mit Sodawasser aufgefüllt.

- Eis
- 2 Barlöffel Zuckersirup
- Saft von 1/2 Zitrone
- 1 Glas Pernod
- Sodawasser

**Silver Fizz**

Die Zutaten werden kräftig mit genügend Eiswürfeln im Shaker durchgeschüttelt, dann in einen kleinen Tumbler abgeseiht. Das Glas wird mit Sodawasser aufgefüllt.

- Eis
- 1 Eiweiß
- 2 Barlöffel Zuckersirup
- Saft von 1/2 Zitrone
- 1 Glas Gin
- Sodawasser

**Texas Fizz**

Man schüttelt die Zutaten kräftig im Shaker durch und seiht ab in einen kleinen Tumbler. Das Glas wird mit Sodawasser aufgefüllt.

- Eis
- 2 Barlöffel Zuckersirup
- 1/4 Zitronensaft
- 1/4 Orangensaft
- 1/4 Peach Brandy
- 1/4 Gin
- Sodawasser

**Violette Fizz**

Die Zutaten werden kräftig im Shaker durchgeschüttelt, dann in einen kleinen Tumbler abgeseiht. Das Glas wird mit Sodawasser aufgefüllt.

- Eis
- 2 Barlöffel Zuckersirup
- 2 Spritzer Crème de Violette
- Saft von 1/2 Zitrone
- 1 Glas Gin
- Sodawasser

## SOURS

Der Sour, ein ausgesprochener Herrendrink, weicht in der Zubereitung kaum vom Fizz ab. Auch hier ist wichtig, daß lange und kräftig geschüttelt wird. In den Shaker gibt man viele kleine Eisstückchen, Zitronensaft, Zuckersirup und die im Rezept vorgeschriebene alkoholische Zutat. Man schüttelt das Ganze so lange, bis der Shaker mit einer feinen Eisschicht überzogen ist. In einen mittelgroßen Tumbler wird der Sour abgeseiht. Das Getränk wird mit Kirsche und Zitronenscheibe garniert. Zum Schluß spritzt man einen Schuß Sodawasser auf das fertige Getränk.

Der Sour ist als Longdrink besonders an heißen Sommertagen und als nächtlicher Aufmunterer zu empfehlen.

**Applejack Sour**

Die nebenstehenden Zutaten werden mit einigen Eiswürfeln im Shaker durchgeschüttelt, dann in einen Tumbler abgeseiht. Einen Schuß Sodawasser hinzugeben.

Eis
2 Barlöffel Zuckersirup
1/5 Zitronensaft
4/5 Calvados
Sodawasser

**Brandy Sour**

Man gebe die Zutaten mit einigen Eiswürfeln in den Shaker, schüttelt kräftig durch und seiht ab in einen kleinen Tumbler. Das Getränk wird mit Sodawasser aufgefüllt. Mit Zitronenscheibe und Kirsche dekorieren.

Eis
2 Barlöffel Zuckersirup
1/3 Zitronensaft
2/3 Weinbrand
Kirsche
Sodawasser

**Champagner Sour**

In den Shaker gibt man einige Eiswürfel, Zuckersirup und Cognac. Das Ganze wird kräftig durchgeschüttelt und in einen Champagnerkelch abgeseiht. Das Glas wird mit kaltem Champagner aufgefüllt und mit Zitronenscheibe und Cocktailkirsche dekoriert.

Eis
2 Barlöffel Zuckersirup
1/3 Zitronensaft
2/3 Cognac
Champagner
Kirsche

**Fireman's Sour**

Die nebenstehenden Zutaten werden mit genügend Eiswürfeln im Shaker durchgeschüttelt, dann in einen Tumbler abgeseiht. Auf das Getränk einen Schuß Sodawasser geben und mit Ananasstückchen und Kirsche dekorieren.

Eis
1 Barlöffel Grenadine
1/3 Zitronensaft
2/3 Bacardi Rum
Sodawasser
Ananasstückchen
Kirsche

**Gin Sour**

Mit einigen Eiswürfeln werden die Zutaten im Shaker durchgeschüttelt, dann in einen Tumbler abgeseiht. Auf das Getränk spritzt man etwas Sodawasser und dekoriert mit Zitronenscheibe und Cocktailkirsche.

Eis
2 Barlöffel Zuckersirup
1/3 Zitronensaft
2/3 Gin
Sodawasser
Zitronenscheibe
Kirsche

**Harakiri Sour**

Die Zutaten werden kräftig im Shaker durchgeschüttelt, dann in einen Tumbler abgeseiht. Das Getränk wird mit Sodawasser aufgefüllt und mit Zitronenscheibe und Kirsche garniert.

Eis
1 Barlöffel Lime Juice
1/3 Zitronensaft
2/3 Rye Whisky
Sodawasser
Zitronenscheibe
Kirsche

**Rum Sour**

Man schüttelt die Zutaten kräftig mit genügend Eiswürfeln im Shaker durch und seiht ab in einen mittelgroßen Tumbler. Man gibt einen Schuß Sodawasser auf das Getränk und dekoriert mit Zitronenscheibe und Maraschinokirsche.

Eis
2 Barlöffel Zuckersirup
1/3 Zitronensaft
2/3 Rum
Sodawasser
Zitronenscheibe
Kirsche

**Whisky Sour**

Im Shaker werden nebenstehende Zutaten mit genügend Eiswürfeln kräftig durchgeschüttelt, dann in einen Tumbler abgeseiht. Das Getränk wird mit Sodawasser aufgefüllt und mit Zitronenscheibe und Maraschinokirsche garniert.

Eis
2 Barlöffel Zuckersirup
Saft von 1/2 Zitrone
2 Glas Whisky
Sodawasser
Zitronenscheibe
Kirsche

**Wodka Sour**

Man gibt die Zutaten mit genügend Eiswürfeln in den Shaker, schüttelt kräftig durch und seiht ab in einen Tumbler. Mit Sodawasser auffüllen und mit Zitronenscheibe und Maraschinokirsche garnieren.

Eis
2 Barlöffel Zuckersirup
1/3 Zitronensaft
2/3 Wodka
Sodawasser
Zitronenscheibe
Kirsche

## COLLINSES

Die Collinses werden nicht wie die Fizzes im Shaker geschüttelt, sondern direkt im Glas, in dem sie serviert werden, zubereitet. Ursprünglich kannte man zwei dieser beliebten und erfrischenden Longdrinks, den „Tom Collins" und den „John Collins". Der „Tom Collins" verdankt seinen Namen dem „Old Tom Gin", und der „John Collins" wurde, laut Rezept, mit Genever zubereitet. Heute findet man in fast jeder Barkarte einen „John Collins" oder „Tom Collins", die beide mit Dry Gin zubereitet werden. Daneben gibt es eine ganze Reihe neuer Collinses, die, obwohl zum Teil ausgezeichnet, kaum bekannt sind. Alle diese Variationen werden, bis auf die Alkoholbasis, auf die gleiche Art zubereitet.

In ein 0,2-l-Glas gibt man die vorgeschriebene Menge Zitronensaft, Zuckersirup, die alkoholische Ingredienz und genügend feingestoßenes Eis. Das Ganze wird mit einem Barlöffel verrührt und mit eiskaltem Sodawasser aufgefüllt. Danach rührt man noch einmal kurz um, dekoriert das Getränk mit einer dünnen Zitronenscheibe und mit einer Maraschinokirsche. Man serviert mit Saughalm.

### Applejack Collins

In einem Tumbler verrührt man die Zutaten mit feingeschlagenem Eis. Das Glas wird unter Rühren mit Sodawasser aufgefüllt und mit Zitronenscheibe und Kirsche garniert. Mit Saughalm servieren.

Eis
2 Barlöffel Zuckersirup
Saft von 1/2 Zitrone
1 Glas Calvados
Sodawasser
Zitronenscheibe
Kirsche

### Colonel Collins

Man verrührt nebenstehende Zutaten mit feingeschlagenem Roheis in einem Tumbler und füllt das Glas mit Sodawasser auf. Das Getränk wird mit Zitronenscheibe und Kirsche garniert und mit Saughalm serviert.

Eis
2 Barlöffel Zuckersirup
Saft von 1/2 Zitrone
1 Glas Bourbon Whiskey
Sodawasser
Zitronenscheibe
Kirsche

**John Collins**

Zuckersirup, Zitronensaft und Dry Gin (man kann auch Genever verwenden, der sich aber wegen des starken Aromas nicht gut mixen läßt) werden mit feingestoßenen Eiswürfeln im Tumbler verrührt. Mit kaltem Sodawasser auffüllen und mit Zitronenscheibe und Kirsche garnieren. Mit Saughalm servieren.

Eis
2 Barlöffel Zuckersirup
Saft von 1/2 Zitrone
1 Glas Dry Gin
Sodawasser
Zitronenscheibe
Kirsche

**Mike Collins**

Im Tumbler werden die Zutaten mit feingestoßenem Roheis verrührt. Das Glas wird mit Sodawasser aufgefüllt. Mit Zitronenscheibe und Kirsche dekorieren und mit Saughalm servieren.

Eis
2 Barlöffel Zuckersirup
Saft von 1/2 Zitrone
1 Glas Irish Whiskey
Sodawasser
Zitronenscheibe
Kirsche

**Pedro Collins**

Die Zutaten verrührt man mit feingeschlagenem Eis im Tumbler. Das Glas wird mit Sodawasser aufgefüllt. Mit Kirsche und Zitronenscheibe garnieren. Mit Saughalm servieren.

Eis
2 Barlöffel Zuckersirup
Saft von 1/2 Zitrone
1 Glas Bacardi Rum
Sodawasser
Zitronenscheibe
Kirsche

**Pierre Collins**

Zuckersirup, Zitronensaft und Cognac mit feingeschlagenem Roheis im Tumbler verrühren. Das Glas mit kaltem Sodawasser auffüllen und mit Zitronenscheibe und Kirsche dekorieren. Mit Saughalm servieren.

Eis
2 Barlöffel Zuckersirup
Saft von 1/2 Zitrone
1 Glas Cognac
Sodawasser
Zitronenscheibe
Kirsche

**Sandy Collins**

Im Tumbler verrührt man die nebenstehenden Zutaten mit kleingeschlagenem Eis und füllt auf mit Sodawasser. Das Getränk wird mit Zitronenscheibe und Kirsche garniert. Mit Saughalm servieren.

- Eis
- 2 Barlöffel Zuckersirup
- Saft von 1/2 Zitrone
- 1 Glas Scotch Whisky
- Sodawasser
- Zitronenscheibe
- Kirsche

**Tom Collins**

Dieser Collins wird genauso zubereitet wie der „John Collins".

**Wodka Collins**

Zuckersirup, Zitronensaft und Wodka werden im Tumbler mit feingeschlagenen Eiswürfeln verrührt. Das Glas wird mit Sodawasser aufgefüllt und mit Zitronenscheibe und Kirsche garniert. Mit Saughalm servieren.

- Eis
- 2 Barlöffel Zuckersirup
- Saft von 1/2 Zitrone
- 1 Glas Wodka
- Sodawasser
- Zitronenscheibe
- Kirsche

## HIGHBALLS UND SODAS

Die Highballs gehören zur Gruppe der Longdrinks und zur Familie der Sodas. Während die Sodas lediglich mit Sodawasser aufgefüllte Spirituosen sind, gibt es bei den Highballs interessante Variationsmöglichkeiten.

Das Grundrezept der Highballs unterscheidet sich nicht von den Sodas. Ein mit Sodawasser aufgefüllter Whisky ist ein Whisky Highball, Rum mit Soda ist ein Rum Highball, Gin mit Soda ein Gin Highball usw. Um die Highballs von den Sodas zu unterscheiden, ist man vielfach dazu übergegangen, das große Tumblerglas mit Ginger Ale, der aus England stammenden Ingwerlimonade, anstatt mit Sodawasser aufzufüllen. Zudem wird das Getränk gern mit einer dünngeschnittenen Zitronenspirale dekoriert und mit Saughalm serviert.

Der Highball, der seinen Namen von den sprudelnden Bläschen, die im Glas aufsteigen, bekommen hat, ist besonders an heißen Tagen ein beliebtes Erfrischungsgetränk und idealer Durstlöscher.

Die auf den nächsten Seiten aufgeführten Rezepte sind Variationen, bei deren Zubereitung man sich immer an die im jeweiligen Rezept angegebenen Ingredienzen zu richten hat.

**Admiral Highball**

Nebenstehende Zutaten werden über einige Eiswürfel in ein großes Tumblerglas gegeben und gut verrührt. Das Glas wird mit Sodawasser aufgefüllt und mit Saughalm serviert.

Eis
1 Barlöffel Ananassirup
1 Barlöffel Zitronensaft
1/2 Bourbon Whiskey
1/2 Tokajer
Sodawasser

**Bermuda Highball**

Nebenstehende Zutaten verrührt man mit einigen Eiswürfeln in einem großen Tumbler. Das Glas wird mit Sodawasser aufgefüllt und mit Saughalm serviert.

Eis
1 Spritzer Orangebitter
1/3 Vermouth rot
1/3 Gin
1/3 Weinbrand
Sodawasser

**Brandy Highball**

Die Zutaten werden mit einigen Eiswürfeln in einem großen Tumbler verrührt. Man gibt eine Zitronenspirale ins Glas und füllt dieses auf mit Sodawasser. Mit Saughalm servieren.

Eis
1 Spritzer Pernod
1 Barlöffel Zuckersirup
1 Barlöffel Zitronensaft
1 Glas Weinbrand
Zitronenspirale
Sodawasser

**Country Highball**

Grenadine und trockenen Vermouth mit einigen Eiswürfeln in einem großen Tumbler verrühren. Eine dünne Zitronenspirale ins Glas geben und auffüllen mit Ginger Ale. Das Getränk mit Saughalm servieren.

Eis
1/3 Grenadine
2/3 Vermouth trocken
Zitronenspirale
Ginger Ale

**Crystal Highball**

Nebenstehende Zutaten über einige Eiswürfel in großes Tumblerglas geben, gut verrühren und das Glas mit Sodawasser auffüllen. Mit Saughalm servieren.

Eis
1/3 Vermouth trocken
1/3 Vermouth rot
1/3 Orangensaft
Sodawasser

**Durkee Highball**

Nebenstehende Zutaten mit einigen Eiswürfeln in großem Tumblerglas verrühren. Das Glas mit Sodawasser auffüllen und mit Saughalm servieren.

Eis
1 Spritzer Curaçao Triple sec
1 Barlöffel Zuckersirup
1/4 Zitronensaft
3/4 Bacardi Rum
Sodawasser

**Eton Highball**

Nebenstehende Zutaten werden mit einigen Eiswürfeln im Tumbler verrührt. Das Glas wird mit Sodawasser aufgefüllt und mit Saughalm serviert.

Eis
1 Spritzer Kirschwasser
1 Barlöffel Zuckersirup
1/3 Zitronensaft
2/3 Gin
Sodawasser

**Kirsch Highball**

Grenadine und Kirschwasser werden mit einigen Eiswürfeln im Tumbler verrührt. Das Glas wird mit Sodawasser aufgefüllt und mit Saughalm serviert.

Eis
1/2 Grenadine
1/2 Kirschwasser
Sodawasser

**Pompier Highball**

Curaçao Triple sec und Crème de Cassis mit einigen Eiswürfeln im Tumbler verrühren. Das Glas mit Sodawasser auffüllen, eine Zitronenspirale hinzugeben und mit Saughalm servieren.

Eis
1/2 Curaçao Triple sec
1/2 Crème de Cassis
Zitronenspirale
Sodawasser

**Victory Highball**

Grenadine und Pernod mit einigen Eiswürfeln im Tumbler verrühren, das Glas mit Sodawasser auffüllen und mit Saughalm servieren.

Eis
1/2 Grenadine
1/2 Pernod
Sodawasser

## COOLERS

Bei den durststillenden Coolers handelt es sich um Longdrinks, die neben der alkoholischen Ingredienz immer Ginger Ale enthalten. In den europäischen Bars wird der Cooler unter Verwendung von Zitronensaft und Zuckersirup hergestellt, in Amerika hingegen fügt man dem Getränk die Schale einer ganzen Zitrone oder Orange bei. Damit sich der Zuckersirup, der Fruchtsaft und die alkoholische Ingredienz gut vermischen, werden diese Zutaten mit vielen kleinen Eisstückchen kräftig im Shaker durchgeschüttelt. Die Flüssigkeit wird in ein großes Tumblerglas abgeseiht, und das Glas wird mit kaltem Ginger Ale aufgefüllt.

Das Getränk wird immer mit Saughalm serviert.

**Brandy Cooler**

Zuckersirup mit Zitronensaft und Weinbrand kräftig im Shaker durchschütteln und in ein großes Tumblerglas abseihen. Das Glas mit Ginger Ale auffüllen und mit Saughalm servieren.

Eis
2 Barlöffel Zuckersirup
1/4 Zitronensaft
3/4 Weinbrand
Ginger Ale

**Cablegram Cooler**

Nebenstehende Zutaten werden mit kleinen Eiswürfeln kräftig im Shaker durchgeschüttelt und dann in einen großen Tumbler abgeseiht. Das Glas wird mit kaltem Ginger Ale aufgefüllt und mit Saughalm serviert.

Eis
2 Barlöffel Zuckersirup
1/4 Zitronensaft
3/4 Bourbon Whiskey
Ginger Ale

**Country Club Cooler**

Zitronensaft, Grenadine und trockenen Vermouth kräftig im Shaker durchschütteln und dann in ein großes Tumblerglas abseihen. Das Glas mit Ginger Ale auffüllen und mit Saughalm servieren.

Eis
Saft von 1/2 Zitrone
1/4 Grenadine
3/4 Vermouth trocken
Ginger Ale

**Desert Cooler**

Orangensaft, Cherry Brandy und Gin mit genügend Eiswürfeln im Shaker durchschütteln und in einen Tumbler abseihen. Das Glas mit Ginger Ale auffüllen und mit Saughalm servieren.

Eis
Saft von 1/2 Zitrone
1/3 Cherry Brandy
2/3 Gin
Ginger Ale

**Eyebright Cooler**

Nebenstehende Zutaten schüttelt man kräftig im Shaker durch und seiht ab in einen Tumbler. Das Glas wird mit Ginger Ale aufgefüllt und mit Saughalm serviert.

Eis
Saft von 1/2 Zitrone
1/2 Calvados
1/2 Cordial-Médoc
Ginger Ale

**Gin Cooler**

Zuckersirup mit Zitronensaft und Gin im Shaker kräftig durchschütteln, dann in einen Tumbler abseihen und das Glas mit Ginger Ale auffüllen. Mit Saughalm servieren.

Eis
2 Barlöffel Zuckersirup
1/3 Zitronensaft
2/3 Gin
Ginger Ale

**Harvard Cooler**

Nebenstehende Zutaten mit genügend Eiswürfeln im Shaker durchschütteln, dann in ein großes Tumblerglas abseihen. Das Glas mit Ginger Ale auffüllen und mit Saughalm servieren.

Eis
2 Barlöffel Zuckersirup
1/3 Zitronensaft
2/3 Calvados
Ginger Ale

**Highland Cooler**

Zuckersirup und Zitronensaft mit Whisky im Shaker durchschütteln und in ein großes Tumblerglas abseihen. Das Glas mit Ginger Ale auffüllen und mit Saughalm servieren.

Eis
2 Barlöffel Zuckersirup
1/3 Zitronensaft
2/3 Whisky
Ginger Ale

**Rum Cooler**

Zuckersirup mit Zitronensaft und Bacardi Rum im Shaker durchschütteln und in einen Tumbler abseihen. Das Glas mit kaltem Ginger Ale auffüllen und mit Saughalm servieren.

Eis
2 Barlöffel Zuckersirup
1/3 Zitronensaft
2/3 Bacardi Rum
Ginger Ale

**Saratoga Cooler**

Grenadine mit Zitronensaft und Gin im Shaker kräftig durchschütteln, dann in einen Tumbler abseihen und mit Ginger Ale auffüllen. Das Getränk mit Saughalm servieren.

Eis
2 Barlöffel Grenadine
1/3 Zitronensaft
1/3 Vermouth trocken
1/3 Gin
Ginger Ale

**Tod's Cooler**

Die Zutaten mit einigen Eiswürfeln kräftig im Shaker durchschütteln, dann in einen Tumbler abseihen. Das Glas mit Ginger Ale auffüllen und mit Saughalm servieren.

Eis
Saft von 1/2 Zitrone
1/4 Crème de Cassis
3/4 Gin
Ginger Ale

**Zenith Cooler**

Zuckersirup mit Ananassaft und Gin im Shaker durchschütteln und in einen Tumbler abseihen. Das Glas mit Ginger Ale auffüllen und mit Saughalm servieren.

Eis
2 Barlöffel Zuckersirup
1/2 Ananassaft
1/2 Gin
Ginger Ale

## DAISIES

Die Daisies sind erfrischende Longdrinks und werden hauptsächlich von Damen getrunken. Sie werden mit Zitronensaft, der gewünschten alkoholischen Ingredienz und oft auch mit Früchten, wie zum Beispiel Kirschen, Erdbeeren, Himbeeren usw., zubereitet. Man schüttelt sie mit kleinen Eisstücken im Shaker kräftig durch und seiht sie in eine Asti-Sektschale oder in einen Sektkelch. Dazu gibt man einen Saughalm und, wenn mit Früchten dekoriert, einen kleinen Löffel. Auf das Getränk gibt man einen kleinen Schuß Sodawasser.
Das Wort Daisy bedeutet zu deutsch Gänseblümchen. Vielleicht ist dies der Grund, daß manche Rezeptbücher vorschreiben, die Daisies mit kleinen Blumen oder Blättern zu garnieren.

**Applejack Daisy**
Die Zutaten werden mit kleinen Eiswürfeln im Shaker durchgeschüttelt und in eine Sektschale abgeseiht. Etwas Sodawasser auf das Getränk geben und mit Zitronen- und Orangenscheibe garnieren.

Eis
1 Barlöffel Zuckersirup
1 Spritzer Grenadine
1/3 Zitronensaft
2/3 Calvados
Sodawasser
Zitronen- und Orangenscheibe

**Ascot Daisy**
Die Zutaten im Shaker durchschütteln und in eine Sektschale abseihen. Mit Sodawasser auffüllen und mit Kirsche garnieren.

Eis
1 Spritzer Zitronensaft
3 Spritzer Cherry Brandy
4/5 Whisky
4/5 Gin
Sodawasser
Kirsche

**Bourbon Daisy**
Im Shaker werden die Zutaten mit einigen Eiswürfeln durchgeschüttelt, dann in eine Sektschale abgeseiht. Etwas Sodawasser hinzugießen und mit Zitronen- und Orangenscheibe garnieren.

Eis
1 Barlöffel Zuckersirup
1 Spritzer Grenadine
1/3 Zitronensaft
2/3 Bourbon Whiskey
Sodawasser
Zitronen- und Orangenscheibe

**Brandy Daisy**

Die Zutaten werden kräftig im Shaker mit kleinen Eiswürfeln durchgeschüttelt und in eine Sektschale abgeseiht. Etwas Sodawasser hinzugeben und mit Kirsche dekorieren.

Eis
1 Spritzer Grenadine
1/3 Zitronensaft
2/3 Weinbrand
Sodawasser
Kirsche

**Canadian Daisy**

Die Zutaten werden mit kleinen Eiswürfeln im Shaker durchgeschüttelt und in eine Sektschale abgeseiht. Etwas Sodawasser hinzugeben.

Eis
1 Barlöffel Zuckersirup
1 Spritzer Grenadine
2 Spritzer Zitronensaft
1 Glas Canadian Whisky
Sodawasser

**Champagner Daisy**

Grenadine, Zitronensaft und Chartreuse werden im Shaker durchgeschüttelt und in ein Daisyglas (Sektschale) abgeseiht. Das Getränk wird mit Champagner aufgefüllt.

Eis
1/6 Grenadine
1/6 Zitronensaft
2/3 Chartreuse gelb
Champagner

**Gin Daisy**

Man schüttelt die Zutaten kräftig im Shaker durch und seiht ab in eine Sektschale. Das Glas wird mit Ginger Ale aufgefüllt.

Eis
1 Barlöffel Zuckersirup
1 Spritzer Grenadine
1/4 Zitronensaft
3/4 Gin
Ginger Ale

**Maraska Daisy**

Eine Sektschale bis zur Hälfte mit feingestoßenem Eis füllen. Die nebenstehenden Zutaten im Shaker durchschütteln und über das Eis ins Glas seihen. Etwas Sodawasser hinzugeben und mit Kirsche garnieren.

Eis
1 Barlöffel Zuckersirup
1 Barlöffel Zitronensaft
1/3 Maraschino
1/3 Cherry Brandy
1/3 Kirschwasser
Sodawasser
Kirsche

**Rum Daisy**

Die Zutaten kräftig im Shaker durchschütteln und in eine Sektschale abseihen. Etwas Sodawasser hinzugeben und mit Kirsche garnieren.

- Eis
- 2 Barlöffel Zuckersirup
- 1/6 Zitronensaft
- 1/6 Maraschino
- 2/3 Bacardi Rum
- Sodawasser
- Kirsche

**St. Croix Daisy**

Die Zutaten werden mit kleinen Eisstücken im Shaker durchgeschüttelt und in eine Sektschale abgeseiht. Etwas Sodawasser hinzugeben und mit Ananasstückchen dekorieren.

- Eis
- 2 Barlöffel Zuckersirup
- 1/8 Zitronensaft
- 1/8 Maraschino
- 3/4 Negrita-Rum
- Sodawasser
- Ananasstückchen

**Whisky Daisy**

Im Shaker schüttelt man die Zutaten kurz durch und seiht dann ab in eine Sektschale. Etwas Sodawasser hinzugeben und mit Kirsche garnieren.

- Eis
- 1 Barlöffel Zuckersirup
- 1 Spritzer Grenadine
- 1/4 Zitronensaft
- 3/4 Whisky
- Sodawasser
- Kirsche

**Wodka Daisy**

Man schüttelt die Zutaten kräftig im Shaker durch und seiht ab in eine Sektschale. Etwas Sodawasser hinzugeben und mit Kirsche garnieren.

- Eis
- 1 Barlöffel Zuckersirup
- 1 Spritzer Grenadine
- 1/3 Zitronensaft
- 2/3 Wodka
- Sodawasser
- Kirsche

## POUSSE-CAFÉS

Pousse-Cafés kann man in jeder gewünschten Kombination aus zwei oder mehreren Likören zubereiten. Ein Grundrezept für die Pousse-Cafés gibt es nicht, es ist aber wichtig, daß die gewählten Liköre zueinander passen.
Man benötigt hochstielige Likörgläser — am besten verwendet man die von der Firma Bols herausgebrachten Pousse-Café-Gläser —, einen Barlöffel und die gewünschten Liköre, die man so hinstellt, wie man sie der Reihe nach eingießen muß.
Die im Rezept zuerst genannte Flüssigkeit, gewöhnlich ist es ein Sirup, gießt man in das Glas. Danach läßt man die nächsten Sorten über den Rücken des Barlöffels laufen. Um das Vermischen der Flüssigkeit zu vermeiden, ist unbedingt darauf zu achten, daß die Ingredienzen langsam und ohne Unterbrechung in das Glas laufen. Sind die Farben ineinander vermischt, kann man den Pousse-Café nicht mehr servieren.
Pousse-Café ist ein ausgesprochener Damendrink. Man empfiehlt ihn zum Kaffee oder als Digestif nach einer Mahlzeit.
Er wird mit einem Saughalm serviert, mit dem man Schicht um Schicht trinken kann, ohne daß diese sich vermischen.

**American Flag**
Die Zutaten werden vorsichtig in ein Pousse-Café-Glas gefüllt. Man serviert mit Saughalm.

1/3 Grenadine
1/3 Maraschino
1/3 Curaçao blau

**Angel's Dream**
Das Pousse-Café-Glas bis zur Hälfte mit Apricot Brandy füllen und flüssige Sahne daraufgeben. Mit Saughalm servieren.

1/2 Apricot Brandy
1/2 flüssige Sahne

**Angel's Kiss**
Nebenstehende Zutaten werden der Reihe nach in ein Pousse-Café-Glas gefüllt. Mit Saughalm servieren.

1/3 Crème de Cacao
1/3 flüssige Sahne
1/3 Cognac

**Brandy Champarelle**
Man füllt die Zutaten vorsichtig in ein Pousse-Café-Glas und serviert mit Saughalm.

1/4 Curaçao Triple sec
1/4 Chartreuse gelb
1/4 Anisette weiß
1/4 Cognac

**Brandy Floor**

Nebenstehende Zutaten füllt man vorsichtig in ein Pousse-Café-Glas und serviert mit Saughalm.

- 1/4 Himbeersirup
- 1/4 Maraschino
- 1/4 Chartreuse grün
- 1/4 Cognac

**Fifth Avenue**

Man gibt nebenstehende Zutaten nacheinander in ein Pousse-Café-Glas und serviert mit Saughalm.

- 1/3 Crème de Cacao weiß
- 1/3 Apricot Brandy
- 1/3 flüssige Sahne

**Huckebein**

Die Zutaten werden der Reihe nach in ein Pousse-Café-Glas gegeben. Mit Saughalm servieren.

- 1/3 Advokaat
- 1/3 Crème de Roses
- 1/3 Maraschino

**Jersey Lilly**

Ein Pousse-Café-Glas bis zur Hälfte mit gelbem Chartreuse füllen und Cognac vorsichtig daraufgeben. Mit Saughalm servieren.

- 1/2 Chartreuse gelb
- 1/2 Cognac

**Maiden's Kiss**

Die nebenstehenden Zutaten werden vorsichtig der Reihe nach in ein Pousse-Café-Glas gefüllt. Das Getränk wird mit Saughalm serviert.

- 1/5 Maraschino
- 1/5 Crème de Roses
- 1/5 Chartreuse grün
- 1/5 Bénédictine
- 1/5 Curaçao grün

**Pousse-Café Amerika**

Nebenstehende Zutaten vorsichtig in ein Pousse-Café-Glas geben. Mit Saughalm servieren.

- 1/4 Maraschino
- 1/4 Curaçao rot
- 1/4 Chartreuse grün
- 1/4 Cognac

**Pousse-Café da Vinci**

Man füllt nebenstehende Zutaten nacheinander in ein Pousse-Café-Glas und serviert mit Saughalm.

- 1/4 Parfait Amour
- 1/4 Maraschino
- 1/4 Chartreuse grün
- 1/4 Cognac

**Pousse-Café Finlandia**

Die Zutaten werden der Reihe nach in ein Pousse-Café-Glas gefüllt. Mit Saughalm servieren.

- 1/4 Grenadine
- 1/4 Crème de Menthe grün
- 1/4 Maraschino
- 1/4 Curaçao blau

**Pousse-Café Paris**

Nebenstehende Zutaten füllt man vorsichtig in ein Pousse-Café-Glas. Sie dürfen nicht ineinanderlaufen. Mit Saughalm servieren.

- $^1/_5$ Erdbeersirup
- $^1/_5$ Maraschino
- $^1/_5$ Crème de Vanille rot
- $^1/_5$ Chartreuse gelb
- $^1/_5$ Cognac

**Pousse-Café Rainbow**

Man füllt nebenstehende Zutaten der Reihe nach in ein Pousse-Café-Glas, wobei sie nicht ineinanderlaufen dürfen. Mit Saughalm servieren.

- $^1/_5$ Himbeersirup
- $^1/_5$ Curaçao Orange
- $^1/_5$ Crème de Menthe grün
- $^1/_5$ Kümmel
- $^1/_5$ Cognac

**Pousse-Café Santinas**

Die Zutaten werden vorsichtig in ein Pousse-Café-Glas gefüllt, und das Getränk wird mit Saughalm serviert.

- $^1/_3$ Maraschino
- $^1/_3$ Curaçao Orange
- $^1/_3$ Cognac

**Pousse-Café van Gogh**

Man gibt nebenstehende Zutaten nacheinander in ein Pousse-Café-Glas und serviert mit Saughalm.

- $^1/_4$ Grenadine Sirup
- $^1/_4$ Crème de Menthe grün
- $^1/_4$ Kümmel
- $^1/_4$ Cognac

**Pousse-Café Waldorf**

Man gibt nebenstehende Zutaten der Reihe nach in ein Pousse-Café-Glas und serviert mit Saughalm.

- $^1/_7$ Himbeersirup
- $^1/_7$ Anisette
- $^1/_7$ Parfait Amour
- $^1/_7$ Chartreuse gelb
- $^1/_7$ Crème Yvette
- $^1/_7$ Chartreuse grün
- $^1/_7$ Cognac

**Stars and Stripes**

Die nebenstehenden Zutaten werden nacheinander in ein Pousse-Café-Glas gegeben. Sie dürfen nicht ineinanderlaufen. Mit Saughalm servieren.

- $^1/_3$ Crème de Cassis
- $^1/_3$ Maraschino
- $^1/_3$ Chartreuse grün

## FLIPS

Die Flips sind beliebte Erfrischungs- und Erholungsgetränke, die besonders in den Morgenstunden und am Nachmittag empfohlen werden.

Sie gehören in die Kategorie der Longdrinks und werden mit Eigelb, Zucker und alkoholischer Zutat im Shaker geschüttelt. Für die Zubereitung soll man möglichst große Eisstücke verwenden. Damit der Flip nicht verwässert, wird kurz, aber kräftig geschüttelt. Man serviert den Flip in speziellen Gläsern oder auch in Champagnerkelchen. Auf das fertige Getränk reibt man etwas Muskatnuß. Man serviert immer mit Saughalm. Ein gut zubereiteter Flip wirkt entspannend und stärkend und ist besonders bei den Damen beliebt. Nach der Zubereitung muß ein Flip sofort serviert werden. Ein abgestandener Flip sieht nicht nur unappetitlich aus, er verliert auch stark an Geschmack.

### Amore Flip

Nebenstehende Zutaten werden mit einigen Eiswürfeln kräftig im Shaker durchgeschüttelt, dann in ein Flipglas abgeseiht. Auf das Getränk reibt man etwas Muskatnuß und serviert mit Saughalm.

Eis
1 Eigelb
1/3 Crème de Vanille
1/3 Maraschino
1/3 Cognac
Muskatnuß

### Applejack Flip

Die Zutaten werden kräftig im Shaker durchgeschüttelt, dann in ein Flipglas abgeseiht. Auf das Getränk reibt man etwas Muskatnuß und serviert mit Saughalm.

Eis
1 Eigelb
2 Barlöffel Zuckersirup
1 Glas Calvados
Muskatnuß

### Bacardi Flip

Die nebenstehenden Zutaten werden mit einigen Eiswürfeln kräftig im Shaker durchgeschüttelt, dann in ein Flipglas abgeseiht. Auf das Getränk reibt man etwas Muskatnuß und serviert mit Saughalm.

Eis
1 Eigelb
2 Barlöffel Zuckersirup
1 Glas Bacardi Rum
Muskatnuß

**Banana Flip**

Nebenstehende Zutaten werden mit einigen Eiswürfeln kräftig im Shaker durchgeschüttelt, dann in ein Flipglas abgeseiht. Mit Muskatnuß aromatisieren und mit Saughalm servieren.

Eis
1 Eigelb
1/2 flüssige Sahne
1/2 Crème de Bananes
Muskatnuß

**Bosom Caressa Flip**

Man gibt nebenstehende Zutaten mit einigen Eiswürfeln in den Shaker, schüttelt kräftig durch und seiht ab in ein Flipglas. Auf das Getränk reibt man etwas Muskatnuß und serviert mit Saughalm.

Eis
1 Eigelb
1 Barlöffel Grenadine
1/3 Madeira
1/3 Curaçao Orange
1/3 Cognac
Muskatnuß

**Brandy Flip**

Nebenstehende Zutaten werden mit einigen Eiswürfeln im Shaker durchgeschüttelt, dann in ein Flipglas abgeseiht. Etwas Muskatnuß auf das Getränk reiben und mit Saughalm servieren.

Eis
1 Eigelb
2 Barlöffel Zuckersirup
1 Glas Weinbrand
Muskatnuß

**Burgundy Flip**

Die nebenstehenden Zutaten werden kräftig im Shaker durchgeschüttelt, dann in ein Flipglas abgeseiht. Etwas Muskatnuß auf das Getränk reiben und mit Saughalm servieren.

Eis
1 Eigelb
2 Barlöffel Zuckersirup
1 Glas roter Burgunder
Muskatnuß

**Butterfly Flip**

Im Shaker werden nebenstehende Zutaten mit einigen Eiswürfeln durchgeschüttelt, dann in ein Flipglas abgeseiht. Auf das Getränk reibt man etwas Muskatnuß. Mit Saughalm servieren.

Eis
1 Eigelb
1 Barlöffel Zuckersirup
1 Eßlöffel Sahne
1/2 Crème de Cacao
1/2 Cognac
Muskatnuß

**Cacao Flip**

Die nebenstehenden Zutaten werden kräftig im Shaker durchgeschüttelt, dann in ein Flipglas abgeseiht. Mit Saughalm servieren. Etwas Muskatnuß auf das Getränk reiben.

Eis
1 Eigelb
1 Eßlöffel flüssige Sahne
1 Glas Crème de Cacao
Muskatnuß

**Champagner Flip**

Eigelb, Grand Marnier und Cognac werden mit einigen Eiswürfeln im Shaker kräftig durchgeschüttelt, dann in ein Flipglas abgeseiht. Das Glas wird mit kaltem Champagner aufgefüllt und mit Saughalm serviert.

Eis
1 Eigelb
1/2 Grand Marnier
1/2 Cognac
Champagner

**Chocolate Flip**

Die Ingredienzen werden mit einigen Eiswürfeln im Shaker durchgeschüttelt, dann in ein Flipglas abgeseiht. Das Glas wird mit kaltem Kakao aufgefüllt. Kurz rühren, eine Prise Muskatnuß auf das Getränk geben und mit Saughalm servieren.

Eis
1 Eigelb
1 Barlöffel Zuckersirup
1 Glas Portwein
Kakao
Muskatnuß

**Coffee Flip**

Mit einigen Eiswürfeln schüttelt man nebenstehende Zutaten im Shaker durch und seiht ab in ein Flipglas. Etwas Muskatnuß auf das Getränk reiben und mit Saughalm servieren.

Eis
1 Eigelb
2 Barlöffel Zuckersirup
1/2 Portwein
1/2 Cognac
Muskatnuß

**Cream Flip**

Die nebenstehenden Zutaten werden kräftig im Shaker durchgeschüttelt, dann in ein Flipglas abgeseiht. Auf das Getränk reibt man etwas Muskatnuß. Mit Saughalm servieren.

Eis
1 Eigelb
2 Barlöffel Zuckersirup
1 Eßlöffel Sahne
1 Glas Weinbrand
Muskatnuß

**Egg Flip**

Man schüttelt die Zutaten kräftig im Shaker durch und seiht ab in ein Flipglas. Auf das fertige Getränk reibt man etwas Muskatnuß und serviert mit Saughalm.

Eis
1 Eigelb
2 Barlöffel Zuckersirup
1/4 Curaçao Orange
3/4 Cognac
Muskatnuß

**Gasparone Flip**

Nebenstehende Zutaten werden kräftig im Shaker durchgeschüttelt, dann in ein Flipglas abgeseiht. Auf das Getränk reibt man etwas Muskatnuß und serviert mit Saughalm.

Eis
1 Eigelb
2 Barlöffel Grenadine
1/3 Cognac
2/3 Whisky
Muskatnuß

**Gin Flip**

Man schüttelt nebenstehende Zutaten kräftig im Shaker durch und seiht ab in ein Flipglas. Etwas Muskatnuß auf das Getränk reiben und mit Saughalm servieren.

Eis
1 Eigelb
2 Barlöffel Zuckersirup
1 Glas Gin
Muskatnuß

**Honey Flip**

Die nebenstehenden Zutaten werden mit Eiswürfeln im Shaker kräftig durchgeschüttelt, dann in ein Flipglas abgeseiht. Auf das Getränk reibt man etwas Muskatnuß und serviert mit Saughalm.

Eis
1 Eigelb
1 Barlöffel Honig
1 Glas Portwein
Muskatnuß

**Locomotive Flip**

Nebenstehende Zutaten werden kräftig im Shaker durchgeschüttelt, dann in ein Flipglas abgeseiht. Auf das Getränk reibt man etwas Muskatnuß und serviert mit Saughalm.

Eis
1 Barlöffel Honig
3 Spritzer Curaçao Triple sec
1 Glas Portwein
Muskatnuß

**Louisiana Flip**

Man schüttelt die Zutaten mit einigen Eiswürfeln im Shaker durch und seiht ab in ein Flipglas. Mit Muskatnuß aromatisieren und mit Saughalm servieren.

Eis
1 Eigelb
1/2 Bénédictine
1/2 Rheinwein
Muskatnuß

**Madeira Flip**

Die Zutaten werden kräftig im Shaker durchgeschüttelt, dann in ein Flipglas abgeseiht. Etwas Muskatnuß auf das Getränk reiben; mit Saughalm servieren.

Eis
1 Eigelb
1 Barlöffel Zuckersirup
1 Glas Madeira
Muskatnuß

**Mothermilk Flip**

Nebenstehende Zutaten werden mit einigen Eiswürfeln im Shaker durchgeschüttelt, dann in ein Flipglas abgeseiht. Das Getränk mit Muskatnuß aromatisieren und mit Saughalm servieren.

Eis
1 Eigelb
1 Eßlöffel Sahne
1/2 Schwedenpunsch
1/2 Bénédictine
Muskatnuß

**Pernod Flip**

Die Zutaten werden kräftig im Shaker mit genügend Eiswürfeln durchgeschüttelt, dann in ein Flipglas abgeseiht. Auf das Getränk etwas Muskatnuß reiben und mit Saughalm servieren.

Eis
1 Eigelb
1/3 flüssige Sahne
1/3 Crème de Cacao weiß
1/3 Pernod
Muskatnuß

**Picon Flip**

Die nebenstehenden Zutaten werden im Shaker durchgeschüttelt und in ein Flipglas abgeseiht. Mit Muskatnuß aromatisieren und mit Saughalm servieren.

Eis
1 Eigelb
1 Barlöffel Zuckersirup
1/4 Cognac
3/4 Picon
Muskatnuß

**Portwein Flip**

Man schüttelt die nebenstehenden Zutaten mit genügend Eiswürfeln im Shaker durch und seiht ab in ein Flipglas. Das Getränk wird mit Muskatnuß aromatisiert und mit Saughalm serviert.

Eis
1 Eigelb
2 Barlöffel Zuckersirup
1 Glas roter Portwein
Muskatnuß

**Sherry Flip**

Nebenstehende Zutaten werden mit einigen Eiswürfeln im Shaker durchgeschüttelt, dann in ein Flipglas abgeseiht. Das Getränk wird mit Muskatnuß aromatisiert und mit Saughalm serviert.

Eis
1 Eigelb
2 Barlöffel Zuckersirup
1 Glas Sherry
Muskatnuß

**Vermouth Flip**

Eigelb, Zuckersirup und süßen oder nach Wunsch trockenen Vermouth mit einigen Eiswürfeln kräftig im Shaker durchschütteln und in ein Flipglas abseihen. Etwas Muskatnuß auf das Getränk reiben und mit Saughalm servieren.

Eis
1 Eigelb
1 Barlöffel Zuckersirup
1 Glas Vermouth
Muskatnuß

**West India Flip**

Nebenstehende Zutaten schüttelt man kräftig im Shaker durch und seiht ab in ein Flipglas. Mit Muskatnuß aromatisieren und mit Saughalm servieren.

Eis
1 Eigelb
1/2 Arrak
1/2 Crème de Bananes
Muskatnuß

**Whiskey Flip**

Eigelb, Zuckersirup und Whiskey mit einigen Eiswürfeln im Shaker kräftig durchschütteln und in ein Flipglas abseihen. (Es kann natürlich auch Scotch oder Canadian Whisky verwendet werden.) Etwas Muskatnuß auf das Getränk reiben und mit Saughalm servieren.

Eis
1 Eigelb
2 Barlöffel Zuckersirup
1 Glas Bourbon Whiskey
Muskatnuß

**Wodka Flip**

Im Shaker werden nebenstehende Zutaten mit einigen Eiswürfeln durchgeschüttelt, dann in ein Flipglas abgeseiht. Etwas Muskatnuß auf das Getränk reiben und mit Saughalm servieren.

Eis
1 Eigelb
2 Barlöffel Zuckersirup
1 Glas Wodka
Muskatnuß

## EGG-NOGGS

Die Egg-Noggs sind Longdrinks, die sowohl warm als auch kalt aus Eigelb oder Eiern, mit Zucker, Alkohol und Milch, für eine Person im großen Tumbler oder für mehrere Personen in einer Bowlenschüssel zubereitet werden können.

Bei uns kaum bekannt, erfreuen sich die flipähnlichen Egg-Noggs in den angelsächsischen Ländern einer großen Beliebtheit. In England wurde das jahrhundertealte Familiengetränk früher mit einem in Suffolk gebrauten Bier hergestellt. Heute wird die „old man's milk" (Milch des alten Mannes), wie man das Getränk in Schottland nennt, besonders gern für Weihnachts- und Neujahrsfeiern angerichtet. In Amerika gehört die traditionelle Egg-Nogg-Schüssel zu einem festen Bestandteil der Weihnachtsfeiertage.

Die **kalten Egg-Noggs** werden im Shaker zubereitet. Zuerst füllt man den Shaker bis zur Hälfte mit kleinen Eisstücken, gibt dann das Ei, den Zucker und die alkoholischen Ingredienzen hinzu und schüttelt das Ganze kräftig durch. Nach dem Abseihen in einen großen Tumbler füllt man das Glas unter ständigem Rühren mit kalter Milch. (Die Milch kann auch im Shaker mitgeschüttelt werden.) Auf das fertige Getränk reibt man etwas Muskatnuß. Man serviert mit Saughalm.

Bei der Herstellung eines **heißen Egg-Nogg** verwendet man nur das Eigelb. Nach Wunsch werden ein oder zwei Eidotter mit zwei bis vier Barlöffel Zucker in ein großes Tumblerglas verrührt. Die alkoholischen Zutaten werden hinzugegeben, und unter ständigem Rühren füllt man das Glas mit heißer Milch. Auf das fertige Getränk reibt man etwas Muskatnuß. Mit Saughalm servieren.

Heiße Egg-Noggs, die für eine Familienfeier in einer Bowlenschüssel angerichtet werden, bereitet man folgendermaßen:

Die Eidotter (man rechnet ein Ei pro Person) werden vom Eiweiß getrennt und mit Zucker (zwei Barlöffel pro Eigelb) schaumig geschlagen. Dann verrührt man die im Rezept angegebenen alkoholischen Zutaten mit dem Eigelb und läßt das Ganze kurze Zeit stehen. Das Eiweiß wird zu Eischnee geschlagen und die Hälfte der Menge in die Schüssel gegeben. Darauf erhitzt man die Flüssigkeit unter ständigem Rühren auf kleiner Flamme. Die bereits vorgewärmte Milch wird nach und nach hinzugegossen. Den Rest des Eischnees gibt man vorsichtig auf die dampfende Schüssel. Das fertige Getränk wird in vorgewärmten Punschgläsern serviert. Auf jedes Getränk reibt man etwas Muskatnuß.

Zu empfehlen sind die Egg-Noggs als Erfrischungs- und Stärkungsgetränke. Nach der Zubereitung empfiehlt es sich, das Getränk sofort zu servieren. Abgestandene Egg-Noggs sehen unappetitlich aus und verlieren an Geschmack.

**Baltimore Egg-Nogg**

Das Ei wird mit genügend kleinen Eiswürfeln im Shaker mit den anderen Zutaten kräftig durchgeschüttelt und in ein großes Tumblerglas abgeseiht. Das Glas füllt man unter ständigem Rühren mit kalter Milch auf. Zum Schluß gibt man eine Prise Muskatnuß auf das Getränk und serviert mit Saughalm.

- Eis
- 1 ganzes Ei
- 2 Barlöffel Zuckersirup
- 1/3 Weinbrand
- 1/3 Jamaika-Rum
- 1/3 Madeira
- Milch
- Muskatnuß

**Brandy Egg-Nogg**

Den Shaker bis zur Hälfte mit kleinen Eisstücken füllen, die nebenstehenden Zutaten hinzugeben, kräftig durchschütteln und in ein großes Tumblerglas abseihen. Das Glas unter ständigem Rühren mit kalter Milch auffüllen und Muskatnuß auf das Getränk reiben. Mit Saughalm servieren.

- Eis
- 1 ganzes Ei
- 2 Barlöffel Zuckersirup
- 1 Glas Weinbrand
- Milch
- Muskatnuß

**Breakfast Egg-Nogg**

In den bis zur Hälfte mit kleinen Eisstückchen gefüllten Shaker gibt man das Ei, den Zuckersirup und die alkoholischen Zutaten. Nach kräftigem Schütteln seiht man das Ganze in ein großes Tumblerglas ab und füllt dieses unter ständigem Rühren mit kalter Milch. Mit Muskatnuß aromatisieren und mit Saughalm servieren.

- Eis
- 1 ganzes Ei
- 2 Barlöffel Zuckersirup
- 1/2 Curaçao Orange
- 1/2 Weinbrand
- Milch
- Muskatnuß

**Drambuie Egg-Nogg**

Das Ei wird mit Blütenhonig und den alkoholischen Zutaten kräftig im Shaker durchgeschüttelt. Die Flüssigkeit seiht man in einen großen Tumbler ab und füllt diesen unter ständigem Rühren mit kalter Milch. Auf das Getränk reibt man etwas Muskatnuß und serviert mit Saughalm.

- Eis
- 1 ganzes Ei
- 2 Barlöffel Blütenhonig
- 1/3 Drambuie
- 2/3 Whisky
- Milch
- Muskatnuß

**Franklin Farm Egg-Nogg**

Die Eidotter werden vom Eiweiß getrennt und mit Zucker in einer Bowlenschüssel schaumig geschlagen. Die alkoholischen Zutaten mit dem Eigelb verrühren. Die Hälfte des zu Eischnee geschlagenen Eiweißes untermischen und alles auf kleiner Flamme unter ständigem Rühren erhitzen. Flüssige Sahne und Milch nach und nach hinzugeben. Kurz vor dem Siedepunkt den Rest des Eischnees auf das Getränk geben. Sofort in vorgewärmte Punschgläser füllen und geriebene Muskatnuß auf die Getränke verteilen.

12 Eier
8 Eßlöffel Zucker
1/2 Flasche Peach Brandy
1 Flasche Jamaika-Rum
1 Liter flüssige Sahne
2 Liter Milch
1 Barlöffel geriebene Muskatnuß

**Itchiban Egg-Nogg**

Ein Ei wird mit Zuckersirup und den alkoholischen Zutaten im Shaker mit genügend Eiswürfeln durchgeschüttelt und dann in einen Tumbler abgeseiht. Das Glas wird unter Rühren mit kalter Milch aufgefüllt. Mit Muskatnuß aromatisieren und mit Saughalm servieren.

Eis
1 ganzes Ei
2 Barlöffel Zuckersirup
1/4 Crème de Cacao
1/4 Bénédictine
1/2 Weinbrand
Milch
Muskatnuß

**Kentucky Egg-Nogg**

Eidotter mit Zucker in Bowlenschüssel verrühren. Rum, Weinbrand und Bourbon Whiskey hinzugeben und zu Eischnee geschlagenes Eiweiß untermischen. Auf kleiner Flamme unter ständigem Rühren erhitzen. Vorgewärmte Milch langsam nachgießen und kurz vor dem Siedepunkt in warme Punschgläser füllen. Muskatnuß auf die Getränke streuen.

12 Eier
8 Eßlöffel Zucker
1/2 Flasche Jamaika-Rum
1/2 Flasche Weinbrand
1 Flasche Bourbon Whiskey
2 Liter Milch
1 Barlöffel geriebene Muskatnuß

**Lion Egg-Nogg**

Eidotter vom Eiweiß trennen und mit Zukker in Bowlenschüssel schaumig rühren. Die alkoholischen Zutaten mit dem Eigelb verrühren und die Hälfte des zu Eischnee geschlagenen Eiweißes untermischen. Das Ganze auf kleiner Flamme unter ständigem Rühren erhitzen. Flüssige Sahne und Milch unter ständigem Rühren hinzugießen und kurz vor dem Siedepunkt vom Feuer nehmen. Den Rest des Eischnees auf das Getränk geben und sofort in vorgewärmten Punschgläsern servieren. Geriebene Muskatnuß auf die Gläser verteilen.

12 Eier
8 Eßlöffel Zucker
1/2 Flasche Whisky
1/2 Flasche Jamaika-Rum
1 Liter flüssige Sahne
2 Liter Milch
1 Barlöffel geriebene Muskatnuß

**Pendennis Egg-Nogg**

Die vom Eiweiß getrennten Eidotter werden mit Zucker in der Bowlenschüssel schaumig geschlagen. Eine Flasche Bourbon Whiskey wird mit dem Eigelb verrührt, und die Hälfte des zu Eischnee geschlagenen Eiweißes wird untergemischt. Alles auf kleiner Flamme erhitzen, Sahne und Milch gießen und kurz vor dem Siedepunkt in warme Punschgläser füllen. Den Rest des Eischnees auf die dampfenden Getränke verteilen und mit geriebener Muskatnuß aromatisieren.

12 Eier
8 Eßlöffel Zucker
1 Flasche Bourbon Whiskey
1 Liter flüssige Sahne
2 Liter Milch
1 Barlöffel geriebene Muskatnuß

**Rum Egg-Nogg**

Den Shaker füllt man bis zur Hälfte mit feingeschlagenen Eiswürfeln, gibt die nebenstehenden Zutaten hinein und schüttelt kräftig durch. Das Ganze wird in einen Tumbler abgeseiht, den man mit kalter Milch auffüllt. Mit Muskatnuß aromatisieren und mit Saughalm servieren.

Eis
1 ganzes Ei
2 Barlöffel Zuckersirup
2 Barlöffel Ananassaft
1 Glas Jamaika-Rum
Milch
Muskatnuß

**Samba Egg-Nogg**

Nebenstehende Zutaten werden mit genügend Eiswürfeln im Shaker kräftig durchgeschüttelt, dann in einen Tumbler abgeseiht. Das Glas füllt man unter ständigem Rühren mit kalter Milch. Mit Muskatnuß aromatisieren und mit Saughalm servieren.

Eis
1 ganzes Ei
2 Barlöffel Zuckersirup
1/4 Cherry Brandy
1/4 Jamaika-Rum
1/2 Portwein
Milch
Muskatnuß

**Sweet Egg-Nogg**

Die Eidotter mit Zucker in der Bowlenschüssel schaumig schlagen. Whisky, Rum und Weinbrand hinzugießen und verrühren. Eiweiß zu Eischnee schlagen und die Hälfte davon in Eigelb und Alkohol verrühren. Alles auf kleiner Flamme erhitzen, ständig rühren und Milch nach und nach hinzugießen. Kurz vor dem Siedepunkt vom Feuer nehmen, den Rest des Eischnees auf das Getränk geben und sofort servieren. Mit geriebener Muskatnuß aromatisieren.

12 Eier
8 Eßlöffel Zucker
1/2 Flasche Whisky
1/2 Flasche Jamaika-Rum
1/2 Flasche Weinbrand
3 Liter Milch
1 Barlöffel geriebene Muskatnuß

**Virginia Egg-Nogg**

Den Shaker bis zur Hälfte mit Eisstücken füllen, die nachstehenden Zutaten hinzugeben, gut durchschütteln und in einen Tumbler abseihen. Das Glas unter ständigem Rühren mit kalter Milch auffüllen. Etwas Muskatnuß auf das Getränk reiben und mit Saughalm servieren.

Eis
1 ganzes Ei
2 Barlöffel Zuckersirup
1 Eßlöffel Sahne
1/3 Jamaika-Rum
2/3 Bourbon Whiskey
Milch
Muskatnuß

**Western Egg-Nogg**

Eidotter vom Eiweiß trennen und mit Zukker schaumig schlagen. Whisky und Rum mit dem Eigelb verrühren und die Hälfte des zu Eischnee geschlagenen Eiweißes untermischen. Auf kleiner Flamme unter ständigem Rühren erhitzen, Sahne und Milch langsam nachgießen und kurz vor dem Siedepunkt vom Feuer nehmen. Den Rest des Eischnees auf das dampfende Getränk geben und mit Muskatnuß aromatisieren. Sofort in vorgewärmten Punschgläsern servieren.

- 12 Eier
- 8 Eßlöffel Zucker
- 1 Flasche Bourbon Whiskey
- 1/2 Flasche Jamaika-Rum
- 1 Liter flüssige Sahne
- 2 Liter Milch
- 1 Barlöffel Muskatnuß

## CRUSTAS

Die Crustas sind ausgesprochene Herrendrinks und gehören zur Kategorie der Longdrinks. Der Name wird von dem englischen Wort „crust“ abgeleitet, zu deutsch Kruste. Gemeint ist damit die Zuckerkruste am Glasrand, die im Kerzenlicht wie Rauhreif in der Wintersonne glitzert. Zubereitet wird der Crusta folgendermaßen: Zuerst schneidet man ein Viertel aus einer Zitrone. In dieses Viertel macht man einen Einschnitt, in den der Glasrand eines mittelgroßen Ballon- oder Weinglases gesteckt wird. Jetzt wird das Glas langsam durch das Zitronenviertel gedreht. Es ist zweckmäßig, das Glas so zu halten, daß die Öffnung nach unten zeigt, damit kein Saft in das Glas tropfen kann. Der feuchte Glasrand wird sofort in Zucker gedippt, wobei man vorsichtig verfahren muß, damit der Zucker nicht wieder abgestreift wird. In dieses präparierte Glas legt man jetzt die in Spiralform geschnittene Schale einer mittelgroßen Orange oder Zitrone, die die ganze Innenwand des Glases auskleidet. Die im Rezept vorgeschriebenen Zutaten werden in den bis zur Hälfte mit kleinen Eisstücken gefüllten Shaker gegeben und sehr gut durchgeschüttelt. Beim Abseihen muß man darauf achten, daß die Flüssigkeit nicht den Zuckerrand berührt, denn sonst würde das ganze Glas beschmiert werden. Man empfiehlt den Crusta, der mit Trinkhalm serviert wird, als After-dinner-Drink oder auch bei Gesellschaftsanlässen.

**Amour Crusta**

Das Glas wird mit einem Zuckerrand versehen und mit einer Zitronenschale ausgelegt. Im Shaker schüttelt man nebenstehende Zutaten kräftig durch und seiht sie in das präparierte Glas. Mit Saughalm servieren.

Eis
2 Spritzer Peachbitter
2 Spritzer Lime Juice
1/8 Curaçao Triple sec
1/8 Maraschino
3/4 Portwein

**Bacardi Crusta**

Nebenstehende Zutaten werden im Shaker durchgeschüttelt und in ein mit Zuckerrand und Zitronenspirale präpariertes Glas abgeseiht. Das Getränk serviert man mit Saughalm.

Eis
2 Spritzer Angostura
1 Barlöffel Zuckersirup
1 Barlöffel Pernod
1/4 Zitronensaft
3/4 Bacardi Rum

**Bourbon Crusta**

Im Shaker schüttelt man nebenstehende Zutaten mit einigen Eiswürfeln durch und seiht sie in ein mit Zuckerrand und Zitronenspirale präpariertes Glas. Mit Saughalm servieren.

Eis
2 Spritzer Angostura
1 Barlöffel Zuckersirup
1/4 Zitronensaft
3/4 Bourbon Whiskey

**Brandy Crusta**

Das Glas wird mit einer dünnen Zitronenspirale ausgelegt und mit einem Zuckerrand präpariert. Die nebenstehenden Zutaten werden im Shaker durchgeschüttelt und in das präparierte Glas abgeseiht. Mit Saughalm servieren.

Eis
2 Spritzer Angostura
3 Spritzer Maraschino
1 Barlöffel Zuckersirup
1/4 Zitronensaft
3/4 Cognac

**Crown Crusta**

Das Glas mit Zuckerrand und Zitronenspirale präparieren und die Zutaten im Shaker durchschütteln, dann in das präparierte Glas abseihen. Mit Saughalm servieren.

Eis
1 Barlöffel Zuckersirup
1 Eiweiß
2 Spritzer Lime Juice
1/2 Zitronensaft
1/2 Gin

**Gin Crusta**

Die nebenstehenden Zutaten werden mit einigen Eiswürfeln im Shaker durchgeschüttelt und in ein mit Zuckerrand und Zitronenspirale präpariertes Glas abgeseiht.

Eis
2 Spritzer Angostura
3 Spritzer Maraschino
1 Barlöffel Zuckersirup
1/4 Zitronensaft
3/4 Gin

**Grassis Crusta**

Das Glas wird mit Zuckerrand und Zitronenspirale versehen. Im Shaker schüttelt man die nebenstehenden Zutaten kräftig durch und seiht sie in das präparierte Glas.

Eis
1 Barlöffel Pernod
1 Barlöffel Grenadine
1 Barlöffel Honig
1 Glas Sherry trocken

**Imperial Crusta**

Der Glasrand wird mit einer Mandarine befeuchtet und mit einem Zuckerrand versehen. Das Glas legt man mit einer dünnen Orangenspirale aus und seiht die nebenstehenden Zutaten, die im Shaker durchgeschüttelt wurden, in das Glas ab. Mit Saughalm servieren.

Eis
2 Spritzer Maraschino
2 Spritzer Mandarinenlikör
3 Barlöffel Mandarinensaft
1 Glas Kirschwasser

**India Crusta**

Man präpariert das Glas mit Zuckerrand und dünner Zitronenspirale. Nebenstehende Zutaten werden im Shaker durchgeschüttelt und in das präparierte Glas abgeseiht. Mit Saughalm servieren.

Eis
2 Spritzer Angostura
3 Spritzer Maraschino
1 Barlöffel Zuckersirup
1/4 Zitronensaft
3/4 Arrak

**Normandie Crusta**

Das Glas wird mit Orangensaft befeuchtet und in Grießzucker gedippt. Ausgelegt wird es mit einer dünnen Zitronenspirale. Nebenstehende Zutaten werden im Shaker durchgeschüttelt und in das präparierte Glas abgeseiht. Mit Saughalm servieren.

Eis
1 Barlöffel Orangensaft
1 Barlöffel Zitronensaft
1 Barlöffel Zuckersirup
1/2 Calvados
1/2 Cognac

**Ski Crusta**

Der Glasrand wird mit Ananassaft befeuchtet und mit einer Zuckerkruste versehen. Das Innere des Glases wird mit einer dünnen Zitronenspirale ausgelegt. Nebenstehende Zutaten werden im Shaker kräftig durchgeschüttelt und in das präparierte Glas abgeseiht. Mit Saughalm servieren.

Eis
1 Spritzer Angostura
1 Barlöffel Zuckersirup
1/2 Mandarinensaft
1/2 Kirschwasser

**Tabu Crusta**

Die Zutaten werden kräftig im Shaker durchgeschüttelt und in ein mit Zuckerrand und Zitronenspirale präpariertes Glas abgeseiht. Mit Saughalm servieren.

Eis
1 Barlöffel Zuckersirup
2 Spritzer Maraschino
2 Barlöffel Zitronensaft
1/2 Apricot Brandy
1/2 Himbeergeist

**Whisky Crusta**

Man schüttelt nebenstehende Zutaten im Shaker durch und seiht ab in ein mit Zuckerrand und Zitronenspirale präpariertes Glas. Mit Saughalm servieren.

Eis
2 Spritzer Angostura
1 Barlöffel Zuckersirup
1/4 Zitronensaft
3/4 Whisky

**Wodka Crusta**

Der Glasrand wird mit Orangensaft befeuchtet und mit einer Zuckerkruste versehen. Ausgelegt wird das Glasinnere mit einer dünnen Zitronenspirale. Die Zutaten werden kräftig im Shaker durchgeschüttelt und in das präparierte Glas abgeseiht. Mit Saughalm servieren.

Eis
1 Spritzer Orangebitter
1 Barlöffel Zuckersirup
1/4 Vermouth rot
1/4 Cognac
1/2 Wodka

## FIXES

Die Fixes sind ausgesprochene Herrendrinks, die in kleinen, mit feingeschlagenem Roheis gefüllten Tumblers serviert werden. Sie ähneln den kalten Punschen und gehören zur Kategorie der Longdrinks. Als Erfrischungsgetränk ist der Fix an keine bestimmte Zeit gebunden.
Hergestellt werden die Fixes direkt im Glas. Zuerst gibt man Zuckersirup, dann die alkoholischen Zutaten und Zitronensaft ins Glas. Das Glas wird bis zu vier Fünftel voll mit ganz fein geschlagenem Roheis gefüllt, und die Zutaten werden mit dem Eis verrührt. Als Dekoration gibt man eine dünne Zitronenscheibe auf das Eis.
Man serviert die Fixes immer mit Saughalm.

**Brandy Fix**

In ein kleines Tumblerglas gibt man Zuckersirup, Zitronensaft, Cherry Brandy und Weinbrand. Das Glas wird mit ganz fein geschlagenem Eis gefüllt, und die Zutaten werden mit dem Barlöffel verrührt. Mit einer dünnen Zitronenscheibe garnieren und mit Saughalm servieren.

Eis
2 Barlöffel Zuckersirup
Saft von 1/2 Zitrone
1/4 Cherry Brandy
3/4 Weinbrand
Zitronenscheibe

**Gin Fix**

Nebenstehende Zutaten in einen kleinen Tumbler geben. Das Glas mit feingeschlagenem Eis füllen und alles gut verrühren. Mit dünner Zitronenscheibe garnieren und mit Saughalm servieren.

Eis
2 Barlöffel Zuckersirup
Saft von 1/2 Zitrone
1/4 Cointreau
3/4 Gin
Zitronenscheibe

**Rum Fix**

Die nebenstehenden Zutaten werden in ein kleines Tumblerglas gegeben. Das Glas füllt man mit feingeschlagenem Eis und verrührt die Zutaten. Mit dünner Zitronenscheibe garnieren und mit Saughalm servieren.

Eis
2 Barlöffel Zuckersirup
Saft von 1/2 Zitrone
1/4 Cointreau
3/4 Bacardi Rum
Zitronenscheibe

**Whisky Fix**

Nebenstehende Zutaten mit feingeschlagenem Eis in einen kleinen Tumbler verrühren. (Whisky kann nach Wunsch verwendet werden: Bourbon, Scotch, Canadian oder Irish.) Mit dünner Zitronenscheibe garnieren und mit Saughalm servieren.

Eis
2 Barlöffel Zuckersirup
Saft von 1/2 Zitrone
1 Glas Whisky
Zitronenscheibe

## PUNSCHE

Im Jahre 1658 brachten Angloinder die Kenntnis der Punschbereitung nach England.
Das Wort Punsch (engl. punch) kommt von der Zahl fünf, die Anzahl der fünf ursprünglich notwendigen Zutaten (Hindustani = panch, persisch = panj).
Es waren: der einheimische Arrak, Zucker, Limonensaft, Tee und Wasser. Indische Priester brauten einstmals dieses Getränk unter geheimnisvollen Riten in ihren Tempeln.
Wie schnell der Punsch, der damals ausschließlich heiß zubereitet wurde, sich in England als Seelenwärmer verbreitete, beweist die Tatsache, daß zu Ende des 18. Jahrhunderts über 5000 Rezepte gezählt wurden.
Um 1720 war der Punsch bereits in allen Hafenstädten der Nordsee bekannt. Jedoch erst nach dem Siebenjährigen Krieg drang dieses ursprüngliche Seemansgetränk weiter ins Binnenland vor, wo man bis dahin nur Warmbier als alkoholisches Heißgetränk kannte.
Goethes Vorliebe für den Punsch war in Freundeskreisen bekannt. Käthchen Schönkopf, die Jugendliebe des Dichters, hat uns ein Rezept überliefert, nach dem sie für ihn den Punsch zu brauen pflegte:
„2 Bouteillen Pontac in einem Napf, 2 Pomeranzen halbiert auf dem Rost gebraten. Ein Groß Stück Schwarz Brot mit Rübe gedörrt, diese zwey Stück nebst 1/2 Pfund Zucker in den Napf – eine viertel Stunde ziehen lassen; Zugedeckt! – sodann etwas Muskat gerieben auch zu den vorher gehenden. Ist er zu stark, so kann man mit Wasser servieren.“ Die kolossalste Punschbowle aller Zeiten wurde 1760 von dem britischen Admiral Edward Boscaven für die Offiziere seiner Flotte gebraut. Für diesen Mammutpunsch verwendete der Admiral 600 Flaschen Rum, 600 Flaschen Cognac, 1200 Flaschen Malaga und 4 Tonnen kochendes Wasser; als Gewürz 200 geriebene Muskatnüsse, 600 Pfund Zuk-

ker und den Saft von 2600 Zitronen. Angerichtet wurde die Bowle in einem Marmorbassin. Ein Kind füllte die Gläser der Offiziere von einem Kahn aus Mahagoniholz, in welchen man es auf den Punschsee gesetzt hatte. Die Kosten für den Punsch betrugen 12684 Dollar.
Eine ausgefallene Art, den Punsch in der Öffentlichkeit zu bereiten, erdachten sich britische Seeleute 1775 in Alexandrien.
Unter Lebensgefahr erkletterten sie die Pompejussäule, ließen sich oben auf dem flachen Stein nieder und brauten, von der sprachlosen Menge bestaunt, in luftiger Höhe dieses aromatische Getränk.
Heute wird Punsch auf zwei grundverschiedene Arten zubereitet. Einmal heiß in großer Quantität in einer Kasserolle oder direkt im Glas, des anderen kalt in einer großen Schüssel, ähnlich der Bowle, oder ebenfalls direkt im Glas. Für Punsche, die in großen Quantitäten hergestellt werden, gibt es kein Grundrezept. Man halte sich also immer an das jeweilige Rezept. Bei der Punschbereitung soll man folgende Regeln beachten:

1. Der Punsch darf nicht zum Kochen kommen. Das Erhitzen bis zum Siedepunkt erfolgt langsam auf einer kleinen Flamme. Die Kasserolle bleibt dabei zugedeckt. Nach dem Erhitzen hält man die Flüssigkeit auf einem Rechaud warm.
2. Nicht zuviel Zucker verwenden. Jeder kann sein Getränk individuell nachzuckern. Auch mit Gewürzen sparsam umgehen.
3. Die zu verwendenden Spirituosen und Weine brauchen nicht die teuersten zu sein, doch sollte man möglichst Markenspirituosen und gute Tischweine nehmen. Nicht zuviel Likör verwenden.
4. Punschgläser müssen feuerfest sein. Auf die Untersetzer legt man kleine Deckchen oder Papierservietten.
5. Übriggebliebenen Punsch kann man erkalten lassen und abgeseiht auf Flaschen ziehen, um ihn bei anderer Gelegenheit kalt zu trinken.

Die heißen Punsche gehören in die Gruppe der Grogs und Glühweine. Als wärmende Wintergetränke sind sie besonders in Skiorten und Küstengebieten beliebt. Als Gesellschaftsgetränk wird der warme Punsch gerne für Weihnachts- oder Silvesterfeiern angerichtet. Dazu ißt man mit Vorliebe süßes Gebäck, kandierte Früchte und Honigkuchen.
Die kalten Punsche eignen sich sowohl als Gesellschafts- als auch als individuelle Bargetränke. Die im Glas zubereiteten kalten Punsche sind eine alkoholstarke Cobblerart, während der in der Schüssel hergestellte Punsch zur Familie der Bowlen gehört. Auch bei den kalten Punschen richtet man sich in erster Linie nach dem jeweiligen Rezept.

## HEISSE PUNSCHE
**in der Kasserolle zubereitet**

### Aztec Punsch

Man gibt Tequila in eine Kasserolle, dazu Zimtrinde, Grapefruitsaft, Zitronensaft und Lime Juice. Das Ganze läßt man auf kleiner Flamme bis zum Siedepunkt kommen. Dann gibt man zwei Tassen heißen Tee dazu. Die Punschgläser werden vorgewärmt.

1 Flasche Tequila
1 Stück Zimtrinde
1/4 Liter Grapefruitsaft
Saft von 4 Zitronen
2 Eßlöffel Lime Juice
2 Tassen schwarzer Tee

### Bishop's Punsch

Die Orangen werden mit den Nelken gespickt und im Rohr gebacken, bis sie weich sind. Dann schneidet man die Orangen in Viertel und gibt die Teile in eine Kasserolle. Dazu Zucker und Portwein geben. Das Ganze bis zum Siedepunkt erhitzen und gut 15 Minuten ziehen lassen. Die Flüssigkeit in vorgewärmte Punschgläser geben und etwas geriebene Muskatnuß darüberstreuen.

2 Orangen
12 Nelken
3 Eßlöffel Zucker
2 Flaschen roter Wein
Muskatnuß

### Brahmanen Punsch

Zitronensaft, Zucker, Vanilleschote und die gesäuberte Zitronenschale müssen zwei Stunden zugedeckt ziehen. Dann abgekochte Milch, Wasser und Arrak hinzugießen. Bis zum nächsten Tag ziehen lassen und dann filtrieren. Vor dem Servieren bis zum Siedepunkt erhitzen.

50 g Zitronensaft
250 g Zucker
1 Vanilleschote
1 Zitronenschale
1 Tasse Milch
2 Tassen Wasser
1 Liter Arrak

**Christmas Punsch**

Die Orangen werden mit jeweils 5 Nelken gespickt und im Rohr gebacken, bis die Schale braun ist. Dann kommen sie in eine Kasserolle, werden mit Zucker überstreut und mit Weinbrand und Rum übergossen. Der Alkohol wird angezündet und nach einigen Minuten mit Apfelsaft gelöscht. Zimt und geriebene Muskatnuß je nach Geschmack.

6 Orangen
30 Nelken
4 Eßlöffel Zucker
1/2 Flasche Weinbrand
1 Flasche Jamaika-Rum
1 Liter Apfelsaft
Zimt
Muskatnuß

**Cider Punsch**

Zucker in Apfelwein und Arrak auflösen. Dazu die gesäuberte Schale einer Zitrone geben. Das Ganze auf kleiner Flamme bis zum Siedepunkt kommen lassen. In vorgewärmten Punschgläsern servieren und mit dünner Orangenscheibe dekorieren.

250 g Zucker
2 Liter Apfelwein
1/2 Flasche Arrak
1 Zitronenschale
Orangenscheiben

**Claret Punsch**

Zucker in Bordeaux auflösen. Mit Zitronen- und Orangensaft auf kleiner Flamme bis zum Siedepunkt kommen lassen. Dann Arrak und Rum hinzugeben und nochmals zum Siedepunkt kommen lassen. Servieren in vorgewärmten Punschgläsern. Mit Orangenscheibe garnieren.

350 g Zucker
3 Flaschen Bordeaux rot
Saft von 1 Zitrone
Saft von 1 Orange
1/2 Flasche Arrak
1/2 Flasche Rum
Orangenscheiben

**Demidow Punsch**

Der weiße Kandiszucker wird in heißem Wasser aufgelöst. Dann kommt eine mit Zucker abgeriebene Zitronenschale, Pfirsichsaft, Peach Brandy, Lime Juice, Bordeaux und Rum hinzu. Das Ganze wird auf kleiner Flamme bis zum Siedepunkt gebracht. Vor dem Servieren gibt man eine Flasche Sekt hinzu.

200 g weißer Kandiszucker
1/2 Liter Wasser
1 Zitronenschale
100 g Pfirsichsaft
50 g Peach Brandy
1 Eßlöffel Lime Juice
2 Flaschen weißer Bordeaux
1/2 Flasche weißer Rum
1 Flasche Sekt

**English Punsch**

Der Zucker wird in frisch aufgegossenem schwarzem Tee aufgelöst. Dazu gibt man Weinbrand, Rum, Arrak und Zitronensaft. Das Ganze wird auf kleiner Flamme bis zum Siedepunkt gebracht. Dann wird das Eiweiß von fünf frischen Eiern zu Schnee geschlagen und in die vorgewärmten Punschgläser verteilt. Der Punsch wird unter ständigem Rühren hinzugegossen.

250 g Zucker
1 Liter schwarzer Tee
$^1/_2$ Liter Weinbrand
$^1/_2$ Liter Rum
$^1/_2$ Liter Arrak
Saft von 3 Zitronen
5 Eiweiß

**German Beer Punsch**

Das frische Ei wird mit Zucker, Zimt und Nelkenpulver schaumig gerührt. Dazu gibt man weißen Rum und helles Bockbier. Das Ganze wird langsam erhitzt, und nach dem ersten Aufwallen wird der Bierschaum abgeschöpft. Unter ständigem Rühren wird der Punsch in vorgewärmte Gläser gegeben. Auf Wunsch eine Prise Muskatnuß auf das Getränk streuen.

1 Ei
2 Barlöffel Zucker
1 Prise Zimt
1 Prise Nelkenpulver
1 Glas (50 g) weißer Rum
4 Flaschen Bockbier
Muskatnuß

**Guardman's Punsch**

Der Zucker wird in frisch aufgegossenem grünem Tee aufgelöst. Dazu gibt man die gesäuberte Schale einer Zitrone und die alkoholischen Zutaten. Das Ganze läßt man auf kleiner Flamme zum Siedepunkt kommen und serviert in vorgewärmten Punschgläsern.

100 g Zucker
1 Liter grüner Tee
1 Zitronenschale
50 g Weinbrand
1 Flasche Portwein
1 Flasche Whisky

**Hawaii Punsch**

Zucker in Rotwein und Arrak auflösen. Zitronensaft, starken schwarzen Tee und Madeira hinzugeben und auf kleiner Flamme bis zum Siedepunkt erhitzen. In vorgewärmte Punschgläser Ananasstücke geben und servieren.

350 g Zucker
3 Flaschen Rotwein
$^1/_4$ Liter Arrak
Saft von 3 Zitronen
$^1/_2$ Liter schwarzer Tee
Ananasstücke

**Highland Punsch**

Wasser und Zitronensaft mit Zucker in einer Kasserolle erhitzen. Die alkoholischen Zutaten nacheinander hinzugießen und alles bis zum Siedepunkt kommen lassen. In vorgewärmten Punschgläsern servieren.

350 g Zucker
1 Liter Wasser
Saft von 1 Zitrone
1/2 Flasche Rum
1/2 Flasche Whisky
50 g Portwein
50 g Armagnac

**Honey Punsch**

Orangen- und Zitronenschale mit Zimt, Nelkenkopf und Honig in zwei Liter Wasser geben und aufkochen lassen. Nach Abschäumen und Abseihen den Saft von einer Orange und einen halben Liter Arrak hinzugeben. Auf kleiner Flamme erhitzen und in vorgewärmten Punschgläsern servieren.

2 Liter Wasser
500 g Blütenhonig
1 Orangenschale
1 Zitronenschale
Saft von 1 Orange
1/2 Liter Arrak
1 Prise Zimt
1 Nelkenkopf
350 g Zucker

**Irish Punsch**

Zitronensaft, Zucker und Honig mit Zitronenschale in einer Kasserolle mit heißem Wasser verrühren. Dazu kommen Zimt, Muskatnuß und zwei Flaschen Irish Whiskey. Auf kleiner Flamme bis zum Siedepunkt erhitzen und in vorgewärmten Punschgläsern servieren.

100 g Zucker
100 g Honig
Saft von 2 Zitronen
Schale von 1 Zitrone
1 Liter heißes Wasser
1 Prise Zimt
Muskatnuß
2 Flaschen Irish Whiskey

**Jenny Lind's Punsch**

In eine Kasserolle gibt man Rheinwein, Karamelzucker, eine abgeriebene Orangenschale, den Saft von zwei Orangen und 1/2 Vanilleschote. Das Ganze auf kleiner Flamme zum Siedepunkt kommen lassen, dann Madeira hinzufügen und kurz vor dem Servieren eine Flasche Sekt nachfüllen. In vorgewärmte Punschgläser füllen.

200 g Karamelzucker
1 Orangenschale
Saft von 2 Orangen
1/2 Vanilleschote
2 Flaschen Rheinwein
1/4 Liter Madeira
1 Flasche Sekt

**Royal Punsch**

Sämtliche im Rezept vorgeschriebenen Zutaten werden in einer Kasserolle auf kleiner Flamme bis zum Siedepunkt gebracht. In vorgewärmten Punschgläsern servieren.

125 g Zucker
5 Scheiben Zitrone
5 Eßlöffel Lime Juice
1 Liter grüner Tee
1 Liter Weinbrand
1 Liter Bacardi
2 cl Curaçao Triple sec
2 cl Arrak

**Sherry Punsch**

Kandiszucker in Tee lösen, gesäuberte Zitronenschale und Zitronensaft hinzugeben. Mit Sherry und Arrak in Kasserolle geben und das Ganze auf kleiner Flamme erhitzen. In vorgewärmten Punschgläsern servieren.

100 g Kandiszucker
1/2 Liter Tee
Schale von 1 Zitrone
Saft von 1 Zitrone
1/2 Liter Sherry
1/2 Liter Arrak

**Tea Punsch**

Zucker mit Zitronensaft und Arrak in einer Kasserolle auflösen. Kurz vor dem Siedepunkt frisch aufgegossenen schwarzen Tee hinzugeben. In vorgewärmten Punschgläsern servieren.

250 g Zucker
Saft von 3 Zitronen
1/2 Liter Arrak
2 Liter schwarzer Tee

**Westphalian Beer Punsch**

Zerriebenen Pumpernickel mit geriebener Bitterschokolade, Sekt und Bier in Kasserolle auf kleiner Flamme erhitzen. Einmal aufwallen lassen und durch ein feines Sieb abseihen. Mit einem Ei abziehen, kräftig quirlen und in vorgewärmten Punschgläsern sowie mit kleinem Löffel servieren.

125 g Pumpernickel
175 g Bitterschokolade
1/2 Liter Bier
1/2 Liter Sekt
1 Ei

## HEISSE PUNSCHE
**im Glas zubereitet**

### Arrak Punsch

Zucker in Zitronensaft und Arrak auf kleiner Flamme auflösen. Flüssigkeit in vorgewärmtes Punschglas geben und Glas mit heißem Wasser auffüllen.

- 2 Barlöffel Zucker
- Saft von 1/2 Zitrone
- 1 Glas Arrak
- heißes Wasser

### Banana Punsch

Zucker mit Zitronensaft und Bananenlikör verrühren und mit Arrak auf kleiner Flamme erhitzen. Vier Bananenscheiben in vorgewärmtes Punschglas geben und die Flüssigkeit darübergießen. Das Glas mit heißem Wasser auffüllen. Mit kleinem Löffel servieren.

- 2 Barlöffel Zucker
- Saft von 1/2 Zitrone
- 1 Glas Arrak
- 1 Schuß Bananenlikör
- 4 Scheiben Bananen
- heißes Wasser

### Brandy Punsch

Zucker mit Zitronensaft und Weinbrand auf kleiner Flamme auflösen. In vorgewärmtes Punschglas geben und Glas mit heißem Wasser auffüllen.

- 2 Barlöffel Zucker
- Saft von 1/2 Zitrone
- 1 Glas Weinbrand
- heißes Wasser

### Douro Punsch

Zucker in Portwein und Sauternes auf kleiner Flamme auflösen. Einen Schuß Negrita-Rum hinzugeben und kurz vor dem Siedepunkt in vorgewärmtes Punschglas geben. Mit heißem Wasser auffüllen.

- 1 Barlöffel Zucker
- 1/2 Portwein
- 1/2 Sauternes
- 1 Schuß Negrita-Rum
- heißes Wasser

### Egg Punsch

Ein Eigelb wird mit zwei Barlöffeln Zucker verrührt. Dann Rum hinzugeben und das Ganze erhitzen. Flüssigkeit in vorgewärmtes Punschglas geben und das Glas mit heißer Milch auffüllen. Mit kleinem Löffel servieren.

- 1 Eigelb
- 2 Barlöffel Zucker
- 1 Glas Milch
- 1 Glas Rum

### Genova Punsch

Zucker in Kirschwasser und Aquavit auf kleiner Flamme auflösen. Einen Schuß Jamaika-Rum und etwas Zitronensaft hinzugeben. Flüssigkeit in vorgewärmtes Glas geben und mit heißem Wasser auffüllen.

- 2 Barlöffel Zucker
- $^{1}/_{3}$ Kirschwasser
- $^{2}/_{3}$ Aquavit
- 1 Schuß Jamaika-Rum
- Saft von $^{1}/_{2}$ Zitrone
- heißes Wasser

### Hunter's Punsch

Zucker in Zitronensaft und Sherry auf kleiner Flamme auflösen. Einen Schuß Arrak hinzugeben und kurz vor dem Siedepunkt in vorgewärmtes Punschglas füllen. Glas mit heißem Wasser auffüllen.

- 2 Barlöffel Zucker
- Saft von $^{1}/_{2}$ Zitrone
- 1 Glas Sherry medium
- 1 Schuß Arrak
- heißes Wasser

### Imperial Punsch

Kirschwasser, Curaçao Triple sec und Orangensaft erhitzen, einen Spritzer Orangebitter hinzugeben und kurz vor dem Siedepunkt in vorgewärmtes Punschglas füllen. Das Glas mit heißem Wasser auffüllen.

- $^{1}/_{4}$ Kirschwasser
- $^{1}/_{4}$ Curaçao Triple sec
- $^{1}/_{2}$ Orangensaft
- 1 Spritzer Orangebitter
- heißes Wasser

### Ladies Punsch

Curaçao Triple sec und roten Portwein auf kleiner Flamme erhitzen und in vorgewärmtes Punschglas geben. Glas mit heißem Wasser füllen und mit Orangenscheibe dekorieren.

- 1 Schuß Curaçao Triple sec
- 1 Glas Portwein (50 g)
- heißes Wasser
- Orangenscheibe

### Maraschino Punsch

Zucker mit Maraschino und Zitronensaft verrühren. Auf kleiner Flamme erhitzen und kurz vor dem Siedepunkt in vorgewärmtes Punschglas geben. Das Glas wird mit erhitztem Rheinwein aufgefüllt.

- 1 Barlöffel Zucker
- 1 Glas Maraschino
- Saft von $^{1}/_{2}$ Zitrone
- Rheinwein

**Milk Punsch**

Zucker in Rum auf kleiner Flamme auflösen. Einen Schuß Weinbrand und zwei Schuß Grand Marnier hinzugeben. Kurz vor dem Siedepunkt in vorgewärmtes Punschglas geben und mit heißer Milch auffüllen.

1 Barlöffel Zucker
1 Glas Rum
1 Schuß Weinbrand
2 Schuß Grand Marnier
heiße Milch

**Negrita Punsch**

Zucker in Zitronensaft und Negrita-Rum auflösen. Einen Schuß Ananassaft und zwei Schuß Armagnac hinzugeben. Kurz vor dem Siedepunkt in vorgewärmtes Punschglas geben und mit heißem Wasser auffüllen.

1 Barlöffel Zucker
Saft von 1/2 Zitrone
1 Glas Negrita-Rum
1 Schuß Ananassaft
2 Schuß Armagnac
heißes Wasser

**Netherland Punsch**

Zucker, Zimt und gemahlene Nelke mit Genever und Rum verquirlen. In vorgewärmtes Punschglas geben und mit heißem Ceylontee auffüllen. Mit Orangenschale garnieren und mit kleinem Löffel servieren.

2 Barlöffel Zucker
1 Prise Zimt
1 Prise gemahlene Nelke
1 Glas Genever
1 Schuß Rum
Ceylontee

**Pineapple Punsch**

Zucker in Zitronensaft und Batavia-Arrak auf kleiner Flamme auflösen. Flüssigkeit in vorgewärmtes Punschglas geben. Einige kleingeschnittene Stücke Ananas ins Glas geben und ein Glas Batavia-Arrak hinzugießen. Mit heißem Wasser auffüllen und mit kleinem Löffel servieren.

2 Barlöffel Zucker
Saft von 1/2 Zitrone
1 Schuß Batavia-Arrak
Ananasstückchen
1 Glas Batavia-Arrak
heißes Wasser

**Sicilian Punsch**

Zucker in Marsala auf kleiner Flamme auflösen, einen Schuß Arrak und einen Schuß Vanillesirup hinzugeben und in vorgewärmtes Punschglas füllen. Mit heißem Wasser auffüllen.

2 Barlöffel Zucker
1 Glas Marsala
1 Schuß Arrak
1 Schuß Vanillesirup
heißes Wasser

**Sun Punsch**

Zucker in Zitronensaft und Gin auflösen. Einen Schuß Enzian und einen Schuß weißen Pfefferminzlikör hinzugeben. Das Ganze auf kleiner Flamme zum Siedepunkt kommen lassen und in vorgewärmtes Punschglas füllen. Mit heißem Wasser auffüllen.

2 Barlöffel Zucker
Saft von 1/2 Zitrone
1 Glas Gin
1 Schuß Enzian
1 Schuß Crème de Menthe weiß
heißes Wasser

**United Service Punsch**

Zucker mit Zitronensaft und Batavia-Arrak verrühren. Weißen Portwein hinzugeben und auf kleiner Flamme zum Siedepunkt kommen lassen. In vorgewärmtes Punschglas geben und mit frisch aufgegossenem Ceylontee auffüllen.

2 Barlöffel Zucker
Saft von 1/2 Zitrone
1/4 Batavia-Arrak
3/4 weißer Portwein
Ceylontee

**Whisky Punsch**

Zucker in Zitronensaft und Whisky auf kleiner Flamme auflösen. Kurz vor dem Siedepunkt in vorgewärmtes Punschglas geben und mit heißem Wasser auffüllen. Mit Zitronenscheibe garnieren.

2 Barlöffel Zucker
Saft von 1/2 Zitrone
1 Glas Whisky
heißes Wasser
Zitronenscheibe

# KALTE PUNSCHE
## in der Schüssel zubereitet

### Artillery Punsch

Angosturabitter mit Zuckersirup und Zitronensaft in einer Punschschüssel verrühren. Nacheinander halbtrockenen Sherry, roten Bordeaux, Weinbrand und Whisky hinzugeben. Kurze Zeit ziehen lassen und kalt in Punschgläsern servieren.

1 Barlöffel Angostura
Saft von 3 Zitronen
1/2 Flasche Sherry
1/2 Flasche Bordeaux
1/2 Flasche Weinbrand
1 Flasche Whisky

### Black Velvet Punsch

Angostura, Zuckersirup und Zitronensaft in Bowlenschüssel verrühren. Die dünngeschnittenen Scheiben einer Zitrone und einer Orange in die Schüssel geben und Guinness darübergießen. Kurz vor dem Servieren eine Flasche Champagner hinzugeben. Kalt in Punschgläsern servieren.

2 Barlöffel Angostura
3 Barlöffel Zuckersirup
Saft von 3 Zitronen
1 Zitrone in Scheiben
1 Orange in Scheiben
1 Liter Guinness
1 Flasche Champagner

### Blush Punsch

Die nebenstehenden Zutaten werden in einer Bowlenschüssel verrührt. Zum Kühlen gibt man einen großen Eisblock in die Terrine oder, wenn vorhanden, einen Glaseinsatz, der mit Eiswürfeln gefüllt ist. In Punschgläsern servieren.

2 Eßlöffel Grenadine
Saft von 6 Zitronen
1 Flasche Roséwein
1 Flasche Gin

### Boston Fish House Punsch

Zuckersirup mit Peach Brandy und Zitronensaft verrühren. Weinbrand und Rum hinzugeben, einige Minuten ziehen lassen und vor dem Servieren kalten Champagner hinzugießen. In Punschgläsern servieren.

3 Eßlöffel Zuckersirup
3 Eßlöffel Peach Brandy
Saft von 6 Zitronen
1 Flasche Weinbrand
1 Flasche Jamaika-Rum
2 Flaschen Champagner

**Brigade Punsch**

Die Zutaten werden in einer Bowlenschüssel verrührt. Die spiralenförmig geschnittene Schale einer Zitrone hinzugeben und das Ganze einige Minuten ziehen lassen. Kalt in Punschgläsern servieren.

2 Eßlöffel Zuckersirup
1 Liter grüner Tee (kalt)
1/2 Flasche Portwein
1/2 Flasche Weinbrand
1 Flasche Whisky
1 Zitronenschale

**Champagner Punsch**

Angosturabitter und Zuckersirup werden in einer Bowlenschüssel verrührt. Die dünngeschnittenen Scheiben von drei Zitronen und drei Orangen hinzugeben und eine kleine Flasche Sodawasser darübergießen. Kurz vor dem Servieren drei Flaschen kalten Champagner hinzugeben.

2 Eßlöffel Zuckersirup
1 Barlöffel Angostura
3 Zitronen in Scheiben
3 Orangen in Scheiben
1 Flasche Sodawasser
3 Flaschen Champagner

**Chatham Punsch**

Zuckersirup mit Orangen- und Zitronensaft in Bowlenschüssel verrühren. Grünen, kalten Tee hinzugeben. Nacheinander Rum, Whisky, Rheinwein und Weinbrand dazugießen. Gut verrühren und kalt in Punschgläsern servieren.

3 Eßlöffel Zuckersirup
Saft von 6 Orangen
Saft von 6 Zitronen
1 Liter grüner Tee (kalt)
1/2 Flasche Rum
1/2 Flasche Whisky
1 Flasche Rheinwein
1 Flasche Weinbrand

**Claret Punsch**

Zitronen- und Orangenscheiben in Bowlenschüssel legen, Fruchtsäfte und Zuckersirup darübergeben. Hinzu kommen Angostura, Weinbrand und roter Bordeauxwein. Kurze Zeit ziehen lassen. Kurz vor dem Servieren eine große Flasche Sodawasser hinzugießen. Kalt in Punschgläsern servieren.

1 Zitrone in Scheiben
1 Orange in Scheiben
Saft von 2 Orangen
Saft von 2 Zitronen
3 Eßlöffel Zuckersirup
2 Barlöffel Angostura
1/2 Flasche Weinbrand
2 Flaschen roter Bordeaux
1 Liter Sodawasser

**Dragoon Punsch**

Trockenen Sherry, Guinness und helles Bier in eine Bowlenschüssel geben. Dünngeschnittene Scheiben von zwei Zitronen hinzugeben und kurze Zeit ziehen lassen. Vor dem Servieren kalten Champagner hinzugeben. Kalt in Punschgläsern servieren.

- 1/2 Flasche trockener Sherry
- 1/2 Flasche Weinbrand
- 3 Flaschen Guinness
- 3 Flaschen helles Bier
- 2 Zitronen in Scheiben
- 2 Flaschen Champagner

**Dubonnet Punsch**

Zitronensaft, Dubonnet und Gin in einer Bowlenschüssel verrühren. Dünngeschnittene Scheiben von zwei Zitronen und kaltes Wasser hinzugeben. Kurze Zeit ziehen lassen und kalt in Punschgläsern servieren.

- Saft von 3 Zitronen
- 2 Flaschen Dubonnet
- 1 Flasche Gin
- 2 Zitronen in Scheiben
- 1 Liter kaltes Wasser

**Festoon Punsch**

Zitronensaft mit kaltem Tee in einer Bowlenschüssel verrühren. Die spiralförmig geschnittene Schale einer Zitrone hinzugeben und nebenstehende Spirituosen darübergießen. Kurze Zeit ziehen lassen und kalt in Punschgläsern servieren.

- Saft von 3 Zitronen
- 1 Liter schwarzer Tee (kalt)
- 1 Zitronenschale
- 1 Flasche Whisky
- 1/2 Flasche Curaçao Triple sec
- 1/2 Flasche Jamaika-Rum
- 1/4 Flasche trockener Sherry
- 1 Flasche Rheinwein

**Fisherman's Punsch**

Zitronensaft mit Zuckersirup in Bowlenschüssel verrühren. Peach Brandy, Rum, Weinbrand und Whisky hinzugießen und kurze Zeit ziehen lassen. Kalt in Punschgläsern servieren.

- Saft von 4 Zitronen
- 3 Eßlöffel Zuckersirup
- 4 Eßlöffel Peach Brandy
- 1/2 Flasche Jamaika-Rum
- 1/2 Flasche Weinbrand
- 1 Flasche Whisky

**Frosty Punsch**

Pernod mit trockenem Weißwein (Chablis oder Blanc de Blancs) und Gin in einer Punschschüssel verrühren. Kaltes Wasser hinzugießen und kurze Zeit ziehen lassen. In Punschgläsern servieren.

2 Eßlöffel Pernod
1 Flasche trockener Weißwein
2 Flaschen Gin
1 Liter Wasser

**Gin Punsch**

Trockenen Weißwein (Chablis oder Blanc de Blancs) in eine Bowlenschüssel geben. Dünngeschnittene Scheiben von zwei Zitronen hinzugeben. Grünen Tee (kalt) und weißen Rum nachgießen, gut verrühren und kurze Zeit ziehen lassen. Kalt in Punschgläsern servieren.

2 Flaschen Weißwein
1 Flasche Gin
2 Zitronen in Scheiben
1/2 Liter grüner Tee (kalt)
1/2 Liter weißer Rum

**Golden Punsch**

Chartreuse, Maraschino und Weinbrand in einer Bowlenschüssel verrühren. Dünngeschnittene Scheiben von zwei Orangen hinzugeben und kurze Zeit ziehen lassen. Vor dem Servieren eine kleine Flasche Sodawasser und zwei Flaschen Champagner hinzugeben. Kalt in Punschgläsern servieren.

3 Eßlöffel Chartreuse gelb
1 Eßlöffel Maraschino
1/2 Flasche Weinbrand
2 Orangen in Scheiben
1 Flasche Sodawasser
2 Flaschen Champagner

**Grapefruit Punsch**

Grapefruitsaft mit rotem Vermouth in Punschschüssel verrühren. Dünngeschnittene Scheiben von zwei Zitronen hinzugeben. Darüber Gin und Eiswasser gießen. Kurze Zeit ziehen lassen und kalt in Punschgläsern servieren.

Saft von 5 Grapefruits
1/2 Flasche roter Vermouth
2 Zitronen in Scheiben
2 Flaschen Gin
1 Liter Eiswasser

**Hawaiian Punsch**

Ananassaft, Orangensaft und Zitronensaft in einer Bowlenschüssel verrühren. Rum hinzugeben und dünngeschnittene Scheiben von einer Orange und zwei in Würfel geschnittene Ananasscheiben in die Schüssel geben. Zwei Flaschen Gin und Eiswasser nachgießen, kurze Zeit ziehen lassen und kalt in Punschgläsern servieren.

1 Liter Ananassaft
Saft von 3 Orangen
Saft von 3 Zitronen
1/2 Flasche weißer Rum
1 Orange in Scheiben
2 Ananasscheiben
2 Flaschen Gin
1/2 Liter Eiswasser

**Jubel Early Punsch**

Zuckersirup und Zitronensaft in Bowlenschüssel verrühren. Rum, Weinbrand und Moselwein hinzugießen, kurz ziehen lassen und kalt in Punschgläsern servieren.

3 Eßlöffel Zuckersirup
Saft von 6 Zitronen
1 Flasche Jamaika-Rum
1 Flasche Weinbrand
1 Flasche Moselwein

**Malakai Punsch**

Grenadine mit Zitronensaft in Bowlenschüssel verrühren. Ananasscheiben in Würfel schneiden, mit dünngeschnittenen Scheiben von zwei Orangen in die Schüssel geben. Darüber trockenen Weißwein, Gin und Rum gießen. Kurze Zeit ziehen lassen und in Punschgläsern servieren.

2 Eßlöffel Grenadine
Saft von 2 Zitronen
4 Ananasscheiben
2 Orangen in Scheiben
1 Flasche Weißwein
1 Flasche Gin
1/2 Flasche weißer Rum

**Orange Punsch**

Zuckersirup mit Orangensaft in Bowlenschüssel geben und verrühren. Dünngeschnittene Scheiben von einer Orange hinzugeben und mit Curaçao Triple sec und Gin übergießen. Kurze Zeit ziehen lassen und vor dem Servieren eine große Flasche Sodawasser hinzugeben. Kalt servieren.

2 Eßlöffel Zuckersirup
Saft von 6 Orangen
1 Orange in Scheiben
2 Eßlöffel Curaçao Triple sec
1 Flasche Gin
1 Flasche Sodawasser

**Picnic Punsch**

Zuckersirup und Zitronensaft in Bowlenschüssel verrühren. In Würfel geschnittene Ananasscheiben hinzugeben. Chablis, Gin und Rum darübergießen, kurze Zeit ziehen lassen und kalt in Punschgläsern servieren.

- 2 Eßlöffel Zuckersirup
- Saft von 3 Zitronen
- 4 Scheiben Ananas
- 2 Flaschen Chablis
- 1 Flasche Gin
- $1/2$ Flasche weißer Rum

**Pineapple Punsch**

Zuckersirup mit Orangen- und Zitronensaft in Bowlenschüssel verrühren. Ananasscheiben in Würfel schneiden und in die Terrine geben. Kalten Tee, trockenen Sherry, Rum und roten Portwein darübergießen, kurze Zeit ziehen lassen und vor dem Servieren Eiswasser hinzugeben. Kalt in Punschgläsern servieren.

- 6 Eßlöffel Zuckersirup
- Saft von 3 Orangen
- Saft von 3 Zitronen
- 6 Ananasscheiben
- 1 Tasse schwarzer Tee
- 1 Flasche trockener Sherry
- $1/2$ Flasche Rum
- 1 Flasche Portwein
- 1 Liter Wasser

**Prinny Punsch**

Zuckersirup mit Orangen- und Zitronensaft in Bowlenschüssel verrühren. Die spiralförmig geschnittenen Schalen von zwei Zitronen hinzugeben. Kalten Tee, Jamaika-Rum und Weinbrand nachgießen, kurze Zeit ziehen lassen und vor dem Servieren Champagner hinzugeben. Kalt in Punschgläsern servieren.

- 2 Eßlöffel Zuckersirup
- Saft von 6 Orangen
- Saft von 6 Zitronen
- 2 Zitronenschalen
- 1 Liter schwarzer Tee
- $1/2$ Flasche Jamaika-Rum
- 1 Flasche Weinbrand
- 1 Flasche Champagner

**Reception Punsch**

Ananasscheiben in kleine Würfel schneiden und in eine Punschschüssel geben. Orangen- und Zitronensaft hinzugeben und das Ganze mit einer Tasse Ahornsirup verrühren. Dann Canadian Club Whisky nachgießen und kurze Zeit ziehen lassen. Vor dem Servieren Ginger Ale und Sodawasser hinzugeben. Kalt servieren.

- 4 Ananasscheiben
- Saft von 8 Orangen
- Saft von 6 Zitronen
- 1 Tasse Ahornsirup
- 1 Flasche Canadian Club Whisky
- 3 Flaschen Ginger Ale
- 3 Flaschen Sodawasser

**Sour Punsch**

Zuckersirup und Orangensaft mit Zitronensaft in Bowlenschüssel verrühren. Dünngeschnittene Scheiben einer Orange und Zitrone hinzugeben. Whisky nachgießen, kurz ziehen lassen und vor dem Servieren eine große Flasche Sodawasser hinzugeben. Kalt in Punschgläsern servieren.

2 Eßlöffel Zuckersirup
Saft von 6 Orangen
Saft von 2 Zitronen
1 Orange in Scheiben
1 Zitrone in Scheiben
1 Flasche Whisky
1 Flasche Sodawasser

**Southern Punsch**

Zuckersirup mit Zitronensaft und Grenadine in Bowlenschüssel verrühren. Die dünngeschnittenen Scheiben einer Orange, Zitrone und einer halben Salatgurke hinzugeben. Roten Bordeaux, trockenen Sherry, Weinbrand und Jamaika-Rum nachgießen. Umrühren und kurze Zeit ziehen lassen. Vor dem Servieren eine große Flasche Ginger Ale und Sodawasser in die Terrine geben. Kalt in Punschgläsern servieren.

4 Eßlöffel Zuckersirup
Saft von 6 Zitronen
2 Eßlöffel Grenadine
1 Orange in Scheiben
1 Zitrone in Scheiben
1/2 Salatgurke in Scheiben
2 Flaschen Bordeauxwein
1/2 Flasche Sherry
1 Flasche Weinbrand
1 Flasche Jamaika-Rum
1 Flasche Ginger Ale
1 Flasche Sodawasser

**Sparkling Punsch**

Erdbeeren mit Zuckersirup in Bowlenschüssel geben und roten Bordeaux nachgießen. Kurz ziehen lassen. Vor dem Servieren eine kleine Flasche Sodawasser und zwei Flaschen Champagner in die Terrine geben. Kalt in Punschgläsern servieren.

500 g Erdbeeren
3 Eßlöffel Zuckersirup
1 Flasche roter Bordeaux
1 kleine Flasche Sodawasser
2 Flaschen Champagner

**Valencia Punsch**

In Bowlenschüssel Zuckersirup, Orangen- und Zitronensaft verrühren. Weißen Pfefferminzlikör, trockenen Weißwein (Chablis) und Gin nachgießen. Kurze Zeit ziehen lassen und kalt in Punschgläsern servieren. Kompottkirschen in die Gläser geben.

1 Eßlöffel Zuckersirup
Saft von 6 Orangen
Saft von 3 Zitronen
2 Eßlöffel Crème de Menthe weiß
1 Flasche trockener Wein
1 Flasche Gin
Kompottkirschen

**Wedding Punsch**

Zuckersirup mit Zitronensaft und Ananassaft in Bowlenschüssel verrühren. Vanillesirup und Cognac hinzugeben. Kurze Zeit ziehen lassen und Eiswasser langsam, unter Rühren nachgießen. Kalt in Punschgläsern servieren.

3 Eßlöffel Zuckersirup
Saft von 8 Zitronen
1 Eßlöffel Vanillesirup
1 Flasche Cognac
1 Liter Eiswasser

**West Indian Punsch**

Zuckersirup mit Grapefruit- und Orangensaft in Bowlenschüssel verrühren. Angostura und Bénédictine hinzugeben, verrühren und kurze Zeit stehenlassen. Die spiralförmig geschnittene Schale einer Zitrone sowie Weinbrand und Rum in die Terrine geben. Kalt in Punschgläsern servieren. Etwas Muskatnuß auf das Getränk reiben.

3 Eßlöffel Zuckersirup
Saft von 4 Grapefruits
Saft von 2 Orangen
1 Barlöffel Angostura
4 Eßlöffel Bénédictine
1 Zitronenschale
1/2 Flasche Weinbrand
1 Flasche Jamaika-Rum
Muskatnuß

**Whisky Punsch**

Zuckersirup mit Orangen- und Zitronensaft in Bowlenschüssel verrühren. Curaçao Triple sec hinzugeben. Dünngeschnittene Scheiben einer Orange und zwei in Würfel geschnittene Scheiben Ananas in die Terrine geben, Whisky darübergießen, kurz ziehen lassen und kalt in Punschgläsern servieren.

2 Eßlöffel Zuckersirup
Saft von 4 Orangen
Saft von 2 Zitronen
2 Eßlöffel Curaçao Triple sec
1 Orange in Scheiben
2 Ananasscheiben
1 Flasche Whisky

## KALTE PUNSCHE
## im Glas zubereitet

### Arrak Punsch

Das Punschglas wird bis zur Hälfte mit feingeschlagenem Eis gefüllt. Nebenstehende Zutaten werden darübergegeben und gut verrührt. Mit Sodawasser auffüllen und mit Kirsche und Ananasstücken garnieren. Mit Saughalm servieren.

Eis
1 Barlöffel Zuckersirup
2 Barlöffel Grenadine
1/4 Zitronensaft
3/4 Arrak
Sodawasser
Kirsche, Ananas

### Bahamas Punsch

Nebenstehende Zutaten werden über feingeschlagenes Eis in Punschglas gegeben. Gut verrühren, einen Schuß Sodawasser hinzugeben und mit einer halben Orangen- und Zitronenscheibe garnieren. Mit Saughalm servieren.

Eis
2 Spritzer Angostura
2 Barlöffel Zuckersirup
1 Barlöffel Grenadine
1 Glas Bacardi Rum
Saft von 1/2 Zitrone
Orangenscheibe
Zitronenscheibe

### Barbados Punsch

Die nebenstehenden Zutaten werden in ein bis zur Hälfte mit feingeschlagenem Eis gefülltes Punschglas gegeben. Gut verrühren und mit Sodawasser auffüllen. Mit halbierter Zitronen- und Orangenscheibe garnieren und mit Saughalm servieren.

Eis
2 Spritzer Angostura
2 Barlöffel Zuckersirup
1/3 Zitronensaft
1/3 Orangensaft
1/3 Bacardi Rum
Orangenscheibe
Zitronenscheibe

### Brandy Punsch

Über feingeschlagenes Eis werden die Zutaten in ein Punschglas gegeben und verrührt. Das Glas mit Sodawasser auffüllen und mit halbierter Orangenscheibe und Maraschinokirsche garnieren. Mit Saughalm servieren.

Eis
1 Barlöffel Grenadine
2 Barlöffel Zuckersirup
1 Glas Weinbrand
Saft von 1/2 Zitrone
Sodawasser
Orangenscheibe
Kirsche

**Calvados Punsch**

Punschglas bis zur Hälfte mit feingeschlagenem Eis füllen, nebenstehende Zutaten mit dem Eis verrühren und das Glas mit Apfelwein auffüllen. Mit Kirsche und halbierter Zitronenscheibe garnieren und mit Saughalm servieren.

Eis
1 Barlöffel Grenadine
1/4 Zitronensaft
1/4 Orangensaft
1/2 Calvados
Apfelwein
Kirsche
Zitronenscheibe

**Claret Punsch**

Punschglas bis zur Hälfte mit feingeschlagenem Roheis füllen. Zitronensaft und Grenadine ins Glas geben, gut verrühren und mit rotem Bordeaux auffüllen. Mit Saughalm servieren.

Eis
3 Barlöffel Grenadine
Saft von 1/2 Zitrone
roter Bordeaux

**Dutch Punsch**

Nebenstehende Zutaten über feingeschlagenes Eis in Punschglas geben. Gut verrühren, mit Sodawasser auffüllen und mit halbierter Orangenscheibe und Maraschinokirsche garnieren. Mit Saughalm servieren.

Eis
2 Spritzer Orangebitter
2 Spritzer Maraschino
1 Barlöffel Zuckersirup
1 Barlöffel Lime Juice
1 Glas Genever
Sodawasser
Orangenscheibe
Kirsche

**Fish House Punsch**

Nebenstehende Zutaten werden über feingeschlagenes Eis in Punschglas gegeben und gut verrührt. Das Glas wird mit Sodawasser aufgefüllt und mit Ananasstückchen und Maraschinokirschen garniert. Mit Saughalm servieren.

Eis
2 Barlöffel Zuckersirup
Saft von 1/2 Zitrone
1/3 Weinbrand
2/3 Jamaika-Rum
Sodawasser
Ananas, Kirschen

**Grenada Punsch**

Nebenstehende Zutaten über feingeschlagenes Eis in Punschglas geben und gut verrühren. Mit Sodawasser auffüllen und mit Ananasstückchen und Maraschinokirsche garnieren.

Eis
2 Spritzer Angostura
2 Barlöffel Zuckersirup
1/3 Lime Juice
1/3 Zitronensaft
1/3 Orangensaft
1 Glas Jamaika-Rum
1 Barlöffel Grenadine
Sodawasser
Ananas, Kirsche

**Julien Punsch**

In ein bis zur Hälfte mit feingeschlagenem Eis gefülltes Punschglas gibt man die nebenstehenden Zutaten und verrührt sie gut. Das Glas wird mit Sodawasser aufgefüllt und mit halbierter Zitronen- und Orangenscheibe garniert. Mit Saughalm servieren.

Eis
2 Spritzer Angostura
1 Barlöffel Grenadine
1 Schuß Ananassaft
1/3 Bacardi Rum
2/3 Jamaika-Rum
Sodawasser
Zitronen- und Orangenscheibe

**Mississippi Punsch**

Nebenstehende Zutaten über feingeschlagenes Eis in Punschglas geben. Gut verrühren und mit Sodawasser auffüllen. Mit Ananasstückchen und Maraschinokirschen garnieren. Mit Saughalm servieren.

Eis
1 Barlöffel Ananassirup
1 Barlöffel Grenadine
1/3 Whisky
1/3 Weinbrand
1/3 Jamaika-Rum
Sodawasser
Ananas, Kirschen

**Planter's Punsch**

Nebenstehende Zutaten über feingeschlagenes Eis in Punschglas geben. Gut verrühren und mit Sodawasser auffüllen. Mit halbierter Orangenscheibe, Ananasstückchen und Maraschinokirsche garnieren. Mit Saughalm servieren.

Eis
1 Barlöffel Grenadine
1 Barlöffel Ananassirup
1 Schuß Orangensaft
1 Glas Golden Rum
Sodawasser
Orangenscheibe
Ananas
Maraschinokirsche

**Rocky Mountain Punsch**

Nebenstehende Zutaten gibt man mit feingeschlagenem Eis in ein Punschglas und verrührt mit dem Barlöffel. Das Glas wird mit Sekt aufgefüllt und mit Ananasstücken und Maraschinokirsche dekoriert. Mit Saughalm servieren.

Eis
1 Barlöffel Zuckersirup
1/4 Zitronensaft
1/4 Maraschino
1/2 Jamaika-Rum
Sekt
Ananas, Kirsche

**Royal Punsch**

Die nebenstehenden Zutaten werden über feingeschlagenes Eis in Punschglas gegeben und verrührt. Das Glas wird mit Sekt aufgefüllt und mit Erdbeere und Ananasstück dekoriert. Mit Saughalm servieren.

Eis
1/4 Zitronensaft
1/4 Cherry Brandy
1/2 Bacardi Rum
Sekt
Erdbeere, Ananas

**Tobago Punsch**

Das Punschglas bis zur Hälfte mit feingeschlagenem Eis füllen. Nebenstehende Zutaten übers Eis geben und gut verrühren. Das Glas mit Sodawasser füllen und mit halbierter Orangenscheibe, halbierter Zitronenscheibe und Maraschinokirsche dekorieren.

Eis
2 Spritzer Angostura
2 Barlöffel Zuckersirup
2 Barlöffel Grenadine
1/2 Zitronensaft
1/2 Orangensaft
1 Glas Golden Rum
Sodawasser
Zitronenscheibe
Orangenscheibe
Maraschinokirsche

## GROGS UND GLÜHWEINE

Der Grog erhielt seinen Namen durch den britischen Admiral Vernon, der am 4. August 1740 den Befehl erließ, daß die Matrosen das ihnen zustehende Quantum Rum nicht mehr pur, sondern mit Wasser verdünnt trinken müßten. Da Admiral Vernon ständig eine Jacke aus Seide und Kamelhaar trug, auf englisch „Grogram", hieß er nur noch „Old Grog", und den mit Wasser verdünnten Rum nannten die Matrosen „Grog".

Inzwischen ist der Grog in vielen Abarten als norddeutsche Spezialität bekannt geworden. Früher hieß es: „Rum muß, Zucker kann, Wasser braucht nicht unbedingt hinein." Heute wird der Grog, wie nachstehende Rezepte zeigen, nicht nur mit Rum hergestellt, denn Arrak, Weinbrand und Whisky leisten dieselben Dienste und bieten zugleich interessante Geschmacksvariationen.

Bei der Zubereitung von Grog nimmt man immer frisches Wasser. Das Grogglas muß hitzebeständig sein und einen breiten Fuß haben, so daß es nicht leicht umfällt. Es muß mindestens 2 dl fassen können, und der Stiel oder Henkel darf nicht heiß werden.

Die klassische Art, einen Grog zu servieren, ist folgende:
Ein vorgewärmtes Henkelglas auf einem Unterteller mit Löffel dem Gast vorsetzen. Dazu ein Kännchen frisches, kochendes Wasser, einen kleinen Teller mit Zitronenviertel, eine Dose Kandiswürfelzucker und eine Grogkanne mit angewärmtem Rum geben.

Der Gast kann sich den Grog nach seinem Geschmack, mit viel oder wenig Wasser, Zucker oder Zitronensaft herstellen.

Der Glühwein, ebenfalls ein ideales Getränk für die kalte Jahreszeit, kann sowohl aus rotem als auch aus weißem Wein hergestellt werden.

Die Zubereitung geschieht folgendermaßen:
Wein mit Zucker und Gewürzen auf kleiner Flamme erhitzen und kurz vor dem Siedepunkt in vorgewärmte Groggläser geben. Die Gewürze werden vor dem Servieren mit einem Sieb entfernt. Der Glühwein wird niemals mit Wasser verdünnt. In Skandinavien ist der Glühwein als Glögg bekannt.

## GROGS

### Ananas Grog

Einige Ananaswürfel in ein Grogglas geben. Mit Zitronensaft, Zucker und Arrak erhitzen, das Glas mit kochendem Wasser auffüllen. Mit Teelöffel servieren.

Ananaswürfel
1 Barlöffel Zitronensaft
2 Barlöffel Karamelzucker
1 Glas Arrak
heißes Wasser

### Brandy Grog

Zucker mit Zitronensaft in Grogglas auf kleiner Flamme auflösen. Weinbrand hinzugeben und mit kochendem Wasser auffüllen. Zitronenscheibe ins Glas geben und mit Teelöffel servieren.

2 Barlöffel Zucker
Saft von 1/2 Zitrone
1 Glas Weinbrand
Zitronenscheibe

### Coffee Grog

Würfelzucker mit Zitronensaft in Grogglas auf kleiner Flamme auflösen. Armagnac hinzugeben und Glas mit schwarzem Mokka auffüllen. Mit Teelöffel servieren.

4 Stück Würfelzucker
4 Barlöffel Zitronensaft
1 Glas Armagnac
heißer Mokka

### Columbia Grog

Zucker mit Zitronensaft auf kleiner Flamme auflösen. Whiskey dazugeben und Grogglas mit kochendem Wasser auffüllen. Zitronenscheibe ins Glas geben und mit Teelöffel servieren.

2 Barlöffel Zucker
Saft von 1/2 Zitrone
1 Glas Rye Whiskey
heißes Wasser
Zitronenscheibe

### Eier Grog

Eidotter mit Zucker und Vanille im heiß ausgeschwenkten Grogglas schaumig rühren und angewärmten Rum hinzugeben. Sofort servieren.

1 Eidotter
2 Barlöffel Zucker
1 Prise Vanille
1 Glas Rum

**Helgoländer Grog**

Kandiszucker mit Jamaika-Rum und heißem Wasser auf kleiner Flamme auflösen. Einen Schuß Rotwein hinzugeben und in vorgewärmtes Grogglas, welches mit Curaçao Triple sec ausgeschwenkt wurde, füllen. Mit Zitronenscheibe dekorieren und mit Teelöffel servieren.

3 Stück Kandiszucker
1 Glas Jamaika-Rum
2 Schuß heißes Wasser
1 Schuß Rotwein
1 Zitronenscheibe
Curaçao Triple sec

**Honig Grog**

Honig, Zitronensaft und Rum in vorgewärmtem Grogglas verrühren und das Glas mit kochendem Wasser auffüllen. Mit Teelöffel servieren.

1 Eßlöffel Honig
Saft von 1/2 Zitrone
1 Glas Rum
heißes Wasser

**Kanada Grog**

Ahornsirup mit Zitronensaft und Canadian Whisky in vorgewärmtem Grogglas verrühren. Mit kochendem Wasser auffüllen und mit Teelöffel servieren.

3 Barlöffel Ahornsirup
Saft von 1/2 Zitrone
1 Glas Canadian Club Whisky
heißes Wasser

**Pharisäer Grog**

Zucker mit schwarzem Kaffee in vorgewärmtem Grogglas verrühren. Rum hinzugeben, auf kleiner Flamme bis zum Siedepunkt erhitzen und mit Schlagsahne dekken.

2 Barlöffel Zucker
schwarzer Kaffee
1 Glas Rum
1 Eßlöffel Sahne

**Powers Grog**

Zucker mit Zitronensaft und Kirschwasser in vorgewärmtem Grogglas verrühren. Whisky und zwei Schuß Wasser hinzugeben und das Ganze bis kurz vor dem Siedepunkt erhitzen. Mit Teelöffel servieren.

1 Barlöffel Zucker
2 Barlöffel Kirschwasser
Saft von 1/2 Zitrone
1 Glas Whisky
2 Schuß heißes Wasser

**Rum Grog**

Zucker mit Zitronensaft und Rum auf kleiner Flamme in Grogglas auflösen und das Glas mit kochendem Wasser auffüllen. Mit Zitronenscheibe garnieren und mit Teelöffel servieren.

2 Barlöffel Zucker
Saft von 1/2 Zitrone
1 Glas Rum
heißes Wasser
Zitronenscheibe

**Tee Grog**

Zucker mit Zitronensaft und Rum auf kleiner Flamme im Grogglas auflösen. Das Glas mit schwarzem, frisch aufgegossenem Tee auffüllen und mit Zitronenscheibe garnieren.

2 Barlöffel Zucker
Saft von 1/2 Zitrone
1 Glas Rum
schwarzer Tee
Zitronenscheibe

**Whisky Grog**

Zucker mit Zitronensaft und Whisky in Grogglas auflösen und Glas mit kochendem Wasser füllen. Mit Teelöffel servieren.

2 Barlöffel Zucker
Saft von 1/2 Zitrone
1 Glas Whisky
heißes Wasser

## GLÜHWEINE

**Admiral**

Eigelb mit Karamelzucker und Zimt in Grogglas schaumig schlagen. Rotwein hinzugeben und unter ständigem Rühren bis kurz vor dem Siedepunkt erhitzen. Sofort servieren.

1 Eigelb
2 Barlöffel Karamelzucker
1 Prise Zimt
Rotwein

**Frankfurter Glühwein**

Kandiszucker in Zitronensaft auf kleiner Flamme auflösen. Eine Nelke und ein Stück Stangenzimt hinzugeben. Mit Apfelwein erhitzen und kurz vor dem Siedepunkt in vorgewärmtes Grogglas abseihen. Mit Teelöffel servieren.

4 Stück Kandiszucker
1 Nelke
1 Stück Stangenzimt
Saft von 1/2 Zitrone
Apfelwein

**Hot Locomotive**

Eigelb mit Zucker und Honig verrühren. Mit etwas Curaçao Triple sec und Rotwein bis kurz vor dem Siedepunkt erhitzen. Mit Zitronenscheibe dekorieren und mit Teelöffel servieren.

1 Eigelb
2 Barlöffel Zucker
2 Barlöffel Honig
1 Schuß Curaçao Triple sec
Rotwein
Zitronenscheibe

**Negus**

Zucker in Zitronensaft auf kleiner Flamme verrühren. Nelke hinzugeben und mit trokkenem Portwein erhitzen. In vorgewärmtes Grogglas geben und etwas Muskatnuß darüberstreuen.

2 Barlöffel Zucker
Saft von 1/2 Zitrone
1 Nelke
Portwein
Muskatnuß

**Oporto Glühwein**

Zucker mit Vanillesirup und Zimt in kochendem Wasser auflösen. Eine abgeriebene Orangen- und Zitronenschale hinzugeben. Kurz ziehen lassen und in ein vorgewärmtes Grogglas seihen. Glas mit erhitztem Portwein auffüllen.

2 Barlöffel Zucker
1 Barlöffel Vanillesirup
1 Prise Zimt
1 Schuß kochendes Wasser
Orangen- und Zitronenschale
Portwein

**Seehund**

Einige Rosinen in Grogglas geben. Rum hinzugeben und kurze Zeit einweichen lassen. In einer kleinen Kasserolle wird Zukker, ein fingerlanges Stück Zitronenschale und eine Prise Zimt mit Weißwein bis kurz vor den Siedepunkt gebracht. Dann wird der Wein auf die Rosinen ins vorgewärmte Grogglas abgeseiht. Mit Teelöffel servieren.

Rosinen
1 Glas Rum
2 Barlöffel Zucker
1 Stück Zitronenschale
1 Prise Zimt
Weißwein

**Weißer Glühwein**

Kandiszucker in würzigem Weißwein (Gewürztraminer, Gumpoldskirchner oder Pfälzer Muskat) auflösen. Eine Nelke, ein Stückchen Stangenzimt und ein Stück Orangen- und Zitronenschale hinzugeben. Bis kurz vor dem Siedepunkt erhitzen und in vorgewärmtes Punschglas abseihen.

4 Stück Kandiszucker
Weißwein
1 Nelke
1 Stück Stangenzimt
1 Stück Orangenschale
1 Stück Zitronenschale

## SLINGS UND TODDIES

Die Slings sind punschähnliche Longdrinks, die kalt und auch warm zubereitet werden können. Während die kalten Slings in großen Tumblergläsern zubereitet werden und kohlensäurehaltiges Wasser oder kalten Tee enthalten, serviert man die warmen Slings in Punschgläsern, die mit frisch aufgegossenem heißem Tee oder heißem Wasser aufgefüllt werden. Die Toddies unterscheiden sich kaum von den Slings. Früher wurde der Toddy ausschließlich heiß zubereitet, doch heute serviert man ihn auch kalt. Die kalten Toddies werden genau wie die Slings zubereitet. Der einzige Unterschied ist, daß man ein kleines Tumblerglas verwendet und das Getränk ausschließlich mit kaltem Wasser auffüllt. Zum Auffüllen benötigt man weniger Flüssigkeit als bei den Slings, wodurch die alkoholischen Ingredienzen stärker hervortreten.

Heiße Toddies sind im Grunde genommen Grogs, die durch Gewürzzutaten aromatisiert werden. Die Gewürze werden vor dem Servieren immer entfernt.

## SLINGS

### Baltimore Sling

Großes Tumblerglas bis zur Hälfte mit feingeschlagenem Eis füllen, nebenstehende Ingredienzen darübergeben, gut verrühren und mit Orangenscheibe garnieren. Glas mit Apfelsaft auffüllen und mit Saughalm servieren.

Eis
1 Schuß Grenadine
1 Schuß Lime Juice
1 Glas Weinbrand
Orangenscheibe
Apfelsaft

### Bangkok Sling

Nebenstehende Zutaten im Shaker durchschütteln und über feingeschlagenes Eis im Tumbler seihen. Glas mit kaltem Tee auffüllen, verrühren und mit Orangenscheibe und Minzblatt dekorieren. Mit Saughalm servieren.

Eis
2 Spritzer Bénédictine
2 Spritzer Weinbrand
1/6 Lime Juice
1/6 Cherry Brandy
2/3 Gin
schwarzer Tee
Orangenscheibe
Minzblatt

### Bombay Sling

Großes Tumblerglas bis zur Hälfte mit feingeschlagenem Eis füllen. Nebenstehende Zutaten darübergeben und gut verrühren. Mit Sodawasser auffüllen und mit Bananenscheiben und Maraschinokirsche garnieren. Mit kleinem Löffel und Saughalm servieren.

Eis
1 Spritzer Angostura
2 Barlöffel Zuckersirup
1/3 Zitronensaft
2/3 Curaçao Triple sec
Sodawasser
Bananenscheiben
Maraschinokirsche

### Gin Sling

Nebenstehende Zutaten über feingeschlagenes Eis in großes Tumblerglas geben, gut verrühren und mit Sodawasser auffüllen. Mit Orangenscheibe und Maraschinokirsche garnieren und mit Saughalm servieren.

Eis
1 Barlöffel Grenadine
2 Barlöffel Zuckersirup
1/4 Lime Juice
3/4 Gin
Sodawasser
Orangenscheibe
Maraschinokirsche

**Grassi's Sling**

Nebenstehende Zutaten über feingeschlagenes Eis in großes Tumblerglas geben, gut verrühren und Glas mit Sodawasser auffüllen. Mit Ananasstückchen und Maraschinokirsche garnieren. Mit Saughalm servieren.

Eis
1 Barlöffel Zuckersirup
1/6 Zitronensaft
1/6 Wodka
2/3 Schwedenpunsch
Sodawasser
Ananasstückchen
Maraschinokirsche

**Kalkutta Sling**

Großes Tumblerglas bis zur Hälfte mit feingeschlagenem Eis füllen, nebenstehende Zutaten darübergeben und gut verrühren. Glas mit Ginger Ale auffüllen und mit Bananenscheiben und Ananasstückchen dekorieren. Mit kleinem Löffel und Saughalm servieren.

Eis
1 Barlöffel Zuckersirup
1 Barlöffel Ingwersaft
1/3 Ananassaft
2/3 Arrak
Ginger Ale
Bananenscheiben
Ananasstückchen

**Singapore Sling**

Nebenstehende Zutaten über feingeschlagenes Eis in großes Tumblerglas geben, gut verrühren und Glas mit Sodawasser auffüllen. Mit halbierter Zitronen- und Orangenscheibe und Maraschinokirsche garnieren. Mit Saughalm servieren.

Eis
2 Barlöffel Zuckersirup
Saft von 1/2 Zitrone
1/4 Cherry Brandy
3/4 Gin
Sodawasser
Orangenscheibe
Zitronenscheibe
Maraschinokirsche

## KALTE TODDIES

### Acapulco Toddy

Kleines Tumblerglas bis zur Hälfte mit feingeschlagenem Eis füllen. Zuckersirup mit den alkoholischen Zutaten darübergeben und gut verrühren. Das Glas mit kaltem Wasser auffüllen. Mit Zitronenscheibe garnieren und mit Saughalm servieren.

Eis
2 Barlöffel Zuckersirup
1/3 Crème de Cassis
2/3 Tequila
kaltes Wasser
Zitronenscheibe

### Asian Toddy

Feingeschlagenes Eis in kleines Tumblerglas geben, die nebenstehenden Zutaten darübergeben und gut verrühren. Glas mit kaltem Wasser auffüllen und mit Zitronenscheibe garnieren. Mit Saughalm servieren.

Eis
2 Barlöffel Zuckersirup
1 Schuß Bananenlikör
1/3 Gin
2/3 Arrak
kaltes Wasser
Zitronenscheibe

### Norman's Toddy

Kleines Tumblerglas bis zur Hälfte mit feingeschlagenem Eis füllen. Nebenstehende Zutaten darübergeben, gut verrühren und mit kaltem Wasser auffüllen. Mit Zitronenscheibe dekorieren und mit Saughalm servieren.

Eis
2 Barlöffel Zuckersirup
1 Schuß Bénédictine
1/3 Cognac
2/3 Calvados
kaltes Wasser
Zitronenscheibe

### Pendennis Toddy

Honig mit Wasser in kleinem Tumblerglas auflösen, feingeschlagenes Eis hinzugeben und mit Kirschwasser und Whiskey übergießen. Gut verrühren und Glas mit kaltem Wasser auffüllen. Mit Maraschinokirsche und halbierter Orangen- und Zitronenscheibe dekorieren. Mit Saughalm servieren.

Eis
2 Barlöffel Honig
1/5 Kirschwasser
4/5 Bourbon Whiskey
kaltes Wasser
Maraschinokirsche
Orangenscheibe
Zitronenscheibe

## HEISSE TODDIES

### Applejack Toddy

Würfelzucker mit Calvados in einer Kasserolle auf kleiner Flamme auflösen. Zwei Nelken und ein Stückchen Stangenzimt hinzugeben und kurz vor dem Siedepunkt in vorgewärmtes Punschglas abseihen. Etwas geriebene Muskatnuß auf das Getränk geben und mit Zitronenscheibe garnieren.

4 Stück Würfelzucker
1 Glas Calvados
2 Gewürznelken
1 Stück Stangenzimt
Muskatnuß
Zitronenscheibe

### Brandy Toddy

Würfelzucker mit Zitronensaft und Weinbrand auf kleiner Flamme auflösen. Gewürznelken und ein Stückchen Stangenzimt hinzugeben und kurz vor dem Siedepunkt in vorgewärmtes Punschglas abseihen. Etwas Muskatnuß auf das Getränk reiben und mit Zitronenscheibe garnieren.

4 Stück Würfelzucker
1 Schuß Zitronensaft
1 Glas Weinbrand
2 Gewürznelken
1 Stück Stangenzimt
Muskatnuß
Zitronenscheibe

### Gin Toddy

Würfelzucker mit Gin in einer Kasserolle auf kleiner Flamme auflösen. Zwei Nelken und ein Stückchen Stangenzimt hinzugeben und kurz vor dem Siedepunkt in vorgewärmtes Punschglas abseihen. Etwas Muskatnuß auf das Getränk reiben und mit Zitronenscheibe garnieren.

4 Stück Würfelzucker
1 Glas Gin
2 Gewürznelken
1 Stück Stangenzimt
Muskatnuß
Zitronenscheibe

### Rum Toddy

Zitronenscheibe mit Nelken spicken und ein Stückchen Stangenzimt, drei Stück an einer Orangenschale abgeriebene Würfelzucker und ein Glas Jamaika-Rum in Kasserolle erhitzen. Kurz vor dem Siedepunkt Gewürze entfernen und das Getränk in ein vorgewärmtes Punschglas geben. Einen Schuß heißes Wasser hinzugeben und etwas Muskatnuß auf das Getränk reiben.

1 Zitronenscheibe
3 Gewürznelken
1 Stück Stangenzimt
3 Stück Würfelzucker
1 Glas Jamaika-Rum
heißes Wasser
Muskatnuß

## SANGAREES

Die Sangarees haben ihren Ursprung in Indien und gehören zu den nahen Verwandten der Slings, Toddies und Punsche.

Bei uns haben sich die Sangarees, die sowohl warm als auch kalt zubereitet werden können, nie recht durchgesetzt.

Die kalten Sangarees werden in mittelgroßen Tumblern zubereitet. Die Grundsubstanz ist mit Zuckersirup gesüßtes Bier, Wein oder eine mit kaltem Wasser verdünnte Spirituose. Auf das fertige Getränk wird immer etwas Muskatnuß gerieben.

Die warmen Sangarees werden in feuerfesten Grog- oder Punschgläsern zubereitet. Die alkoholische Flüssigkeit wird mit etwas Zuckersirup bis kurz vor dem Siedepunkt erhitzt. Bei Sangarees, die mit Spirituosen zubereitet werden, wird das Glas mit heißem Wasser aufgefüllt. Die Muskatnuß wird immer vor dem Servieren auf das fertige Getränk gerieben.

Heiße Sangarees werden auf einem Untersatz serviert.

**Ale Sangaree**

Zuckersirup mit feingeschlagenem Eis in ein mittelgroßes Tumblerglas geben, das Glas mit hellem Bier auffüllen, umrühren und etwas Muskatnuß auf das Getränk reiben. Mit Saughalm servieren.

Eis
2 Barlöffel Zuckersirup
helles Bier
Muskatnuß

**Brandy Sangaree**

Mittelgroßes Tumblerglas bis zur Hälfte mit feingeschlagenem Eis füllen. Zuckersirup und Weinbrand ins Glas geben und das Glas mit kaltem Wasser auffüllen. Gut umrühren und das Getränk mit etwas geriebener Muskatnuß überstreuen. Mit Saughalm servieren.

Eis
2 Barlöffel Zuckersirup
1 Glas Weinbrand
kaltes Wasser
Muskatnuß

**Burgunder Sangaree**

Zwei Eiswürfel in mittelgroßes Tumblerglas geben, Zuckersirup hinzugeben und das Glas mit rotem Burgunder auffüllen. Umrühren und etwas Muskatnuß auf das Getränk reiben. Mit Saughalm servieren.

Eis
2 Barlöffel Zuckersirup
roter Burgunder
Muskatnuß

**Gin Sangaree**

Zuckersirup über feingeschlagenes Eis in mittelgroßes Tumblerglas geben, Gin hinzugießen und gut verrühren. Glas mit kaltem Wasser auffüllen und etwas Muskatnuß auf das Getränk reiben. Mit Saughalm servieren.

Eis
2 Barlöffel Zuckersirup
1 Glas Gin
kaltes Wasser
Muskatnuß

**Sherry Sangaree**

Feingeschlagenes Eis in mittelgroßes Tumblerglas geben, Zuckersirup und Sherry hinzugießen und gut verrühren. Glas mit kaltem Wasser auffüllen und etwas Muskatnuß daraufstreuen. Mit Saughalm servieren.

Eis
2 Barlöffel Zuckersirup
1 Glas Sherry
kaltes Wasser
Muskatnuß

## RICKEYS

Die Rickeys gehören zu den Longdrinks und werden aus Limonelle, Zuckersirup, der gewünschten alkoholischen Ingredienz und Sodawasser hergestellt.

Bei uns sind die Rickeys kaum bekannt und werden so gut wie nie verlangt.

Da die Herstellung aller Rickeys gleich ist, erübrigt es sich, das Rezept mit den bekannten alkoholischen Produkten zu wiederholen.

Zur Herstellung benötigt man einen mittelgroßen Tumbler. Eine saubere Limonelle wird in zwei Hälften geteilt, der Saft in das Tumblerglas gedrückt und die Schale hinzugegeben. Dazu gibt man einen Barlöffel Zuckersirup (wird Likör verwendet, so läßt man den Zuckersirup weg) und füllt das Glas mit kaltem Sodawasser. Kurz umrühren und mit Barlöffel servieren.

In Amerika gehört der Gin Rickey zu den bekanntesten Rickeys. Füllt man das Glas mit Ginger Ale anstatt mit Sodawasser, so wird das Getränk als „Gin Buck“ bezeichnet.

Auch Rickeys aus anderen Spirituosen, wie z. B. Apricot Brandy, Calvados, Rum, Weinbrand oder Whisky, kann man als Durstlöscher empfehlen. Hat man keine frischen Limonellen zur Hand, dann kann man sich mit Lime Juice aus Flaschen behelfen.

## VARIOUS UND FANCY DRINKS

Unter Various und Fancy Drinks (Verschiedene und Phantasiegetränke) verstehen wir Getränkemischungen, die kein Grundrezept kennen und in keine bestimmte Kategorie gehören. In der Regel handelt es sich um Longdrinks, die zu jeder beliebigen Zeit als Durstlöscher oder Erfrischungsgetränke getrunken werden können.

Besonders die Longdrinks, die mit Champagner (oder Sekt) zubereitet werden, sind, wie die preisgekrönten Rezepte zeigen, beliebt.

Der Champagne Cocktail ist eigentlich kein Cocktail, denn das Getränk besteht, außer einem Spritzer Angostura und einem Zuckerwürfel, lediglich aus Champagner und wird deshalb weder im Shaker durchgeschüttelt noch im Mixglas verrührt, sondern direkt im Glas zubereitet. Die Bezeichnung „Cocktail" hat sich jedoch in Verbindung mit diesem beliebten Getränk, welches mit Vorliebe zu Empfängen gereicht wird, fest eingebürgert.

Die „Pick me ups" werden gerne am Morgen nach einer ausgedehnten Nacht empfohlen. Da diese Getränke in der Regel Alkohol enthalten, ist es ratsam, mit der Empfehlung zurückhaltend zu sein. Am Abend wären solche Getränke auf jeden Fall vorzuziehen. Überhaupt soll man mit der Empfehlung eines Fancy Drinks sehr zurückhaltend sein. Einige dieser Getränke haben internationale Bedeutung, so z. B. die Prairie Oyster oder der Screwdriver. Andere haben zwar einen wohlklingenden Namen, werden aber nur sehr selten verlangt. Schließlich ist Weinbrand mit Kaffeepulver und Kirschwasser mit Salami und Senf nicht jedermanns Sache.

**Alfonso**

Ein Stück Würfelzucker in ein Sektglas geben, Zucker mit zwei Spritzern Angostura tränken und Dubonnet dazugeben. Das Glas mit Champagner auffüllen und mit Zitronenschale abspritzen. Einen Eiswürfel ins Glas geben.

1 Stück Würfelzucker
2 Spritzer Angostura
4 cl Dubonnet
Champagner
Zitronenschale
Eiswürfel

**Alleluia Longdrink**

**Kreiert von Jesus de Texeira, Portugal, und 1979 in Opatja in Jugoslawien anläßlich der 14. Internationalen Cocktail Competition mit dem 1. Preis ausgezeichnet.**

Nebenstehende Zutaten mit genügend Eiswürfeln kräftig im Shaker durchschütteln, dann in ein großes Tumblerglas abseihen. Mit Schweppes Bitter Lemon auffüllen und mit Zitronenscheibe, Orangenschale, Pfefferminze und zwei Kirschen dekorieren.

Eis
4/10 Tequila
2/10 Maraschino
2/10 Curaçao blau
2/10 Zitronensaft
1 Spritzer Eiweiß
Schweppes
Bitter Lemon
Zitronenscheibe
Orangenschale
Pfefferminze
2 Cocktailkirschen

**Americano**

Campari und Vermouth in ein kleines Tumblerglas geben, fingerlanges Stück Zitronenschale hinzufügen und das Glas mit Sodawasser auffüllen. Einen Eiswürfel ins Glas geben.

1/2 Campari
1/2 Vermouth rot
Zitronenschale
Sodawasser
Eiswürfel

**Amorettino**

**Kreiert von Udo Nagiller, Carlton Hotel, St. Moritz, Schweiz, und 1983 in Italien anläßlich des 2. Internationalen Amaretto di Saronno Cocktail Competition mit dem 1. Preis ausgezeichnet.**

Nebenstehende Zutaten über einige Eiswürfel in ein großes Tumblerglas rühren und das Glas mit Ginger Ale auffüllen.

Eis
3/10 Amaretto di Saronno
3/10 Galliano
3/10 Ananassaft
1/10 Zitronensaft
Ginger Ale

**Barbed Wire**

Bourbon Whiskey mit einigen Eiswürfeln in ein großes Tumblerglas geben und das Glas mit Apfelsaft auffüllen.

1 Glas Bourbon Whiskey
Apfelsaft
Eiswürfel

**Barbotage**

Sektglas bis zur Hälfte mit Flockeneis füllen, Angostura, Zitronensaft und Grenadine hinzugeben und gut verrühren. Das Glas mit kaltem Champagner füllen und mit Orangenscheibe garnieren. Mit Trinkhalm servieren.

1 Spritzer Angostura
1 Barlöffel Zitronensaft
1 Barlöffel Grenadine
Champagner
Orangenscheibe

**Barracuda**

**Kreiert von Benito Cuppari, Genua, Italien. Das Rezept wurde 1968 anläßlich der Internationalen Cocktail Competition in St. Vincent in Italien ausgezeichnet.**

Die nebenstehenden Zutaten, außer Champagner, werden mit einigen Eiswürfeln im Shaker durchgeschüttelt und dann in ein Champagnerglas abgeseiht. Das Glas wird mit Champagner gefüllt und mit Zitronenscheibe und Kirsche dekoriert.

Eis
1 Barlöffel Zuckersirup
1 Barlöffel Zitronensaft
1/5 Galliano
2/5 Gold Rum
2/5 Ananassaft
Champagner
Zitronenscheibe
Kirsche

**Black Velvet**

Einen Champagnerkelch füllt man bis zur Hälfte mit Stout (dunkles englisches Bier) und gießt dann kalten Champagner nach.

- 1/2 Stout
- 1/2 Champagner

**Blanc Cassis**

In ein mittelgroßes Tumblerglas gibt man Crème de Cassis, Weißwein und kaltes Sodawasser.

- 2 Barlöffel Crème de Cassis
- 1/3 Weißwein
- 2/3 Sodawasser

**Bleu Moon**

**Kreiert von Johnnie Johnston, Barkeepervereinigung Irland, und 1982 in Albufera, Portugal, anläßlich der 16. Internationalen Cocktail Competition mit dem 1. Preis ausgezeichnet.**

Nebenstehende Zutaten werden über einige Eiswürfel in einem mittleren Tumblerglas verrührt. Mit Schweppes Limonade auffüllen und mit einem Ananasstück und einer grünen Kirsche dekorieren. Mit Saughalm servieren.

- Eis
- 2/5 Gin
- 1/5 Curaçao blau
- 1/5 Cointreau
- 1/5 Ananassaft
- Schweppes Limonade
- Ananasstück
- Grüne Kirsche

**Bloody Mary**

Zitronensaft, Wodka und Tomatensaft mit genügend Eiswürfeln in den Shaker geben. Dazu einige Tropfen Worcestershiresauce, Tabasco und eine Prise Salz und Pfeffer geben. Das Ganze wird kräftig im Shaker durchgeschüttelt und in ein mittelgroßes Tumblerglas abgeseiht.

- Eis
- 1/3 Zitronensaft
- 2/3 Wodka
- 5 cl Tomatensaft
- Worcestershiresauce
- Tabasco
- Salz
- Pfeffer

**Brandy Pick Me Up**

Die Zutaten werden mit einigen Eiswürfeln im Shaker durchgeschüttelt und in ein Sektglas abgeseiht. Das Glas wird mit Champagner gefüllt.

- 1 Barlöffel Zuckersirup
- 1 Glas Weinbrand
- Champagner

**Bull's Eye**

| | |
|---|---|
| In ein Cocktailglas gibt man ein unzerstörtes Eigelb und füllt das Glas mit Malaga auf. | 1 Eigelb<br>Malaga |

**Cecil Pick Me Up**

| | |
|---|---|
| Eigelb, Zuckersirup und Weinbrand mit einigen Eiswürfeln im Shaker durchschütteln und in ein Sektglas abseihen. Das Glas mit kaltem Champagner auffüllen. | Eis<br>1 Eigelb<br>1 Barlöffel Zuckersirup<br>1 Glas Weinbrand<br>Champagner |

**Champagne Cocktail**

| | |
|---|---|
| Ein Stück Würfelzucker in ein Sektglas geben, Zucker mit zwei Spritzern Angostura tränken und das Glas mit einskaltem Champagner auffüllen. Ein Stückchen Zitronenschale hinzugeben. | 1 Stück Würfelzucker<br>2 Spritzer Angostura<br>Champagner<br>Zitronenschale |

**Champagne Pick Me Up**

| | |
|---|---|
| Zuckersirup mit Vermouth und Weinbrand im Shaker durchschütteln und in einen Champagnerkelch abseihen. Das Glas mit kaltem Champagner auffüllen und mit Trinkhalm servieren. | Eis<br>1 Barlöffel Zuckersirup<br>1/2 Vermouth trocken<br>1/2 Weinbrand<br>Champagner |

**Churchill**

| | |
|---|---|
| Campari in ein Bierglas geben und das Glas mit hellem Bier auffüllen. | 2 cl Campari<br>helles Bier |

**Cicero**

**Kreiert von Toni Stadlbacher, Österreich. Das Rezept wurde 1952 in Wien anläßlich der Internationalen Cocktail Competition ausgezeichnet.**

| | |
|---|---|
| Die nebenstehenden Zutaten, außer Champagner, mit einigen Eiswürfeln im Mixglas verrühren und in ein Champagnerglas abseihen. Das Glas mit Champagner füllen. | Eis<br>1/3 Orangensaft<br>1/3 Honiggoscherl<br>1/3 Vermouth trocken<br>Champagner |

**Cuba Libre**

In einen großen Tumbler gibt man den Saft einer halben Zitrone und ein Glas Bacardi Rum. Dazu gibt man einige Eiswürfel und füllt das Glas mit Coca-Cola. Mit Zitronenscheibe dekorieren und mit Trinkhalm servieren.

Eis
Saft von 1/2 Zitrone
1 Glas Bacardi Rum
Coca-Cola
Zitronenscheibe

**Dallas**
**Kreiert von Necati Cevik, Hotel Hilton, Wien, und 1984 anläßlich der Nationalen Cocktail Competition in Salzburg mit dem 2. Preis ausgezeichnet.**

Nebenstehende Zutaten werden mit genügend Eiswürfeln kräftig im Shaker durchgeschüttelt und dann in ein großes Tumblerglas, welches mit einem rosa Zuckerrand versehen ist, abgeseiht. Das Getränk wird mit Ananassaft aufgefüllt. Darauf wird eine Haube Schlagsahne gegeben, die mit Grenadine, Erdbeere und frischer Minze garniert wird.

Eis
1/3 Crème de Bananes
1/3 Curaçao blau
1/3 Batida de Coco
Ananassaft
Schlagsahne
Grenadine
Erdbeere
Pfefferminzzweig

**Don Frederico**
**Kreiert von Fritz Schaller und 1978 anläßlich der Nationalen Cocktail Competition in Wien mit dem 1. Preis ausgezeichnet.**

Nebenstehende Zutaten werden mit einigen Eiswürfeln im Shaker durchgeschüttelt und dann in ein großes Tumblerglas abgeseiht. Das Getränk wird mit Orangensaft aufgefüllt und mit einer frischen Scheibe Ananas und Kirsche dekoriert.

Eis
2/5 Bacardi Carta blanca
1/5 Galliano
1/5 Marillenlikör
1/5 Grenadine
2 Spritzer Frothee
Orangensaft
Ananas
Kirsche

**Duke of York**

In einen Silberbecher gibt man ein oder zwei Eiswürfel, Orangensaft und Grenadine. Der Becher wird mit eiskaltem Champagner aufgefüllt und mit einer Zitronenscheibe dekoriert. Mit Trinkhalm servieren.

Eis
Saft von 1/2 Orange
1 Eßlöffel Grenadine
Champagner
Zitronenscheibe

**Dutch Mist**

Ein kleines Tumblerglas mit Flockeneis füllen und die nebenstehenden Zutaten darübergießen. Gut verrühren.

Flockeneis
1/2 Genever
1/2 Kümmel

**Eclipse**

Ins Cocktailglas gibt man eine grüne Olive, dann füllt man Grenadine ins Glas, bis die Olive bedeckt ist. Sloe Gin und Dry Gin vorsichtig dazugeben, ohne daß sich der Grenadinesirup mit den Gins vermischt.

1 Olive
Grenadine
1/2 Sloe Gin
1/2 Dry Gin

**Erotica**

**Kreiert von Joachim Geier, Bad Homburg. Das Getränk wurde 1969 anläßlich der Nationalen Cocktail Competition in Baden-Baden mit dem 1. Preis ausgezeichnet.**

Die nebenstehenden Zutaten, außer Champagner, werden mit einigen Eiswürfeln im Shaker durchgeschüttelt und in ein Champagnerglas abgeseiht. Das Glas mit Champagner füllen und mit Kirsche dekorieren.

Eis
1/5 Ananassaft
2/5 Känguruh Likör
2/5 Wodka
Champagner
Kirsche

**Fancy Brandy**

Die Zutaten werden mit einigen Eiswürfeln im Shaker durchgeschüttelt, dann in ein Champagnerglas abgeseiht. Das Glas wird mit kaltem Champagner aufgefüllt und mit Kirsche dekoriert.

Eis
1 Spritzer Angostura
1 Spritzer Orangebitter
1/5 Vermouth rot
4/5 Weinbrand
Champagner
Kirsche

**Flamingo**
**Kreiert von John Burgess und in Australien anläßlich der Nationalen Cocktail Competition ausgezeichnet.**
Die nebenstehenden Zutaten über einige Eiswürfel in einen großen Tumbler gießen, gut verrühren und das Glas mit Ginger Beer auffüllen. Mit Trinkhalm servieren.

Eis
2 Barlöffel Grenadine
1/2 flüssige Sahne
1/2 Gin
Ginger Beer

**Flying Dutchman**
In einen mittelgroßen Tumbler gibt man einige Eiswürfel, den Saft von einer halben Zitrone, Grenadinesirup und Genever. Das Glas wird mit kaltem Wasser aufgefüllt.

Eis
Saft von 1/2 Zitrone
2 Barlöffel Grenadine
1 Glas Genever
kaltes Wasser

**Fog Horn**
In einen großen Tumbler gibt man zwei Eiswürfel, ein Glas Gin und füllt auf mit Ginger Beer. Mit Zitronenscheibe garnieren.

Eis
1 Glas Gin
Ginger Beer
Zitronenscheibe

**French 75**
Zuckersirup, Zitronensaft und Weinbrand schüttelt man im Shaker durch und seiht ab in ein Champagnerglas. Das Glas wird mit kaltem Champagner aufgefüllt und mit Zitronenscheibe dekoriert.

Eis
2 Barlöffel Zuckersirup
1/3 Zitronensaft
2/3 Weinbrand
Champagner
Zitronenscheibe

**Frosty Amour**

**Kreiert von Daniel Stefansson, Hotel Saga, Reykjavík. Das Rezept wurde 1974 anläßlich der Nationalen Long Drink Competition in Island mit dem 1. Preis ausgezeichnet.**

Die nebenstehenden Zutaten, außer 7-Up, werden mit einigen Eiswürfeln im Shaker durchgeschüttelt, dann in einen großen Tumbler abgeseiht. Das Glas mit 7-Up auffüllen und mit Zitronenscheibe und Kirsche dekorieren. Mit Trinkhalm servieren.

Eis
1 Spritzer Zitronensaft
1 Spritzer Crème de Bananes
1 Spritzer Parfait Amour
1/6 Cointreau
1/6 Apricot Likör
1/3 Southern Comfort
1/3 Wodka
7-Up
Zitronenscheibe
Kirsche

**Futchou**

Mandelsirup, Wodka und Weinbrand schüttelt man im Shaker durch und seiht ab in ein Champagnerglas. Das Glas mit kaltem Champagner auffüllen.

Eis
1/4 Mandelsirup
1/4 Weinbrand
1/2 Wodka
Champagner

**Germany In Summer**

**Kreiert von Minoru Jakijima und 1972 anläßlich der Nationalen Underberg Cocktail Competition in Tokio mit dem 1. Preis ausgezeichnet.**

Die nebenstehenden Zutaten mit einigen Eiswürfeln im Shaker durchschütteln und in einen Tumbler abseihen. Das Glas mit Sodawasser auffüllen.

Eis
2/10 Crème de Menthe weiß
3/10 Underberg
5/10 Apfelwein
Sodawasser

**Glashoide**

In ein kleines Tumblerglas gibt man einen Eiswürfel, Campari und Cinzano Bianco und füllt auf mit Sodawasser. Gut verrühren.

Eis
1/2 Campari
1/2 Cinzano Bianco
Sodawasser

**Green Hat**

In einen großen Tumbler gibt man ein oder zwei Eiswürfel, Gin und grünen Pfefferminzlikör und füllt auf mit Sodawasser. Gut verrühren.

Eis
1/2 Gin
1/2 Crème de Menthe grün
Sodawasser

**Happy Youth**

Zuckersirup, Orangensaft und Cherry Brandy über einen Eiswürfel in ein Champagnerglas gießen und das Glas mit kaltem Champagner auffüllen.

Eis
1 Barlöffel Zuckersirup
Saft von 1 Orange
1 Glas Cherry Brandy
Champagner

**Horses's Neck**

Die Schale einer ganzen Zitrone wird spiralenförmig abgeschält und in einen großen Tumbler gegeben. Dazu zwei Eiswürfel, Grenadine und Gin geben und das Glas mit Ginger Ale auffüllen. Gut verrühren und mit Trinkhalm servieren.

Eis
1 Zitronenschale
2 Barlöffel Grenadine
1 Glas Gin
Ginger Ale

**Iceberg**

Einen mittelgroßen Tumbler füllt man bis zur Hälfte mit Flockeneis. Darüber gießt man ein Glas Wodka und einen Spritzer Pernod.

Flockeneis
1 Glas Wodka
1 Spritzer Pernod

**Irish Mist**

Einen mittelgroßen Tumbler füllt man bis vier Fünftel voll mit Flockeneis. Darüber gießt man ein Glas Irish Whiskey. Auf Wunsch kann man dem Getränk ein Stückchen Zitronenschale hinzufügen.

Flockeneis
1 Glas Irish Whiskey

**Kingston**
**Kreiert von Otto Stezelberg, Hamburg. Das Getränk erhielt 1972 anläßlich der Nationalen Cocktail Competition in Deutschland den 1. Preis.**

Die nebenstehenden Zutaten, außer Champagner, werden mit einigen Eiswürfeln im Shaker kurz durchgeschüttelt, dann in ein Champagnerglas abgeseiht. Das Getränk mit Champagner auffüllen. Etwas Muskatnuß auf das Getränk reiben und mit Kirsche, eine halben Orangenscheibe und Ananasstückchen dekorieren.

Eis
1/10 Zitronensaft
1/10 Grenadine
1/5 Orangensaft
2/5 White Rum
Champagner
Muskatnuß
Kirsche
Orangenscheibe
Ananasstückchen

**Kir**
**Ein in Frankreich beliebtes Getränk, welches von einem M. Kir, früher Bürgermeister von Lyon, kreiert worden sein soll.**

Crème de Cassis (Johannisbeerlikör) in ein Weinglas oder kleinen Tumbler geben und das Glas mit kaltem Weißwein auffüllen.

1/4 Crème de Cassis
3/4 Weißwein trocken

**Lady Killer**
**Kreiert von Peter Roth, Kronenhallen-Bar, Zürich, und 1984 in Hamburg anläßlich der 17. Internationalen Cocktail Competition mit dem 1. Preis ausgezeichnet.**

Die nebenstehenden Zutaten werden mit einigen Eiswürfeln im Shaker durchgeschüttelt und dann in ein großes Tumblerglas abgeseiht. Das Getränk wird mit einer grünen Mirabelle, Pfefferminz und Orangenspirale dekoriert.

Eis
2/10 Burnett's Gin
1/10 Cointreau
1/10 Apricot Brandy
3/10 Maracujafruchtsaft
3/10 Ananassaft
grüne Mirabelle
Pfefferminz
Orangenspirale

**Long Whistle**

In einen großen Tumbler gibt man zwei Eiswürfel, Zuckersirup und Weinbrand. Das Ganze wird gut verrührt und mit kalter Milch aufgefüllt. Auf das fertige Getränk reibt man etwas Muskatnuß. Mit Trinkhalm servieren.

Eis
2 Barlöffel Zuckersirup
1 Glas Weinbrand
kalte Milch
Muskatnuß

**Mimosa**

In einen Champagnerkelch gibt man Orangensaft und Champagner. Das Getränk wird mit einer Orangenscheibe dekoriert.

1/2 Orangensaft
1/2 Champagner
Orangenscheibe

**Mirabell**

**Kreiert von Otto Rupert Wunsch, Österreich. Das Rezept wurde 1933 anläßlich der Internationalen Cocktail Competition in Madrid ausgezeichnet.**

Die nebenstehenden Zutaten, außer Champagner, werden mit einigen Eiswürfeln im Shaker kurz durchgeschüttelt, dann in ein Champagnerglas abgeseiht. Das Glas mit kaltem Champagner auffüllen.

Eis
1/4 Orangensaft
1/4 Vermouth rot
1/4 Cointreau
1/4 Gin
Champagner

**Misty**

**Kreiert von Bjarni Gudjonsson, Reykjavík. Das Getränk wurde 1974 anläßlich der Nationalen Long Drink Competition in Island mit dem 2. Preis ausgezeichnet.**

Die nebenstehenden Zutaten, außer 7-Up, werden mit einigen Eiswürfeln im Shaker durchgeschüttelt, dann in einen großen Tumbler abgeseiht. Das Glas mit 7-Up auffüllen und mit Zitronenscheibe, Orangenscheibe und Kirsche dekorieren. Mit Trinkhalm servieren.

Eis
1 Spritzer Zitronensaft
1 Spritzer Crème de Bananes
1/3 Marie Brizard Apry
1/3 Cointreau
1/3 Wodka
7-UP
Zitronenscheibe
Orangenscheibe
Kirsche

**Moscow Mule**

| | |
|---|---|
| In einen großen Tumbler gibt man zwei Eiswürfel, den Saft einer halben Zitrone und ein Glas Wodka. Das Glas wird mit Ginger Beer gefüllt und mit einer Zitronenscheibe garniert. | Eis<br>Saft von 1/2 Zitrone<br>1 Glas Wodka<br>Ginger Beer<br>Zitronenscheibe |

**Nikolaschka**

| | |
|---|---|
| In eine kleine Schwenkschale gibt man 2 cl Weinbrand. Auf das Glas legt man eine dünne Scheibe Zitrone, auf diese häuft man Kaffeepulver und Zucker. | 2 cl Weinbrand<br>Zitronenscheibe<br>1/2 Barlöffel Kaffeepulver<br>1/2 Barlöffel Zucker |

**Nikolaschka Pillenkallen**

**Das Getränk stammt aus dem ostpreußischen Städtchen Pillenkallen, in dem Korn nach alter Sitte mit Leberwurst serviert wurde. Inzwischen ist diese Sitte bis in die feinsten Bars vorgedrungen.**

| | |
|---|---|
| In eine kleine Schwenkschale gibt man 2 cl Kirschwasser. Auf das Glas legt man eine Scheibe Salami, auf die man etwas Senf gestrichen hat. | 2 cl Kirschwasser<br>1 Scheibe Salami<br>Senf |

**Ohio**

| | |
|---|---|
| Nebenstehende Zutaten, außer Champagner, mit einigen Eiswürfeln im Mixglas verrühren, dann in ein Champagnerglas abseihen. Das Glas mit Champagner auffüllen und mit zwei Kirschen dekorieren. | Eis<br>1 Spritzer Angostura<br>3 Spritzer Grenadine<br>1/3 Vermouth rot<br>2/3 Canadian Whisky<br>Champagner<br>Kirschen |

**Omnibus**

| | |
|---|---|
| In einen großen Tumbler gibt man gleiche Teile Himbeersirup und Kirschwasser. Das Glas wird dann bis zur Hälfte mit Flockeneis gefüllt und mit Sodawasser unter Rühren aufgefüllt. Mit Trinkhalm servieren. | 1/2 Himbeersirup<br>1/2 Kirschwasser<br>Flockeneis<br>Sodawasser |

**Othello**

**Kreiert von Daniel Stefansson. Das Rezept wurde 1972 anläßlich der Nationalen Long Drink Competition in Island mit dem 1. Preis ausgezeichnet.**

Die nebenstehenden Zutaten, außer 7-Up, werden mit einigen Eiswürfeln im Shaker durchgeschüttelt, dann in einen großen Tumbler abgeseiht. Das Glas wird mit 7-Up aufgefüllt. Mit Kirsche dekorieren und mit Swizzle stick und Trinkhalm servieren.

Eis
1 Spritzer Ananassaft
1 Spritzer Zitronensaft
1 Spritzer Limonellensaft
1 Spritzer Grand Marnier
1/6 Crème de Bananes
2/6 Parfait Amour
1/2 Southern Comfort
7-Up
Kirsche

**Pimm's No 1 Cup**

In einen großen Tumbler gibt man zwei Eiswürfel, ein Glas „Pimm's No 1 Cup", fingerlange Gurkenschale, je ein Zitronen- und Orangenachtel und füllt auf mit Limonade. Vielfach werden dem Getränk noch einige Apfelscheiben und Maraschinokirschen hinzugegeben. Mit Trinkhalm servieren.

Eis
1 Glas Pimm's No 1 Cup
Gurkenschale
Orangen- und Zitronenachtel
Limonade
(Apfelscheiben und Maraschinokirschen auf Wunsch)

**Prairie Oyster**

In ein Cocktailglas gibt man einige Tropfen Olivenöl und läßt diese um die Innenwand des Glases laufen. Dann füllt man das Glas bis zur Hälfte mit Tomatenketchup. Dazu gibt man einen halben Barlöffel Worcestershiresauce, ein unzerstörtes Eigelb und etwas Pfeffer und Salz. Aufgefüllt wird das Glas mit einem Barlöffel Olivenöl. Das Getränk wird mit einem Glas Wasser serviert.

Olivenöl
Tomatenketchup
Worcestershiresauce
1 Eigelb
Salz
Pfeffer

**Prince of Wales**

In einen Silberbecher gibt man zwei Eiswürfel, Angostura, Curaçao Orange und Weinbrand. Man füllt den Becher mit kaltem Champagner und dekoriert mit einer Zitronenscheibe. Mit Trinkhalm servieren.

Eis
2 Spritzer Angostura
1/4 Curaçao Orange
3/4 Weinbrand
Champagner
Zitronenscheibe

**Queen's Peg**

In einen Tumbler gibt man zwei Eiswürfel, ein Glas Gin und füllt auf mit Champagner. Mit Zitronenscheibe garnieren.

Eis
1 Glas Gin
Champagner
Zitronenscheibe

**Rabbit's Revenge**

Grenadine, Ananassaft und Bourbon über zwei Eiswürfel in einen großen Tumbler geben. Das Ganze gut verrühren und mit Tonic auffüllen. Mit Orangenscheibe dekorieren und mit Trinkhalm servieren.

Eis
1 Spritzer Grenadine
1/3 Ananassaft
2/3 Bourbon Whiskey
Tonic
Orangenscheibe

**Reviver**

In einen Tumbler einige Eiswürfel, Himbeersirup und Weinbrand geben. Das Glas mit kalter Milch auffüllen und mit Trinkhalm servieren.

Eis
1/4 Himbeersirup
3/4 Weinbrand
kalte Milch

**Salty Dog**

Einen mittelgroßen Tumbler füllt man bis zur Hälfte mit Flockeneis. Darüber gibt man Wodka und Grapefruitsaft. Eine Prise Salz ins Glas geben, gut verrühren und mit Trinkhalm servieren.

Flockeneis
1/3 Wodka
2/3 Grapefruitsaft
Salz

**Samtkragen**

Ein Schnapsglas wird zwei Drittel voll mit Kornbranntwein gefüllt. Darauf gibt man ein Drittel Boonekamp, der auf dem Kornbranntwein schwimmen soll.

2/3 Kornbranntwein
1/3 Boonekamp

**Schorlemorle**

Ein großes Tumblerglas füllt man ein Drittel mit Weißwein und füllt auf mit Sodawasser.

1/3 Weißwein
2/3 Sodawasser

**Screwdriver**

In einen kleinen Tumbler gibt man ein Glas Wodka, füllt auf mit kaltem Orangensaft.

1 Glas Wodka
Orangensaft

**Sonny Boy**

**Kreiert von Franz Strobl, Österreich. Das Rezept wurde 1930 in London anläßlich der Cocktail Competition ausgezeichnet.**

Die nebenstehenden Zutaten, außer Champagner, werden mit einigen Eiswürfeln im Shaker kurz durchgeschüttelt, dann in ein Champagnerglas abgeseiht. Das Glas mit Champagner auffüllen.

Eis
2 Spritzer Angostura
1/2 Crème d'Orange
1/2 Peach Brandy
Champagner

**Spring**

**Kreiert von Peter Sarantos, Melbourne. Das Rezept wurde in Australien preisgekrönt.**

Ein großes Tumblerglas wird bis zur Hälfte mit Flockeneis gefüllt. Die nebenstehenden Zutaten darübergießen und mit Limonade auffüllen. Gut verrühren. Mit Kirsche dekorieren und mit Trinkhalm servieren.

Flockeneis
1 Spritzer Curaçao blau
1/8 Zuckersirup
1/8 Vermouth trocken
1/4 Zitronensaft
1/2 Gin
Limonade
Kirsche

**Stone Fence**

In einen großen Tumbler gibt man einige Eiswürfel, ein Glas Whisky und füllt auf mit Apfelwein.

Eis
1 Glas Whisky
Apfelwein

**Sweet Oblivion**

**Kreiert von T. Honan. Das Rezept wurde in Australien ausgezeichnet.**

Die nebenstehenden Zutaten werden mit einigen Eiswürfeln im Shaker durchgeschüttelt, dann in einen großen Tumbler abgeseiht. Das Glas wird mit Ginger Ale aufgefüllt. Mit Trinkhalm servieren.

Eis
1/6 Cherry Brandy
1/6 Crème de Cacao weiß
1/3 flüssige Sahne
1/3 Gin
Ginger Ale

**Tiger's Milk**

Ein großes Tumblerglas füllt man bis zur Hälfte mit Flockeneis. Daüber gibt man Grenadine, Sahne und Weinbrand. Das Glas wird unter Rühren mit kalter Milch aufgefüllt. Etwas Zimt auf das Getränk streuen und mit Trinkhalm servieren.

Flockeneis
2 Barlöffel Grenadine
1 Eßlöffel flüssige Sahne
1 Glas Weinbrand
kalte Milch
Zimt

**Titten Tei**

**Kreiert von Thorleif Andersen, Norwegen. Das Getränk wurde 1973 anläßlich der Internationalen Cocktail Competition in Los Angeles ausgezeichnet.**

Die nebenstehenden Zutaten, außer Champagner, mit einigen Eiswürfeln im Shaker durchschütteln, dann in ein Champagnerglas abseihen. Das Glas mit Champagner auffüllen und mit Orangenscheibe und Kirsche dekorieren.

Eis
1 Spritzer Zitronensaft
1 Spritzer Orangensaft
1 Spritzer Grenadine
1/3 Bénédictine
2/3 Wodka
Champagner
Orangenscheibe
Kirsche

**Türkenblut**

Man füllt einen Sektkelch ein Drittel voll mit Rotwein und füllt auf mit Schaumwein.

1/3 Rotwein
2/3 Schaumwein

**Vulcano**

Chartreuse, Kirschwasser und Curaçao in eine Sektschale geben und umrühren. Anzünden und mit eiskaltem Champagner löschen.

1 Spritzer Curaçao, Triple sec
1 Spritzer Curaçao blau
2 cl Chartreuse grün
2 cl Kirschwasser
Champagner

**Yo-Yo**
**Kreiert von Peter Zorbas, Barchef im Chevron Hotel in Sydney, Australien.**

Einen großen Tumbler halb mit Flockeneis füllen, Weinbrand und Crème de Cacao darübergießen und mit Coca-Cola auffüllen. Gut verrühren und mit Zitronenscheibe dekorieren. Mit Trinkhalm servieren.

Flockeneis
1/2 Weinbrand
1/2 Crème de Cacao
Coca-Cola
Zitronenscheibe

**Zombie**

Einen großen Tumbler füllt man vier Fünftel voll mit Flockeneis. Darüber gibt man Lime Juice, Ananassaft und die alkoholischen Zutaten. Das Ganze wird mit dem Barlöffel verrührt. Man dekoriert das Getränk mit halbierter Zitronen- und Orangenscheibe, Ananasstückchen und Maraschinokirschen. Darüber gibt man noch einen Schuß Jamaika-Rum. Vor dem Servieren streut man etwas Puderzucker auf das Getränk. Mit Trinkhalm servieren.

Flockeneis
1 Schuß Lime Juice
1 Schuß Ananassaft
1 cl Bacardi Rum
1 cl Gold Label Rum
1 cl Jamaika-Rum
1 Barlöffel Apricot Brandy
Kirschen
Ananasstücke
Zitronen- und Orangenscheibe
Puderzucker

## VERSCHIEDENE HEISSE GETRÄNKE UND KAFFEES

### Belgischer Kaffee
**Für 4 Personen**

Eiweiß zu steifem Schnee schlagen. Sahne mit Vanillezucker steif schlagen und Eiweiß mit Sahne mischen. Vier Kaffeetassen zu einem Drittel damit füllen, dann mit heißem Kaffee auffüllen und sofort servieren.

- 1 Eiweiß
- 1/8 l Sahne
- 1/4 Barlöffel Vanillezucker
- heißer Kaffee

### Bettzipfel
**Für 2 Personen**

Eigelb und Zucker in einem Topf verquirlen und zuerst das Bier und dann die Milch unterrühren. In feuerfeste Henkelgläser füllen und sofort servieren.

- 1 Eigelb
- 1 Barlöffel Zucker
- 1/4 l dunkles Bier
- 1/4 l heiße Milch

### Bierschaum
**Für 4 bis 6 Personen**

Die Eier mit dem Bier in einem Topf verquirlen, Zucker, Zimt und Zitronenschale dazugeben und bei zuerst kräftiger, dann milder Hitze mit dem Schneebesen bis zum Steigen erhitzen. Dann vom Feuer nehmen, noch einige Minuten weiterschlagen und sofort in feuerfesten Henkelgläsern servieren.

- 4 Eier
- 1 l Bier
- 125 g Zucker
- 1 Prise Zimt
- abgeriebene Schale von einer halben Zitrone

### Bishop

Eine gesäuberte Orange wird mit zwölf Nelken besteckt und in der Röhre gebakken. Dann schneidet man die Orange in Viertel und gibt diese, zusammen mit einem Eßlöffel Zucker und einer Flasche Portwein, in eine Kasserolle. Das Ganze läßt man auf kleiner Flamme zum Siedepunkt kommen. Das Getränk wird heiß in Punschgläsern serviert.

- 1 Orange
- 12 Gewürznelken
- 1 Eßlöffel Zucker
- 1 Flasche Portwein

**Blue Blazer**

Man benötigt zwei kleine Kasserollen. In eine Kasserolle gibt man einen Eßlöffel Honig und 1/8 Liter heißes Wasser. In der zweiten Kasserolle erhitzt man Curaçao Orange und Whisky. Die heiße Flüssigkeit wird angezündet und in die erste Kasserolle, in der sich der Honig im Wasser aufgelöst hat, gegossen. Dann gießt man die Flüssigkeit wieder in die andere Kasserolle. Dieser Vorgang wird einige Male wiederholt, bis die Flamme schließlich erloschen ist.
Man serviert das Getränk in einem Silberbecher mit Henkel oder in warmen Punschgläsern.

1 Eßlöffel Honig
heißes Wasser
2 cl Curaçao Orange
4 cl Whisky

**British Lion**

Heißes Wasser in ein vorgewärmtes Henkelglas gießen. Whisky, Grenadine, Zitronensaft und Zitronenschale dazugeben und sofort servieren.

Heißes Wasser
4 cl Whisky
1 Barlöffel Grenadine
1 Barlöffel Zitronensaft
1 Stück Zitronenschale

**Café Brûlot**
**Für 2 Personen**

In eine kleine Kasserolle gibt man Cognac, zwei Nelken, ein Stückchen Stangenzimt, zwei Barlöffel Zucker und je ein fingerlanges, dünngeschnittenes Stück Zitronen- und Orangenschale. Das Ganze wird erhitzt und angezündet. Die brennende Flüssigkeit verteilt man auf zwei Tassen frisch aufgebrühten Kaffee. Die Gewürze bleiben in der Kasserolle zurück.

4 cl Cognac
2 Gewürznelken
1 Stück Stangenzimt
2 Barlöffel Zucker
1 Stück Zitronenschale
1 Stück Orangenschale
2 Tassen Kaffee

**Café Capriccio**

Kaffeetasse bis zu drei Viertel mit heißem Kaffee füllen. Curaçao Triple sec dazugießen und die mit Vanillezucker gesüßte, geschlagene Sahne obenauf spritzen.

3/4 Tasse heißer Kaffee
2 cl Curaçao Triple sec
1 Barlöffel Vanillezucker
1 Eßlöffel Schlagsahne

**Café Diable**
**Für 2 Personen**

Zucker in einer Kasserolle karamelisieren lassen. Ein etwa 10 cm langes, dünngeschnittenes Stück Zitronenschale hinzugeben, Cognac darübergießen, erhitzen und anzünden. Die Flamme mit zwei Tassen frisch aufgebrühtem Kaffee löschen. In einer Suppenkelle Curaçao Triple sec auf offener Flamme erhitzen. Die spiralenförmig geschnittene Schale einer ganzen Orange wird mit einer Gabel über die Kasserolle gehalten. Den heißen Curaçao über die Orangenschale laufen lassen und anzünden. Die Orangenschale dann in den Kaffee legen und etwa 3 Minuten auf kleiner Flamme ziehen lassen. (Der Kaffee soll bis kurz vor dem Siedepunkt erhitzt sein, darf aber nicht kochen.) Zitronen- und Orangenschale entfernen und den Kaffee in Punschgläser füllen. Flüssige Sahne über einen Löffelrücken auf den Kaffee fließen lassen. Die Sahne soll auf dem Kaffee schwimmen.

2 Kaffeelöffel Zucker
10 cm lange Zitronenspirale
1 Orangenschale
4 cl Cognac
4 cl Curaçao Triple sec
2 Tassen Kaffee
flüssige Sahne

**Café Westindia**

Mokka, Würfelzucker, Rum, Nelke und die Zitronenschale in einer Kaffeetasse verrühren und eine Schlagsahnehaube aufspritzen. Mit Zimtstange zum Umrühren servieren.

- 3/4 Tasse heißer Mokka
- 2 Stück Würfelzucker
- 2 cl Rum
- 1 Nelke
- abgeriebene Schale von 1/2 Zitrone
- 1 Eßlöffel geschlagene Sahne
- Zimtstange

**Holländischer Kaffee**

Den Eierlikör in eine vorgewärmte Tasse geben. Mit Kaffee auffüllen und eine Sahnehaube darübergeben. Die Sahne mit einer Mischung aus Kaffeemehl und Kakao überstäuben. Mit Löffel servieren.

- 2,5 cl Eierlikör
- 1/8 l heißer starker Kaffee
- 1 Eßlöffel Schlagsahne
- 1/2 Barlöffel gemahlener Kaffee
- 1/2 Barlöffel Kakao

**Hoppelpoppel**

Eigelb mit Karamel- und Vanillezucker schaumig rühren, etwas abgeriebene Zitronenschale dazugeben. Mit Rum auf kleiner Flamme erhitzen, in ein vorgewärmtes Punschglas füllen und das Glas unter Rühren mit heißer Milch auffüllen.

- 1 Eigelb
- 1 Barlöffel Karamelzucker
- 1 Barlöffel Vanillezucker
- 1 Glas Rum
- heiße Milch

**Hot Buttered Rum**

In einer kleinen Kasserolle erhitzt man ein Glas Jamaika-Rum mit zwei Barlöffeln Zukker. Dazu gibt man eine Nelke und eine kleine Prise Zimt. Kurz vor dem Siedepunkt wird die Flüssigkeit in ein vorgewärmtes Punschglas gegeben und mit heißem Wasser aufgefüllt. Auf das Getränk gibt man einen Barlöffel Butter, der sich unter leichtem Rühren auflöst. Zum Schluß streut man etwas Muskatnuß auf das Getränk.

- 1 Glas Jamaika-Rum
- 2 Barlöffel Zucker
- 1 Gewürznelke
- 1 Prise Zimt
- heißes Wasser
- 1 Barlöffel Butter
- 1 Prise Muskatnuß

## Irish Coffee

Irish Coffee ist ohne Zweifel das bekannteste Kaffeegetränk. Der Ursprung dieser beliebten Whiskey-Kaffee-Sahne-Mischung geht auf die Jahre nach dem zweiten Weltkrieg zurück. In den zwanziger Jahren, als die ersten regelmäßigen Passagierflugzeuge den Nordatlantik überquerten, war eine Zwischenlandung auf dem irischen Flugplatz Shannon notwendig, bevor man sich auf Neufundland mit neuem Brennstoff versorgen konnte. In Shannon wurde natürlich Kaffee getrunken und Whisky zur Stärkung für die lange Reise. Brendan O'Regan, der Catering Controller des Flughafens, war jedesmal enttäuscht, wenn er die leeren Whiskyflaschen zählen mußte. Das internationale Publikum verlangte nur Scotch, die irischen Marken waren kaum bekannt. Eines Tages ereiferte er sich über die Trinkgewohnheiten der Passagiere mit dem Restaurantchef William Sheridan und schlug vor, nur noch irischen Whiskey zu führen.

Sheridan hatte jedoch eine bessere Idee. Warum sollte man den Kaffee nicht gleich mit Whisky mischen, und irischer Whiskey könnte dann benutzt werden.

Als das nächste Flugzeug landete, war alles vorbereitet. Die ermüdeten Reisenden wurden gar nicht erst gefragt, sondern gleich das neue Getränk, irischer Kaffee, gemischt mit irischem Whiskey, dazu brauner Zucker und dicke, flüssige Sahne, serviert, als ob es zum Flug dazugehörte. Das neue Getränk erfreute sich größter Beliebtheit, und bald wurde es nicht nur in Irland verlangt, sondern überall, wo irischer Whiskey erhältlich war.

Heute ist Irish Coffee ein Begriff auf der ganzen Welt. Über die Zubereitung von Irish Coffee bestehen jedoch unterschiedliche Meinungen. In manchen Restaurants und Bars wird der Whiskey „flambiert". Man gibt einen Schuß Whiskey ins Irish-Coffee-Glas, erhitzt es auf offener Flamme und zündet die Flüssigkeit an. Durch Drehen des Glases läßt man die Flamme um die Innenwand des Glases laufen, bis sie schließlich erlöscht. Den Rest der Flüssigkeit gießt man ab. Das Flambieren ist eine überflüssige Show, die mitnichten zur Verbesserung des Getränks beiträgt. Das Erwärmen des Glases kann man auch mit heißem Wasser erreichen.

In anderen Bars und Restaurants gebraucht man Schlagsahne, auf die häufig noch Schokoladenpulver gestreut wird. Gegen das Flambieren von Whiskey ist, außer daß es schade um den guten Whiskey ist, der abgegossen wird, nichts einzuwenden. Die korrekte und auch einfachste Zubereitung von Irish Coffee ist die folgende:

Ein Irish-Coffee-Glas wird mit heißem Wasser gefüllt. Nach einigen Minuten wird das Wasser abgegossen, und in das warme Glas gibt man irischen Whiskey. Ein bis zwei Barlöffel Karamelzucker (ganz nach Geschmack) werden im Whiskey unter Hinzugabe von etwas heißem Wasser verrührt. Dann wird das Glas bis Daumenbreite unter dem oberen Rand mit Kaffee gefüllt. Auf den Kaffee läßt man flüssige Sahne über einen Kaffeelöffel laufen. Die Sahne muß auf dem Kaffee schwimmen, darf sich also nicht vermischen. Den Whiskey-Kaffee trinkt man durch die Sahne.

heißes Wasser
2 cl Irish Whiskey
Karamelzucker
flüssige Sahne

**Kaiser-Melange**

**Aus dem alten Wien stammt dieses Getränk, welches heute noch in jedem Wiener Kaffeehaus serviert wird.**

Kaffee und Milch in einen Becher geben. Gut verrühren und Eigelb reinquirlen. Weinbrand hinzufügen und mit Zucker abschmecken.

1/8 l starker heißer Kaffee
1/8 l heiße Milch
1 Eigelb
2 cl Weinbrand
Zucker

**Pharisäer**

Der Pharisäer (Rezept Seite 460 unter Grogs), das Nationalgetränk auf der Ferieninsel Nordstrand vor Husum, soll anläßlich der Taufe der am 29. Februar 1872 geborenen Johanna Theodora Katharina (manche behaupten, es soll anläßlich der Taufe der am 9. September 1873 geborenen Helene Petria Johannsen gewesen sein) seinen Namen bekommen haben.

In Spezialtassen, die an ihren gezackten Henkeln und den blauen Ornamenten zu erkennen sind, gossen die Nordstrander zwei große Eierbecher Rum, gaben zwei Stücke Zucker hinzu und füllten auf mit Mokka. Obenauf wurde Schafsahne gegeben, weil sie am besten auf der heißen Flüssigkeit schwimmt und somit auch ideal geeignet ist, das würzige Rumaroma vor fremden Nasen zu verdekken. Vor allem Pastor Gustav Bleyer, der ständig gegen die Trinkfreudigkeit der Nordstrander protestierte, sollte das Rumaroma verborgen bleiben.

Als nach dem gewonnenen Krieg 1870/71 gewisse Spekulanten die Insel überschwemmten und den Bauern ein ungeahnter wirtschaftlicher Aufschwung versprochen wurde, wenn sie ihre landwirtschaftlichen Anwesen und auch ihre Arbeitsweise modernisierten, soll der Rum-Kaffee besonders beliebt gewesen sein. Die Spekulanten boten „günstige" Kredite an, und die Bauern griffen eifrig zu. Sie träumten nur noch vom künftigen Reichtum und hörten natürlich nicht auf Pastor Bleyers Mahnungen. Als an dem gewissen Tauftag der übliche Kaffee gereicht wurde, gehäuft mit Schafsahne, ahnte Pastor Bleyer nicht, daß es nur er war, der keinen Rum im Kaffee bekam. Erst als die Gesellschaft vor Ausgelassenheit das Geheimnis nicht länger verbergen konnte und dazu noch die Tassen verwechselt wurden, erkannte der Pastor, was gespielt wurde. „Ihr Pharisäer" war alles, was er sagte, und damit hatte das Getränk seinen Namen. Die Mahnungen des Pastors erwiesen sich kurze Zeit später als berechtigt. Statt des erhofften Wohlstandes kam für viele Nordstrander der wirtschaftliche und auch gesundheitliche Ruin. Der Pharisäer war aber nicht mehr wegzudenken. Schafsahne wird heute durch gewöhnliche Sahne ersetzt, die Beliebtheit des Rum-Kaffees ist aber die gleiche geblieben.

**Rum-Kuh**

In einer kleinen Kasserolle erhitzt man Rum und Honig. Der Honig muß sich vollständig auflösen. Die Flüssigkeit wird in ein vorgewärmtes Punschglas gefüllt, welches man mit heißer Milch auffüllt.

2 cl Rum
1 Eßlöffel Honig
heiße Milch

**Sabayon**

Ein ganzes Ei und ein Eigelb verrührt man mit drei Barlöffeln Zucker zu einer schaumigen Masse. Auf schwachem Feuer wird die Masse unter ständigem Rühren mit dem Schneebesen erhitzt. Ein Glas Malaga (oder Marsala) wird nach und nach hinzugegossen. Wenn sich eine schaumige Creme gebildet hat, füllt man diese in eine Champagnerschale. Warm mit kleinem Löffel servieren.

1 ganzes Ei
1 Eigelb
3 Barlöffel Zucker
1 Glas Malaga (oder Marsala)

**Tom and Jerry**

Das Eigelb wird vom Eiweiß getrennt und mit Zucker schaumig gerührt. Mit dem Eigelb vermischt man den Rum und das zu Eischnee geschlagene Eiweiß. Die Masse wird in ein vorgewärmtes Punschglas gegeben und unter ständigem Rühren mit heißer Milch aufgefüllt. Auf das Getränk reibt man etwas Muskatnuß.

1 Ei
2 Barlöffel Zucker
1 Glas Rum
heiße Milch
Muskatnuß

## BOWLEN

Seit wann es Bowlen gibt, ist wohl nicht mehr festzustellen. Das erste schriftliche Bowlenrezept stammt von den Römern. Der Humanist Poggi fand im Jahre 1417 in der Klosterbibliothek zu Fulda eine Ausgabe der seit Jahrhunderten verschollenen „Acht Bücher des Apicius“. In dieser Ausgabe entdeckte er das erste schriftlich festgelegte Rezept für die Bowle. Apicius lebte zur Zeit des Kaisers Tiberius. In seinem Buch hat er genau angegeben, wie man Wein mit Rosenblättern ansetzt oder ihn mit Fichtennadeln würzt und mit Honig süßt.

Außer Rosenblättern, Fichtennadeln und Honig sind noch andere Würzstoffe für den Wein aus dem Altertum bekannt. Nicht zuletzt das der Venus geweihte Veilchen.

Das Wort Bowle ist wohl auf die kugelförmige Schüssel zurückzuführen. In Deutschland wurde diese Bezeichnung im letzten Viertel des 18. Jahrhunderts bekannt. Wir haben das Wort aus dem Englischen (bowl = Schüssel) übernommen. In England wird die Bowle jedoch als Cup bezeichnet.

Die Ursache, daß die Bowle besonders in Deutschland beliebt ist, liegt wohl darin, daß unsere spritzigen Moselweine und die lieblichen Rheinweine für die Bowlenzubereitung geradezu ideal sind.

Als Partygetränk kann die Bowle zu jeder Jahreszeit empfohlen werden. Sie besteht in der Regel aus Wein, unter Zusatz von Zucker, Champagner (Sekt), Mineralwasser und Früchten.

Die Bowle, bei der das Aroma ausschlaggebend ist, soll erfrischen und anregen.

Für die Herstellung einer guten Bowle, die keinen schweren Kopf hinterläßt, muß man folgende Grundregeln beachten:

1. Leichte, naturreine Weine verwenden.

2. Der Wein für den Ansatz darf Zimmertemperatur haben, alle zugegossenen Flüssigkeiten müssen jedoch eiskalt sein.

3. Es dürfen nicht zu viele Zutaten verwendet werden, damit das spezifische Aroma der Bowle erhalten bleibt.

4. Auf keinen Fall Eiswürfel in die Bowle geben, sondern lediglich von außen kühlen.

5. Die Bowlenschüssel stets zugedeckt stehenlassen, da sonst das Aroma verfliegt.

6. Nachdem Champagner oder Mineralwasser zugesetzt wurden, nicht mehr stark rühren.

7. Die Bowle nie „verlängern“, wenn sie nicht reicht. Lieber noch eine Flasche Wein oder Sekt servieren.

Die Bowlenschüssel wird in einen noch größeren Behälter gestellt. Den Raum zwischen Behälter und Schüssel füllt man mit kleinen Eisstücken. Darüber streut man etwas Kochsalz, damit der Eispanzer noch kompakter wird. Den oberen Rand garniert man geschmackvoll mit Weinlaub, Blumenblättern oder Kreppapier.

Zum Ansetzen nimmt man keinen teuren Markenwein, am besten wählt man einen spritzigen Mosel der mittleren Klasse. Ist die Bowle zu süß geraten, so kann man etwas Zitronensaft oder Wein nachgießen. Ist sie zu sauer geworden, nimmt man ein Glas von der fertigen Bowle ab, gibt Zucker hinein und gießt die Lösung wieder zu.

## Das Bowlengeschirr

Die Bowlenschüssel soll aus Kristall, Glas oder Keramik sein. Der Schöpfer ist aus Glas, aus Kunststoff oder versilbert. Ein Silberlöffel darf nicht zu lange in der Bowle stehen, da das Silber dem Aroma schaden würde.

Die Bowlengläser sind kugelförmig, fußlos und haben einen Henkel. Diese Gläser sind in verschiedenen Farben im Handel erhältlich. Farblose Gläser sind unbedingt zu empfehlen, denn sie haben den Vorteil, daß man die Farbe des Getränks unverfälscht sehen kann.

### Ananasbowle

Die Ananasscheiben werden in kleine Stücke geschnitten und in die Bowlenschüssel gelegt. Darüber gießt man Likör und Malaga und läßt das Ganze zwei Stunden im Kühlschrank ziehen. Dann gibt man den Zucker in die Schüssel und gießt eine Flasche Weißwein hinzu. Nachdem sich der Zucker unter Rühren gelöst hat, gießt man die restlichen Flaschen Weiß- und die halbe Flasche Rotwein hinzu. Noch einmal vorsichtig rühren und den Sekt hinzugeben.

10 Scheiben Ananas
1 Glas Curaçao Orange
200 g Zucker
3 Flaschen Weißwein
1/2 Flasche Rotwein
1 Flasche Sekt

**Apfelbowle**

Die Äpfel werden geschält, entkernt und in kleine Stücke geschnitten. Man bedeckt damit den Boden der Bowlenschüssel, streut Zucker darüber und gibt die Schale einer Zitrone und eine Messerspitze Zimt hinzu. Darüber gießt man eine Flasche Weißwein und läßt das Ganze einige Stunden im Kühlschrank ziehen. Vor dem Servieren werden die restlichen Flaschen Wein sowie eine Flasche Sekt dazugegossen.

500 g Äpfel
2 Eßlöffel Zucker
1 Zitronenschale
1 Messerspitze Zimt
3 Flaschen Weißwein
1 Flasche Sekt

**Aprikosenbowle**

Die entsteinten Aprikosen werden in je vier Teile geschnitten und in die Bowlenschüssel gelegt. Darüber streut man Zucker und gießt Portwein hinzu. Diesen Ansatz läßt man 30 Minuten ziehen. In einer Schüssel werden 200 g Zucker mit einer Flasche Weißwein aufgelöst. Diesen Wein gibt man zu den Früchten und läßt das Ganze eine Stunde lang zugedeckt im Kühlschrank ziehen. Vor dem Servieren gibt man den restlichen Wein unter Rühren hinzu.

12 Aprikosen
250 g Zucker
2 Glas roter Portwein
4 Flaschen Weißwein

**Badmintonbowle**

Zucker mit Wein in Bowlenschüssel verrühren. Die Schale einer Orange spiralenförmig abschneiden und in die Schüssel geben. Die Orange auspressen, den Saft hinzugeben und zehn dünne Scheiben einer Salatgurke und ein Glas Curaçao Orange hinzugeben. Das Ganze eine Stunde zugedeckt im Kühlschrank ziehen lassen. Vor dem Servieren entfernt man die Gurkenscheiben und gibt eine Flasche Sekt und eine Flasche Mineralwasser hinzu.

100 g Zucker
1 Flasche weißer Burgunder
1 Orange
1 Salatgurke
1 Glas Curaçao Orange
1 Flasche Sekt
1 Flasche Mineralwasser

**Bananenbowle**

Bananen in dünne Scheiben schneiden und in die Bowlenschüssel geben. Zucker darüberstreuen. Maraschino, Rum und eine Flasche Weißwein in die Schüssel geben. Das Ganze eine Stunde im Kühlschrank ziehen lassen. Danach die andere Flasche Weißwein unter Rühren hinzugeben und noch mal 30 Minuten ziehen lassen. Vor dem Servieren kalten Sekt hinzugießen.

6 Bananen
100 g Zucker
1 Glas Maraschino
2 Glas weißer Rum
2 Flaschen Weißwein
1 Flasche Sekt

**Bierbowle**

Man vermischt Bier, Sherry und Weinbrand in einer Bowlenschüssel und läßt das Ganze 30 Minuten zugedeckt im Kühlschrank ziehen. Vor dem Servieren wird eine Flasche Sekt hinzugegeben.

3 Flaschen Malzbier
1 Flasche Sherry medium
1 Glas Weinbrand
1 Flasche Sekt

**Brombeerbowle**

Die gewaschenen Brombeeren in eine Bowlenschüssel geben, mit nebenstehenden Spirituosen und Likören übergießen und 1 1/2 Stunden zugedeckt im Kühlschrank ziehen lassen. Danach eine Flasche Weißwein in die Schüssel gießen und nochmals eine halbe Stunde ziehen lassen. Vor dem Servieren den restlichen Wein und eine Flasche Sekt unter Rühren hinzugießen.

500 g Brombeeren
1 Glas weißer Rum
1 Glas Kirschwasser
1 Glas Curaçao Orange
200 g Zucker
3 Flaschen Weißwein
1 Flasche Sekt

**Burgunderbowle**

Zitrone und Orange in dünne Scheiben schneiden und in die Bowlenschüssel legen. Zucker darüberstreuen und Cointreau, Maraschino und eine Flasche weißen Burgunder in die Schüssel geben. Das Ganze eine Stunde zugedeckt im Kühlschrank ziehen lassen. Vor dem Servieren den restlichen Wein und eine Flasche Mineralwasser hinzugeben.

- 1 Zitrone
- 1 Orange
- 150 g Zucker
- 1 Glas Cointreau
- 1 Glas Maraschino
- 3 Flaschen weißer Burgunder
- 1 Flasche Mineralwasser

**Champagnerbowle (I)**

Die Pfirsiche werden, nachdem sie gewaschen und entsteint sind, in Viertel geschnitten und zusammen mit Pfefferminze, Cognac und den Likören in die Schüssel gegeben. Das Ganze läßt man 30 Minuten zugedeckt im Kühlschrank ziehen. Vor dem Servieren wird der kalte Champagner hinzugegossen.

- 4 Pfirsiche
- 1 Glas Maraschino
- 1 Glas Cointreau
- 1 Glas Cognac
- 2 Zweige frische Pfefferminze
- 3 Flaschen Champagner

**Champagnerbowle (II)**

Man schneidet die Ananasscheiben in kleine Stücke, gibt sie in eine Bowlenschüssel und streut Zucker darüber. Dazu gibt man den Saft von drei Zitronen, den Likör, Cognac und Rum. Man rührt das Ganze vorsichtig um und läßt es eine Stunde im Kühlschrank ziehen. Vor dem Servieren wird der kalte Champagner hinzugegeben.

- 3 Scheiben Ananas
- 250 g Zucker
- 3 Zitronen
- 1 Glas Maraschino
- 1 Glas Curaçao Orange
- 1/2 Flasche Cognac
- 1/2 Flasche weißer Rum
- 3 Flaschen Champagner

**Ciderbowle**

Man schneidet die Ananasscheiben und die Orange in kleine Stücke und gibt sie in die Bowlenschüssel. Dazu gießt man Calvados, Curaçao, Cognac und Apfelwein. Das Ganze läßt man eine Stunde im Kühlschrank ziehen. Vor dem Servieren wird eine Flasche Mineralwasser dazugegossen.

- 8 Scheiben Ananas
- 1 Orange
- 1 Glas Calvados
- 1 Glas Curaçao Orange
- 1 Glas Cognac
- 3 Flaschen Apfelwein
- 1 Flasche Mineralwasser

**Claretbowle (I)**

Orange und Zitrone in dünne Scheiben schneiden und in eine Bowlenschüssel legen. Zucker darüberstreuen, Maraschino, Kirschwasser und eine Flasche roten Bordeaux hinzugeben. Das Ganze eine Stunde zugedeckt im Kühlschrank ziehen lassen und vor dem Servieren restlichen Wein und eine Flasche Mineralwasser hinzugießen.

1 Orange
1 Zitrone
200 g Zucker
1 Glas Maraschino
1 Glas Kirschwasser
2 Flaschen roter Bordeaux
1 Flasche Mineralwasser

**Claretbowle (II)**

Orangen- und Ananasscheiben in kleine Stücke schneiden und zusammen mit Pfefferminze und Gurkenscheiben in die Bowlenschüssel legen. Zucker darüberstreuen, Liköre und eine Flasche Bordeaux hinzugießen. Das Ganze 30 Minuten zugedeckt im Kühlschrank ziehen lassen, dann die restliche Flasche Bordeaux und eine Flasche Champagner hinzugießen.

1 Orange
6 Scheiben Ananas
3 Zweige Pfefferminze
2 Gurkenscheiben
200 g Zucker
1 Glas Curaçao Orange
1 Glas Maraschino
2 Flaschen roter Bordeaux
1 Flasche Champagner

**Feuerzangenbowle**

Rotwein und Orangensaft in einem Kupferkessel erhitzen. Das Gewürz wird in ein Mullsäckchen gebunden und in den warmen Wein gehängt. Hutzucker auf eine Feuerzange quer über den Kessel legen, mit hochprozentigem Rum übergießen und anzünden. Immer wieder Rum nachgießen, bis der ganze Zuckerhut geschmolzen ist. Gewürze herausnehmen und die Bowle mit einer silbernen Schöpfkelle in vorgewärmten Punschgläsern servieren.

2 Flaschen Rotwein
Saft von 2 Orangen
Orangenschale
4 Gewürznelken
1 Flasche Rum
1 Zuckerhut (ca. 300 g)

**Grapefruitbowle**

Eine Grapefruit in gleichmäßige Scheiben schneiden und in eine Bowlenschüssel legen. Zucker darüberstreuen und Grand Marnier und eine Flasche Weißwein hinzugießen. Das Ganze 30 Minuten zugedeckt im Kühlschrank ziehen lassen. Vor dem Servieren restlichen Wein und eine Flasche Champagner hinzugießen.

1 Grapefruit
250 g Zucker
1 Glas Grand Marnier
3 Flaschen Weißwein
1 Flasche Champagner

**Gurkenbowle (I)**

Eine Salatgurke in dünne Scheiben schneiden und in die Bowlenschüssel legen. Eine Flasche Wein und 2 Eßlöffel Zucker hinzugeben und das Ganze 30 Minuten zugedeckt im Kühlschrank ziehen lassen. Dann werden die Gurkenscheiben entfernt, und der restliche Wein und eine Flasche Sekt werden hinzugegossen.

1 Salatgurke
2 Eßlöffel Zucker
3 Flaschen Weißwein
1 Flasche Sekt

**Gurkenbowle (II)**

Die Gurken in dünne Scheiben schneiden und in die Bowlenschüssel legen. Darüber gießt man eine Flasche Rotwein. Die Gewürze werden in ein Mullsäckchen gebunden und in den Wein gelegt. Das Ganze läßt man eine Stunde im Kühlschrank ziehen. Dann werden die Gewürze herausgenommen, und der restliche Wein und Maraschino werden hinzugefügt.

2 Salatgurken
6 Gewürznelken
1 Stange Zimt
2 Glas Maraschino
3 Flaschen Rotwein

**Himbeerbowle**

Himbeeren in eine Bowlenschüssel geben, Cointreau darübergießen und mit Zucker bedecken. Das Ganze 30 Minuten ziehen lassen, dann eine Flasche Wein hinzugießen. Nun nochmals 2 Stunden zugedeckt im Kühlschrank ziehen lassen. Vor dem Servieren gibt man den restlichen Wein und eine Flasche Sekt hinzu.

500 g Himbeeren
1 Glas Cointreau
200 g Zucker
3 Flaschen Weißwein
1 Flasche Sekt

**Johannisbeerbowle**

Johannisbeeren in die Bowlenschüssel geben, Maraschino und Portwein hinzugießen und das Ganze mit Zucker bedecken. Dann eine Flasche Weißwein hinzugeben und alles 30 Minuten ziehen lassen. Dann die restlichen Flaschen Weißwein in die Schüssel geben und nochmals zugedeckt zwei Stunden im Kühlschrank ziehen lassen. Vor dem Servieren eine Flasche Sekt hinzugießen.

500 g Johannisbeeren
1 Glas Maraschino
1 Glas Portwein
250 g Zucker
3 Flaschen Weißwein
1 Flasche Sekt

**Kaiserbowle**

Zucker mit Wein in einer Bowlenschüssel auflösen. Dann Zitronen- und Orangensaft und ein Glas Arrak hinzugeben. Vor dem Servieren eine Flasche Sekt hinzugießen.

250 g Zucker
1 Flasche Weißwein
Saft von 6 Orangen
Saft von 6 Zitronen
1 Glas Arrak
1 Flasche Sekt

### Kirschbowle

Die Kirschen werden, vom Stielansatz ausgehend, zur Hälfte eingeschnitten. Man entfernt die Steine und füllt die Kirschen mit kleinen Stücken von zerklopftem Würfelzucker. Die Kirschen dann ein eine Bowlenschüssel geben und die spiralenförmig geschnittene Schale einer Zitrone hinzufügen. Eine Flasche Rotwein dazugießen und das Ganze zwei Stunden zugedeckt im Kühlschrank ziehen lassen. Dann den restlichen Wein und eine Flasche Sekt hinzugießen.

500 g Kirschen
Würfelzucker
1 Zitrone
2 Flaschen Rotwein
1 Flasche Sekt

### Orangenbowle

Die Orangen in dünne Scheiben schneiden und den Boden einer Bowlenschüssel damit belegen. Zucker darüberstreuen und Curaçao, Kirschwasser und Malaga hinzugießen. Das Ganze läßt man 30 Minuten im Kühlschrank ziehen. Dann gießt man Wein, Sekt und Mineralwasser hinzu.

4 Orangen
200 g Zucker
2 Glas Curaçao Orange
2 Glas Kirschwasser
2 Glas Malaga
2 Flaschen Weißwein
1 Flasche Sekt
1 Flasche Mineralwasser

### Pfirsichbowle

Man schneidet die Pfirsiche in Viertel und bedeckt damit den Boden der Bowlenschüssel. Zucker darüberstreuen und Peach Brandy und Maraschino hinzugießen. Das Ganze läßt man eine Stunde im Kühlschrank ziehen. Dann gießt man Rot- und Weißwein hinzu, rührt vorsichtig um und gibt die Flasche Sekt vor dem Servieren hinzu.

12 Pfirsiche
250 g Zucker
1 Glas Peach Brandy
1 Glas Maraschino
1 Flasche leichter Rotwein
2 Flaschen Weißwein
1 Flasche Sekt

**Rheinweinbowle**

Man schneidet die Orange und die Ananasscheiben in kleine Stückchen und belegt damit den Boden einer Bowlenschüssel. Dazu gibt man Gurkenscheiben und Krauseminze, übergießt es mit Maraschino, Curaçao und Rheinwein. Das Ganze läßt man 30 Minuten zugedeckt im Kühlschrank ziehen. Die Bowle wird kalt serviert.

1 Orange
2 Scheiben Ananas
3 Gurkenscheiben
2 Zweige Krauseminze
2 Glas Maraschino
2 Glas Curaçao Orange
3 Flaschen Rheinwein

**Rosenbowle**

Schöne Blätter von frisch erblühten, stark duftenden Rosen in die Bowlenschüssel legen und mit Weinbrand übergießen. Eine Flasche Rheinwein hinzugeben und das Ganze zwei Stunden zugedeckt im Kühlschrank ziehen lassen. Die Rosenblätter entfernen, zwei Eßlöffel Zucker, je eine Flasche Mosel- und Rheinwein in die Schüssel gießen. Kurz ziehen lassen. Vor dem Servieren eine Flasche Sekt hinzugeben.

Rosenblätter
1 Glas Weinbrand
2 Flaschen Rheinwein
2 Eßlöffel Zucker
1 Flasche Moselwein
1 Flasche Sekt

**Rotweinbowle**

Man schneidet Orange und Zitrone in Scheiben und bedeckt damit den Boden der Schüssel. Darüber streut man Zucker und gießt Maraschino, Cordial-Médoc und eine Flasche Rotwein hinzu. Das Ganze läßt man 30 Minuten ziehen. Dann gießt man den restlichen Wein und eine Flasche Mineralwasser hinzu.

1 Orange
1 Zitrone
250 g Zucker
1 Glas Maraschino
1 Glas Cordial-Médoc
3 Flaschen Rotwein
1 Flasche Mineralwasser

**Selleriebowle**

Sellerieknollen in eine Bowlenschüssel geben und mit Zucker überstreuen. Den Saft einer Zitrone hinzugeben und das Ganze eine Stunde kühlen. Danach Wein und Sekt hinzugießen.

2 Sellerieknollen
125 g Zucker
Saft einer Zitrone
2 Flaschen Weißwein
1 Flasche Sekt

**Zitronenbowle**

Man schneidet die Zitronen in dünne Scheiben und belegt damit den Boden einer Bowlenschüssel. Darüber streut man Zucker und läßt das Ganze 30 Minuten zugedeckt im Kühlschrank ziehen. Danach Weiß- und Rotwein hinzugießen, gut verrühren und kurz vor dem Servieren eine Flasche Sekt hinzugießen.

6 Zitronen
250 g Zucker
2 Flaschen Weißwein
1 Flasche Rotwein
1 Flasche Sekt

## FANCY BOWLEN

**Kalte Ente**

Zwei Flaschen spritzigen Moselwein in eine Bowlenschüssel oder einen Kalte-Ente-Krug gießen und eine spiralenförmig geschnittene Schale einer gesäuberten Zitrone in den Wein hängen. Nach 15 Minuten wird die Schale entfernt. Dann gießt man eine Flasche Sekt und eine Flasche stark sprudelndes Mineralwasser hinzu. Vorsichtig umrühren, damit die Kohlensäure nicht sofort entweicht.

2 Flaschen Moselwein
1 Zitronenschale
1 Flasche Sekt
1 Flasche Mineralwasser

**Kalte Ente mit Rotwein**

Die dünn abgeschälte Schale einer gesäuberten Zitrone wird mit wenig Wasser 15 Minuten in eine Bowlenschüssel gegeben. Dann entfernt man die Zitronenschale und gibt den Saft von zwei Zitronen und zwei Flaschen Rotwein in die Schüssel. Nach Geschmack süßen, kurze Zeit ziehen lassen und mit einer Flasche Sekt auffüllen.

1 Zitronenschale
Saft von 2 Zitronen
2 Flaschen Rotwein
1 Flasche Sekt

**Kullerpfirsich**

In einen reifen, einwandfreien Pfirsich sticht man mit einer kleinen Gabel rundherum Löcher. Der Pfirsich wird dann in ein bauchiges Glas gelegt, welches mit kaltem Sekt aufgefüllt wird. Schon nach wenigen Minuten beginnt der Pfirsich zu „kullern". Mit kleinem Löffel und Fruchtgabel servieren.

1 Pfirsich
Sekt

**Sektmelone**

Eine große Melone wird halbiert und von Körnern befreit. Die zwei Hälften werden mit Zucker ausgestreut. Man gibt zwei Eiswürfel in die Melonenhälften, darüber einen Schuß Curaçao Orange und füllt auf mit kaltem Sekt. Mit Saughalm und Löffel servieren.

1 Melone
Zucker
Curaçao Orange
Sekt

# Rezept-Register



**COCKTAILS**

**BOWLEN**



**FANCY BOWLEN**



**VERSCHIEDENE HEISSE GETRÄNKE UND KAFFEES**